I0891033

L'IMPÔT
DANS LES DIVERSES
CIVILISATIONS

PAR

E. FOURNIER DE FLAIX

TOME PREMIER

Et quasi cursores vitaï lampada tradunt.

PARIS

LIBRAIRIE
de la Ste du Recueil g^al des Lois et des Arrêts
L. LAROSE, Directeur
22, Rue Soufflot, 22

GUILLAUMIN et Cie
14, rue Richelieu, 14

LIBRAIRES-ÉDITEURS

1897

L'IMPÔT

DANS LES DIVERSES

CIVILISATIONS

OUVRAGES DU MÊME AUTEUR

Les Réformes nécessaires. — 1 vol. in-18. Paris, 1869.

Études économiques et financières. — 2 vol. in-18. Paris, 1883.

L'indépendance de l'Égypte et le régime international du Canal de Suez. — 1 vol. in-18. Paris, 1883.

La réforme de l'impôt. — Tome Ier, *Les impôts et les théories fiscales aux* XVIIe *et* XVIIIe *siècles, dans les divers États de l'Europe.* — 1 vol. in-8°. Paris, 1885.

L'impôt sur le pain. — *La réaction protectionniste et les traités de commerce.* — 1 vol. in-8°. Paris, 1885.

Traité de critique et de statistique comparée des institutions financières, systèmes d'impôts et réformes fiscales de divers États. — Tome Ier, *Angleterre, États-Unis, Australie, Russie, Allemagne, Italie.* — 1 vol. in-8°. 1889.

La Statistique des Religions. — Paris, 1890.

Étude sur l'organisation comparée des Banques de circulation. — 1 brochure, 1891.

Pendant une mission en Russie. — 1re série, *A travers l'Allemagne.* — 2 vol. in-18. Paris, 1894.

Ces divers ouvrages se trouvent chez MM. GUILLAUMIN et Cie, 14, rue Richelieu, et LOUIS LAROSE, 22, rue Soufflot, Paris, libraires-éditeurs.

SOUS PRESSE :

Le second volume de l'**Impôt dans les diverses civilisations,** paraîtra dans le courant d'avril 1897. Il contiendra les *Appendices* et l'*index alphabétique des matières.*

L'IMPÔT

DANS LES DIVERSES

CIVILISATIONS

PAR

E. FOURNIER DE FLAIX

TOME PREMIER

I. ANCIENNES CIVILISATIONS D'ORIENT : CHALDÉE — ASSYRIE — BABYLONIE — PHÉNICIE — CARTHAGE — LES HÉBREUX — ÉGYPTE — INDE — CHINE.
II. LA GRÈCE ANCIENNE : LA CRÈTE — LACÉDÉMONE — ATHÈNES.
III. LES ROMAINS — LA RÉPUBLIQUE — L'EMPIRE.
IV. LE MOYEN AGE : L'ÉPOQUE FÉODALE EN FRANCE ET EN EUROPE — PEUPLES NOMADES : CELTES, GERMAINS, SCANDINAVES, SLAVES — EMPIRE DE CHARLEMAGNE — ARABES — L'EUROPE ORIENTALE — RUSSIE — MONGOLS.

Et quasi cursores vitaï lampada tradunt.

PARIS

LIBRAIRIE
de la Sté du Recueil gal des Lois et des Arrêts
L. LAROSE, Directeur
22, rue Soufflot, 22

GUILLAUMIN et Cie
14, rue Richelieu, 14

LIBRAIRES-ÉDITEURS

1897

INTRODUCTION.

« Les sociétés humaines ne subsistent qu'à la con-
« dition de subvenir, dans la mesure nécessaire, aux
« besoins de la chose publique. Toutes ont à donner
« aux gouvernements, qui les régissent, les moyens de
« remplir leur destination; toutes ont à pourvoir aux
« dépenses à effectuer dans l'intérêt de la défense du
« territoire national et du maintien de l'ordre inté-
« rieur, et, chez toutes, l'impôt existe sous des formes
« appropriées à l'état, plus ou moins avancé, de la ci-
« vilisation (1) .»

Cette définition, théorique et philosophique, de l'origine et de la nature de l'impôt, empruntée à l'un des publicistes qui, dans ces derniers temps, ont traité de l'impôt avec le plus de compétence, suffit-elle pour donner une idée exacte, complète, de l'origine et de la nature de l'impôt? est-il vrai que, chez tous les peuples, sous les diverses formes de gouvernement, l'impôt ait été toujours approprié à l'état plus ou moins avancé de la civilisation, qu'il ait toujours eu pour but de pourvoir aux besoins collectifs et généraux des na-

(1) H. Passy, article Impôt, *Dictionnaire d'Économie politique*, 1er vol., p. 398, édition 1873 (Coquelin et Guillaumin).

tions, d'assurer qu'elles seraient mises à même de remplir leur destination?

Et même, si des résultats contradictoires que fournirait l'étude de l'histoire de l'impôt, on passait à l'examen des systèmes d'impôt des États contemporains, serait-il possible d'accepter, relativement à l'origine et à la nature de l'impôt, la formule de l'éminent Hippolyte Passy?

Cette formule, ne laisse-t-elle pas dans l'ombre une série de faits, une suite d'actes, d'une importance particulière, qui modifie les termes de la définition, car ces faits, ces actes attestent qu'elle ne contient pas tous les éléments de l'origine, ni de la nature complexe de l'impôt?

D'après les termes de la définition, ne semblerait-il pas que les sociétés humaines ont pu toujours statuer pour approprier l'impôt à sa destination et à leur propre condition, que l'impôt a toujours eu le caractère d'utilité générale de défendre le territoire comme de maintenir l'ordre, et qu'une sorte de justice tacite, mais supérieure, a présidé à son établissement?

L'histoire de l'impôt, son organisation présente chez les divers peuples, justifient-elles ces suppositions? le moindre regard sur les formes diverses que l'impôt a prises ou revêt encore, ne suffit-il pas pour les ébranler sinon pour les détruire?

L'impôt est-il un de ces faits économiques, politiques, sociaux, qui comportent, quand on veut en étudier la véritable nature et les divers aspects, une définition philosophique et, pour ainsi dire, abstraite? Ne faut-il pas, tout au moins, assortir la définition à l'histoire même de ce fait, si important dans le mouvement des peuples? Pour définir l'impôt, analyser sa nature, étudier ses effets, il est nécessaire, par suite, et, au préalable, d'en connaître le développement historique. L'impôt a non seulement une histoire, mais il est un élément essentiel de l'histoire de tous les peuples ; il est un des facteurs de la civilisation. Son organisation, chez les divers peuples, ayant présenté de sensibles différences, ses aspects, ses effets n'ont pas été les mêmes. Ainsi, par exemple, avant de rechercher comment doivent se réfléchir ou se répercuter les divers impôts, il y a lieu de vérifier comment ils se sont réfléchis jusqu'à présent ou comment ils se réfléchissent aujourd'hui. La vérification est d'autant plus nécessaire que, même dans leur état actuel, les peuples présentent les conditions les plus diverses, les plus variées, les plus opposées, et que ces diversités ne trouvent leur explication que dans le passé.

Les peuples se sont transmis leurs systèmes fiscaux comme leurs religions, leurs langues, les éléments de leurs sciences ; ils les ont appropriés aux milieux dans lesquels ces systèmes devaient fonctionner. Aussi la matière de l'impôt appartient-elle à cette partie de la science économique qui est le plus près de la politique et de l'histoire. Storch ni Roscher ne l'ont comprise dans leurs *Traités d'Économie politique.* Rossi ne s'en est occupé qu'accessoirement à la fin de son cours.

L'examen et la critique des diverses définitions, successivement présentées, de l'impôt, vont montrer, plus énergiquement encore, la puissance de la tradition fiscale.

Adam Smith n'a pas précisé de définition de l'impôt. Il l'a compris parmi les sources du revenu de l'État. « Le peuple, avec une partie de ses propres revenus « particuliers, contribue à composer au souverain ou à « l'État ce qu'on nomme le revenu de l'État (1) ». Mais il ajoute, ce qui se rapproche de la formule de M. H. Passy et ce qui est déjà contradictoire avec les réserves dont il accompagne ses observations sur les

(1) *Richesse des nations*, liv. v, chap. II.

reflets des quatre règles célèbres qu'il établit : « Toutes « les nations ont fait de leur mieux pour chercher à « rendre leurs impôts aussi également répartis, aussi « commodes pour le contribuable, quant à l'époque et « au mode de paiement et aussi peu lourds pour le « peuple à proportion du revenu qu'ils rendaient au « prince, qu'elles ont pu l'imaginer (1) ».

Ricardo est plus net, sans être plus complet : « L'im- « pôt est cette partie du produit de la terre et de l'in- « dustrie d'un pays qu'on met à la disposition du Gou- « vernement (2) ».

Pour Rossi « l'impôt est la demande annuelle que « fait l'État d'une certaine portion de leur revenu à « tous ceux qui sont censés en avoir un... L'impôt tire « son origine du droit qu'a l'État de réclamer sa quote- « part dans la distribution du produit général, dans la « distribution du revenu social (3) ».

Évidemment, la définition de Rossi est déjà moins imparfaite que celle d'Adam Smith et que celle de Ricardo; elle est même supérieure à la formule de M. H. Passy; elle contient, au point de vue scientifique, une idée plus générale, celle de la quote-part revenant à l'État dans la distribution du produit général et l'indication, bien insuffisante, il est vrai, du mode par lequel l'État obtient cette quote-part, une demande annuelle.

J.-B. Say est plus explicite. « L'impôt est cette por- « tion des produits d'une nation qui passe des mains « des particuliers aux mains du Gouvernement pour « subvenir aux consommations publiques. Quel que soit « le nom qu'on lui donne, c'est une charge *imposée* aux « particuliers par le souverain, peuple ou prince, pour « fournir aux consommations qu'il juge à propos de

(1) *Richesse des nations*, liv. v, chap. II.

(2) *Principes de l'économie politique; de l'impôt*, chap. VIII.

(3) *Cours d'économie politique*, t. IV, p. 204.

« faire à leur dépens [1] ». Il ajoute : « Il faut contri-« buer de son bien pour assurer la conservation du « reste... et si les contributions étaient portées au delà « de ce qui est nécessaire pour protéger le public, il « serait difficile de ne pas envisager ce surplus comme « une spoliation, comme un sacrifice purement gratuit « *exigé de force* des particuliers... Je dis *exigé de* « *force*, même sous les gouvernements représenta-« tifs [2] ». Ainsi le consentement ne caractériserait pas l'impôt et il contiendrait en lui-même le principe d'un certain transfert de richesse par la violence, et pourrait devenir une spoliation.

C'est quelque peu différent de la demande annuelle de Rossi ou de l'optimisme d'Adam Smith.

Roscher, qui a tant contribué à éclairer, par l'histoire, la vérification des faits principaux sur lesquels repose l'économie politique, n'a consacré que quelques notes, très précieuses, il est vrai, à la question de l'impôt. Dans ces notes, il indique comment l'incidence de l'impôt, soit dans l'Antiquité, soit chez les peuples modernes, correspond à l'histoire des révolutions politiques et sociales, notamment à Rome. Il jette ainsi, quoique trop rapidement, une vive lumière sur l'origine et la nature de l'impôt.

Venu l'un des derniers, Stuart Mill a présenté une théorie qui s'éloigne de toutes les autres et qu'il donne comme un idéal. « L'impôt est la part dans laquelle « chacun contribue aux dépenses du Gouvernement ; il « doit être réglé de façon que personne ne souffre plus « qu'un autre de l'obligation de contribuer ; *le sacrifice* « *doit être égal* [3] ».

Il serait facile de montrer que si cette théorie indique un idéal, elle explique en même temps, à beaucoup de

---

(1) *Traité d'économie politique*, liv. III, chap. IX.
(2) *Cours d'économie politique*, 4e partie, chap. XIV.
(3) *Principes d'économie politique*, liv. V, chap. II, § 2.

points de vue, les étapes du développement historique de l'impôt. Mais si elle est l'avenir à réaliser, elle n'est point le départ. Elle confirme, par suite, indirectement les observations de J.-B. Say et de Roscher.

Proudhon a consacré quelques-unes des meilleures pages de sa *Théorie de l'impôt* à critiquer les diverses opinions sur l'origine et la nature de l'impôt. L'impôt ne serait ni un tribut, ni une redevance, ni un loyer, ni un honoraire, ni une offrande, ni une assurance, l'impôt serait un échange (1). Dans cette discussion, Proudhon s'est placé au point de vue de la souveraineté populaire, rejetant toute tradition et toute influence de la tradition sur l'impôt.

Dans son récent *Traité théorique et pratique d'Économie politique,* M. Paul Leroy-Beaulieu s'est rapproché de la formule de M. H. Passy, en acceptant la définition suivante : « l'impôt est la contribution de chacun « pour pourvoir aux obligations communes et aux frais « généraux collectifs de la nation ». A notre avis, cette définition, en ne tenant pas compte du caractère de nécessité rigoureuse de l'impôt, n'est pas assez complète. Elle n'est pas d'accord avec l'histoire de l'impôt (2).

L'honorable M. de Parieu écrivait, il y a plus de trente ans : « L'institution de l'impôt est certainement « l'une de celles qui portent avec le plus d'évidence le « cachet de la nécessité. *Il faut payer les taxes ou « mourir*, dit avec énergie un proverbe anglais. La « nécessité est son principe, l'exigence son caractère, « la contrainte lui sert de sanction (3) ». M. de Parieu tient compte des faits : il respecte la tradition de l'histoire de l'impôt.

Néanmoins, cette tradition est encore plus rigoureuse que ne le laissent entendre les termes si précis de M.

(1) *Théorie de l'impôt*, p. 36-41.
(2) 4e vol. 1895, p. 738.
(3) *Traité des impôts*, t. IV, p. 483.

de Parieu. Quel a été, en effet, le fondement de cette nécessité, à quel genre d'obligation a-t-elle correspondu? Sur qui cette obligation a-t-elle porté? Qui a-t-elle atteint? Est-ce même sur une obligation générale ou sur une obligation spéciale, imposée à ceux-ci comme leur condition naturelle, inconnue de ceux-là comme un droit légitime, que repose cette nécessité? Combien son caractère changerait, combien s'accentuerait la contrainte, combien les reflets de l'impôt seraient différents, combien les définitions devraient changer, si cette obligation naturelle de l'impôt avait été dans le passé ou demeurait dans le présent, pour bonne partie, une exigence subie par les uns et dont les autres auraient non seulement été exempts, mais profiteraient directement, et si, même encore, le passé exerçait sur le présent, une influence profondément inégale, arbitraire et parfois inique? Que de difficultés, dès lors, pour donner de l'impôt une de ces définitions philosophiques qui complaisent à l'esprit, mais qui sont, jusqu'à un certain point, en opposition non seulement avec l'histoire de l'impôt chez les principaux peuples, mais encore avec leurs systèmes fiscaux contemporains?

Ces réflexions nous donnent la clé d'une des remarques les plus sagaces de M. Bastiat et de plusieurs de ses sophismes. L'impôt, enseignait-il, n'est dû qu'à l'État. C'est l'hypothèse même admise par toutes les définitions. Quesnay, par ses 23e et 28e maximes, avait déjà formulé les réserves de Bastiat, sans les préciser aussi clairement. L'impôt serait-il donc exigé, par d'autres que l'État? Mais il est inutile d'insister sur la question. L'histoire de tous les peuples ne laisse à cet égard aucun doute. En réalité, l'impôt a été exigé et est encore souvent exigé entre les diverses classes du corps social et même entre les peuples, les États, les races. Dès lors il n'est plus seulement un prélèvement au profit de l'État, quelle que soit la forme de l'État, mais encore au profit d'autres forces. Sociétés, particuliers, États, nations, races.

L'impôt revêt alors un autre caractère. Le sacrifice qu'il exige est plus rigoureux ; il en augmente le poids ; il accroît les inégalités naturelles ; il modifie la distribution des richesses ; il devient un véritable transfert de la richesse ; il change, il aggrave les conditions de l'incidence ; il est nécessairement une cause de perturbation dans la répercussion économique des systèmes fiscaux des peuples et entre les peuples.

Si l'impôt a ce caractère arbitraire, s'il a été longtemps une violence, une spoliation, s'il est encore parfois une extorsion, si le libre consentement a été bien souvent étranger à son octroi, s'il a profité et s'il profite à d'autres intérêts que les intérêts généraux, s'il a été et s'il demeure quelquefois un transfert de richesse de classe à classe, et de nation à nation, s'il a eu jusqu'à présent et s'il a encore très rarement pour principe cette égalité de sacrifice rêvée par Stuart Mill, cette pondération attestée par Adam Smith, cette modeste demande annuelle de Rossi, cette destination supérieure de M. H. Passy, il faut bien reconnaître l'insuffisance des définitions qu'ils ont données. Elles sont incomplètes et au point de vue de la nature et au point de vue des origines de l'impôt. Elles substituent l'idéal à la réalité.

De ces diverses réflexions il faut conclure que l'impôt est un prélèvement sur leurs biens que les particuliers ont été ou sont contraints de subir, sous diverses formes et à diverses époques, fixes ou périodiques, soit au profit de l'État, soit au profit des autres forces ou des autres membres de la nation ou des autres peuples et États.

Cette définition permet de saisir, du premier vol, toute la portée des questions d'incidence. En effet, dans l'hypothèse que l'impôt n'est exigé que par l'État, on peut s'imaginer que les reflets de l'impôt se croiseront en divers sens et qu'une sorte de balance générale, dont il sera le centre, rétablira l'harmonie, sinon la justice. Celui qui aura avancé l'impôt pourra le rejeter sur son voisin, celui-ci sur un autre ; celui qui est accablé pourra opprimer à son tour, et l'impôt, en définitive, sera censé n'être supporté par personne.

Mais cette théorie raffinée, inconnue pendant de longs siècles, aux peuples ou aux classes assujettis à l'impôt, s'évanouit elle-même, quand l'impôt, au lieu d'être payé à l'État, est versé à d'autres forces sociales ou à de simples particuliers; l'espérance d'une compensation fiscale, si incertaine pour l'impôt encaissé par l'État, devient une pure illusion quand il est encaissé par d'autres que lui, spécialement par d'autres États.

L'impôt n'a donc pas plus pour caractère que pour origine, d'après la tradition historique, d'être une pure obligation naturelle, répartie également et équitablement sur tous les serviteurs de l'État.

C'est un idéal vers lequel il doit tendre — il y a mieux, c'est un idéal dont il se rapproche lentement avec les progrès de la civilisation, mais dont il est encore bien éloigné, à raison de l'influence inévitable que la tradition historique, que le passé fiscal des peuples exercent sur leurs systèmes d'impôt et sur les conséquences de ces systèmes.

La tradition historique n'est pas le seul élément des origines de l'impôt. D'autres facteurs interviennent, les uns permanents, comme le climat, le territoire, la race, la religion; d'autres temporaires, comme la forme de gouvernement, les conditions civiles et sociales, le régime économique; ces facteurs ont aussi leur part d'influence. Ils compliquent encore les reflets des systèmes fiscaux, car l'impôt n'a pas la même forme et par suite la même incidence, les mêmes reflets sur des territoires maritimes ou continentaux, sous des climats opposés, avec des institutions démocratiques ou aristocratiques, chez des peuples agricoles ou commerçants, pour des nations indépendantes ou tributaires.

On le voit, la nature et l'origine de l'impôt présentent une très sérieuse complexité.

Cette complexité est encore plus grande qu'elle n'apparaît à première vue.

« Tant que les sociétés demeurèrent ignorantes et « pauvres, l'impôt ne consista qu'en services person- « nels..... L'impôt s'étendit graduellement des per- « sonnes aux choses. Des dîmes furent prélevées sur « les troupeaux, sur les récoltes, sur la plupart des « fruits du travail, et ce fut au moyen de ressources « réalisées en nature que s'effectua le solde d'une par- « tie notable des dépenses collectives. Plus tard, l'usage « croissant des métaux monnayés amena de nouveaux « changements dans les modes de perception en pra- « tique. Beaucoup de contributions durent être payées « en numéraire et le temps vint, où, grâce à la faci- « lité d'en réaliser le montant sous une forme à la fois « plus commode et plus simple, les États, en voie de « prospérité, parvinrent à obtenir des revenus non seu- « lement assez considérables pour couvrir les charges « annuelles, mais pour laisser des excédents thésau- « risés en vue des éventualités que l'avenir pourrait ame- « ner. Ainsi se transformèrent, à mesure que la civilisa- « tion étendit son cours, les systèmes de contributions « en usage aux époques antérieures; et du jour où les « taxes purent être obtenues en numéraire, elles se mul- « tiplièrent avec une remarquable rapidité. Aux impôts « anciens en furent sans cesse ajoutés de nouveaux, et « l'histoire atteste que les peuples, récemment sortis de « l'enfance, ne tardèrent pas à découvrir toutes les res- « sources auxquelles il était possible de puiser dans l'in- « térêt du fisc[1]. »

Le mouvement de transformation de l'impôt est caractérisé, avec netteté, dans cette page tracée par M. H. Passy. Ce mouvement a présenté cependant plus d'ampleur; il a passé par des étapes moins régulières qu'elle ne l'indique. La transformation de l'impôt ne concerne

(1) *Dictionnaire d'économie politique,* Impôt, *ibidem,* page 898.

pas seulement le mode de perception, le moyen de l'acquitter, les formes variées qu'il peut prendre, les ressources qu'il peut procurer ; ce n'est là que le mécanisme de l'impôt. Ce mécanisme lui-même a dû être adapté à des circonstances plus variables ou plus fixes. Mais à côté de l'instrument, il y avait ceux qui s'en servaient et ceux contre lesquels il fonctionnait. Le mécanisme même pouvait être et a été souvent modifié en vue des résultats qu'il devait produire.

Aussi ce mouvement de transformation, en cela parallèle au cours de la civilisation, présente-t-il des alternatives, en sens divers, d'après les peuples, les époques et les territoires. D'un côté, la Chine conservera l'impôt en nature pendant 4000 ans ; d'un autre côté, l'impôt féodal remplacera en Europe, pendant plus de 10 siècles, la savante organisation fiscale de l'Empire romain. Sparte gardera, pendant plusieurs siècles, le système fiscal le plus singulier, tandis qu'Athènes se livrera aux expériences les plus compliquées et les plus curieuses ; la France atteindra au plus haut degré de perfection de l'impôt foncier, et l'impôt foncier sera à peine ébauché en Angleterre ; il n'existera pas aux États-Unis.

Au milieu de pareilles diversités, de telles oppositions, comment reconnaître les faits généraux des transformations de l'impôt ?

Nous retrouvons ici l'influence de la complexité signalée à propos de la nature et des origines de l'impôt. L'impôt est nécessairement adapté aux modifications qui ont lieu dans les sociétés ; ces modifications sont extrêmement nombreuses. L'Égypte, soumise aux Musulmans, a vu changer son système fiscal en changeant de maîtres. L'Empire romain n'a pas eu les mêmes impôts que la République, les derniers siècles de l'Empire que les premiers. Les Anglais ont imposé l'income-tax à l'Inde entière. La révolution de 1789 a eu un caractère essentiellement fiscal. Pendant près de dix ans, en France, aucune classe n'a voulu payer d'impôt; à Florence l'impôt était modifié avec tout changement politique.

Lorsque Rome eut conquis la Macédoine, elle abolit l'impôt sur le capital en Italie. La Macédoine et la Grèce durent payer pour l'Italie. L'un des motifs de la résistance implacable des Juifs à Rome a été le tribut. La scène de l'Évangile où le Christ retourne le denier du tribut révèle la résistance populaire. Le Juif a toujours été rebelle à l'impôt. Il n'a pas voulu payer pour autrui.

Le mouvement de résistance des propriétaires romains à l'impôt successoral est plus significatif encore. Organisé par Auguste (1), l'impôt successoral s'est effondré; on ignore comment il a disparu. Même, en 1788, après une agitation intense, dangereuse, en présence d'une situation extrême, les privilégiés, exempts en France des tailles, ont refusé de concourir à aucun changement.

Sans doute, les impôts se transforment, mais ces transformations sont variables, parce que les conditions, dans lesquelles ils s'établissent et agissent, varient; ils ne forment point un simple mécanisme, mais une arme dont l'emploi change avec les influences politiques et sociales, les nations et les civilisations.

Dès que l'impôt est un prélèvement obligatoire sur les biens, un amoindrissement considérable et permanent de richesse, il est devenu soit entre les classes diverses (2) qui composent les nations, soit entre les na-

(1) Impôt sans répercussion possible; or les derniers temps de l'Empire romain sont caractérisés par ce fait, qui n'a pas peu contribué à sa chute, que les classes supérieures rejettent les impôts sur les autres classes.

(2) C'est bien dans ce sens qu'a eu lieu la dernière proposition d'un impôt sur le revenu en France; il devait être une arme de guerre sociale, un moyen de rendre *aux petits* ce que les autres étaient censés avoir en trop.

tions elles-mêmes, une cause de dissentiment, de lutte et de guerre. Tantôt les classes aux mains desquelles le pouvoir politique et l'influence sociale étaient remis, ont organisé et modifié l'impôt de manière à ne pas le supporter ou à n'en supporter que la moindre part; tantôt les nations ont prétendu, par la violence et la conquête, rejeter, sur d'autres nations, le poids de leurs dépenses. Et lorsque, par le lent progrès de la civilisation, les classes prépondérantes ou les nations directrices n'ont plus été à même de se soustraire à l'obligation directe de l'impôt, elles ont cherché, dans des combinaisons différentes, telles que leurs régimes douaniers, des moyens de se procurer des prélèvements d'une autre nature.

Il faut citer comme exemples décisifs l'exploitation des peuples sédentaires par les peuples nomades, l'exploitation par certaines religions, telles que le Mahométisme, et par les nations militaires, comme les Romains, des peuples pacifiques. Les Mongols, les Musulmans, les Romains ont porté cette exploitation à un tel point, qu'elle a été l'une des causes de leur ruine ou de leur décadence.

Par suite, les impôts sont soumis à un mouvement incessant de transformation. Il faut ajouter que ce mouvement a été souvent retardé, souvent accéléré par des faits généraux, qui tiennent à l'histoire même de l'humanité, tels que l'occupation progressive, la mise en culture et l'appropriation de nouveaux territoires sur les divers continents du globe, le développement des forces mécaniques de l'industrie, l'accroissement général de la richesse et du bien-être, d'une part, et, d'autre part, les retards, les reculs et même les destructions résultant des migrations, des longues guerres et des révolutions.

Les événements divers qui ont eu pour effet d'amoindrir la richesse et la prospérité des peuples ont naturellement tendu à rendre l'impôt plus rigoureux et même plus inégal ; au contraire, dans les époques où la richesse et le bien-être général se sont accrus, quoique l'impôt ait suivi cet accroissement, il n'en est pas moins devenu moins accablant et parfois plus égal, parce que les populations ont pu disposer d'excédents plus importants.

Ainsi la condition de l'Inde sous la domination anglaise, de l'Algérie et de la Tunisie, sous les Français, de la Bosnie et de l'Herzégovine sous l'Autriche, du Turkestan sous la Russie, et celle de la Roumanie, de la Bulgarie, de la Serbie, même de l'Égypte, détachées de l'Empire ottoman, s'est prodigieusement améliorée, malgré une augmentation d'impôts et des procédés plus efficaces de rendement.

Nous verrons qu'à différentes époques, la mise en culture et l'appropriation des nouveaux territoires, qui, à la fin du XIXe siècle, sont des faits économiques d'une si grande portée, ont également exercé une influence sensible sur les systèmes d'impôt, en vue de modifier l'incidence de l'impôt. Il en est de même du développement des forces mécaniques qui, à certains égards, peuvent être rapprochées, par leurs effets sur la production, de l'exploitation de nouveaux territoires.

Ce caractère complexe des transformations de l'impôt concorde nécessairement avec tous les changements qui ont lieu dans les sociétés, car ces changements modifient les résultats de l'incidence de l'impôt. Telle branche de la production, telle classe sociale qui, dans des conditions données, pouvaient subir un prélèvement proportionnel soit à leurs avantages, soit à leur impuissance de résistance, n'ont pu, les conditions étant changées, les supporter ou ont refusé de les subir. D'autres systèmes d'impôts ont dû être expérimentés et il y eut même des époques, comme à Lacédémone, à Rome, au Moyen âge, pendant la période féodale, où le caractère de l'impôt a été altéré, plus ou moins complètement.

Dans les considérations qui précèdent, l'impôt a été surtout envisagé au point de vue économique, tel qu'il se présente à l'observation d'un esprit judicieux, au milieu d'un peuple prospère et d'une société assise et calme, comme l'Angleterre au XVIIIe siècle, ou la France sous l'ancienne monarchie, depuis Henri IV jusqu'en 1789. On comprend que, dans ces conditions, Adam Smith ait pu, par voie d'induction, formuler, d'après l'examen des faits par lui recueillis avec sa rare sagacité, les lois ou les règles qui ont pris place dans la science et qui ont été depuis parachevées.

Mais il a été donné à peu de sociétés humaines de traverser de pareilles époques de prospérité et de quiétude; aussi pendant le XIXe siècle, qui a réalisé cependant de très grands progrès sur le XVIIIe siècle, il n'a cessé de régner, même en Angleterre, au milieu d'un développement économique sans exemple, une grande agitation fiscale, qui a été la même dans la plupart des autres États; chez tous se sont accomplis ou se préparent des changements dont on n'aperçoit pas le terme (1).

Aussi l'histoire de l'impôt à travers les diverses époques et les diverses civilisations, sans ébranler l'autorité des règles d'Adam Smith, telles qu'elles ont été depuis complétées, notamment par Stuart Mill, conduit-elle à la conviction que ces règles s'appliquent à une sorte d'avenir lointain dont, jusqu'à présent, les générations humaines se sont tenues à une bien grande distance. Il est très exact que le don volontaire, correspondant à la contribution de chacun dans les dé-

---

(1) H. Passy a aussi présenté des règles générales avec des formules techniques; mais la matière fiscale est trop changeante pour s'assouplir à ces formules. On aurait fort étonné l'honorable publiciste, en lui annonçant qu'un jour viendrait, où le monopole de l'alcool serait tenu comme assez productif, pour remplacer octrois, impôt foncier, prestations, impôt mobilier, portes et fenêtres, et amortir la dette publique!

penses publiques, est l'une des formes les plus anciennes de l'impôt, comme la plus respectable, forme que l'on retrouve, depuis les empires des civilisations primitives jusque chez les tribus nomades de toutes les races et même au milieu de la fiscalité du régime féodal. Mais on est obligé de placer immédiatement après le don volontaire le tribut, le tribut que le vaincu, le faible, l'opprimé est contraint de payer au plus fort, comme l'une des formes également les plus anciennes, les plus constantes, les plus universelles de l'impôt. Il y a même eu des peuples, des empires, comme les Romains, les Mongols, comme la plupart des peuples nomades, pour lesquels le tribut a été, ou toujours ou pendant quelque temps, la principale, parfois la seule ressource, de même qu'il y a eu des peuples qui sont devenus perpétuellement tributaires, comme l'Égypte. Ne voyons-nous pas l'Angleterre faire la guerre, pour son propre compte, avec les impôts de l'Égypte? De même, pendant de longs siècles, les Slaves de toute origine, ont payé le tribut. Leur nom provient probablement de leur qualité de tributaires à titre permanent. Bien mieux, une grande religion, qui continue de nos jours ses progrès, a établi comme l'un de ses dogmes, formulés au nom de Dieu par son prophète Mahomet, que tous ceux qui ne les accepteraient pas comme révélés, auraient à choisir entre le tribut ou le massacre. Même de nos jours, si le tribut est mis en question ou en péril, le massacre commence. Il suffit d'un coup de clairon. Les Musulmans sont peut-être plus exigeants que Sennachérib à cet égard. On sait combien les Romains étaient eux-mêmes peu endurants. Voilà une des faces de l'impôt qui n'a peut-être pas été suffisamment mise en relief jusqu'à présent. Et, dans ces derniers temps, l'Europe entière n'a-t-elle pas laissé imposer à la France, habilement provoquée à une guerre dans des conditions d'inégalité désastreuses, une énorme indemnité de guerre, équivalant à un tribut annuel de 300 millions? La plupart des publicistes allemands n'enseignent-ils pas que la guerre est un moyen de s'enrichir tout aussi légitime qu'un autre? ce qui implique la parfaite légitimité du tribut.

Sans rejeter entièrement l'idée de M. H. Passy que les formes de l'impôt s'approprient à l'état, plus ou moins avancé de la civilisation, il faut donc reconnaître qu'elles dépendent de circonstances variables dont la concordance avec l'état de la civilisation n'est que relative. Les Romains sont parvenus à un très haut degré de civilisation, tout en réduisant au minimum les impôts qu'ils payaient et en rejetant la charge entière sur les peuples qu'ils avaient vaincus. Pendant plusieurs siècles, ils se sont fait entretenir par leurs victimes. Il en a été de même pour les Musulmans, les Mongols et les grandes Confédérations de nomades. La guerre devait alimenter le budget. Les Turcs ottomans ont même enchéri sur les uns et sur les autres. Leur oppression fiscale a été accablante partout.

Dans le présent volume, nous conduisons l'histoire de l'impôt jusqu'au XIVe siècle, c'est-à-dire à peu près au terme de l'époque qu'on est convenu d'appeler, quant à l'Europe du moins, le Moyen âge. Pour la plus grande partie de l'Asie, le Moyen âge n'est caractérisé par aucune série de faits qui le distinguent des temps précédents; mais il n'en est pas de même pour l'Europe qui a aujourd'hui en main la direction de l'humanité.

Durant cette longue suite de siècles, qui remonte fort loin dans les vallées de l'Euphrate, du Tigre, du Nil et du Hoang-Hô ou fleuve Jaune, et qui comprend la plus grande partie du développement historique de l'humanité, on peut résumer par les traits suivants les origines, la nature, les formes, les variations de l'impôt et son incidence, pour les diverses civilisations.

I. La civilisation a d'abord consisté dans l'établissement et la fixation sur des territoires déterminés, de tribus ou de Confédérations nomades, sous l'action de divers mobiles, notamment l'influence des hommes supérieurs dont elles acceptaient, subissaient ou recherchaient la direction, tels que Moïse, Zoroastre, Manou, Confucius, Lycurgue, Solon, Servius Tullius. Selon la remarque fondamentale de Thucydide, les points d'arrêt des tribus nomades en vue de se transformer en tribus sédentaires, transformation qui est la condition d'apparition et le fond de tout foyer civilisateur, ont eu lieu surtout dans les vallées, le long des fleuves, où les premières tribus humaines ont trouvé des moyens d'alimentation, de défense, de communication plus nombreux et plus faciles, en même temps que des terres plus fertiles (1).

II. C'est ainsi que se sont constitués les foyers primitifs des diverses civilisations, ayant probablement tous pour premier centre le Delta de l'Euphrate et du Tigre, d'où des colonies ont successivement émigré pour s'établir dans la vallée du Nil, dans celle du Hoang-Ho, dans celle de l'Oxus et dans celle de l'Indus. Ces tribus devaient posséder, de même que celles si nombreuses et si redoutables qui, plus tard, ont attaqué et parfois détruit ou revivifié les foyers primitifs, une organisation fiscale. Les lois de Manou, les monuments chinois et celtiques, Strabon, César et Tacite en ont conservé la tradition. Il était dû aux chefs des tribus un prélèvement annuel sur le bétail complété par des offrandes volontaires. Ce prélèvement obligatoire était réparti entre les clans ou familles de la tribu proportionnellement à leur importance. Le don volontaire et la capitation sur le bétail des peuples nomades doivent être, par suite, les formes primordiales de l'impôt. Ces formes subsistent encore chez les tribus ou Confédérations des tribus nomades.

---

(1) Thucydide, *Guerre du Péloponèse,* livre 1er, §§ 5, 7, 8.

III. Chez les tribus sédentaires, dont les foyers sont devenus les centres de la civilisation, le don volontaire s'est maintenu, mais l'impôt sur le bétail s'est transformé dans un impôt plus général sur la production agricole ; cet impôt, c'est la dîme. La dîme sur les produits du sol et le don volontaire sont par suite les deux formes de l'impôt primitives des peuples sédentaires ou civilisés. Ces impôts, chez les peuples sédentaires n'étaient pas seulement dus au souverain, mais également, dans des proportions diverses, aux classes directrices, notamment aux sacerdoces, représentant les éléments actifs de la civilisation. Il en a été ainsi dans l'Inde pour les Brahmanes, en Perse pour les Mages, en Égypte, en Judée, dans les Gaules pour les Druides. Ces sacerdoces ont eu, en effet, la première part dans l'œuvre de la civilisation. Une autre part a dû être faite aux classes militaires, chargées de la défense du foyer. Tantôt ces attributions ont eu lieu au moyen de terres exemptes d'impôts, tantôt au moyen d'une participation même dans l'impôt. Ainsi se sont constituées des inégalités et des classes sociales, que rien ne pouvait prévenir, et qui correspondaient aux nécessités de chaque nationalité et de la civilisation elle-même. A ce sujet l'histoire de l'impôt et de la civilisation en Égypte contient un enseignement péremptoire.

IV. Dans ces conditions, qui ont été maintenues assez longtemps, les premiers foyers de la civilisation ont joui d'une incontestable prospérité fondée, sur la culture du sol et leur éloignement respectif ; c'est ce qui est attesté par tous les monuments et tous les documents qui ont été conservés sur la civilisation de la Chaldée, de l'Assyrie, de la Babylonie, de l'Égypte ancienne et moyenne, de l'Arabie primitive, surtout de l'Inde, de la Chine et de l'Italie avant Rome. Les légendes et les traditions sur une première époque de prospérité, sur l'âge d'or, se rattachent à ces temps.

V. Cette prospérité a été troublée par l'intervention de divers facteurs nouveaux : 1° l'accroissement des tribus restées nomades, ayant préféré leur vie traditionnelle aux rudes labeurs des tribus sédentaires ; 2° la concurrence des foyers civilisateurs entre eux, concurrence provenant de la nature même des choses, des différences de climat, de race, de religion, de conditions économiques ; 3° les modifications que la loi d'inégalité, ou le principe de différenciation, introduit nécessairement dans toutes les sociétés humaines ; 4° le rapprochement des foyers civilisateurs entre eux sous l'influence des progrès mêmes de la civilisation, de la population, de l'occupation, de la mise en culture et de l'appropriation de nouveaux territoires. L'action de ces divers facteurs a donné une extrême intensité à la loi de la guerre, réalisation brutale de la concurrence des peuples et des civilisations. De même que les guerres tendent actuellement à devenir moins fréquentes, de même elles ont dû être assez rares dans les premières civilisations ; mais elles ont pris une terrible activité lorsque, d'une part, les foyers civilisateurs ont été plus nombreux, plus rapprochés, plus riches et que, d'autre part, les populations nomades ont pris plus d'importance. Elles ont eu pour causes incessantes de provocation, les luttes entre les foyers civilisateurs et les nomades, les luttes entre les foyers civilisateurs eux-mêmes. De ces luttes, deux résultats principaux, l'un et l'autre essentiellement fiscaux : le premier de rejeter l'impôt sur le vaincu, d'où le tribut, troisième forme primordiale de l'impôt ; le second, sinon de faire apparaître, du moins d'aggraver, dans d'énormes proportions, le plus grand élément d'inégalité entre les hommes, l'esclavage et, par l'esclavage, d'altérer profondément les moyens de production, les sources de la richesse, le caractère et la répartition de l'impôt.

VI. Depuis l'époque des Empires de Chaldée et d'Assyrie et du second Empire d'Égypte jusqu'à Auguste, c'est-à-dire pendant au moins vingt siècles, on peut dire que la guerre, soit entre les foyers civilisateurs, soit entre ces foyers et les peuples nomades, ont été l'élément principal de la vie des peuples méditerranéens et qu'elle résume à peu près les mouvements divers de leurs civilisations. Il y a sans doute certains foyers, tels que la Phénicie, Israël, l'Égypte, Athènes[1] où, à côté de la guerre, d'autres éléments se sont développés, mais ils ont été toujours dominés par la guerre et, par suite, par l'esclavage, le pillage, le butin de guerre, même par la dépossession du sol, l'appropriation des impôts, à titre de conquête par les vainqueurs, car non seulement les vainqueurs imposaient le tribut au vaincu, quand ils ne le réduisaient pas en esclavage, mais souvent ils s'emparaient du sol et, s'ils lui en laissaient la jouissance, ils mettaient au moins la main sur tous les impôts ordinaires, pour en disposer comme d'une rente annuelle et perpétuelle. Dans les anciens empires d'Orient, les souverains traitaient, pour la perception du tribut, en quelque sorte à forfait, ce qui soulageait les populations; mais les Romains percevaient eux-mêmes tribut et impôts et ils les employaient à leur fantaisie, notamment à nourrir la population famélique de Rome et de Constantinople.

VII. Pour résister à des perturbations pareilles, les populations sédentaires ont eu surtout recours à la coutume et à l'impôt en nature; ce sont ces deux moyens qui leur ont permis de subsister, aussi bien en Asie Mineure qu'en Égypte, dans la Péloponèse et ailleurs. Tous les peuples conquérants ont dû s'y plier. L'oppression la plus affreuse que les Mongols ont fait sentir aux Russes a consisté à les contraindre de payer leur tribut en argent. Nul doute que cette oppression n'ait

---

(1) A Athènes même, le butin de guerre entrait dans la constitution du budget.

contribué à fortifier, au plus haut degré, la résistance des Russes et à leur donner l'énergie nécessaire pour la détruire.

VIII. Sans doute, dans certains foyers spéciaux, comme Athènes et l'Égypte, sous l'influence de la civilisation supérieure de la Grèce, les systèmes fiscaux ont pris un développement particulier extrêmement intéressant. Avec quelques différences, provenant de leurs conditions économiques, l''Égypte et Athènes ont à peu près connu et pratiqué toutes les formes de l'impôt. D'autre part, Athènes a discuté la plupart des problèmes fiscaux que les démocraties contemporaines ont essayé de résoudre, impôt sur le capital, impôt sur le revenu, impôt progressif, impôts directs et indirects, taxes de consommation, confiscations, pain gratuit, théâtre gratuit, vie gratuite; mais, au point de vue de l'influence fiscale, Athènes a été un fort médiocre foyer, sans aucune action au dehors, promptement submergé par la conquête romaine.

IX. Cette conquête s'est faite au moyen des ressources de l'impôt sur le capital, le *tributum ex censu*, acquitté avec persévérance par une aristocratie supérieure, qu'on peut comparer aux grands sacerdoces de l'Égypte, de la Perse et de l'Inde et surtout à l'aristocratie anglaise. Cette aristocratie a eu, de bonne heure, la prévision d'une haute mission à accomplir, exactement comme l'aristocratie anglaise, qui, depuis si longtemps, a jeté les éléments de l'Empire anglais. Le *tributum ex censu*, en vue de la conquête de tous les peuples méditerranéens, est certainement un fait fiscal de premier ordre en opposition absolue avec les maximes pacifiques d'Adam Smith. La conquête a été opérée, le *tributum ex censu* supprimé pendant plus d'un siècle et tous les peuples méditerranéens contraints : 1° de payer le tribut territorial et personnel à Rome; 2° de lui servir leurs impôts en argent ou en nature à titre de rente; 3° de reconnaître que Rome était devenue nue propriétaire de leurs territoires, que parfois, en cas de résistance absolue, comme les Juifs, elle réunissait au sien, après en avoir massacré ou vendu les habitants. Voilà les civilisateurs dont il est de tradition, malgré Montesquieu, d'admirer les bienfaits. Les Musulmans n'ont fait que se conformer à ces précédents, mais en les améliorant beaucoup, malgré leurs tendances à la férocité. Non seulement toute personne pouvait se convertir aux dogmes si simples de Mahomet, mais en payant le Djizyéh pour les personnes et le Kharadj pour les biens, on conservait et la vie et la fortune.

X. Lorsque le neveu de César, Auguste, après d'effroyables massacres, fut devenu le maître de Rome et des peuples méditerranéens, il eut, s'il faut s'en rapporter à Dion Cassius, plusieurs conférences avec son ami intime et son conseiller, Mécène, l'un des esprits supérieurs des temps anciens. Mécène lui donna différents avis qui révèlent une très haute intelligence; mais ces avis étaient de beaucoup en avance sur les temps et sur les ressources de la civilisation romaine. Auguste fit faire un recensement général de l'Empire; puis il procéda à une refonte générale des impôts. Ces deux opérations durent être un immense bienfait pour cette époque. L'impôt perdit quelque peu de son caractère tributaire, militaire, oppressif pour se rapprocher des axiômes d'Adam Smith ou des physiocrates du XVIIIe siècle. La conquête cessa d'être le caractère du Gouvernement; le massacre, l'esclavage, le tribut, le pillage ne furent plus nécessairement le sort des populations. Se propageaient en même temps, dans le sous-sol de la société, les idées nouvelles que le Christianisme apportait dans le monde et qui, comme un levain merveilleux, allaient changer lentement, mais irrévocablement, le cours de la civilisation.

Trois siècles plus tard, Dioclétien, Constantin, après eux Théodose II et Justinien ont repris, renouvelé, parachevé l'œuvre d'Auguste, réalisé en partie les idées de Mécène, frayé les voies aux règles d'Adam Smith par une législation fiscale dont l'ensemble est de beaucoup supérieur à cette époque et qui est encore comme un modèle. Cette œuvre a été comme une réparation que Rome a accordée aux peuples qu'elle avait opprimés et le dernier legs de son génie politique. L'impôt a dû, dès lors, être envisagé comme un devoir à acquitter proportionnellement aux ressources. Ce n'est plus un don, ni une dîme, ni un tribut, ni une extorsion, c'est un devoir à remplir par le contribuable et un droit de l'État, exercé avec justice et humanité.

XI. Mais au moment où cette législation entrait en pratique, l'édifice romain était battu en brèche de tous côtés, par des difficultés politiques et sociales également insurmontables, car les éléments intérieurs des civilisations ne sont pas soumis à des changements moins importants que leurs éléments extérieurs; les conditions du travail, la vie économique de l'Empire romain se modifièrent en même temps que sur les frontières se présentèrent des ennemis implacables.

XII. Le développement de la guerre, en multipliant les esclaves, avait exercé une influence désorganisatrice sur le travail; nulle part cette désorganisation n'a été plus grande et plus destructive qu'en Italie et qu'en Grèce. Le travail de l'esclave s'y substitua au travail de l'homme libre. L'esclave ne paie ni ne peut absorber l'impôt. Il le réfléchit sur son maître. Le maître s'y soumet lui-même, sans bonne volonté. Les États esclavagistes ont, par suite, été toujours belliqueux; la guerre devait fournir des esclaves et payer le tribut. La *pax romana* avec Auguste mit un terme aux guerres, limita l'esclavage et le tribut. Le Christianisme accéléra ces changements. Il fallut se remettre au travail, comme Aristote l'avait prévu. Saint Paul faisait des tentes; les apôtres ont été la plupart des ouvriers; tous travaillaient. Puis, on dut reconnaître que le travail de l'homme libre est plus productif que celui de l'esclave. Les affranchissements se multiplièrent; il fallut demander aux travailleurs leur part d'impôt; l'impôt revêtit alors un certain caractère servile. Simultanément les idées politiques, les bases et la forme du gouvernement romain changeaient, sous l'influence de l'Orient; de républicaines, elles devinrent monarchiques. L'impôt fut considéré comme appartenant à l'empereur, dans lequel l'État se personnifiait. Il devint la propriété de l'empereur, qui en disposa comme de sa chose, conformément aux traditions orientales; dès lors il put exempter de l'impôt, les personnes qui approchaient de lui : l'*immunitas* conduisit au don de l'impôt, à la gratification fiscale, à l'*honor*. Payer l'impôt devint une marque d'infériorité politique et sociale. En outre, à cette époque si intéressante, le cours de la civilisation prend une autre voie. D'urbaine, elle devient rurale, à raison des progrès des défrichements, de la mise en culture de nouveaux territoires et de la population. Les formes de la production se modifièrent en même temps, surtout dans l'Europe occidentale. C'est donc aux propriétaires ou aux cultivateurs qu'il fallut demander la part principale de l'impôt.

XIII. C'est à ce moment décisif dans l'histoire économique de l'Empire romain, que s'aggravèrent les attaques des peuples nomades qui l'entouraient sur toutes ses frontières, au nord, au levant, au midi. Ces peuples nomades n'étaient pas inconnus des peuples sédentaires du bassin de la Méditerranée. Celtes, Scythes, Massagètes avaient, à diverses reprises, menacé et franchi les frontières de la Perse, de la Macédoine et de l'Italie. Leurs migrations et leurs invasions s'étaient calmées, lorsque, à la suite de conquêtes par les Chinois et de l'assèchement graduel du désert de Gobi et des deux Turkestans, il se produisit, dans toutes les tribus du nord de l'Asie, un ébranlement profond, à la suite duquel de nombreux peuples nomades vinrent occuper les territoires situés entre la Vistule, le Volga et l'Oural. Dès avant César, les légions romaines se trouvèrent en présence de ces tribus, les Parthes sur l'Euphrate, les Cimbres et les Teutons en Gaules; puis les attaques se renouvelèrent, devinrent plus redoutables sur l'Euphrate, sur le Rhin, sur le Danube; c'est là que Rome dut concentrer ses légions, concentration qui mit le gouvernement impérial dans leurs mains. César, Trajan, Marc-Aurèle, Septime Sévère, Constantin, Théodose étaient parvenus, aux prix des plus grands efforts, à les contenir. Mais après Théodose, les barrières furent brisées, l'Empire partagé en deux moitiés, l'Empire d'Occident renversé; l'empire d'Orient put seul résister.

XIV. Toutefois l'empire d'Orient dut lui-même abandonner la frontière du Danube et en Asie se limiter au Taurus. Les Arabes sédentaires et nomades, sous l'influence de la religion de Mahomet, s'emparèrent de toute la Syrie, de la Perse, de l'Afrique du Nord et de la plus grande partie de l'Espagne. Ils conservèrent les anciens impôts romains, mais en restituant aux deux capitations le caractère tributaire. Ce fut un bien grand recul dans la nature de l'impôt, recul tel que les impôts directs ont conservé dans l'Empire ottoman le caractère tributaire jusqu'aux réformes qui ont suivi la guerre de Crimée et que, même depuis ces réformes, ce caractère persiste encore.

XV. En Occident la perturbation a été totale, le naufrage de la civilisation romaine complet; toutefois les désastres du naufrage furent relativement amoindris par les progrès du Christianisme et le développement de la culture du sol. Pour apprécier les résultats de ce naufrage au point de vue de l'impôt, il faut diviser l'Europe romaine en deux zones : d'abord, la zone complètement romanisée, comprenant l'Italie et l'Espagne. L'Italie finit par expulser ou absorber tous les éléments étrangers, Goths, Hérules, Lombards; elle conserve les traditions romaines, les lois romaines, les impôts romains et les approprie peu à peu aux temps nouveaux ; elle retrouve les divers éléments de civilisation que la conquête romaine avait comprimés. La situation de l'Espagne est plus difficile. Elle engage contre les Arabes une lutte de sept siècles. Elle subit à la fois l'influence propre des Arabes et l'influence de cette lutte même. Ses institutions fiscales durent être appropriées à cette lutte.

XVI. Dans la seconde zone, qui comprend les Gaules, la Grande-Bretagne et l'Allemagne jusqu'à l'Elbe, la situation est différente. Les Gaules, alors le territoire principal, n'ont pas été romanisées au même degré que l'Italie et que l'Espagne; elles sont en partie occupées définitivement par les tribus germaniques et scandinaves : il y eut une sorte de compromis, une véritable fusion entre ces divers éléments. En même temps que le territoire des Gaules est défriché, assaini, mis en culture, les tribus celtiques, germaniques, scandinaves, de demi-nomades tendent à devenir sédentaires. C'est de ces divers éléments qu'est sorti le régime féodal en vue d'asseoir les populations, de mettre le sol en valeur, de développer la vie rurale, transition indispensable aux populations nomades, de défendre le territoire et de préparer les éléments de la nationalité.

XVII. Cette œuvre complexe s'est accomplie dans les grandes propriétés foncières, dans les seigneuries, qui ont remplacé le clan, démembrement de la tribu, ou plutôt qui ne sont que les *pagi*, pays ou localités, où le clan s'est fixé, avec ses chefs et ses familles. La seigneurie s'est elle-même démembrée en fiefs et en tenures roturières, de divers genres, le fief pour fournir le service militaire et garantir la défense de la seigneurie et du territoire, la tenure roturière pour garantir la production. Comme l'a expliqué Sumner Maine, les impôts et les redevances des fiefs et des rotures sont provenus, en partie, des anciennes redevances, des clans et des familles dans la tribu. La société féodale et le régime féodal n'ont été que la cristallisation, l'agencement des seigneuries. La tribu est un État, le clan un autre État, avec ses chefs, son gouvernement, ses agents. La seigneurie a donc été elle aussi un État, d'autant plus réel et sérieux qu'elle a eu pour fondement la terre, le sol, tandis que la tribu, le clan n'avaient que la tradition, l'habitude et l'espace.

XVIII. Sous le régime féodal, l'impôt, loin de disparaître ou de s'amoindrir, s'est multiplié, diversifié avec une ingéniosité dont tous les fiscs ont, depuis lors, profité. Il a survécu à la longue anarchie qui a duré du VIe au XIe siècle, mais il a été approprié, totalement dans les Gaules, partiellement en Angleterre, en Allemagne, en Espagne, en Italie. En Italie, cette appropriation s'est faite au profit des grands propriétaires et des villes. En Angleterre, en Allemagne, en Espagne au profit du pouvoir royal ou impérial et des grands propriétaires. Dans les Gaules seules, elle a eu lieu exclusivement en faveur des principaux propriétaires, les Seigneurs, et des principaux fonctionnaires, les Comtes. Par suite, les Gaules ont été le foyer de la véritable féodalité, représentée par le seigneur foncier, et le seigneur justicier, celui-ci au nom de la tradition romaine, celui-là au nom de la tradition foncière, se reliant elle-même à l'ancien clan et à l'ancienne tribu. Cette appropriation, l'un des faits les plus importants de l'histoire de l'impôt, a eu une durée d'au moins 400 ans par ses résultats immédiats, et par ses prolongements elle a correspondu à l'époque féodale, époque très importante dans l'histoire de la civilisation.

XIX. L'époque, quant aux Gaules, où se mêlent, fusionnent et s'asseoient pour toujours, les diverses couches de population, les diverses races, sédentaires ou nomades, provenant soit de l'afflux des migrations du Nord, soit des colonies ou migrations latines, soit du vieux fond des Celtes, Ibères et Ligures; l'époque, encore où le sol est définitivement conquis sur les forêts, les marais, où les populations, devenues tout à fait sédentaires, se répandent de tous côtés, fondent villes, bourgs, villages, bâtissent les sauvetés, les prieurés, les monastères, les églises, les cathédrales, élèvent les ponts, préparent tous les matériaux de la civilisation agricole, qui caractérise au plus haut point la France. L'impôt suit naturellement la production dans ses diverses ramifications. Puis, il s'introduit simultanément dans l'impôt un autre élément, qui n'est ni le don volontaire, ni le tribut, ni la quote-part coopérative ou mutuelle dans la dépense, mais la redevance, le cens, représentant pour le serf, ou le colon, le droit à la propriété conditionnelle du sol. Il suffit de jeter un coup d'œil sur l'histoire de la propriété foncière et de l'impôt pour reconnaître, pour peu qu'on ait conservé une certaine liberté d'esprit, que le cens a été la forme d'un progrès inappréciable pour les classes rurales, puisque, moyennant le paiement du cens, elles devenaient propriétaires du sol. Il était, il est vrai, perpétuel et non rachetable, condition qui a eu de graves inconvénients; mais il avait de bien plus précieux avantages, en assurant la stabilité à une société presque nomade. Les feudistes de la monarchie absolue, suivis au pied de la lettre par les publicistes de la Révolution, n'ont rien saisi de tout cela. Ils ont considéré les barons féodaux comme des usurpateurs des droits sacrés du Roi. Ce sont eux qui ont répandu, sur l'époque féodale, des erreurs qui subsistent encore. En tout cas, cette époque a été le moment historique où la race française, que Louis XIV devait amollir, corrompre et dégrader dans les entre-sols et les salons de Versailles, s'est élevé le plus haut, où l'influence durable de la France a été portée le plus loin, où elle a produit, avec Philippe-Auguste, saint Louis, Duguesclin, Charles V, Richemont et Jeanne d'Arc, ses types supérieurs.

XX. En Angleterre et en Allemagne, les éléments sociaux et ethniques n'étaient pas les mêmes; aussi le régime féodal y a-t-il été différent, moins brillant, moins original, surtout moins fiscal; la fiscalité féodale étant de source romaine. Il y a, par suite, correspondu à un développement moins complet de la civilisation, parce que, d'une part, l'élément romain, latin, y faisait défaut, et parce que, d'autre part, le moment n'était pas encore venu, en Angleterre et en Allemagne, pour une extension aussi importante de la culture du sol qu'en France. Les matériaux manquaient.

XXI. Les conditions de l'Europe centrale (de l'Elbe à la Vistule) et orientale ont été, durant tout le Moyen âge, bien plus défavorables encore. Dans toute l'Allemagne orientale et les provinces danubiennes, les tribus nomades ont longtemps prévalu. Il a fallu beaucoup de temps pour qu'elles devinssent demi-sédentaires. Aussi pendant tout le Moyen âge n'ont-elles pu fournir l'impôt qu'en nature et bien souvent qu'à titre de tribut. Elles n'ont pas été à même, comme dans l'Europe occidentale, de s'élever à la propriété foncière conditionnelle au moyen du cens, parce que le servage soit direct, soit sous forme de travail à corvée, est demeuré indispensable à la culture du sol, même à la protection de la vie et à la subsistance des générations. Le serf trouve dans son maître un défenseur contre les famines et contre les invasions, de même que le clan ou la tribu procurent une garantie à leurs membres; aussi lorsque, dans l'Europe orientale, les populations ont commencé à abandonner la vie nomade et que la tribu et le clan se sont désagrégés, ont-ils été remplacés par des communautés, à l'origine, souvent serviles ou demi-serviles, le *Mir* en Russie, la *Zaduga,* la *Joupanie,* dans les provinces danubiennes. Elles offraient plus de sécurité d'abord à ceux qui en faisaient partie, puis à l'État et aux propriétaires fonciers, au triple point de vue du service militaire, du paiement de l'impôt et de la culture du sol.

XXII. Pendant le XIe et le XIIe siècles, l'Europe orientale avait réalisé quelques progrès provisoires en Russie, en Hongrie, en Bulgarie, lorsque se précipita sur elle la dernière et la plus terrible des vagues des migrations du Nord, les Mongols qui, partis des frontières de la Chine, parvinrent jusqu'au Danube sans pouvoir dépasser la Vistule, couvrant cet immense espace de leurs troupeaux, de leurs chariots et de leurs hordes. Ils rétablirent partout le tribut en nature et en argent; ils provoquèrent dans la condition économique de l'Europe orientale un recul effrayant, un appauvrissement affreux. La Russie, qui en a tant souffert, leur doit cependant, en partie, son unité. Ce sont les Mongols qui ont fondu tout ce qui pouvait se fondre dans les éléments si variés des populations russes; ce fut aussi les Mongols qui les ont rompues au paiement de l'impôt, au moyen du tribut.

XXIII. L'Europe orientale se relevait à peine de ce cyclone humain, qui se dissipa avec bien moins de rapidité qu'il n'était apparu, lorsque les Turcs ottomans, mélange de nomades et de sédentaires, se présentèrent à leur tour et parvinrent jusqu'au Danube, sans le franchir. L'occupation ottomane, a été plus funeste que l'invasion des Mongols, parce qu'elle dure depuis plus de quatre siècles; mais elle est le dernier effort des peuples nomades ou demi-nomades contre la civilisation des peuples sédentaires. Le xxe siècle verra l'affranchissement complet de l'Europe, des impôts et des tributs levés par les Turcs, comme le terme de leurs coups de clairon et de leurs massacres.

Avec l'expulsion, la disparition des Mongols, le Moyen âge est clos. La civilisation des peuples sédentaires a irrévocablement pris le dessus. Elle déborde de toutes parts. Le groupe des anciens foyers civilisés ne se reconstituera pas, tel que Rome l'avait construit; il se rétablira sur d'autres bases, avec d'autres conditions; ce qu'il y avait de violent, d'oppressif, de comminatoire dans le régime fiscal romain, ainsi que Dioclétien et Constantin l'avaient établi, condamné par le temps, ne reparaîtra pas; le tribut militaire ne sera plus que, par exception, une forme de l'impôt. Néanmoins, d'autres problèmes, sur lesquels les institutions fiscales d'Athènes ont jeté un certain jour, seront appelés à surgir et à donner un intérêt nouveau aux questions concernant l'origine, la nature et les formes de l'impôt dans les diverses civilisations.

LIVRE PREMIER.

DE L'IMPÔT DANS LES ANCIENNES CIVILISATIONS D'ORIENT.

AVANT-PROPOS.

Les anciens Etats d'Orient, qui ont exercé une si grande influence sur la marche de la civilisation et qui sont les témoins de la tradition fiscale de l'humanité, doivent être partagés en trois catégories distinctes. Les uns ont complètement disparu, nous laissant des documents, plus ou moins imparfaits, sur leurs institutions. Dans cette première catégorie se classent tous les Etats des vallées de l'Euphrate et du Tigre, de l'Asie Mineure et Carthage. Ce sont des Etats la plupart d'origine proprement sémitique. D'autres subsistent encore et ont conservé leur autonomie : la Chine, le Japon, la Perse. L'un de ces Etats, la Chine, par un fait extraordinaire, est à la fois le plus ancien des Etats du globe et le plus considérable par sa population. La troisième catégorie comprend les Etats qui, comme l'Egypte et l'Inde, ne jouissent que d'une autonomie incomplète. L'examen de leurs systèmes fiscaux présente beaucoup d'importance, parce qu'ils offrent le tableau, dans tous leurs détails, des mouvements de transformation de l'impôt.

Les Etats, compris dans la seconde et dans la troisième catégories, ont un caractère commun, l'absence de toute liberté politique, de tout contrôle sur leur gouvernement, qu'il soit autonome comme dans celle-là, subordonné comme dans celle-ci. Or, dans l'histoire de l'impôt, surtout de ses transformations, l'influence des institutions libres est un facteur de premier ordre. La Grèce ancienne est un exemple hors de pair de cette importance. Où peut-on suivre les changements, les reflets de l'impôt, dans les anciennes civilisations, si ce n'est à Athènes qui, de tous les Etats helléniques, a joui des institutions les plus libres? Il en est de même pour Rome. Tant que Rome a possédé un gouvernement libre, l'histoire de l'impôt y a présenté le plus grand intérêt. Tout change peu à peu avec l'Empire pour aboutir à la situation si complexe du IIIe et du IVe siècles, puis à la désorganisation complète des siècles suivants.

En outre, les peuples libres sont les seuls qui se soient élevés à la notion de l'histoire, les seuls, la Chine exceptée, qui aient laissé des œuvres historiques où les faits économiques sont reconnus, analysés, appréciés. Pour tous les autres peuples, il faut demander à leurs livres religieux, aux papyrus, aux briques, aux inscriptions, des renseignements difficiles à comprendre et surtout à interpréter. Témoins muets du passé, ils mettent à notre disposition des textes, des usages, des chiffres, mais ils ne permettent que très-rarement de reconnaître, comme dans les discours de Démosthènes ou certaines pages de Tite-Live et de Tacite, les reflets de l'impôt par l'opinion même des contemporains.

On peut se faire une idée de cette situation par ce qui se passe actuellement dans l'Inde. Ce n'est pas en vain que les classes supérieures de l'Inde, parvenues d'elles-mêmes à un certain degré de culture, ont été mises, depuis plus d'un siècle, en rapport avec la civilisation européenne, représentée par l'Angleterre. Un changement, lent mais réel, s'est opéré dans les esprits. Les Hindous se sont habitués à lire des journaux, à ouvrir des cercles, à tenir des réunions, à discuter sur leurs intérêts. Ils ne possèdent pas de contrôle direct, mais ils ont en main les moyens d'exercer un contrôle indirect. Déjà des congrès ont été réunis dans les grandes villes de l'Inde et dans ces congrès toutes les questions politiques, économiques, fiscales ont dû être abordées. Le système fiscal y a été soumis à des critiques, qui nous serviront souvent de guide, en traitant des problèmes de l'impôt dans l'Inde.

CHAPITRE I.

DE L'IMPÔT DANS LES ÉTATS DES VALLÉES DE L'EUPHRATE ET DU TIGRE : CHALDÉE, ASSYRIE, BABYLONE.

Plusieurs grands empires se sont succédé dans les vallées de l'Euphrate et du Tigre pendant au moins 40 siècles, peut-être davantage. Les travaux les plus autorisés de l'archéologie reportent à plus de 5,000, peut-être même 6,000 ans l'époque où a fleuri la première civilisation dans le delta de l'Euphrate. Ce delta, par la prodigieuse fertilité dont il jouirait encore s'il y régnait la même sécurité que du temps des maîtres de Ninive et de Babylone, fertilité supérieure même à celle de la vallée du Nil et surtout moins incertaine, explique cette longue persistance de la civilisation (1).

Ces divers empires ont laissé soit en Chaldée, soit à Ninive, soit à Babylone des quantités de détritus, — une véritable montagne à Babylone, — briques, cylindres en métal, bijoux, pierres de toute sorte, recouverts de traits, de dessins, de figures dont le déchiffrement est l'une des gloires de la science de notre siècle. Il faut y joindre des inscriptions gigantesques entaillées sur d'énormes rochers. On a utilisé ces documents pour compléter les renseignements transmis par les historiens grecs, notamment par Hérodote, sur l'organisation fiscale de ces empires qui, sous bien des rapports, ont eu le même caractère. On peut ramener cette organisation aux traits suivants :

1° Chacun de ces empires a été conquérant et militaire, comme l'empire perse ou l'empire ottoman. Il se composait d'un

---

(1) Selon Hérodote, le blé y rendait 200 pour 1. Les voyageurs modernes, Lord Loftus, M. Rivoire, le consul américain de Bassorah (1894), estiment que la fertilité serait encore la même. — Maspero, *Histoire ancienne de l'Orient*, p. 138.

peuple dominant qui, sans se les assimiler complètement, régissait par la force et une administration vigilante, les États ou peuples vaincus ou vassaux.

2° Les États vaincus ou vassaux devaient payer d'abord *le tribut* en nature ou en argent — on n'en connaît pas la quotité, — comme marque de leur subordination, ensuite *la dîme*, comme concours au maintien de l'empire auquel ils appartenaient; moyennant l'acquit de ces charges, ces peuples conservaient une assez grande autonomie (1).

3° Néanmoins, le paiement de ce tribut et de la dîme se faisait avec difficultés; il était la cause de guerres incessantes, suivies de la dépossession et du déplacement des populations révoltées, rarement de leur servitude, plus rarement de leur massacre. Telle a été deux fois la condition d'Israël, une première fois avec l'empire de Babylone, une seconde avec Rome. Babylone se montra moins cruelle que Rome.

C'est que le tribut, en nature ou en argent, quand il est élevé, est une charge redoutable pour les populations, même sans tenir compte de l'infériorité dont il les marque. S'il est accompagné d'une dîme, il devient plus accablant encore. Dans les deux cas il appauvrit irrémédiablement les pays tributaires, de la même façon que l'absentéisme des propriétaires anglais a longtemps dévasté l'Irlande, que les charges de l'occupation romaine ont soulevé l'Egypte et que l'Angleterre humanitaire exploite l'Inde. Le tribut séculaire est l'une des causes de la désolation actuelle de l'Asie Mineure, surtout de la Mésopotamie. Les populations, condamnées, pendant de longs siècles, à payer le tribut à des peuples étrangers, sont destinées à un appauvrissement fatal, car le tribut devient une exportation de richesse sans retour.

4° La population dominante n'échappait pas elle-même à l'impôt qui était essentiellement foncier dans des vallées où le sol rendait en moyenne 200 pour 1. Cet impôt était perçu d'après un cadastre tenu, avec soin, au courant des mutations. Il servait

---

(1) « Dans ma 111e campagne, dit Sennachérib dans une inscription, je marchai vers la Syrie; j'instituai Ethbaal sur le trône de la royauté et je lui imposai le tribut et la dîme de la suzeraineté ». — Lenormant, *Manuel d'histoire ancienne*, 2e vol., 1869, p. 99.

de contrôle à l'état de possession des terres et de base à la répartition des impôts (1).

5° A l'impôt foncier venait se joindre le don volontaire. Le don est la forme la plus antique de l'impôt. Il était à la fois l'hommage dû au souverain et le libre concours du sujet à ses dépenses et à celles de l'Etat. La tradition du don a persisté, comme coutume de bienséance et d'hommage, même lorsqu'il eut été remplacé par d'autres impôts. Il existe encore de nombreux documents, dans les diverses civilisations de la Chine, l'Inde, l'Egypte où la scène de la remise du don volontaire, en dehors de toute obligation de tribut, est représentée. En Judée, les deux dîmes n'empêchaient pas le don. Le temple de Jérusalem et son célèbre trésor ont toujours été entretenus par les dons, qui étaient dus aux trois fêtes principales, à titre religieux.

D'après Hérodote, Darius, fils d'Hystaspés, aurait le premier, dans le vaste empire des anciens Perses, transformé le don volontaire en une capitation par tête, exigible partie en nature et partie en argent, ce qui lui donnait le caractère d'un tribut. Le don volontaire s'est maintenu distinct de la capitation. Il compte encore parmi les ressources de tous les souverains orientaux et de tous les rois africains (2). On le rencontre même dans la plupart des budgets européens et il ne serait pas difficile d'en trouver quelques vestiges dans les budgets de la France.

Telles ont été les premières formes de l'impôt : le don volontaire, devenu la capitation, l'impôt foncier d'après un cadastre, ou la dîme pour les sujets directs, le tribut et la dîme pour les Etats vassaux. Avec le temps, le tribut se convertit également en une capitation.

Sur l'assiette et le taux de ces divers impôts les renseignements manquent. Après le don volontaire, converti en capitation, la dîme a été le plus universellement pratiqué de ces impôts. En Egypte, la dîme a même été, du moins dans les temps

(1) Il a existé un cadastre dans l'ancienne Chaldée qui permettait d'établir l'impôt sur une assiette solide et d'en calculer le rendement (Maspero, *Égypte et Chaldée*, 1895, p. 761).

(2) A Madagascar, le don ou hasina, d'abord volontaire, puis obligatoire, est une des formes principales de l'impôt.

anciens, la forme de l'impôt foncier. Les Israélites ont dû l'emprunter à l'Egypte. La dîme se rencontre dans l'Inde, dans toute l'Asie Mineure, en Italie, en Sicile. Elle existe encore en Turquie, en Angleterre, au Canada, en Chine. M. James Caird, le savant agronome anglais, a soutenu l'opinion que le rétablissement de la dîme en nature serait un bienfait pour l'Inde. Pendant tout le XVIIIe siècle, sous l'influence de Vauban, il a existé en France un courant d'opinion en faveur de la dîme en nature. Nous aurons occasion de revenir sur les discussions que ce courant a provoquées et qui se sont prolongées, même après les réformes de l'Assemblée constituante.

Nous saisissons ici sur le vif la trame de la tradition de l'histoire et les raisons des transformations de l'impôt. Dans des temps prospères, comme l'époque de Darius, les peuples peuvent donner la préférence à un impôt foncier en argent, levé d'après un cadastre; au contraire, dans des temps calamiteux, comme les derniers siècles de l'empire romain, ils ont trouvé un grand soulagement dans la dîme en nature sur le produit brut.

De grands bouleversements ont eu lieu dans la zone territoriale de l'Asie où ont vécu ces grands empires de Chaldée, d'Assyrie et de Babylone. Rome a occupé longtemps la même zone; néanmoins l'organisation de l'impôt y est restée presque immuable. C'est même Rome qui a emprunté à l'Asie Mineure les deux dernières formes de l'impôt dans l'empire romain : la *capitatio terrena*, qui correspondait à l'impôt foncier avec cadastre et la *capitatio humana* qui correspondait au tribut et à la capitation. L'une et l'autre ont été acceptées par les Arabes et appliquées de Bagdad à Cordoue, mais elles n'ont pu remplacer la dîme qui a reparu et qui existe encore. La dîme chrétienne n'a été qu'une importation des coutumes religieuses de la Judée et des traditions fiscales de toute l'Asie.

BIBLIOGRAPHIE. — Hérodote, traduction Rawlinson et les notes. — Rawlinson, *The five great monarchies*. — Maspero, *Histoire ancienne de l'Orient*. — Lenormant, *Manuel d'Histoire ancienne*. — Sayce, *Babylonia*. — G. Smith, *Assyria*. — Maspero, *Égypte et Chaldée*, 1895, p. 761. — Le livre principal à consulter est Rawlinson, *The five great monarchies*.

CHAPITRE II.

DE L'IMPÔT CHEZ LES PHÉNICIENS ET A CARTHAGE.

L'histoire de la civilisation des peuples méditerranéens a beaucoup perdu à la destruction complète de Tyr, de Carthage et de Jérusalem. Les Juifs ont pu sauver la Bible à grand'peine; mais tout a péri à Tyr et à Carthage; or les Phéniciens et les Carthaginois ont été les grands financiers de la civilisation orientale, en même temps que ses meilleurs navigateurs et ses meilleurs agronomes. Héritiers directs des traditions de la Chaldée et de l'Assyrie, de Ninive et de Babylone, leur disparition a laissé un grand vide. Nul doute qu'il ne faille leur attribuer une notable partie des progrès que les Juifs et les Arabes ont fait faire aux sciences économiques.

On ne sait rien du système d'impôt de Tyr, quoique les Phéniciens aient dominé tout le bassin de la Méditerranée pendant plus de dix siècles.

Aristote a écrit un chapitre fort curieux (1) sur les institutions de Carthage; mais il n'a donné aucun détail sur les impôts. On sait toutefois qu'elle exerçait sur ses colonies une domination très-dure, de même qu'Athènes; elle pratiquait le système mercantile de même que Venise, l'Espagne, la Hollande et tous les peuples européens jusqu'au XIXe siècle. « Elle les condamnait à « fermer leurs ports aux marchandises étrangères et à venir « chercher dans ceux de Carthage les produits des contrées loin- « taines (2) ». Elle en exigeait rigoureusement des tributs très-lourds (3). Il résulte de l'ensemble des témoignages des historiens

---

(1) *Politique*, liv. 2, chap. 8.

(2) Lenormant, *Manuel d'Histoire ancienne*, 3e vol., 322.

(3) Les colons, considérés comme des fermiers de l'Etat, étaient tenus à des

anciens qu'en dehors de ces tributs, dus également par les alliés et les sujets, des droits de douane et de port, il n'y avait pas d'impôts intérieurs à Carthage, surtout d'impôt foncier.

La race sémitique, particulièrement le rameau chananéen, paraît avoir été tout à fait réfractaire à l'impôt; au contraire, elle s'est toujours montrée, sauf Israël, profondément esclavagiste. Elle a toujours pratiqué la traite et la piraterie sur la plus vaste échelle. Phéniciens, Carthaginois ont précédé les Barbaresques comme écumeurs de mer et comme corsaires. Ils exerçaient même, comme les Grecs, comme les Sarrasins, la piraterie sur terre, enlevant toutes les personnes qui habitaient les côtes pour les vendre sur tous les marchés.

L'agriculture carthaginoise se faisait par vastes domaines au moyen d'armées d'esclaves; certains domaines en comptaient jusqu'à 20,000 (1). Dans les Etats esclavagistes, l'impôt se trouve sans répercussion possible sur le maître; par suite, le maître restreint l'impôt au minimum. Il en a été à cet égard, à Rome, à Athènes, comme à Carthage. Plus s'est étendu l'esclavage, plus l'impôt est devenu onéreux, plus on a voulu le limiter.

Dans l'étude des peuples anciens, il importe de ne pas perdre de vue la composition de la société : l'esclavage modifiait tout. Il en était ainsi pour l'impôt; de là, notamment, l'institution des repas en commun. Le repas en commun avait pour objet de maintenir une certaine égalité entre les maîtres; souvent il était un mode de lever et de répartir l'impôt, comme nous allons le montrer à propos des Doriens et de Lacédémone.

BIBLIOGRAPHIE. — *Les manuels de Maspero et de Lenormant.* — Aristote, *Politique*, liv. 2, ch. 8. — Mövers, *Phënizische alterthum.* — Rawlinson, *History of Phenicia*, 1889.

---

redevances en nature qui pouvaient représenter la moitié du produit brut. Les redevances coloniales sont aussi des formes de l'impôt. Ces formes ont eu longtemps la préférence des peuples européens; elles ont été la base de leur système colonial, en particulier de Venise, de l'Espagne et même de l'Angleterre. La guerre du Péloponèse, qui a si activement contribué à la décadence de la Grèce, a eu pour cause principale les exigences d'Athènes envers ses colonies.

(1) Mommsen, *Histoire romaine*, 3e volume et chapitre 1.

CHAPITRE III.

DE L'IMPÔT CHEZ LES HÉBREUX ET EN JUDÉE.

Les institutions hébraïques présentent un caractère tellement particulier que des doutes sur leur application ont pu être maintenus. Il faut toutefois reconnaître que les travaux récents sur les institutions de Sparte, même sur celles d'Athènes, ont montré que les institutions des Hébreux n'étaient pas plus singulières que celles des Spartiates (1) et des Athéniens.

1° Les Hébreux n'ont pas eu de monnaie *frappée* et les Juifs n'en ont connu et accepté que fort tard ; 2° de Moïse à David l'organisation politique des Hébreux a été toute républicaine et théocratique. Après son institution, le pouvoir royal a toujours rencontré des barrières infranchissables ; 3° le gouvernement, puis les rois devaient trouver dans les terres du domaine des ressources suffisantes ; pas d'impôts, si ce n'est, plus tard, une part des dîmes ; 4° durant toute leur vie nationale, Hébreux et Juifs se sont montrés réfractaires à l'impôt. Les impôts établis par Salomon, aggravés par Roboam ont été l'une des causes de la séparation des tribus et de la dispersion d'Israël ; 5° jamais les Juifs n'ont consenti à accepter le tribut romain.

Ce qu'ils refusaient au gouvernement, surtout à l'étranger, Hébreux et Juifs l'accordaient volontiers à la religion ; 6° en outre des 48 villes, avec chacune un territoire, affecté à leur entretien, les Lévites ont droit à la dixième partie du produit brut des terres : c'est la véritable dîme. Elle est d'origine égyptienne, peut-être mésopotamienne. Elle a deux raisons, l'absence de métaux

(1) Les règles des Esséniens, qui ont eu beaucoup d'influence sur le christianisme primitif, se rattachent au même ordre d'idées. — Renan, *Israël*, 5e vol., 58. — Ce sont les débuts de la vie monacale en Europe.

précieux, l'extrême fertilité des vallées du Nil et de l'Euphrate. Tous les trois ans, il est dû une seconde dîme qui doit être partagée avec les pauvres. Après la captivité, les dîmes furent levées par les prêtres qui faisaient la part aux lévites; 7° à ces dîmes, il faut ajouter les dons volontaires. Chaque année, tout israélite majeur devait aux prêtres du temple de Jérusalem le demi-sicle pour le prix du rachat devant l'Eternel. Le grand prêtre même acquittait cet impôt. Il était dû, en outre, des fournitures en nature assez importantes. Telle était l'organisation de l'impôt. Cette organisation a suffi à procurer à Israël une influence réelle, puis une indépendance conditionnelle, c'est-à-dire à charge du tribut, lorsqu'Israël fut nécessairement englobé dans les empires d'Assyrie, de Babylone et des Perses. Israël s'habitua difficilement à acquitter le tribut aux souverains d'Asie, plus difficilement aux Grecs, jamais aux Romains.

L'impôt direct, payé à l'étranger, surtout l'impôt romain qui atteignait tout, la personne, la femme, les enfants, les esclaves, les terres, les créances, bouleversait la constitution d'Israël. Israël avait strictement limité la part que le gouvernement pouvait prélever sur le revenu social. L'impopularité des derniers princes de la famille Asmonéenne provint de leur avidité fiscale (1). Les Hérodes, les Antipas, comme tous les rois qui s'étaient accommodés à la domination romaine, avaient dû se réduire à la fonction de collecteurs d'impôts. Le moment vint où Rome ne voulut même plus d'intermédiaires : changement préparé par Auguste, accompli par Tibère. La Judée devint une province romaine, gouvernée par un de ces procurators dont Cicéron nous a tracé le modèle (2). Les publicains s'emparèrent de la Judée. Selon l'Evangile, le Christ convertit le publicain saint Mathieu dans son bureau de perception.

Les deux dîmes et les dons volontaires, les 48 villes des lévites étaient de lourdes charges. Reynier en a évalué le mon-

---

(1) Hérode alla jusqu'à secouer les morts pour faire tomber l'or et l'argent qu'on pouvait avoir cachés dans leur linceul. — Renan, *ibid.*, 251.

(2) Le proconsul Gabinius : haurire cotidie ex opulentissimis Syrie gazis innumerabile pondus auri, ut eorum veteres illibatas quo divitias in profundissimum libidinum suarum gurgitem profundat. — M. Renan, *ibid.*, 191.

tant au quart de la production brute. Toutefois, ils ne servaient pas seulement à l'entretien du culte dans lequel se perpétuait l'idée de sa mission dont nul peuple n'a été aussi profondément pénétré qu'Israël; ils servaient également à l'éducation du peuple; car le lévite était à la fois le prêtre, l'instituteur, le savant; le temple de Jérusalem, de même que la grande mosquée du Caire, constituait le centre religieux et scientifique de la nation. Ces impôts, sauf, plus tard, la part royale, étaient attribués à des membres de la nation, exemptés de tout travail, et n'exerçant, sur le revenu social, aucun autre prélèvement. Ils n'amoindrissaient pas la richesse nationale; combien le tribut était différent! Fixé arbitrairement par un maître étranger, fort loin, sans garantie et sans contrôle, levé par des étrangers qui en tiraient eux-mêmes un grand profit, il était tout entier exporté (1). Il n'en restait rien pour la nation, à la fois opprimée et appauvrie. Israël s'était bien lentement courbé devant cette nécessité, lorsque l'impôt restait au moins en Asie. Juda se refusa absolument à s'appauvrir pour enrichir Rome. De là l'importance de la scène du denier dans l'Evangile. Jésus, avec tous les Juifs modérés et prévoyants, conseille aux Juifs de céder à la nécessité, de rendre à César ce qui est à César et d'attendre de meilleurs jours. Il leur en apporte l'espérance. Les Juifs préférèrent résister. « Il y eut pour chaque personne, dit M. Ledrain, la « capitation (*tributum capitis*), même pour les femmes et les « esclaves. L'impôt foncier (*tributum agri*) dut se payer en na« ture et le laboureur fut soumis à la charge de livrer une partie « de ses blés, de son huile (*annona*)... Quand Quirinus donna « l'ordre que chacun indiquât ses terres, ses biens, les membres « de sa famille, Jehan le gaulonite et Zaddoq exhortèrent le « peuple à la résistance. L'Etat ne devait être qu'une république « avec Dieu pour chef. Les Juifs poussèrent la haîne de l'oppres« sion jusqu'à sa dernière limite, méprisant les tortures et la « mort (2). »

(1) Plus de 10,000 talents furent payés en peu de temps. — Renan, *Israël*, 5e vol., 155. — Le talent d'argent valant 5,500 v., c'étaient 55 millions d'exportés. — Ledrain, *Histoire d'Israël*, 2e vol., 353.

(2) L'impôt et le cens parurent aux Juifs des choses insupportables. — Renan, *ibidem*, 312.

Le peuple juif n'a eu en réalité qu'une notion imparfaite de l'impôt. Cette imperfection doit être attribuée partie à son caractère propre, partie aux révolutions qu'il a subies. Avant la captivité de Babylone, Israël formait une nation agricole, prospère et heureuse. On évalue que la population de la Palestine alors a pu s'élever à 5 millions d'habitants. C'est l'époque où les deux dîmes se levaient avec le plus de régularité; c'est aussi l'époque de l'année sabbatique et de l'année jubilaire, institutions si caractéristiques du vieil Israël. Pendant la septième année, qui était l'année sabbatique, le travail était suspendu, la terre se reposait; les produits qu'elle donnait sans culture devaient être partagés entre les serviteurs et les étrangers. L'année jubilaire, ou la septième année sabbatique, entraînait des changements d'un autre ordre. Les dettes étaient remises; les esclaves recouvraient la liberté; les vendeurs rentraient en possession des héritages aliénés. Les deux années sabbatique et jubilaire avaient en vue une sorte de retour à l'état supposé d'égalité primordiale. Elles correspondaient à d'autres tendances ou prescriptions de l'état israélite; la gratuité du prêt entre Israélites (1), l'assistance obligatoire du pauvre, la mutualité attestée par les repas en commun, la limitation et le contrôle de l'esclavage, l'interdiction de la servitude de la femme, l'hospitalité envers l'étranger, la douceur pour les animaux. Ces institutions si curieuses n'ont pas empêché la Palestine de devenir un pays riche, prospère, heureux, et de le rester longtemps, grâce au travail et aux vertus d'Israël, qui a réalisé l'idéal de ses prophètes. *Et folium ejus non defluct, et omnia quæcumque faciet prosperabuntur*. Et à certains égards, cette prospérité dure encore, ainsi que les vertus qui en sont le fondement (2).

---

(1) *Qui habitabit in tabernaculo tuo?* — Verset 6 : *Qui pecuniam suam non dedit ad usuram et munera super innocentem non accepit; qui ingreditur sine macula et operatur Justitiam...* Le Procurateur Pontius Pilatus répondra à Jésus : Qu'est-ce que la Justice? — Psaume 14, comparer le psaume 1; ces deux psaumes ouvraient des aperçus entièrement différents des actes de Gabinius et de Verrès. Ils font partie des documents supérieurs de l'histoire de la civilisation.

(2) La charité la plus entière était prescrite envers les étrangers, contrairement

Israël a, par suite, formé le foyer d'une très-haute civilisation; c'est bien le précurseur du Christianisme. L'éducation, la civilisation de l'humanité s'est faite grâce à des foyers, tels que le foyer d'Israël; leur destinée n'était pas de se perpétuer, mais de propager les forces qui s'y étaient agglomérées. La captivité de Babylone marque une première dispersion. D'agriculteurs, les Israélites deviennent commerçants, banquiers, changeurs, trafiquants. M. Munk soutient que, même après la captivité, ils maintinrent leurs vieilles et si intéressantes institutions, mais leur notion de l'impôt s'oblitéra aussi plus profondément. Ils attachèrent moins d'importance à la culture de la terre; ils s'éloignèrent des biens fonciers qui exposent davantage l'homme aux exactions en étalant sa richesse; ils donnèrent la préférence aux marchandises, aux capitaux mobiliers que l'impôt atteint plus difficilement (1). En France, même après 1789, l'impôt a surtout frappé les biens immobiliers. Et avant 1789, l'une des plus célèbres doctrines économiques n'enseignait-elle pas que seule la terre devait l'impôt?

La dispersion d'Israël ne doit pas être attribuée à une seule cause. Religieuse, nationale, politique, elle a encore son caractère économique, son caractère fiscal (2). Jérémie exprimait admirablement la plainte de Juda en disant : *Princeps provinciarum facta est sub tributo*. Mais Israël s'est révolté. Il y a mieux : le peuple qui pratiquait l'année sabbatique, l'année jubilaire, les

aux mœurs de tous les peuples antiques. L'étranger avait part aux dîmes; il avait le droit de glaner. « Voilà qui nous sépare du vieux quirite, qu'est l'étranger? L'ennemi, *Hostis*. »

(1) On a contesté, non pas la réalité légale de ces prescriptions (les textes sont trop formels, *Lévitique*, ch. 25), mais le fonctionnement réel des institutions qui les consacraient. Les plus récents critiques de la Bible ont partagé l'opinion formelle de M. Munk; wEald (*Die alterthumer des volkes Israel*, 2e vol., 347-381; *Encyclopédie des sciences religieuses*, t. 11, 368-69). Voici ce qu'en dit M. Renan (*Israël*, 5e vol., 35). « On observait tout sans distinction, même les utopies, les articles les moins rationnels, l'*année Sabbatique*, l'*année Jubilaire* qui, dans certaines circonstances, causèrent de grands embarras. » — M. de Saulcy (*Sept siècles de l'histoire judaïque*, p. 200), en cite un exemple décisif lors du siége de Jérusalem par Hérode (38 et 37 av. J.-C.), la résistance des assiégés se prolongea malgré la famine dont ils souffraient parce *qu'on était dans une année sabbatique*.

(2) Sur la dispersion ou Diaspora, — Renan, *ibid.*, 5e vol., chap. II.

repas en commun, le prêt gratuit et l'assistance, même envers l'étranger, ce peuple est resté rebelle à l'impôt. Il l'est encore. Pas de contribuables moins faciles que les Juifs. Et si quelque chose a pu le consoler de perdre sa patrie, d'abandonner Jérusalem, de pleurer sur Sion, de se disperser de toutes parts sur le globe, ça été de ne pas acquitter le denier de César. Aussi les Romains ne se sont jamais mépris sur l'importance et la signification de la résistance des Juifs. Ils la réprimèrent sans pitié. Ils détruisirent Jérusalem. Ils vendirent les Juifs dans les marchés. Vespasien fit frapper tout exprès une monnaie avec la légende *Judea capta*. Mais du foyer juif devaient naître deux religions qui ont été les deux grands instruments de destruction, l'un au nord, l'autre au midi du monde romain. Juda traita avec l'Assyrie et les Perses, même avec les Grecs. Les Grecs avaient aussi mis la main sur tous les impôts. Ils traitèrent moyennant 300 talents par an (1,650,000 fr.). Il n'y eut jamais de forfait avec les Romains. Ils étaient inexorables, au surplus. Nos juristes et nos littérateurs nous ont façonné des Romains de mise en scène. Il faut s'en tenir encore, après tant de travaux, à ceux qui ont été mis sur toile par Montesquieu (1).

BIBLIOGRAPHIE. — *Les manuels* Lenormant et Maspero. — Reynier, *Economie politique des Juifs.* — Renan, *Histoire d'Israël.* — Munk, *La Palestine* dans la collection *l'Univers.* — Salvador, *Histoire des institutions de Moïse.* — Ledrain, *Traduction de la Bible avec commentaires* et *Histoire d'Israël,* 2 vol.

(1) Ils faisaient à leurs ennemis des maux inconcevables. Ils parlaient toujours en maître. — *Grandeur et décadence*, chap. VI.

CHAPITRE IV.

DE L'IMPÔT DANS L'EMPIRE DES PERSES.

L'empire des Perses a eu beaucoup plus d'étendue et d'importance que les empires Mésopotamiens de Chaldée, d'Assyrie et de Babylone. Comme il leur est très-postérieur, on possède, grâce surtout à Hérodote et à Strabon, plus de détails et des détails plus précis en ce qui concerne ses ressources et son organisation fiscale. Le fait qui caractérise cette organisation, c'est l'obligation, de plus en plus rigoureuse, de payer en métaux précieux, or ou argent, la capitation qui est, peu à peu, exigée au lieu et place du don volontaire.

Déjà le tribut des peuples vassaux devait, en partie, être ainsi acquitté. Les métaux précieux étaient devenus plus abondants; le paiement en or ou en argent fut imposé à tous les sujets du Grand Roi, *sauf les Perses mêmes qui étaient exempts d'impôt,* à l'exception des prestations telles que le gîte. Ce fait d'exemption est à retenir parce qu'il est de haute importance dans l'histoire de l'impôt. Il a joué un rôle de premier ordre à Rome, sous la République et sous l'Empire, pendant toute la période féodale, même durant l'ère monarchique de l'Europe; nous le retrouverons dans les Etats musulmans et dans l'Inde. C'est un fait qui a un caractère universel. L'impôt n'est pas considéré comme un devoir, mais comme une sorte de sujétion. Le vainqueur l'impose au vaincu qui le paie à sa place. Longtemps l'homme supérieur, le prêtre en sera exempté, puis le guerrier, puis le haut fonctionnaire; plus tard le seigneur, le grand propriétaire.

L'empire des Perses, comme ceux de Babylone et d'Assyrie, était partagé en grandes satrapies : il en comptait dix-neuf. Chaque satrapie avait un forfait financier avec le Grand Roi. Elle devait fournir, d'après les réformes de Darius, fils d'Hystaspès, une certaine quantité d'argent et une certaine quantité de produits en nature, représentant la dîme, la capitation et l'impôt foncier, levé d'après un cadastre des biens et des personnes; peut-être même faut-il y comprendre des droits à l'importation des marchandises, des taxes d'octroi et de circulation dans les villes; Grote a évalué à 100 millions de francs le montant du tribut *en argent* que devaient payer les satrapies, le don volontaire en nature restant à part. Ainsi les Perses taxèrent Babylone, qui était une province plutôt qu'une ville, à 5,500,000 fr. par an en numéraire et à des fournitures en nature évaluées à 40 talents ou 220,000 fr. par jour, soit 80,300,000 fr., — total 85,800,000 fr. par an. Ces chiffres, acceptés par Movers, doivent être exagérés. Toutefois, les ressources de Babylone étaient considérables, puisque, sous les Perses, le gouverneur de Babylone en tirait pour lui seul, 2 millions de fr., par an.

M. Rawlinson estime que la population de l'empire des Perses s'élevait à 50 millions d'habitants et que les impôts, foncier et dîme, devaient représenter 3,500,000 £ en argent et 2,500,000 £ en nature, soit 150 millions fr., dont moitié payable en nature. Il évalue que ces 150 millions fr. pouvaient équivaloir à la dîme de tous les revenus; prorata par tête 3 fr.; mais que représentait cette dîme? Il pense qu'elle correspondait à une moyenne entre le dixième et le vingtième du revenu. D'après cela le revenu brut de l'Empire pourrait être porté à 2 milliards de fr., soit 40 fr. par tête, moyenne de la dîme, le quinzième du revenu (1).

Après ces taxes, venaient celles affectées aux dépenses des satrapies, sur lesquelles les renseignements manquent; on sait seulement par les historiens grecs que les satrapes ne valaient pas mieux que les pachas ottomans du siècle dernier et que certains de notre siècle. Ils ressemblaient la plupart à Pharnabaze et Tissapherne. L'auteur du livre de Daniel fait allusion à leurs excès et aux inspecteurs chargés de les surveiller (2).

---

(1) Grote ne donne à l'empire des Perses que 40 millions d'habitants, mais il élève le revenu du Grand Roi à 250 millions fr. — *History of Greece*, tome 3e, 201.

(2) La convocation des satrapes devant Nabuchodonosor, et leur comparution,

Toutefois, la formation de l'empire des Parthes et du second empire des Perses, la résistance qu'ils ont opposée aux Romains, attestent l'importance des ressources des provinces, aujourd'hui presque épuisées et malheureuses, qui, au delà de l'Asie Mineure, étaient les éléments essentiels de ces deux empires.

Sous les Sassanides, le système d'impôt de la Perse fut réformé et régularisé par Chosroès Ier. Chosroès établit : 1° une sorte de capitation générale sur les ressources du contribuable, payable en trois parties et graduée, exactement comme la capitation de Louis XIV et la classensteuer de Prusse ; 2° un impôt foncier exigible partie en nature, partie en argent, selon l'importance de la récolte et la nature du sol, d'après un cadastre revisé de temps en temps. Ces impôts provenaient de ceux de l'Assyrie, de la Chaldée et de l'ancienne Perse. Ils existent encore dans la Perse actuelle, l'empire ottoman où nous les retrouverons. Ils ont les plus intimes rapports avec les institutions fiscales de Dioclétien. La Perse est l'un des plus anciens États du globe. Elle a pu perdre et recouvrer son autonomie. Nous aurons à nous occuper encore d'elle à propos des Etats orientaux contemporains. Mais elle est le type des peuples en complète décadence. L'organisation actuelle de la Chine a les plus grands rapports, en ce qui est des impôts, avec celle de l'empire des Perses.

BIBLIOGRAPHIE. Rawlinson, *The five great monarchies*, tome 4, chap. VII. — Hérodote, traduction Rawlinson. — Comparer les notes recueillies par Boulanger, *Impôts du peuple romain* (1612), traduit par M. E. Renaudin, 1871, Paris, page 6.

---

la colère du Grand Roi et la nomination de Daniel comme contrôleur général constituent une scène des plus curieuses de ce roman historique et religieux ; satrapes et pachas sont à peu près la même chose. — Chap. Ier. — On trouve dans la Cyropédie, livre VIII, chap. VIII, des détails intéressants sur la décadence de la Perse même.

CHAPITRE V.

DE L'IMPÔT DANS L'ÉGYPTE ANCIENNE.

L'Egypte appartient à la catégorie des peuples qui, sans conserver leur autonomie, ont néanmoins résisté à l'usure du temps. Elle doit cet avantage au Nil et aux qualités de sa population, de même que sa situation géographique est la cause de ses épreuves. L'Egypte, en outre, présente un exemple des plus frappants de la transformation de l'impôt et de son adaptation aux diverses phases d'une longue civilisation. L'organisation fiscale de l'Egypte a exercé une très-notable influence sur celle de l'Empire romain et par suite sur les systèmes fiscaux des Etats de l'Europe moderne. Son histoire fiscale est du plus haut intérêt. Ce qui n'est pas moins remarquable, c'est la lutte acharnée de l'Egypte contre les Romains, la délivrance qu'elle invoque et qu'elle obtient des Arabes, sa chute presque irrémédiable avec les Turcs et son relèvement en ce siècle.

Après avoir opposé aux Romains une résistance insurmontable, fondée sur une exploitation sans merci, l'Egypte a joui d'une grande prospérité sous les Arabes. Son système d'impôt a dû s'approprier à la civilisation arabe. Au contraire, l'Egypte a beaucoup souffert sous la domination des Turcs qui l'ont exploitée à l'instar des Romains et plus durement. Néanmoins, elle a pu résister à cette terrible crise. Elle n'a jamais été plus peuplée, peut-être plus prospère que dans la seconde partie du XIXe siècle, nouvelle adaptation de ses impôts à sa condition présente (1).

Bien qu'il soit devenu probable que la civilisation de l'Egypte

(1) Sur la force de résistance de la civilisation égyptienne, consulter un rapport de M. Mariette (Académie des inscriptions, *Journal officiel*, 1878, n°s 282 et 290).

doive être rattachée à un foyer primordial plus ancien, dans le delta de l'Euphrate, d'où seraient également parties les premières migrations qui ont mis en culture la riche vallée du Hoang-Hô, en Chine, cette civilisation remonte néanmoins à 5,000 ans, peut-être 6,000 ans avant l'ère chrétienne (1). Ce vaste espace de temps peut être divisé en deux époques : la première correspond à l'ancien et au moyen empire, la seconde au nouvel empire et aux conquêtes des Perses, des Macédoniens, des Romains jusqu'à l'invasion des Arabes. L'une et l'autre composent le cycle de l'Égypte ancienne.

§ 1. *Premières civilisations de l'Égypte. Ancien et Moyen empire.*

Cette première période, qui se prolonge pendant plus de 3,000, peut-être 4,000 ans, est caractérisée par une stabilité extraordinaire, plus grande que celle dont a joui la Chine depuis ses 40 siècles historiques. Les idées, les mœurs, les traditions demeurent immuables. Aucune autre civilisation n'a eu une semblable puissance.

C'est la période que M. Maspero comprend par *les origines* dans son beau livre. — *Histoire ancienne des peuples* de l'Orient *classiques* (2), bien qu'il contienne des détails fort curieux et nouveaux sur toute l'histoire de l'Égypte. Les populations primitives de l'Égypte se sont établies dans le Delta et ont peu à peu remonté vers le Nord (3). Leur œuvre principale et admirable a été l'utilisation du Nil, la création et l'entretien des canaux, au moyen desquels des sables infertiles donnent jusqu'à trois récoltes. Ces populations se sont vouées, depuis des milliers de siècles, à ce labeur, condition d'existence de l'Égypte. Elles vivent résignées et satisfaites. La corvée, ou travail périodique obligatoire, a été, elle est encore le seul moyen de maintenir l'œuvre des siècles. Elles la subissent sans murmure. Dans cette œuvre, elles ont été

(1) Thèse soutenue, avec autant de talent que de science, par M. Terrien de La Couperie. — *Western origins of the chinese civilisation*, 1894, Londres.

(2) Hachette, 1895. — Voir aussi : *La Mêlée des nations*, par M. Maspero, 1897.

(3) Champollion, *L'Égypte sous les Pharaons*, 1814, 2 vol.

dirigées par des chefs dits *Ropaitou*, qui ont exercé la fonction des seigneurs féodaux en Europe ; ce sont les pasteurs, les patriarches, les seigneurs; ils ont fait l'Égypte comme ils ont fait la France et l'Angleterre, mais la France surtout. Ce sont les princes des nômes, ces grands domaines primitifs de l'Égypte, subdivisés depuis pour mille causes, comme les grandes seigneuries françaises, comme le seront les immenses haciendas du Mexique et du Pérou. M. Maspero les appelle les premières principautés. Sur ces terres, les habitants sont à la fois cultivateurs et industriels. Ils moissonnent le blé, ils tissent les étoffes, de même qu'aujourd'hui ; ils élèvent beaucoup de bétail ; ils expérimentent les végétaux; ils pèsent les métaux, l'or et l'argent déjà les plus précieux. Les seigneurs reçoivent une part considérable en nature du produit des terres à titre de rente et d'impôt (1).

Ces nômes se morcèlent et donnent lieu à des domaines beaucoup plus nombreux, ce sont des *Hospou*, parties des nômes. M. Maspero cite des exemples de ces morcellements. C'est l'époque patriarcale mais sédentaire de l'Égypte. Elle paraît avoir été très prospère (2). On en retrouve des reflets dans la Bible.

Peu à peu (c'est exactement l'histoire des Capétiens), l'un des seigneurs, maître d'un des centres agricoles (Memphis, Thèbes, Sais) devint plus puissant que les autres. L'époque royale commence avec la vie nationale de l'Égypte. L'époque royale se divise en phases diverses d'après l'importance et l'influence des villes royales et des dynasties qui les possèdent.

La tendance générale du mouvement de la civilisation en Égypte, par des causes naturelles et politiques, a été vers l'unité monarchique, ne serait-ce que par suite de la nécessité d'une forte administration pour entretenir les canaux et pour défendre le territoire. La Royauté devint l'élément national dominant et le Pharaon, qui la représentait, fut même considéré, en principe, mais jamais en fait, comme le seul propriétaire du sol. A côté des

---

(1) C'étaient de véritables seigneurs héréditaires, ils rendaient la justice, prélevaient la taxe en nature sur leurs subordonnés, se réservaient la répartition des terres, menaient les hommes au combat, célébraient les sacrifices. Maspero, 71.

(2) F. Petrié, *Egypt from earliest times*, 60, 102.

Pharaons les seigneurs, après eux les grands propriétaires ont conservé et ont encore en Egypte une situation considérable. La grande propriété a survécu aux Pharaons, aux Romains, aux Arabes. Elle a beaucoup contribué à la puissance des Mamelucks. C'est contre elle que Méhémet Ali a lutté par tous les moyens sans la détruire.

Durant cette période le sol appartenait pour un tiers au Pharaon, pour un tiers aux prêtres, pour un tiers aux guerriers. Les prêtres formaient la classe savante, lettrée; ils administraient le pays. Les prêtres étaient taxés au quinzième et les guerriers au cinquième du produit brut. Le produit brut était calculé, non pas d'après le territoire, mais d'après la hauteur de l'inondation du Nil. Il y avait dans chaque village un scribe ou prêtre pour contrôler l'inondation. Le Pharaon avait le droit d'acheter les récoltes pour les vendre lui-même. Les Romains ont imposé à l'Égypte une servitude analogue qui s'est prolongée pendant plus de six siècles. Le Pharaon recevait, en plus, des dons en nature que la tradition rendait obligatoires. Le Pharaon avait également un droit sur le produit des mines. L'extrême fertilité du sol, qui donnait habituellement trois récoltes, assurait à l'Etat de grandes ressources, puisqu'en dehors des contributions, le Pharaon possédait le tiers des terres. Il faut ajouter aux impôts ordinaires les corvées, immémoriales en Egypte, pour les travaux des mines, des carrières, des digues et des monuments. La corvée a joué un rôle notable dans le percement de l'isthme de Suez. Elle est à Madasgascar l'un des modes principaux de percevoir l'impôt.

Les travaux de l'archéologie moderne, la découverte et le déchiffrement des hiéroghyphes et des papyrus ont confirmé les opinions d'Hérodote et de Diodore de Sicile sur la longue prospérité de l'Egypte pendant cette période, ainsi que les récits de la Bible. La propriété foncière s'est constituée; elle se transmet librement par les actes de vente ou les contrats de mariage. Les éléments du droit civil égyptien sont arrêtés (1). Ils exerceront

(1) Ces questions très-intéressantes du droit civil égyptien, intimement unies à l'état économique de l'Egypte, font l'objet du cours de M. Revillout au Lou-

plus tard une notable influence sur le droit grec et sur le droit romain. La culture du sol avait lieu moyennant un fermage qui, de même que l'impôt, s'acquittait en nature. Il ne pouvait en être autrement pendant cette période; l'Egypte n'avait pas encore de monnaie. Le partage en nature était la règle, nous l'avons déjà trouvé en Mésopotamie. Nous en avons indiqué les avantages pour les temps où les métaux précieux circulent difficilement (1).

M. Lenormant présente ainsi le tableau de la condition fiscale de l'Egypte sous l'ancien et le moyen empire. « L'administration était aux mains d'une bureaucratie puissante, la corporation des scribes (les prêtres). Les services qui avaient le personnel le plus nombreux étaient ceux des travaux publics, de la guerre et des revenus publics. L'argent monnayé était inconnu; tous les impôts se percevaient en nature (2). Le sol était divisé en trois catégories suivant la nature des redevances qu'il fournissait à l'Etat. Les canaux payaient la dîme en poissons, les terres arables en céréales et les marais en bétail; un cadastre, soigneusement établi, et tenu au courant des mutations, comprenait

---

vre. Ces questions comportent souvent de nombreux détails fiscaux. Consulter, à cet égard, un article de M. Dareste (*Journal des savants*, janvier 1895), donnant fort bien une idée de ces questions et de l'état avancé de la civilisation égyptienne.

(1) *Histoire ancienne de l'Orient*, t. 1, p. 487.

(2) « Une chambre de quelques pieds carrés et au besoin un coffre-fort con- « tiendrait à l'aise le revenu total de l'un de nos empires modernes; la plus dé- « mesurée de nos halles n'aurait pas toujours suffi pour loger la masse d'objets « disparates qui représentait les richesses d'une seule province de l'Egypte. La « substance de l'impôt prenant toutes les formes, il fallait pour la recevoir une « quantité inexprimable d'agents spéciaux et de locaux appropriés, bouviers, « étables, boisseleurs, greniers, sommeliers, celliers pour le vin, les bières, les « huiles. Vingt classes d'ouvriers collaboraient de leur métier au service de la « trésorerie. Selon qu'il s'agissait de bœufs, ou de blés, ou d'étoffes, on menait « *l'impôt* au pré, parfois à la boucherie, aux corroyeurs; on le blutait; on le rédui- « sait en farine. On en façonnait du pain, de la pâtisserie. On le repassait, on le « pliait, on le débitait à l'habit ou la pièce ». Le monde ignorait encore l'usage de la monnaie : l'or, l'argent, le cuivre constituaient de simples objets d'échange. — Maspero, *Ibidem*, p. 284. — Nous reproduisons ce passage si curieux afin de donner également une idée de l'impôt en nature. Nous avons eu et nous aurons ncore occasion d'en parler ainsi que des charges frumentaires romaines.

pour chaque district, le relevé de toutes les espèces de terres et les noms de ceux qui les possédaient. »

La dîme et une capitation personnelle, étaient les principaux de ces impôts.

Il importe d'ajouter qu'à la suite de diverses révolutions, les terres du domaine royal furent, en grande partie, aliénées et celles des prêtres soumises à la dîme du dixième.

§ 2. *Seconde époque de la civilisation égyptienne. Nouvel empire. Conquêtes des Perses, des Macédoniens, des Romains.*

Cette époque est marquée par une altération profonde des institutions de la vieille Egypte, aussi bien sous l'action de ses Pharaons que sous celle des étrangers. On possède sur cette époque, grâce aux monuments, aux papyrus, aux historiens grecs et romains, aux travaux dont ils ont été l'objet, surtout en ce siècle (1), une connaissance tout autrement précise des institutions fiscales de l'Egypte qui, bien que remaniées par les Ptolémées, conservèrent, sous l'influence du territoire, leurs éléments traditionnels fondamentaux, comme on va le voir.

1° Le principal revenu de l'Etat consiste dans les produits des domaines et des troupeaux royaux. Ce trait reporte bien loin dans le passé. Encore, dans l'Egypte contemporaine les domaines de l'Etat ont une grande importance. Ces domaines étaient, dès les plus anciens temps, affermés. L'usage, le temps, les changements firent que les fermiers devinrent perpétuels et comme propriétaires, ils sous-affermèrent. Le domaine royal disparut ainsi et ne fut représenté que par la rente du sol.

2° Les achats mobiliers, achats immobiliers doivent une taxe particulière d'abord du vingtième, puis du dixième du prix. C'est le droit de mutation entre-vifs, c'est aussi le droit sur les achats dans les marchés, que les Arabes s'approprieront plus tard. Les actes doivent être enregistrés (2).

---

(1) Surtout ceux de MM. Lumbroso, Maspero, Robiou, Mariette, de Rongé, Chabas, Revillout, Champollion-Figeac, tous précédés par leur maître Champollion.

(2) *La province d'Egypte*, par M. Simaïka, p. 150.

3° Les vins, les bières, acquittent une taxe de consommation.

4° Les biens transmis par succession sont frappés même en ligne directe, d'une taxe très-élevée de 10 à 15 p. 0/0. On ignore l'origine de cette taxation qui a été inconnue aux Etats grecs. M. Lumbroso suppose que c'est à l'Egypte qu'Auguste a emprunté l'impôt sur les successions en ligne collatérale. Par suite, ce legs fiscal nous viendrait de l'Egypte; autre modification, cette taxe était affermée.

5° L'Etat possède le monopole de certaines cultures et celui des mines — il est aussi propriétaire de nombreuses manufactures — fait qui s'est perpétué jusqu'à aujourd'hui.

6° L'Etat reçoit de la part de certaines villes des fournitures en nature, très-ancienne coutume de l'Orient, qui explique l'attribution qui était faite en Egypte, comme ailleurs, des revenus d'une ville à une personne donataire à vie ou temporaire.

7° Le Pharaon reçoit également des dons en nature aux grandes fêtes religieuses.

8° L'Etat a droit à la dîme du produit brut de toutes les terres sans exception. C'est l'impôt foncier. Il est payable en nature *ou en argent*. Cette option, que nous avons déjà signalée quant aux empires de la Mésopotamie, correspond à de grands changements dans la condition de l'Egypte et de l'humanité, à un notable progrès de la richesse, à un nouvel afflux de métaux précieux et à l'usage de la monnaie.

Bien que la quotité de l'impôt soit le dixième du produit brut en général, elle peut être diminuée à raison de l'insuffisance de la crue du Nil. Sur les domaines royaux la dîme était du cinquième du produit brut, parce qu'elle représente la rente et l'impôt; même fait dans l'Inde moderne. Nous avons dit plus haut que, pendant la première époque, les quotités de l'impôt en nature variaient d'après la hauteur de l'inondation du Nil (1).

(1) Le taux de plusieurs impôts, notamment la capitation et les fournitures en nature variaient aussi d'après la hauteur de l'inondation. De là bien des difficultés. Les uns soutenaient qu'il fallait 12 coudées d'eau, les autres 14, d'autres 16.

9° Il existe pour toutes les terres un cadastre général et détaillé, établi d'après un arpentage qui paraît remonter à Ramsès II. Ce cadastre est soumis à des vérifications périodiques. Il est fait par nômes, toparchies et arroures par les topogrammates qui tiennent en ordre les livres fonciers et en délivrent des extraits; chaque domaine est divisé par parcelles : terres arables, vignes, terres à palmiers, terres vagues. Certaines terres étaient exemptes de l'impôt foncier.

10° Les maisons, les industries, les personnes sont soumises à des taxes fixes, sorte de capitation qui est plus élevée pour les ouvriers (1). M. Lumbroso attribue cette capitation à l'influence de la Grèce. Toutefois nous l'avons déjà rencontrée en Asie Mineure.

11° Les douanes sont organisées avec des droits d'entrée et de sortie, doubles droits en cas de fraude.

12° Les frais de justice sont très lourds; ils forment, comme en France, en Allemagne d'aujourd'hui, un revenu budgétaire.

13° Les troupes et les fonctionnaires ont droit à des fournitures et au logement pendant un certain temps. Nous retrouverons cette charge dans l'organisation fiscale romaine qui l'a transmise à la plupart des États de l'Europe.

14° Les prêtres sont tenus à la fourniture des toiles de la marine, probablement à raison de leur part dans le mouvement industriel de l'Égypte; ils acquittent également un droit de prêtrise.

15° La confiscation est devenue une des ressources principales de l'État. M. Lumbroso cite à ce sujet plusieurs exemples intéressants. Il en a été de même à Rome, en Grèce, dans les empires des Perses, d'Assyrie et de Chaldée. La confiscation s'est introduite tardivement dans les institutions hébraïques : ce qui atteste leur supériorité. Était-elle, en Égypte, d'importation étrangère ou provenait-elle des époques précédentes? Elle semble contraire aux institutions d'origine égyptienne. On ne la trouve pas dans les monuments primitifs de l'Inde ni de la Chine.

---

(1) M. Simaïka évalue de 4,30 fr. à 5,37 la taxe sur les personnes. Cette capitation variait aussi avec la hauteur du Nil. Renvoi à l'appendice.

16° En général les impôts étaient affermés, ce qui les rendait plus accablants. Il en est de même des tributs et des monopoles. Aussi pas de forme plus redoutable que le tribut affermé, mais la plus terrible est cependant le monopole affermé.

17° Pendant cette seconde époque de très grands changements ont eu lieu. Ils ont coïncidé avec la décadence de l'Égypte. Plus cette décadence s'est manifestée, plus le système fiscal s'est étendu. On peut dire qu'il est devenu complet sous les Lagides et que les Pharaons macédoniens ont laissé peu de chose à glaner dans le champ de la fiscalité. Mais ils n'étaient pas des Égyptiens; ils traitaient l'Égypte en province conquise. Cette nation, illustre entre toutes, qui a gravé ses idées religieuses sur tant de monuments admirables et transmis tant de preuves de son infatigable labeur et de sa grandeur historique, s'est toujours enveloppée de mystère et de silence. Que pensait-elle de sa condition? Comment faisait-elle face à toutes ses charges? Elle ne l'a pas dit : on ne le saura jamais. On peut toutefois se rendre compte, dans une certaine mesure, de leurs effets. Les taxes de consommation, celles sur les achats, les frais de justice, les diverses capitations, les logements, les fournitures durent modifier la condition des classes agricoles et préparer les longues souffrances qui les ont accablées depuis. Les droits de succession, le paiement en argent d'une partie de la dîme, d'après un cadastre, les droits de mutation, ceux de douanes, et surtout les confiscations eurent sur les hautes classes de l'Égypte une influence plus désastreuse encore. Ils les ruinèrent peu à peu et ainsi se constitua la société égyptienne de la décadence où l'on ne rencontre guère plus que des fonctionnaires et des fellahs dans les campagnes, tandis que s'accumulent dans les villes des multitudes de toute race, de toute religion, de toute langue, sans tradition et sans patrie, qui révoltaient Tacite, mais qui ont eu une part décisive dans les deux puissants mouvements du Christianisme et du Mahométisme.

M. Maspero trace un tableau, déjà bien sombre, de la situation des cultivateurs de l'Égypte à cette époque. « La condition des cultivateurs libres devait rappeler par plusieurs côtés celle du fellah moderne; certains ne possédaient d'autre bien qu'une cahute en boue faite assez large pour eux et pour leur femme. D'autres s'enhardissaient à louer les terres du seigneur ou d'un soldat voisin. Les plus heureux acquéraient des domaines dont ils n'étaient censés avoir que l'usufruit, la nue propriété restant toujours entre les mains du Pharaon, des feudataires laïques ou religieux. Ils pouvaient d'ailleurs la léguer, la donner, la vendre sans opposition. Ils payaient, outre la taxe personnelle, un impôt foncier proportionné à l'étendue de leur fonds et à la nature des terres qui le composaient ». M. Maspero donne des détails les plus complets sur les arpentements, nécessités par la crue du Nil, sur le cadastre et ses révisions, sur la surveillance de la crue du Nil par les agents du Pharaon et des seigneurs, sur les messagers chargés de renseigner les cultivateurs sur la crue c'est-à-dire sur l'impôt, sur la rigueur des fiscalins qui n'hésitaient pas à faire usage du bâton (la courbache est antique en Egypte) pour démontrer le niveau moyen de la crue, sur les corvées extraordinaires exigées par le seigneur pour enlever les récoltes comme aux temps féodaux et naguère en Russie, sur les corvées ordinaires pour les canaux.

18° Cette décomposition, arrêtée pendant plusieurs siècles par a conquête des Arabes, a été la conséquence d'une longue lutte qui s'est engagée, d'une part, entre la royauté et les prêtres, et d'autre part, les classes militaires égyptiennes. Le gouvernement royal, appuyé sur les scribes, les prêtres, l'administration, n'a pu modifier le système fiscal de l'Egypte qu'en brisant la féodalité militaire qui en assurait l'indépendance. Il est douteux que ces classes militaires eussent pu protéger l'Egypte contre la Perses, les Grecs, les Romains ; mais elles auraient pu amoindrir l'influence politique et sociale de leurs invasions et, peut-être même, permettre à la nationalité et à la race de survivre, de se reconstituer; quand les classes militaires d'un peuple sont détruites, tout est perdu.

19° L'administration fiscale et financière de l'Egypte ressemblait, dès cette époque, à ce qu'elle est aujourd'hui : elle avait un caractère industriel, résultant des conditions physiques du

---

(1) Maspero, *Ibidem*, p. 372.

territoire (1). Le Trésor disposait de grandes ressources. Il faisait les avances aux propriétaires. Il possédait et il gérait de vastes domaines. Il devint le banquier de l'Egypte entière, qui, elle-même, après la décadence de Tyr et de Babylone, vit affluer, surtout après la dissolution de l'empire d'Alexandre, tous les capitaux de l'Asie. C'est la première époque, probablement la plus belle, de la grandeur commerciale d'Alexandrie. Banquiers, riches marchands de Babylone, de la Phénicie, de la Judée, de la Perse se refugièrent en Egypte. Le centre de la richesse et de la civilisation se déplaça; il quitta Babylone pour l'Egypte. C'est avec les capitaux de l'Egypte que Carthage, la Macédoine, Antiochus le Grand, Mithridate même, ont essayé de lutter contre le peuple romain. Les Egyptiens n'avaient plus d'armée; mais ils avaient des capitaux. Ils ont joué contre Rome, mais dans de moins bonnes conditions, le même jeu que l'Angleterre contre la France de Louis XIV et de Napoléon. Leurs institutions fiscales sont la preuve d'une très-grande richesse, comme l'atteste l'impôt sur les successions qui n'a été sérieusement implanté en Europe qu'au XIXe siècle, particulièrement en France et en Angleterre, les Etats les plus riches de l'Europe actuelle.

20° Les Romains furent émerveillés des ressources que l'Egypte mît à leur disposition (2). Les trésors des Ptolémées produisirent à Rome une révolution monétaire. Les Romains n'eurent qu'à maintenir les choses en état : impôt foncier, cadastre, capitation, taxes sur les achats, taxes de consommation, droits de douanes, droits de succession, ils conservèrent tout : seulement, tout dut être porté à Rome. Mieux encore : les blés d'Egypte au lieu d'être vendus ou consommés en Egypte durent nourrir la plèbe romaine. En vertu de la loi frumentaria, les Romains s'attribuèrent aussi le droit, exercé déjà par les Pharaons, de s'approprier les blés,

(1) Le Trésor royal tenait à la fois de la ferme, de l'entrepôt et de l'usine. — Maspero, p. 284.

(2) Les auteurs grecs ont été éblouis par la prospérité matérielle de l'Egypte. Diodore de Sicile admire l'Egypte sans restriction. Le tableau détaillé qu'il fait de la législation égyptienne a quelquefois des allures d'utopie comme la Cyropédie de Xénophon. — Ménard, *Anciens peuples d'Orient*, p. 219.

non compris dans la dîme, à un prix fixé par le lieutenant (*legatus*) impérial. Blés des dîmes, blés réquisitionnés (*emptum*) dûrent être transportés à Rome, on construisit en Sicile des élévators *ad hoc* pour les emmagasiner. Pendant quatre mois chaque année, l'Egypte avait à livrer 20 millions de *modii* de froment, charge que M. Marquardt a évalué à 15 millions de deniers ou de francs. Cette charge a duré jusqu'au VIe siècle. Constantinople remplaça ou plutôt compléta Rome. Ce fut une exploitation de la même nature, mais combien plus terrible! que celle sous laquelle l'Angleterre a courbé l'Inde et l'Irlande. Par une coïncidence singulière, l'Egypte vient de retomber sous un joug du même genre, avec certaines garanties, il est vrai. Il fut interdit à l'Égypte de frapper de la monnaie d'or, tout comme les Anglais l'ont fait dans l'Inde, afin de se réserver les profits du change.

La condition de la population égyptienne devînt moins favorable. La séparation entre la population agricole, le véritable peuple égyptien établi sur le sol et le cultivant et la population urbaine, mélange fort différent, s'aggrava. Conservée sous les Perses et les Lagides, la vieille civilisation égyptienne s'affaissa, tomba peu à peu en poussière et disparut; les prêtres vendirent les dernières terres des temples et les abandonnèrent; les sables continuèrent à recouvrir les monuments des temps qui s'éloignaient de plus en plus. Il ne resta d'une civilisation, si ancienne et si remarquable, que les canaux et les réservoirs du Nil, entretenus avec soin par la population rurale dont ils assuraient l'existence; ils sauvegardaient l'avenir. Pendant les six siècles, d'occupation romaine, l'Egypte demeura étrangère aux mouvements des populations, migrations, guerres de l'Empire romain, ç'a été son salut.

A tous les anciens impôts, maintenus et même parfois augmentés, les Romains en ajoutèrent d'extraordinaires, en vertu d'indictions qui paraissent avoir pris naissance en Egypte, à raison des variations des crues du Nil.

Mais le plus grand changement provint du zèle, de l'ardeur, de la rapacité du fisc romain qui a toujours traité l'Egypte comme terre conquise de prédilection; l'Egypte, en effet, était la province agricole la mieux cultivée, la plus productive, la plus riche de l'Empire, à peu près la France actuelle, le paradis de tous les fiscs; les impôts étaient fixés, levés, contrôlés, perçus, versés par une multitude de fonctionnaires, plus variés encore qu'aujourd'hui, d'autant plus que si, dans l'ensemble, l'Egypte relevait de l'Empereur, certains domaines dépendaient de la cassette particulière. Les fonctionnaires de l'*idios Logos* (*procurator rei privatæ*) surveillait la cassette, et le procurator Augusti contrôlait le *Fiscus*. De ces personnages, en dépendaient d'autres, tous fort onéreux, Basilicogrammates, Topogrammates, Comogrammates, Eclogistes, Logistères.

Les fermes d'impôts étaient mises en adjudications publiques et données au plus offrant et dernier enchérisseur sous la surveillance des Epimélètes.

Le produit de tous ces impôts était versé dans les caisses du trésor-Fiscus, de la province et mis à la disposition du légat, préfet ou lieutenant impérial, qui avait pour mission principale, les dépenses provinciales acquittées, de les transmettre à l'Empereur directement.

Aussi l'Egypte a-t-elle dû, sauf l'exécution des lois frumentaires, plutôt gagner que perdre aux grandes réformes de Dioclétien et de Constantin. Ces réformes fiscales soumirent toutes les parties de l'Empire aux mêmes impôts. L'Egypte ne fut plus l'objet des préférences fiscales des Romains. Elle leur avait servi de modèle, comme le dit fort bien M. *Abdallah Simaïka*, d'après M. Mommsen, dans le mémoire auquel nous avons emprunté une partie des détails qui précèdent (1), non seulement pour les réformes d'Auguste, mais pour celles de Dioclétien et de Constantin. « Ce fut dans la partie financière (assiette de l'impôt foncier, cadastre, droits de mutation et de succession) que l'annexion de la terre des Pharaons exerça le plus d'influence sur l'administration de l'Empire romain. »

Bien qu'exploitée sans merci, l'Egypte conserva sous l'Empire romain une portion de sa richesse, par suite de ses avantages économiques : bonne culture du sol, avances de l'industrie, supériorité commerciale et maritime, afflux des capitaux orientaux.

---

(1) *La province romaine d'Egypte*, p. 168.

En s'en tenant aux évaluations de Saint-Jérôme, acceptées par M. Marquardt (1), le budget moyen de l'Egypte sous les Lagides peut être fixé à 84,400,000 fr. (2). Si l'on admet, avec M. Lumbroso, que ce total représentait probablement le 1/15 du revenu national, on trouve que ce revenu s'élevait à 1,260 millions. Réparti entre 7,500,000 Egyptiens, le prorata donne 168 fr. Ce prorata était bien supérieur à celui du revenu des sujets du grand Roi et justifie la haute réputation de richesse de l'ancienne Egypte.

Néanmoins le trait essentiel de l'Egypte sous l'administration romaine, c'est une résistance insurmontable au gouvernement étranger qui l'exploite. Elle devint le foyer le plus actif de l'opposition à Rome; Alexandrie, remplie de Juifs, surtout (3). Les Romains l'admiraient, la redoutaient, la ménageaient dans la mesure des nécessités de leur empire. Plusieurs empereurs la visitèrent et y séjournèrent longtemps. Il n'y eut jamais d'assimilation : différence de race, différence de religion, différence de climat, différence de traditions. Toutefois la cause principale de lutte était économique, comme pour les Juifs. Sans doute, les Romains maintenaient l'ordre, la paix extérieure, mais cela coûtait trop cher. C'était d'abord chaque année, chaque mois qu'il fallait expédier au dehors, à Rome, plus tard à Constantinople les plus nettes ressources de l'Egypte. Les impôts étaient consommés par les frumentaires romains aux dépens des Egyptiens, en nature, sans compter les envois en argent, en or, en produits fabriqués. Telle est, sans doute, la condition des Etats qui servent actuellement des rentes aux capitalistes européens, lesquels les mangent joyeusement chez eux, à Nice, à Cannes, et partout; mais, au moins, une partie de ces rentes appartient

(1) Page 293. Savoir en espèces 14,800 talents; en nature 1,500,000 artabes de blé valant 500 talents; total 15,300 talents, soit 84,150,000 francs. L'artabe équivalait à 39 litres 40. D'après Hérodote le tribut de l'Egypte sous les Perses n'était en argent que de 700 talents de Babylone et de 700 talents en blé, plus la pêche du lac Mœris.

(2) Friedlander, cité par M. Marquardt, le porte même à 168,647,000 fr. mais sans détails.

(3) Alexandrie fut la seconde patrie des Juifs, *Israël*, 5e vol. 227-235. M. Mommsen évalue à 1 million le nombre des Juifs en Egypte sous les Flaviens.

aux Etats qui les ont émises. En Egypte, c'était l'impôt lui-même, surtout en nature. Pas de compensation, nul espoir de retour. Quand Ptolémée Epiphane mourut, les prêtres égyptiens soumirent sa mémoire au jugement traditionnel. L'arrêt qui sanctifiait la mémoire du Pharaon portait : « considérant qu'il a supprimé « tout à fait quelques-uns des impôts et tributs établis en Egypte « et qu'il a diminué le poids des autres (1). »

L'opposition de l'Égypte a exercé une très-grande influence sur l'histoire de l'humanité, à raison du concours qu'elle a prêté au Christianisme et au Mahométisme, les deux forces qui ont préparé et achevé la destruction de l'Empire romain.

Bibliographie. — Maspéro, *Les origines, Egypte et Chaldée*, 1894; Lenormant, *Histoire ancienne de l'Orient*, t. 1; Ménard, *Histoire des anciens peuples de l'Orient*, p. 219 et s.; Maspero, *Manuel d'histoire de l'Orient*; Rawlinson, *The five great monarchies*; Reynier, *Economie politique des Egyptiens;* Robiou, *Mémoires sur l'Egypte*, 1875; Lumbroso, *Recherches sur l'économie politique de l'Egypte*, 1870; Revillout, *Chrestomathie égyptienne et nouvelle chrestomathie; Revue archéologique*, 1880; Hérodote, traduction de M. Rawlinson et les notes; Diodore de Sicile; Mommsen, *Hist. romaine, Hist. de la monnaie romaine, Hist. des provinces romaines* (en allemand); Marquardt, *Organisation financière des Romains*, 228-329; *Ouvrage substantiel pour les impôts;* Simaika, *La Province romaine d'Égypte*, 1892. Remarquable travail fait par un docteur grec au Caire, en français. C'est un symptôme de temps nouveaux.

(1) M. Mommsen évalue qu'aux derniers temps des Lagides, l'Egypte ne payait qu'un tribut de 6,000 talents soit 23 millions marcs, *Histoire des provinces de l'Empire romain*, 560.

CHAPITRE VI.

DE L'IMPÔT DANS L'INDE ANCIENNE.

Le tableau des systèmes de l'impôt dans les anciennes civilisations serait incomplet si une part n'y était réservée à l'Inde et à la Chine. Ce n'est pas que les institutions fiscales de ces deux groupes, si considérables, aient exercé aucune influence directe sur la constitution et les transformations des impôts des peuples ou des Etats du bassin méditerranéen; bien au contraire : les systèmes d'impôt de ces peuples ou de ces Etats se sont développés dans des conditions tout à fait indépendantes. Mais, à raison de cette séparation, même de cette indépendance, il ne peut être que d'un haut intérêt de connaître et de comparer les impôts de l'Inde et de la Chine, formant des milieux si éloignés, si différents et si importants. Les diversités doivent être mises en lumière ; les analogies intéresseront peut-être davantage, car elles augmenteront la puissance des règles qu'on peut déduire des rapports entre les institutions fiscales des divers peuples méditerranéens; elles démontreront que si les races, les climats, les territoires, les religions, les formes de gouvernement modifient les institutions, il existe d'autres causes qui tendent à leur imprimer la même forme et un caractère commun.

On possède des documents (1) d'une haute valeur sur les impôts dans l'Inde ancienne; quant à la Chine on est un peu moins favorisé; non que les documents manquent, mais la plupart n'ont pas été mis à la disposition du public lettré européen.

Ces documents, pour l'Inde comme pour la Chine, se rappor-

---

(1) James Mill, *History of India*, t. 1, chap. III, IV, V. — Lenormant, *Manuel*, t. 3, 588, et surtout les lois de Manou (*Isa oupanichad du* yad-jour *Véda*) traduction par M. Pauthier, *Livres sacrés de l'Orient* et *Sacred Books.*

tent à des époques beaucoup plus récentes que pour l'Egypte ou les empires des vallées du Tigre et de l'Euphrate, aussi sont-ils postérieurs aux temps primordiaux de la civilisation en Chine ou dans l'Inde. Pour l'une comme pour l'autre, ils ne sont pas antérieurs au xe siècle avant l'ère chrétienne. Depuis longtemps, l'Egypte, la Chaldée, l'Assyrie, la Judée, la Phénicie étaient en possession d'une longue carrière historique et des documents s'y référant.

En ce qui est de l'Inde, la forme, l'étendue du territoire, les chaînes de montagnes qui le limitent, le coupent ou le traversent, les grands fleuves qui l'arrosent et le partagent ont été moins favorables à la formation de peuples et d'Etats autonomes, tels que ceux restreints mais puissants du Nil, du Tigre et de l'Euphrate. D'autres causes encore aidant, il n'y a pas eu dans l'Inde une civilisation unitaire et brillante comme celle de l'Egypte, militaire et conquérante comme les Assyriens et les Perses. Dans les temps anciens il ne s'est pas formé un grand empire dans l'Inde. Même aujourd'hui, sous la domination de l'Angleterre, on ne saurait dire que l'Inde constitue un empire.

Tout autre a été le caractère de la civilisation dans l'Inde. A diverses époques (1), s'y sont superposées plusieurs couches de population, de sang, d'origines, de traditions, de mœurs, de religions, de tendances différentes. A l'arrivée de chacune de ces couches a correspondu un mouvement accusé dans la civilisation de l'Inde. Mais ces mouvements ont comme produit des stratifications qui se sont superposées sans se confondre. Il y a eu juxtaposition, il n'y a pas eu assimilation. Les couches du même mouvement, au lieu de recouvrir et d'absorber le tout, se sont à leur tour fractionnées. De là, d'abord, la formation de castes (2) qui coupent et partagent la population de l'Inde en plusieurs sections profondément accusées avec des origines, des mœurs, des traditions, des cultes dissemblables; de là, ensuite, un manque général d'unité et la formation d'une multitude d'Etats.

---

(1) Lenormant, *Manuel*, 3e vol., 410.

(2) Sur les rapports des castes entre elles, sur leur valeur respective, le taux des dommages ou injures (wehrgeld) pour chacune d'elles (Manou, livre VIII, § 267).

Aussi on ne rencontre pas dans l'Inde cet ensemble qui fait une nation ; c'est le morcellement féodal de l'Europe occidentale avant les Croisades.

A aucune époque de son existence historique, antérieure à l'invasion musulmane, l'Inde ne paraît avoir été appelée à concevoir l'idée d'une réunion de ses diverses parties, bien que, géographiquement, son territoire soit admirablement délimité par les Himalayas et l'Océan indien ; elle n'a pas formé une patrie, un Etat, mais tout un monde à part où se sont successivement superposées, comme des strates géologiques, des races différentes d'hommes; dans les temps anciens, les Aryas ont été la dernière; les Aryas ont surtout occupé les deux grandes vallées de l'Indus et du Gange, s'étendant de toutes parts avec les siècles, mais sans jamais expulser, ni remplacer, ni détruire les races établies avant eux sur le même territoire; leurs lois, leurs traditions, se sont cependant répandues à peu près par toute l'Inde, mais ils ont dû eux-mêmes les adapter au milieu qu'ils ont modifié sans le faire. Les lois de Manou, tout en appartenant à leur influence correspondent à une œuvre d'assimilation.

Ces lois ne sont ni les lois de l'Inde, ni celles d'une partie de l'Inde, elles sont la règle, la loi des Rois, des principautés, des Aryas. Ces petits royaumes ou principautés peuvent être comparés à peu près aux seigneuries importantes de la France ou de l'Europe féodale ; un grand nombre subsiste encore.

Au-dessus de ces diversités, qui sont presque innombrables et comme irréductibles, il est sorti du dernier mouvement de population et de race — dans la période des anciennes civilisations, — celui des Aryas, une sorte de codification des traditions, des coutumes, des arrangements qui ont prévalu et qui sont devenus la règle rigoureuse pour tous les éléments de la population. Cette codification, conservée par les Brahmanes, élément directeur, consiste dans les lois de Manou. Ces lois sont parvenues jusqu'à nous, elles ont été traduites en anglais et en français. Elles donnent une description complète de la société hindoue à l'époque où elles ont été recueillies, à peu près 900 ans avant l'ère chrétienne. Elles sont partagées en 12 livres. Les second, troisième, quatrième et dixième tracent les règles de la vie de la famille, en s'occupant principalement de la classe supérieure, les Brahmanes dont ils mettent en relief le rang exceptionnel, les devoirs, les droits; les cinquième et sixième sont entièrement consacrés à la vie religieuse des Brahmanes.

Au contraire, le septième intitulé : conduite des Rois et de la classe militaire, traite des autres classes sociales et fixe les droits et devoirs des Rois (Radjas) et des guerriers (Kchathriyas). Les huitième et neuvième contiennent la législation civile et criminelle et les règles concernant les commerçants (Vaisyas) et les Coudras (classe inférieure et presque servile). Le onzième s'occupe des relations des diverses classes ou castes les unes avec les autres. Le douzième est exclusivement religieux ou philosophique. Dans les lois civiles figurent les impôts, les successions et les droits de propriété et les diverses procédures judiciaires, matière principale des septième et huitième livres. Ce sont les plus importants des lois de Manou. Colebrooke les appelait le Digeste des lois de Manou. Il a essayé d'en distinguer et d'en classer en 18 titres les diverses parties d'après l'ordre indiqué aux sept premiers paragraphes du livre VIII. Plusieurs des règlements concernant les rapports du maître et des serviteurs, les salaires, les prêts, les dépôts, les associations, les ventes et achats présentent beaucoup d'intérêt. On ne possède une codification de même ordre que pour la civilisation romaine (1).

Les dispositions qui se réfèrent au droit de propriété, à sa nature, à son étendue, à ses diverses formes ont besoin d'être connues, car elles sont en rapport immédiat avec le système d'impôt et elles exercent, même aujourd'hui avec l'occupation anglaise, une grande influence sur la condition économique de l'Inde, sur les impôts qu'elle supporte comme sur leurs effets. Ces dispositions sont antérieures aux législations fiscales de la civilisation de la Grèce ancienne; même à celles de la seconde période de la civilisation égyptienne. Elles peuvent être placées

(1) Manou, livre VII, § 125, 126. — On trouve dans le livre huitième, § 134 à 154, des prescriptions fort intéressantes sur les prêts, les gages, le taux de l'intérêt pour chaque caste, la monnaie. Le Roi fixe tous les six mois la valeur des monnaies. Livre VIII, § 403, comparez 135-138.

entre l'époque de la Chaldée primitive et celle du premier empire Assyrien.

1° La propriété s'acquiert par l'occupation et *la mise* en valeur, la culture du sol, le contrat, la donation et l'hérédité (1).

2° Cette acquisition est complète en ce qui concerne les objets mobiliers de toute nature, si elle a eu lieu sur des marchés en public. Dans certains cas, le gage livré au créancier peut conduire à la propriété (2).

3° Mais il n'en est pas de même quant à la propriété du sol; cette propriété appartient au Roi (Radja), qui n'a jamais attribué aux cultivateurs que la possession à la charge de lui payer la rente du sol, représentant sa part dans les profits de la production agricole (3). Cette rente varie d'après la fertilité du sol; dans des cas exceptionnels le Roi peut exiger une part plus grande (4).

4° Moyennant le paiement de cette rente le possesseur peut transmettre son droit de possession par vente, don, héritage, gage.

5° Les lois de Manou donnent des détails sur l'administration des Etats ou grandes principautés, formés de la réunion de grands et de petits villages. Les impôts se paient par village. Au dernier rang, un officier ou chef par chaque village; vient ensuite celui qui en a 10; puis celui qui en a 20; puis celui qui en a 100; enfin celui qui en a 1000. 1000 villages sont la plus haute unité, l'impôt est payé partout en nature. Le chef de 1000 villages reçoit le revenu d'une ville (nagara), celui de 100 villages le revenu d'un village (grama), celui de 20 villages, le produit de deux koulas de terre (le koula est l'étendue de terre qui peut être labourée en un jour par deux charrues attelées de 6 bœufs) et celui de 10 villages une koula (5).

6° Ces dispositions concernent la répartition de l'impôt, d'au-

---

(1) Mill, *ibidem*, p. 198. — Manou, livre XI, § 115.

(2) Livre VIII, § 201, 202, 222, toutefois les prix peuvent être fixés par le Roi, § 402, 403.

(3) Mill, *ibidem*, 265. — Nous discutons les opinions de M. Mill, qu'il a exagérées dans le chapitre relatif à l'impôt dans l'Inde actuelle.

(4) Livre VII, § 130.

(5) Lenormant, *Manuel*, 3e vol., 588; *Lois de Manou*, livre VII, § 113 à 122.

tres plus détaillées indiquent ensuite sa consistance. Il revient au Roi sur la production brute chaque année, de la terre (1).

I. Le 6e, le 8e ou le 12e des grains selon la fertilité du sol et le travail qu'il exige.

II. Le 6e du croît annuel des arbres, des viandes, du miel, du beurre, des parfums, substances médicales, des liquides, des fleurs, des racines, des fruits, des feuilles ramassées, des herbes potagères, des foins, des ustensiles en cuir et en corne, des pots de terre et de tous objets en pierre.

III. Le 50e du bétail, des pierres précieuses, de l'or, de l'argent, ajoutés chaque année à ceux existant.

IV. De même, le Roi ayant considéré le prix des ventes, des achats, des denrées, les distances qu'elles parcourent, les frais de leur port et de leur sûreté, aura le droit de lever une taxe permanente sur toutes les marchandises, il lèvera également une taxe annuelle sur les gens de commerce, sans les priver de leurs profits légitimes; il lèvera aussi une taxe annuelle mais très-modique sur les gens du petit commerce, § 137; quant aux ouvriers, aux artisans, aux personnes de condition servile, qui ne vivent que par leur travail, ils devront au Roi un jour de travail par mois.

V. En temps de guerre ou de grande détresse le Roi pourra exiger le quart des récoltes dans ses Etats de la part des propriétaires (probablement la classe des guerriers), le huitième, le sixième et même le quart des récoltes et profits de la classe des commerçants (vaisyas), sans que la taxe sur les marchandises et les gains en argent dépasse le vingtième. Les coudras (ouvriers de tout genre) paieront en travail, mais jamais en taxes (2).

Le Brahmane ne doit jamais payer d'impôt même lorsque le Roi meurt de besoin; au contraire le Roi ne doit jamais tolérer qu'un Brahmane souffre de la faim. — Livre IIIe, § 133.

Ces prescriptions se retrouvent en Judée et même en Egypte. Elles sont la plus antique manifestation de l'exemption d'impôt

---

(1) Mill, *Ibidem*, 247; *Lois de Manou*, livre VII, § 130, 131.

(2) Manou, livre XI, § 118, 119, 120.

pour la classe supérieure; exemption qui n'est pas inconnue aux lois fiscales d'Athènes et de Rome; dans tous les Etats Doriens la classe militaire était exempte d'impôt. La longue exemption de l'impôt direct du clergé et des nobles (militaires) dans l'Europe féodale et monarchique remonte loin.

En analysant ces divers impôts, M. James Mill les trouve plus ou moins contraires aux principes de l'économie politique doctrinale de son temps; il les soumet au criterium des règles établies par Adam Smith 30 siècles plus tard; mais il n'en restent pas moins pour nous des plus curieux, car ils attestent une condition économique et fiscale, supérieure à celle des autres anciennes civilisations. Les lois de Manou, les usages, les traditions, qu'elles consacrent sont déjà une limite, une limite sacrée, qui a manqué à l'Egypte, à la Mésopotamie et à la Judée, elle-même devenue romaine. La grande influence religieuse du Brâhmanisme et des Brahmanes atteste à cet égard ses heureux bienfaits qui justifient l'autorité traditionnelle des classes supérieures dans l'Inde. Les Brahmanes ne sont pas autre chose que cette classe supérieure.

M. Mill a traité avec un soin particulier les questions relatives à la nature de la propriété foncière dans l'Inde et aux rapports de l'impôt foncier avec la condition de la propriété et de la rente du sol. Nous reprendrons ces questions, d'un si grand intérêt, en traitant de l'impôt dans l'Inde actuelle.

Toutefois, nous croyons devoir reproduire ici la description si curieuse qu'il a faite du village hindou, parce que la constitution et le mode d'existence du village hindou n'ont pas changé. Ils remontent à l'Inde ancienne.

« Le village, géographiquement considéré, est une étendue de terre, comprenant quelques centaines ou quelques milliers d'acres de terre labourable ou en friche. Il a comme chefs le *Potail*, qui dirige les affaires du village, fait la police, apaise les disputes, recouvre les impôts; le *Barnum*, qui s'occupe de la culture et qui enregistre tout ce qui s'y rapporte; le *Boundenymean*, ou l'arpenteur qui surveille les limites; le surintendant des eaux et réservoirs, chargé de la distribution des eaux; le Brahmane qui accomplit le culte public; l'instituteur qui apprend aux enfants à lire et à écrire sur le sable; l'astrologue ou météorologue chargé d'indiquer les moments propices ou contraires pour les semences ou les récoltes; le charpentier et le forgeron chargés de construire les habitations et les instruments, outils des cultivateurs; viennent après le potier, le barbier, le vétérinaire, le blanchisseur, le médecin, le maître de danse, le musicien et le poète. »

Un employé supérieur de la compagnie des Indes qui a fourni ces détails en 1810, ajoutait : « Tel est le gouvernement municipal de l'Inde depuis un temps immémorial. Les guerres, les « famines, les décès n'ont pas modifié les limites des terres ni « les familles. Les habitants n'ont aucun souci des affaires poli- « tiques. Ils obéissent au Potail (chef local) et lui remettent la « rente due. Tout le reste leur est indifférent. »

Dans un autre passage, M. Mill montre comment sont payés en nature tous ces petits fonctionnaires du village. Sur environ 110 bushels (1), cinq seers pour le temple; autant pour les Brahmanes mendiants; un seer chacun pour l'astrologue et le Brahmane du village; deux seers chacun pour le barbier, le potier, le blanchisseur, le charpentier, le forgeron; sept seers pour l'arpenteur; huit seers pour le Potail; dix seers pour le comptable. Après quelques autres prélèvements pour les gardiens du village, il est accordé 10 p. 0/0 aux percepteurs du revenu. Le surplus est partagé entre le Roi et les cultivateurs (2).

On doit conclure de ces divers détails que de même que l'Egypte, du premier et du second empire, que la Mésopotamie avant les empires d'Assyrie et de Perse, que la Grèce héroïque et que l'Italie, avant les Romains, l'Inde a traversé une très-belle époque agricole qui n'a été sérieusement troublée que par les invasions musulmanes. L'impôt en nature traditionnel, qui se consomme dans la contrée qui le fournit, est tout autre chose que l'impôt en nature arraché à l'Egypte ou à la Mésopo-

(1) Le bushel anglais vaut 36 litres 31, et le seer hindou vaut un 40e de 37 kil. 251 gr.

(2) Mill, *ibidem*, 266-264. La part du Roi serait devenue plus forte que celle fixée par le Code de Manou.

tamie par leurs envahisseurs successifs, notamment par les Romains, les plus durs de tous.

Abritée en quelque sorte par les Himalayas et par l'Hindou-Kousch, l'Inde est demeurée longtemps, comme la Chine, en dehors du mouvement des races et des populations à la surface du globe. Les provinces comprises dans l'empire de Darius ne dépassaient pas le Pundjab; Alexandre n'a été pour l'Inde qu'un *météore;* pendant de longs siècles, avant et après l'ère chrétienne, elle a joui d'une prospérité réelle, agricole, féodale même, qu'elle retrouve aujourd'hui, en partie seulement, sous la domination supérieure de la race anglo-saxonne.

L'impression que laisse encore, à plus de 30 siècles de distance, la lecture des monuments primitifs de l'Inde est favorable. Elle n'est pas sans beaucoup de rapports avec celle que l'on éprouve en étudiant tant de passages de la Bible. La notion du devoir social n'y est pas moindre, les obligations des Rois, des Brahmanes, des Kchathriyas y sont tracées avec autant de fermeté que dans les grands prophètes d'Israël. — 1° que le Roi ne s'écarte jamais des règles par lesquelles il a déterminé ce qui est légal ou illégal; — 2° qu'il soit humble et modeste, livre VII, § 13, 29; — 3° qu'il protège le commerce et l'agriculture, § 43;— 4° qu'il délibère avec les Brahmanes d'un haut savoir sur les choses du gouvernement, la paix, la guerre, sa force, ses revenus, § 56; — 5° qu'il ne prenne à son service que des gens capables, expérimentés, actifs, § 61; — 6° qu'il fasse percevoir ses revenus par des commis fidèles; qu'il observe les lois; qu'il se conduise comme un père envers ses sujets, § 80; — 7° qu'il établisse dans chaque partie de son royaume des inspecteurs, chargés d'examiner la conduite de ceux qui sont à son service, § 81; 8° qu'il ne cause pas sa propre ruine en exigeant des tributs exorbitants; § 12 et § 20; — 9° qu'il protège son peuple avec zèle et vigilance en remplissant les devoirs qui lui sont imposés, § 143; — 10° qu'il réfléchisse sur ses affaires, les revenus, les dépenses, la défense, etc., § 154; — 11° que chaque jour, assis ou debout, modeste dans ses habits et ornements, il rende la justice. Livre VIII, § 2; — 12° le Roi qui ne protège pas les peuples et qui perçoit cependant les redevances en nature, les impôts, les droits sur les marchandises, les dons journaliers, les amendes (1), va sur-le-champ en enfer après sa mort. Manou, Livre huitième, § 307.

Il est certain que sous l'influence de cette antique législation les populations aryennes ont eu des siècles prospères. Elles ont joui d'une sorte de calme séculaire, antérieur même à l'époque d'Alexandre, calme qui s'est prolongé jusqu'aux invasions des Musulmans. L'Inde a retrouvé ce calme depuis plus d'un siècle grâce à la direction d'un peuple supérieur et à la sécurité qu'il lui procure au moyen d'un régime approprié à une civilisation essentiellement agricole. Ces petits foyers agricoles, si nombreux et si paisibles de l'Inde, n'ont pas joui de l'éclat de la civilisation du Tigre ou du Nil, mais leurs populations, avec leurs coutumes et leurs redevances immémoriales ont été plus heureuses.

---

(1) Enumération complète des anciennes formes de l'impôt.

CHAPITRE VII.

DE L'IMPÔT DANS LA CHINE ANCIENNE.

Les plus anciens monuments écrits de la Chine, particulièrement le *Chu-King*, et les livres de Mencius (Meng-Tseu), donnent de la Chine une idée absolument différente de celle qu'on peut se faire de l'Inde d'après les lois de Manou :

1° Le territoire de la Chine constitue, d'après le *Chu-King*, composé bien avant Confucius, qui vivait au sixième siècle A. C., un vaste empire, soumis à un gouvernement complètement organisé, monarchique, ayant déjà appartenu à plusieurs dynasties (1); c'est l'empire entre les quatre mers (2);

2° Les Empereurs les plus illustres de ces dynasties y sont nommés, ainsi que les œuvres principales auxquelles ils ont concouru; leur action personnelle dans l'administration de l'Empire est très-importante (3);

3° Les sacrifices du culte officiel ont lieu dès l'époque de Chun, dans les conditions astronomiques et territoriales qui se sont perpétuées dans l'Empire; le culte des ancêtres, la véritable religion actuelle de la Chine, est indiquée comme universellement pratiquée (4);

4° Le gouvernement impérial possède tous ses éléments séculaires qui paraissent fonctionner depuis un temps immémorial : 1° la cour impériale qui se transporte dans les divers centres de

---

(1) *Chu-King*, partie IV, chap. XIV, p. 110, 112, chap. XX, p. 119, édition Pauthier *du Panthéon littéraire*. Ce chapitre est de grande importance dans l'histoire de la Chine. Pour les dynasties, voir partie III, chap. XI.

(2) *Chu-King*, partie I, chap. III.

(3) *Ibid.*, parties I et III.

(4) *Ibid.*, partie I, chap. II; partie III, chap. V.

l'Empire (1); 2° les ministres au nombre de six ou sept (2); 3° les grands fonctionnaires qui entourent l'Empereur (3); 4° les membres de sa famille auprès de lui (4); 5° les censeurs qui exercent encore aujourd'hui leurs hautes fonctions (5); 6° les grands vassaux, grands feudataires, princes héréditaires, qui avaient alors une influence très-étendue (6); 7° le corps entier des mandarins de tout ordre qui ont en mains toute l'administration de l'Empire; les mandarins apparaissent avec l'autorité qu'ils exercent toujours et avec la responsabilité qui leur incombe; plusieurs des allocutions des Empereurs mêmes, qui tiennent une très-grande place dans ce livre si curieux et si important, leur sont personnellement adressées, tantôt avec des éloges, tantôt avec des critiques (7).

5° Le gouvernement de l'Empereur est absolu, mais patriarcal, paternel, animé des meilleures intentions; un contrôle sévère est exercé sur tous ceux qui en font partie; le *Chu-King* contient d'innombrables textes de haute morale, d'appel à la raison, à la vertu, en vue de contenter le peuple, en vue à la fois d'obtenir son obéissance (8) et de le diriger convenablement dans sa destinée. Voici un de ces textes, des plus intéressants, et notamment donnant une idée de l'ensemble du *Chu-King*.

« Le prince ne doit-il pas être aimé? Le peuple ne doit-il pas être craint? S'il n'y a pas de souverain, à qui les peuples auront-ils recours? Il faut avoir soin de conserver la vertu et de s'améliorer soi-même. Si les peuples situés entre les quatre mers sont maltraités et réduits à l'extrémité, vous perdrez pour toujours le bonheur que le ciel vous a procuré...; ayez de la tendresse pour le peuple; ne le méprisez pas : il est le fondement de l'Etat... Si vous faites en sorte que le peuple dise de

---

(1) *Ibid.*, partie III, chap. VI.

(2) *Ibid.*, partie IV, chap. II; partie IV, chap. XX. Les fonctions de chaque ministre sont marquées.

(3) *Ibid.*, partie IV, chap. XIX-XXII.

(4) *Ibid.*, partie IV, chap. XXVIII.

(5) *Ibid.*, partie II, chap. IV et XX.

(6) *Ibid.*, partie IV, chap. XX, XXIII; partie I, chap. IV.

(7) *Ibid.*, partie I, chap. III; partie III, chap. III; partie II, chap. X, XX.

(8) *Chu-King*, partie I, chap. III. — Mencius, livre II, chap. V.

l'Empereur que son cœur est droit, vous jouirez de la prospérité de votre aïeul et vous conserverez à jamais les biens et la vie du peuple ». Dans de nombreux passages, recommandation est faite de s'adresser à la raison, cette droite raison qui réside dans le juste milieu de toutes choses (1). On croirait entendre Cicéron lui même. « *Est quidem vera lex recta ratio, naturæ congruens,* « *diffusa in omnes, constans, sempiterna* (2). »

6° Tout cet ensemble est indiqué comme remontant à la plus haute antiquité. « Les règles, la doctrine, les exemples des grands de l'antiquité doivent être votre modèle »; il existe un grand historien de l'Empire (Tai-Ssè). A diverses reprises, les Empereurs prenaient la parole pour retracer l'histoire de l'Empire, montrer comment il s'est formé, les nécessités auxquelles il a été pourvu, les changements dans les dynasties, les épreuves des populations, la formation de l'administration, les occupations des peuples (3).

7° Quelques parties du *Chu-King* contiennent des détails sur la Chine elle-même, ainsi que sur les grands travaux qui ont été nécessaires pour l'appropriation du territoire; ces travaux sont dus principalement aux Empereurs, à leurs ministres ou à leurs feudataires. Le premier chapitre du livre second du *Chu-King* forme une sorte de tableau de la Chine primitive; il porte même le titre de *tributs et redevances* assignés par Yu, mais s'il donne de nombreux renseignements sur les travaux de Yu, il n'en renferme sur les tributs et redevances que d'accessoires. Le labourage est représenté comme de neuvième ordre, de sixième ordre, de quatrième ordre, de troisième ordre dans des paragraphes différents de ce chapitre, et les impôts comme de neuvième or-

(1) *Chu-King*, part. I, chap. III. — Comparer chap. IV; part. II, chap. III, VI; part. IV, chap. IX, XVII. — Ces passages du *Chu-King* et beaucoup d'autres dans Mencius et dans les livres dits *canoniques* ou classiques de la Chine, révèlent un développement moral tout à fait remarquable, égal au moins, si ce n'est supérieur, à celui des psaumes, parfois de l'Evangile, et plus près des bases de la civilisation européenne actuelle que la morale des philosophes grecs ou romains. A cet égard, la lecture du *Chu-King* laisse une impression ineffaçable, d'autant plus que c'est le document de cet ordre le plus ancien de l'humanité.

(2) *De republica*, livre III, chap. XX.

(3) *Chu-King*, partie IV, chap. XXV, XX, XVI, IV; part. III, chap. VII et III.

dre, de septième ordre, de troisième ordre et de second ordre. Ces distinctions se réfèrent probablement à l'importance du labourage et des impôts dans diverses parties de l'Empire.

En outre, on trouve dans ce chapitre les détails les plus intéressants sur l'appropriation du territoire, le règlement des eaux, la division des terres, la répartition des cultures et des revenus, qui sont divisés en trois classes et d'après lesquels on sut ce qu'on pouvait tirer de l'Empire, l'établissement des grands vassaux, la constitution du domaine impérial et des propriétés privées (1). On assiste ainsi aux origines mêmes de l'Empire et de la civilisation chinoise. On voit comment elle s'est étendue peu à peu, les efforts qu'elle a exigés, la direction qu'elle a reçue des Empereurs, la place éminente qu'ils y ont occupée, car ils en ont été les inspirateurs, la vénération profonde que les populations en ont conçue pour eux, base inébranlable de leur autorité.

Les documents qui composent le *Chu-King* ont été réunis par Confucius au commencement du ve siècle avant l'ère chrétienne. M. Pauthier pense qu'ils remontent à environ 700 ans plus haut. Dans sa préface à la traduction du *Chu-King*, M. Max Muller dit : « Ces documents commencent avec le règne de Yao dans le 24e siècle. A. C. et vont jusqu'à l'empereur Hsiang de la dynastie des Kaü 651-619 A. C. Les premiers chapitres ne sont pas contemporains des événements qu'ils décrivent, mais les autres commencent à l'être dans le xxiie siècle (2). »

Sous certains rapports, le second livre canonique de la Chine ou le *Y-King* (livre des changements) et les livres classiques, le *Ta-Hio* ou la grande Etude de Confucius, le *Tchoumg-young* ou l'invariabilité dans le milieu recueilli par son petit-fils, et le *Lun-Yu*, livre des entretiens philosophiques de Confucius, doivent être consultés après le *Chu-King*. Mais c'est surtout le livre de Mencius ou Meng-Tseu, disciple de Confucius, qui en est le véritable complément.

---

(1) *Sacred books of East*, vol. 3. Le *Chu-King* est traduit par M. Legge. Le *Chu-King* est le plus ancien document classique de la Chine, dit M. Legge, il est relatif à la période comprise entre 2357 et 627 A. C.

(2) Comparer Mencius, livre II, chap. VI.

L'ancienneté de l'occupation du territoire et de son appropriation, l'antiquité de la civilisation chinoise et de la forme du gouvernement, la succession des dynasties, la condition de la propriété privée, l'état de l'agriculture, l'ensemble des institutions, des mœurs, des traditions, tout cela est comme photographié, d'après le *Chu-King*, dans les entretiens de Mencius, dont le contrôle donne à cet antique document une valeur historique de premier ordre. Mencius ne montre pas, comme le fait le *Chu-King*, la constitution de tout l'empire : territoire, gouvernement, propriété, mais il explique comment tout a été ainsi constitué; c'est le commentaire du *Chu-King*.

Aussi est-il beaucoup plus complet pour la propriété (1), l'agriculture et les impôts. Il résulte des entretiens et réflexions de Mencius.

1° Que la propriété du territoire aurait à l'origine appartenu à l'Empereur, qui en aurait fait la répartition, dans diverses conditions aux grands feudataires, aux hauts fonctionnaires, aux ministres, aux mandarins, aux lettrés, aux populations agricoles (1); cette répartition successive est de la plus grande importance.

2° Que la terre servait en quelque sorte de monnaie — de moyen de paiement — les fonctionnaires qui avaient des appointements recevaient l'équivalent de ce qu'ils auraient eu en cultivant la terre.

Tout cela n'a rien de fabuleux, ni même d'extraordinaire, et, sauf l'influence des métaux précieux qui ont modifié les moyens de paiement ou d'attribution, tout cela se passe sous nos yeux en Amérique. Le sol des Etats-Unis est utilisé, réparti, distribué de la même manière; il est fait, au moyen de l'Homestead (2), des attributions analogues à celles qui avaient lieu dans l'ancienne Chine, d'après le *Chu-King*, en faveur des particuliers, de même qu'en faveur d'intérêts collectifs (3).

3° D'après les renseignements recueillis à Pékin, il y a en-

(1) Mencius, livre II, chap. IV, p. 274. — Edition *du Panthéon*.

(2) Sur l'*Homestead* consulter le livre de M. Levasseur l'*Agriculture aux États-Unis*, 1894, p. 458 et les ouvrages de MM. Vacher, Bureau, 1895.

(3) Mencius, *ibid.*, p. 274.

viron 40 ans (1), par une mission ecclésiastique russe, ces distributions auraient eu également en Chine un caractère collectif, soit celles aux grands vassaux, mentionnées si souvent dans le *Chu-King* et même dans Mencius, soit celles à huit familles principales (qui devaient être les tribus primitives chinoises, celles fixées les premières dans la vallée du Hoang-Ho), soit celles à des groupes agricoles dits *Gun-Jan* (2).

4° Faut-il attribuer à la constitution collective de la propriété foncière rurale, les plaintes formulées par Mencius sur l'état de la propriété privée à son époque, état qui condamne les populations à la famine et à la misère (3)? Nous reviendrons sur cet important problème en examinant l'état actuel de la propriété foncière rurale en Chine, les révolutions qu'elle a subies depuis l'ère chrétienne et les charges qu'elle supporte aujourd'hui.

5° On doit présumer d'après ces faits, et d'après la rareté actuelle des métaux précieux en Chine, que les impôts mentionnés au *Chu-King* devaient être acquittés en nature. A cet égard le livre de Mencius contient des textes formels. Dans l'un d'eux le premier ministre du royaume de Soung, déclare qu'il est obligé d'exiger pour tribut le dixième des produits et qu'il n'a pu abroger les droits d'entrée aux passages des frontières et des taxes des marchés (4). Tous ces impôts existent encore en Chine. La dîme se payait en nature (5).

Dans un autre texte, Mencius lui-même fait observer que les barbares n'ont ni villes fortifiées, ni palais, ni maisons, ni temples consacrés aux ancêtres, ni cérémonies des sacrifices, ni festins, ni pièces en soie pour les princes, ni une foule de magistrats, d'employés de toute sorte à rétribuer et c'est pourquoi, en fait de taxe et d'impôts, ils ne paient que le vingtième du produit.

---

(1) Articles remarquables de la *Revue germanique*, t. 2, 1858.

(2) L'établissement des premières tribus chinoises sur le haut Hoang-Ho, leur provenance de la Tartarie chinoise sont favorables aux hypothèses de M. Terrien de la Couperie (Westem origins of early chinèse civilisation), comparer l'article de M. Maspero (*Journal des Débats*), 16 novembre 1894.

(3) Mencius, livre I, chap. I, p. 234.

(4) Mencius, liv. I, ch. VI, p. 253. Sur la taxe des marchés, p. 248.

(5) *Ibidem*, 278.

Et il conclut : « si nous voulions rendre l'impôt plus léger qu'il « n'est d'après les principes de Yao et de Chun (qui exigeaient « le dixième du produit) nous deviendrions nous-mêmes barba- « res (1). » Par où on voit que les grandes discussions d'impôts, de leurs reflets et de leur incidence ne sont pas nouvelles, puisque Mencius et ses interlocuteurs les ont entamées il y a près de 24 siècles.

Dès l'époque de Confucius et de Mencius s'agitaient déjà en Chine les problèmes économiques et sociaux qui ont éclaté en Europe au XIIIe siècle, au XVIe et de nos jours. A beaucoup d'égards, la Chine serait autorisée à nous considérer de la manière dont les prêtres d'Egypte, au dire d'Hérodote, parlaient des Grecs. La théorie très-moderne des avantages des gros budgets à raison de la réversibilité des impôts est contenue dans les observations de Mencius.

Mencius n'est pas moins exact quant à la nature des prix. « Si « vous donnez à toutes choses une valeur proportionnée d'après « seulement la quantité et la grandeur, vous jetez le trouble dans « l'Empire, l'inégale valeur des choses est dans la nature même « des choses. »

De même Mencius n'a pas attendu l'apparition d'Adam Smith pour reconnaître et signaler la loi supérieure, la loi fondamentale de la division du travail et de la séparation des fonctions contre laquelle devaient s'insurger le socialisme chinois au XIIIe siècle et le socialisme contemporain, « une seule personne en cultivant « sa terre prépare (au moyen des échanges) les objets que tous « les artisans confectionnent. Si vous étiez obligés de les con- « fectionner vous-mêmes pour vous en servir ensuite, ce serait « forcer tout le monde à être sans cesse sur les chemins. C'est « pourquoi il est dit les uns travaillent de leur intelligence, les « autres travaillent de leurs bras. Ceux qui travaillent de leur « intelligence gouvernent les hommes, ceux qui travaillent de « leurs bras nourrissent les hommes. C'est la loi universelle de

(1) Mencius, liv. II. ch. VII, p. 222. Comparer, liv. II, ch. IV, p. 275, la série des appointements.

« ce monde (1) ». Les interlocuteurs de Mencius ne le cèdent point à ceux de Platon ni de Joseph de Maistre.

On peut ainsi apprécier à quel degré de hauteur s'était élevée la civilisation de la Chine à l'époque de Confucius. Mais on sera peut-être encore mieux fixé par cette dernière réflexion, entièrement étrangère aux autres civilisations de l'Orient (sauf l'Inde) surtout à celles de la Grèce et de Rome. « Si l'on gou-« verne les populations de manière à ce que leurs champs soient « bien cultivés; si on allège les impôts (en n'exigeant que le « dixième du produit), le peuple pourra acquérir de l'aisance et « du bien-être (2). »

D'après des chiffres recueillis par Pauthier un dénombrement opéré en 780, E. C., aurait évalué les revenus de l'Empire à 30,898,000 taels ou 231,725,000 fr. plus 2,757,000 mesures de grains de 120 livres chacune. La population de la Chine se serait élevée à cette époque à 9,619,254 familles avec 52,885,000 personnes (3).

La Chine a tenu, à cette époque, le premier rang parmi les nations. Les documents qui s'y réfèrent, et qui sont parvenus jusqu'à nous, n'ont pas les mêmes caractères que la Bible, les Védas et les lois de Manou, les inscriptions ou pièces diverses relatives à l'Egypte et aux civilisations mésopotamiennes. Ils n'émanent pas de sacerdoces supérieurs, portés à tout ramener à des doctrines théologiques ou métaphysiques particulières. Ils indiquent une autre conception générale des choses. Ils contiennent sur les premiers temps de la civilisation historique, spécialement de la civilisation de la Chine, des faits plus en rapport avec la réalité historique, telle que nous la concevons nous-mêmes. Leur entière authenticité est attestée non seulement par des preuves extrinsèques, mais par des preuves intrinsèques, surtout par la similitude profonde des diverses époques de la civilisation de la Chine depuis 50 siècles.

« Les principes du gouvernement, lisons-nous dans une bonne

(1) Mencius, livre I, chap. v, p. 247.

(2) Mencius, livre II, chap. vii, p, 295.

(3) *La Chine*, p. 319 (Collection de l'*Univers*).

« histoire abrégée de la Chine (1), sont encore aujourd'hui ce « qu'ils étaient il y a 4000 ans, lorsqu'ils présidaient à la vie « pastorale des tribus de la plaine du Chen-Si ; car, de tous les « gouvernements dont l'histoire du monde nous a conservé le « souvenir, aucun n'a eu la même stabilité que celui de la Chine. « On a pu ajouter à la même machine gouvernementale quel- « ques rouages nouveaux ; elle a pu être arrêtée ou endommagée « dans l'une ou l'autre de ses parties ; mais elle a toujours été « ramenée dans la même ornière, sans aucune modification « essentielle. Des insurrections, des révolutions, des invasions « ont sans doute quelquefois précipité du trône (2) des familles « anciennes et les ont remplacées par d'autres ; mais ce n'étaient là « que des événements accidentels et qui ont cédé la place aux « usages antiques... Le peuple chinois est encore divisé offi- « ciellement en quatre classes (comme dans le *Chu-King*) : 1° les « lettrés ou la noblesse ; 2° les agriculteurs ; 3° les industriels ; « 4° les commerçants. Les charges qui pèsent sur le laboureur « sont plus légères que partout ailleurs et consistent seulement « en un dixième du produit de la terre (3). Le souverain étant « considéré comme le propriétaire unique de tout le territoire de « l'Empire, il n'y a pas parmi ses sujets de propriétaires fon- « ciers ; cependant, quiconque est en possession d'une terre peut « être sûr de la conserver aussi longtemps qu'il remplira les « conditions auxquelles elle lui a été concédée ». En 1887, le missionnaire américain Wilson a visité le domaine sur lequel habite la famille illustre et toujours vénérée de Confucius depuis 24 siècles.

Il en a été de la Chine ancienne, comme de l'Inde ancienne ; elle a traversé une époque de très-grande prospérité agricole. Cette époque est antérieure à Confucius (551-479 A. C.), elle s'est prolongée longtemps après lui. A cette prospérité a corres-

(1) Paris, Desbarres, éditeurs, 1860. Histoire complète de l'empire de la Chine depuis ses origines jusqu'à nos jours.

(2) *Ibidem*, 181, 178. Comparer Mencius, livre II, chap. I, *Chu-King*, partie IV, chap. XV.

(3) C'est pourquoi si quelqu'un se concilie l'affection du peuple de campagne il deviendra le fils du ciel, chap. VIII, n. 1, livre II,

pondu le développement d'une civilisation supérieure. Faisant allusion aux hommes remarquables de ces temps éloignés, Mencius dit : « Il faudrait cent générations pour arriver à l'époque « de ces grands hommes et encore cent générations après. Il n'est « personne qui, entendant parler de leurs vertus ne sente son « âme émue et disposée à les imiter. Et combien doivent être « plus excités au bien ceux qui les ont approchés de près et « ont pu recueillir leurs paroles (1). »

Cette haute civilisation, supérieure en réalité à celle de l'Egypte, des Etats mésopotamiens, même de la Grèce, et surtout à celle de Rome, s'est prolongée pendant des siècles avec la dîme en nature et sans métaux précieux. Même aujourd'hui cet immense empire n'a pour monnaie que la sapèque en cuivre, et il nourrit cependant plus de 400 millions d'hommes, après avoir accompli dans l'agriculture, l'industrie, le commerce, les arts, les sciences, les travaux publics, les plus grands progrès.

(1) Mencius, livre II, chap. VIII, n. 13.

LIVRE SECOND.

DE L'IMPÔT DANS LES ÉTATS DE LA GRÈCE ANCIENNE.

CHAPITRE I.

REMARQUES PRÉLIMINAIRES.

La Grèce ancienne offre, de même que l'Egypte ancienne, l'exemple d'une nation, ou plutôt d'une race (car la vieille Hellade n'a jamais pu réunir ses divers Etats en un seul faisceau), qui est ressuscitée après de longs siècles de servitude et de mort. Cette résurrection est plus complète pour la Grèce que pour l'Egypte, du moins quant au moment actuel; par contre, la Grèce est tombée bien plus bas et a plus souffert que l'Egypte, sa décadence a été plus rapide et plus profonde. Elle a possédé des institutions fiscales très-complexes et très-intéressantes à connaître; mais ces institutions n'ont exercé aucune influence sur celles de l'Empire romain d'Occident, et, par suite, sur le développement fiscal des peuples, formés pendant ou après sa dissolution.

L'empire romain d'Orient, plus tard l'empire byzantin a fourni, il est vrai, une bien longue et très-illustre carrière, puisqu'il a survécu dix siècles à l'empire d'Occident, mais les institutions, l'esprit, les traditions de la Grèce héroïque, de celle des guerres médiques, de Périclès, d'Agésilas ou d'Alexandre n'ont eu aucune action sur la vie et le développement de l'empire byzantin qui n'avait conservé de la vieille Grèce que sa langue. Les institutions fiscales de Dioclétien et de Constantin se sont maintenues pendant toute la durée de l'empire byzantin et le christianisme a seul alimenté toute la vie morale, sociale, intellectuelle, religieuse de la société gréco-romaine, du monde byzantin.

Les divers Etats de la Grèce ancienne se divisaient en deux groupes : 1° Le groupe des Etats démocratiques ayant Athènes à leur tête. 2° Le groupe des Etats aristocratiques avec Lacédémone comme Etat directeur. Les institutions fiscales étaient à peu près les mêmes dans chaque groupe; mais elles différaient totalement entre les groupes. Athènes et les Etats démocratiques, avaient le commerce, l'esclavage, la piraterie, pour éléments économiques. Lacédémone et les Etats Doriens vivaient du revenu de la propriété foncière. Malgré le rôle principal d'Athènes dans le développement de la civilisation hellénique, la prépondérance politique a appartenu au second groupe, établi dans le Péloponèse surtout et possédant une plus grande importance territoriale.

Le temps ne nous a transmis des documents et des renseignements nombreux, faciles à contrôler que sur le système fiscal athénien. C'est le moins disparate, à plusieurs égards, soit avec les impôts des peuples contemporains de la Grèce ancienne, soit avec les impôts de l'Europe actuelle. Néanmoins, les institutions fiscales des autres peuples helléniques, Lacédémone, Corinthe, Argos, Thèbes, les Achéens ont eu une grande importance; Xénophon, Aristote, Plutarque nous ont conservé quant à Lacédémone, des faits du plus grand intérêt, à raison de l'originalité de l'organisation économique et fiscale des Lacédémoniens et de leur contraste, même de leur opposition avec celle des États démocratiques de la Grèce; on est beaucoup moins fixé quant aux autres États de la Grèce.

Entre les législations fiscales et financières des deux groupes de la Grèce ancienne cette opposition est absolue; les différences des conditions économiques, provenant de la diversité des territoires, ne suffisent pas pour en expliquer toute la force et la persistance. On est obligé d'en demander la raison à la présence en Grèce de deux races entièrement dissemblables par les origines, les mœurs, les tendances, la race dorienne, qui est la race militaire et aristocratique de la Grèce; la race ionienne, qui est la race commerçante, maritime, intelligente, savante.

Nulle entente entre ces deux races, même aujourd'hui dans les centres occupés autrefois par la race dorienne, soit dans le Péloponèse, soit en Crète, on reconnaît les descendants de la grande race militaire hellénique. Ce sont ces descendants qui ont lutté et qui luttent encore avec le plus de ténacité contre l'oppression des Ottomans, ce sont eux qui ont eu la principale part dans le réveil de la Grèce depuis deux siècles.

CHAPITRE II.

LES DORIENS.

Les Doriens appartiennent à la race illyrienne, dont les différentes tribus ont occupé, de tout temps, les territoires montagneux au sud du Danube. Ottfried Muller, qui les a particulièrement étudiés dans un livre auquel se rattache le renouvellement des travaux de la Grèce antique (1), leur donne la Macédoine pour primitive patrie. Il les relie ainsi au groupe militaire qui a précédé les Romains. On retrouve aujourd'hui dans les Rouméliotes les antiques qualités des Doriens et des Macédoniens. Peu à peu, les tribus doriennes (Hylléens, Dymanes, Pamphyles) se seraient établies sur les pentes de l'Olympe; puis elles auraient gagné la Thessalie, d'où elles se seraient dirigées vers le Péloponèse pour le conquérir et l'occuper. Leur invasion est restée une époque mémorable dans les fastes de la Grèce héroïque (2). C'était une invasion lente, mais complète, comme devaient être plus tard les invasions des Celtes et des Germains. Femmes, enfants, esclaves, accompagnaient plus de vingt mille guerriers. C'était une première poussée des races du Nord vers le Midi (3). Les Doriens apportaient un dialecte nouveau, des mœurs plus fortes, une éducation et des goûts militaires, une pratique persistante de l'esprit d'association, des habitudes plus fières et aristocratiques. A bien des égards, il en

(1) Ottfried Muller, *Les Doriens*, 1839. M. Cornewall Lewis a donné de ce livre célèbre une traduction en anglais excellente.

(2) *Ibidem*, introduction, livre I, 34-36. — Curtius, *Histoire grecque*, 1 vol., p. 119, 127.

(3) *Ibidem*, p. 37, 51.

a été de même des tribus germaniques aux IVe et Ve siècles E. C. Les Doriens trouvèrent le Péloponèse formant plusieurs contrées séparées : Elide, Achaïe, Arcadie, Argolide, Laconie, Messénie (1), et correspondant à des zônes agricoles qui ont longtemps persisté. Ils en firent la conquête successive; celle de la Messénie fut la plus longue et la plus difficile. Puis ils se répandirent de tous côtés et fondèrent de nombreuses colonies dans le Péloponèse (Corinthe, Sicyone, Epidaure), puis dans l'Asie Mineure, en Crète, en Sicile, dans la grande Grèce (Halicarnasse, Rhodes, Cos, Syracuse). Avec le temps, les diverses contrées du Péloponèse furent réunies en une confédération dont Sparte était le centre et dont les Spartiates avaient la direction. Les colonies doriennes se rattachaient à cette confédération, dont la force s'est manifestée pendant la guerre du Péloponèse (2).

Il y eut ainsi, en Grèce, un milieu dorien, un monde dorien, un cosmos dorien, un ordre de choses dorien (3). L'aristocratie de race, la stabilité dans les institutions sociales et politiques, le maintien des traditions des ancêtres (4), la préférence aux idées conservatrices, justifiées par la durée, l'égalité entre compagnons militaires, le mépris du travail, l'éducation militaire, la guerre (5), avec la lance pour symbole, la possession du sol, le respect personnel et le plus haut développement physique et moral de l'homme, formaient les éléments de cet ordre de choses, entièrement contraire à la mobilité, aux tendances égalitaires et démocratiques, aux habitudes commerciales et maritimes des autres populations grecques. Partout les Lacédémoniens

(1) O. Muller, 2e vol., p. 9 et 11.

(2) *Histoire grecque,* 1 vol., p. 33.

(3) Ott. Muller, tome 2, p. 2.

(4) Not to degenerate from his ancestors was the strongest exhortation which a Spartan could here. Ott. Muller, 2e vol., p. 3, trad. G. Lewis.

(5) Chant populaire spartiate :

J'ai pour richesse une grande lance, une épée et le bouclier qui fait rempart à ma chair ;

C'est avec cela que je laboure, que je moissonne;

Avec cela que je foule le doux jus de la vigne.

Curtius, 1 vol., p. 207.

renversaient soit les tyrannies, soit les démagogies, en opposition avec leurs institutions et leurs mœurs (1).

Aussi M. E. Curtius n'hésite-t-il pas à dire que « l'on peut voir dans les Doriens les vrais Hellènes (2) ». A cet égard, l'influence extraordinaire de la Renaissance et de l'enseignement classique explique seule les notions qui ont prévalu dans l'Europe méridionale et occidentale sur les éléments divers et opposés de la société hellénique et la préférence donnée à Athènes sur Lacédémone. On a vu surtout dans la Grèce ancienne des poëtes, des philosophes, des historiens, des artistes admirables que la race ionienne a produits et qu'Athènes a réunis; mais la Grèce politique était tout autre chose que la Grèce artiste. Il suffit d'ouvrir les historiens Hérodote, Thucydide, Xénophon pour le reconnaître. Le rôle militaire prépondérant a toujours appartenu à Lacédémone; et si la race Hellénique avait su vaincre ses insurmontables divisions, l'hégémonie politique qui n'a réellement été exercée en Grèce que par Lacédémone, lui aurait été maintenue malgré et peut-être aussi grâce à ses institutions politiques, sociales et fiscales.

(1) *Ibidem*, 73, 84, chap. IV.
(2) *Ibidem*, chap. IX.

CHAPITRE III.

LES ÉTATS DORIENS ET LA CRÈTE.

La caractéristique essentielle de la race dorienne est le partage et la culture du sol en vue d'entretenir la classe militaire de façon à ce que celle-ci n'ait qu'à s'occuper de la guerre et du gouvernement supérieur de l'Etat. Par suite, elle n'a pas à payer d'impôt. Son entretien, assuré par le labeur d'autres classes, est déjà un mode de payer l'impôt. Pendant leur passage en Thessalie, les Doriens ont autrefois réglé sur ces bases l'occupation, le partage, la culture du territoire. Ils apportèrent dans le Péloponèse les mêmes institutions. Ils durent encore les fortifier pour contenir les populations qu'ils vainquirent (1).

Ils semblent avoir trouvé dans l'île de Crète un milieu spécialement approprié au développement de ces institutions. Aussi Aristote voyait-il dans les lois de l'île de Crète le prototype de celles de Lacédémone (2). Elles étaient moins rigoureuses; elles n'avaient pas cet entraînement militaire absolu des Spartiates. Elles formaient un ensemble d'institutions fiscales qui avaient le double but de consolider le fait de la conquête sans oppression et de maintenir l'inégalité de condition entre les vainqueurs et les vaincus, d'un côté, et l'égalité entre les vainqueurs eux-mêmes, d'un autre côté. A une époque d'entraînement égalitaire, socialiste, comme la fin du XIXe siècle, il y a, par suite, un intérêt réel à connaître, à étudier les institutions fiscales doriennes et à en examiner les résultats car, elles ont affecté un caractère

(1) Muller, *Ibidem*, t. 2, p. 64. A class of Perieci and also of helots was the basis of the Doric form of government, p. 64.

(2) *Politique*, livre II, chap. VII.

socialiste accusé, en vue de conserver l'égalité entre les vainqueurs. Ces institutions ont eu deux foyers principaux, Lacédémone et l'île de Crète. Lacédémone a joué dans la Grèce ancienne le rôle politique dominant; quant à l'île de Crète, elle a pu maintenir son indépendance jusqu'à la conquête romaine (66 avant le Christ). Les Sfakiotes, descendants des Doriens de Crète, ont opposé et opposent encore aux Ottomans une indomptable résistance. Ces institutions, à Lacédémone comme dans l'île de Crète, avaient pour fondements essentiels le droit supérieur de propriété de l'Etat sur toutes les terres, la restriction, aussi grande que possible, de la propriété mobilière, et le paiement de l'impôt en nature; quant à ce troisième fait, nous l'avons déjà rencontré dans toutes les anciennes civilisations de l'Orient. Il s'y est affaibli, sans jamais en disparaître, puisque dans l'Empire ottoman la dîme est encore payée en nature, ainsi que dans l'Inde et en Chine.

Les colonies doriennes avaient apporté dans l'île de Crète les traditions et les mœurs qui ont produit l'organisation si curieuse et si puissante de Lacédémone. Les Doriens asservirent les populations qui occupaient l'île de Crète et les réduisirent à peu près à la condition de colons comme les Périèques de Lacédémone ou les Pénestes de Thessalie. Ces colons étaient les Clarotes. Les Clarotes cultivaient les terres des particuliers, probablement dans les mêmes conditions que les périèques, c'est-à-dire à la charge de remettre une certaine part en nature; à côté des Clarotes se trouvaient d'autres colons les Mnoïtes qui cultivaient les domaines de l'Etat. L'Etat avait des revenus spéciaux.

Les colons devaient l'impôt en nature. « Sur les fruits qu'on « récolte et sur les troupeaux qu'on élève, qu'ils soient à l'Etat « ou qu'ils proviennent de redevances payées par les serfs, on « fait deux parts, l'une pour le culte des dieux et pour l'admi- « nistration, l'autre pour les repas communs, où sont ainsi « nourris, aux frais de l'Etat, hommes, femmes et enfants (1). »

M. Schömann a complété le texte d'Aristote en lui donnant

(1) Aristote, *Politique*, livre II, chap. VII, § 4, traduction Barthélémy Saint-Hilaire.

une interprétation nouvelle. D'après lui (1), ce qui paraît contraire à la tradition des Périèques, ce seraient les propriétaires, les maîtres qui auraient dû l'impôt « divisé en deux classes, « auxquelles étaient affectées deux caisses publiques, l'une « chargée de fournir aux frais du culte et de l'administration, « l'autre qui devait subvenir aux syssities (ou repas en com- « mun) et plus généralement à la nourriture des citoyens et à « l'entretien de leur maison. Seuls, en effet, les hommes et les « enfants d'un âge déterminé prenaient part aux syssities, mais « la même caisse était tenue d'alimenter, dans leur ménage, les « femmes, les filles, les garçons trop jeunes pour suivre leur « père et leur mère, et même la domesticité, d'où l'usage de « payer par tête d'esclave un statère d'Egine. Si la dîme ac- « quittée par les riches était considérable, la part des pauvres « était loin de représenter l'équivalent des dépenses qu'ils im- « posaient au Trésor et l'on pouvait dire que tous les citoyens « étaient nourris aux frais du public. Les riches et les pauvres « n'étant pas également répartis dans toutes les hétairies, il était « nécessaire que chacune d'elles versât à la caisse générale les « cotisations qui devaient profiter à toutes. »

Au-dessous des Clarotes et des Mnoïtes venaient les esclaves des deux sexes affectés au service de la maison.

Quant aux étrangers, dont il faut toujours tenir compte, dans la Grèce ancienne, ils étaient admis aux syssities — ou repas en commun.

Ainsi la société, en Crète, se composait de trois classes : les Doriens-militaires, les colons-cultivateurs et les esclaves. Ces trois classes étaient entretenues exclusivement au moyen de dîmes en nature, par la seconde, qui exploitait le sol. Nous retrouvons, dans leurs traits généraux, l'organisation sociale de la primitive Egypte, sauf les syssities, et de la Palestine avant la captivité (2).

---

(1) *Antiquités grecques*, 1er volume, 354, traduction Galuski. Nous ne saurions trop recommander ce livre remarquable où, à côté d'une connaissance approfondie des faits et des textes, on trouve une admirable peinture de la vieille société hellénique.

(2) Ottfried Muller a relevé les rapports généraux de ces institutions avec celles d'Israël.

Dans ces sociétés l'impôt n'est pas encore nettement dégagé soit de la rente du sol, soit de la part en nature revenant aux propriétaires.

Les repas en commun ont caractérisé la race dorienne, si remarquable par l'originalité de ses institutions qui doivent se rattacher à la communauté primordiale des intérêts, des mœurs de la tribu ou du clan. Les repas en commun étaient une forme de paiement de l'impôt. Ils avaient été institués pour maintenir l'égalité entre les compagnons militaires. Ils étaient alimentés au moyen de redevances en nature. Mais ils cachaient une inégale répartition de l'impôt qui, par suite, retombait plus sur le pauvre que sur le riche. Chaque convive devait livrer une redevance égale, lorsque les charges domestiques et les revenus réels n'étaient pas égaux. Loin de favoriser l'égalité, les repas communs favorisaient l'inégalité. Le résultat a été ainsi contraire au but réel de l'institution qui était de maintenir l'égalité, même aux dépens du pauvre.

Les institutions d'Israël marquaient la même tendance, entièrement inconnue à l'antique civilisation de l'Egypte, de la Chaldée et de l'Assyrie; elle s'est également produite, non seulement à Lacédémone, mais à Athènes, c'est-à-dire sous deux formes de gouvernement et dans deux sociétés tout à fait opposées.

Dans une telle organisation sociale, l'incidence de l'impôt, quelle que soit sa forme, quel que soit son nom, a-t-elle lieu en entier sur la classe qui cultive le sol, puisqu'elle ne dispose d'aucun moyen de répercussion ni sur les esclaves, ni sur les maîtres, ni sur l'Etat?

La tradition du partage en nature, fondement de la dîme, peut modifier cette incidence, à raison de la part que la coutume attribue à celui qui cultive le sol. Souvent cette coutume prenait, chez les peuples anciens, un caractère religieux, sacré. En tout cas, elle était presque toujours immuable; cette immutabilité a marqué certaines civilisations; elle explique, comme pour la Chine, l'Inde, l'Egypte, leur grande durée. Il n'en a pas été de même pour l'aristocratie romaine, qui s'est montrée si dure, ni pour l'aristocratie anglaise, mais la persistance de la culture à moitié en France, en Italie et dans une partie de l'Europe appartient au même ordre de faits.

Cette immutabilité suffit pour montrer comment, chez les Doriens, l'impôt a fini par détruire leurs institutions. Dès que la part des classes cultivant le sol était fixe, immuable, les dépenses de la vie commune qui étaient un impôt, puisqu'elles avaient pour but de maintenir l'organisation sociale elle-même, ont du être prélevées par les classes supérieures sur un revenu invariable et il n'en est resté qu'une part insuffisante pour l'entretien des familles les plus nombreuses, les plus coûteuses. En effet, les frais de familles, essentiellement variables et croissantes, ont dû se reprendre sur des ressources invariables (Aristote l'a nettement établi).

Delà, les précautions sévères prises dans les Etats grecs doriens contre l'accroissement du nombre des familles et l'augmentation de la population; de là une réglementation de la vie et des rapports sexuels qui s'est propagée dans toute l'ancienne société hellénique, qui a modifié l'organisation de la famille, qui a singulièrement amoindri la place de la mère pour surélever le rang des Hétaïres et qui a eu tant d'influence sur les mœurs grecques. Pour s'en faire une idée; il faut lire les tableaux qu'Athénée en a laissé. La παιδεραστεια (1) devint générale; elle s'infiltra partout, elle fut acceptée par les hommes les plus remarquables, jusqu'au moment où des observateurs sagaces, comme Polybe, purent en constater les résultats par la dépopulation, la dégradation, l'affaissement de la Grèce. Non seulement c'est le christianisme qui a combattu ces mœurs et ces institutions, mais la guerre qu'il leur a faite a été l'une des grandes causes de son triomphe. Il a remis la société grecque, égarée, dans la voie tracée à la destinée humaine, voie que la Chine, l'Inde et l'Egypte n'ont jamais méconnue; aussi n'ont-elles pas traversé des temps aussi douloureux que la Grèce.

Les écoles socialistes contemporaines ne se font pas d'illusion

(1) La pédérastie grecque ne doit pas être toutefois jugée exclusivement d'après nos idées. Bien que reconnue par les lois et les mœurs, si elle dégénérait en abus coupables, elle était sévèrement punie. O. Muller, livre II, chap. IV. Cicéron, cité par M. O. Muller, a fait les mêmes observations.

quant aux conséquences inévitables sur la population, la famille, les mœurs d'un nouvel essai de leurs doctrines (1). Elles pensent, avec les théories pessimistes de tous les temps, spécialement du XIXe siècle, Schopenhauer et Hartmann, certaines sectes russes, que la diminution de la population, l'amoindrissement, la restriction et l'interdiction de la génération, sont nécessaires pour modérer, réfréner, paralyser l'activité économique des sociétés contemporaines et combattre l'exploitation de l'homme par l'homme; elles voient dans cette activité la raison des excès du travail, du surmenage, du *sweating system* et de l'inégalité des conditions qu'elles déclarent plus grande que jamais. Elles ne reculent même pas devant une limitation générale de la liberté humaine, limitation qui frappe dans les institutions doriennes; peut-être même comme en Crète et comme à Sparte, car, en réalité, c'est la condition essentielle de toute expérimentation de leurs erreurs, se résigneront-elles, afin de faire vivre une communauté nouvelle des Egaux, entre une élite de maîtres, à rétablir la servitude pour les humbles chargés de sa subsistance (2).

(1) Le socialisme peut amener un nouveau moyen âge, des barbares, des Eglises, des éclipses de la liberté et de l'individualité, de la civilisation en un mot. Renan, *Israël*, 5e vol., 420. Voir aussi Rassegna, décembre 1893.

(2) La conquête du pain par le prince Kropokine, p. 76. — *Les Volontaires des denrées*, comparer nos observations sur les lois frumentaires romaines, liv. III.

CHAPITRE IV.

LACÉDÉMONE. — SES INSTITUTIONS FISCALES ET SOCIALES.

§ 1. *Les Spartiates.*

Engendrer le Spartiate, former, élever, entretenir le Spartiate; maintenir l'égalité entre tous les Spartiates; faire du Spartiate un type d'homme, de guerrier supérieur qui assure à Lacédémone la suprématie, non pas par la quantité des hommes, mais par une sélection infatigable qui surhausse le niveau physique et moral de l'homme, voilà le fondement du système politique et social de Lacédémone (1). Les institutions fiscales lacédémoniennes y sont nécessairement adaptées. C'est l'esprit général des populations Doriennes. La similitude est donc frappante entre les lois de la Crète et les lois de Lacédémone; mais combien les institutions lacédémoniennes sont-elles plus puissantes! elles ont été pratiquées pendant six siècles; si elles n'ont pas dominé le mouvement de la civilisation hellénique, elles ont une influence décisive sur les destinées politiques de la Grèce; elles ont valu à Lacédémone la suprématie militaire parmi les nombreux Etats grecs; elles ont été considérées, par les classes instruites de la plupart des Etats de la Grèce, comme supérieures aux institutions démocratiques d'Athènes; elles ont obtenu la préférence des esprits les plus éminents de la Grèce, Thucydide, Xénophon, Platon (2), Plutar-

---

(1) Toutes les fois qu'il s'agit de la classe militaire supérieure, on doit employer le terme *Spartiates*, mais le terme de Lacédémone est celui qui convient à l'Etat fondé et gouverné par les Spartiates.

(2) La cité de Platon (*Lois*, livre 5) avec 5,040 citoyens et 5,040 lots n'est qu'un abrégé de Lacédémone. — Dans le livre 3, Platon montre par quels changements on pourrait en faire *un gouvernement parfait*. — Xénophon, *Lacédémone*, chap. VIII.

que; elles paraissent néanmoins en contradiction absolue avec les idées qui ont prévalu plus tard dans l'organisation de l'impôt.

En y regardant de plus près au surplus, en comparant les institutions de Lacédémone avec celles de Rome, même avec celles d'Israël, on retrouve des lignes communes, des rapprochements qui permettent de se rendre compte de la nature de l'organisation sociale des Lacédémoniens. Entre Lacédémone et Rome, notamment, la ressemblance est remarquable. L'une et l'autre sont des aristocraties, des aristocraties militaires; elles représentent l'un des deux grands mouvements politiques et sociaux qui se sont produits dans les Etats du bassin de la Méditerranée lors de l'amoindrissement, puis de la disparition de l'influence et de l'autorité des anciennes familles royales. Elles n'ont pas eu la même destinée, parce que la situation géographique de Sparte ne comportait pas les ressources que Rome a rencontrées dans l'Italie centrale et que la Grèce n'offrant pas la même unité que l'Italie, Sparte a eu à lutter contre un Etat plus important, mieux situé et appelé à lui résister. Cet Etat a été l'organe du second de ces deux courants, le courant démocratique. Malgré l'incomparable supériorité d'Athènes dans la marche de la civilisation hellénique, malgré la place brillante qu'Athènes a conservée pendant 5 à 6 siècles sous la domination romaine, Athènes n'a pas été pour la Grèce l'état modèle, l'état type, l'état directeur. Son influence est restée extérieure, coloniale, maritime, artistique, civilisatrice; dans la Grèce même, elle n'a jamais obtenu la prépondérance (1). C'est que le courant aristocratique était plus puissant en Grèce que le courant démocratique. Les démocraties d'Athènes, de Corinthe et de quelques îles de l'Archipel ont été de brillantes exceptions, mais des exceptions; des foyers splendides, mais qui se sont éteints. En Grèce, comme en Italie, le courant aristocratique était le plus fort. Il a montré toute sa puissance avec l'aristocratie romaine; il a survécu à l'empire romain. C'est ce courant qui, à la chute de l'empire romain, a

(1) Schœmann, *Antiquités grecques*, 1er vol., 220. « Les Spartiates restèrent les maîtres et par suite fut écrasée dans tous les Etats la démocratie qui avait eu le dessus durant l'hégémonie d'Athènes. »

dû prendre et a conservé, pendant plus de dix siècles, la conduite de la civilisation en Europe. Comme rien ne reflète mieux les mouvements généraux des nations que l'histoire de l'impôt, il nous sera possible de reconnaître, plus d'une fois, par l'histoire de l'impôt, les grandes lignes de la direction générale des peuples européens.

La singularité des institutions de Lacédémone, leur opposition avec celles des peuples actuels expliquent les critiques qu'elles ont provoquées et le scepticisme avec lequel on les a traitées. Les textes les plus clairs ont été torturés, détournés de leur véritable signification. L'ouvrage, si curieux, de Xénophon lui a été contesté. La vie de Lycurgue par Plutarque, l'une de ses meilleures biographies, a été considérée comme légendaire. Lycurgue est devenu une sorte de personnage mythique comme Orphée ou Minos. Les progrès des études archéologiques, la comparaison des institutions primitives des races et des peuples ont détruit ces critiques. Loin de perdre de leur importance, les plus vieilles traditions, les plus anciens textes que Plutarque nous a conservés en ont acquis une plus grande; le témoignage de Xénophon, cet illustre et parfait représentant de la civilisation hellénique aux jours de son plus bel épanouissement, est aujourd'hui considéré comme l'une des sources les plus authentiques et les plus précieuses de l'histoire de la Grèce (1).

§ 2. *Les conditions du milieu.*

Quelques mots sur le territoire. La terre de Pélops forme un quadrilatère irrégulier de 22,201 kil. carrés, habité aujourd'hui par 800,000 habitants. Il ne devait pas être aussi peuplé à l'époque de la grandeur de Lacédémone. La Grèce renaît, et cette renaissance, de même que celle de l'Italie (2), est un terrible argument contre la théorie de la dégénérescence et du remplacement des faibles races par les plus fortes. Le sol est toujours fertile :

(1) 1° Gouvernement des Lacédémoniens ; 2° Agésilas.

(2) La population actuelle de l'Italie est au moins quadruple de ce qu'elle était après les guerres puniques, époque de sa plus grande prospérité sous les Romains.

la vigne, l'olivier, le mûrier, le froment, y donnent les mêmes récoltes qu'aux jours de Lacédémone. Chaud le long des mers qui entourent le Péloponèse (1), le climat est rude sur les montagnes ou dans les vallées de l'intérieur. Les dentelures des côtes sont toujours favorables à la marine et à la piraterie, néanmoins le Péloponèse est encore un centre agricole comme du temps des guerres de Messénie. Les dénominations romaines, byzantines, turques du territoire ont disparu. Les vieilles provinces Helléniques, si chères à tous les Hellènes, Laconie, Messénie, Arcadie, Achaïe, Elide, Argolide, Corinthe subsistent encore. Mélange de vieux Hellènes, de quelques Romains, de Slaves, de Francs, de Turcs, la population est demeurée au fond grecque et, avec plus de sagesse politique, ce qui prouve que les Hellènes sont bien l'élément principal de la population, le Péloponèse pourrait redevenir une des plus heureuses régions de l'Europe orientale.

Telle était la Lacédémonie.

Aristote était, sans doute, fondé quand il disait que les institutions de la Crète étaient le prototype de celles des Lacédémoniens (2). Ce n'en est pas moins chez eux que ces institutions ont pris leur plein développement et qu'elles ont produit tous leurs fruits. Aussi la Crète n'a eu qu'un rôle secondaire à côté du rôle prépondérant qu'ils ont rempli dans l'histoire de la Grèce. A Lacédémone, comme en Crète, institutions politiques, institutions sociales, institutions fiscales forment un ensemble : on ne peut les séparer les unes des autres, on ne peut comprendre les unes sans les autres. Pour donner une idée claire et précise des institutions fiscales, il est, par suite, indispensable d'expliquer les conditions du milieu politique et social. Ce milieu n'a pas été créé par les lois de Lycurgue. Il leur est antérieur. C'est le résultat des traditions, des tendances, des efforts séculaires de la race dorienne elle-même. Lycurgue (3)

(1) Boulé, *Etude sur le Péloponèse*, 1855. Ces études contiennent une fraiche description du massif montagneux de l'Arcadie, de l'Achaïe, de l'Alphée et de l'Elide, mais le ton est quelque peu bucolique.

(2) *Politique*, livre II, chap. VI. — Ottf. Muller, 2e vol., 196.

(3) Sur Lycurgue, sa vie, son personnage si curieux, son œuvre, l'école critique, représentée par Grote (*Hist. of greece*, 1er vol., chap. VI), n'a pas prévalu.

(vers 820 A. C.) aurait prescrit, d'après les conseils formels de l'oracle de Delphes, par des lois diverses, tout ce qui concernait le gouvernement, attribué aux seuls Spartiates; il aurait réglé le partage et la culture des terres, les rapports des divers éléments de la population entre eux, le maintien de l'égalité entre les Spartiates, la conservation des familles, l'éducation, le paiement de l'impôt; mais tous ces règlements avaient pour bases les institutions primitives des Doriens, leurs aptitudes militaires, leur goût pour l'association, leurs traditions aristocratiques (1). Lycurgue doit y avoir pris une grande part, toutefois les uns ont eu lieu avant lui, les autres après et successivement. Vainqueurs des populations qui occupaient, avant eux, le Péloponèse, les Doriens eurent à approprier leurs institutions primitives de manière à dominer le Péloponèse, sans l'asservir, car ils étaient tout à fait inférieurs en nombre; c'est cette appropriation qui a été principalement l'œuvre de Lycurgue. Il fallut assurer la suprématie militaire aux Doriens, plus tard les Spartiates, et obtenir le concours des populations vaincues, de manière à préparer l'hégémonie de Lacédémone (2) dans la Grèce entière. Comme le laisse entendre Otfried Muller, ces arrangements doivent être antérieurs à Lycurgue (3). L'œuvre de Lycurgue n'a dû consister qu'à donner sa forme et sa constitution définitives au gouvernement de Lacédémone et à établir les rapports des Spartiates entre eux.

Les populations péloponésiennes, dans ces arrangements, perdirent tout droit politique, mais elles durent fournir, de même que les Spartiates, le service militaire. Elles se composaient elles-mêmes de deux éléments distincts provenant de luttes an-

---

Consulter Curtius, 1er vol., 221. — Claudio Jannet, *Institutions de Sparte*, p. 29. — Fustel de Coulanges, *Cité antique*, 81. — En sens opposé, G. Gilbert, traduction anglaise, p. 11. — *Les constitutions de Sparte et d'Athènes*, en allemand.

(1) O. Muller, *ibidem*, p. 12, 16, 64, 281. — Curtius, 1er vol., 128. — Gilbert, *ibidem*, p. 7. — Ces règlements formaient la grande *Rhétra* comme une charte, un pacte solennel.

(2) Dominer le Péloponèse sans l'asservir. — Curtius, *ibid.*, 1er vol., 355.

(3) Sur le partage des terres, O. Muller, 2e vol., 195-197. — Claudio Jannet, 49-54.

térieures. — Les Périèques et les Hilotes; les Périèques tenanciers à divers titres et les Hilotes cultivateurs des terres. Les uns et les autres ont constitué le fond de la population du Péloponèse jusqu'à la ruine de l'hégémonie des Spartiates. Les Périèques reçurent progressivement 30,000 lots de terres à titre de tenanciers héréditaires, moyennant des redevances perpétuelles, mais fixes, envers l'Etat. Ils durent les cultiver eux-mêmes avec le concours de quelques esclaves — mais il leur fut permis d'habiter les villes, de se livrer à l'industrie et de faire le commerce (1). En outre, ils furent tenus de faire le service personnel des *Syssities* ou repas en commun des Spartiates. Quant aux Hilotes, ils devinrent des serfs, chargés de la culture de 9,000 lots de terres attribués aux Spartiates, dont ils avaient à assurer l'entretien moyennant aussi des redevances déterminées. Certains Hilotes, inférieurs aux autres, cultivaient les terres de l'Etat.

Rien d'excessif dans ces arrangements (2). Dans l'Inde, la condition des Çoudras était pire que celle des Hilotes; la situation des Périèques était meilleure que celle des Fellahs de l'Egypte romaine. Les Espagnols se sont montrés autrement inexorables envers les propriétaires et cultivateurs du Mexique et du Pérou. Grâce à la fixité des redevances, Périèques et Hilotes ont pu grandement améliorer leur sort. Ils sont devenus les soldats d'Aratus et de Philopémœn. Avec le temps, leur droit de possession s'est changé en droit de propriété.

Les Périèques ne sont pas complets propriétaires; ils ne peuvent vendre leurs droits qui se transmettent dans leurs familles de mâle en mâle par les successions ou adoptions; s'ils sont adoptés par un Spartiate, ils entrent dans la classe supérieure, les Hilotes peuvent être affranchis. Ils prennent alors le nom de Mothaces ou de Néodamodes. S'ils sont adoptés après avoir été les servi-

(1) M. O. Muller cite plusieurs de ces villes. Il en compte 24. Avec le temps les Périèques devinrent le principal élément de la population urbaine des Lacédémoniens, 2e vol., chap. II. — Schœmann, *ibidem*, 236.

(2) O. Muller, 2e vol., p. 31. — Il serait facile d'établir des rapprochements entre les conditions diverses des Gallo-romains de classe inférieure, les Périèques, les Hilotes.

teurs des Spartiates, leur situation se rapproche de celle des Périèques (1).

Quant aux Doriens mêmes, aux Spartiates, ils forment une caste militaire, soumise à un entraînement permanent. Les trois tribus doriennes primitives sont subdivisées chacune en dix *obé*; chaque obé compte 150 familles et chaque famille constitue une maison *genea*. L'existence des Spartiates n'a qu'un objet et qu'un but : la guerre. « Lacédémone, dit M. Curtius, était toujours sur le pied de guerre (2) ». Point de travail, point de trafic, point de monnaie circulante, point de propriété immobilière personnelle. Dans la répartition des terres, 9,000 lots, égaux quant au revenu qu'ils pouvaient donner (3), ont été attribués, à titre perpétuel seulement, à chaque famille de Spartiate, avec sept familles d'Hilotes par lot pour le cultiver. Mais ce fonds, à l'origine, ne se transmet que de mâle en mâle dans la même famille; la femme n'hérite pas; faute d'héritiers, l'Etat dispose du lot. Le lot ne peut être partagé. Il revient à l'aîné des héritiers, sauf par lui à assister les autres personnes de la famille. Partant ni partage, ni vente, ni achat, ni hypothèque. L'objet essentiel de l'Etat, en vue d'assurer sa durée et sa puissance, par le maintien de la supériorité de la race, est non seulement l'entraînement militaire des Spartiates, mais la conservation de l'égalité entre guerriers appelés aux mêmes devoirs, entre *ομοῖοι* — entre égaux (4). Les sociétés d'*Egaux* datent de loin; égalité de race, égalité de culte, égalité d'entraînement, égalité d'éducation, égalité de courage, *égalité d'existence* : de là, l'éducation en commun, la vie commune, les repas en commun, les jeux en commun, les liens et les affections des compagnons militaires (5), de là encore la remise des dettes à l'avènement de chaque roi (6) : tout est disposé pour sauvegarder l'égalité phy-

(1) O. Muller, *ibidem*, p. 68.

(2) Curtius, 1er vol.

(3) O. Muller, tome 2, chap. X, 195-215. — Plutarque, *Lycurgue*, chap. XI et XII.

(4) *Sur l'égalité, les Egaux*, — O. Muller, 3e vol., p. 84. — Plutarque, chap. XI.

(5) Notamment les Epeunactes, les compagnons des Triacades et des Enomoties.

(6) O. Muller, 3e vol., 218.

sique, matérielle, morale. De là enfin les règles sur le mariage — l'homme ne peut se marier avant trente ans, la femme avant vingt-cinq; la génération même sera réglée (1); les frères pourront avoir la même femme; la polyandrie régnera au foyer domestique et assurera la perpétuité de la maison.

Tel est le milieu : les institutions économiques et fiscales devaient y correspondre afin de le perpétuer.

§ 3. *Institutions économiques et fiscales.*

1° En principe, le Spartiate ne doit pas et ne paie pas d'impôt, à moins de circonstances extraordinaires dans lesquelles il est obligé de fournir seulement certaines contributions en nature (2).

2° Il est nourri dans les syssities (3) auxquelles il doit remettre par mois un médimne (environ 50 litres) de farine, 8 courges ou 25 litres de vin, 5 mines ou environ 2 kilog. de fromage et 1 kilog. de figues — plus en argent 10 oboles d'Égine (4). — Cesse d'être citoyen tout Spartiate qui n'assiste pas aux Syssities. Nul ne peut s'absenter sans congé. Est exclu tout Spartiate qui est déchu, notamment, par l'extrême pauvreté, qui n'est plus ομοιοδ, qui ne marche plus de pair (υπομειων).

3° Les femmes et les filles sont nourries à la maison; les jeunes garçons au-dessus de 12 ans mangent dans des réfectoires communs sous la surveillance de directeurs particuliers.

---

(1) O. Muller, *ibidem*, tome 2, p. 201. — Ces idées étaient courantes dans la société hellénique. — Platon (*Lois*, livre 5), conseille d'interdire les générations trop abondantes tout en favorisant l'accroissement de la population. Il pense qu'on peut employer la femme à faire la guerre. — Xénophon, *Lacédémone*, chap. VII.

(2) O. Muller, 2e vol., 221. — Schœmann, 1er vol., 282. δυνδιτηδιδ de δυνδιτεω : manger ensemble.

(3) Plutarque, *Lycurgue*, XIII à XV. — O. Muller, tome 2, 212-281. — Curtius, 105, 206-234. — Fustel de Coulanges, chap. VI. — Les tables comptaient chacune 15 convives. Les repas en commun sont un des faits principaux de la civilisation primordiale du bassin de la Méditerranée. Ils avaient un caractère religieux, social, militaire. A Jérusalem, le sacrifice était suivi de repas en commun (Voir Renan, tome 5, 68, *Israël*). On les retrouve en Perse, à Athènes, à Rome. Nulle part ils n'ont eu le même caractère, la même importance qu'à Sparte. Ils n'ont pas été sans influence sur le christianisme. — Xénophon, *Cyropédie*.

(4) L'obole valant 0,15.

4° Les familles des Hilotes pourvoient, dans des conditions déterminées et fixes, à des redevances suffisantes pour l'entretien de l'usufruitier de chaque lot et de sa famille. Sur chaque lot se trouvent des greniers où sont apportées et enserrées les diverses denrées formant cette part, qui ne dépassait pas, quant aux céréales, 40 hectolitres d'orge.

5° A titre de propriétaire dominant des lots, l'Etat veille à ce que les familles sans enfants remplissent les vides en adoptant les « fils de familles alliées et que les orphelines riches épousent « des citoyens pauvres (1). »

6° Les ressources de l'Etat consistent dans les redevances des Périèques, dans les revenus des domaines publics cultivés par les Hilotes et dans le butin de guerre sur lequel il prélevait la principale part. Les Rois étaient entretenus par les revenus des terres spéciales. Il n'y avait d'impôt en argent que dans les cas exceptionnels.

Ces dispositions concordent avec celles signalées déjà chez la plupart des anciens peuples, notamment chez les Egyptiens du premier et du second empire; chez les Hébreux, dans l'Inde et même en Chine. Seulement, les redevances correspondent à une part dans le revenu supérieure à l'impôt, notamment à la dîme. Elles comprennent à la fois l'impôt et la rente du sol. Les Hilotes n'étaient que des colons partiaires et les Périèques que des tenanciers censitaires.

Elles proviennent également de l'état de la civilisation, notamment de la rareté des métaux précieux. Elles démontrent que, malgré bien des différences, l'époque à laquelle elles appartiennent, a eu un caractère commun pour tous les peuples parvenus à une certaine civilisation.

7° La circulation de la monnaie d'argent et d'or est interdite ou restreinte entre particuliers, surtout entre Spartiates, d'abord en vue de les arracher à toutes préoccupations de richesse et de maintenir entre eux l'égalité, mais aussi à raison de la rareté; on n'a frappé des monnaies à Sparte qu'après Alexandre (2).

---

(1) Schœmann, *ibidem*, 250.

(2) Gilbert, *ibidem*, 78-79.

Il existait cependant à Sparte un trésor, administré par les Ephores, qui contenait des sommes importantes en argent et en or; mais ces sommes ne servaient qu'aux besoins de l'Etat. L'usage courant des métaux précieux demeura interdit aux Spartiates pendant au moins quatre siècles (1). Lors qu'Agis et Cléomène entreprirent leurs réformes (2), l interdiction à nouveau de la monnaie d'or et d'argent fut placée au premier plan. Cette interdiction avait pour but de limiter la richesse et de maintenir l'égalité sociale (3).

La seule monnaie en circulation était une monnaie de fer extrêmement lourde. Par suite la transformation des redevances en nature, en impôt, en argent, transformation dont Athènes va nous offrir le tableau, ne s'est accomplie que fort tard et incomplètement à Lacédémone.

8° Le nombre des Spartiates ne dépassait pas 5,000 lors de la conquête : il s'éleva à 6,000, puis à 9,000, avant les guerres médiques. Ce qui permet de porter à 40 ou 50,000 le nombre des Doriens; les Périèques et les esclaves affranchis pouvaient être 180,000 avec leurs familles et les Hilotes 175,000.— l'ensemble de la population représentait 400,000 âmes. Tel quel, il valait mieux que l'ensemble de la population athénienne, comme le résultat de la guerre du Péloponèse l'a prouvé.

9° L'ascendant complet à exercer et à maintenir par un dixième de la population sur les neuf autres dixièmes, explique toutes les institutions de Lacédémone. Il explique surtout l'une des faces les plus curieuses et les moins connues de son histoire intérieure. On retrouve, en effet, à Lacédémone, comme à Rome, la tentative persistante de conserver l'égalité sociale entre les citoyens ; c'est-à-dire les questions et les partages agraires.

Les sociétés hellénique et romaine ont été essentiellement aristocratiques. Elles se composaient d'une minorité d'élite entretenue par des masses soumises et silencieuses. Cette organisation

(1) Plutarque, *Lycurgue*, § 11. — *Lysandre*, § 20. — Schœmann, *ibidem*, 334, 316.

(2) Schœmann, *ibidem*, 229.

(3) Xénophon, *Lacédémone*, chap. VII. — « On fait des perquisitions d'or et d'argent, et quand on en trouve quelque part, le détenteur est mis à l'amende. »

n'était maintenue qu'au prix des plus grands efforts. L'intervention de l'Etat n'avait pas d'autre objet. L'Etat ne connaissait, ne représentait que cette minorité; gouverner la minorité, c'était gouverner l'Etat. De là les luttes politiques. Les luttes sociales avaient une autre cause : il ne s'agissait plus de gouverner l'Etat, mais de ne pas tomber par la pauvreté — c'était le plus grand des malheurs, — des rangs de la minorité dans les bas-fonds dans la majorité, c'est-à-dire dans la misère ou dans la servitude. Elles étaient par suite inexorables.

Une aristocratie, surtout une oligarchie militaire a pour condition l'égalité entre ses membres, quand elle ne peut renouveler ses forces dans d'autres milieux. Les Syssities avaient pour but le maintien de cette égalité; mais il arriva un moment où, au lieu de lui être favorables, elles lui furent contraires. La redevance en nature à porter chaque jour (αγωγή) à la table commune devint une charge légère pour celui qui n'avait pas d'enfants, plus lourde pour celui qui en avait quelques-uns, accablante pour le Spartiate chargé de famille. Sur qui rejeter l'impôt? Et combien devait paraître pénible cette cotisation quotidienne? Bientôt, il fut impossible à tous de subvenir aux mêmes charges. C'est la remarque faite par Aristote : « Les « plus pauvres ne peuvent prendre part à ces repas; et, pour-« tant, de temps immémorial, le droit politique ne s'acquiert « qu'à cette condition, il est perdu pour celui qui est hors d'état « de supporter cette charge (1). »

Ainsi ce qui devait maintenir l'égalité, la détruisit. C'est un exemple très-catégorique de l'incidence de l'impôt et de la nécessité d'adapter l'impôt aux diverses inégalités sociales. « Le revenu de la terre, dit Schœmann, que les Spartiates fai-« saient cultiver par les Hilotes, devait suppléer au travail per-« sonnel qu'eussent exigé les besoins du propriétaire et lui per-« mettre de vaquer à ses devoirs civiques; en outre, il fallait « que les domaines fussent de même valeur, afin d'effacer autant

(1) *Politique*, livre II, chap. VI, 21. — Schœmann, *ibidem*, 312. — Aristote ajoute : « C'est chose difficile que les pauvres, en y apportant la part fixée par la loi, puissent en outre subvenir à tous les besoins de la famille » (livre IV, chap. IX, § 6).

« que possible la différence entre les riches et les pauvres. Con-« formément à ce principe, le sol avait été partagé aussitôt après « la conquête dorienne. Plus tard, lorsque le nombre croissant « des citoyens eut troublé l'équilibre, on tenta de réparer l'iné-« galité des fortunes par une nouvelle et énergique application « de la loi agraire. Tout le pays, y compris les conquêtes récentes, « fut divisé entre les citoyens dont le nombre était alors de « 4,500 ou de 6,000. Enfin, quand, après la première guerre de « Messénie, le nombre des Spartiates s'accrut encore d'une ma-« nière notable, et que l'égalité fut de nouveau troublée, le roi « Polydaros profita de nouvelles annexions pour opérer le dernier « partage général des terres (1). »

Ces partages ne pouvaient suffire à paralyser les effets de l'inégalité qui est inhérente à la composition des familles. Il fallut peu à peu renoncer à la législation de Lycurgue et aux traditions sur lesquelles elle était fondée. Les guerres perpétuelles d'un peuple, qui était toujours campé, venaient accroître les causes d'inégalité. Les familles militaires sont soumises à une plus rapide extinction; elles finissent par n'être représentées que par des femmes (2). Au temps d'Aristote les deux cinquièmes des terres étaient dans les mains des femmes (3). La charge des repas publics n'en devint que plus lourde et la mauvaise organisation de l'impôt à Lacédémone, signalée par Aristote, que plus funeste (4). L'inégalité s'accentua de plus en plus; elle s'aggrava encore lorsque, sur la motion de l'Ephore Epitadeus (5), la liberté de disposer par donation et par testament fut reconnue aux Spartiates : c'était une révolution agraire, puisque les Spartiates n'avaient pas la propriété entière de leurs lots. La vente demeura interdite; mais la transmission pouvait avoir lieu sous forme de donation. Il se produisit alors comme à Rome, comme en Angleterre, un immense mouvement de concentration. Aristote put dire : « un autre défaut à signaler dans la constitution de La-

(1) *Antiquités grecques*, 1er vol., 248.
(2) C'est le cas de la famille de Montaigne après quatre générations.
(3) *Politique*, livre II, chap. VI, § 11.
(4) *Politique*, livre II, chap. VI, § 24.
(5) L'éphorat d'Epitadeus a eu lieu après Lysandre et avant Aristote.

« cédémone, c'est la disproportion des propriétés; les uns pos-
« sèdent des biens immenses, les autres n'ont presque rien; et
« le sol est entre les mains de quelques individus (1). »

Cet état de choses s'est maintenu bien au delà de l'époque d'Aristote. Aristote ne comptait plus de son temps que 2,000 Spartiates; moins d'un siècle après, il n'y en avait plus que 700, sur lesquels un septième seulement était propriétaire de fonds. « Tout « le reste n'était qu'une multitude indigente qui, languissant à « Sparte dans l'opprobre et se défendant au dehors avec mollesse « contre les ennemis qu'elle avait à combattre, épiait sans cesse « l'occasion d'un changement qui la tirât d'un état si méprisable (2). » Néanmoins les Syssities duraient encore, elles étaient devenues des sortes de bureaux de bienfaisance où les pauvres vivaient aux frais des riches. Ceux-ci envoyaient toujours les redevances sans en prendre leur part.

L'occasion recherchée par les pauvres se présenta sous les rois Agis III et Cléomène qui provoquèrent un mouvement social et agraire du même ordre que celui des Gracques. Agis III échoua, mais il n'en fut pas de même de Cléomène. Il bannit quatre-vingt Spartiates les plus riches, s'empara de leurs terres, procéda à une nouvelle répartition, renversa les Ephores, renouvela les Syssities et composa une armée avec laquelle il attaqua la ligue achéenne. Epoque décisive dans l'histoire de la Grèce ancienne. Les Achéens n'étaient autres que les *Périèques*, les *Mothaces*, les *Néodamodes*, les *Hilotes*, coalisés contre les Spartiates, mortels ennemis d'un état de choses établi pour les condamner à une infériorité ou à une servitude perpétuelles en vue de garantir la domination des Spartiates. Lacédémone avait été brisée en fait à Leuctres et à Mantinée. La ligue achéenne en était sortie. La division inhérente à la race hellénique, n'en devint que plus grande. Elle prépara l'asservissement et le dépérissement de la Grèce, dont la décadence datait de la guerre du Péloponèse.

D'autant plus que les Hilotes se séparèrent à leur tour des Pé-

(1) *Ibidem*, § 11.
(2) Plutarque, *Agis*, § 6.

riéques et devinrent les principaux instruments des démagogues, tels que Nabis, qui succéda à Cléomène. Cette renaissance de Sparte n'en a pas moins été remarquable. Après la défaite de Sellasie une transaction paraît être intervenue au sujet des changements faits par Cléomène. Pausanias cite comme en fonction de son temps le collège des Patronomes que Cléomène avait substitué aux Ephores.

A partir de Cléomène la décadence de Lacédémone se précipita; mais les institutions de Lycurgue résistèrent encore. Elles survécurent même à la tyrannie de Nabis. « Il détruisait peu à « peu le dernier reste du nom Spartiate, jetant en exil tous les « citoyens illustres par leurs richesses et livrait les femmes et les « biens de ses victimes aux principaux de son parti et à ses mer- « cenaires. C'était une troupe de voleurs et d'assassins de toute « sorte... Il ne se bornait pas à faire exiler les citoyens; sur la « terre étrangère il n'y avait pas pour eux de retraite assurée. « Il les faisait tuer sur les grandes routes. Il en rappelait d'au- « tres à Lacédémone et les y égorgeait. Pour comble d'horreur « dans la ville où ils se retiraient, il achetait, sous le couvert « d'hommes non suspects, les maisons contiguës à celles que « ces infortunés occupaient, et envoyait des Crétois qui, prati- « quant des trous dans les murs mitoyens, les tuaient à coups « de flèches, soit couchés, soit debout (1) ». C'était la guerre sociale en permanence. L'obstination des vieux Spartiates fut plus forte que la cruauté de Nabis. Il était réservé, par un juste retour des choses humaines, à Philopœmen seul, le chef de la ligue achéenne, de briser le moule des fortes institutions de Lycurgue. Dès qu'il eut pris Sparte, il fit mettre à mort plus de quatre-vingt Spartiates, abattit les murailles, confisqua une grande partie des terres, transporta en Achaïe toute la population à l'exception de 3,000 personnes qui, ayant refusé d'abandonner leur patrie, furent vendues à l'encan. « Philopœmen, « ajoute Plutarque, renversa toutes les institutions de Lycurgue; « il força les enfants et les jeunes gens d'abandonner l'éducation « qu'ils recevaient à Sparte, persuadé que tant qu'ils obser-

(1) Polybe, livre XIII, chap. VI.

« veraient les lois de Lycurgue, ils ne perdraient jamais leurs « sentiments généreux; accablés alors sous le poids de leurs « malheurs, et forcés de laisser Philopœmen couper, pour ainsi « dire les nerfs de leur ville, ils vécurent dans la faiblesse et « dans la dépendance (1). »

Il y a une certaine exagération dans ces affirmations de Plutarque; ni Nabis, ni Philopœmen ne parvinrent à détruire à fond l'œuvre de Lycurgue et l'acropole des Doriens.

Ainsi la législation sociale et agraire des Doriens, plus ou moins modifiée par Lycurgue ou après lui, est caractérisée par la subordination d'une nation de 400,000 personnes à une aristocratie militaire, soumise à un énergique entraînement, exemptée de toute contribution aux charges de l'Etat. Toutefois cette aristocratie se transforme lentement en une oligarchie, même une timocratie sous l'influence des lois ou des coutumes destinées à la perpétuer. Les charges égales de la subsistance en commun et tous les moyens employés pour établir et maintenir une égalité parfaite aboutirent à l'inégalité la plus complète.

C'est l'exemple le plus péremptoire de la fonction sociale et économique de l'impôt.

§ 4. *Reflets et incidence de l'impôt à Lacédémone.*

Quelle pouvait être l'incidence des diverses redevances qui, à Lacédémone, représentaient l'impôt? Ces redevances étaient : 1° celles des Périèques à l'Etat; 2° celles des Hilotes aux Spartiates; 3° celles des Spartiates aux Syssities. Toutes étaient fixes, d'après la coutume; toutes étaient acquittées en nature.

En ce qui est des redevances des Périèques, ceux-ci n'avaient aucun moyen de s'en récupérer, puisque les Spartiates et les Hilotes étaient entretenus sur les revenus d'autres lots de terres et que ces lots étaient les plus fertiles. Leur condition était néanmoins considérée comme bonne, car ils avaient au moins la moitié des produits, sans compter les profits du commerce, de l'industrie; profits qui, longtemps médiocres, car les

(1) Philopœmen, § 25.

échanges avaient lieu en nature, ont dû s'accroître beaucoup à l'époque où la monnaie d'or et d'argent est entrée en circulation. On peut admettre que les Périèques, surtout dans les années propices, pouvaient disposer d'un excédent de produits agricoles et en tirer un certain revenu. Aussi leur condition est-elle devenue meilleure que celle des Spartiates.

Il en a été à peu près de même des Hilotes. Tous les documents montrent que, jusqu'à leur affranchissement en masse après Leuctres, ils avaient déjà réalisé de notables progrès et que plusieurs d'entre eux étaient devenus riches. C'est que les redevances qu'ils fournissaient étaient fixes et payables en nature. Ils ne devaient pas d'impôt.

En somme Périèques et Hilotes étaient à peu près des colons partiaires perpétuels, astreints seulement à des redevances fixes, en nature, ne devant en outre que le service militaire (1).

C'est la même situation que celle des Clarotes. Les mêmes réflexions s'y appliquent. Dès que les redevances foncières des Périèques et des Hilotes étaient immuables d'après la coutume, leur condition devait s'améliorer puisqu'ils avaient tous les profits du travail. Comme conséquence indirecte, leur part dans les charges publiques devenait moins lourde, puisque leurs ressources étaient croissantes.

La condition des Spartiates était plus défavorable : 1° Le travail leur était interdit; il était considéré pour eux comme une tâche; par suite ils étaient strictement réduits à leur part dans les revenus des terres. « Même avant la loi d'Epitadeus, il y « avait déjà des Spartiates qui se trouvaient dans une situation « d'infériorité vis-à-vis des riches; mais c'est le cas de tous les « impôts qui, égaux en apparence, pèsent néanmoins très-iné- « galement sur les riches et sur les pauvres. Ils n'avaient pas « pour cela l'idée de s'en affranchir, sachant que c'était le seul « moyen de s'assurer l'inappréciable jouissance du droit de cité « et d'obtenir la considération publique..... Tous ceux qui accom- « plissaient ce devoir jouissaient de la plénitude du droit de « cité, qu'ils fussent riches ou pauvres; mais quiconque s'en

(1) Schœmann, *ibidem*, 254.

« affranchissait était réputé indigne d'être rangé plus longtemps « parmi les ομοιοι. Il était frappé d'une sorte d'atinie, dégradé « de la noblesse et relégué dans une classe inférieure (1) ». 2° La dépense de leur alimentation étant égale, constituait une véritable contribution qui portait plus sur le pauvre que sur le riche. Le pauvre était sans moyen de se récupérer; au contraire le service militaire aggravait encore sa situation.

Telle était au XVIIIe siècle à peu près la condition de la noblesse militaire française. Elle n'avait pas de Syssities; mais elle devait tenir un rang qui l'obligeait à des dépenses supérieures à ses revenus. Elle a dû vendre ses biens et se fondre dans la bourgeoisie. Elle s'est amoindrie, comme les Spartiates, par la guerre, et le tiers état, dispensé du service militaire, a grandi en nombre et, par le travail, en richesse. C'est par la guerre et le mépris du travail que la société féodale et seigneuriale, les puissants du IXe au XVIe siècle, a peu à peu disparu. Il n'y avait en France en 1789 que 100,000 nobles avec 30,000 familles, sur une population de 29 millions. C'est exactement ce qui a eu lieu à Sparte.

Alors s'est formée la riche oligarchie qui a gouverné depuis Lysandre et Agésilas et que Nabis et Philopœmen ont accablée sans la détruire encore. Cette oligarchie possédait les terres sans payer d'impôt. Les redevances des Syssities pour 2,000, puis 700 Spartiates étaient peu de chose à côté de celles qui devaient en nourrir tous les jours 9,000. Ce n'est pas la seule aristocratie ou la seule oligarchie qui n'a pas consenti à payer d'impôt. On peut lire dans Polybe (Livre XIII, chap. VII), l'histoire d'une atroce invention de Nabis pour se procurer de l'argent. C'était une statue de femme couverte de vêtements magnifiques qui ressemblait à l'épouse de Nabis. Quand Nabis ne pouvait arracher d'un Spartiate l'argent dont il avait besoin, il le conduisait vers cette statue comme pour l'admirer, mais les bras de l'automate le saisissaient et l'étouffaient. Cette statue n'est peut-être qu'une légende. Elle donne assez bien l'image du fisc auquel il faut faire sa part.

---

(1) Schœmann, *ibidem*, 259, 711.

La fonction de l'impôt est, en effet, sociale comme celle du gouvernement, comme celle de l'Etat. Cette fonction de l'Etat se modifie nécessairement avec le temps, avec la marche des idées, avec les diverses transformations de la civilisation. L'impôt doit s'adapter à ces transformations diverses. Son organisation ne s'y prêtait pas avec assez d'élasticité chez les peuples Doriens. Quoique l'Etat fut propriétaire des terres, qu'il eut la haute main sur l'éducation et sur la famille, qu'il absorbât la vie entière des citoyens, il n'était, en réalité, que l'organe des intérêts exclusifs d'une aristocratie militaire, c'est-à-dire d'une minorité oppressive qui ne payait d'impôt qu'à elle-même et qu'en vue du maintien de sa domination, aucune partie de l'impôt n'était reversée sur les autres classes, sur les autres parties de la société; bien loin de là; c'étaient elles qui devaient procurer à l'Etat les ressources nécessaires pour faire face à tous ses besoins autres que l'entretien des Spartiates.

C'était le cas notamment pour la marine militaire et pour la cavalerie qui, bien que commandées toujours par des Spartiates, étaient à la charge des Périèques. Les rameurs des navires ne comprenaient que des Hilotes ou des étrangers (1).

De là la mauvaise administration, ou plutôt le manque de finances à Lacédémone; la condition de la monnaie, du commerce et de l'industrie y ajoutait encore.

De là l'importance exclusive de la propriété foncière et les luttes terribles que souleva, à diverses époques, son accaparement; car elle était la seule ressource et cependant le Spartiate, usufruitier, ne devait pas d'impôt (2).

De là encore la séparation des classes qui a ruiné Lacédémone après Leuctres; la plus grande partie des territoires et des villes habités par les Périèques fut séparée de Lacédémone et com-

(1) Schœmann, *Antiquités grecques*, 1er vol., 329.

(2) Les luttes agraires ont caractérisé la plupart des Etats grecs. Tantôt on voulait prévenir l'accaparement, tantôt la division excessive. Dans les aristocraties, on spoliait les petits propriétaires; dans les Etats démocratiques, on exilait ou on massacrait les riches. Dans celles-ci, on limitait les charges fiscales des propriétaires comme à Sparte, dans celles-là, on les aggravait. — Schœmann, *ibidem*, 214-215.

pris dans la ligue achéenne. De là la lutte néfaste entre Sparte et la ligue, de là l'intervention des Romains, d'abord en faveur de la ligue, puis en faveur de Sparte, de là l'asservissement du Péloponèse, puis de la Grèce tout entière :

« La Grèce était redoutable par sa situation, la force, la mul-
« titude de ses villes, le nombre de ses soldats, sa police, ses
« mœurs, ses lois; elle admirait la guerre, elle en connaissait
« l'art et elle aurait été invincible si elle avait été unie (1). »

§ 5. *Derniers temps de Sparte.*

Il y avait, entre Romains et Spartiates, trop de similitudes, d'affinités, de rapports d'institutions, de tendances, de mœurs, de goûts militaires, de valeur personnelle, d'entraînement physique et moral pour que, tôt ou tard, un arrangement n'intervint pas. Après avoir vaincu Nabis et la Macédoine, Rome accabla la ligue achéenne, c'est-à-dire les représentants des anciens Périèques. Sparte fut admise parmi les *Civitates fæderatæ* (2) : elle ne reçut pas de gouverneur; elle put conserver ses anciennes institutions; les patronomes remplacèrent les rois; les Ephores tombèrent au second rang; les Phylai et les Obai furent maintenues ainsi que les repas publics; mêmes procédés d'éducation. Voulant témoigner de sa considération pour Lacédémone, qui avait été pour lui contre Brutus, tandis qu'Athènes avait soutenu Brutus, Auguste, de retour d'Actium, s'arrêta à Sparte et s'assit aux Syssities. Une liste des magistrats de Sparte sous Hadrien nous est parvenue. Détruite par Alaric, elle fut reconstruite. Dans la description de l'empire byzantin au xe siècle E. C. par Constantin Porphyrogénète (3), on retrouve la Lacédémonie et Sparte, thème de Morée. Le Péloponèse traversa alors une période prospère comme l'empire lui-même; mais les Hellènes avaient dû faire une place aux Slaves, accourus de toutes parts, et qui différaient des anciens Doriens moins par la race que par la religion.

Au XIIIe siècle, 1204-1262, quand la Morée devint un royaume

---

(1) Montesquieu, *Grandeur et décadence*, chap. V.
(2) Gilbert, *ibidem*, 27-27.
(3) Rambaud, *L'Empire grec au xe siècle*, p. 336.

franc, divisé en 22 fiefs, la Lacédémonie tomba dans le lot de Venise qui le rétrocéda à l'évêque d'Amyclée. Mais Sparte avait disparu; on avait élevé, du côté opposé à celui qu'elle occupait sur l'Eurotas, et avec ses ruines, la ville de Mistra dont Villehardouin s'empara à la tête de chevaliers francs, compagnons militaires qui, par leur entraînement, leur vie militaire, leur condition sociale offrent aussi bien des ressemblances avec les Spartiates d'Hérodote et de Thucydide, le casque en tête, la lance à la main et le manteau rouge au vent. Quand, en 1801, Châteaubriand visita la Grèce dont il a tracé un incomparable tableau, c'est à peine s'il put s'asseoir sur quelques débris de Sparte, *etiam periere ruinæ*, mais le poète a dit aussi : *multa renascentur*. La vallée de l'Eurotas est toujours fertile; les révolutions humaines ne détruisent pas la fécondité du sol. Sparte, relevée de ses cendres, est aujourd'hui une jolie préfecture de 11,000 âmes avec station de chemin de fer ; Sparte ! Sparte !

§ 6. *Comparaison des institutions de Lacédémone avec celles d'autres États.*

Dans l'antiquité on ne peut, en dehors de la Crète et des colonies doriennes, rapprocher les institutions de Lacédémone que de celles d'Israël et de Rome. En Israël, de même qu'à Lacédémone, l'intervention directe, persistante de l'Etat a pour but et pour effet de régler et de modifier les rapports sociaux et économiques des familles et des particuliers. La distinction des classes, la limitation de la richesse, le développement de l'association, la préférence donnée à l'agriculture, la subordination du pouvoir royal, la remise des dettes, les repas en commun, l'absence prolongée de monnaie sont communs à Israël et à Lacédémone. Il y a bien des traits de ressemblance entre Moïse et Lycurgue, toutefois le but diffère; Lacédémone veut le pouvoir; Israël poursuit la propagation de sa foi. Israël a choisi la meilleure part; tout autre sera sa destinée. Sous ces différences, se trouve à Lacédémone, comme en Israël, l'idée que la condition humaine ne doit pas être abandonnée aux chances d'une liberté absolue. La loi fera mieux que la volonté individuelle.

Les points de repère n'ont pas moins d'importance avec le peuple romain, quoique sur un théâtre autrement vaste. Point de chimère dans la conception romaine; l'égalité a été et est demeurée inconnue aux Romains[1], même entre compagnons militaires. Que de ressemblances en ce qui est de l'éducation militaire, de la formation d'un soldat inébranlable dans la défaite comme dans la victoire, non point d'un mercenaire, mais d'un soldat citoyen actif, qui, rentré au foyer, vote et au besoin parle, à Rome du moins; en ce qui est aussi d'un gouvernement sérieux, énergique, en ce qui est de l'esprit de guerre, de conquête, de butin. Le Spartiate se fera entretenir par les Hilotes, les Périèques paieront seuls l'impôt; viendront aussi les temps, qui dureront près de huit siècles, pendant lesquels le citoyen romain se fera également entretenir par les peuples vaincus. Les citoyens romains ne mangeaient pas en commun, mais ils consommaient néanmoins blés, huile, vin, lard d'Egypte, de Sicile, d'Afrique, de Gaule, de Grèce?

Au XVIe siècle, les Espagnols ont également eu leurs Périèques et leurs Hilotes au Mexique, et dans les diverses vice-royautés de l'Amérique du Sud. Si les rois d'Espagne recevaient, chaque année, les galions de Cadix, les propriétaires des Haciendas exploitaient le travail des Indiens, réduits à bien moins que ce qui restait aux Périèques et plus maltraités que les Hilotes.

En Irlande, les landlords ont certainement traité les fermiers celtes plus mal que n'étaient les Périèques, peut-être même que les Hilotes; et même en Angleterre, en Ecosse, jusqu'aux grandes réformes de Pitt en 1798 et de Robert Peel en 1846, les lords anglais recevaient des rentes colossales sans payer à l'Etat aucun impôt en rapport avec leur part dans le revenu territorial.

Enfin, dans une partie de l'Inde, le gouvernement anglais se montre certainement plus rigoureux que Sparte ne l'était envers les Périèques; car il peut augmenter les rentes comme maître et seigneur supérieur, tandis que les redevances étaient immuables à Lacédémone.

Ce qui a le plus mal tourné à Lacédémone, c'est le système

égalitaire, le but socialiste et communiste, entre Spartiates seuls, qui enchantait Platon et Xénophon, peut-être même Plutarque, mais qui, après avoir détruit la race, a détruit l'Etat.

Il serait injuste toutefois de méconnaître la grandeur de Lycurgue, de Sparte et des Lacédémoniens. Cette grandeur a été saluée par toute la Grèce et par ses esprits les plus éminents, Thucydide, Aristote, Platon, Xénophon, Plutarque; c'est un témoignage qui doit rendre circonspect. Tous ont mis leur règle (Rhetra) bien au-dessus des institutions ultra-démocratiques d'Athènes. Tous ont pensé, ont écrit que Lacédémone avait proposé à l'homme un idéal supérieur et formé des hommes plus complets. Platon dit qu'avec quelques changements on aurait pu faire du gouvernement de Lacédémone un gouvernement parfait. Platon ne l'aurait certainement pas perfectionné par les réformes qu'il a accumulées dans les cinquième et huitième livres des *Lois*. Après avoir interdit la monnaie d'or et d'argent, les prêts, les emprunts, le trafic, les mines, les hôtelleries, les ventes, les achats si ce n'est en public, les douanes, il règle les raisins, les poires, les pommes, tout comme Fourier. Sur un point cependant, sur l'impôt, il se sépare des Lacédémoniens et donne raison aux Athéniens. Nous sommes ainsi conduits par Platon lui-même à Athènes.

CHAPITRE V.

ATHÈNES.

§ 1. *Le territoire.*

Avant tout Athènes est un grand port. C'est un centre maritime, du même ordre que Tyr et que Carthage (1). « C'est le peu« ple qui fait la marine, dit Xénophon, et qui constitue la force « de la république. Les pilotes, les Céleustes, les Pentécon« tarques, les seconds, les constructeurs, voilà ceux qui ren« dent l'Etat florissant bien plus que les Hoplites, les nobles et « les riches (2) ». Sur une population de 500,000 âmes que l'Etat comprend, plus de 200,000 habitent Athènes et ses ports.

Le territoire de l'Attique n'est pas étendu; il forme, selon la remarque pleine de sagacité de Xénophon, comme une île (3). Il en était de même de Tyr et de Carthage. Xénophon en a montré tous les avantages; mais il était montueux, rocailleux, ingrat; il produisait de l'orge, peu de blé, du vin, de l'huile, des figues, un miel renommé; pas de gros bétail; des brebis et des chèvres; il était, par contre, très-riche en minerais d'argent; les côtes abondaient en poissons. Xénophon et Sophocle en ont néanmoins tracé des tableaux enchanteurs : « L'ex« trême douceur du climat est attestée par ses produits mêmes; « ce qui ne peut pas germer ailleurs vient ici à maturité. De « même que la terre, la mer, qui entoure le pays, abonde en « produits de toute espèce. Tous les biens que Dieu accorde à

---

(1) Les gens de mer jouissaient de notables avantages et d'une *atélie* ou immunité spéciale pour quelques impôts. — Bœckh, 1 vol., 147.

(2) *Gouvernement des Athéniens*, chap. I.

(3) *Gouvernement des Athéniens*, chap. II.

« chaque saison se montrent ici plus tôt et disparaissent plus « tard. Et ce ne sont pas seulement les produits qu'une année « voit naître et vieillir, qui donnent la supériorité à notre con- « trée, mais elle possède encore d'éternelles richesses. Le sein « de la terre y est rempli de marbres...; il est des terrains qui « ensemencés ne donnent point de récolte, fouillés ils font « vivre plus de monde que s'ils rapportaient du blé. Comment « nier que son minerai d'argent ne soit un bienfait du ciel... « Il n'y a non plus rien de déraisonnable dans l'opinion de « ceux qui placent cette ville-ci au centre de la Grèce et même « de la terre habitée (1). »

Le contraste est complet avec Lacédémone, située au centre du Péloponèse, loin de la mer, dans un pays de riche culture, où les produits agricoles sont la seule ressource d'une population sédentaire.

§ 2. *La population.*

Le mouvement des races qui descendent du Nord s'est dirigé vers le Péloponèse; trois couches humaines se sont superposées dans la Laconie. Une organisation politique et sociale particulière en est résultée. De temps immémorial, la population *libre* de l'Attique ne forme qu'un ensemble : point de maîtres, point de vaincus (2). La population ne comporte que

---

(1) Xénophon, *Des revenus*, chap. I. Traduction Talbot.

« Etranger te voici dans le séjour le plus délicieux de l'Attique, à Colone, riche en coursiers; là de nombreux rossignols à la voix mélodieuse gazouillent dans de fraîches vallées, cachés sous le lierre touffu et sous le feuillage de mille arbres chargés de fruits..., là fleurit chaque jour sous la rosée céleste le narcisse au calice gracieux et le safran doré; les eaux du Céphise qui ne s'arrêtent jamais serpentent à travers la plaine et, dans leur cours intarrissable, fécondent de leurs eaux limpides le sein de la terre; sur cette terre croît un arbre que ne possède ni l'Asie, ni la grande île dorienne de Pelops, arbre qui ne fut pas planté par une main mortelle, qui vient sans culture; nulle part il ne pousse plus vigoureux que dans cette contrée; c'est l'olivier au pâle feuillage, nourricier de l'enfance; jamais une main étrangère ne pourra l'extirper du sol... *Œdipe à Colonne.* Traduction Artaud.

La grande île de Pélops n'est autre que le Péloponèse; on y trouve aujourd'hui l'olivier, qui prospère également dans plusieurs parties de l'Asie.

(2) Schœmann, *Antiquités grecques*, 1er vol., chap. III, § 1.

deux catégories : les citoyens et les esclaves. Les étrangers (Métèques) sont très-nombreux, comme dans tous les ports. Ils y possèdent des garanties complètes sous la protection de magistrats particuliers; on en compte 45,000 appartenant à tous les pays, parlant toutes les langues, donnant à Athènes la physionomie de Marseille d'aujourd'hui. Les citoyens, les vrais Athéniens ne dépassent pas 20,000, avec leurs familles 90,000 personnes, à l'époque de la plus grande splendeur de la puissance d'Athènes; 360,000 esclaves complètent la population. Athènes est un immense marché d'esclaves; c'est après Rome le plus grand foyer d'esclavage des anciennes civilisations (1).

§ 3. *L'état social.*

Cette agglomération d'hommes libres, la plupart marins, commerçants, pirates, avec un certain nombre de propriétaires, de cultivateurs et d'esclaves, très-nombreux, les uns agricoles, les autres urbains, s'est formée lentement, soit autour du rocher de l'Acropole, soit dans le port du Pirée. Comme tous les peuples primitifs sans aucune exception, même les tribus primordiales chinoises du Hoang-Ho, ou les Aryens du Haut-Indus, elle a été constituée par la réunion de tribus antiques, qui n'étaient elles-mêmes que l'association de grandes familles. Quatre tribus : *Geléontes*, *Hoplètes*, *Ægicores*, *Argadiens*, hommes brillants, chefs et prêtres, guerriers, bergers, cultivateurs; chaque tribu comprend trois espèces d'hommes libres : les *Eupatrides* ou premiers propriétaires du sol, les *géomores* cultivateurs, les *démiurges* artisans; mais tous, divers de condition, sont

(1) Sur l'esclavage à Athènes consulter Schœmann, *Antiquités*, 1er vol., 359, 397. — M. Gilbert réduit le nombre des esclaves à plus de 100,000 et porte celui des Athéniens libres de 40 à 47,000, avec leurs familles 120 à 140,000 personnes, plus 10,000 absents, ouvrage cité, p. 184. Ces chiffres sont contraires à ceux de *Bœckh* et de *Schœmann*, à ceux transmis par *Athénée* et surtout aux célèbres hypothèses de Xénophon sur le moyen de faire face aux dépenses d'Athènes en constituant une armée d'esclaves d'Etat; on peut comparer, il est vrai, ces hypothèses aux 1,400 millions bruts que le monopole de l'alcool produirait en France. — Giraud, *Propriété foncière en Grèce* (1893), montre les progrès de l'esclavage en Grèce, p. 72 et 123. Voir à l'appendice : *De la population de la Grèce et d'Athènes.*

également libres et de même rang (1). La plupart sont des colons venus de l'Asie-Mineure. Au fur et à mesure que la population libre s'est accrue, d'autres subdivisions se sont formées dans les tribus; d'abord les Dèmes ou quartiers de la tribu; M. Gilbert en compte 174; puis les Phratries, ou corporations, plutôt même confréries, car la Phratrie est une association essentiellement religieuse avec un dieu et un culte particulier. Le Dème est presque un centre municipal; il émet des monnaies, il a ses magistrats, ses assemblées; il est relié à la tribu par une autre institution : la *Trittye*. On compte trois *Trittyes* par tribu. Enfin, la Phratrie relie entre elles les familles (γενη) (2). Au-dessous de ces associations principales, une multitude d'autres genres de sociétés; sans ces groupements, les démocraties ne peuvent dominer l'anarchie qui les a toujours menacées et dévorées. Les institutions fiscales, si complexes, d'Athènes, sont incompréhensibles si on n'en tient pas compte. Il en est de même de ses institutions politiques (3).

Tribus, Dèmes, Trittyes, Phratries composent les divers éléments du sous-sol social, éléments religieux, mutualistes, avec des repas communs aux fêtes, des sacrifices de confréries, des sociétés de secours, même parfois des communautés coopératives (4), le tout exclusivement pour les hommes libres. Athènes est la terre de l'esclavage et partant de la liberté. C'est un Saint-Domingue entre blancs. Aussi, à Athènes, la richesse compte bien moins que la liberté, la liberté de soi-même, cela s'entend.

Grande est, à cet égard, la différence avec Lacédémone; et, en réalité, la condition sociale de Lacédémone avec sa haute aristocratie militaire, ses tenanciers perpétuels, ses serfs de la glèbe, invendables eux et les leurs comme les serfs questaux

(1) Curtius, *ibidem*, 1er vol., 373-381. — Grote, 3e vol., 65-80. — Gilbert, 103.

(2) Gilbert, *ibidem*, 192-214.

(3) La plus grande difficulté de la démocratie française est l'absence de ces associations, si nombreuses au moyen âge et détruites par le pouvoir royal, de même que les empereurs romains ont détruit celles de la Grèce antique. — Tocqueville, *Ancien régime*, livre II, chap. III.— Le christianisme ne vit que par l'association.

(4) Voir notre étude sur les sociétés coopératives dans la Grèce ancienne, article *Coopération* de la Grande Encyclopédie.

du XIIe siècle, était bien supérieure; car pas de dégradation pire que celle de l'esclavage, surtout l'esclavage du blanc. Il faut se figurer Horace esclave pour se faire une idée de l'esclavage athénien ou romain; c'est comme si Molière avait été esclave.

Autre élément, la mer : c'est-à-dire la pêche, la navigation et la piraterie; qui dit Grec, dit pirate; même aujourd'hui le marin grec a la voile et la main lestes.

A l'origine, sur le sol de l'Attique restreint, pauvre, malgré les oliviers de Sophocle (1), les chefs des tribus, plus ou moins royaux, plus ou moins historiques, Cécrops, Thésée et Codrus, le dernier, exercent le pouvoir; puis il passe aux vieilles familles, aux grands propriétaires, avec archontat héréditaire, aux Eupatrides; l'archontat héréditaire se transforme en archontat à vie, décennal, annuel, dès 683 A.-C. L'influence territoriale a eu son temps, mais l'exiguïté, la sécheresse, l'infertilité du sol, ont dû laisser la première place à l'influence de la marine, du commerce; le courant démocratique l'emporte à l'époque même où le courant aristocratique domine dans le Péloponèse. C'est la différence des territoires.

§ 4. *La démocratie.*

Non seulement la société hellénique a été divisée en un assez grand nombre d'Etats, eu égard à son territoire et à sa population, non seulement il a été impossible de remédier aux inconvénients de cette division, mais deux grands partis politiques ont existé dans ces Etats, partis irréconciliables, de sorte qu'à la séparation nationale il faut ajouter la séparation sociale. Athènes a été le centre et le foyer, pendant longtemps de la démocratie (2); néanmoins, elle a complètement échoué quand elle a essayé, comme dans la guerre de Péloponèse, d'assurer sa prépondérance sur les Etats démocratiques.

En étudiant les institutions de Lacédémone nous avons eu à

(1) Sur l'époque rurale de l'Attique et ses transformations, Giraud, *ibidem*, 9.

(2) Sur les causes et la force de ce mouvement démocratique, Giraud, *ibidem*, p. 126, 133, 139.

signaler que, malgré leur caractère particulariste, ces institutions présentaient de curieux rapports avec les institutions de toutes les aristocraties; cette concordance sera relevée plusieurs fois, au cours de cet ouvrage, notamment à propos de l'organisation de l'impôt dans la Rome républicaine et en Angleterre.

Réciproquement, les institutions d'Athènes, en particulier au point de vue de l'impôt, se relient à celles des peuples démocratiques, accusent les tendances, les unes bonnes, les autres funestes des démocraties, dont la plus immédiate est de modifier précisément, dans une large mesure, l'incidence de l'impôt, de manière à atteindre surtout les classes riches, tandis que, dans les aristocraties, domine la tendance de les exonérer.

Pendant de longs siècles, le mouvement de la civilisation a eu, en Europe, un caractère aristocratique; les aristocraties ont prévalu. Les institutions d'Athènes, aussi bien au point de vue politique social que fiscal, sont isolées : Athènes est un foyer resplendissant, mais solitaire. Même au XVIIIe siècle, dans le courant d'idées et de réformes qui allait conduire à la Révolution française, Sparte conservait encore la préférence sur Athènes.

Il n'en est plus de même aujourd'hui. Le mouvement de la civilisation revêt un caractère démocratique. Par suite, l'étude des institutions d'Athènes offre un intérêt plus actuel. Il est tout aussi intéressant de comparer ses institutions avec celles de la France, des Etats-Unis, de la Suisse, des républiques de l'Amérique du Sud, dont plusieurs sont très-prospères, que de rapprocher l'organisation sociale et fiscale de Lacédémone, de celle de Rome ou de l'Angleterre contemporaine.

On peut discuter sur l'intensité, la durée et la destinée du courant démocratique contemporain en Europe; on peut prévoir pour ce courant de difficiles épreuves, il n'en est pas moins un courant puissant, même fécond. Dès lors, il y a plus que de la curiosité scientifique, il y a un intérêt actuel, tangible à se rendre compte, notamment en ce qui concerne l'impôt — puisque l'impôt est la résultante des faits sociaux — de ce qu'a été, en matière d'impôt, cette puissante démocratie athénienne qui occupe une si grande place dans l'histoire de la civilisation.

§ 5. *La production et la richesse.*

L'Attique, chantée par Sophocle, admirée par Xénophon, était très-pauvre (1). Sauf ses monuments, Athènes n'offrait qu'une agglomération de 10,000 maisons, basses, petites, malpropres. Les rues étaient mal tenues, presque infectes. Il y avait plus de luxe dans les habitations à Lacédémone qu'à Athènes. Telle était Marseille, le premier port de la Méditerranée, jusqu'au milieu de notre siècle.

Pour nourrir, dans l'Attique, 500,000 personnes, il fallait, par année, 3 millions de médimnes de blé. L'Attique n'en produisait 2 millions que dans les bonnes années. En moyenne, elle était obligée, comme l'Angleterre actuelle, d'importer la moitié du blé nécessaire, soit 1,500,000 médimnes (2). C'était beaucoup pour l'époque. En échange, Athènes exportait des vins, de l'huile et du miel, mais les exportations ne pouvaient couvrir les importations, Athènes y faisait face, comme en partie l'Angleterre, de nos jours, comme Venise, avant elle, par les profits du commerce maritime; le Pirée et Munychie étaient tout.

« Les maladies des fruits, envoyées par Jupiter, sont désas-
« treuses pour ceux qui dominent sur terre; mais, sur mer, elles
« n'ont rien de grave. Tous les pays ne sont pas maltraités en
« même temps; en sorte que des contrées productives arrivent
« tout ce qu'il faut *aux maîtres de la mer*. D'ailleurs, s'il faut
« mentionner des détails moins importants, leur puissance
« maritime a fait trouver aux Athéniens, par le commerce, de
« quoi fournir au luxe de leur table. Tout ce qu'il y a de déli-
« cieux en Sicile, en Italie, à Chypre, en Egypte, en Lydie,
« dans le Pont, dans le Péloponèse et ailleurs, tout cela s'est
« concentré sur un seul point, grâce à l'empire de la mer (3). »

---

(1) Schœmann, *Antiquités grecques*, 1er vol., p. 599. Les plaines, dans la Grèce européenne, ne sont que des ravins, d'étroits bassins creusés entre les montagnes; les cours d'eaux tarissent l'été. Curtius, 1er vol., p. 16.

(2) Le médimne représentait 51 litres, 6 — d'où 1,500,000 égalent 774,000 à 8 fr. l'hectolitre en moyenne.

(3) *Gouvernement des Athéniens*, chap. 2.

Xénophon aurait décrit la situation actuelle de l'Angleterre qu'il n'aurait pas mieux dit. Athènes vivait donc des profits du commerce maritime. Ils étaient alors restreints, car il fallait les partager avec Corinthe, Tyr, Carthage, Syracuse, Marseille, Byzance. Les fortunes se constituaient lentement; elles étaient rares; elles demeuraient précaires. Les moyennes variaient de 3 à 5 talents. Ceux qui avaient 8 talents passaient pour riches; avec 12 talents on était classé dans les grandes fortunes. Le père de Démosthènes laissa 14 talents sans les femmes esclaves. Nicias, qui passe pour avoir eu une des grandes fortunes d'Athènes, était évalué à 100 talents (550,000 fr.). On citait encore le banquier Pasion 70 talents, Conon 40, Isocrate 30, Diphile 160, la famille Callias dans laquelle entrèrent Périclès et Alcibiade; ces fortunes étaient exceptionnelles. La masse était pauvre. Cette pauvreté fit de grands progrès après la guerre du Péloponèse. D'après Cicéron, dès le temps d'Alexandre, 50 talents étaient considérés à Athènes comme une très-forte somme. Lorsqu'Antipater expulsa tous les citoyens, qui avaient moins de 2,000 drachmes (1,800 fr.), 12,000 personnes sur 20,000 furent frappées.

Au temps de Démosthènes avec un revenu de 5 mines la vie était difficile (1); Socrate, qui n'avait pas davantage, vivait dans la gêne, n'avait qu'un vêtement et marchait nu-pieds. Bœckh évalue à 400 fr. par an la dépense d'une famille pauvre de quatre personnes. Sur cette dépense la nourriture, très-modeste, représentait près de 300 fr.

Les salaires étaient, en général, très-bas à cause de la concurrence du travail des esclaves. Ils ne dépassaient guère par jour 3 à 4 oboles pour le travail agricole; légèrement supérieurs dans la petite industrie, assez prospère, ils devenaient très-élevés pour les professions libérales : Médecins, sophistes, acteurs, musiciens, architectes (2).

(1) La mine valait 91 fr. 66, la drachme 0 fr. 92, l'obole 0 fr. 15, Bœckh, 1 vol., chap. VIII, XIII, XIV, XV.

(2) Bœckh, 1er vol., liv. I, chap. XX-XXI, qui comptent parmi les meilleurs de cet ouvrage supérieur même 80 ans après sa publication.

Le juge et l'ecclésiaste ne recevaient que 3 oboles.

Le soldat était rare, recherché, bien payé, il faisait fortune. Il devait fournir ses armes et son équipement. L'Hoplite recevait, selon les temps, pour lui et son valet de 4 oboles à 2 drachmes. — Le cavalier le double ou le quadruple. La condition militaire était considérée comme l'une des meilleures; Athènes entretenait beaucoup de mercenaires.

Il faut ajouter que les disettes étaient fréquentes, par suite les épidémies; que les prix des denrées variaient dans de grandes proportions. Ordinairement le médimne, qui ne valait que 2 drachmes en Sicile, coûtait le double à Athènes. L'Etat était obligé (1), comme à Rome, de veiller aux approvisionnements, d'avoir des magasins, de faire de nombreux achats, d'avoir recours à des distributions gratuites. Tantôt, il élevait, tantôt il abaissait le prix des blés. Il existait des lois contre les accapareurs et des magistrats *ad hoc*, tels que les agonaromes et les sitophylaques. La fabrication du pain était très-coûteuse et enchérissait le coût de la vie. Aussi les exportations de blé étaient-elles défendues sous peine de mort, tandis que les importateurs de blé étaient exemptés du service militaire et que tout navire, chargeant au Pirée, devait rapporter des blés.

Les maisons rapportaient un bon revenu, de 8 à 10 p. 0/0, à cause du nombre des Métèques qui venaient faire le commerce à Athènes et qui ne pouvaient y acquérir des immeubles. Ces Métèques, comme le dit Xénophon, formaient de véritables colonies. Ils étaient l'une des plus réelles ressources d'Athènes. Ils trouvaient à Athènes la meilleure monnaie de l'époque (2), un bon système de poids et mesures, des consuls, des magistrats spéciaux, des banques où étaient déposés les capitaux des principaux oracles ou temples, une foule d'étrangers, de renseignements, des règlements maritimes équitables, l'habitude des affaires commerciales maritimes.

(1) Bœckh, liv. I, chap. XV.

(2) Bœckh, liv. I, chap. I à VI. — Chapitres très-importants pour l'histoire de la monnaie.

La propriété foncière était assez recherchée et morcelée en petits héritages(1).

Les citoyens, à la plus belle époque d'Athènes, ne dépassaient pas le nombre de 20,000. Seuls ils avaient des droits politiques; seuls ils prenaient part au gouvernement.

Les esclaves n'avaient aucun droit; mais ils étaient, sauf ceux des mines, bien traités.

Ces divers renseignements sont indispensables pour saisir la nature, le mécanisme et l'incidence des impôts à Athènes.

§ 5. *Les dépenses publiques.*

Avant d'indiquer les ressources de l'Etat, parmi lesquelles se trouvaient les impôts qui étaient très-variés, il convient de résumer les dépenses, parce que plusieurs d'entre elles avaient un caractère politique et social qui rétroagissait sur l'organisation fiscale.

Quelques très-courtes observations, d'abord, sur le gouvernement et les institutions d'Athènes, qui sont le principal moteur des dépenses :

I. *Le gouvernement et les institutions.* — Athènes est une démocratie absolue. Elle comprend seulement 20,000 citoyens. Ils sont tous égaux, sauf les effets de la richesse. Ils gouvernent, ils administrent l'Etat directement. Ils sont tous fonctionnaires publics; ils ont tous droit à un traitement. Ils sont aussi irresponsables que le βαδιλευς de Suse. Le travail ne leur est pas interdit par les mœurs, ni par les lois; mais il n'est pas considéré. Dans tous les Etats grecs, le citoyen était, en principe, exempt d'impôt : cette exemption résultait de la condition libre (2). Elle attestait l'indépendance, la noblesse du citoyen. On pouvait cependant lui demander certaines prestations, surtout à titre volontaire. En temps de guerre, le citoyen, représentant

(1) Sur les mouvements de la propriété foncière à Athènes, Giraud, *ibidem*, liv. I, chap. VIII.

(2) Bœckh, 2e vol., p. 2 et 10.

l'Etat, en formant partie intégrante, se devait tout entier, corps et biens. Il en était ainsi dans les démocraties comme dans les aristocraties; toutefois l'immunité fiscale appartient particulièrement aux aristocraties; cette immunité dont nous aurons à suivre la trace jusqu'en 1789, et qui n'a pas encore tout à fait disparu, remonte bien loin dans les traditions de l'Europe (1).

Un second fait caractérisait les démocraties, fait qui se reproduit également dans les démocraties contemporaines, c'est que l'Etat devait entretenir, amuser (2), assister le citoyen. A cet égard, il importe de ne pas perdre de vue que les démocraties de l'antiquité étaient, au fond, des aristocraties avec des institutions égalitaires. De même, on rencontrait, dans les aristocraties, des lois ou des mœurs démocratiques.

II. *Division des dépenses.* — Par suite, il y avait deux sortes de dépenses : celles afférentes aux besoins normaux de l'Etat, tels que nous les acceptons à peu près maintenant; celles afférentes à l'entretien, à l'amusement et à l'assistance des citoyens (3).

III. *Dépenses normales.* — 1° La police des rues; 2° les emplois subalternes de la justice et de l'administration; 3° les gardes de la cité, chaque garde recevait 3 oboles par jour; 4° l'assemblée du peuple, chaque citoyen recevait de 2 à 3 oboles par séance; 5° le Sénat, chaque membre recevait 1 drachme par réunion; 6° les tribunaux, on comptait les tribunaux ordinaires au nombre de 10 avec 500 juges chacun, les petits tribunaux avec 200 à 400 juges et les grands tribunaux avec de 1,000 à 6,000 juges. En général, tout citoyen passait son temps à en juger deux autres. Il recevait 3 oboles par jour, c'était le triobolon; 7° les orateurs publics, les ambassadeurs, les professeurs et inspecteurs des écoles.

(1) L'atélie (immunité fiscale) est très-ancienne à Athènes. Par atélie ou immunité générale on comprenait l'exemption des droits de douane, des liturgies, du tribut des Métèques, dans quelques cas de l'impôt sur les propriétés et peut-être la dispense des sacrifices. — Bœckh, 1 vol., 145. — L'immunité a une grande importance dans l'histoire de l'impôt.

(2) Ou la théatrocratie de Platon, *Lois*, livre III.

(3) Comparer Gilbert, *ibidem*, 342-348.

Bœckh évalue la dépense du Théoricon (assistance aux théâtres) de 25 à 30 talents par an, celle du Triobolon à 150, celle des oboles de l'assemblée de 30 à 35 talents, ensemble 205 à 210 talents; c'était une véritable liste civile d'environ 1,100 à 1,200,000 fr.

Enfin la marine et l'armée. Athènes n'était pas un camp comme Lacédémone; néanmoins la guerre y formait, comme dans tous les Etats de l'antiquité, la ressource principale (1). Tous les beaux monuments d'Athènes ont été payés au moyen de contributions de guerre. Tout le butin appartenait à l'Etat, sauf le dixième revenant à la Déesse. Le droit du vainqueur était absolu : prisonniers, femmes, enfants, parents, esclaves, biens tout leur appartenait. Très-rarement il y substituait une contribution. De là des institutions fiscales très-curieuses sur lesquelles nous allons revenir.

Les dépenses militaires et permanentes étaient celles des arsenaux, des vaisseaux et de la cavalerie. Il n'y avait à Athènes, ni flottes, ni équipages, ni troupes d'infanterie organisés et entretenus en temps de paix.

Tout citoyen devait le service militaire, surtout à la mer.

En temps de guerre les dépenses étaient très-élevées; sur terre, il fallait payer assez cher un grand nombre de mercenaires comme à Carthage (2). Sur mer, il fallait fournir la solde et les vivres. Le peuple était belliqueux, parce que la guerre devait être profitable. Le goût, l'habitude de la piraterie (3), invétérés chez les Grecs, étaient un ferment permanent de guerre : « semblables à des pirates, dit Bœckh, les Athéniens rôdaient « de tous côtés pour subvenir aux frais de la guerre ». Les héros grecs Ulysse Thémistocle, Alcibiade étaient de grands pirates : pirates sur mer, pirates sur terre. La guerre héroïque de l'Indépendance, en 1821, qui devait attester la résurrection de la Grèce, a été une guerre de pirates.

---

(1) Bœckh, liv. II, chap. XXI à XXIV.

(2) Sur les mercenaires consulter Bœckh, vol. 1, p. 438.

(3) Sur la piraterie, Petit de Julleville, *La Grèce sous la domination romaine,* chap. IX, Bœckh, Liv. III, chap. XVII.

IV. *Dépenses particulières* : 1° l'assistance publique (1), spécialement aux blessés à la guerre, aux orphelins et même aux infirmes. Le citoyen admis à l'assistance recevait de 1 à 2 oboles par jour. C'était relativement l'assistance faite aux riches. L'esclave, il est vrai, était à la charge du maître; 2° les médecins, les artistes, les musiciens, les gymnases publics; 3° les sacrifices, très-lourde charge pour l'Etat; dans quelques-uns on immolait jusqu'à trois cents bœufs; 4° les repas publics qui avaient lieu par tribu et par mois; 5° les fêtes religieuses très-nombreuses et très-coûteuses, notamment les Dionysiaques et les Panathénées; 6° les représentations théâtrales, si importantes et si célèbres à Athènes; 7° les Théories et les prix des grands jeux nationaux de la Grèce qui ont survécu à son indépendance et qui caractérisent la civilisation hellénique.

En somme, l'assistance et le plaisir gratuits étaient les deux causes des dépenses particulières. L'une et l'autre se touchent de près. L'habitude des fêtes a profondément pénétré dans la vie des Grecs. Toute une série de fonctionnaires dût y pourvoir; on désignait des ambassadeurs pour acheter au loin des taureaux et des chèvres. Bientôt il ne fut plus suffisant d'y assister. Périclès inventa le Théoricon des fêtes ou le salaire donné aux citoyens pour venir aux fêtes. Il était de 2 oboles. D'abord on le réserva pour le théâtre, chacun le recevait en entrant de même qu'il recevait le triobolon judiciaire en sortant. Puis on étendit la distribution du Théoricon aux repas publics (2); on finit par le donner pour toutes les fêtes. Plus de 18,000 personnes le recevaient. La théatrocratie de Platon était bien réelle. Beaucoup d'Athéniens vivaient littéralement du Triobolon et du Théoricon. Ils étaient sobres. La mesure de blé de l'esclave et l'opson (3) (part quotidienne de légumes, poissons, viande, fruits pour un homme évaluée à 2 oboles) leur suffisaient.

(1) Xénophon, *Revenus*, chap. II, et Schœmann, *Antiquités*, 1 vol., 501. Platon a relevé avec raison l'importance de ce fait, *l'assistance publique à Athènes. Lois*, liv. V.

(2) Aristote, *Politique*, chap. IX, 4. Le repas public était à Athènes le débris d'un état social disparu, de même que la dîme levée par certains temples comme rente foncière.

(3) Sur l'opson, Bœckh, liv. I, chap. XVIII.

§ 6. *Les ressources de l'Etat* (1).

Bœckh remarque qu'au fur et à mesure de l'extension du Triobolon et du Théoricon, les confiscations augmentèrent (2). Cela donne à réfléchir sur la démocratie athénienne. On confisquait les biens des riches pour amuser les pauvres; de même que les Pharaons, les rois d'Assyrie et de Perse. En quoi consistaient les ressources pour faire face à toutes les dépenses, normales et particulières?

Ces ressources se divisaient, comme les dépenses, en deux catégories distinctes : les revenus ordinaires et les revenus extraordinaires.

Les revenus ordinaires comprenaient : 1° les produits des biens de l'Etat; 2° les confiscations; 3° les prestations ordinaires; 4° les taxes des étrangers; 5° les frais de justice; 6° les droits de douane et de port; 7° les tributs.

Les revenus extraordinaires comprenaient : 1° les prestations extraordinaires; 2° l'impôt sur le capital; 3° le butin de guerre; 4° les gains sur les monnaies; 5° les contributions forcées.

Nous allons passer successivement en revue les diverses sources de revenus, en réservant les impôts, les prestations, les contributions forcées pour la fin, sauf les confiscations qui, chez la plupart des peuples anciens, devaient parfaire.

I. *Les biens de l'Etat.* — Athènes possédait un domaine considérable (3) que le peuple accroissait encore, de temps à autre, au moyen des confiscations. Ce domaine comprenait des propriétés rurales, des maisons, des esclaves; le tout était affermé à un fermier général qui sous-louait en détail. Les peaux des bêtes des sacrifices et des repas formaient un revenu assez élevé.

A diverses reprises le peuple eut recours à des monopoles temporaires : importation du blé, commerce du plomb, même le change (4).

---

(1) Gilbert, *ibid.*, 350, 357.

(2) Sur les confiscations, voir ci-après, § 14.

(3) Bœckh, *Sur le domaine de l'Etat*, liv. III, chap. II.

(4) Bœckh, 1er vol. p. 87, 88, 89.

La plus précieuse ressource domaniale était les mines d'argent du Laurium, dont les scories sont encore riches et les mines d'or de Scapté-Hylé en Thrace (1). Ces mines étaient données à bail perpétuel, par portions, moyennant un prix fixe et un vingt-quatrième du produit. Chaque exploitation constituait une propriété qui était mise en société et se transmettait régulièrement. L'exploitation des mines était protégée par des lois sévères. Thucydide devait sa grande fortune à des mines d'or. Les mines étaient exemptes d'impôt. Xénophon a consacré la plus grande partie de son traité des revenus d'Athènes à établir un plan d'exploitation à fond des mines du Laurium et de Sunium. Il proposait d'y affecter 10,000 esclaves qui auraient produit à l'Etat 550,000 fr. (100 talents). Rien de curieux comme de suivre dans ses détails cette spéculation imaginaire du disciple de Socrate, l'un des hommes qui ont le plus honoré la civilisation grecque. Combien était grande la misère de l'homme! L'esclave minier de Sunium était tout autrement accablé que le Fellah et surtout que l'Hilote. Tout pirate athénien pouvait enlever, à chaque instant, un citoyen d'un autre Etat pour le vendre au Sunium. « Si l'on adopte le plan que je « propose, dit sans hésiter le héros de la Cyropédie, le seul « changement qu'il y aura, c'est qu'à l'exemple des particu- « liers, qui, en achetant des esclaves se font un revenu per- « pétuel, l'Etat en achètera aussi à son compte jusqu'à ce que « chaque Athénien en ait trois... une chose réellement éton- « nante, c'est que l'Etat voit une foule de particuliers s'enrichir « et qu'il ne fasse pas comme eux. (2) » Ainsi voilà l'auteur des *Memorabilia*, l'écrivain charmant qui a tracé le portrait historique de Socrate, qui transforme l'Etat en un bouge d'esclaves. Ceux de Sunium étaient si malheureux, qu'ils se révoltèrent, mirent tout à feu et à sang, détruisirent les puits, répandirent

(1) Bœckh, liv. III, chap. III. — Xénophon, *Revenus*, chap. IV.

(2) « Le produit des esclaves augmentera les ressources de l'Etat ; la ville elle- « même verra sa population s'accroître prodigieusement ; les terrains prendront « de la valeur ; la ville deviendra plus riche, plus docile, plus amie de l'ordre, plus « belliqueuse ; on sera plus assidu aux exercices du gymnase ». — *Des Revenus*, chap. IV.

partout une terreur telle que le travail des minerais d'argent du Sunium a été suspendu pendant plus de 20 siècles.

II. *Le butin de guerre.* — Le butin de guerre était considéré comme une ressource domaniale normale (1). L'Etat en avait les 9/10. On a indiqué plus haut combien le droit de guerre était rigoureux, même exercé par les citoyens de Sophocle et de Platon. On doit à Thucydide plusieurs pages admirables sur les excès du droit de la guerre de son temps (2). Ces pages indiquent au moins que déjà bien des esprits, précurseurs d'autres temps, ne les acceptaient plus.

III. *Les tributs.* — C'était une des principales ressources d'Athènes (3). Ils provenaient de deux sources : les tributs des Clérouques ou colons athéniens établis en dehors de l'Attique et les tributs des alliés. Ils étaient les mêmes.

A l'origine, ces tributs avaient été consentis librement, surtout après les guerres Médiques, en vue de concourir à la défense de la Grèce. Ils n'étaient payés que par les peuples maritimes qui formaient la confédération de Délos. Ils s'élevaient à 460 talents qui, chaque année, étaient versés au Trésor de Délos, dans le temple d'Apollon. Ce Trésor était géré par les Hellénotames. La confédération de Délos marque l'apogée de la puissance d'Athènes. La tendance du gouvernement athénien sous Aristide, Périclès et Alcibiade consista à transformer cette confédération volontaire en une hégémonie basée sur la force. Périclès éleva les tributs à 600 talents et réussit à transporter le Trésor à Athènes. Il s'en servit, comme César devait faire du Trésor du temple de Saturne, pour embellir Athènes; c'est l'une des causes de la guerre du Péloponèse; Alcibiade doubla les tributs. Les alliés se révoltèrent, abandonnèrent Athènes qui succomba. Rétablis en partie sous Thrasybule, ils disparurent après Chéronée. 1,200 talents représentaient 6,600,000 fr. On dirait une page de l'histoire de l'indépendance des Etats-Unis. Cette perte exerça nécessairement une grande influence sur les institutions fiscales d'Athènes.

(1) Bœckh, liv. IV, chap. XVII.

(2) *Défense des prisonniers Platéens*, liv. III, § 52.

(3) Bœckh, livre III, chap. XV à XVIII. — Curtius, 3e vol., 152.

§ 7. *Les impôts.*

L'Etat, fort dispendieux et fort dépensier, puisqu'il entretenait la plupart des Athéniens libres, avait sa principale ressource dans les impôts, aussi nombreux qu'en Egypte, quoique différents en partie; la richesse étant principalement territoriale en Egypte et principalement commerciale et maritime à Athènes. A Lacédémone, l'impôt devait entretenir l'Etat et la classe militaire. Cet entretien était assuré par deux classes de cultivateurs spéciaux. A Athènes, il devait entretenir l'Etat et la plus grande partie des citoyens libres. Il devait être plus lourd à Athènes qu'à Lacédémone et aussi plus varié parce que la production territoriale ne pouvait, comme à Lacédémone, y suffire. Par suite, on trouve, dans les institutions fiscales d'Athènes, une diversité, une souplesse, une ingéniosité tout à fait comparables aux habiletés des fiscs modernes, mais elles révèlent aussi beaucoup d'énergie et de patriotisme, une pratique admirable de l'abnégation civique.

Les impôts étaient directs ou indirects.

1° *Impôts indirects.*

Les impôts indirects consistaient dans : A. les droits de douane; B. les droits de port; C. les taxes sur les ventes dans les marchés; D. les droits sur les ventes de biens-fonds; E. les frais de justice et les amendes (1).

A. Les marchandises, dans les ports ou aux frontières de terre, payaient, à l'entrée et à la sortie, un droit du 50e de la valeur. Les blés n'en étaient pas exempts. Ce droit était affermé et produisait en moyenne, chaque année, de 30 à 36 talents, ce qui pouvait correspondre à un mouvement annuel de 1,500 à 2,000 talents environ. Pour diminuer les inconvénients des tributs dus par les alliés, on leur substitua plus tard un droit de

(1) Bœckh, livre III, chap. IV, V, VI, XI et XII. — Gilbert, *ibid.*, 350-357. — Schœmann, 1er vol., 513.

douane du 20e levé par Athènes sur toutes les importations et exportations de ses alliés. Ce droit était également affermé. C'est ainsi que les Anglais levaient des droits de douane sur leurs colons américains.

B. Dans les ports, il était dû des droits spéciaux pour leur entretien, savoir; un droit du centième de la cargaison pour les frais mêmes du port et un supplément pour les frais des marchandises en douane. C'est avec les mêmes droits que se sont organisés les plus grands ports actuels tels que Londres, Hambourg, Anvers, New-York.

C. Les droits sur les ventes dans les marchés se percevaient aux portes d'Athènes. Ils équivalaient donc à de véritables droits d'octroi. Ils variaient suivant la nature des marchandises. Il paraît que le taux représentait plusieurs centièmes de la marchandise. A Bysance, il fut longtemps de 10 p. 0/0. Le rendement était considérable. A Rhodes, ils produisaient 166 talents par an.

D. Le droit sur la vente des biens-fonds était seulement du centième denier, 1 p. 0/0. C'est le point de départ du droit de mutation entre-vifs — pas de droits sur les successions et donations. Les actes devaient être enregistrés. Il existait à cet effet des bureaux spéciaux; peut-être y avait-il d'autres droits que ceux de mutation (1)?

E. Les frais de justice et amendes formaient un des grands revenus d'Athènes. Chaque partie les devait; ils étaient particulièrement appelés à payer à tout Athénien libre le *Triobolon* pour sa subsistance et le *Théoricon* pour son amusement. Le peuple, c'est-à-dire les citoyens libres, payant et dépensant lui-même, se montrait très-rigoureux afin de remplir la caisse publique; nul procès civil, criminel, politique, sans caution (Prytanée); on renouvelait les cautions en appel (Paracatabole), parfois avec complément (Epobélie). Les amendes étaient très-fortes. Socrate, bien que pauvre, fut taxé à 10,000 drachmes; Miltiade, Callias, Démosthènes à 90 talents, Timothée à 100, qu'ils ne purent payer.

(1) Giraud, *ibidem*, 298.

2° Impôts directs.

L'impôt direct, à Athènes, était temporaire. C'était son caractère essentiel. En principe, le citoyen libre, tel que le noble dans l'Europe féodale, ne doit pas d'impôt. Il consistait : 1° en une taxe proportionnelle et progressive sur le capital (εισφορα), d'après un cens général et foncier; 2° en des prestations ordinaires; 3° en des prestations extraordinaires; 4° en des taxes personnelles; 5° en des dîmes religieuses.

I. *L'impôt sur le capital à Athènes.* — Cet impôt, comme nous venons de le dire, portait le nom d'εισφορα. Bœckh a admis qu'un impôt, d'après le cens de Solon dont nous allons parler, a pu précéder l'εισφορα, mais il soutient qu'il n'en existe aucune preuve. M. Gilbert n'en parle pas; tandis que M. Giraud en fait un impôt foncier qui aurait été permanent, et qui aurait été aboli après les guerres médiques; Bœckh y a vu une sorte de capitation. Selon M. Giraud, cet impôt provenait d'une ancienne dîme et représentait le douzième du produit brut. Il est certain que la dîme a longtemps existé en Grèce, notamment dans le nord. Mais cet impôt foncier ayant disparu, il est sans intérêt de s'en occuper. Il ne reparaîtra en Grèce que plus tard.

A. *Cens et réformes sociales de Solon.* — L'impôt sur le capital à Athènes est postérieur à Solon, mais il correspond à une réforme importante accomplie par Solon.

Avant Solon (1), la population libre de l'Attique, répartie dans les quatre tribus primitives et formant trois classes distinctes (propriétaires, cultivateurs et bergers, artisans) ne jouissait pas des mêmes droits. Les cultivateurs et les bergers payaient aux propriétaires à titre de redevance le sixième du produit des terres. Cette redevance s'acquittait en nature; c'était un reste de la dîme qui a existé dans l'Attique comme dans toute la Grèce. Les temples, qui possédaient de grands biens, avaient conservé la dîme en nature ou le dixième du revenu brut. Les maisons

(1) Schœmann, *Antiquités*, 1er vol., 371, 377. Article εισφορα, Dictionnaire Daremberg, tome 11.

appartenant au temple de la Déesse à Athènes étaient affermées au dixième.

« Les habitants de la montagne, dit Plutarque, demandaient « un gouvernement populaire; ceux de la plaine préféraient un « état oligarchique et ceux de la côte, portés vers un gouverne- « ment mixte, tenaient la balance entre les deux partis. Dans le « même temps, la division, que cause presque toujours entre les « pauvres et les riches l'inégalité de fortune, était plus animée « que jamais dans la ville... Les pauvres, accablés par les dettes « qu'ils avaient contractées envers les riches, étaient contraints « de leur céder le sixième du produit de leurs terres; ce qui « leur faisait donner le nom de sixenaires ou de mercenaires; « ou bien réduits à engager leurs propres personnes, ils se « livraient au pouvoir de leurs créanciers qui les retenaient « comme esclaves ou les envoyaient vendre en pays étranger. « Plusieurs même étaient forcés de vendre leurs propres en- « fants (1). »

Ces excès caractérisent les civilisations anciennes de la Grèce et de Rome. Ils ont été inconnus à la Chine, moins grands dans l'Inde et dans les monarchies orientales; c'est dans la Grèce et à Rome que l'esclavage a été le plus terrible. De même l'esclavage des noirs aux XVIIe et XVIIIe siècles a eu un caractère plus dur chez les peuples chrétiens que l'esclavage dans les Etats musulmans. L'éclat extérieur de ces civilisations aristocratiques, Phidias et Euripide, Démosthènes et Aristote, Cicéron et Horace ne doivent jamais faire perdre de vue les violences et les souffrances intolérables des milieux dont ils ont été les reflets.

Solon a exercé sur les institutions et les destinées d'Athènes une influence de la même nature, que celle de Lycurgue à Lacédémone, ou que Servius Tullius à Rome. Les lois appropriées à une aristocratie militaire ne pouvaient convenir à un petit Etat où les intérêts du commerce et de la marine primaient tous les autres. Il abolit le servage; il améliora la condition des trois dernières tribus; il supprima la contrainte par corps et par suite la vente de la personne du débiteur et de celle de ses enfants

(1) Plutarque, *Vie de Solon*, § 16.

pour dette; c'est une des plus grandes réformes dues à la civilisation d'Athènes; il réduisit les intérêts des dettes; il en facilita le paiement en élevant la valeur de la mine de 73 à 100 drachmes (1). Cet ensemble a constitué la δεδχαθεια.

Ces premières réformes accomplies : « Il fit faire une situation « de chaque particulier. Il rangea dans la première classe les « citoyens qui avaient 500 médimnes de revenu, tant en grains « qu'en liquides, et il les « appela *Pentacosio médimnes* (c'étaient « les Hoplites); la seconde classe comprit ceux qui avaient 300 « médimnes et qui pouvaient nourrir un cheval; ils furent « nommés les chevaliers. Ceux qui avaient 200 médimnes com« posèrent la troisième classe sous le nom de *zeugites*. Tous « les autres, dont le revenu était au-dessous de 200 médimnes, « furent appelés Thètes (2). »

Le cens avait-il un caractère et un but fiscal? Bœckh, après une discussion approfondie, se prononce dans le sens de la négative. Il établit que, bien que ce classement des citoyens d'après leur fortune ait pu servir à l'impôt foncier dont il a été ci-dessus question, on n'en trouve aucune trace; qu'il avait un but politique et non fiscal, mais que plus tard il a pu être utilisé dans un but fiscal (3).

Selon Thucydide, la première εισφορα fut votée à l'occasion du siège de Mythilène (88e olympiade I). C'était un impôt militaire que les généraux faisaient recouvrer dès que le peuple l'avait voté. Ils jugeaient même toutes les contestations à son égard;

(1) Solon, XX, XXI, XXIII.

(2) Solon, XXIII. — Bœckh, 2e vol., 304.

(3) Bœckh, liv. IV, chap. V. Dans toutes les civilisations esclavagistes le cens est une institution sociale de premier ordre. Il sert à établir la ligne de démarcation entre le citoyen et l'esclave; car dans ces civilisations la liberté vient au premier rang; la pauvreté n'est qu'un accident; un esclave, un affranchi pouvait être riche; il n'était rien à côté d'un citoyen pauvre. Le cens servit, en outre, à marquer les diverses classes sociales au point de vue politique, d'après la richesse, capital ou revenu, afin d'indiquer les obligations de chacun, notamment les obligations militaires. Plus tard on l'utilisa au point de vue d'un impôt direct. Le cens, en grec τιμημα, eût alors une double signification : 1° la signification ancienne, dénombrement et classement de la population; 2° le montant de l'impôt direct établi d'après le cens. D'où l'expression si curieuse de « payer le cens de chevalier », de Zeugite Dans l'Evangile le cens a cette double signification. Bœckh, 2e vol., 310, 312, 314.

nul, même l'orphelin, n'en était exempt. Il était établi d'après le cens.

B. *De l'assiette et du taux de l'impôt.* — De 428 à 378 l'impôt sur le capital paraît avoir fonctionné à Athènes, toujours à titre temporaire, sur des bases fixes et régulières. C'est l'époque où il a dû être le plus nécessaire et le plus productif. C'était un impôt de répartition, chaque fois voté par l'assemblée du peuple.

Schœmann a contesté qu'il constituât un véritable impôt sur le capital; il pense qu'il était tout aussi bien un impôt sur le revenu. L'opinion de Schœmann ne semble pas acceptable. Elle provient d'une distinction fondamentale faite par Bœckh quant à l'assiette de l'impôt; mais cette distinction ne modifie pas le caractère réel de l'impôt.

« Qui n'a pas raconté, dit Polybe, dans un passage célèbre, « que les Athéniens lorsqu'ils marchèrent contre les Lacédémo- « niens, de concert avec les Thébains, et qu'ils envoyèrent « 10,000 soldats et équipèrent 100 galères, ils résolurent de « subvenir à l'impôt de guerre *avec le bien* et que le pays, l'At- « tique entière avec les maisons et tout l'avoir fut estimé, que « néanmoins l'estimation du bien n'atteignit pas 6,000 talents, « qu'il en manqua 250 (1). »

Quelle pouvait être cette estimation? Evidemment ce n'était pas le capital réel. Tout le bien des Athéniens dépassait de beaucoup 6,000 talents. Ce n'était pas non plus le *revenu annuel* du capital réel. Il eût été trop considérable. Ce devait être la portion considérée comme imposable du capital réel, portion qui avait un certain rapport avec le revenu annuel; c'est ce rapport qui a pu tromper Schœmann. Maintenant quelle proportion exis-

---

(1) Bœckh, 2e vol., 289, 310, 317, p. 324. Schœmann, *Antiquités grecques*, vol. 1, 518, 520. La discussion de Bœckh est des plus remarquables. Les Athéniens avaient précédé l'Assemblée constituante dans la distinction du revenu brut et du revenu net, dans la recherche scientifique du *revenu imposable;* c'est ce dernier multiplié par le facteur douze qui donnait le *capital imposable;* ce facteur a de l'importance comme indicatif du taux de capitalisation. A l'époque de l'archonte Nausinikos, la distinction était parfaite. La propriété était dénommée (ουδια), la partie imposable τιμημα et l'impôt ειδφορα.

tait-il entre le capital réel et le revenu? Bœckh la fixe au douzième pour toutes les classes. Le capital réel était censé représenter douze fois le revenu. Quelle partie de ce capital était tenue comme imposable? Cette partie variait avec chaque classe. L'εισφορα aurait ainsi eu un caractère progressif. La première classe payait sur la totalité du capital. Le capital imposable était le capital réel. Pour les chevaliers, Bœckh admet les 5/6es, pour les zeugites les 5/9es. Les Thètes étaient exempts.

Bœckh a résumé ses intéressantes appréciations dans le tableau qui suit :

CLASSE.	REVENU.	CAPITAL.	RAPPORT avec le capital imposable.	CAPITAL imposable.	PRODUIT de l'impôt du 50e drach. 2 %
Mille médimnes	1,000	12,000	Totalité.	12,000	240
Pentacosiomédimnes .	750	9,000	do	9,000	180
— .	500	6,000	do	6,000	120
— .	450	5,400	do	4,500	90
Chevaliers.........	400	4,800	5/6es	4,000	80
—	300	3,600	do	3,000	60
Zeugites..........	250	3,000	5/9es	1,666	33
—	200	2,400	do	1,333	26
—	150	1,800	do	1,000	20

Les proportions discutées par Bœckh ne sont que des hypothèses : car on ne possède pas de chiffres authentiques ; on sait seulement que l'impôt ne portait pas sur la dernière classe et qu'il était pour les autres décroîssant, non pas d'après le taux qui était le même, mais d'après la proportion pour déduire le capital imposable du capital réel. Le capital imposable était appelé τιμημα (1) et le capital réel αξια.

Néanmoins, les hypothèses de Bœckh reposent sur deux textes qui figurent parmi les plus curieux de l'histoire fiscale de l'antiquité. Le premier est une loi conservée par Démosthènes relative aux dots obligatoires. Ces dots sont fixées d'après le cens de Solon : 500, 300, 150 drachmes. Le second est un texte

(1) Le mot τιμημα reçoit ici une troisième signification.

de Pollux, discuté avec la plus grande sagacité par Bœckh et qui établit le caractère de progression décroissante de la base ou de la matière de l'εισφορα à Athènes. « Les Pentacosiomédimnes dépensaient 1 talent pour la chose publique, les chevaliers 30 mines, les Zeugites 10 et les Thètes ne donnaient rien (1). »

Quant au taux de l'impôt il variait avec les circonstances et les nécessités; il était le même pour les diverses classes.

Les hypothèses de Bœckh ont été sérieusement contestées soit en France, soit en Allemagne, par des savants d'une grande compétence. On a critiqué : 1° les trois significations qu'il donne successivement au mot τιμημα; 2° l'interprétation qu'il a faite des textes de Démosthènes et de Pollux. On a nié le caractère de progressivité décroissante de l'εισφορα admise par Bœckh, non pas d'après la diversité du taux de l'impôt, mais d'après les différents modes d'évaluer le capital sur lequel il était prélevé, sans proposer aucune explication aussi naturellement fiscale et économique que celle de Bœckh. Le seul point accepté par tous les interprètes : c'est l'existence d'un impôt militaire, temporaire et de répartition à Athènes avec un taux variable (2).

(1) Ces chiffres, comme Bœckh le démontre (2e vol., p. 306), ne correspondent qu'à une appréciation générale de Pollux sur la répartition proportionnelle des charges publiques pour les diverses classes à Athènes.

(2) Bœckh, liv. IV, chap. VI. — M. Giraud, *La propriété foncière en Grèce*, pages 524-533, n'admet pas que l'εισφορα fut progressive et il fixe le capital imposable τιμημα au cinquième du cens d'après un texte de Démosthènes « un timéma de 3 talents suppose un capital de 15 talents ». Cette réduction de la matière imposable, paraît bien forte. — Comparer Gilbert. 366 — Le capital *assessed* c'est-à-dire imposable aux Etats-Unis est bien supérieur au cinquième du capital véritable ; quant à la diversité de méthode pour calculer la matière imposable, d'après la richesse du contribuable, elle se rencontre dans pas mal de législations fiscales actuelles.

Un passage des Lois de Platon (Liv. XII), indique que ces questions étaient, à son époque, étudiées et bien comprises. « A l'égard des contributions pour les besoins de l'Etat, il est nécessaire pour plusieurs raisons que l'on ait une estimation juste des biens des citoyens et que dans chaque tribu on donne par écrit aux inspecteurs des campagnes un état de la récolte annuelle afin que, comme il y a des contributions de deux espèces, le fisc puisse choisir, chaque année, celle qu'il jugera à propos, soit qu'il préfère faire payer à proportion de l'estimation des biens des particuliers, ou à proportion du revenu de chaque année. — « Voilà bien les deux impôts l'un sur le capital, l'autre sur le revenu. »

Dans un article technique du Dictionnaire Daremberg (tome 11), M. Ch. Lécri-

C. *Du cens et du cadastre.* — Le cens de Solon était un classement politique et social. Il ne pouvait suffire à la levée d'un impôt direct sur le capital. Un nouveau cens fut établi d'après un cadastre général (απογφαραι). Il y avait un cadastre foncier et un cadastre de tous les biens mobiliers et immobiliers. Les biens de l'Etat n'y figuraient pas; mais on y faisait entrer ceux des communautés, des temples et des bourgs. Le cadastre général comprenait les terres, les maisons, les esclaves, les capitaux, les produits bruts ou travaillés, le bétail, le mobilier, le tout évalué en numéraire; on y mentionnait aussi les dots des femmes. Chaque citoyen faisait sa déclaration, sauf contrôle. Elle était toujours au-dessous de la réalité. Les déclarations étaient renouvelées tous les 5 ans. Les fortunes étaient variables. Les Métèques, même isotèles, avaient un cadastre particulier.

D. *Du cens de Nausinique.* — En 378, l'archonte Nausinikos modifia le cens et l'impôt sur le capital. Les proportions furent changées. Les distinctions faites par Solon avaient à peu près disparu. La proportion du capital imposable fut fixée pour les classes supérieures au cinquième du capital; on ne connaît pas la proportion pour les autres. Toutes les propriétés mobilières et immobilières furent taxées. Le minimum de capital atteint par l'impôt fut abaissé, le nombre des contribuables augmenté.

Bœckh a calculé que, pendant 10 ans, Démosthènes ne paya que la dixième partie de son capital imposable ou la cinquantième

---

vain rejette à la fois le système de M. Giraud et celui de Bœckh, sans en indiquer un autre. Il considère les évaluations de Bœckh comme trop élevées; il combat surtout l'hypothèse du *capital imposable*. Nous avons cru devoir nous en tenir aux explications, rectifiées sur quelques points, de Bœckh, et nous acceptons son hypothèse du capital imposable comme vraisemblable; c'est l'*assessed valuation* des Etats-Unis dont on retrouve le principe dans le revenu net de l'income tax en Angleterre, opposé aux gross revenues (revenus bruts). D'ailleurs, nous n'avons pas la prétention de trancher des questions de textes, mais d'indiquer les éléments principaux des institutions fiscales en Grèce. Les critiques bien naturelles de l'ouvrage de Bœckh, paru en 1816, ne font que rehausser la valeur de cet ouvrage exceptionnel. M. Lécrivain considère le milieu financier et fiscal d'Athènes comme rudimentaire; par suite il repousse *à priori* toute progression pour l'εισφορα; mais le milieu d'Athènes était-il plus rudimentaire que celui de Florence au XIVe et au XVe siècle? or dans le milieu florentin, l'impôt progressif, naturel aux démocraties, a été bien plus excessif qu'à Athènes. Renvoi à l'appendice : *L'impôt progressif à Athènes.*

partie de sa fortune — et la moitié seulement sous Nausinikos ou 1 p. 0/0. — L'impôt aurait représenté 2 p. 0/0 avant lui ; mais en 378 Athènes était en décadence (1).

Pour apprécier cet impôt, il faut compléter l'exposition des institutions fiscales d'Athènes.

E. *Des Symmories.* — Bœckh pense que l'impôt sur le capital à Athènes ne constituait pas une lourde charge (2). Son opinion est contraire aux faits. En effet, il se joignait à d'autres contributions qui vont être exposées et comme il les complétait, il pouvait être accablant, selon les circonstances.

Les Symmories l'attestent. L'archonte Nausinikos avait besoin de 300 talents. Pour en assurer la levée, il établit les Symmories. La Symmorie était une association mutuelle pour lever et garantir l'impôt. Il y avait 20 Symmories ; elles étaient même subdivisées. *Elles comprenaient les 1,200 contribuables les plus riches qui répondaient de l'impôt.* Les Symmories pouvaient être, en outre, obligées, par décret du peuple, à l'avance de l'impôt (προείδφορα). Dans chacune d'elles, cette avance était faite par les 300 plus riches contribuables qui rentraient plus ou moins dans ce qui leur était dû ; à cet effet, on leur remettait *le Diagramme* du rôle sur lequel étaient portées les cotes des contribuables. Tout membre d'une symmorie répondait de l'impôt sur sa propriété qui pouvait être saisie et confisquée. S'il se croyait trop imposé, il pouvait demander l'échange ou αντιδοδιδ, comme il va être ci-après expliqué. Par contre, la προειοφορα était tenue comme une liturgie.

II. *Des prestations ordinaires.* — Les prestations s'appelaient des liturgies. Les liturgies ordinaires étaient les moins importantes. C'étaient la chorégie, la gymnasiarque, l'hestiase et l'archithéorie (3).

---

(1) Bœckh, liv. IV, chap. VII et VIII.

(2) Bœckh, liv. IV, chap. IX. M. Giraud arrive au taux de 2,086 p. 0/0 ce qui devait être bien lourd — p. 527, pour une ειδφορα de 500 talents sur un capital imposable de 5,750 talents. — En général le taux était de 1 p. 0/0 du capital imposable, p. 533. — M. Lécrivain considère que tous les contribuables ayant acquitté l'ειδφορα étaient compris dans les Symmories ; cela semble bien peu probable au point de vue fiscal et la προειδφορα en est la preuve.

(3) Bœckh, liv. III, chap. XXI, XXII, XXIII. — Gilbert, *ibidem*, 358.

Les liturgies étaient un impôt sur les riches : les citoyens ayant moins de 3 talents et les orphelins en étaient affranchis. Le peuple, à titre de récompense nationale, en exemptait quelques personnes. Elles étaient périodiques; elles revenaient tous les deux ans; elles étaient distinctes; nul n'était tenu d'en remplir deux à la fois. L'échange était admis : tout citoyen, désigné pour une liturgie, pouvait obliger un autre citoyen à la remplir, sauf à échanger leurs biens.

A. *La chorégie.* — Le chorège était chargé de veiller aux plaisirs du souverain. La chorégie formait une véritable administration des menus plaisirs; spectacles, fêtes, poètes, artistes, chiens, musiciens, enfants, tout devait être préparé, organisé et payé par les chorèges. Il y en avait chaque année dix, soit un par tribu. L'Etat concourait à la dépense; elle variait de 1,200 à 5,000 drachmes. Aristophane et son père dépensèrent en cinq ans 5,000 drachmes en chorégies.

B. *La gymnasiarque.* — Autre charge sur les riches; elle consistait à fournir le nécessaire pour les courses publiques. Elle pouvait coûter 1,200 drachmes.

C. *L'Hestiase.* — C'était la dépense des repas publics qui avaient lieu, par tribu, à certaines fêtes; coût d'un repas, 700 drachmes.

III. *Des prestations extraordinaires.* — A. *La triérarchie.* — *La triérarchie* remontait aux âges héroïques d'Athènes (1). Elle était bien antérieure à Solon. C'était une liturgie extraordinaire et de beaucoup la plus lourde charge des classes riches; elle consistait dans l'obligation personnelle du service maritime et dans la participation aux dépenses. Elle correspondait assez exactement aux charges du service militaire pour les familles féodales jusqu'à la fin du XVIe siècle; comme le service féodal, elle a revêtu différentes formes.

En principe, le triérarque devait commander, équiper et entretenir un navire de guerre. L'Etat fournissait le navire, la solde, les vivres, quelquefois les agrès. Plus tard, le trié-

---

(1) Bœckh, liv. IV, chap. XI à XV. — *Sur les origines de la triérarchie*, Schœmann, 1 vol., 374. — Gilbert, 370.

rarque fut admis à se faire remplacer. La triérarchie durait un an et ne pouvait être imposée à nouveau qu'au bout de un ou de deux ans. Elle cessait si l'Etat ne fournissait pas la solde. Les archontes, les citoyens pauvres, les orphelins, les infirmes, les clérouques, les femmes en étaient exempts. Quand le service devint plus pénible, il fut permis à deux ou trois personnes de fortune médiocre de s'associer pour la triérarchie. Vers la 3e année de la 105e olympiade (1), elle cessa d'être obligatoire pour devenir volontaire. Démosthènes fut triérarque volontaire. Quelques années après, comme le nombre nécessaire de triérarques ne put être recruté, on organisa des symmories obligatoires ou syntélies de triérarques. Les 1,200 contribuables les plus riches, divisés en symmories de 60 personnes, furent chargés de la triérarchie. Il y eut donc 20 symmories; une symmorie pouvait avoir à son compte 10 à 12 triérarchies; on les répartissait en syntélies d'un navire; chaque syntélie comprenait au moins 12 personnes. La charge peu à peu devint très-dure. Le concours de l'Etat s'amoindrit. Les 300 citoyens les plus riches eurent alors la haute main dans les armements. Le remplacement se développa. Le service cessa d'être personnel. L'argent devint l'élément principal des triérarchies et le triérarque fut appelé contribuable. Démosthènes fit abolir les symmories et les syntélies maritimes. Les nouveaux triérarques furent partagés en groupes qui devaient réunir 10 talents imposables d'après le cens; chaque groupe était chargé d'une galère. Tout contribuable, possédant 50 talents, comptait pour 1 galère. Diphile qui avait 160 talents dut être taxé à 3 galères et 1 bateau. La triérarchie se transforma en un impôt sur le capital.

Eschine en fit voter la suppression.

Bœckh établit que la charge de la triérarchie à l'époque de

(1) La triérarchie, qui était une lourde charge, a revêtu quatre formes. Bœckh a consacré un chapitre spécial du livre IV à chacune d'elles. La première forme aurait duré jusqu'après l'expédition de Sicile. Sous cette première forme, il n'y avait qu'un triérarque par navire. Dans la seconde forme on autorisa à mettre la triérarchie en association ; c'est la meilleure preuve de l'importance de l'obligation. A partir de la 4e année de la 103e olympiade, on constitua *les symmories obligatoires*, c'est la 3e forme ; la 4e et dernière fut celle établie d'après le cens.

Démosthènes pouvait représenter un impôt de 10 p. 0/0 sur le capital des citoyens les plus riches, 6 2/3 et 3 1/3 pour les autres. Celui qui était porté au cens pour 20 talents dût en dépenser 2. Il trouve qu'une pareille taxe ne pouvait être oppressive (1). C'est une opinion qu'il est difficile de partager, car toute triérarchie représentait une dépense de 5,500 fr., soit 1 talent pour des contribuables en général de rang modeste.

B. *De l'échange.* — L'ἀντίδοσις ou faculté d'échange est le meilleur argument contre l'opinion de Bœckh sur la charge de la triérarchie, car l'échange s'appliquait particulièrement à la triérarchie. On pouvait l'invoquer encore pour la chorégie et pour l'impôt sur le capital. Elle avait pour fondements l'excès des impôts et l'injustice de leur répartition. Les nombreuses réformes de la triérarchie sont une autre indication de son poids (2).

Socrate, qui était pauvre, faisait partie d'une syntélie et contribuait en argent. Celui qui n'avait pas 3 talents était exempt de toute liturgie directe et personnelle; mais, plus tard, il dut *contribuer pour sa part.*

Toute personne, désignée pour une liturgie et spécialement pour une triérarchie, avait le droit de rejeter la charge sur un autre citoyen qu'elle supposait plus en état d'y faire face. Si ce citoyen refusait, elle le traduisait devant les généraux, juges des échanges en matière de triérarchie. Même procédure quant à l'impôt sur le capital. La triérarchie et l'impôt sur le capital étaient des taxes extraordinaires et militaires.

Ce droit donnait, par suite, lieu à beaucoup de procès. L'un des plus curieux est celui de Démosthènes contre Thrasylochus. Démosthènes, désigné pour une liturgie, la rejeta sur Thrasylochus. L'échange comportait le transfert réciproque de tous les biens meubles et immeubles, sauf les mines. Mais Démosthènes avait à intenter une action contre ses tuteurs. Il voulut réserver

---

(1) Bœckh, 2e vol., 413. — Aussi il y avait un cens liturgique; dans les derniers temps, on ne comptait que 1,200 liturges ou contribuables aux liturgies.

(2) Bœckh, 2e vol., 412, 431, 432. — M. Giraud, *ibidem*, p. 585. — Sur le coût des diverses liturgies, un client de Lysias reconnaît qu'en 9 ans les liturgies lui ont coûté 62,000 fr.

cette action; Thrasylochus s'y étant refusé, Démosthènes renonça à l'échange et fit sa triérarchie.

Dès que la demande était faite, les scellés étaient apposés sur les biens des deux parties. Le transfert devait être complet. Il est clair que les droits ou charges éventuels compliquaient les situations.

L'échange est une des plus curieuses institutions fiscales d'Athènes et des peuples anciens. Il correspond directement à la question de la proportionnalité et de l'incidence de l'impôt. Il suffit également pour constater quelle importante part l'impôt devait prélever sur les fortunes. On ne pouvait songer à échanger son patrimoine, à quitter son domicile, ses meubles, les objets auxquels on devait tenir, ses esclaves, ses chevaux, que si la répartition était inique, si l'incidence était directe et définitive, si le poids était trop lourd.

IV. *Taxes personnelles.* — Il était dû des taxes personnelles, sorte de capitations fixes : 1° par les Métèques; 2° par les affranchis; 3° par tête d'esclave; 4° par les charlatans, jongleurs et colporteurs; 5° par les courtisanes : ces deux dernières étaient proportionnelles aux recettes; les trois autres étaient fixes : 12 drachmes par chef de famille de Métèques, le fils moitié, la femme et la mère étaient exemptes; les affranchis devaient les mêmes taxes, plus le triobolon; le maître avait à payer le triobolon par tête d'esclave.

Ces taxes étaient affermées.

§ 8. *De la confiscation.*

« Mon père, écoute-moi d'un air un peu moins sévère. Fais « d'abord un calcul bien simple, sur tes doigts et non avec des « cailloux, de tous les tributs qui nous sont payés par les villes « alliées; compte, en outre, les impôts personnels, les centièmes, « les prytanées, le produit des mines, le droit des marchés et « des ports, les taxes, les produits des confiscations; la somme « de tous ces revenus monte à près de 2,000 talents (1) ». Aris-

(1) *Guèpes.*

tophane comptait les confiscations parmi les revenus. Elles constituaient, comme chez la plupart des peuples anciens, l'impôt complémentaire. Dans la première décade de chaque prytanée, on devait donner au peuple des renseignements sur l'état des confiscations. Des tables spéciales des biens confisqués étaient exposées en divers lieux, notamment à Eleusis (1).

La confiscation était directe ou indirecte : directe, quand elle résultait des condamnations au bannissement, à l'esclavage, à la mort. Les grandes fortunes paraissaient toujours suspectes. On confisqua la plus grande fortune d'Athènes, celle de Diphile estimée à 160 talents. Les dénonciateurs, les accusateurs recevaient tantôt les 3/4, tantôt le 1/3. Les fortunes des Métèques étaient particulièrement menacées, ainsi que celles des femmes. La moindre fraude en douane était punie de confiscation (2).

La confiscation indirecte se pratiquait au moyen des taxations judiciaires, excessives dans leur quotité, exigées sans merci. Le débiteur, qui ne payait pas avant le onzième jour ce qu'il devait à l'Etat, subissait la confiscation à moins de fournir le double. Le débiteur en retard était frappé d'atinie, par suite exclu des affaires publiques. Miltiade, Cimon, Platon, Démosthènes ont été frappés d'atinie. Libéral dans son mécanisme, le gouvernement était, en fait, oppressif, spoliateur. L'Athènes des lettres et des arts a relégué dans la pénombre les Athéniens véritables, ceux qui ont banni tous leurs grands hommes, même Aristote, après Thucydide, et que Thucydide a peints d'après nature dans la scène célèbre de Mélos.

§ 9. *Expédients divers.*

Le gouvernement avait encore recours, dans les moments difficiles, à des expédients qui étaient des impôts déguisés.

---

(1) « Il existait une collection des registres des confiscations. Elle est citée par Athénée et par Pollux. Elle lui a transmis la liste des biens confisqués sur Alcibiade ». — Bœckh, 1er vol., 324.

(2) Sur les confiscations, il faut consulter principalement Aristote, *Politique*, liv. VII, chap. II, § 2 ; chap. III, § 4 ; liv. VIII, chap. IV, § 3. — Schœmann, 1er vol., 442. — Giraud, *ibid.*, 204-208. — M. Giraud fait remarquer avec raison, que le droit de confiscation a subsisté bien longtemps. — En France, jusqu'en 1814,

Ainsi, l'assemblée du peuple décrétait des contributions, volontaires en apparence, mais forcées en réalité. Ces contributions consistaient en argent, en armes, en vaisseaux (1).

Pour ces contributions, comme pour les confiscations, toute répercussion étant impossible, elles n'atteignaient que les classes riches et celles-ci ne pouvaient les rejeter sur les autres.

Il n'en était pas tout à fait de même d'un autre expédient, l'altération des monnaies. Athènes a eu, en général, de bonnes monnaies et le respect de sa monnaie (2). La drachme d'argent, le statère d'or d'Athènes étaient très-recherchés sur tous les marchés. Comme la plupart des Etats grecs altéraient leurs monnaies sans scrupule, que quelques-uns avaient même deux monnaies, l'une de bon aloi pour le commerce extérieur et l'autre de mauvais aloi pour les affaires intérieures, Athènes altérait parfois ses monnaies, notamment sa monnaie d'or (3).

Les pertes résultant de l'altération des monnaies constituent un véritable impôt; mais c'est l'un de ceux que les classes supérieures peuvent le plus facilement rejeter sur les autres, surtout quand elles ont, en mains, comme à Athènes le commerce, les banques et le mouvement des capitaux. Elles sont mieux au courant des faits monétaires; elles suppléent à la monnaie de différentes façons. Le citoyen actif d'Athènes, celui qui ne quittait ni les assemblées, ni les tribunaux, ni les théâtres, n'avait aucun moyen d'y suppléer, surtout si l'altération portait sur la monnaie d'argent.

§ 10. *Reflets et incidence de l'impôt à Athènes.*

L'organisation et le mécanisme de l'impôt ne sont pas les seuls éléments qui en règlent l'incidence. Le milieu social et la nature des institutions exercent aussi une grande influence sur les reflets de l'impôt, cette sorte de mouvement de va-et-vient qui

(1) Bœckh, liv. IV, chap. XVII.

(2) Bœckh, liv. I, chap. IV et V.

(3) Schœmann, *Antiquités*, 1er vol., p. 445.

lui est propre et dont les oscillations se réfléchissent comme des rayons lumineux.

Nous en trouvons la preuve dans le système fiscal athénien. Ce système s'est évidemment constitué sous l'action des éléments particuliers à la société athénienne : les marins, les commerçants, les petits propriétaires, les spéculateurs, les artistes et les institutions démocratiques appropriées à ces divers éléments.

La tendance de ces éléments et la fonction de ces institutions ont été parfaitement connues et signalées dans la Grèce ancienne. « La marche habituelle des révolutions dans la démo« cratie, dit Aristote, est celle-ci : tantôt les démagogues vou« lant se rendre agréables au peuple, arrivent à soulever les « classes supérieures de l'Etat par les injustices qu'ils commet« tent envers elles, en demandant le partage des terres, en les « chargeant de toutes les dépenses publiques; tantôt ils se « contentent de la calomnie pour obtenir la confiscation des « grandes fortunes (1). »

Ces réflexions d'Aristote, qu'il a reproduites dans un grand nombre de passages, s'appliquent particulièrement au système fiscal athénien qui avait été progressivement agencé de manière à mettre toutes les dépenses au compte des riches et qui avait compris la confiscation parmi les ressources régulières de l'Etat.

Tel a été l'effet des institutions.

L'effet du milieu social n'a pas été moins important. Deux forces contradictoires se rencontrent dans ce milieu : 1° l'esclavage, dans des proportions qui ne se sont reproduites que dans la Rome de la décadence et dans les colonies à sucre de la France et de l'Espagne. On ne saurait trop se rappeler, quand on étudie la démocratie athénienne, que c'est une petite oligarchie, reposant sur l'esclavage et le commerce en grand des esclaves (2); 2° le travail libre cependant n'a pas péri et a persisté

(1) *Politique*, liv. VIII, chap. IV, § 4.

(2) Bœckh, 1er vol., p. 73. — 2e vol., p. 269.

dans ce centre esclavagiste. Ce grand fait est dû à ce qu'Athènes était une ville de commerce maritime, ce qu'elle est encore. Nous avons sur ce point le témoignage si précieux d'Aristote. « Les riches, dit-il, ne veulent jamais quitter leurs affaires pour « plusieurs jours et ne consentent à les laisser que pour quel- « ques instants (1) ». Il n'en était pas de même à Lacédémone. Le Spartiate appartenait tout entier à l'Etat. Il ne s'occupait ni d'agriculture, ni de commerce, ni d'industrie. Sa vie tout entière se passait dans les gymnases, les syssities ou dans les camps; l'Athénien, en général, était un homme d'affaire. Il avait des intérêts multiples. Il donnait bien mieux l'idée d'un citoyen moderne que le Spartiate. Il devait sa richesse plutôt à la mer et au travail qu'au sol national. Par suite, il était un tout autre homme. Sans doute il employait beaucoup d'esclaves; c'était un esclavagiste; mais il travaillait souvent, ce à quoi le Spartiate n'aurait consenti à aucun prix. « Travailler, a écrit Aristote « dans un passage prophétique, témoignage de la perspicacité « profonde de son esprit, travailler vaut mieux encore que gou- « verner et commander, là où l'exercice du pouvoir ne procure « pas de grands profits : car les hommes, en général, préfèrent « l'argent aux honneurs (2). »

Nous allons retrouver l'action de ces deux forces dans l'incidence de l'impôt à Athènes; l'une est destructive, l'autre est créatrice. Avec la décadence, le nombre des esclaves a diminué, mais Athènes est restée un port maritime, une ville de marine et de commerce, où le travail personnel a été la condition de la richesse. Lacédémone n'était plus qu'une cité rurale au milieu

---

(1) *Politique*, liv. VII, chap. III, § 3.

(2) *Politique*, liv. VII, chap. II, § 1. Comparer Bœckh, 1er vol., p. 73. « Les plus anciens hommes d'Etat Solon, Thémistocle, Périclès favorisaient les professions industrielles dans la vue d'améliorer le sort de la basse classe, d'enrichir l'Etat — un fabricant comme Cléon, Hyperbolus et d'autres ont pu s'élever jusqu'à s'emparer du gouvernail de l'Etat. »

D'autre part Xénophon ajoute : « L'opposé de ce qui se voit chez les autres Grecs se trouve encore dans cette loi établie à Sparte par Lycurgue. Ailleurs, tout le monde cherche à faire fortune comme il peut. A Sparte, Lycurgue a interdit aux hommes libres toute espèce de profession en vue du profit ». — *Lacédémoniens*, chap. VII.

des domaines de quelques grands propriétaires, alors qu'Athènes conservait encore l'activité, l'éclat et les ressources d'une ville de premier ordre.

I. *Incidence des impôts indirects.* — Parmi les impôts indirects sont comprises les taxes de consommation. Dans les Etats modernes ces taxes ont une très-grande importance à raison de leur incidence. Dans un Etat esclavagiste comme Athènes, cette incidence est moins générale, puisque l'immense majorité de la population est servile. L'effet de l'esclavage est de rejeter l'impôt sur les maîtres, par la raison que l'intérêt du maître est de conserver sa chose. Sans doute, l'esclave est réduit au strict nécessaire; mais le maître lui procure ce nécessaire afin de ne pas laisser péricliter sa chose. La situation n'était pas la même à Lacédémone, ni dans les autres Etats de la Grèce où la propriété rurale formait la principale ressource de l'Etat. Les esclaves y étaient peu nombreux; à côté d'eux vivaient des colons à redevances fixes en nature. Pour ces colons, certaines taxes de consommation, par exemple, les droits de douane ou les taxes d'octroi ou de marché, si elles frappent d'autres objets que ceux qu'ils produisent, peuvent porter sur eux sans répercussion possible, précisément à raison de la nature et de la fixité de leurs redevances. Leur servitude est limitée; ils ont une part de liberté et de responsabilité; par suite, il leur incombe une part d'impôt. D'où il faut conclure que les droits de douane, ceux de port, ceux d'octroi et du centième denier, ceux de justice, dans le milieu esclavagiste d'Athènes, restaient à la charge des citoyens et des Métèques, c'est-à-dire en ne tenant compte que des chefs de famille, de 30,000 personnes environ.

Quels étaient ou quels pouvaient être leurs reflets entre ces 30,000 personnes? Il faut distinguer entre les taxes de consommation et les frais de justice.

Dans une ville, et même dans un petit Etat de commerce comme Athènes, où il fallait importer la moitié de la nourriture de la population, les taxes de consommation incombaient aux consommateurs; par suite, elles pesaient plutôt sur les pauvres que sur les riches; d'autant plus qu'à Athènes, à raison des institutions, c'est le riche qui travaille et qui gagne, selon la remarque d'Aristote; c'est le pauvre qui va à l'assemblée, dans les tribunaux et qui y passe sa journée moyennant le triobolon que sa fille, quand il rentre au logis, lui arrache des dents, selon l'expression si pittoresque et toujours exacte, d'Aristophane (1).

L'incidence du centième denier sur les biens-fonds n'était pas aussi rigoureuse; néanmoins les pauvres le supportaient en partie sur leurs maisons et sur leurs lopins de terre.

A qui incombaient les frais de justice et les amendes? Ils se répartissaient en partie sur toutes les classes, car la manie du procès était générale à Athènes, particulièrement chez les pauvres; malgré cela le lot le plus élevé devait être à la charge des riches, incessamment attaqués, accusés, enviés, visés et toujours sur le qui-vive. Le pauvre, d'ailleurs, ne pouvait beaucoup contribuer à remplir la caisse des amendes.

II. *Incidence des taxes personnelles.* — Entre les citoyens et les Métèques, il s'agit de rechercher, d'abord, si les Métèques pouvaient réfléchir sur les citoyens les taxes particulières auxquelles ils étaient soumis. Les Métèques nous donnent assez exactement l'idée des colonies des Européens à Alexandrie, à Buenos-Ayres, à San-Francisco. Ils étaient nombreux à Athènes et considérés, ce qui était vrai, comme une grande ressource. Ils travaillaient et s'enrichissaient au lieu de gouverner. C'est ce que comprenait fort bien Xénophon et c'est ce qu'il a dit dans son chapitre sur les Métèques à Athènes : « C'est là, selon « moi, un magnifique revenu, attendu que les Métèques en se « nourrissant eux-mêmes et en procurant aux villes de grands « avantages ne perçoivent rien et nous paient, au contraire, le « droit de domicile (2) ». Xénophon se trompait, quand il disait que les Métèques ne percevaient rien; ils réalisaient, au contraire, à Athènes des bénéfices qu'ils y venaient chercher et que les Athéniens, moins occupés de juger et de gouverner, auraient

(1) Dans les sociétés esclavagistes le pauvre n'est pas le même que dans les sociétés modernes. C'est ce qui explique les luttes sociales dans les civilisations grecque et romaine. Le pauvre c'est le citoyen politique actif. — Bœckh, 2e vol., liv. IV, p. 270.

(2) *Revenus,* chap. XI.

encaissés; ce qui permettait aux Métèques de se récupérer facilement de toutes les taxes spéciales qu'ils acquittaient. Xénophon proposait d'abolir ces taxes, d'autoriser les Métèques à servir comme Hoplites, de leur céder des terrains pour construire des maisons afin d'accroître « le va-et-vient d'étrangers, le mou- « vement d'importations et d'exportations, d'achats, de ventes, « de salaires, de tributs qui enrichissent Athènes (1) ». Il avait raison, il devançait les temps; mais il aggravait, sans s'en apercevoir, la condition particulière du citoyen athénien.

III. *De l'incidence des prestations.* — Suivons de près quel devait être le jeu des prestations ordinaires et extraordinaires. La coutume de l'αντιδοσιο ou de l'échange indique nettement que ces prestations étaient une taxation militaire, quant à la triérarchie, sur les classes riches. Le citoyen qui n'avait que 2 ou 3 talents en étant exempt (2); un moment vint où sur 20,000 citoyens, 1,200 seuls purent supporter les frais de la triérarchie. Les classes riches avaient-elles un moyen quelconque de réfléchir sur les autres classes tout ou partie de ces charges? Elles ne gouvernaient pas; elles s'éloignaient de plus en plus des assemblées et des tribunaux; elles favorisaient le remplacement militaire; elles devaient, plus tard, prêter les mains à l'établissement de la domination étrangère, celle de la Macédoine, celle de Rome; elles recherchaient, avant tout, la sécurité que les institutions d'Athènes ne leur donnaient que très-incomplète, c'est qu'elles n'avaient aucun moyen de se soustraire aux charges qui leur incombaient. L'exiguïté du sol, sa pauvreté relative ne leur permetttaient pas de trouver une compensation dans le haut prix des produits du sol. Le prix des céréales à Athènes dépendait, comme aujourd'hui à Londres, des marchés étrangers; enfin l'influence des classes riches sur les salaires était très-limitée par l'esclavage et par les institutions politiques; ces institutions assuraient une sorte de salaire minimum au citoyen actif, sans parler des lois qui donnaient une retraite au citoyen invalide.

IV. *De l'incidence de l'impôt sur le capital.* — Pour l'εισφορα, les

(1) *Ibidem.*

(2) Bœckh, liv. III, chap. XI.

citoyens les plus pauvres étaient seuls exempts. Règle générale, tout citoyen devait l'impôt sur le capital que le cens lui avait attribué; seulement le taux de l'impôt était gradué : il était moins élevé pour les pauvres que pour les riches. Les pauvres, disposant à peu près du gouvernement, pouvaient se récupérer, et ils l'ont fait souvent, par les frais de justice, les amendes et les confiscations. En outre, ils vivaient, en partie, aux frais de l'Etat. Les riches ne pouvaient se récupérer. Et d'abord, aux dépens de qui l'auraient-ils essayé? dans un milieu limité par l'esclavage? et comment y seraient-ils parvenus ne disposant pas du pouvoir?

Ce n'est pas que, de sa nature même, l'impôt sur le capital ne puisse jamais être réfléchi sur autrui par celui qui le paie; ainsi les taxes sur les mutations de fonds immobiliers entre-vifs sont souvent rejetées par l'acquéreur sur le vendeur; ainsi les taxes sur les intérêts ou les capitaux des créances hypothécaires le sont également, quoique pas toujours, par les créanciers sur les débiteurs; mais les taxes successorales sur le capital ne peuvent être répercutées sur personne.

Cette difficulté de répercussion est d'autant plus réelle que la taxe est temporaire : ce qui était le cas de l'εισφορα. Quand une taxe sur le capital est permanente, elle se convertit en un impôt sur le revenu (si du moins elle est annuelle) et peut être quelquefois réfléchie; si elle est simplement occasionnelle, elle reste en principe, au compte de celui qui la paie.

Elle pourrait toutefois être récupérée en partie, au moyen de la plus-value que la demande du capital produisait sur le marché des capitaux, l'élévation du taux de l'intérêt. Dans une place de commerce comme Athènes où les capitaux étaient demandés, où le cours de l'intérêt, celui du change variaient sans cesse, les riches armateurs, banquiers pouvaient se récupérer : il n'en était pas de même des riches propriétaires. Ceux-ci ne trouvaient personne sur qui exercer les répercussions; ceux-là avaient à leur disposition le marché général des capitaux et des affaires.

La condition de l'incidence de l'εισφορα, par suite, n'était pas tout à fait la même que celle des prestations.

Dans l'examen de l'incidence des impôts à Athènes, Bœckh a parfaitement indiqué la ressource que les riches avaient pu trouver dans le taux de l'intérêt des capitaux pour amoindrir leurs charges. Il a discuté l'hypothèse d'un citoyen qui, pendant 9 ans, dont 7 de guerre, a payé 63,600 drachmes d'impôt avec une fortune de 124,000 drachmes. Selon Bœckh le taux de l'intérêt (12 p. 0/0) a permis à ce citoyen de se récupérer (1). L'hypothèse que l'entier capital était placé à 12 p. 0/0 est excessive. C'est par là que pèche le raisonnement de Bœckh. Dans l'espace de 4 à 5 ans, Aristophane, qui était riche, dépensa, pour son père et lui, 5,000 drachmes en chorégie; il fut 3 fois triérarque; l'expédition de Sicile lui coûta 10,000 et celle de Chypre 30,000 drachmes. Il dut également payer l'εἰσφορα. On comprend pourquoi il s'est montré si peu favorable aux Athéniens tels qu'il les a connus.

L'institution de l'Echange ne peut laisser aucun doute sur l'incidence des impôts à Athènes. L'Echange ne s'exerçait qu'entre gens riches; sa pratique indique que les riches n'avaient que de rares occasions de se récupérer. L'Echange n'avait pour but que la répercussion : c'était uniquement un moyen d'égalisation entre gens condamnés à porter le même fardeau.

§ 11. *Décadence d'Athènes.*

Ainsi Athènes, depuis la fin des guerres médiques jusqu'à l'époque d'Alexandre, c'est-à-dire pendant deux siècles, offre l'exemple d'un Etat indépendant, prospère, important où, sous l'influence du milieu social, des institutions politiques et des impôts, les charges publiques furent au compte des classes riches, tandis que les classes pauvres vivaient aux dépens de l'Etat.

C'est une situation différente et à peu près inverse de celle que nous avons constatée à Lacédémone. Lacédémone est un Etat aristocratique, guerrier; l'agriculture est la seule ressource de l'Etat et de la population; pas d'esclavage complet. Deux classes de colons, l'une servile, l'autre presque libre; l'une et l'autre

(1) Bœckh, liv. III, chap. XXII.

tenues à des redevances fixes en nature. Dans la classe supérieure, des efforts inouïs pour y maintenir une égalité factice. La fixité des redevances a amélioré la condition de ceux qui les payaient; ils se sont ou ont été affranchis. En cela Lacédémone est supérieure à Athènes — mais les efforts pour conserver l'égalité militaire entre les Spartiates ont été inutiles; l'inégalité a détruit l'aristocratie; elle y a substitué une timocratie égoïste et perverse. La passion de l'égalité a suscité la haine sociale. L'organisation de l'impôt qui retombe sur le Spartiate pauvre y a contribué.

Athènes est un peuple esclavagiste où l'Etat est soutenu par la marine, la guerre, le commerce; la marine et le commerce sont le fondement de ses institutions démocratiques, de même que l'agriculture est le fondement des institutions aristocratiques de Lacédémone. Athènes, policée, civilisée, brillante par les arts et les lettres, est un foyer d'esclaves; mais c'est aussi un grand port. Le propriétaire d'esclaves, dans un Etat de commerce, ne peut rester inoccupé. Il est condamné au travail. L'Athénien riche travaille. Il gagne de l'argent. Pasion est banquier, le père de Démosthènes industriel. C'est par là que les classes riches à Athènes ont résisté et survécu aux institutions démocratiques. Sparte a disparu : Athènes est restée importante jusqu'aux derniers temps de l'empire byzantin. Elle est aujourd'hui la capitale de la Grèce avec 100,000 âmes de population libre.

A l'époque de Démosthènes l'Etat succombe sous le faix de la politique fiscale ultra démocratique. La triérarchie est réduite; elle disparut nécessairement avec l'indépendance politique d'Athènes. C'était la plus lourde charge des classes riches. Tribunaux, assemblées politiques, perdirent de leur activité et de leur prix de revient. Dès la mort d'Alexandre, plus de la moitié des citoyens furent expulsés; ce furent les pauvres. Les riches n'eurent plus ni à les nourrir ni à les amuser. Ce fait brutal d'Antipater coupa court à la ruine de l'Etat. Athènes perdit son indépendance politique, mais le capital n'y fut plus consommé, au fur et à mesure de sa formation, en oboles, en triobolons, en théoricons et en opsons au profit d'une démocratie qui avait le travail en aversion.

Néanmoins, les 20,000 citoyens d'Athènes ne se changèrent pas en une timocratie de 100 propriétaires fonciers comme à Lacédémone. Athènes eut son port et ses affaires; elle conserva son autonomie municipale; elle demeura un centre de production et de richesse, un foyer de civilisation, un centre littéraire et artistique. Il faut lui pardonner d'avoir cru à la régénération de la Grèce avec Antiochus et Mithridate. Elle opposa à Sylla une résistance héroïque mais imprudente; Sylla la traita avec rigueur sans la détruire.

Depuis cette époque, Athènes devint une ville de luxe, de plaisir et de science. Les Romains aimaient son climat et ses mœurs. Ils s'y rendaient en allant en Orient. Saint Paul y vint en se rendant à Rome. Elle fut admise parmi les *civitates fœderatæ.* Elle fut astreinte peu à peu aux impôts romains et surtout à tempérer ses tendances démocratiques, contraires au gouvernement de Rome; ses institutions politiques ne furent plus que des simulacres, qui s'évanouirent eux-mêmes; mais elle conserva sa vie municipale, son port, sa marine et ses grandes traditions artistiques et littéraires (1). Les chorégies se maintinrent, Le Pirée sauva tout. Les taxes du port, des douanes, des esclaves, d'octroi furent une ressource permanente et municipale. Alors se réalisa, en partie, l'idéal qu'Aristote avait rêvé et qui ne pouvait s'accomplir précisément que lorsque le fondement économique de la société grecque, d'après Aristote, se serait modifié ou effondré, la disparition de l'esclavage : « Une administra- « tion honnête quand on peut l'établir est le seul moyen de « faire coexister dans l'Etat la démocratie et l'aristocratie, c'est- « à-dire d'accorder aux citoyens distingués et à la foule leurs « prétentions restrictives. En effet, le principe populaire, c'est « la faculté pour tous d'arriver aux emplois; le principe aristo- « cratique, c'est de ne les confier qu'aux citoyens éminents. « Cette combinaison sera réalisée si les emplois ne peuvent être « lucratifs. Les pauvres alors, qui n'auraient rien à gagner, ne « voudront pas du pouvoir et penseront de préférence à leurs « intérêts personnels; les riches pourront accepter le pouvoir,

(1) Gilbert, 162, 165.

« parce qu'ils n'ont pas besoin que la richesse publique vienne « ajouter à la leur (1) ». Dans cette page si remarquable, Aristote fait allusion aux emplois résultant de la nature du gouvernement athénien, le peuple légiférant, jugeant lui-même, parfois administrant; par suite, recevant un salaire *ad hoc*. Il n'entend pas les emplois qui ne sont pas particuliers à la démocratie et qui sont nécessaires à tous les gouvernements. Le peuple gouvernait parce qu'il ne pouvait travailler. Or il ne pouvait travailler à cause de la concurrence des bras serviles et de la déchéance que la servitude implique au travail. De là sa formule (2) : « *Travailler vaut encore mieux que gouverner et commander* ». Aristote ajoutait, il est vrai, faisant allusion aux institutions fiscales d'Athènes, « pourvu qu'on puisse librement vaquer aux soins de ses intérêts, sans redouter de spoliations, on fait alors rapidement fortune, ou du moins l'on « échappe à la misère (3). »

Le travail devait se substituer, dans les sociétés, à la politique. Il fallait le génie d'Aristote pour entrevoir cette grande révolution qui, en abaissant les uns, élèverait les autres. Elle devait être lente, longue et douloureuse. Elle avait besoin pour aboutir du concours de nouveaux éléments. La conquête romaine, le christianisme, les progrès de la culture du sol, l'accroissement de la population allaient les lui procurer.

Les petits foyers, à forme républicaine, de la Grèce, ces foyers qui ont été l'un des éléments les plus précieux de la civilisation, étaient devenus insuffisants. Ils s'étaient corrompus, pervertis. « Ils portaient en eux-mêmes, dit Bœckh, le germe de la « destruction; l'arbre était gâté : il devait être coupé (4). »

La grande transformation du travail, qui allait modifier l'impôt lui-même, exigeait pour l'accomplir de plus vastes sphères. L'esclavage n'aurait été que bien difficilement aboli à Athènes. Cette

(1) *Politique*, liv. VIII, chap. VII, § 10.

(2) Comparer à cette formule d'Aristote les observations de Xénophon sur l'interdiction absolue *du travail lucratif* pour le Spartiate. « A Sparte, Lycurgue a interdit toute espèce de profession en vue du profit ». — Lacédémoniens, chap. VII.

(3) *Politique*, liv. VII, chap. II, § 2.

(4) Bœckh, *in fine*, 2e vol.

abolition impliquait d'autres institutions. L'évolution républicaine, qui avait commencé avant Solon, était à son terme. La formation d'un vaste empire, renfermant de plus grandes masses, procurant plus de sécurité, brisant les barrières de tous les petits Etats, améliorant la condition des plus nombreux, préparant leur émancipation, était devenue nécessaire. Tel fut l'Empire romain. Telle sera bientôt la condition de l'Europe actuelle.

CHAPITRE VI.

DE L'IMPÔT DANS LES AUTRES ÉTATS DE LA GRÈCE ANCIENNE.

En dehors de Lacédémone, d'Athènes et de la Crète, les divers Etats de la Grèce se divisaient en deux catégories bien distinctes, ceux où dominait la race dorienne ou son influence; ceux où prévalait, au contraire, l'influence d'Athènes et, avec elle, de la race ionienne. Dans les premiers, les institutions politiques, sociales, fiscales des Doriens, particulièrement celles de Lacédémone l'emportaient complètement, sauf certaines différences dont plusieurs avaient de l'importance. En aucune autre partie de la Grèce, les Doriens n'avaient pu cependant installer leurs institutions dans les mêmes conditions qu'en Crète ou que dans le Péloponèse. Nulle part on ne rencontrait un élément militaire, entretenu de la même manière que les Spartiates, aussi remarquable et aussi puissant. Comme dans tous les Etats doriens la production agricole étant la forme presque exclusive du travail et de la richesse; l'impôt consistait surtout, notamment en Thessalie, en Sicile, dans la grande Grèce, en une dîme, variable de taux, sur les produits bruts. La dîme a été générale dans la Grèce héroïque; elle a été remplacée à Athènes, à Lacédémone, à Crète par une organisation plus savante; mais elle y a été la première forme de l'impôt, forme que le Christianisme, d'origine orientale, y a ramenée. Ainsi on sait qu'il existait des Périèques en Thrace, en Thessalie, à Sinope, en Sicile, et qu'ils étaient astreints à des redevances fixes de même qu'à Lacédémone (1).

Dans les Etats non doriens, la plupart des impôts, si variés d'Athènes, existaient également, mais on y levait aussi la dîme qui n'avait été conservée à Athènes que comme contribution

(1) Guiraud, *ibid.*, 537, 542. — Gilbert.

religieuse envers les temples; dans quelques Etats cette dîme devait être payée en argent et prenait la forme d'un impôt foncier.

On y rencontrait notamment :

1° L'impôt sur le capital, ou εισφορα, parfois permanent, parfois temporaire, mais avec un caractère militaire. L'impôt sur le capital paraît avoir été l'élément fiscal prépondérant pour les ligues d'Achaïe, d'Etolie et de l'Asie-Mineure (1).

2° Les douanes et les octrois intérieurs, qui ont beaucoup contribué à maintenir et à aggraver l'esprit de division des Hellènes.

3° Les droits de marché et même de circulation sur les marchandises.

4° Les diverses liturgies, triérarchies, chorégies, avec leurs formes diverses, telles que l'hestiase (2).

La Sicile, qui appartenait en grande partie, à la colonisation hellénique, spécialement des Doriens, a été la partie la plus ravagée par les excès fiscaux, pour diverses causes; d'abord la grande prospérité dont elle a joui du ve siècle A.-C., au second siècle E.-C.; puis les difficultés intérieures, les tyrannies qui l'ont accablée, notamment Denys l'Ancien. Aristote prétend que Denys l'Ancien leva pendant 5 ans un εισφορα de 20 p. 0/0 c'est-à-dire la totalité du capital. C'est invraisemblable, mais cette affirmation doit se référer à de grands excès.

L'impôt principal de la Sicile, en rapport avec sa production célèbre de céréales, était la dîme. Les Romains n'eurent garde de ne pas en profiter. Comme la conquête de la Sicile leur coûta fort cher, ils s'emparèrent des dîmes afin de mettre la main sur les blés de Sicile. C'est en Sicile qu'ils ajoutèrent au frumentum *decumanum,* le frumentum *imperatum* et le frumentum *emptum.* Les Verrines donnent un tableau complet de la richesse de la Sicile, de ses ressources et des atroces exploitations qu'elle eut à subir. M. Marquardt rappelle, d'après Cicéron, que la Sicile

(1) Dictionnaire Daremberg, article εισφορα, § 11.

(2) Guiraud, *ibidem*, 540-544.

(3) Guiraud, 541. Marquardt, *Organisation financière des Romains,* 144.

dut fournir, pendant une année, au préteur Verrès : 1° 3,000,000 modii, dime ordinaire, valeur, 2,750,000 fr.; 2° 800,000 modii imperati, valeur, 700,000 fr.; 3° 3,000,000 modii, seconde dime, 2,750,000 fr. (1).

La dîme a des avantages; mais elle a, entre autres inconvénients, celui de rendre les exactions plus faciles.

La dîme a donc joué un rôle fiscal considérable en Grèce, sauf à Athènes. A Lacédémone, les redevances des Périèques étaient une véritable dîme.

---

(1) Sur tout ce qui concerne les blés que la Sicile devait fournir au peuple romain à divers titres, consulter les notes ajoutées par M. J.-V. Leclerc, à la traduction des Verrines, édition 1824, petit format, tomes 7, 8, 9, notamment tome 8, p. 268, 277, 279, 464, t. 2, p. 21, et dans le Dictionnaire Daremberg, l'article *Frumentarie leges*.

CHAPITRE VII.

LES IMPÔTS EN GRÈCE SOUS LA DOMINATION ROMAINE.

La décadence de la Grèce est bien antérieure aux guerres avec la Macédoine et avec les Romains. Thucydide en a marqué le point de départ pendant la guerre du Péloponèse qui s'est prolongée, sauf un assez grand intervalle, pendant 27 ans. Cette guerre a correspondu à la profonde division des races et des institutions en Grèce. La race dorienne, avec Lacédémone et ses alliés, eut la victoire; mais ses forces ne lui permirent pas de conserver l'hégémonie de la Grèce pendant plus d'un demi-siècle. Après Leuctres et Mantinée (363), la Grèce n'eut plus de force directrice suffisante pour réunir ses divers tronçons. La Macédoine sans l'asservir, ne parvint pas à la réunir à elle-même. Dès que la Macédoine eut succombé, sans recevoir aucun appui de la Grèce, les Hellènes furent fixés sur leur sort (1).

D'ailleurs les Romains rencontrèrent en Grèce des alliés fidèles; c'étaient toutes les vieilles familles helléniques, accablées de vexations, de persécutions, de spoliations et d'impôts par le parti démocratique grec. « Si tous les partis, dit M. Guiraud, eurent recours à l'étranger, ce furent surtout les aristocrates qui montrèrent le plus de docilité envers lui; ce n'est « pas qu'ils fussent moins patriotes que les gens du peuple, ni « moins vaillants; mais ils avaient beaucoup plus à perdre par « la résistance et beaucoup plus à gagner par la soumission; le « souci de leurs intérêts matériels les détournait de s'engager « bien à fond dans la lutte et leur ôtait les armes des mains. Ils « cédaient d'autant plus volontiers que l'ennemi leur accordait « de grands avantages. Auparavant, ils étaient dans une foule « de cités, exclus du pouvoir, et, quand par hasard c'étaient

(1) Hertzberg, *La Grèce sous la domination romaine*, traduction Bouché-Leclercq, 1er vol., chap. I.

« eux qui gouvernaient, ils avaient à compter avec les exigences « d'une multitude avide et indisciplinée qui ne reculait devant « rien... Les rois de Macédoine eurent d'abord une certaine « tendance à faire prédominer l'oligarchie... Les Romains adop- « tèrent à leur tour cette politique et s'y montrèrent constamment « fidèles. Dès l'année 194, Flamininus s'occupait en Thessalie « d'organiser les tribunaux et les conseils d'après des conditions « de cens et d'assurer le pouvoir à ceux qui étaient le plus inté- « ressés au maintien de la paix. Tous les proconsuls qui vinrent « après lui suivirent la même politique, parce que le Sénat leur « donnait les mêmes instructions... Rome se montra aux Grecs « comme le gardien inflexible du droit de propriété et des pri- « vilèges de l'aristocratie (1)... »

Les Romains ne rencontrèrent quelque résistance que de la part de la ligue achéenne, dont les anciens Périèques et les Hilotes composaient le fond. Périèques et Hilotes étaient dans leurs rôles. Ils furent soutenus par tous les démocrates et démagogues de Grèce, Corinthe, Athènes; ils succombèrent ensemble et non sans gloire (2).

Devenus maîtres de la Grèce, les Romains la traitèrent avec certains ménagements, plus apparents que réels. Cicéron lui-même, le plus modéré de tous les Anciens, le plus modéré de tous les Romains trouva moyen d'emporter 2 millions de sesterces de Cilicie (3); qu'on juge par là de ce que les proconsuls, préteurs, propréteurs, autres que l'accusateur de Verrès et de Gabinius, exigèrent des Grecs (4). Cependant la Grèce n'avait jamais été riche; les guerres d'Alexandre, d'Antipater, d'Antiochus, de Mithridate augmentèrent sa gêne, qui se changea en une grande misère, développée par la dépopulation et l'émigration des riches.

---

(1) Guiraud, *ibidem*, 627.

(2) Petit de Julleville. *La Grèce sous la domination romaine*, chap. III et VII. On trouve dans ce livre remarquable une histoire dramatique des derniers temps de la Grèce et des excès des Etats démocratiques.

(3) Petit de Julleville, *ibidem*, 220-224.

(4) Voir le portrait de Pison, plus atroce que Verrès, par Cicéron, *ibidem*, 224-229. — Voir Leclerc, traduction Ciceron, même édition, t. 8, page 464.

Les Romains firent deux parts de la Grèce, divisée, d'ailleurs en deux proconsulats. Les principales villes furent admises parmi le *civitates fœderatæ* (1). Par suite, elles conservèrent leurs propres lois et ne durent acquitter au fisc romain que les charges stipulées dans le traité d'admission, toujours plus modéré que l'acte de *Deditio*; mais l'influence supérieure passa de la démagogie à l'aristocratie. Ce fut un fait général, conforme à la politique de Rome et conforme aussi à la marche supérieure de la civilisation. L'époque des Républiques grecques était finie. Par suite, tout en conservant leurs lois et notamment leurs institutions fiscales, leurs fêtes, les cités durent tout approprier aux tendances romaines. Des changemeats eurent certainement lieu peu à peu dans les impôts. La scène de la comparution de saint Paul ou de saint Denys, l'aréopagite, devant l'aréopage athénien donne une idée assez exacte de la vie intérieure des cités grecques.

Quant aux autres parties de la Grèce, elles furent soumises au tribut. Rome s'adjugea, comme partout, les dimes. « Tous les « ans, les magistrats municipaux dressaient la liste des exploi- « tants et notaient la quantité de terres qui étaient mise en cul- « ture; on évaluait approximativement la récolte future, et, « d'après cette donnée, on déterminait le rendement probable de « l'impôt, à raison de 10 p. 0/0 du revenu brut; on adjugeait « ensuite au plus offrant le droit de recueillir le blé, l'orge, le « vin, l'huile, les légumes dus par les cultivateurs. Si la récolte « était supérieure aux prévisions, le fermier gardait pour lui « l'excédant de la dîme; si elle était inférieure, il comblait à ses « frais. Ces règlements s'appliquaient à la Grèce tout en- « tière (2). »

Dans le partage des provinces fait par Auguste, la Grèce fut attribuée au Sénat. Ce fut pour elle un nouveau malheur. Cela coûte à dire, mais entre le vieux Sénat de Caton et de Cicéron et l'Empereur, le pouvoir nouveau, intelligent, modéré était celui de l'Empereur. Bien que les proconsuls sénatoriaux ne

(1) Gilbert, *ibidem*, p. 25-210.

(2) Guiraud, *ibidem*, 540.

pussent se mêler d'affaires financières, placées dans les mains d'agents spéciaux, nommés par l'Empereur parmi les chevaliers; ils se montrèrent partout plus durs que les légats de l'Empereur. Sous Tibère il fallut arracher l'Achaïe et la Macédoine au Sénat (1).

Jusqu'à la mort de Tibère, assez favorable à la Grèce de même qu'Auguste (2), les choses demeurèrent en état, mais les crises qui assaillirent bientôt l'Empire aggravèrent la condition de la Grèce. Néron lui avait donné une dernière illusion d'indépendance en proclamant lui-même solennellement aux jeux Isthmïques (3), son complet affranchissement; mais, quelques mois après, la dure voix de Vespasien la rappelait à la réalité. Il rendait à l'Achaïe son gouverneur chargé de lui redemander le tribut (4). Seule Athènes conserva son ancienne situation.

Les Flaviens, les Antonins, se montrèrent plus bienveillants que Vespasien; Trajan accepta d'être archonte éponyme à Athènes (5); Hadrien s'y rendit quatre fois; il encouragea ses fêtes, il releva ses monuments, il prépara ainsi la nouvelle carrière que les écoles d'Athènes allaient parcourir; mais, au point de vue fiscal, les choses s'améliorèrent beaucoup moins. La tendance générale de l'empire était vers l'uniformité des charges. Avec chaque siècle, cette tendance s'accentua; peu à peu les impôts des villes revêtirent un caractère tout municipal; et lorsqu'apparurent vers 282, les édits de Dioclétien, Athènes, Sparte, toutes les villes, tout le territoire de la Grèce y furent tout naturellement compris comme toutes les autres parties de l'Empire romain. La charge fut très-forte; mais elle eut des compensations. La vieille Grèce est morte. La Grèce chrétienne lui succède.

A ce moment, à la fin du IIIe siècle, la décadence de la Grèce,

---

(1) Petit de Julleville, page 247, *Macedoniam et Achaiam onera deprecantes levari in præsens proconsuli imperio tradique Cæsari placuit*, Tacite, *Annales*, liv. I, 76.

(2) Petit de Julleville, *ibidem*, 245-247.

(3) Petit de Julleville, *ibidem*, 252, 262.

(4) Petit de Julleville, *ibidem*, 285. — Mahaffy, *The greek world under roman sway*, chap. XII.

(5) Petit de Julleville, *ibidem*, chap. XV.

sa dépopulation, sa misère, sa solitude, son silence, déjà si grands au temps de Plutarque et de Pausanias, ont atteint leurs plus mauvais jours (1). Foyer de commerce maritime, d'échanges, la Grèce souffrit affreusement de la grande crise monétaire du IIIe siècle, de la lutte du cuivre contre l'argent (2), de même que souffriront au XXe siècle les Etats à argent qui lutteront contre l'or. Mais saint Paul n'avait pas comparu en vain devant l'aréopage; il apportait avec lui des idées nouvelles, une direction nouvelle de l'humanité, une espérance (3). Les Hellènes s'y associèrent. Après Israël, la Grèce a été le principal agent du christianisme. Aussi son relèvement date de Constantin. Le transfert à Constantinople de l'Empire romain opéra pour elle le miracle de la résurrection. Le Grec s'installa à Constantinople et peu à peu en chassa le Latin; une nouvelle période de prospérité s'ouvrit pour les Grecs et la Grèce; cette période a duré plus de 800 ans; c'est bien quelque chose.

Enfin les grandes réformes fiscales et politiques de Dioclétien et de Constantin furent en réalité un immense bienfait pour tout l'empire, débarrassé à jamais des agents sénatoriaux et du Sénat lui-même; mais « il n'y eut plus d'Athènes, de Lacédé-« mone, de Doriens, d'Achéens ni d'Etoliens (4). »

(1) Finlay *History of greece*, 1er vol., 42, 52, 58, 87.

(2) Finlay, *ibidem*, 103, 109.

(3) Petit de Julleville, *ibidem*, chap. XII. Saint Paul à Athènes.

(4) Finlay, *ibidem*, 109.

LIVRE TROISIÈME.

DE L'IMPÔT CHEZ LES ROMAINS.

CHAPITRE I.

DE L'INFLUENCE DES INSTITUTIONS FISCALES ROMAINES SUR CELLES DES PEUPLES DE L'EUROPE MODERNE.

§ 1. *Caractère aristocratique et territorial de la civilisation romaine.*

Au point de vue de l'impôt, la civilisation hellénique n'a eu aucune influence sur les institutions fiscales des divers peuples de l'Europe, de l'Asie et de l'Afrique, en rapport avec le bassin de la Méditerranée. L'action fiscale de la Grèce a été entièrement limitée à la Grèce seule et à quelques-unes de ses colonisations. Même, l'étendue de l'action économique de la Grèce ne saurait être comparée au développement, chez elle et en dehors d'elle, des arts, des sciences, des lettres. Deux autres causes ont contribué à restreindre encore cette action, d'une part, l'extension de la culture rurale, de la propriété foncière agricole en Europe, même en Afrique, et, d'autre part, le changement imprimé par les Romains à la direction politique de l'intérieur des Etats en Europe. Partout les Romains, quoique possédant des institutions républicaines, abattent, de même que les Lacédémoniens, les démocraties pour y substituer les aristocraties qu'ils constituent ou prennent sous leur sauvegarde. La Grèce ne compte pour rien dans le développement de la propriété foncière en Europe et dans les changements politiques qui en sont résultés.

Au contraire, l'influence des institutions fiscales de Rome a été directe, immédiate, prolongée, d'un côté, par l'étendue de son territoire et la masse de sa population; l'Italie de la grande époque républicaine, celle des guerres puniques, forme un tout autre milieu que le sol de la Grèce, consistant en montagnes peu fertiles et en quelques vallées froides à l'extrémité de l'Europe. Elle exerce donc une bien autre influence autour d'elle. A l'époque de Polybe, la Grèce se dépeuple rapidement, l'Italie est encore très-prospère. Les populations qui entouraient le territoire romain, anciens Sabins, Osques, Equès, Herniques, Volsques, Etrusques, Samnites, n'ont pas encore été détruites. Le territoire est tout entier cultivé (1). La population et l'agriculture sont les deux fondements de la force du peuple romain, qui est composé de propriétaires fonciers. Dans un de ses plus beaux récits, Tite-Live met en scène le centurion Spurius Ligustinus qui a fait toutes les grandes campagnes de l'époque de Paul Emile et qui est propriétaire. Sa famille vit sur son fonds (2). Le Grec d'Athènes est surtout commerçant, industriel, pirate. Le Lacédémonien est aussi, à certains points de vue, propriétaire; mais le territoire de Lacédémone est restreint et le nombre des Spartiates, très-limité. La Grèce ne pouvait fournir les instruments de la transformation économique de l'Europe. Rome les a préparés.

Cette influence de la terre a été le fondement principal de de l'aristocratie romaine, aristocratie essentiellement territoriale. Elle subsiste même encore aujourd'hui en Italie (3), elle y soutient tout, héritière directe de celle qui a contribué, avant tout, à donner à l'empire romain les institutions fiscales dont l'importance a été si grande (4).

---

(1) Voir dans Tite-Live, le tableau de Rome après la bataille décisive du Métaure, en 208.

(2) Son père lui a laissé un arpent. De son mariage, il a eu deux fils et six filles. Il compte 22 ans de service. Macédoine, Espagne, Italie. C'est le type des citoyens romains. Tite Live, l. 42, ch. 34.

(3) Lenormant, *La grande Grèce*, t. 2, 174-179. — E. Fournier de Flaix, *Statistique générale*, t. 1er, 499-505.

(4) Rome ne connut jamais l'esprit démocratique. Il n'y a pas une seule époque dans sa longue histoire où elle n'ait eu une noblesse. Si on se transporte au dernier siècle de la République, on y trouve une aristocratie aussi fortement constituée que l'ancien patriciat; on doit encore faire cette remarque que dans toute l'histoire de Rome, il n'y eut jamais aucun effort sérieux pour détruire cette hiérarchie. Vient ensuite l'Empire, l'inégalité disparut en politique, mais elle subsista tout entière dans les mœurs. — Fustel de Coulanges, *Ancienne France*, chapitre XI. M. Fustel de Coulanges aurait dû dire dans les lois civiles et dans la propriété.

§ 2. *La population et l'agriculture dans l'Italie ancienne.*

En Italie, Rome est un État récent, presque nouveau ; c'est le dernier qui se constitue et qui suit une marche progressive. Athènes, Lacédémone, Thèbes, Argos ont subi bien des changements politiques ; ils ont passé de la royauté à l'aristocratie, avant que les fondations de la ville Eternelle aient été projetées. Lycurgue est antérieur de près de trois siècles à Servius Tullius. Lacédémone traverse sa plus belle époque quand s'accomplit la Révolution qui prépare la grandeur de l'aristocratie romaine ; Solon était archonte en 594. Le consulat n'a été établi qu'en 510, vingt ans seulement avant la bataille de Marathon.

Si les temps diffèrent, les éléments ne diffèrent pas moins. La Grèce n'a jamais été très-peuplée. Pays de montagnes et de vallées étroites, elle ne comportait pas un rapide développement de l'espèce humaine. Les mœurs déplorables des Grecs avaient, en partie, pour cause le contrôle de l'accroissement de la population. Aristote en a fait la remarque à plusieurs reprises ; aussi quand le luxe, la guerre, la corruption des idées vinrent amoindrir encore le goût et les habitudes des Grecs pour l'élevage des hommes, qui est partout une rude et pénible tâche, la dépopulation se fit de toutes parts avec une rapidité désolante. Polybe en constatait les causes et les progrès dans le second siècle avant l'ère chrétienne (1) ; au temps de Pausanias et de Plutarque la Grèce était devenue un désert.

Il n'en était pas de même de l'Italie, surtout du Latium. Elle est demeurée très-peuplée jusqu'après la seconde guerre punique. Rome contenait au moins 1 million d'habitants à l'époque des victoires d'Annibal. Elle était elle-même entourée de toutes parts de peuples nombreux et puissants par leur population. Tous ces peuples vivaient de l'agriculture et du commerce des produits agricoles. La terre avait pour eux une très-grande valeur. Ils la morcelaient en petits domaines d'une contenance moyenne de

(1) Livre 37, § 4.

1 hectare. Dans certaines parties de la vallée du Pô et en Toscane, l'Italie est encore le pays de la petite culture. Telle Sismondi a peint la condition des métayers de la Toscane, au commencement de notre siècle; telle était celle des Sabins, des Osques, des Herniques, des Volsques, des Eques, des Etrusques, de tous ces campagnards qui ont opposé une si énergique résistance aux entreprises des Romains, avant de devenir l'un des principaux éléments de leur grandeur.

Ainsi la population et l'agriculture forment les deux fondements de ce peuple romain qui, malgré tant d'admirables travaux, depuis Bossuet, Montesquieu, Vico et Beaufort jusqu'à Michelet, Duruy, Savigny et Mommsen, Marquardt (1), Humbert, Cagnat, est encore un incomparable sujet d'étude et de méditation.

§ 3. *La Providence et le génie romain.*

Mais ces deux fondements ne suffisent pas pour expliquer l'œuvre. « D'heureuses circonstances, l'énergique habileté de son « arisrocratie et les secrets desseins de la Providence, ajoute « M. Duruy, lui ont donné l'empire du monde. » C'est, en effet, la Providence qui a dû faire sortir des éléments divers qu'elle avait réunis ce qu'il faut appeler le génie romain, cet ensemble de vertus et de forces qui a caractérisé, pendant plus de 800 ans, la race romaine et qui diffère profondément du génie grec. Le génie grec est idéaliste, le génie romain est positif; mais la Grèce ne peut s'élever, si ce n'est dans le domaine de l'art et de la science, à aucune conception générale : au contraire, le génie romain est essentiellement assimilateur. C'est ce qui marque sa destination; c'est de cette puissance d'assimilation que procède la faculté juridique de Rome. Rome a beaucoup emprunté pour le droit, comme pour toutes choses, à la Grèce, à l'Egypte, en rapports directs elles-mêmes avec les grandes monarchies de l'Orient; mais tout en condensant le droit dans des formules plus précises, elle lui a donné un caractère universel.

---

(1) *Histoire des Romains*, 1° vol, 117.

§ 4. *L'aristocratie romaine et les anciennes aristocraties.*

A côté des différences entre des peuples, des races représentant des civilisations si opposées, quoique se donnant la main, il y a plus d'un rapport à signaler.

A Rome, comme en Grèce, le mouvement national ne s'accuse, ne se précise qu'avec l'abolition de la royauté, qu'avec la forme républicaine. Ces deux civilisations, auxquelles il faut ajouter celles de Carthage et de la Judée, ont été dominées, pendant plus de 500 ans par les idées républicaines; elles ont vu éclore et se développer des institutions libres qui, à plusieurs égards, sont encore des modèles pour les nations christianisées contemporaines.

Pour les unes et les autres, ce grand fait a ses racines dans la constitution, l'influence et le gouvernement d'une aristocratie tantôt territoriale comme à Lacédémone, tantôt religieuse comme en Judée, tantôt de commerce comme à Carthage et à Athènes.

L'aristocratie romaine participe de ces trois caractères, exactement comme l'aristocratie anglaise : elle est religieuse; elle est territoriale; elle est commerçante. C'est ce qui explique, comme pour l'aristocratie anglaise, non seulement son influence, son immense supériorité, mais son renouvellement.

Nous avons vu l'épuisement de l'aristocratie des Spartiates; celle de Carthage a péri parce qu'elle est devenue exclusivement commerciale, financière, et sous le terrible effort de l'aristocratie romaine. L'aristocratie athénienne s'est plus longtemps maintenue grâce précisément à l'appui de l'aristocratie romaine.

Néanmoins il y a lieu de signaler entre ces diverses aristocraties et l'aristocratie romaine une différence essentielle : l'aristocratie romaine a de bonne heure accepté l'égalité politique; elle n'a jamais accepté l'égalité sociale; c'est ce qui la sépare des aristocraties grecques et même de celle de Carthage; c'est ce qui la rapproche encore de plus près de l'aristocratie anglaise.

Enfin le grand élément d'action de cette aristocratie a été la guerre. Aussi de 1688 à 1815, l'aristocratie anglaise n'a cessé d'être le principal facteur de la guerre sur le globe; c'est l'époque de sa plus grande prépondérance comme de la fondation de l'empire anglais.

Les aristocraties grecques étaient également, même à Athènes, des aristocraties militaires. La Triérarchie, si lourde dans les derniers temps, était, à l'époque de Thémistocle, acceptée comme un honneur; même à Carthage, une notable partie des familles aristocratiques était militaire.

§ 5. *L'aristocratie romaine et la propriété foncière en Europe.*

Malgré ces rapprochements, les différences demeurent tout autrement décisives. Certes, l'aristocratie romaine a fait, de même que l'aristocratie anglaise, un terrible usage de la guerre; la guerre n'est cependant pas son caractère définitif. Son œuvre principale dans la civilisation européenne, à laquelle elle a eu une si grande part, cette œuvre c'est l'extension, le rayonnement de la propriété foncière par l'occupation, la conquête, la culture du sol et plus tard par le droit. Il en est de même de l'aristocratie anglaise; elle poursuit de toutes parts, au moyen de ses puissantes colonisations, l'œuvre accomplie par l'aristocratie romaine en Europe et, temporairement, dans une partie de l'Afrique. C'est elle qui représente et qui répand sur le globe le droit de propriété et avec ce droit l'élément fondamental des progrès de la richesse et de la civilisation. Au septième livre de cet ouvrage une partie de l'exposé des institutions fiscales de divers États contemporains consistera dans le tableau des impôts de colonisations anglo-saxonnes; ces colonisations et le génie anglais seront, au siècle prochain, une force de résistance et d'activité aussi grande qu'ont été autrefois les colonisations et le génie de Rome. Rome, c'est la propriété, c'est la terre, c'est le droit, c'est le cultivateur maître de son terrain, l'agrandissant, le transformant en un domaine moyen, plus vaste, immense, au fur et à mesure de l'occupation du sol en Europe. Dans la civilisation féodale, la terre a été tout. Pas de terre sans seigneur; mais l'époque féodale n'est autre que l'occupation, le défrichement, la mise en culture et l'appropriation de l'Europe occidentale. La part de la civilisation romaine a été nécessairement supérieure, par l'occupation, par la culture, surtout par le droit sur des territoires bien plus étendus (1).

§ 6. *La propriété foncière sur le globe et les futures aristocraties.*

Il ne faudrait pas considérer comme un accident cette influence de la propriété foncière, d'abord pendant la République romaine, puis sous l'empire romain, sur la constitution de la société et les institutions politiques. Il y a, au contraire, concordance nécessaire entre les conditions politiques et sociales des peuples et la fonction de la propriété foncière dans leur état politique, social, économique. On peut citer des preuves bien décisives de cette concordance. Lorsque de Tocqueville, de retour de son voyage aux États-Unis, lançait, en 1835, dans le public européen son livre : *La démocratie en Amérique*, inspiré comme un prophète, il prédisait une sorte de naufrage général de la vieille civilisation. Il avait oublié de tenir compte de l'énormité du territoire, 920 millions d'hectares, dont un tiers seulement a pu être mis en culture après trois siècles de colonisation. Aujourd'hui, les observateurs sagaces du milieu américain, sont obligés de constater, la formation d'une véritable aristocratie territoriale et financière qui ramène tout à elle et qui domine tout : élections, tribunaux, journaux, chemins de fer. Quel fait plus curieux, entr'autres, que l'organisation des chemins de fer aux États-Unis, représentant 50 milliards et accaparés par quelques milliardaires d'une puissance bien autrement étendue que les sénateurs romains les plus riches ou que les plus hauts barons féodaux.

« La République des États-Unis, écrivait il y a quelques an-
« nées, l'un des publicistes français qui les ont le plus longtemps
« habités et le mieux connus, n'est point une démocratie dans
« le sens que l'on donne ordinairement à ce mot, de ce côté de
« l'Atlantique : les idées aristocratiques et les combinaisons d'é-

(1) Consulter Laboulaye, *Histoire du droit de propriété foncière en Occident*, ouvrage déjà ancien, composé avant les travaux récents sur ce grand sujet qui est encore à traiter, surtout au point de vue économique que Laboulaye n'a pas saisi.

« quilibre de l'école anglaise se retrouvent presque toutes dans « la constitution de l'union américaine : la liberté et l'égalité y « ont des contre-poids et des entraves considérables dont les « républiques d'Europe n'ont compris ni les rouages ni la por- « tée (1) ».

M. de Mandat Grancey, qui a récemment fait de longs voyages aux États-Unis, a développé les mêmes idées à propos du livre de M. Paul Bourget : *Outre-mer.*

« Quand M. de Tocqueville est allé en Amérique, il y a trouvé « une société où étaient en train de disparaître les derniers élé- « ments d'une aristocratie dont Washington était le type, et il « en a conclu que cette société marchait tout droit à la démo- « cratie pure et simple. S'il y vivait de nos jours, et surtout s'il « y était mêlé à la vie industrielle et politique, il serait proba- « blement beaucoup moins affirmatif en voyant le rôle qu'y jouent « les millionnaires. En somme, ce qui distingue un pays démo- « cratique d'un pays aristocratique, c'est que dans le premier, il « ne peut y avoir d'autre autorité que celle exercée en vertu d'un « mandat donné à quelques-uns par la masse des citoyens libre- « ment consultés : tandis que si une classe de citoyens a le droit ou « le pouvoir d'imposer sa volonté aux autres, cette classe cons- « titue une aristocratie. Or, il est incontestable qu'il y a, actuel- « lement aux États-Unis, une foule de gens qui, grâce à leur « prodigieuse fortune, et surtout à la façon dont ils l'emploient, « se trouvent précisément dans cette situation privilégiée, vis-à- « vis du reste de la population. Ainsi, il y a beaucoup d'États « dont tous les chemins de fer ou la plus grande partie des che- « mins de fer sont la propriété exclusive et absolue d'un tout « petit groupe d'hommes, le plus souvent même d'un seul homme, « qui peut donc imposer à la population de toute une région les « tarifs qui lui conviennent, sans avoir besoin de consulter qui « que ce soit. La population d'un pays où tous les moyens de « transport sont ainsi accaparés par un seul homme, se trouve

(1) F. Gaillardet, *L'aristocratie américaine*, Paris, 1883. M. F. Gaillardet a fondé, il y a quarante ans, à New-York, le *Courrier français*, organe autorisé des intérêts français aux États-Unis.

« vis-à-vis de lui absolument dans la situation où étaient les vas-« saux d'un seigneur féodal : car, sur les produits du travail « des habitants, il peut, en fait, prélever pour son usage per-« sonnel telle part qu'il lui convient uniquement par le jeu des « tarifs qu'il leur impose; de même qu'un seigneur féodal pré-« levait sur ses vassaux une part de leur travail quand il les « forçait à venir cultiver ses terres, un ou deux jours par se-« maine (1). »

De Tocqueville n'est pas sans avoir admis, à propos des progrès de l'industrie manufacturière, un certain retour vers une aristocratie des plus dures et des plus restreintes; mais il n'a tenu aucun compte de l'influence du territoire qu'il ne connaissait qu'imparfaitement et qu'il évaluait à six fois la France. Or, il équivaut à dix-sept fois la France (2).

On doit appliquer les mêmes réflexions à l'empire anglais et à la Russie; car, pour chacun de ces gigantesques empires, la fonction du territoire est telle qu'il n'est laissé que de fort médiocres perspectives d'avenir aux hypothèses démagogiques de petits foyers de l'Europe occidentale. Il suffit de faire une simple équation entre les territoires et les populations qui les couvrent pour connaître leurs institutions, leur état social. Il en a été, dans les anciennes civilisations, comme il en est aujourd'hui — comme il en sera au siècle prochain. La démocratie exige un territoire modique pour une population nombreuse; mais partout où un nombre relativement restreint de familles occupe un territoire considérable, la forme aristocratique est nécessairement la règle. Le mouvement colonial de l'Angleterre n'aurait pas eu lieu avec un territoire morcelé en petites parcelles; aussi la formation des grandes terres seigneuriales britanniques est-elle de la même époque que ce mouvement même. C'est ainsi qu'on explique qu'en Russie un grand nombre de paysans ont déjà aliéné tout ou partie des lots que l'émancipation leur a attribués, que la

(1) Article du *Figaro*, 1er juin 1895. M. de Mandat Grancey a oublié de dire que les seigneurs féodaux ont été les propriétaires militaires qui ont défriché, cultivé, planté, assaini, constitué et défendu la France.

(2) La démocratie en Amérique, t. II, 2e part., chap. XX, et t. I, chap. I.

grande propriété et que le mïr, qui est aussi un mode de la grande propriété, aient conservé ou repris tant d'importance.

A l'étendue du territoire il faut ajouter les conditions de son exploitation. Les deux faits ont eu presque une part égale dans la constitution de l'aristocratie romaine. On a pu s'imaginer, à la suite de la Révolution française, que la petite propriété allait envahir l'Europe. Sismondi a écrit des pages charmantes sur l'agriculture en Toscane. M. H. Passy a composé un traité technique sur les avantages et l'avenir de la petite propriété. Certains philanthropes anglais ont obtenu des lois d'allotment pour morceler les grandes terres et les revendre en parcelles; il en a été de même en Prusse. Mais, aujourd'hui, sous l'influence des conditions de concurrence de la culture, on a bien moins d'enthousiasme pour le morcellement de la terre, parce que ce morcellement enchérit la production au moment où la mise en culture de territoires gigantesques de tous côtés fait baisser le prix du froment de 16 fr. l'hectolitre à 7 fr. Seule la grande propriété peut s'accommoder de pareils prix, comme seule elle convient à d'immenses territoires.

La concentration de la propriété foncière entraîne avec elle la concentration de l'industrie. Elle s'accomplit de toutes parts avec une très-grande rapidité, d'autant plus qu'elle est favorisée par d'autres causes. Rien d'étonnant, si ce double mouvement de concentration, bien autrement vivace à la fin de notre siècle, que le mouvement de dissémination, exerçait à son tour une action sur les conditions politiques de l'Europe actuelle et y provoquait, dans le cours du siècle prochain, un courant centralisateur, indispensable pour mettre l'Europe en état de résister à la concurrence qui deviendra, chaque année, plus redoutable, des nouveaux territoires mis en culture.

Sans doute la politique du Sénat, l'entraînement militaire des Romains, la décadence ou la faiblesse des peuples qui les entouraient ont eu une grande part dans la fondation de l'empire romain; mais d'autres causes y ont concouru, en particulier l'extension de l'occupation du sol, celle de la propriété foncière, la concurrence, exactement comme aujourd'hui, de nouveaux territoires mis en culture. Et la raison décisive de la chute de la

République romaine, malgré une résistance qui a été terrible, conduite par des hommes de premier ordre, Sylla, Labienus, Petreius, Afranius, Caton, Brutus, Dolabella, Pompée, Cicéron, c'est que la forme monarchique a été la condition de la réunion des territoires.

Quant aux agitations subversives des foyers, à rayons bien limités de l'Europe occidentale, elles restent impuissantes. Radicaux, socialistes, communistes, anarchistes — l'anarchie est leur véritable domaine comme leur seul nom — ne peuvent que faciliter le mouvement de concentration. C'est leur seule part d'action, leur unique avenir, leur lot. Leur idéal de détruire la grande propriété pour accroître la petite, en attendant qu'ils la détruisent à son tour, est précisément en opposition avec l'ordre fatal des faits économiques. Il est donc chimérique.

§ 7. *Époques diverses de l'impôt chez les Romains.*

Par suite, il est indispensable de connaître le développement historique de l'impôt chez les Romains pour se rendre compte des phases diverses de l'impôt dans la plupart des nations de l'Europe, notamment la France, l'Espagne, l'Italie, les États Danubiens, la Hollande, la Belgique, l'Allemagne de l'Ouest et du Midi, l'Empire ottoman. Sans cette connaissance préalable, on s'expose à remplacer la tradition, qui est la base même de tous les systèmes d'impôt sérieux, par des théories ou le hasard, comme certaines conceptions de l'Assemblée constituante.

Il y a eu dans le développement des institutions fiscales romaines trois époques différentes. La première est essentiellement romaine; elle s'étend depuis les origines de Rome et les institutions royales jusqu'à la fin de la République. C'est l'époque républicaine; l'époque de la conquête des peuples et des territoires qui formeront l'Empire romain. Deux faits la caractérisent: 1° l'impôt sur le capital, le *tributum ex censu* ou *civium romanorum*, le même qui est l'une des bases des ressources fiscales des États-Unis de l'Amérique du Nord, impôt que la Prusse vient d'adapter en partie à son système financier, impôt que diverses écoles révolutionnaires contemporaines préconisent comme un instrument de bouleversements sociaux et de transfert violent de la richesse de certaines classes des peuples à certaines autres. Pour les Romains de cette première époque, l'impôt sur le capital a été un formidable instrument militaire de conquête; il a, de même qu'aux États-Unis, correspondu aux progrès de la culture du territoire romain, puis de l'Italie elle-même; 2° le tribut étranger, en nature ou en argent, c'est-à-dire le remplacement des ressources fournies par l'impôt sur le capital romain par les subventions des peuples que cet impôt a tant contribué à vaincre. Mais le poids de ces subventions est si accablant; elles provoquent tant de résistances, les conditions économiques et politiques de la République romaine deviennent si difficiles, qu'il faut rétablir le *tributum ex censu*, au moment où l'Italie n'est plus en état de le supporter : la République s'effondre.

La seconde époque correspond à la partie brillante de l'Empire romain, à celle pendant laquelle les traditions romaines dominent encore. Elle commence à Auguste et aux importantes réformes qu'il a accomplies dans le système d'impôt de Rome en vue de l'approprier aux conditions, non seulement des changements politiques dans le gouvernement qui cesse peu à peu d'être républicain pour devenir monarchique, avec le fondement aristocratique immuable romain, mais surtout à la diversité des éléments dont se compose l'empire même : territoires, races, religions, peuples, traditions, institutions de tout genre. Durant cette seconde époque, il s'opère une lente et laborieuse assimilation entre les institutions fiscales romaines et les institutions fiscales des diverses nations de l'empire : une fusion a lieu, et bientôt se constitue un seul système fiscal, adapté non plus à Rome, ni à l'Italie, mais à l'empire romain tout entier. Dans ce travail de fusion, dans cette transformation, les éléments romains sont ceux qui perdent le plus; ce sont les éléments des parties orientales de l'empire qui ont la prépondérance. Quant aux éléments occidentaux (Gaules, Espagne, Germanie) ils n'exercent aucune action. Leur état de civilisation ne le leur permet pas. Il en est de même de la Grèce qui a perdu toute importance, toute fonction dans le mouvement économique du monde romain. C'est la vieille Égypte, toujours riche, toujours très-peuplée et bien cultivée, c'est la Judée, c'est la Syrie, ce sont les divers états de l'Asie Mineure, fondés après la mort d'Alexandre, qui, possédant la richesse, les populations les plus denses, les territoires les mieux cultivés et les plus productifs, ont le plus d'activité économique et, par suite, occupent dans cette transformation la place principale (1). Non seulement l'Orient donne, depuis Vespasien, des empereurs à l'Empire, mais il introduit à Rome ses mœurs, ses traditions, ses religions et bientôt il fera de Rome le grand centre de la révolution religieuse dans laquelle se personnifie la résistance implacable au vieux monde politique romain. Le Christianisme, en s'installant à Rome, ne peut même arrêter ou modérer la puissance du courant qui dirige le monde romain d'Occident en Orient. Dioclétien ne séjourne pas à Rome. Il habite Nicomédie, en Asie Mineure; il se retire et meurt en Dalmatie; Constantin transporte sur le Bosphore le foyer, le cœur de l'Empire. L'influence de l'Orient prédomine entièrement.

Alors s'ouvre la troisième époque, la plus considérable des trois dans l'histoire de l'impôt romain, précisément par ce retour de la civilisation vers les foyers primordiaux où elle est née et d'où elle est partie, les vallées du Tigre, de l'Euphrate et du Nil, cette Mésopotamie sur laquelle les plus antiques parties de la Bible contiennent des renseignements si précieux. C'est à cause de ce retour, dont nous allons montrer l'influence, que l'histoire de l'impôt des antiques empires d'Orient est une partie constitutive de l'histoire de l'impôt dans les derniers siècles de l'empire romain et pour tous les États qui ont été formés avec ses débris. Au surplus, le fait historique n'est ici que l'expression du fait économique. Le caractère principal des deux civilisations grecque et romaine a été d'être des civilisations urbaines. Le territoire propre de chacune d'elles, celui même de

---

(1) L'Italie était, à l'origine, un pays pauvre; la vie y était triste et austère. La vie grecque, simple et charmante, n'était nullement une vie d'opulence. L'Asie bien plus riche et plus somptueuse, modifia toutes ces conceptions. Renan, Israël, 5e vol., 203.

l'Italie entière, ne sauraient, au point de vue de l'extension de la propriété foncière et de la culture agricole, entrer en comparaison avec les vallées du Tigre, de l'Euphrate, du Nil et de toute l'Asie Mineure. Nous avons vu se constituer et se développer les systèmes fiscaux des grands empires d'Orient. Les Romains en admiraient la perfection et l'œuvre d'Auguste consista à les transporter à Rome et en Europe. Ils acquirent donc une grande influence, qui dut entièrement prévaloir lorsque le mouvement des faits politiques eut pour conséquence le transfert du centre de l'empire d'Occident en Orient. Le système d'impôt qui sortit de cette fusion se trouva, par la suite même des choses, bien mieux approprié aux changements décisifs qui allaient avoir lieu dans la condition économique de l'Europe. D'urbaine, la civilisation allait devenir rurale; l'agriculture allait prendre le pas sur le commerce et l'industrie; le servage agricole allait remplacer l'esclavage urbain. Tout cela existait déjà en Orient. C'est ce qui explique comment les institutions fiscales de cette troisième époque ont eu tant d'importance. Elles ont correspondu aux nécessités de la mise en culture de la plus grande partie de l'Europe. C'est aussi pendant cette troisième époque que se prépare un changement extraordinaire, radical, presqu'inexpplicable dans le caractère de l'impôt, changement accompli en partie en Orient. Bien que le Spartiate fût exempt, à titre de service militaire, d'impôt, le Grec libre, de même que le Romain libre, considérait comme un devoir d'acquitter l'impôt; par contre l'esclave était à l'abri de l'impôt. En Orient, les conquêtes successives des territoires et des populations, soumis aux tributs, avaient altéré de bonne heure la notion du devoir de l'impôt; mais en Grèce et à Rome cette notion demeura longtemps intacte. Dans cette troisième époque de l'impôt romain, elle s'altéra aussi à fond, sous deux influences : 1° la transformation du travail, la transformation de l'esclavage en servage; le serf fut assujetti à l'impôt, ce qui donna à l'impôt un caractère servile; 2° la transformation du gouvernement qui, de républicain, devint monarchique et absolu : l'impôt fut considéré comme la propriété du souverain, tradition bien vieille en Orient. A ces deux causes, s'en joignit plus tard une troisième, la résistance des Barbares et de tout individu militaire à l'impôt. Il en fut de même pour le Musulman (1).

La portée de cette altération dans l'idée et le caractère de l'impôt a été immense. On peut juger, d'après ces quelques réflexions, de tout l'intérêt qui s'attache à cette troisième époque de l'histoire des institutions fiscales romaines. Correspondant à un changement profond dans les forces productives de l'Europe, dans l'expansion simultanée de la propriété foncière rurale, dans la mise en valeur du sol et dans les formes du travail, ces nouvelles institutions, comme il en avait été en Orient, prirent un caractère de durée tel qu'elles ont persisté, notamment en France, qui était la contrée de l'Europe qui avait fait le plus de progrès, jusqu'en 1789, malgré des transformations diverses. La tendance fut de mettre au premier rang l'impôt sur la terre, l'impôt foncier et de le faire supporter non plus par le propriétaire, qui en devint exempt, mais par les cultivateurs. Même, pendant de longs siècles, les propriétaires s'emparèrent de cet impôt et le confondirent avec leur part dans la production. D'abord, cette confusion dut cesser, mais l'exemption d'impôt persista plus longtemps. Dans les parties les plus complètement romanisées de l'Europe, l'Italie, la France et quelques régions de l'Allemagne occidentale, les traditions et les répartitions fiscales romaines subsistent encore.

Nous avons montré quels rapports étroits existaient entre les institutions sociales et politiques de la Grèce et ses institutions fiscales, comment avait lieu l'incidence des impôts dans des milieux souvent dissemblables, malgré des rapprochements inévitables; les mêmes recherches ont été faites pour d'autres peuples, quoique plus difficilement, à raison de la pénurie des documents.

Les documents sont plus abondants, plus précis pour ce qui concerne les Romains. Ils ont été fouillés, étudiés, discutés par des maîtres qui n'ont pas laissé beaucoup à refaire après eux. Il est donc plus facile de présenter un état exact des impôts chez les Romains et d'étudier leur incidence. Mais la facilité n'enlève rien à l'importance du sujet parce qu'il est plus varié et plus vaste.

(1) Aussi le *tributum ex censu* caractérise-t-il le citoyen romain ; lui seul le paie, c'est l'impôt des *civium romanorum*.

CHAPITRE II.

DES IMPÔTS ROMAINS JUSQU'A L'ÉTABLISSEMENT DE L'EMPIRE.

§ 1. *Premiers temps.*

Les travaux des historiens et des juristes de la seconde partie de notre siècle, en particulier ceux de Mommsen, de Marquardt, de Savigny, de Humbert, de Dureau de la Malle, des savants rédacteurs du dictionnaire archéologique de Daremberg, ont remis à leur rang les éléments fondamentaux de la société romaine primitive. Les critiques de Beaufort, de Niebhur, de Michelet même ont été délaissées. Ces éléments primitifs étaient la terre, la propriété foncière, les propriétaires ou quirites portant la lance comme le Spartiate, le roi et la guerre. La guerre pour s'emparer de la terre, comme font encore tous les peuples. Sur une petite échelle, Sparte a procédé comme Rome; quant à Athènes, la nature de son territoire la réduisait à peu près au commerce. Elle n'a jamais été, malgré nos illusions classiques, le peuple prépondérant en Grèce. Son territoire ne lui donnait pas la prépondérance. Elle a tenu le sceptre des arts, des lettres, des sciences, mais l'État directeur de la politique des Hellènes, c'est Sparte, établie au centre du Péloponèse; c'est l'État grec militaire par excellence. Il ne faut pas seulement dire que les Romains ont eu en vue de faire un grand empire, mais, de même que les Anglais, les Américains et les Russes, de mettre surtout la main sur la terre, d'étendre, autant qu'ils le pourraient, leurs propriétés territoriales. A côté des quirites portant la lance et combattant au premier rang dans la légion, tout comme les Spartiates, se trouvait une autre population qui ne pouvait ni acquérir, ni tester, ni adopter, ni porter la lance, ni combattre, et qui ne devait ni l'impôt, ni le service militaire, mais cette population n'était pas tenue de cultiver le sol et d'entretenir les quirites. D'où la supériorité romaine sur les éléments de la société grecque (1).

§ 2. *Réformes de Servius Tullius.*

Le temps rapprocha nécessairement les divers éléments du peuple romain. L'œuvre de Servius Tullius, l'une des plus curieuses physionomies des anciennes civilisations, a consisté à cimenter le rapprochement. Nul législateur n'a eu plus d'action sur les destinées d'un peuple. M. Mommsen pense que cette œuvre s'est faite sous l'influence de la Grèce et des réformes de Solon à Athènes. Elle est à la fois politique et fiscale (2). Voici l'œuvre politique : les habitants de Rome sont classés d'après leur fortune et non d'après leur origine, par suite les riches plébéiens vont marcher de pair avec les quirites. La population est partagée en 193 centuries. La première classe comprend 98 centuries et tous les habitants possèdant au moins 100,000 as, soit 8,000 fr. L'aristocratie de richesse remplace celle du sang. C'est le principe de la grandeur de l'aristocratie romaine comme celui de l'aristocratie anglaise. Leurs œuvres parlent pour elles; puis viennent trois autres classes avec un avoir différent, mais tenues au service militaire. Dans la sixième classe sont réunis tous ceux ayant moins de 11,000 as, *pas de service militaire*. Chaque classe a un armement différent. La première seule est tenue au plus complet. Cette réforme politique

---

(1) BIBLIOGRAPHIE. — 1° Mommsen; *Histoire romaine*, traduction Alexandre; — 2° Duruy, *Histoire des Romains*, 7 volumes; — 3° Michelet, *Histoire romaine*; — Marquardt et Mommsen, *Handbuch Romischerecht, Finanz Wesen*, 2° volume, traduction Vigié, *L'organisation financière chez les Romains*, 1888; — 5° Dictionnaire Saglio et Daremberg, articles : *ager publicus, census, annona, capitatio, ærarium*; — 6° Serrigny, *Droit public et administratif des Romains*, 2 volumes; 7° Fustel de Coulanges, *Institutions de l'ancienne France*; — 8° Cagnat, Naquet, *Les impôts indirects à Rome*; — 9° Dureau de La Malle, *Economie politique des Romains*; — Humbert, *Les finances chez les Romains*; — Bouchard, *Les finances de l'empire romain*. On trouve dans le livre de M. Humbert une bibliographie très complète. Parmi ces divers ouvrages, aucun n'a l'autorité complète de Bœckh; le plus utile, surtout pour l'Empire, est celui de M. Serrigny; mais pour l'Empire romain on possède des textes officiels fort rares pour Athènes et la Grèce.

(2) Montesquieu, *Esprit des lois*, livre XI, chap. XIV et XIX.

permit à Servius Tullius d'y joindre une grande réforme fiscale, fondement de la puissance de Rome. Avant lui, les ressources du gouvernement consistaient dans : 1° les revenus des terres affectées au service du roi, à peu près le tiers du territoire (*ager publicus*), 2° le prix d'affermage du second tiers formant le domaine public, 3° le *tributum,* sorte de capitation, acquitté par les quirites entre lesquels le troisième tiers des terres avait été réparti (1); 4° le butin de guerre et 5° quelques autres taxes, notamment certains Portoria, le cinquième du produit des arbres, une taxe sur les marais en culture, la dîme sur le produit des terres vaines et vagues (2). Servius Tullius étendit le tributum aux citoyens des cinq premières classes; et le rendit proportionnel mais temporaire. Le taux fut d'abord de 1 as par mille de capital. Le tributum était dû sur les fonds de terre, les maisons, le bétail, les esclaves, les objets mobiliers et les créances certaines. Dès avant la réforme de Servius Tullius, il y avait à Rome, selon l'expression de Mommsen, une sorte de terrier où chaque citoyen, quirite ou plébéien, inscrivait et évaluait les objets qu'il possédait. Pour assurer la perception de l'impôt réformé, Servius Tullius n'eut qu'à utiliser ce terrier, qui avait servi à la formation des centuries. D'où le *tributum ex censu;* le grand instrument fiscal de la conquête romaine. Les citoyens de la sixième classe payaient une capitation au lieu du tributum. — D'après Denys d'Halicarnasse Rome comptait alors 84,000 habitants dont 20,000 devaient le service militaire et acquittaient le *tributum ex censu* (3).

Le tributum ex censu est exactement l'impôt local principal aux États-Unis, produisant à peu près 1,800 millions de francs

(1) C'est probablement cette première forme de l'impôt direct, basé sur la propriété foncière, qui a porté Dureau de La Malle et Mommsen (*Histoire romaine,* tome VI, chap. XII) à admettre qu'il y avait eu un impôt foncier à Rome. — Marquardt, pages 206-207.

(2) Dureau de La Malle, *Economie politique des Romains,* 1er vol., 447.

(3) Dureau de La Malle soutient que les plébéiens seuls supportaient, sous les Rois, le *tributum ex censu* (1er vol., 402) d'après un texte de Tite-Live qu'il interprète à faux. « Les citoyens aisés supportaient à peu près seuls les frais de la « guerre. » — Humbert, *Finances des Romains,* 1er vol., 20. — Cela est vrai pour toutes les anciennes civilisations.

par an et affecté, en grande partie, aux dépenses de l'enseignement primaire. Malgré la différence des temps, des territoires et des races, le fondement du *tributum ex censu* et de la *Real and personal property tax* est le même, la propriété foncière rurale. Même incidence sur les propriétaires du sol.

§ 3. *Les impôts sous la République romaine.*

La révolution qui remplaça le gouvernement monarchique par le gouvernement républicain ne modifia pas les institutions fiscales du peuple romain (1). Le *tributum ex censu* demeura l'impôt romain par excellence. Il en fut établi divers autres, mais ils n'eurent pas l'importance de l'impôt sur le capital. Après l'expulsion des rois, le cens entra dans les attributions de censeurs auxquels il valut leur titre si honoré à Rome. Le cens avait un caractère très-général. Il en est de même actuellement aux États-Unis; c'était une statistique complète des ressources de toutes les familles, la description de tous les biens et valeurs, les naissances, mariages, décès, dots, dettes, revenus. Les citoyens étaient tenus de justifier de leur situation par des actes de famille, *acta*. Ils en affirmaient l'exactitude. Les résultats du cens étaient constatés par les *Tabulæ censuales*, qui se conservaient dans les familles. Denys d'Halicarnasse en a consulté un grand nombre. A côté des *Tabulæ censuales*, il y avait un cadastre foncier, particulier pour les domaines ruraux. Il servait de base pour l'impôt sur les terres et le bétail. Il fut même exécuté, sous la République, un plan cadastral général, gravé sur cuivre et déposé au *tabularium* (archives romaines) (2). Les plans et les estimations étaient confiés à des ingénieurs spéciaux (*agri mensores*). Les terres publiques (*ager publicus*) étaient distinctes des terres privées (*ager privatus*). Les ingénieurs marquaient même les terres soumises à l'impôt (*ager vectigalis*) et celles qui

(1) Dureau de La Malle pense que le *tributum* fut aboli, d'après une phrase de Tite-Live (*à Portoriis et tributo plebe liberata*). Il s'agit simplement d'une remise temporaire. — Consulter surtout Marquardt, page 228, *Organisation financière des Romains*.

(2) Dureau de La Malle, vol. 1er, ch. 16 et 17.

en étaient exemptes (*ager immunis*). Les terres étaient classées d'après leur fertilité. Quelques ingénieurs, opérant au premier siècle de l'Empire, ont mentionné que les bornes limites, placées au temps des rois, subsistaient encore.

Après la chute des rois, le Sénat prit en mains l'administration des finances de l'État et des impôts. Il l'a conservée en partie sous l'Empire. Dès lors ce fut lui qui habituellement ordonna la levée et fixa le taux du *tributum ex censu,* qui fut porté plus tard jusqu'au double, même au triple. Il y eut des circonstances où une imposition spéciale fut exigée, parfois avec une certaine progression.

Il importe, d'ailleurs, de ne pas exagérer le caractère temporaire du *tributum civium romanorum* pour deux raisons : d'abord, parce qu'à partir de l'établissement de la solde militaire en 406 A. C., il fut indispensable et ensuite parce que peu à peu la guerre devint la politique permanente du peuple romain. Il y eut même des guerres qui exigèrent que l'impôt fût doublé, triplé et accompagné de levées forcées, considérées comme des emprunts. En ce cas, tout ou partie de l'impôt était remboursé (1).

Il fut ajouté à cet impôt, sous la République, et quant aux citoyens romains : 1° un droit de mutation entre-vifs sur les affranchissements d'esclaves. En 354, le consul Curius Manlius, étant campé à Sutrium, convoqua les soldats par tribus et en vertu de son *imperium,* porta une loi établissant un impôt du vingtième ou 5 % sur la valeur des esclaves affranchis ; cet impôt a été maintenu pendant plusieurs siècles ; 2° diverses taxes de consommation dites *portoria,* spécialement des droits de douane, des taxes de port et de cabotage, des octrois à l'entrée des villes ; abolis en 177 ils furent rétablis en 121. Abolis de nouveau en 60, par Métellus le prêteur, César les réinstalla.

---

(1) Pendant la seconde guerre punique, malgré le doublement du tribut dès la 4e année, et l'établissement de l'impôt ou emprunt progressif, le Sénat dut en venir (216) à des mesures exceptionnelles. Il dut abaisser le titre et le poids des monnaies. Il fallut permettre aux censeurs de traiter à crédit avec les entrepreneurs de fournitures, puis ouvrir un emprunt et créer une banque de prêts pour le rachat des captifs. — Humbert, *ibidem,* 1er vol., 25.

Le *tributum ex censu* lui-même, sans être aboli, ne fut plus demandé à partir de 167, après la conquête de la Macédoine, jusqu'en 42.

§ 4. *Le domaine romain* (ager publicus).

Dès les premiers temps, il a existé à Rome un domaine d'État dont les revenus appartenaient à l'*ærarium*. On rencontre le même fait chez tous les peuples, Chine, Inde, Empires mésopotamiens, Égypte, Grèce. Actuellement, plusieurs nations possèdent de très-importants domaines, en particulier la Prusse, la Russie, les États-Unis et tous les peuples de l'Amérique du Sud, en quête de colons et d'acquéreurs de terre.

I. L'élément principal du domaine primitif romain consistait dans des pâturages communs dont le prix d'affermage (*scriptura*) formait le plus net revenu du domaine (*vectigal*). L'usage habituel était d'affermer les terres pour 100 ans; les questeurs passaient les baux. Le vectigal était versé à l'*ærarium*.

Après la chute du pouvoir royal (510) le tiers des terres affecté à l'entretien du Roi et géré par le *Fiscus* royal, fut réuni au domaine dont l'importance devint plus grande.

II. Faisaient également partie du domaine, les mines, les carrières, les salines dont il avait la propriété; celles qui ne lui appartenaient pas devaient le dixième du produit brut. Le sel constituait un monopole. Le prix de vente était modéré.

§ 5. *Les lois agraires.*

Dès l'année 486, c'est-à-dire 24 ans après la Révolution républicaine, les terres de l'*ager publicus* donnaient lieu à des difficultés qui devaient s'aggraver avec le temps et bouleverser entièrement l'économie des institutions romaines.

A partir de 510, le Sénat eût la direction de l'*ærarium*, exactement comme la Chambre des communes gère directement l'Échiquier et toutes les finances de l'Angleterre. Les fermiers emphytéotiques des terres domaniales étaient tous des patriciens ou des plébéiens riches. « Le Sénat, oubliant les inté-

« rêts de l'État pour ceux de son ordre, négligea peu à peu de « faire rentrer les dîmes. C'était le signe cependant qui distin- « guait ces possessions précaires des *propriétés quiritaires*. Aussi, « le signe disparaissant, les fermes se trouvèrent changées en « propriétés, et l'État perdit doublement par la diminution des « redevances payées au Trésor et par l'amoindrissement du « domaine public, transformé en domaines privés (1). »

Le même fait s'est produit pendant tout le Moyen âge et même jusqu'en 1789, en France, aux dépens des propriétés communales et parfois domaniales pour lesquelles les baux, les simples occupations de fait étaient changés avec la connivence des seigneurs, des Parlements, du Roi, en propriétés privées. Il a eu lieu pendant toute la période révolutionnaire de 1790 à 1800; mais il a surtout pris un immense développement en Angleterre de 1688 à 1850.

Ce fait touche à un autre plus grave encore, l'accaparement du sol, de la terre, sur des proportions gigantesques, dans quelques États de l'Amérique du Nord, du Dominion et de l'Australie. Il lui est analogue et marque essentiellement les aristocraties territoriales qui se constituent nécessairement, comme aux États-Unis, en Australasie, dans l'Afrique du Sud, avec l'occupation et la mise en culture des grandes étendues de terres.

Cette tendance de l'aristocratie romaine à mettre la main sur les terres de l'*ager publicus* s'était déjà produite sous les Rois. Des lois agraires avaient été, à diverses reprises, introduites par eux, des distributions ou assignations faites aux Plébéiens. Elles n'eurent lieu qu'une seule fois après la Révolution de 510. Et, dès lors, se développa rapidement l'accaparement des terres. A trois reprises différentes, en 486 Spurius Cassius, en 437 Spurius Melius, en 383 Marcus Manlius Capitolinus essayèrent, de faire accepter sans succès, diverses réformes agraires ; mais en 366 les tribuns Licinius Stolon et L. Sextius firent voter une loi portant qu'aucun citoyen ne pourrait posséder plus de 500 arpents en terres de l'*ager publicus* ni envoyer dans les pâtu-

---

(1) Duruy, *Histoire des Romains*, 1er vol., chap. III, § 3 ; chap. IX, § 11; 2e vol., pages 47, 53, 55.

rages publics plus de 100 têtes de gros bétail et 500 de petit (1); que sur les terres restituées à l'État, on distribuerait à chaque citoyen pauvre 7 arpents; que les détenteurs de terres de l'*ager publicus* paieraient à l'*ærarium* le dixième du produit de la terre, un cinquième du produit des oliviers et de la vigne et la redevance due pour chaque tête de bétail; qu'à chaque lustre (tous les cinq ans) ces redevances seraient affermées au plus offrant par les censeurs et affectées à la solde militaire.

Ces lois célèbres ne furent exécutées qu'en partie, et, pendant un assez court intervalle. En 357, Licinius Stolon lui-même fut condamné à une amende de 10,000 as comme possédant mille jugera (arpents de 25 ares, 28 au *jugerum*). L'aristocratie romaine comprit cependant qu'elle ne pourrait pas toujours résister. La politique qu'elle adopta dans ces circonstances critiques est la preuve de sa haute clairvoyance :

1° Sous l'autorité de la dictature de Camille, elle fit avec les Plébéiens une transaction politique définitive; elle leur ouvrit ses rangs en les admettant au consulat, à la préture, à l'édilité curule, à la censure, c'est-à-dire aux charges qui leur assuraient d'entrer au Sénat; les plébiscites rendus dans les centuries devinrent obligatoires pour les patriciens. Ces concessions, confirmant la Révolution de 510, renouvelèrent, accrurent les forces de l'aristocratie romaine. C'est l'époque de sa plus grande puissance.

2° Elle imprima plus d'activité au mouvement de colonisation qui avait déjà commencé.

3° Elle entreprit la conquête de l'Italie, afin de préparer celle du monde.

L'aristocratie anglaise n'a pas procédé différemment afin de conserver intacte la situation territoriale qui fait sa grandeur; elle détient la terre aussi bien en Écosse qu'en Angleterre, aussi bien en Irlande qu'en Écosse. Il existe en Écosse et en Irlande des Latifundia plus considérables que ceux dont parle Pline. Dans le mouvement électoral de 1885, si intéressant et si mal connu, des propositions analogues à celles de Licinius Stolon et de Sex-

(1) Dureau de La Malle, 1er vol., 254-354.

tius ont été soutenues sur la plate-forme électorale, par des hommes d'État d'une grande notoriété; on a réclamé une part du sol national pour chaque anglais; on a prouvé que pendant plus de 150 ans le Parlement, à peu près comme le Sénat romain, avait autorisé l'enclôsure ou absorption des terres communales, ou domaniales par les propriétaires privés; on a demandé le droit d'exproprier (sauf indemnité) les Landlords afin de commercialiser la terre (1).

Comment ces faits se rattachent-ils à la question de l'impôt?

Le but des guerres du peuple romain en Italie surtout, alors très-peuplée et très-prospère, a toujours été l'acquisition de la terre. C'était la condition de son développement économique. Les peuples agricoles ne connaissent que la terre. Tels ont été les Lacédémoniens, tels les Égyptiens. Tout peuple vaincu devait donc se restreindre et céder une partie de ses terres; c'était alors la loi de la guerre. Ces terres faisaient partie du butin réel; elles entraient dans l'*ager publicus* (2).

Dans tous les États anciens et dans beaucoup d'États modernes, notamment en France, sous les Capétiens, dans la Prusse actuelle, aux États-Unis, le domaine de l'État a été ou est encore une grande ressource. Plus abondante est cette ressource, moins il faut demander à l'impôt. Or, à Rome l'impôt était prélevé sur le capital; ce n'était point la dîme en nature. Il fallait apporter, quelle qu'eût été la récolte, le prorata fixé par le Sénat, prorata qui variait selon les besoins, comme a varié l'incometax en Angleterre. Mais l'incometax ne porte que sur le re-

---

(1) *Statistique comparée des finances et des impôts*, par M. E. Fournier de Flaix, 1er volume, pages 104-150. Dix ans plus tard (1895-juillet) l'aristocratie complète a encore montré sa solidité et sa popularité par les élections générales.

(2) Marquardt, *Ibidem*, 312. — Voici un exemple sur des milliers de cas. — La ville était-elle détruite, la totalité des habitants exterminée ou vendue comme esclaves, ou dispersée, il n'y avait plus qu'à exploiter le territoire ou le donner à une ville voisine. Tel fut le sort d'Haliarte donnée à Athènes, de Corinthe donnée à Sicyone. Quand Rome exploitait, elle affermait aux publicains dont le *manceps* divisait le territoire en lots et sous affermait. Quelquefois, le général, dans l'acte de *Deditio*, consentait à laisser tout ou partie de leurs terres aux habitants; ils devenaient de propriétaires simples fermiers. Telle était la conquête romaine. — Marquardt, 313.

venu. Le revenu a-t-il manqué? Le fermier et le propriétaire sont exemptés. Le *tributum ex censu* n'avait pas le même caractère. C'est le danger de l'impôt sur le capital. Il est plus destructif parce qu'au lieu de porter sur le produit *annuel*, il porte sur les réserves et qu'il est dû, récolte ou non.

C'est ainsi que la question agraire se reliait directement à la question fiscale; quant à l'incidence, il faut remarquer que si le grand propriétaire peut répercuter quelquefois l'impôt au moyen de l'augmentation des prix des récoltes qu'il vend, le petit propriétaire, qui subsiste sur son bien, n'est pas dans le même cas. Il subit l'impôt tout en entier; c'était précisément ce qui avait lieu. M. Duruy (1) cite une cause fort curieuse d'aggravation; une portion notable de l'*ager publicus* était exploitée en prairies, d'où le mot *pecunia* pour exprimer le droit de pâturage; or, qu'arrivait-il? Les grands propriétaires, — les lois de Licinius Stolon en font foi — envahissaient les prairies avec d'énormes troupeaux; le petit propriétaire n'osait y envoyer sa vache. Combien de fois le fait s'est-il présenté dans les communaux de la France et de l'Angleterre?

Enfin, il faut bien ajouter qu'il y a des limites aux avantages de l'impôt proportionnel et que lorsque son taux est élevé, il est bien plus lourd pour le petit propriétaire que pour le grand.

De 366 à 133, c'est-à-dire pendant plus de 200 ans, les difficultés agraires se calment. C'est l'époque de la conquête de l'Italie et du monde méditerranéen. Les luttes sociales disparaissent. Tout est dominé par la grandeur, les résultats des conquêtes. Le domaine romain s'étend de toutes parts. « Dans les provinces « qui, avant la conquête romaine, avaient fait partie du royaume, « les biens du roi passèrent au peuple romain. C'est ce qui eut « lieu en Sicile, en Bithynie, en Asie, en Macédoine, à Cyrène; « de plus, dans toutes les provinces au cas où une cité avait « été conquise par la force des armes, ce n'était pas seulement « une partie du territoire qui lui était enlevée, comme pour l'I- « talie, c'était la propriété du tout qu'elle perdait, c'est par « l'annexion de semblables domaines que se constitua l'*ager*

(1) *Histoire des Romains*, 1er vol., 170.

« *publicus* en Sicile, en Achaïe, en Lycie, en Pamphylie, en « Afrique. Il se divisait en catégories diverses, dont les trois « principales étaient les champs cultivés, les forêts servant aux « pâturages, les mines (1). »

Par suite, le domaine s'accrut successivement et rapidement avec la défaite et la ruine de tous les petits peuples qui entouraient Rome, puis avec celles des Samnites, des Campaniens, des Grecs, des Cisalpins. Les usurpations continuèrent et avec elles se développèrent les grandes terres sénatoriales. Les luttes et les lois agraires n'ont pas eu d'autre cause. Les usurpations de la terre par les grands propriétaires romains se sont renouvelées à la fin de l'Empire romain et pendant toute l'époque féodale et, en Angleterre, au XVIIIe siècle. Ces usurpations forment l'un des chapitres les plus curieux de l'histoire de Rome. Elles ont été l'une des causes des conquêtes du peuple romain, de même qu'en Angleterre elles expliquent, en partie, les immenses colonisations de l'Angleterre. Les aristocraties rurales font les grandes races, les démocraties rurales les réduisent en poussière (2).

Aussi les lois agraires n'enrayèrent pas le mouvement. La perpétuité de la guerre accablait les petits propriétaires romains; elle les contraignait à vendre leurs propriétés; ceux qui résistaient étaient forcés de se retirer par la baisse du prix des céréales et la conversion des terres à blé de l'Italie en prairies. La baisse des céréales était provoquée par l'augmentation de la production en Sicile, en Afrique, en Sardaigne et par l'apport sur les marchés des blés que les peuples vaincus devaient livrer gratuitement ou au-dessous du prix de revient, à titre de tribut. Les petits propriétaires, si nombreux en Italie, ne purent lutter longtemps. Ils devinrent des prolétaires, mais impuissants devant la force et l'extension de l'Empire. Alors commença la longue décadence de l'Italie, ruinée par le peuple romain; cette déca-

(1) Duruy, 1er vol., chap. III, § 3; chap. IX, § 2; 2e vol., pages 47, 53, 55. Le Sénat permit aux fermiers des biens domaniaux de ne pas payer les dîmes et de convertir ainsi des terres publiques en terres privées.

(2) Sur le domaine et les lois agraires Humbert, 1er vol., 28, 95, 204, 275. — Article, *Ager publicus*, *Dict.* Daremberg, et Marquardt, 310.

dence a duré douze siècles. Elle ne rendit que plus inéxorable l'aristocratie romaine pour conquérir le monde. L'aristocratie anglaise a montré la même persistance contre la France de Louis XIV, de la République et de Napoléon. La conquête procura les tributs avec lesquels l'aristocratie romaine put, pour un temps, faire face à la crise.

C'est un moment très-curieux et très-important dans l'histoire économique de l'Europe, offrant des points de comparaison frappants avec les temps actuels. La politique de l'aristocratie romaine, en annexant des nouveaux territoires à Rome ou seulement en les plaçant sous son influence, provoque un accroissement énorme de la production des céréales. Cet accroissement accable les prix en Italie.

De même, les colonisations anglaises font en ce moment et feront désormais une concurrence redoutable aux céréales de l'Europe et même à tous ses produits.

§ 6. *De la transformation de la culture et de la propriété foncière en Italie.*

La conquête de l'Italie avait été une œuvre longue, laborieuse, pénible. Les Sabins, les Latins, les Étrusques, les Samnites opposèrent une résistance désespérée. Il n'y a pas eu de guerres plus héroïques. L'Italie fut dévastée, dépeuplée. Les guerres puniques, surtout celle d'Annibal, achevèrent la ruine de l'Italie; elle ne s'est relevée qu'après les invasions des Arabes (1). Les colonies romaines enrayèrent cette décadence sans l'arrêter. Le Latium est devenu désert (2) et malsain dès cette époque. La guerre a détruit la petite culture. Il faut lire dans Tite-Live le discours du centurion Sp. Ligustinus; son père lui a laissé un arpent; de son mariage sont nés six fils et deux filles. Il a servi trois ans en Macédoine, un an contre Antiochus et l'Étolie, deux ans en Espagne. Il est centurion après 22 ans de services.

(1) Tite-Livre, L. XLII, chap. XXXIV.

(2) Sur les Arabes en Italie, consulter Leudimant, *Grande Grèce*, t. 2 et 3.

Combien n'ont eu ni ses vertus, ni sa chance et ont dû vendre leur arpent (1)?

La petite culture a disparu avec la population.

La guerre n'a pas été la seule cause de ce grand changement dont l'Italie porte encore et portera probablement toujours les traces; la conquête romaine eût pour conséquence un très-grand développement de la culture des céréales — spécialement du froment en Sicile, en Afrique, en Sardaigne. Ces blés vinrent faire une concurrence redoutable aux blés italiens à un double point de vue — d'abord sur le marché libre (2), ensuite comme prestations en nature des peuples vaincus. L'État eut des masses de blés à vendre; il les vendit au-dessous du prix de revient de la culture. Les intérêts de l'alimentation de la population de Rome primèrent tous les autres.

Les grands propriétaires romains ne furent pas étrangers à cette extension de la culture des céréales aux alentours de l'Italie, de même que ce sont les Landlords anglais qui, pour une bonne partie, exploitent sur une vaste échelle la culture du blé dans le Manitoba, dans le Minnesota, en Australie, et dans l'Inde. Néanmoins cette extension de la culture du blé eut alors, comme aujourd'hui, un caractère plus général. Elle se produisit sous l'influence de causes diverses; les événements agronomiques sont, à bien des égards, indépendants des événements politiques. Cette culture des céréales résulta à la fois de l'esprit d'entreprise, des spéculations de l'aristocratie romaine et du développement normal de l'agriculture dans certaines parties du bassin de la Méditerranée.

Les exigences du service militaire, la baisse des prix des céréales, l'envahissement des communaux de l'*ager publicus* contraignirent les petits et les moyens propriétaires à abandonner leurs anciens héritages; quand ils persistaient à les

---

(1) Aut innumerabilem multitudinem liberorum capitum in eis fuisse locis quæ nunc, viæ seminario exiguo militum relicto, servitia romana ab solitudine vindicat. — Tite-Live.

(2) M. Boissière (*Algérie romaine*, page 49) a clairement expliqué cette concurrence et ses effets.

garder, les grands propriétaires ne reculaient devant aucun moyen de fraude, la violence, les poursuites en justice pour les en expulser. Ils étaient encouragés à s'en défaire par l'attrait qu'exerçait sur eux la vie politique à Rome, la participation à cette existence agitée qui n'était pas sans rapport avec celle du citoyen d'Athènes (1).

Si les citoyens romains étaient traités aussi durement, quel sort pouvait être réservé aux propriétaires étrusques, latins, samnites, pour la part qu'ils avaient conservée? Leur condition était telle qu'ils devaient vendre avec empressement ce qu'on ne leur avait pas pris, pour se réfugier soit dans les petites villes de l'Italie, soit à Rome, où seulement une sorte de sécurité était à espérer.

La conquête romaine a été un fléau terrible partout, mais spécialement pour l'Italie. La Gaule, l'Espagne, l'Afrique du Nord, les provinces danubiennes ont pu, dans certaines limites, profiter de la conquête romaine; l'Italie n'a eu qu'à en souffrir: « Nous avons abandonné le soin de nos terres aux derniers de « nos esclaves, écrivait deux siècles plus tard Columelle; aussi « les traitent-ils en vrais bourreaux. Dans le Latium, il nous « faut, pour éviter la famine, tirer le blé de pays situés au delà « des mers. » *De Re Rustica*, (111-3).

C'est ainsi que se sont constitué les Latifundia. Ils existent encore dans certaines parties de l'Italie. Lenormant en a visité et décrit plusieurs remontant probablement à l'époque romaine (2).

Un double changement se produisit alors dans la condition économique et dans la condition sociale de l'Italie. La prairie remplaça la culture des céréales et le travail servile remplaça le travail libre.

Ce mouvement fut d'autant plus rapide que les populations, vaincues ou alliées, avaient été privées d'une partie de leur territoire; que cette partie avait été annexée à l'*ager publicus* et

(1) En 185, selon Tite-Live, le Sénat fit renvoyer dans leur pays plus de 12,000 latins. Dix ans après, nouvelles plaintes des magistrats du Latium, le pays est abandonné. — Dureau de La Malle, 2e vol., 372.

(2) Lenormant, *La Grande Grèce*, t. 1, 174-179 et E. Fournier de Flaix, *Réforme de l'impôt*, 1er vol., 314.

que l'aristocratie romaine disposait complètement de la gestion des terres de l'*ager publicus,* si même elle ne s'en attribuait pas la propriété. « Les citoyens riches, dit Appien, accaparèrent la « plus grande partie de ces terres incultes et, à la longue, ils s'en « regardèrent comme les propriétaires incommutables. Ils acqui- « rent, de gré ou de force, les propriétés des pauvres qui les « avoisinaient. Les terres et les troupeaux furent remis à des « mains esclaves. Les esclaves, n'étant pas appelés à porter les « armes, multipliaient à l'aise; des hommes libres étaient sou- « vent éloignés par le service militaire. Il résulta de toutes ces « circonstances que les grands devinrent très-riches et que la « population des esclaves fit dans les campagnes beaucoup de « progrès, tandis que celle des hommes libres allait diminuant « par suite du malaise, des impôts et du service militaire qui les « accablaient (1). »

De là d'immenses souffrances. Ces incomparables légionnaires, qui ont livré le monde à l'aristocratie romaine, ne revenaient au foyer domestique que pour y trouver la misère et la faim. Ils reprenaient du service : la guerre entretenait la guerre. « Les bêtes « sauvages qui sont répandues dans l'Italie ont leurs tannières « et leurs repaires où elles peuvent se retirer, et ceux qui com- « battent, qui versent leur sang pour la défense de l'Italie n'y « ont à eux que la lumière et l'air qu'ils respirent; ils errent de « tous côtés avec leurs femmes et leurs enfants. Les généraux « les trompent quand ils les exhortent à combattre pour leurs « tombeaux et pour leurs temples. En est-il un seul, dans un si « grand nombre, qui ait un autel domestique et un tombeau où « reposent ses ancêtres; on les appelle les maîtres du monde et « ils n'ont pas une motte de terre (2) ». Les Ergastula remplacèrent les petits propriétaires ruinés.

---

(1) Passage traduit par Michelet (*Histoire romaine*, 2e vol., 145). Pline parle d'un esclave affranchi qui possédait en Italie 3,000 paires de bœufs, 150,000 têtes de petit bétail et 4,416 esclaves; sauf les esclaves, c'est la condition des Rauchos du Texas ou des montagnes Rocheuses. Ainsi l'Italie était ramenée au point de départ de la culture. La Mésopotamie a éprouvé le même sort; elle n'a pu encore se relever.

(2) Fragment d'un discours de Tibérius Gracchus, traduit par Michelet, 2e vol., 163.

Tibérius et Caïus Gracchus essayèrent de faire face à une situation aussi terrible. Ils ont échoué. Il y avait en présence trop d'éléments contradictoires. La dépopulation de l'Italie, la concurrence des blés étrangers, la culture par esclaves, la haine des Italiens contre Rome, leur résolution de prendre part à son gouvernement, étaient des faits d'ordre supérieur qu'il n'était possible à personne de maîtriser.

Il en est de l'aristocratie romaine comme de l'aristocratie anglaise. Son œuvre est sortie du génie même du peuple romain, de même que la puissance du peuple anglais se manifeste surtout dans son aristocratie. Les grandes familles anglaises sont entourées dans tout l'Empire britannique d'un véritable respect et d'une sorte d'auréole de popularité (1). Il en était de même à Rome. Longtemps après que la forme du gouvernement, les institutions, les influences politiques et sociales eurent été changées, les vieilles familles romaines les Claudius, les Cornelius, les Lentulus, les Marcellus conservèrent leur prestige. Saint Jérôme considérait comme un honneur de donner asile à sainte Marcelle et à sainte Paule (2).

L'aristocratie anglaise s'est constituée 20 siècles après l'aristocratie romaine, dans un milieu supérieur, dans des temps plus favorables. Elle a doté l'Angleterre d'institutions plus durables, plus libérales; la pression qu'elle a exercée autour d'elle a été moins dure, moins égoïste; elle s'est montrée plus sage dans ses jouissances, plus large dans ses vues; elle a assuré au peuple anglais un tout autre avenir que celui préparé au peuple romain par l'aristocratie romaine; elle a renoncé à l'esclavage dans les colonies; elle a donné la paix à l'Inde tout en l'exploitant (l'aristocratie romaine n'a jamais amélioré la condition d'aucun peuple); elle a favorisé, autant qu'elle l'a pu, le grand mouvement d'industrie, de commerce, de colonisation de l'Angleterre; elle y a retrempé ses forces. Tout en formant, conservant et resserrant son monopole foncier, elle a tout fait pour

(1) Dureau de La Malle, 2e vol., 1 à 7, 53, 93, 130, 245, 270-280.

(2) Fustel de Coulanges. Le peuple avait autant de respect pour les nobles que des nobles avaient d'orgueil vis-à-vis du peuple, 235, *Institutions anciennes de la France*.

le rendre le moins oppressif qu'il lui a été possible. Ainsi, elle a cédé sur la question des céréales, après une lutte acharnée; mais elle a cédé sans retour; elle a renoncé, après avoir accaparé le sol, à continuer (ce qu'elle a fait pendant un siècle), d'imposer à la nation l'achat de ses produits à prix fixe; ce qui faisait double monopole. L'aristocratie romaine a supprimé la culture des céréales et exposé l'Italie à la famine. Les différences sont donc considérables.

Sous d'autres rapports, elles le sont moins, notamment en ce qui concerne l'impôt. Longtemps l'aristocratie anglaise a tout essayé pour soustraire son monopole à l'impôt, pour rejeter l'impôt sur les autres classes, tout en se réservant la plupart des fonctions rétribuées de l'État : fixité et modicité de la Landtax — son rachat — pas de taxes successorales, pas d'impôt de transmission entre-vifs. Il en a été de même de l'aristocratie romaine; après avoir accaparé les terres, elle a longtemps lutté pour les soustraire à l'impôt. Pendant 125 ans elle a maintenu la suppression du *tributum ex censu* en Italie. Sous l'Empire, elle a concouru à l'accroissement des impôts de consommation, à l'établissement de l'impôt successoral — la transmission en ligne directe exceptée, — elle a réduit souvent les empereurs à la nécessité des confiscations; elle a peu à peu propagé la pratique de l'immunité et préparé le grand mouvement d'idées qui devait aboutir à ce singulier et douloureux axiome, si admirablement mis en scène par Voltaire, que l'impôt est à la charge du pauvre et que le riche, par honneur même, en est exempt (1).

Nous ne sommes pas encore arrivés, dans la longue évolution historique de l'impôt, à cette transformation si curieuse qui signale un déshonneur dans le paiement de l'impôt. Cette évolution remonte à l'aristocratie romaine et au temps de sa prépondérance.

---

(1) *Théorie de l'impôt*, par M. E. Fournier de Flaix, 1er vol., page 225.

§ 7. *Les lois frumentaires.*

Ces lois sont dues à Tibérius et à Caïus Gracchus. Ce sont des lois absolument romaines, c'est la compensation donnée au légionnaire ou au propriétaire ruinés. Le peuple romain était le véritable souverain. La souveraineté est le fondement des lois frumentaires. Au surplus, le Spartiate et le citoyen libre d'Athènes étaient entretenus aux frais de l'État. La loi frumentaire constitue une liste civile, la liste civile du peuple romain. Caïus Gracchus fit décider que tout citoyen romain recevrait le modius (13 livres 1/2) de blé à raison de 5/6 d'as, c'est-à-dire au-dessous du cours. L'allocation annuelle était de 5 modii par mois. En 58, la loi Clodia supprima tout prix. La distribution devint gratuite. Sur 450,000 citoyens romains du temps de César, 320,000 prenaient part aux distributions. Il les ramena à 150,000. Dès Auguste, il fallut les relever à 200,000. Les maîtres pauvres en vinrent à affranchir leurs esclaves pour qu'ils pussent prendre part aux distributions. On remettait une plaque (*tessera*) à tout citoyen admis. Toutefois, les citoyens dont le cens s'élevait à 400,000 sesterces (le sesterce valait 0,22 à la fin de la République) n'étaient pas inscrits. Ce fait suffit pour prouver que la loi frumentaire avait d'autres fondements que la pauvreté. M. Marquardt a calculé qu'en 73 avant l'ère chrétienne, la dépense s'éleva à 10 millions de sesterces et à 57,600,000 sesterces en 46. Il fallut créer une grande administration, celle de l'Annona; construire des magasins, des greniers, entretenir une flotte, de nombreux employés (1).

L'aristocratie anglaise a dû en faire autant au moyen des *proor laws;* mais c'était elle qui payait. A Rome, c'étaient les peuples vaincus, les tributaires. La plus grande partie des blés, et plus tard, les autres provisions nécessaires à l'annona venaient de l'Égypte, de l'Afrique, de la Sicile, de la Sardaigne contraintes de les fournir à titre de dîme (*frumentum decuma-*

(1) Articles Annona et Frumentariæ leges. — De M. Humbert, *Dictionnaire* Daremberg, Marquardt, *ibidem*, 138 et Dureau de La Malle, livre 4, chap. 12.

num), ou de réquisition (*frumentum imperatum*), ou d'achat (*emtum*) et à prix réduit. En réalité l'annona représentait la part du peuple de Rome dans la conquête, dans la victoire; l'aristocratie avait pris les terres, au peuple les tributs et le pain. L'annona s'est maintenue jusqu'à la fin de l'Empire et a été l'une des causes de sa chute; car il constituait une lourde charge pour les parties de l'Empire qui devaient y faire face.

L'effet le plus certain de ces charges, sous la République, fut de priver les peuples conquis des ressources nécessaires à leurs propres affaires. De là des résistances insurmontables. La Judée ne se soumit jamais; l'Égypte resta frémissante et devint un tel pays d'ardente opposition que le Christianisme et le Mahométisme y ont trouvé un concours efficace; la Grèce continua à se dépeupler et à s'appauvrir. Pendant quelque temps, Rome parut s'enrichir et croître, mais la décadence au contraire s'accentua en Italie; Rome ne put bientôt s'y soustraire. La maîtresse du monde devint une ville entourée d'un octroi; par compensation tout citoyen romain à Rome, puis dans tout l'Empire, n'ayant pas 400,000 sesterces, fut nourri gratuitement. Les peuples conquis entretiennent le peuple romain du plus pur de leur moelle; ils paient, en outre, l'impôt direct; ils paient les droits de douane, les péages, les corvées, ou prestations; — ils remplissent l'*ærarium*. Qu'avaient-ils à perdre à la chute de la République romaine?

Les lois frumentaires du peuple romain ne sont pas assez connues. Elles méritent une très-sérieuse attention; car c'est vers des lois analogues, bien que pour des causes différentes, que semblent se mouvoir les sociétés contemporaines. Entretenir certaines classes de la société, au moyen de l'impôt, aux dépens des autres. Des lois exagérées sur l'assistance publique, sur les retraites obligatoires, sur la responsabilité des accidents du travail, la suppression de la faute pour le travailleur, tout risque au compte du patron, la limitation factice du temps du travail, des coalitions syndicataires restrictives de la production, des garanties du taux des salaires, des corporations d'ouvriers d'État, des séries de prix ou tarifs constituant des privilèges, tout cela conduira fatalement à des lois frumentaires; tout cela est basé sur le principe de l'entretien d'une fraction des citoyens par les autres. A Paris, l'assistance publique est une vaste administration, déjà insuffisante, donnant une certaine idée de l'Annona (1).

§ 8. *Décadence de l'Italie.*

La longue décadence de l'Italie, à partir de la conquête de la Macédoine, de la Grèce et de la destruction de Carthage, époque de la grande splendeur de Rome et du plus grand déploiement du caractère romain, après la véritable conquête de l'Europe civilisée du temps, et avant les terribles guerres sociales, est l'un des faits les plus curieux et les plus importants de l'histoire de la civilisation (2). Cette décadence s'est prolongée pendant 1200 ans. Dès le temps de Charlemagne, malgré les invasions, Goths, Ostrogoths, Huns, Vandales, Lombards, Sarrasins, l'Italie se relève lentement pour arriver à la belle époque des Républiques du Moyen âge et, peu à peu, s'élever à une population de 31 millions d'habitants avec une émigration considérable; c'est-à-dire à près de 6 fois sa population du temps de la République romaine. Le facteur principal de cette décadence a été la suprématie de Rome, la guerre implacable faite à tous les peuples de l'Italie, leur asservissement, leur spoliation, leur ruine, la confiscation de leurs terres, au profit du peuple romain c'est-à-dire des familles sénatoriales, la constitution de grandes terres dont

(1) Ce chapitre était écrit depuis plusieurs mois lorsqu'a paru dans une Revue socialiste (*Revue Blanche,* 15 juin 1895), un article signé *Victor Barrucaud* demandant la gratuité du pain dans la France entière. Les boulangers livreraient le pain gratuitement aux consommateurs pour compte des municipalités. Celles-ci auraient à rembourser les boulangers au moyen de souscriptions volontaires et de l'impôt. La dépense serait d'environ 1500 millions par an. Divers journaux ont reproduit cet article en l'approuvant, notamment *La Justice* (15 juin). A plusieurs égards, l'État et les Municipalités ont une tendance des plus accusées et des plus dangereuses à développer la gratuité : enseignement gratuit, assistance gratuite, bains gratuits, spectacles gratuits, alimentation des enfants gratuite. Plusieurs députés socialistes ont fait savoir que la proposition de la gratuité du pain serait soumise au parlement. Depuis le prince Kropotkine (*Le Matin,* 25 juillet) a demandé le logement gratuit.

(2) Cette belle question vient d'être traitée par M. Vanlaer. *La dépopulation de l'Italie au temps d'Auguste,* 1895. Comparer Jullian, transformation de l'Italie sous les Empereurs 1884. Dureau de La Malle, 1er vol. 371, 375, 399 ; 2e vol. 175, 235.

quelques-unes existent encore, les transformations de la culture, la substitution du travail servile au travail libre, les guerres sociales pour obtenir l'égalité civile, les guerres civiles qui se prolongent, jusque sous les Flaviens et qui achèvent la désolation de l'Italie. A ces diverses causes, il faut en ajouter une autre d'une nature différente et à laquelle l'Italie n'aurait pu échapper : la mise en culture de nouveaux territoires, en Europe et en Afrique correspondant à la mise en culture actuelle des États-Unis, des territoires du Brésil et de la Plata, de l'Afrique australe et de l'Australasie. L'Europe entière se trouve placée aujourd'hui dans les mêmes conditions que l'Italie il y a 22 siècles. Elle est également exposée à de grandes épreuves (1).

(1) Marquardt, *Organisation de l'Empire,* 1 vol. Banker's, Magasine de New-York, août 1887. Dureau de La Malle, 2e vol. 175-235.

CHAPITRE III.

LES INSTITUTIONS FISCALES DE L'EMPIRE ROMAIN DEPUIS AUGUSTE JUSQU'A DIOCLÉTIEN ET CONSTANTIN.

§ 1. *Le gouvernement impérial et ses finances.*

La constitution de l'Empire et la paix générale avaient pour condition essentielle une politique fiscale nouvelle. Auguste a inauguré cette politique, mais elle n'a produit tous ses effets, elle ne s'est traduite dans des institutions fiscales spéciales que plus tard. Ces institutions tiennent une place de premier ordre dans l'histoire de l'impôt.

Auguste eut aussi à pourvoir à l'administration des finances, désorganisée pendant les guerres civiles. César s'était emparé par force de l'*ærarium;* il en avait livré toutes les réserves à ses légions. L'or fut jeté de tous côtés, si bien qu'une crise monétaire éclata. Le rapport de l'or à l'argent tomba de 11 à 8,93.

Pendant longtemps le gouvernement impérial a dû subir l'influence des souvenirs, des idées, des lois de l'époque républicaine. Jusqu'aux derniers jours de l'empire, les consuls ont été renouvelés chaque année; le Sénat a conservé une autorité d'abord considérable, puis restreinte à Rome même. Le gouvernement impérial, d'Auguste à Dioclétien, a porté la marque de cette situation : il a été transactionnel. Auguste maintint au Sénat, sous le contrôle et la surveillance de l'Empereur, l'administration des finances. Le Sénat l'a conservée à peu près jusqu'à Dioclétien. C'est une des plus sages mesures d'Auguste. C'est au Sénat qu'étaient portées et discutées toutes les questions d'impôt. De nombreux textes de Tacite et des auteurs de l'histoire Augustale en font foi. L'*ærarium* demeura au temple de Saturne; il fut encore administré par le Sénat; tous les impôts, les ressources diverses continuèrent à y être centralisés; néanmoins par la force même des choses, il devint peu à peu moins important. D'un autre côté, l'Empereur eut à organiser la gestion de la maison impériale : le *Fiscus* reparut. Il était destiné à remplacer l'*ærarium*. Auguste plaça à côté des *quæstores ærarii* (agents du Sénat), les *præfecti* impériaux. *Quæstores* et *præfecti* ne purent jamais s'entendre et au IVe siècle les *quæstores* disparurent.

Avec Auguste s'ouvre l'ère des grandes administrations permanentes que l'Empire romain a léguées aux sociétés de l'Europe moderne. Pendant la période républicaine le fonctionnaire avait été temporaire, de même qu'aux États-Unis aujourd'hui. Si les institutions républicaines s'implantent en Europe, il redeviendra temporaire. Or, il est difficile de pratiquer un système d'impôt, complexe et fixe, avec des fonctionnaires temporaires; sous la République, le procès de Verrès le prouve, la surveillance et le contrôle des fonctionnaires ne pouvaient s'exercer. Cela dut changer avec l'Empire.

§ 2. *Des réformes fiscales d'Auguste.*

Auguste eut à opter entre deux politiques fiscales. Mécène, son grand conseiller (1), l'aurait engagé, d'après Dion Cassius, à vendre toutes les terres du domaine public, à constituer avec le produit des ventes une banque puissante, un Crédit foncier romain, qui aurait avancé des capitaux aux propriétaires, en vue d'accroître la production agricole et de tempérer la crise économique, résultat des guerres civiles, et à soumettre tous les sujets libres de l'Empire au même impôt, d'après des évaluations précises — une sorte de vaste income-tax — en fractionnant le recouvrement de l'impôt en de nombreux termes. Il a fallu vingt siècles pour réaliser une partie des hautes vues de Mécène. Elles devançaient les temps. Auguste se contenta de réorganiser et de compléter les anciens impôts.

§ 3. *Du recensement général sous Auguste.*

La première opération d'Auguste fut un recensement général des ressources de l'Empire (2). C'est ce qu'aurait dû faire l'As-

(1) Dureau de La Malle, 1er vol., 331. Voir à l'appendice, le résumé des plans de Mécène.

(2) *Ibidem*, 195-199.

semblée constituante en 1789 et l'Assemblée nationale en 1871 ; cette seule mesure montre, mieux que tout, la puissance de l'Empire et la portée de l'intelligence d'Auguste. Auguste composa lui-même plus tard un abrégé de recensement. Il l'avait toujours sous la main : *Breviarium totius imperii.* Les Américains du Nord possèdent seuls un recensement analogue et ils le renouvellent tous les dix ans. Celui de 1890 leur coûtera au moins 50 millions de francs. Les familles, les fortunes, les impôts, les armées, les recettes et les dépenses étaient spécifiés en détail. On ignore si le recensement a été simultané dans tout l'Empire ou successif par province. Il est fait, au recensement opéré en Syrie, une allusion formelle dans Josèphe et dans l'évangile de saint Luc. Tous les Juifs se rendent à leur domicile (*Suam civitatem*) pour être recensés. Le recensement avait un double but : connaître l'état général de l'Empire, faciliter le recouvrement des impôts.

En Italie, le *Tributum ex censu* avait été exigé de nouveau en 43 avant l'ère chrétienne. On n'a pu établir qu'il ait été maintenu sous l'Empire. Il n'y avait pas d'autre impôt direct ou foncier en Italie. Dans les provinces la situation était inextricable. On y rencontrait : 1° les États ou les villes, exemptés du tribut envers Rome ; 2° les domaines particuliers, également exempts ; 3° les domaines appartenant aux citoyens romains ; 4° les États ou provinces soumis à un tribut fixe, tels que les Gaules ; 5° les États ou provinces, comme la Sicile ou l'Égypte, où le peuple romain avait complètement pris la place de l'ancien gouvernement ; 6° enfin les territoires, comme celui d'Attale, légués au peuple romain. Pour surcroît de complication, il fut fait entre Auguste et le Sénat un partage des États ou provinces.

§ 4. *Les impôts directs et le Cadastre.*

En principe, le gouvernement impérial essaya d'étendre aux provinces le *tributum ex censu*, l'impôt romain sur le capital. Il n'y est jamais parvenu dans les mêmes conditions qu'en Italie (1).

(1) Dureau de La Malle, *ibidem*, 178. — Articles de M. Humbert dans le Dic-

Jusqu'à Dioclétien, les provinces payèrent deux impôts directs : 1° le *tributum per capita,* principe de la *capitatio humana* de Dioclétien. C'est le tribut de la conquête, de même que le *Djizyé* des Musulmans; c'est celui auquel Jésus-Christ fait allusion en montrant le denier du cens. Il était inconnu aux citoyens romains. Saint Paul ne l'a pas payé; 2° le *stipendium* ou *tributum soli,* principe de la *capitatio terrena* de Dioclétien. Cet impôt variait d'après les provinces. Dans les unes, il était payable en blé pour l'*annona,* tel était le cas de l'Égypte et de la Sicile; dans les autres, telles que les Gaules, il était payable en argent. Enfin dans quelques-unes, comme encore en Turquie, on l'acquittait partie en nature, partie en argent.

En dehors du recensement général, Auguste fit dresser par l'ingénieur Balbus un plan géométrique de l'Empire dont l'original fut déposé au *Tabularium imperii;* des copies de ce plan furent remises aux colonies et aux villes. Nous avons déjà vu qu'il existait un cadastre pour l'Italie sous la République; il en existait aussi dans plusieurs provinces de l'Empire, notamment en Orient (Égypte, Syrie), avec des cadastres parcellaires bien tenus. Dans la levée du *tributum ex censu,* comme pour le *stipendium,* ces cadastres jouaient un rôle important, parce que l'impôt sur la propriété foncière était l'élément fiscal principal. Cet état de choses s'est maitenu jusqu'à Dioclétien.

§ 5. *Réorganisation des impôts indirects.*

Auguste et ses successeurs rétablirent, réorganisèrent complètement et augmentèrent les impôts indirects (1).

1° *Portorium.* Les taxes directes (*portoria*), comprises sous ce nom, s'étendirent partout. Ces taxes avaient les plus grands rapports avec celles levées par les contributions indirectes en France.

---

tionnaire Daremberg (*census, ærarium*). — Mommsen, *Histoire des Romains,* t. VI, chap. XI. — Marquardt sur le *tributum civium Romanorum,* et les impôts dans les provinces, 230-270.

(1) Plusieurs monographies importantes, notamment celles de MM. Cagnat, Humbert, Naquet, donnent des renseignements à peu près complets, Dureau de La Malle, 2e vol., 185, 460-2°. — Marquardt, *ibid.,* 340, 355.

Les principales étaient surtout des droits de douane ou de péages aux frontières de l'Empire et des grandes provinces, et d'octroi à l'entrée des villes principales. Il en était de même en France en 1789. Pertinax les abolit; on les rétablit après sa mort. Des bureaux de perception, dont M. Cagnat a dressé le tableau, étaient distribués par tout l'Empire; ils formaient un vaste réseau fiscal. Comme droits de douane, le *Portorium* variait d'après les objets qu'il frappait, 2 1/2 p. 0/0 pour les marchandises d'usage ordinaire et 12 1/2 p. 0/0 pour celles de luxe. Il variait aussi selon les provinces (1), d'après la valeur déclarée et vérifiée à la perception. Il fut surélevé à l'époque de Justinien. Le droit n'était dû que sur les objets destinés au commerce lointain. On suppose que le blé, le vin, l'huile, le sel, objets de consommation ordinaire, de même que l'or, l'argent, les armes étaient exempts. Le droit était dû à l'entrée et à la sortie. Le transit et l'entrepôt étaient inconnus; toute marchandise, changeant de destination, se trouvait exposée à acquitter des droits quadruples, septuples. Les soldats, les maîtres pour leurs esclaves domestiques, certains hauts fonctionnaires, exempts. Les Romains ont, de bonne heure, pratiqué l'immunité fiscale. La politique les y avait préparés dans la République; ils n'y ont pas renonçé sous l'Empire. Aussi l'Empereur avait-il le droit d'exempter du Portorium. Il était affermé aux publicains ce qui le rendait plus lourd.

Les péages étaient déjà des stations intérieures auxquelles certaines marchandises devaient acquitter, en outre du Portorium, un véritable droit de circulation. Il en a été de même en Europe pendant le Moyen-âge. Le droit était dû à chaque bureau. Nul n'en était exempt. Le droit se payait sur les ponts, sur les routes, à l'entrée et à la sortie des villes.

Les octrois, qu'il ne faut pas confondre avec les péages, faisaient partie du Portorium. Ils étaient aussi affermés aux sociétés de publicains. L'Empereur les contrôlait et vérifiait les tarifs. A la fin de l'Empire, les Empereurs s'attribuèrent les

---

(1) Sicile, 5 p. 0/0 — Gaules et Asie, 2 1/2 p. 0/0 — Espagne, 2 p. 0/0. — Marquardt, *ibidem*, 350, relève six catégories de marchandises.

deux tiers des octrois. Au surplus, il en est de même pour l'État dans l'Italie actuelle.

2° *Octroi de Rome.* — Les changements furent si rapides pendant cette première période de l'Empire et la condition de Rome est déjà si abaissée, que dès le second siècle, Rome eut son octroi. Il fallut lui donner une organisation municipale, des finances, une caisse; cette caisse fut placée sous la surveillance du Sénat. On établit un portorium, sorte d'alcabala, sur les légumes du marché; quelques vieux romains s'indignèrent; les publicains durent se contenter de taxer, après les avoir jaugés, les vases ou corbeilles dans lesquels on les enfermait. Les publicains allèrent si loin que Marc-Aurèle lui-même traça une ligne dans Rome en dehors de laquelle le citoyen romain n'eut rien à craindre d'eux.

3° *Monopole du sel.* — Dans les derniers temps de la République et sous l'Empire, le monopole du sel fut aggravé et le prix de vente porté si haut que Dion Cassius signale le fait comme une augmentation d'impôt. M. Cagnat a discuté l'interprétation de Dion Cassius en partant de l'idée que lorsque l'État exige un prix excessif d'une denrée de consommation nécessaire à la vie dont il s'est réservé la vente exclusive (il n'y avait de monopole de fabrication qu'en Italie), il ne faut voir dans ce fait que l'abus d'un droit domanial. Il est difficile de partager cette opinion. Le monopole du sel, comme bien d'autres monopoles, notamment celui des allumettes en France, n'est qu'une forme de l'impôt, forme déguisée, afin d'en obtenir davantage (1).

§ 6. *Impôts mixtes, de mutation et de succession.*

Parmi ces impôts, appelés à un si grand avenir, un seul est véritablement d'origine romaine : c'est la *vicesima libertatis* ou *manumissionum*. Nous avons indiqué plus haut la date de son établissement. Les trois autres ont été institués sous le principat d'Auguste : 1° *La centesima rerum venalium*; 2° *la quinta*

---

(1) Marquardt, *ibidem*.

et vicesima venalium mancipiorum; 3° *la vicesima hereditatium :* Auguste paraît avoir importé ces trois impôts d'Égypte.

I. *Vicesima libertatis.* — Il était supporté en grande partie par les esclaves. Caracalla le porta au double. Macrin le remit à l'ancien taux. Il disparut avec Dioclétien, ce qui tend à prouver que le nombre des esclaves et celui des affranchissements avaient dès lors beaucoup diminué. En 209, a. J.-C., cet impôt avait produit 4,000 livres d'or, évaluées par Dureau de La Malle à 4,496,200 fr.

II. *Centesima rerum venalium.* — Véritable droit de mutation entre-vifs sur les objets vendus à l'encan (*auctiones*). Sur les instances de la population de Rome, encore rebelle à l'impôt, Tibère le réduisit de moitié. Caligula le supprima. Le Sénat fit frapper une médaille pour perpétuer cet acte mémorable. Il ne tarda pas à être rétabli. D'après Serrigny et Dureau de La Malle, il aurait eu un caractère plus général; il aurait été levé sur tous les objets vendus dans les foires et marchés. Ce qui explique les réclamations des populations. En ce cas, il n'aurait été que l'impôt égyptien du même ordre, origine de l'Alcabala arabe et espagnol. Les Espagnols l'ont porté avec eux dans l'Amérique du Sud (1),

III. *Quinta et vicesima venalium mancipiorum.* — Taxe de 4 p. 0/0 sur la vente des esclaves : elle devait être acquittée par les acquéreurs. Néron la mit à la charge des marchands. Ce changement constaté par Tacite (2), nous a valu l'avantage de connaître l'opinion du grand historien romain en fait d'incidence d'impôt. « Vectigal quoque quintæ et vicesimæ venalium mancipiorum remissum specie magis quam vi, quum venditor pendere juberetur, in partem pretii emptoribus accrescebat ». M. Cagnat se range à l'opinion de Tacite. « La réforme de Néron, resta, dit-il, sans effet pour les acheteurs; ce furent eux qui continuèrent à payer un droit de 4 p. 0/0 à l'État ». Le cas est curieux, mais ce qui est le plus à noter dans l'histoire des théories sur

(1) Marquardt pense que le droit de 1 p. 0/0 était dû sur tous les achats et qu'il donnait une forte somme, *ibidem*, 351.

(2) *Annales*, livre XIII, chap. 31.

l'impôt, c'est l'opinion de Tacite, reflet de celle de son temps; on admettait à l'époque de Tacite que les droits de transmission restaient pour compte de l'acquéreur — système accepté par M. Cagnat — lorsqu'aujourd'hui prévaut partout l'idée qu'ils demeurent au compte du vendeur. La théorie actuelle n'est plus la théorie romaine. Théorie pour théorie, il est souvent délicat, souvent difficile de prendre parti (1).

IV. *Vicesima hereditatium.* — c'est la grande réforme fiscale d'Auguste (2). Elle avait un but financier et un but social; elle devait procurer les ressources pour l'entretien des armées; elle était une compensation aux avantages des citoyens romains, notamment aux charges de la loi Frumentaire; elle atteignait surtout la haute aristocratie romaine; elle l'obligeait à restituer peu à peu ce qu'elle avait pris; elle ne portait pas sur les patrimoines en ligne directe; elle épargnait les héritages pauvres; elle réalisait ainsi plusieurs des progrès que les sociétés contemporaines n'ont obtenus que tard ou qu'incomplètement.

Quelques détails sur cette réforme sont donc nécessaires, car les taxes successorales occupent une place de plus en plus grande dans les budgets des États et paraissent appelées, pour bien des raisons, à en prendre une plus grande encore; elles possèdent pour nos sociétés si complètes où tant d'intérêts opposés sont en présence, l'avantage de ne se prêter à aucune répercusion. Elles frappent le capital à un moment favorable. Leur perception peut être facilitée, comme en Angleterre, par une graduation prévoyante et des facilités de paiement.

Octave et Antoine, au plus fort de la lutte contre les fils de Pompée (3), avaient rendu un édit portant que les transmissions

(1) Cagnat, *Ibid.*, p. 227-233.

(2) Cagnat, *Ibid.*, p. 175-217, très curieux travail. — Marquardt, 311.

(3) A-t-il existé un impôt sur les successions dans les deux derniers siècles de la République, en vertu de la loi Voconia, comme le dit Pline le Jeune? La question est très-controversée. Cicéron, dans le passage célèbre de ses lettres, où il dit que depuis les réformes du tribun Métellus, il n'existe plus à Rome que la Vicesima Libertatis, semble formellement contredire Pline. M. Cagnat se prononce pour la négative, Dureau de La Malle pour l'affirmative, 2e vol. 471, 1er vol. 324.

testamentaires donneraient lieu à une part au profit de l'*ærarium*. Le peuple s'étant soulevé, l'édit fut rapporté. Mais en l'an 5 de l'ère chrétienne, Auguste ayant fondé l'*ærarium* militaire, chargé de servir une pension de retraite aux légionnaires, il fallut réunir des ressources. Auguste promit une contribution personnelle et annuelle de 170 (1) millions de sesterces. Puis il engagea le Sénat à étudier le moyen de parfaire les fonds nécessaires; quant à lui, il proposa une taxe du 20e sur les successions et les legs testamentaires. Les sénateurs et le peuple se montrèrent consternés. Auguste répondit qu'il faudrait alors soumettre les biens fonciers à un droit sur les maisons et fonds de terre. Le Sénat courba la tête; la loi Julia fut acceptée. Cette loi disposait : 1° que les successions ou legs aux parents proches ou pauvres ne devaient pas la taxe pourvu que les ayants-droit ne fussent pas citoyens romains au jour de la promulgation de la loi; 2° qu'elle serait due seulement par les citoyens romains pour leurs biens meubles et immeubles. Trajan admit tous les citoyens romains à invoquer la proche parenté ou la pauvreté; on estime que le minimum devait être 100,000 sesterces. La loi anglaise, plus large que la loi française, a admis aussi la limitation.

Cette loi importante reçut divers remaniements. Caracalla porta le taux au double et accorda le droit de cité à tous les habitants libres de l'Empire. Il atteignait ainsi toutes les successions. Cet excès produisit une réaction; Macrin rétablit l'ancien taux. Dès l'époque de Dioclétien, on ne rencontre plus de trace de cet impôt. Il fut d'abord affermé, puis recouvré directement par des procurateurs spéciaux. M. Cagnat a dressé la statistique de l'organisation administrative de cet impôt. Les Romains, à cet égard, n'ont laissé que peu à inventer après eux.

L'impôt devait être payé à bref délai : on déduisait les frais funéraires et les legs qui payaient leur taxe spéciale; les legs d'aliments, de pension, d'usufruit étaient évalués d'après des tables de mortalité où la vie moyenne (des classes riches) était calculée à trente ans. Les dettes étaient défalquées.

---

(1) Dureau de La Malle, *ibidem*, 2e vol., page 132. Voir à l'appendice la discussion de cette somme de 170 m. sesterces (42,500,000 fr.).

§ 7. *Prestations.*

Les prestations (*Functiones*) remontaient fort loin; elles tenaient au mode de paiement de l'impôt, à celui de rétribuer les fonctionnaires, aux nécessités militaires, à la politique même de Rome. L'État, non seulement devait nourrir les soldats, mais il fournissait aux officiers et aux magistrats : blé, vin, huile, viande, bois, chevaux, mulets, tentes, vaisselle, sel et jusqu'à des cuisiniers. De là des réquisitions qui se régularisèrent et se convertirent en prestations. Leur importance fiscale, aux derniers jours de l'Empire, devint extraordinaire.

Les prestations ou corvées générales se rencontrent dans la plupart des civilisations primitives, ainsi les *Merina* ou *Hova* les ont établies à Madagascar, et certainement elles ont beaucoup contribué à fonder leur domination et à améliorer la partie de l'île où ils se trouvent. Elles ont existé dans tous les anciens empires. L'usage de fournir des aliments, l'habitation, des chevaux ou des bœufs de marche aux voyageurs chez beaucoup de peuples n'est qu'une question de nécessité; c'est un degré, un pas assez avancé dans la civilisation.

Elles étaient d'après l'ordre de leur importance (1).

I. *Annona species.* — La plus lourde était celle qui résultait de la loi frumentaire et qui était dénommée *Annona species*. La loi frumentaire s'est prolongée bien au delà de la grandeur de Rome et de l'existence du véritable citoyen romain. Elle a été étendue à Constantinople; elle finit même par être appliquée dans toutes les villes et colonies, sans se confondre cependant avec les lois sur l'assistance privée, dues à l'initiative de Trajan. Les Édiles municipaux eurent le soin de l'Annona. L'extension de la loi correspondit naturellement à celle du droit de cité, au titre de citoyen romain. Le temps vint où il fallut nourrir presque toute

---

(1) M. Serrigny est très complet sur les prestations, 2e vol., page 200. Dictionnaire Daremberg — article Annona — Dureau de La Malle, 2e vol., 487. — Humbert, *ibidem*, 1 vol., 159, 498. *Journal des savants*, oct. 1882, article de M. Dareste et de Chassipol, *Finances des Romains*, 1740, chap. 10 à 13.

la population. On améliora en même temps le régime. Le pain blanc fut substitué au blé. Le citoyen dut recevoir à peu près le même congiarium que le soldat, c'est-à-dire une portion de lard, de vin, d'huile, parfois de viande.

On dut agrandir les magasins, ou élever partout *arca frumentaria, arca olearia, arça vinaria;* on organisa des collèges de marins (*navicularii*) pour porter les blés, des boulangers (*pistores*) pour faire le pain.

Les Empereurs durent se préoccuper, avant tout, de cette immense administration. En mourant, Septime Sévère laissa un approvisionnement de 7 années. La crainte de la disette était redevenue générale. L'Égypte, la Sicile, l'Afrique produisaient moins; elles avaient recouvré une sorte d'indépendance; Rome n'était plus dans Rome; les Empereurs durent recourir au maximum plus d'une fois.

L'Italie avait échappé, pendant quelque temps, aux prestations de l'Annona; tous les territoires en deçà de 100 milles autour de Rome y furent assujettis. C'était une véritable taxe des pauvres en nature. Cette prestation devint ruineuse; Maximien la rendit plus accablante en la proportionnant au cens.

II. *Comparatio publica.* — Autre prestation extraordinaire destinée à pourvoir aux besoins des armées : les propriétaires devaient fournir le *congiarium* complet : pain, vin, viande, huile, vinaigre, lard, vêtements, bois, fourrages. Certaines provinces donnaient le blé, d'autres le vin ou la viande, d'autres le vêtement. C'était le cas de la Thrace. Quelques-unes payaient en argent; cette prestation s'imputait sur le *tributum soli.* C'est l'une de celles qui devaient prendre le plus de développement à la fin de l'Empire et au Moyen âge. En effet, les propriétaires furent bientôt tenus à fournir le logement, à cuire le pain et le biscuit, et même à fabriquer le matériel de guerre.

III. *Aurum Coronarium.* — Couronne d'or que les villes et les provinces devaient envoyer à l'Empereur à son avènement (1). C'est le don de joyeux avènement. Cette prestation doit tenir à

(1) Marquardt, *ibidem*, 372.

l'influence orientale, très grande à Rome dès l'Empire. Le don volontaire est une des plus antiques formes de l'impôt.

IV. *Aurum oblatitium.* — Impôt quinquennal à la charge des sénateurs et qui avait le même caractère que l'*aurum coronarium.*

V. *Aurum Lustrale.* — Taxe spéciale due, tous les cinq ans, par les marchands, destinée à devenir l'impôt des patentes. C'est le résultat de la transformation du *tributum ex censu.*

VI. *Aurum negotiatorium.* — Taxe établie par Caligula, abolie, rétablie. Elle portait sur les valeurs engagées dans le commerce sur les navires. Elle provient du même mouvement d'idées que la précédente.

VII. *Aurum tironicum.* — Quelle ironie dans les événements, et combien les impôts sont leur exact reflet! c'est le prix d'exonération du service militaire pour les sénateurs, les fonctionnaires et les propriétaires! C'est le renversement de la constitution romaine. Mais il faut que le changement soit encore plus complet. Il faut que les classes supérieures qui formaient le fond des armées et payaient l'impôt, s'exemptent aussi de l'impôt.

§ 8. *Le domaine.*

Avec l'Empire s'opéra dans la composition et l'administration du domaine un changement complet. L'Empereur en fut d'abord le représentant, puis comme le propriétaire. Le domaine a été l'élément principal du Fiscus impérial. Il vint même un moment où il fut nécessaire de distinguer entre les biens du domaine même et ceux personnels à l'Empereur qui furent confiés à l'administration spéciale des Procuratores. Cette distinction devint fondamentale avec Dioclétien et Constantin. Quant à la consistance du domaine, elle tendit à s'amoindrir parce que les conquêtes, le butin de guerre y eurent une moindre part. Il fut suppléé à cet amoindrissement par la confiscation, les lois caducaires sur les hérédités, l'appropriation des mines; certains États tout entiers, tels que l'Égypte, furent compris dans le domaine privé. Toutefois les révolutions dynastiques ruinèrent peu à peu le domaine, de même qu'elles compromirent la fortune personnelle des Empereurs (1), soumise à toutes les oscillations politiques; le mouvement effroyable et normal d'accroissement du domaine par la guerre, la spoliation, la destruction ou l'esclavage des populations, la ruine et la désolation des familles fut arrêtée. Il y eut un soulagement immense dans le monde de la Méditerranée. Au lieu d'être une ressource, la guerre devint une lourde charge, d'abord onéreuse, puis accablante, puis désastreuse; car les races du Nord, les races du Midi se levèrent à leur tour. A la guerre, aux spoliations, aux massacres, elles opposèrent à leur tour la guerre, les incursions par terre, par mer, les longues courses à travers l'Europe. Et bientôt s'annoncèrent des temps aussi terribles, mais moins dévastateurs que ceux auxquels ont présidé Scipion, Paul Émile et César.

§ 9. *L'Empire et la Société romaine d'Auguste à Dioclétien.*

Le contraste entre la période républicaine de Rome et la première période de l'Empire, celle pendant laquelle dominent encore les traditions romaines, est tel, qu'on ne peut l'expliquer que par une transformation politique et sociale complète. Pour la Rome républicaine, un seul impôt, et encore un impôt temporaire, l'impôt sur le capital des *civium Romanorum*, puis le butin, élément principal du domaine, la guerre, l'exploitation et la spoliation du monde par une aristocratie implacable, ayant à ses ordres la plus formidable des armées. Pour la Rome impériale, une série d'impôts qui ne cesse de s'enrichir et qui revêt toutes les formes avec tous les titres, mélange singulier de taxations, venant surtout de l'Orient, antique foyer de la civilisation, ainsi le don volontaire, *aurum tironicum*, *aurum oblatitium*. Avec la variété, la diversité des formes, ce qui caractérise cette série, c'est le concours demandé au travail, *centesima venalium*, *aurum lustrale*, *aurum negotiatiorum*, fait absolument nouveau dans le monde romain. Toutefois le fait dominant, quant à cette

---

(1) On peut se faire une idée de la fortune personnelle des Empereurs par les legs d'Auguste au peuple, 43,500,000 sesterces.

seconde période, c'est l'ensemble des charges imposées à la propriété foncière. L'Empire lui accorde, sauf les caprices de la volonté des empereurs, très-vacillants eux-mêmes, une sécurité nouvelle, elle doit la payer; d'où pour tous les propriétaires, romains ou autres, le terrible poids de prestations, correspondant elles-mêmes à une très-grande extension de terres mises en culture; pour les propriétaires, non romains, les exactions ruineuses de l'*annona species*; et enfin la taxe successorale.

Sans doute, on rencontre tout cela, sauf la taxe successorale, à Athènes; mais Athènes est un microcosme à côté de l'Empire romain, elle y est elle-même comme perdue; le fait de l'Empire, c'est de développer la culture du sol et la sécurité au moyen des itinéraires militaires, des garnisons et de l'impôt; et comme le travail est encore à peu près servile et, en tous cas, humble, apprécié à sa valeur future seulement par des génies supérieurs, comme Aristote et saint Paul, c'est à la propriété foncière de supporter le poids de cette série nouvelle de taxations.

De là les tentatives du fisc romain pour unifier l'impôt foncier, pour le propager partout, pour mettre quelque ordre, quelque uniformité dans tous les impôts qui portent sur la terre dans les diverses parties de l'Empire. Marquardt a consacré à ces impôts un des chapitres les plus importants de son livre sur l'organisation financière chez les Romains. La dîme, le stipendium, sur les biens mobiliers ou immobiliers, la capitation, souvent avec une évaluation du travail de chaque famille et de ses profits, plus un grand nombre d'impôts locaux, étaient les formes les plus répandues; il faut ajouter de très-grandes variétés dans l'application, le taux, la perception de l'impôt. Rome mit la main tantôt sur la totalité de ces impôts, tantôt sur une partie; parfois elle ne demanda rien, ce qui n'était pas le cas le plus ordinaire. Il y avait des traités pour chaque État, chaque province, chaque ville, et, par suite, une infinie quantité de conditions différentes pour les unes et pour les autres. Il en a été des impôts à payer comme des territoires. L'acte de *Déditio* originaire, pour les vaincus, l'acte d'arrangement pour les alliés, *Socii*, plus ou moins changés, remaniés par le Sénat, servaient de fondement aux obligations fiscales.

On apporta peu à peu, mais sans hésiter, ni reculer, de grandes modifications à cet état de choses, en vue de tout soumettre aux mêmes règles. Avec le temps, les changements d'Empereurs, les changements économiques, les nouvelles lois, l'uniformité fit place à la diversité et l'unité prévalut. On annula les traités locaux; on profita des divisions intérieures pour imposer la seule autorité des agents de l'Empire, appuyés partout par les grands propriétaires; partout les défenseurs attardés des idées républicaines et des influences démocratiques, durent s'effacer, sauf à s'affilier au grand mouvement religieux qui allait demander ses comptes à la société romaine et la renverser pour tout renouveler : « *ac novis ex rebus aucti tuta et præsentia quam* « *vetera et periculosa mallent; neque provinciæ illum rerum sta* « *tum abnuebant* », paroles que Tacite applique au temps d'Auguste, mais qu'on peut appliquer à la période entière qui est close par Dioclétien.

Dans le cours de cette période les impôts prirent définitivement les formes sous lesquelles nous les avons résumés. Tout souvenir républicain, démocratique, tout pacte local, tout traité disparurent et l'on peut ajouter avec Tacite : *omnes exuta æqualitate jussa Principis aspectare* (1). L'époque républicaine des civilisations grecque et romaine qui s'est ouverte vers le septième siècle A.-C., et qui a fourni une si illustre carrière, est close pour de longs siècles; tout ce qui la constitue et la rappelle s'effondre; Thucydide, Polybe, Cicéron, Tacite font la place aux chroniqueurs de l'histoire augustale; les citoyens romains paient une taxe pour ne pas faire leur service militaire, mais ils vivent aux dépens de l'État, c'est-à-dire des propriétaires.

(1) *Annales*, liv. I, chap. II, IV.

CHAPITRE IV.

DES CHANGEMENTS DANS LA SOCIÉTÉ ROMAINE ET DANS LE GOUVERNEMENT DE L'EMPIRE A L'ÉPOQUE DE DIOCLÉTIEN.

Les institutions fiscales d'Auguste, légèrement modifiées, appropriées aux nécessités des événements, se maintinrent dans leur ensemble jusqu'à la fin du second siècle, mais elles subirent naturellement le contre-coup des révolutions diverses qui caractérisent le IIIe siècle et particulièrement de la grande crise monétaire provoquée par la misère générale, par les altérations persistantes des monnaies d'or et d'argent et par la lutte mémorable du cuivre contre l'argent. En outre, il s'était accompli, dans la société romaine, au point de vue économique, comme au point de vue politique, des changements considérables qui préparaient la transformation de la plupart de ses éléments; c'est la coïncidence de ces changements, contemporains et parallèles, qui donne tant d'intérêt et d'importance à cette époque dans l'histoire de la civilisation : 1° tous les peuples méditerranéens sont soumis à la même règle; 2° les institutions monarchiques remplacent les institutions républicaines dans toute l'Europe romaine; 3° l'esclavage se désorganise et diminue; 4° naissance, prédication, lutte, établissement du christianisme, religion unitaire; 5° développement de la culture du sol et de la propriété foncière, mise en exploitation du sol européen; 6° intervention des races du Nord dans le mouvement de la civilisation européenne, préludant à la réapparition des races du Midi asiatique et africain.

§ 1. *Changements dans le gouvernement et la société politique.*

Les idées républicaines ont définitivement disparu. On en trouverait encore quelques vestiges dans certains municipes, certaines colonies romaines qui en conserveront la tradition et le dépôt pendant les longs siècles du moyen âge, comme l'a remarqué Augustin Thierry. D'autres courants l'emportent. En général, l'influence des peuples d'Orient prévaut sur celle des peuples d'Occident. Ce fait est indépendant de la propagation du christianisme. Il tient à la supériorité de richesse et de civilisation, sous beaucoup de rapports, des peuples d'Orient. Il tient aussi à ce que les traditions, les mœurs, les lois des Orientaux sont étrangères aux idées républicaines et favorables aux idées monarchiques.

D'Auguste à Dioclétien la nature du gouvernement a été mixte. Le principe héréditaire n'a pu prévaloir encore sur le principe électif. Le Sénat a conservé une notable part dans le gouvernement. L'aristocratie sénatoriale reste en scène. A la fin du IIIe siècle tout change, l'hérédité s'infiltre partout. La noblesse titrée remplace l'aristocratie politique : le citoyen romain disparaît. Une nouvelle hiérarchie sociale, inconnue jusqu'alors aux peuples d'Europe, se prépare, se constitue et développe ses classifications (1). La cour est la tête et le cœur de toute la machine. La faveur prend la place du mérite. Un sourire de l'Empereur fait un homme d'État. Le consul en est réduit à signer les baux de l'*ager publicus* ou du *Fiscus*; tous les fonctionnaires de la cour sont investis de titres en rapport avec leurs fonctions. Pour la première fois, apparaît l'almanach impérial, *Notitiæ populi Romani*. Après les hauts fonctionnaires, viennent les sénateurs, les grands propriétaires, ce sont les amis ou les compagnons de l'Empereur; on les intitule *illustres, clarissimi, respectabiles*. Prennent ensuite rang, les propriétaires ordinaires ayant plus de 25 arpens. C'est la bourgeoisie de l'époque — l'expression ne convient pas à la condition

(1) Tous ces changements ont été exposés par M. Duruy, dans des pages remarquables (tome VII, p. 34 et 228). Inutile d'insister sur leurs conséquences au point de vue fiscal et financier. « Parmi ces fonctions, dit M. Duruy, les unes étaient honorifiques, les autres étaient très utiles, comme l'exemption de certains impôts, des droits de douane, des prestations, des charges municipales (page 236). Ce sont les privilégiés des XVIIe et XVIIIe siècles jusqu'en 1789. Les personnes ont passé, les institutions sont les mêmes. Comparez la note en tête du 3e volume de l'*Histoire de la civilisation en France* par M. Guizot et le livre de M. Naudet *Des changements dans l'administration de l'Empire romain*, 2 volumes, 1822.

de ces propriétaires. Il vaut mieux les désigner par le nom de *Curiales* que l'histoire leur a donné (1). Ils représentent un élément nouveau dans le monde romain; cet élément qui s'est formé et s'est accru, sous l'empire, grâce au progrès de l'époque : fonctionnaires en retraite, officiers hors du service, négociants, moyens propriétaires, médecins, professeurs, artistes, affranchis enrichis, fils de famille appauvris, étrangers, en forment le fond principal. C'est une classe récente et comprenant des éléments disparates; elle est étroitement liée par ses derniers échelons avec les *Humiliores*. L'*Humilior* est l'homme déchu ou pauvre qui n'avait pas 50 *aurei* (environ 900 fr.). M. Duruy fait remarquer qu'avec ce tarif, près de 3 millions de Français seraient *Humiliores* (2).

§ 2. *Changements dans la condition du travail.*

D'Auguste à Dioclétien la société civile romaine s'est transformée. Le vieux monde gréco-latin s'est en quelque sorte décomposé sous diverses influences; celle des civilisations plus anciennes, douées d'une forte vitalité, telles que l'Égypte, la Perse, la Syrie, la Judée; celle des peuples plus jeunes devenus les soutiens de l'Empire, la Gaule, l'Espagne, la Thrace, l'Illyrie; celle de races plus éloignées encore qui menacent autant l'Empire par leurs incessantes infiltrations de travailleurs que par leurs guerriers, toute la Germanie, mais surtout celle d'idées nouvelles et d'une nouvelle religion. A ces influences se joignent une longue paix, un gouvernement réparateur, une sorte de pacification générale. Le fait dominant est à la fois, comme tous les faits d'une haute importance, politique, social, économique; c'est la diminution de l'esclavage. L'esclavage tend à disparaître; au IIIe siècle de l'ère chrétienne, il y a moins d'esclaves à Rome qu'il n'y en avait à Athènes du temps d'Aristote. Athènes comp-

(1) Duruy, *Ibid.*, 220 et suiv., les articles *Capitatio* du dictionnaire Daremberg. — Fustel de Coulanges, *Institutions politiques*, tout le livre 2; Serrigny, 1 vol., n. 1; n. 245 et suivants.

(2) 7e volume, p. 244 : Sur 28 millions environ d'adultes des deux sexes assujettis à la cote personnelle, 8,256,679 seulement l'ont acquittée en 1890.

tait 400,000 esclaves et 85,000 personnes libres. A Rome il y avait, avant l'Empire 400,000 esclaves et 900,000 personnes libres. Au IIIe siècle, l'esclavage avait encore diminué et la liberté perdu de sa valeur. Le jurisconsulte parquait avec indifférence dans la plèbe de Rome les hommes libres *propter turpem quæstum* ou *propter paupertatem*. La liberté n'était plus rien. La fonction, la naissance, le titre, la richesse avaient gagné tout ce qu'elle avait perdu. L'époque nouvelle est celle des affranchis. On peut dire que l'affranchi caractérise l'Empire. Ce sont les affranchis qui administrent, qui gouvernent, qui font fortune; quand Dioclétien renonce à la *viccsima Libertatis*, c'est qu'elle n'était plus dans les mœurs. L'opinion la condamnait comme un obstacle aux affranchissements. Les affranchis ont été l'élément principal des classes moyennes qui se sont recrutées, d'une part, au moyen des affranchis enrichis et, d'autre part, au moyen des citoyens romains appauvris; appartiennent au même mouvement les artisans réunis et surveillés dans de nombreuses corporations et associations dont tous les historiens et le Digeste indiquent l'existence au IIe et au IIIe siècle, époque d'une sorte de mouvement corporatif. Les besoins se sont étendus, diversifiés; les idées sur le travail se sont modifiées; on a été contraint à le diviser de plus en plus; on a reconnu combien le travail libre était supérieur et moins coûteux que le travail servile (1).

Nous sommes ainsi arrivés à une des époques décisives de l'histoire de la civilisation; la condition du travail change en Europe; alors commence la longue transformation destinée à tout modifier sur le globe et à exercer une influence si considérable sur l'organisation de l'impôt. Notre époque actuelle n'est pas sans certaines ressemblances avec ce grand mouvement. Il s'y prépare également dans le monde du travail des changements; nous n'en découvrons pas plus le fil, la suite et le terme qu'on ne les apercevait au IVe siècle; mais les causes se révélaient comme elles se manifestent aujourd'hui, changements d'un ca-

(1) Fustel de Coulanges, *Institutions de l'ancienne France*. page 202. — « Au temps de l'empire romain personne n'eut même la pensée d'abolir l'esclavage. Du moins, les mœurs, les lois, la philosophie, la religion furent d'accord pour l'adoucir. »

ractère général, invisibles et irrésistibles. On en rencontre partout sans bien les comprendre et ils nous entraînent on ne voit pas où. Il en a été de même au IVe siècle.

M. Levasseur a nettement accusé le point de départ et le caractère de cette évolution du travail. « Au IIIe siècle, le nom« bre des esclaves avait considérablement diminué, ils avaient « cessé d'être un danger. La guerre n'amenait plus chaque jour « sur le marché des captifs à vil prix. Les naissances étaient « devenues la principale source qui alimentait encore l'esclavage « et cette source même avait été appauvrie par les affranchisse« ments que l'adoucissement des mœurs, les progrès des idées « d'humanité, quelquefois l'intérêt bien entendu, avaient rendus « très fréquents; cet usage tournait au profit des classes libres. « Il fallut même restreindre la faculté qu'avaient les maîtres de « disposer de leurs esclaves... L'équilibre finit cependant par être « rompu. La rareté et par suite la cherté des esclaves rendirent « leur travail plus coûteux; la classe libre, dont les rangs étaient « plus pressés à mesure que ceux de la classe servile s'éclaircis« saient, put à son tour lui faire concurrence et l'on vit des in« génus et des affranchis se mêler, se substituer aux esclaves « jusque dans la profession de gladiateur..., c'est surtout dans « le cours du second siècle que les classes ouvrières reçoivent « la forme définitive qu'elles ont conservée jusqu'à l'époque des « invasions. Dès le IIIe siècle on les trouve partout formées en « collèges et partagées en trois groupes, dont les membres jouis« sent d'autant moins de la liberté individuelle qu'ils ont avec « l'État des rapports plus intimes; ces trois groupes compren« nent les manufactures de l'État, les professions nécessaires à « la subsistance du peuple et les métiers libres (1). »

Un mouvement analogue et parallèle se produisit pour les esclaves attachés à la culture du sol. « Ils étaient traités en hommes, « mais en hommes qui devaient rapporter beaucoup et coûter « peu, on les nourrissait en proportion du travail qu'on espérait « d'eux. La villa renfermait ordinairement une prison souterraine « où ils étaient enfermés en punition de leurs fautes. Les plus

(1) *Des classes ouvrières en France*, 1er vol., p. 28.

« mauvais travaillaient avec des entraves aux pieds;..... ce qu'on « a appelé depuis le servage de la glèbe n'existait pas encore. « Toutefois l'habitude s'établit naturellement de les considérer « comme attachés à la terre; on les inscrivait dans les registres « du cens comme faisant partie intégrante du domaine et, dès « lors, ils pouvaient difficilement être séparés du sol; on les « vendait avec lui et on ne les vendait guère sans lui. Les Juris- « consultes du IIIe siècle professent que lorsqu'on a vendu « un domaine *garni* cette formule signifie que les esclaves sont « compris dans la vente. Ce qui n'était d'abord prescrit que par « la coutume le fut ensuite par la loi. A partir du IVe siècle, les « empereurs défendirent formellement de vendre les esclaves ru- « raux sans la terre ou la terre sans eux. Il arriva ainsi peu à « peu que l'esclave appartînt plus au sol qu'à la personne du « maître... Fixé au sol, il eut une demeure assurée, une terre « à laquelle il s'accoutuma. Il eut surtout une famille et il connut « son père et ses fils : avec l'hérédité du sang et des affections, « il fallut insensiblement lui donner celle des biens. Toutes les « conditions matérielles et morales de son existence se trouvè- « rent ainsi changées (1). » Pour apprécier l'importance de cette révolution, il suffit de rappeler que, jusque vers la fin du XIXe siècle, malgré tant de progrès dans les idées et les mœurs, les esclaves noirs, dans les colonies esclavagistes, sont demeurés meubles et ont pu être séparés, échangés, vendus sans égard ni au sol, ni à leurs parents, ni à leurs enfants.

§ 3. *Changements dans la culture du sol et la propriété foncière.*

Les causes de ce changement se rattachent à un fait plus général encore : la mise en culture des vastes provinces qui dépendaient de l'Empire. D'Auguste à Dioclétien l'agriculture s'étendit partout grâce à la sécurité, à la paix, aux progrès de la richesse. La civilisation tendit à s'éloigner des rives mêmes de la Méditerranée pour s'enfoncer dans l'intérieur de l'Europe; les colo-

(1) Fustel de Coulanges, *Institutions politiques de l'ancienne France*, page 215, édition 1875.

nies militaires des Romains favorisèrent ce mouvement; il en fut de même des routes qu'ils ouvrirent partout. « Les bras man- « quèrent alors pour la culture..., on avait depuis deux siècles « défriché beaucoup de forêts, créé des routes, amélioré le sol, « la terre cultivable s'était fort étendue (1). »

Les colons libres ou attachés à la glèbe se répandent de tous côtés. Bientôt des monastères, qui seront à la fois des foyers de culture et des marchés, sont construits au fond des anciennes forêts ou sur les pentes des plus hautes montagnes. D'autres centres d'exploitation se constituent, ce sont ceux qui, avec les anciens domaines des sénateurs ou grands propriétaires sont destinés à devenir les seigneuries (2).

Avec l'extension de la mise en culture du sol, le nombre des propriétaires a augmenté; il s'est formé, à côté de l'aristocratie terrienne, une sorte de bourgeoisie foncière, dont fait partie tout propriétaire de vingt-cinq arpents. Les crises militaires et politiques du IIIe siècle n'ont pas suffi pour détruire à cet égard les progrès qui ont eu lieu de Nerva à Septime Sévère. Ces progrès sont particulièrement importants en Gaule, en Espagne, en Afrique, en Syrie, en Asie mineure, en Macédoine et en Thrace. La décadence de la Grèce et de l'Italie continue. Rome s'est dépeuplée; la campagne romaine est un désert (3).

Dans les villes, les marchands libres, les artisans, les ouvriers classés en corporations, plus ou moins obligatoires, croissent également en nombre; mais, à raison même de la nature du gouvernement, ils ne donnent plus aucune idée des citoyens des vieilles cités républicaines. Telles ces villes fonctionnent à la fin de l'empire, telles on les retrouve à peu près au milieu du XIIIe siècle quand un nouveau changement s'opère dans les conditions de la société européenne.

---

(1) *Institutions politiques de l'ancienne France*, p. 215. Fustel de Coulanges. Du même, *Le colonat romain*, premiers chapitres, dans *Recherches sur quelques problèmes d'histoire* (1885).

(2) Fustel de Coulanges, *Colonat romain.* — Guizot, *Civilisation en France*, 3e et 4e volumes, 7e et 8e leçons. — De Montalembert, *Les moines d'Occident*, 4e édition, 2e volume, chapitre III. Nous donnons plus de détails ci-contre à propos de l'établissement des seigneuries.

(3) Duruy, *Histoire des Romains*, 7e vol., pp. 197, 218.

Dans les villes, le travail n'est pas entièrement libre, néanmoins l'esclave y est rarement devenu le serf. L'artisan dépend d'une corporation qui le protège tout en garantissant à l'État qu'il remplira ses obligations, consistant en de nombreuses prestations; ces prestations sont le résultat nécessaire de la fin de l'esclavage urbain. Le travail est à la fois libre et obligatoire dans les campagnes ; il est libre en ce que la coutume en règle les conditions, il est obligatoire en ce que le colon est tenu de les remplir (1).

§ 4. *Changement général dans la direction de la civilisation.*

La civilisation change de caractère; elle cesse d'être urbaine; elle devient rurale, du moins en Europe; les villes, qui ont dominé pendant tout le cours de la civilisation grecque et de la civilisation romaine, perdent la direction de la civilisation; leur population, leur richesse, leur influence s'amoindrissent; les populations républicaines, les citoyens de Lacédémone, d'Athènes, de Rome, encore sur la scène dans les derniers temps de la République romaine, ont complètement disparu. Athènes est devenue une cité *stipendiaire* et *annonaire*. Elle paie le tribut : elle est soumise à l'annona civica avec un conseil municipal. Dioclétien interdit aux citoyens romains de porter les armes et aux sénateurs de faire partie de l'armée. Rome n'est plus qu'un municipe.

Ainsi se préparaient, dès cette époque, les élément sociaux qui devaient composer la société du moyen âge.

§ 5. *Changements dans les effets de l'impôt.*

Dans les anciennes sociétés de la Grèce et de Rome où l'esclavage tenait une si grande place, les reflets de l'incidence de l'impôt étaient, en quelque sorte, à courte distance. Ils se produisaient néanmoins, plus limités, mieux suivis et on y remédiait par les législations fiscales de la Crète, de Lacédémone et

(1) Duruy, *Ibidem*, 250.

d'Athènes qui avaient pour but de maintenir ou de rétablir l'égalité entre les citoyens actifs.

Pendant la période royale, à Rome, à une époque où les esclaves sont peu nombreux, où prévaut la petite culture, où l'impôt se paie en nature et en services personnels, où la guerre agrandit sans cesse le territoire national, époque prospère, l'incidence de l'impôt ne soulevait pas de grandes difficultés. Il consistait en une taxe proportionnelle sur le capital. Dans un milieu agricole de petits propriétaires, cet impôt était supporté à peu près dans les conditions de sa répartition, sauf les accidents et les inégalités inhérents à tout ce qui est humain.

Pendant la période républicaine, il faut marquer deux époques, celle de la conquête et celle des lois agraires. La première est encore prospère. Toutefois des changements considérables s'accomplissent; la guerre détruit la petite culture, le nombre des esclaves augmente; l'impôt est souvent surélevé; des taxes indirectes sont établies. Ces changements ont pour effets de modifier la composition de la société. Les petits propriétaires quittent la terre et la culture du sol; ils se rendent dans les villes, surtout à Rome; ils y forment les éléments de la plèbe. Cette plèbe ne peut plus supporter l'impôt sur le capital; elle est trop pauvre. Le *Tributum ex censu* pèse de tout son poids sur les classes supérieures. Paul Emile le supprime en 167. Restent les taxes indirectes qui, retombant en grande partie sur les mêmes classes, surtout après l'adoption des lois Frumentaires, sont abolies à leur tour. L'impôt est uniquement payé par les vaincus. La conquête et la guerre doivent faire face à tout.

La seconde époque républicaine s'ouvre alors. C'est celle des révolutions sociales et des guerres civiles. L'incidence de l'impôt y tient une grande place. L'Italie se soulève contre le *Tributum ex censu* dont les citoyens romains ont seuls été exemptés. Ils obtiennent également de ne pas le payer. La plèbe se soulève contre les classes supérieures qui possèdent le sol sans payer d'impôt; elles obtiennent les lois Frumentaires. Les citoyens romains sont nourris par l'État. Toutes ces charges rejaillissent sur les provinces dont le mécontentement est le principe des guerres civiles. L'anarchie devient telle, les ressources de l'État sont tellement épuisées, que le *Tributum ex censu* et la plupart des taxes indirectes sont rétablies avant la formation de l'Empire.

Ainsi les classes supérieures romaines n'ont réussi à rejeter l'impôt ni sur les classes inférieures, hors d'état d'y faire face, ni sur les provinces qui ont résisté.

Sous l'Empire cette situation se prolonge, s'accentue, puis elle se modifie. Les réformes d'Auguste et de ses successeurs immédiats ont pour but de régulariser les résultats des révolutions sociales et des guerres civiles.

Les provinces sont mises à l'abri des déprédations des agents romains. Leurs charges sont fixes. Le concours onéreux qu'elles doivent fournir est limité. Même limité, ce concours, surtout dans les provinces orientales, les plus riches, les plus civilisées, a toujours été contesté ; il donnera lieu pendant tout l'Empire, à d'incessantes difficultés. Les provinces n'avaient, en effet, aucun moyen de se récupérer des tributs qui leur avaient été imposés. Elles travaillaient pour le compte de Rome et de l'aristocratie romaine, elles s'épuisaient à les entretenir. L'incidence de l'impôt n'est pas moins curieuse à étudier entre les diverses parties d'un grand empire qu'entre les diverses classes de société. Aussi la tendance du nouveau gouvernement sera-t-elle de soumettre aux mêmes règles fiscales toutes les parties de l'Empire afin de modifier cette incidence de l'impôt. Il serait facile de montrer que Paris joue, à cet égard, en France, le rôle que Rome a si longtemps rempli et que le produit des impôts de la France vient s'y engouffrer au profit d'un nombre très limité de personnes qui, par les résultats d'une centralisation portée au maximum d'intensité, peuvent non seulement réfléchir sur la France les charges leur incombant, mais encore s'approprier une bonne partie des taxes que les départements sont hors d'état de répercuter sur Paris.

Sur un théâtre bien plus vaste encore, nous aurons à montrer comment se répercutent dans les impôts de l'Inde les intérêts économiques de l'Angleterre.

Les réformes fiscales de Dioclétien et de Constantin au IVe siècle ont eu pour objet de régler définitivement les rapports de l'Empire avec ses diverses parties.

Le second but de la politique d'Auguste a été de faire supporter à l'aristocratie romaine et aux classes supérieures une plus large part d'impôt ; ce résultat fut atteint par les taxes successorales, par celle sur la vente des esclaves, par les prestations; aucune de ces charges n'était répercutable, sauf la seconde, de beaucoup la moins importante et encore dans d'étroites limites — puisque Tacite pense que l'acquéreur la supportait. Si la taxe de transmission résulte d'un échange, il faut, en effet, tenir compte de divers éléments qui manquent quand elle résulte d'une libéralité ; le besoin réciproque des parties et l'approvisionnement du marché en capitaux pour acheter, en marchandises pour vendre. Supportera le droit, celle des parties qui a le moins de ressources et le plus de besoins.

Quant aux Portoria, aux taxes indirectes et de consommation, si on tient compte du nombre des esclaves, des lois Frumentaires, des tarifs qui portaient principalement sur des objets de luxe, des caprices de classes riches, il faut reconnaître qu'ils retombaient en très-grande partie sur ces dernières, sans répercussion possible sur les autres.

On trouve cependant dans les impôts de cette époque les traces des changements qui ont eu lieu dans la composition de la société; l'*aurum lustrale* et l'*aurum negotiatiorum* annoncent et précèdent les réformes de Dioclétien et de Constantin. L'impôt égalitaire proportionnel sur le capital, d'après les déclarations des contribuables, plus ou moins contrôlées par les agents du fisc, semble être, à première vue, une taxation fort acceptable, surtout si elle est restreinte dans de sévères limites. Il répond, en effet, à certaines époques de l'histoire de l'humanité où le capital se forme, s'accroît, s'accumule avec rapidité; il en est ainsi, de nos jours aux États-Unis, en Australie et même, il en a été ainsi en Angleterre et en France. Mais, dans une longue durée de siècles, les choses changent. Aux temps où le capital augmente succèdent ceux où il demeure stationdaire, ceux où il diminue. Dans ces époques, l'impôt sur le capital devient insupportable parce qu'il prive les nations de l'instrument qui leur est le plus nécessaire.

En outre, dans le mouvement économique des sociétés, il

importe de ne pas se méprendre sur les formes diverses que revêt le capital et sur son degré d'utilité dans les différentes fonctions qu'il remplit. Le capital circulant, nécessaire dans toutes les branches de la production, est cependant plus indispensable dans l'industrie et dans le commerce que dans l'agriculture; sa rémunération n'est par la même dans celle-ci que dans celles-là. Chaque année, en moyenne, la terre récompense elle-même, plus ou moins, le labeur des générations; dans le commerce et l'industrie les profits résultent de la capacité et de l'intelligence avec lesquelles le capital est mis en œuvre. Par suite l'impôt sur le capital est un instrument fort délicat. Dans les périodes de décadence il accable la production agricole, et prépare les disettes; dans toutes, il paralyse le commerce et l'industrie.

CHAPITRE V.

RÉFORMES FISCALES DE DIOCLÉTIEN ET DE CONSTANTIN.

Ces réformes ont pour but d'approprier les institutions fiscales de l'Empire aux changements sociaux et économiques qui s'y sont produits. La richesse a revêtu d'autres formes; elle s'est répartie d'une autre manière. Les idées sur la nature de l'impôt se sont modifiées avec les transformations politiques et sociales. Déjà se dessine le courant d'opinion qui fera considérer l'impôt comme l'obligation naturelle des classes qui vivent du travail et qui en exemptera, en déclarera *Immunes*, les classes supérieures; l'impôt prendra peu à peu un caractère servile. Il deviendra comme la marque des personnes de rang inférieur; néanmoins ce courant d'opinion et ces réformes correspondent à une amélioration considérable dans la condition de l'homme et du travail, ainsi qu'à un progrès décisif de la production en Europe. Il est clair, au surplus, que sans cette amélioration et sans ce progrès les réformes de Dioclétien et Constantin n'auraient point eu l'importance et la durée qui les caractérisent. Nous appartenons à une époque où se manifeste, ainsi que le prévoyait Graslin, il y a plus d'un siècle, en répondant victorieusement à Turgot, un courant en sens inverse. L'impôt est aujourd'hui considéré comme l'affaire des classes riches seules, par des théoriciens ou des politiciens qui tendent, en effet, à ramener l'humanité aux organismes d'autrefois, mais le fond de la société européenne depuis le IVe siècle n'a cessé toutefois de se modifier dans le même sens, la dissémination de plus en plus grande de la richesse, l'atténuation de la pauvreté et l'égalisation des conditions.

§ 1. *La* CAPITATIO TERRENA.

Jusqu'à Dioclétien, la distinction entre le *tributum ex censu* et le *tributum soli* s'était maintenue avec la tendance accusée de substituer le premier au second tant que prévalut, dans le gouvernement de l'Empire, l'influence romaine. Avec les Sévères, l'influence provinciale, surtout l'influence orientale, l'emporte. Le mouvement inverse se produit (1) : le gouvernement s'efforce de substituer le *tributum soli* au *tributum ex censu*, afin de soumettre l'Italie aux mêmes charges que les provinces. Dioclétien réalisa cette substitution. Ce fut, dit M. Marquardt, l'introduction en « Italie de la forme du tribut provincial pour l'impôt « foncier (*grundstener*). Le *tributum soli* remplace le *tributum* « *civium romanorum.* »

Dioclétien fit précéder ce changement d'un recensement général, afin de connaître les conditions économiques de l'Empire. L'impôt sur le capital fut conservé, mais son assiette fut modifiée, puisque le capital ne se trouvait plus appartenir tout entier aux mêmes classes sociales.

Néanmoins, la *capitatio terrena* ne correspondit pas complètement au *tributum soli*; elle n'eut pas un caractère exclusivement foncier. Elle comprit, en effet, les biens-fonds, les maisons, les esclaves, les valeurs mobilières des propriétaires; les capitalistes ou rentiers retirés des affaires y furent astreints. Son élément principal fut la propriété foncière. La valeur de chaque propriété était fixée sur la déclaration des contribuables, vérifiée par des agents spéciaux, *censitores*, et d'après une unité imposable, variable par province et par genre de culture. Les *Peræquatores* établissaient une sorte de péréquation dans la même province. L'unité imposable fut le *jugum* (2) ou *caput*; aussi l'impôt prit-il souvent le nom de *jugatio terrena*. Ordinairement le *jugum* était formé de 5 jugera de vignes — de 20 jugera de terre labourable supérieure, — ou de 40 de terre moyenne, — ou de 60 de terre inférieure, — de 225 oliviers de première qualité ou

(1) Documents : 1° articles de M. Humbert, *Capitatio et census;* Dict. Daremberg; 2° Serrigny, 2e vol., p. 71; Duruy, 7e vol., p. 228 et suiv.; Fustel de Coulanges, *Anciennes institutions*, livre second; Marquardt et Mommsen, *Finanz-wesen;* Baudi di Vesmes, *Impôts de la Gaule;* Humbert, *Finances et comptabilité des Romains*, 2 vol., 1887; Bouchard, *Finances de l'Empire romain*, 1890.

(2) Humbert, 2e vol., p. 343. — Serrigny, nos 716 et suiv. Nul auteur n'est plus compétent, plus clair que Serrigny. — Bouchard, *Ibidem*, p. 827.

de 450 de deuxième qualité. Les prairies étaient imposées d'après leurs produits. Le jugum de bois était réparti en haute futaie, taillis et pâture.

La contenance moyenne du *jugum* de terre était de 88 arpents romains, et sa valeur de 1,000 solidi. Le *jugum* n'était que l'unité moyenne, probablement des terres attribuées aux colons romains, aux vétérans, ou la quantité de terre qu'un attelage pouvait cultiver en un an (1). Les corps de domaine (*villæ*) étaient arpentés, cadastrés et imposés à part, de même que les centuries, ou lotissements de propriétaires colons. Les villæ correspondaient aux *Farms* aux États-Unis et en Australie. M. Fustel de Coulanges a établi qu'elles avaient conservé leurs formes pendant des siècles. Il existe, en France, des *métairies* qui n'ont pas changé depuis cette époque, quelque lointaine qu'elle soit.

Un cadastre détaillé, mais non parcellaire, fut dressé par canton ou circonscription fiscale principale. Chaque jugum, villa ou centurie devait acquitter, selon les provinces, un nombre de solidi d'or déterminé tous les ans par l'Empereur selon son *indictio;* dans les nécessités pressantes, l'Empereur pouvait exiger tout ou partie d'une nouvelle cote : c'était la *super indictio.*

Le cadastre devait être tenu à jour, contrôlé chaque année et revisé tous les 15 ans. L'impôt était payable en trois termes. On ajoutait à chaque cote le montant des frais nécessaires pour le recouvrement, *en argent ou en nature.* Le recouvrement était fait par des Décurions ou Curiales dans chaque circonscription ou municipe; *ils en étaient solidairement responsables.* C'étaient eux qui devaient veiller à la bonne tenue du cadastre. Ils remettaient le montant de l'impôt aux Procuratores; ou le tenaient à la disposition des gouverneurs des provinces, sur les ordres de l'Empereur. Les recouvrements étaient laborieux. Il n'y eut pas d'exercice sans reliquat. Les Curiales ne purent jamais y faire face. Leur condition s'aggrava avec les crises du IVe siècle; *il*

(1) Ducange, *Glossarium*, 3e vol., p. 921 : L'arpent romain représentait 25 ares 18 centiares et le solidus d'or 15 fr. On remarquera que d'après le cadastre français et la grande enquête foncière de 1879 les terres en culture sont encore désignées de la même manière. — *Histoire des institutions politiques de l'ancienne France*. 1875, livre II, chapitre X du même. — *La Gaule romaine;* le second ouvrage est le développement du premier.

fallut la rendre héréditaire. La taille a eu longtemps en France. les mêmes caractères. Leur ruine fut dès lors consommée; un nouveau mouvement de concentration de la propriété foncière commença, analogue à celui qui avait eu lieu au IIe siècle avant l'ère chrétienne, sous l'influence des causes différentes dans leurs origines, mais les mêmes dans leurs résultats, l'insécurité, l'impôt, la guerre.

La *capitatio terrena* était établie à raison de tant par mille de la valeur en principal représentée par le *caput;* c'était un impôt sur le capital comme le *tributum ex censu*. On appelait *simplum* le tant par mille ordinaire. Le *simplum* de la *capitatio terrena* paraît avoir été de 1 1/2 par mille — soit 1 solidus et demi ou 22 fr. 50 — par *caput* de 1,000 solidi ou 15,100 fr. Mais chaque année le tant par mille réel variait.

Godefroy et Baudi di Vesmes ont admis que les Gaules, avant Julien, furent taxées à 25 p. 0/00 du capital et que Julien ramena la proportion à 7 p. 0/00 (1). M. Serrigny en a conclu que l'impôt absorbait presque le revenu. Mais on ne connaît pas le taux de capitalisation du capital. A cette époque il était bien supérieur à 3 p. 0/0 et même à 5 p. 0/0. Baudi di Vesmes, au moyen de supputations hypothétiques sans fondement, évalue qu'avant la réforme de Julien *la capitatio terrena* des Gaules avait été fixée à 548,794,000 fr. La *capitatio terrena* était déjà un impôt de répartition, ce qui constituait un grand changement dans les impôts romains, qui, jusqu'alors, paraissent avoir consisté en impôts de quotité. L'Empereur en conseil, arrêtait lui-même et signait en caractère de pourpre l'édit annuel d'impôt. Cet édit en fixait le montant. Le préfet du Prétoire était tenu d'en

(1) Serrigny, 2e vol., p. 186. On peut discuter sur les taux de 25 0/00 ou de 7 0/00; mais les évaluations de Baudi di Vesmes demeurent incompréhensibles et inacceptables. Pour justifier ce résultat, Dureau de La Malle attribue aux Gaules 10,617,000 habitants, qu'elles ont eus à peine au XIIIe siècle. D'ailleurs, dix millions de Gaulois au IVe siècle n'auraient jamais payé 548,724,000 fr. que Baudi di Vesmes réduit, sous Julien, à 151,983,600 fr. Bœckh ne se serait pas permis de telles hypothèses. M. Fustel de Coulanges a ramené ce bloc à 75 millions de fr. (*La monarchie franque*, p. 273), et Gibbon à 185 m., sous Constance, puis à 50 m., sous Julien. Ce dernier chiffre est seul sérieux. *Decline and fall of roman Empire*, 3e vol., p. 394. *Renvoi à l'appendice.*

faire, dans un certains délai, la répartition entre les diocèses. Dans les diocèses s'opérait une première sous-répartition entre les provinces. Puis venait une seconde sous-répartition, entre les diverses circonscriptions (cités, curies, pagi) par les Décurions. Savigny a émis l'opinion, qui semblait plausible, que cette sous-répartition avait lieu d'après la valeur réelle du *Jugum*, suivant la fertilité comparée des divers éléments qui le composaient. A cette théorie on en a opposé une autre qui convient mieux à un impôt de répartition et qui explique mieux la nature du *Jugum*, type d'une valeur de 15,100 fr. « Le domaine à imposer était frappé « de l'impôt, d'après sa valeur comparée à celle du type, par « exemple, suivant qu'il représentait le 1/3 ou le 1/4 de la me- « sure type (1). » Dans la théorie de Savigny, l'évaluation préalable du *Jugum* reste inexpliquée. Toutefois le *Jugum*, dans une étendue telle que l'empire romain, variait lui-même d'après les provinces, la nature du sol, celle des cultures, celle de l'exploitation du sous-sol. Les pays miniers (metalla) étaient soumis à un *Jugum* différent du *Jugum* des pays à céréales, à élevage ou viticoles.

Il y avait, dans ces dispositions, un bien grand progrès au point de vue fiscal, car des règles étaient fixées aux gouverneurs des provinces qui, jusqu'alors, même sous le contrôle de maîtres, tels que Tibère, n'en acceptaient pas (2). On peut comparer ce progrès à celui dont la France a profité en 1789, quand l'impôt a été établi sur des bases stables, claires, permanentes.

Dans la *super indictio* étaient compris les fonds destinés aux dépenses provinciales et locales. M. Bouchard les compare à nos centimes additionnels.

En 383, une constitution de Gratien, Valentinien et Théodose, rendit permanentes les évaluations (*peræquationes*) de la *capitatio terrena*. C'était encore une aggravation; de même que dans les temps prospères, la permanence des bases de l'impôt est un grand avantage, parfois excessif, pour le contribuable,

---

(1) Marquardt, *ibidem*, p. 283. — Bouchard, 306. — Humbert, 1 vol., 487, 2e vol., 343.

(2) *Ibidem*, 307.

de même, dans les temps de décadence, elle peut devenir une cause de ruine.

§ 2. *La* CAPITATIO HUMANA.

La marque de la conquête romaine avait été le *Tributum pro capite,* celui qui se payait avec le *nummus censi,* celui qui irritait les Juifs en particulier. Par un juste retour des choses humaines, Dioclétien crut équitable de l'appliquer par tout l'Empire et par suite à ce qui pouvait subsister de citoyens romains affranchis de la capitation.

La pensée d'égalisation fiscale ne fut point cependant le principe dominant de ce changement. La *capitatio humana* correspondit à un tout autre ordre de faits, à la diminution de l'esclavage, aux progrès accomplis par les classes laborieuses. Servius Tullius ne leur demandait rien; Dioclétien leur demanda beaucoup. Il devança mêmes les temps, en exigeant d'elles ce qu'elles ne pouvaient encore fournir.

Tous ceux qui n'étaient pas décurions, tous ceux qui ne payaient pas la *capitatio terrena* (1), même les esclaves durent acquitter la taxe de capitation (*plebeia capitatio*) d'un *simplum.* On ne connaît pas le taux du *simplum* pour la *capitatio humana.* La femme devait la moitié du *simplum.* Gratien réduisit le taux à deux cinquièmes pour les hommes et au quart pour les femmes.

Dioclétien, Constantin après lui, exemptèrent la plèbe des villes de la *capitatio humana;* elle fut par suite *essentiellement rurale;* ce qui indique combien avaient été grands les changements de toute nature accomplis dans les campagnes. Elle s'appliquait presque exclusivement aux colons libres ou serfs; les esclaves y étaient assujettis. Elle n'était due qu'à partir de l'âge de vingt-cinq ans. Elle ne se confondait pas avec la *capitatio terrena.* L'une et l'autre étaient exigibles séparément. Elle se payait souvent en nature (*annona*), ce qui a eu pour conséquence de la faire placer dans les Codes Théodosien et Justinien sous le titre de *Annona.*

---

(1) En tous cas, la *capitatio humana* tendit à devenir une charge foncière agricole. — Bouchard, *ibidem,* 301.

Elle était graduée; elle équivalait donc à la capitation établie par Louis XIV et à la *classensteuer* prussienne. D'après Baudi di Vesmes, « elle ne consistait pas dans un impôt fixe et uni-« forme dans chaque caput, mais en une somme variable par « chaque individu, et calculée sur la valeur de la personne et « des biens meubles du contribuable. Cette contribution devait « monter environ au dixième du revenu de la personne et des « biens meubles du contribuable, quoique le chiffre n'en soit pas « connu. »

Elle était un impôt de répartition, ce qui la rendait plus arbitraire (1).

§ 3. *Glebalis conlatio.*

Dans les derniers temps de l'Empire les sénateurs furent soumis à une taxe personnelle qui était une véritable capitation; elle était assise sur leurs biens fonciers, d'où le nom qu'elle portait. Faute de biens, le sénateur devait compter *sept solidi*. Les femmes de condition sénatoriale étaient astreintes aux mêmes charges. Le sénateur devait déclarer la nature et la valeur de ses biens. La taxe était probablement proportionnelle, on l'appelait aussi *Follis*, du sac d'or ou d'argent que les sénateurs étaient censés posséder ou apporter; nul sénateur ne pouvait s'y soustraire, si ce n'est en renonçant à la dignité sénatoriale.

Les sénateurs ne concouraient pas à l'*aurum coronarium;* mais ils devaient donner des étrennes (*Strenæ*) à l'Empereur.

§ 4. *La Lustralis conlatio.*

La *Lustralis conlatio* a été un démembrement du *Tributum ex censu*. Lorsque le commerce, l'industrie, la richesse mobilière

(1) Serrigny, 2e vol., 99. — Humbert, 2e vol., 350. — C'est une question très intéressante que celle de savoir si les esclaves — compris, comme le bétail dans la *descriptio animalium* qui faisait partie de la matière imposable de la *capitatio terrena* — payaient encore la *capitatio humana*. Tel est l'avis de M. de Savigny. M. Serrigny pense que l'esclave ne comptait que pour établir le *quantum* de la capitation du propriétaire; cela ne paraît pas vraisemblable, puisque le propriétaire ne payait pas la *capitatio humana*; même réponse à ceux qui répondent que l'esclave n'avait pas de biens, mais il avait *sa personne* et la tendance de l'époque était de la dégager chaque jour davantage.

eurent fait de notables progrès, on reconnut la nécessité de les recenser et de les imposer à part; c'était une taxe sur les commerçants, en donnant à l'expression *mercator* ou *negociator*, la plus grande étendue. Elle s'appelait le *chrysargyrum*; elle était exigible chaque année, puis à chaque lustre, soit tous les 5 ans. On ne peut mieux la comparer qu'à l'impôt des patentes. Elle remonte à Alexandre Sévère qui, sous le nom de *Vectigal Artium*, demanda une contribution particulière aux artisans : tailleurs, vitriers, pelletiers, selliers, orfèvres, tisserands. Cette taxation indique les progrès que ces industries avaient faits, par suite du changement dans la condition du travail. Les portefaits (*saccarii*), qui jouissaient d'un monopole, acquittaient un impôt spécial (1).

Dioclétien et Constantin revisèrent cette taxe. Elle ne fut exigible que tous les cinq ans. Anastase l'abolit en 501 : *Vectigal miserabile, Deo invisum, barbaris ipsis indignum.* Anastase n'était pas prophète.

L'impôt était de répartition et proportionnel. M. Serrigny pense qu'il portait *sur le revenu* et non sur le capital. C'était une exception aux traditions du fisc romain. Le taux paraît avoir été de 2 p. 0/0. Les commerçants le répartissaient et le recouvraient eux-mêmes d'après une matrice (2).

§ 5. *Portoria et monopoles.*

Ils ont été maintenus jusqu'à la fin de l'Empire. Les *Portoria* furent même surélevés. Le droit fut porté au huitième de la valeur par Gratien, Valentinien et Théodose. Justinien confirma ce taux(3). On ignore si, à chaque station ou étape des *Portiora* et des péages, si, dans chaque port, la marchandise devait acquitter les droits, de même qu'avant Dioclétien — c'est fort probable. M. Serrigny fait remarquer que les législations douanières des États actuels sont tout aussi excessives.

Au premier rang des monopoles venait celui du sel, fabriqué

(1) Dureau de La Malle, 2e vol., 487.
(2) Serrigny, *ibidem*, 2e vol., 130.
(3) Serrigny, *ibidem*, 205.

dans les salines du domaine. Les particuliers étaient admis à en fabriquer moyennant permission et un impôt de 10 p. 0/0 du produit, mais ils n'avaient pas le droit de vente. Le fisc le leur prenait à bas prix et le revendait avec bénéfice, exactement comme le tabac en France en 1895. Exploitation des salines et des monopoles était affermée aux publicains, de même que, sous l'ancien régime en France, plusieurs impôts.

Quant aux octrois, les empereurs s'étaient réservé de les autoriser et d'en reviser les tarifs ; il en est toujours ainsi en Europe. Sur les produits, ils prélevaient les 2/3 ; même prélèvement en Italie et en Espagne aujourd'hui. Du moins, en France, l'État ne prélève plus rien.

§ 6. *Mutation et succession.*

I. — *Vicesima libertatis. Quinta et vicesima mancipiorum.* — Ces deux taxes, caractéristiques de l'esclavage, furent abolies. C'est la preuve d'un grand changement dans les idées et dans la constitution de la société.

II. *Vicesima hæreditatium.* — On n'en trouve plus trace au IVe siècle. Ainsi cette réforme fiscale s'effondra. On peut en donner plusieurs raisons. A l'origine, elle avait été une charge particulière des citoyens romains. Le droit de cité ayant été accordé aux provinciaux, la taxe n'a plus eu de portée compensatoire. L'extension du *tributum soli* à toutes les provinces de l'Empire, sous une forme plus rigoureuse, avec un taux plus élevé que le *stipendium*, la dîme en nature ou le *tributum ex censu*, ont pu être considérées comme ne pouvant cadrer avec le maintien d'un autre impôt sur le capital. A ces raisons il faut ajouter la résistance des familles, encore solidement constituées, et la concentration de la propriété foncière dans les mains des grands propriétaires. Au surplus, Trajan avait déjà affaibli le rendement de l'impôt en exemptant tous les collatéraux proches.

§ 7. *Prestations.*

Il n'en est pas de même des prestations. Elles prennent un ruineux accroissement. Elles n'avaient été, en quelque sorte, qu'ébauchées pendant la période précédente, sauf en ce qui concerne l'*Annona*(1); elles se régularisent durant celle-ci; elles prennent la forme qu'elles conserveront jusqu'à Charlemagne et même beaucoup plus loin. Elles se divisent en (2) :

1° Prestations militaires (*Annonæ*), fournitures de vivres, de vêtements, de chevaux, de fourrages et même d'armes pour l'armée; prestation de moudre le blé, prestation de cuire le pain, de fournir le charbon;

2° Prestations administratives, rations des fonctionnaires, les chevaux et fourrages pour la poste, les réquisitions de meubles, de bêtes de somme, l'entretien des *mansiones* (hôtelleries), du *Cursus publicus* (la poste), les fournitures à faire aux manufactures de l'État;

3° Le logement, qui deviendra le droit de gîte et qui s'est perpétué au-delà du moyen âge; il faut loger et défrayer l'Empereur, la Cour, les fonctionnaires, les soldats;

4° Les corvées : véritables impôts que le contribuable payait sous forme de travail; il devait fournir un certain nombre de journées par an pour la construction et l'entretien des routes, des ponts, des édifices et magasins publics ; il devait prêter ses chevaux et ses voitures pour les charrois de l'État, même fournir de la chaux, du bois de charpente, du charbon, des cordages, etc. La plupart de ces prestations devaient être livrées

---

(1) Il existait des rapports étroits entre les deux *capitatio* et la plupart des prestations. Les prestations consistaient les unes en fournitures en nature qui étaient à la charge des propriétaires (*possessores*), les autres des fournitures en travail qui étaient à celle des corporations ouvrières dans les villes et des colons ou esclaves dans les campagnes, *in civitatibus urbanæ ac rusticæ plebis adunatæ.*

M. Bouchard, d'après Savigny, établit une corrélation absolue entre les prestations et la *capitatio terrena*, *ibidem*, p. 307. — M. Humbert est d'un avis différent, *ibidem*, 2e vol., 337 et 345. Il est certain que la plupart des prestations retombaient sur les mêmes personnes. Toutefois elles étaient exclusivement rurales. Elles apparaissaient ainsi comme des compléments (*collationes*) aux deux capitations. Tel est aujourd'hui l'impôt des prestations, en France, intimement lié à l'impôt foncier rural, mais ne se confondant pas avec lui. — Humbert, 2e vol., 345.

(2) Consulter l'article *Annona*, Dictionnaire Daremberg et Serrigny, 2e vol., nos 885 et suivants. — Bouchard, *ibidem*, 307.

en nature. Pour s'en acquitter en argent (*adærare*) il fallait être muni d'un privilège impérial, ce qui s'explique fort bien au milieu des perturbations monétaires de l'Empire romain (1). L'*adæratio* était une faveur. En général, le fisc impérial tenait la main à ce que les paiements stipulés en nature ne fussent pas convertis en argent, parce que ces conversions et les paiements donnaient lieu à beaucoup de fraudes.

5° L'*annona civica* (car on avait appliqué aux prestations militaires le même nom qu'à la prestation frumentaire), fut aggravée par la construction de Constantinople. Constantin accorda aux habitants de sa capitale les mêmes faveurs qu'à la vieille plèbe romaine. On y établit une caisse de la boulangerie — *arcafrumentaria* — comme à Paris sous Napoléon III. Le *congiarium* de cette plèbe coûtait encore 27,000,000 fr. Sous Septime Sévère, — celui d'Alexandrie en exigeait douze — il fallut, plus tard, pour Constantinople en dépenser 29. On accorda la *Tessera* aux propriétaires et aux entrepreneurs qui élevaient des maisons; il en avait été de même à Rome sous Auguste. Pour tenter les locataires, on suspendait la *Tessera* à la porte comme un écriteau (2). Les théoriciens qui parlent de doubler, tripler, quadrupler la contribution foncière dans les villes feront bien de prendre en note cet emploi de la *Tessera*. Le fardeau des lois frumentaires n'en devint que plus accablant. Toutes les provinces furent déclarées annonaires. Il fallut diriger sur Constantinople des flottes comme on en expédiait sur Rome. Les blés étaient réquisitionnés de tous côtés. Les corporations obligatoires durent être augmentées ainsi que leurs privilèges et leurs immunités. La région suburbicaire de Constantinople fut peu à peu convertie en désert comme celle de Rome. Que deviendrait la prospérité de la France s'il fallait entretenir gratuitement les 2,500,000 Parisiens? Qui ne comprend maintenant l'arrangement que le patriarche d'Alexandrie fit avec Omar? Omar garantit à l'Égypte, chrétienne alors, la liberté religieuse et la délivra de la charge de nourrir Constantinople et Rome.

(1) Bouchard, *ibidem*, p. 310. Sur les corvées, voir page 23.

(2) Serrigny, 1 vol. 283. — Marquardt, *Administration de l'Annona*, p. 139-177, *ibidem*, chapitre cinquième, chapitres des plus curieux.

§ 8. *Les corporations.*

Il était pourvu à la plupart de ces corvées par de nombreuses et puissantes corporations qui ont rendu les plus grands services à l'Empire romain pendant cette époque. On peut les comparer aux principales artêles russes, parce qu'artêles russes et corporations romaines proviennent également de la décomposition de l'esclavage. Elles représentent la transition entre le travail servile et le travail libre (1). L'abolition de la *Lustralis conlatio* fut décidée pour favoriser les corporations, bien autrement utiles à cette époque que le concours des activités personnelles. Les plus importantes étaient : 1° les *negotiatores* (commerçants); — 2° les *navicularii* (armateurs et marins); — 3° les *Fabricenses* (forgerons) marqués au bras; — 4° les *Pistores* (boulangers); — 5° le *Corpus catabolensium* (charretiers); — 6° *Corpus suariorum, boariorum, Pecuariorum* (bouchers divers); — 7° les *Bastagirii* (voituriers impériaux); — 8° les *Dendrophores* (charpentiers-poutriers). — Ces corporations se sont répandues de toutes parts pendant le moyen âge. Elles se sont dissoutes avec les progrès généraux du travail et de la richesse. Elles tendent à se reconstituer aujourd'hui sous la forme de syndicats, probablement à raison de l'influence de la diminution des profits, résultant de la concurrence du travail libre. Elles tiennent une grande place dans l'histoire des prestations, formes essentielles de l'impôt, et dans celles de la civilisation.

§ 9. *Le service militaire.*

De tous ces changements, le plus significatif eut lieu dans le service militaire. Sous la République, le service militaire étant une obligation personnelle et d'honneur; le légionnaire et le citoyen ne faisaient qu'une seule et même personne. Pendant la première partie de l'Empire, l'obligation se maintint encore,

(1) Humbert, *ibidem*, 2e vol., p. 357. — Bouchard, p. 307-315. — Rododanachir, *Les corporations à Constantinople*, 1893; — *Journal des Débats*, juill. 1895. Au surplus on rencontre également des corporations importantes dans la Rome primitive, royale et républicaine.

mais avec une tendance à se modifier, à raison de la durée du service militaire. On finit par donner la préférence à l'engagement volontaire que l'on compléta au moyen de réquisitions. La réquisition conduisit, d'abord, à la corvée militaire pour les soldats, puis à la fourniture de soldats par les propriétaires fonciers. Aucun fait n'accuse mieux l'étendue des changements qui ont eu lieu, les progrès de la culture du sol et des populations rurales, l'importance des propriétaires fonciers ruraux. « La « propriété foncière devait fournir les hommes dont on avait « besoin pour remplir les cadres de l'armée. Les *possessores* « étaient tenus de céder, pour le service militaire, les colons « qui cultivaient leurs champs. Le plus ordinairement néan-« moins on admettait l'*adæratio* (c'est-à-dire l'exonération « pécuniaire) et le prix du rachat variait par homme de 20 à 36 « aurei (300 à 540 fr.); c'était l'*aurum tironicum*. Le proprié-« taire qui ne possédait par le nombre de *millenæ* (contenance « variable d'après le nombre des *jugera*) suffisant pour être im-« posé jusqu'à concurrence d'un soldat, payait sa part propor-« tionnelle de l'*adæratio*, ou bien, si la prestation était exigée « en nature, on réunissait sa possession à celle de ses voisins, « jusqu'à ce que l'on eût obtenu une valeur totale de *millenæ* « (ou une contenance) égale au nombre de *millenæ* d'après « lequel on devait la fourniture d'un soldat. Lorsque la pres-« tation était exigée en nature et que le propriétaire n'avait « pas sur sa terre d'hommes propres au service militaire, il « devait s'en procurer ailleurs (1). » Dans les villes cette corvée devint municipale.

Voilà bien déjà les institutions, les charges militaires et foncières du moyen âge. La terre doit le service militaire; l'homme n'est plus rien, la terre est tout.

§ 10. *Impôts temporaires.*

Il faut ajouter à ces diverses taxations quelques impôts qui n'ont été que temporaires à cette époque, mais qui ont reparu

(1) Bouchard, *ibidem*, 315. — Serrigny, 1er vol., 318.

sous l'action des mêmes nécessités que celles auxquelles avaient à faire face les Empereurs de la décadence de l'Empire :

1° L'impôt sur les édifices (*ædificiis intributiones*);

2° L'impôt sur les portes (*ostiarium*);

3° L'impôt sur les fenêtres (*æricum*);

4° L'impôt sur les colonnes (*colomniarium*);

5° L'impôt sur les couvertures des maisons, sur les cheminées ou la fumée.

L'impôt sur les portes et sur les colonnes remontait à l'époque républicaine, ainsi que celui sur les couvertures. D'après Cicéron, on imposa chaque tuile à six sesterces, ce qui paraît exorbitant. L'impôt aurait produit 60,000 sesterces ou 15,000 fr.; c'est une invention fiscale qui pourrait servir à remplacer les octrois, d'après certains réformateurs modernes, mais qui ruinerait les tuileries; on pourrait aussi imposer les briques.

On inventoriait colonnes, tuiles, portes, fenêtres, tout comme depuis le Directoire (1).

6° Les *prétures* que l'on peut comparer aux liturgies grecques (2). La préture était conférée par l'Empereur aux personnages en vue. Elle consistait à donner des jeux, à faire certains travaux; sous Théodose, il y avait huit prétures, chacune taxée :

1° Constantinienne et Constantienne, 1,000 livres (73,443 fr. 70);

2° Théodosienne et Arcadienne, même taux;

3° Triomphale et Augustale, 450 livres (32,538 fr.);

4° Romaine et Laureata, 250 livres (18,110 fr.).

Les prétures n'étaient pas recherchées, mais on poursuivait rigoureusement ceux qui, ayant dû les subir, n'en remplissaient pas les obligations.

Dans les provinces, la charge des prétures incombait aux *duumvirs*, premiers magistrats locaux.

7° La *Scriptura*, taxe de passage, exigée sur les troupeaux nomades de passage.

---

(1) Bouchard, *ibidem*, 304.

(2) Bouchard, *ibidem*, 354.

§ 11. *Des immunités.*

Dès leur origine, les réformes de Dioclétien et de Constantin se heurtèrent à un grand obstacle qu'elles n'ont jamais pu surmonter. Cet obstacle, c'est l'immunité. L'immunité fiscale a diverses origines; nous l'avons rencontrée sous différentes formes dans notre voyage à travers les civilisations anciennes. 1° Les princes, hauts fonctionnaires de l'Empire de la Chine s'astreignaient difficilement au paiement de l'impôt; 2° les Brahmanes en étaient expressément exempts; 3° de même les Perses, d'origine, dans l'Empire des Perses; 4° En Israël, les Lévites en étaient affranchis. En Grèce, les Doriens, spécialement le Spartiate, ne payaient pas d'impôt à l'État; le Spartiate considérait l'acquittement de l'impôt comme une sorte de servitude, du même genre que celle du travail. Il n'en était pas, en principe, ainsi à Athènes. L'Athénien voyait surtout dans l'impôt son côté économique et sa nécessité; mais c'était un esclavagiste endurci. L'esclavage le condamnait fatalement à supporter l'impôt. Malgré ces tendances générales, on accordait, à Athènes, l'immunité fiscale à certains citoyens à raison de services particuliers. On cherchait à attirer les riches métèques par des exemptions d'impôt, qui étaient de véritables immunités. Ainsi, depuis longtemps, l'immunité d'impôt a été pratiquée à titre de privilège de rang, de fonction, de caste, de race, avec une tendance accusée à faire de l'impôt la part des classes inférieures ou des populations vaincues, ce qui, longtemps, a été le même fait politique et économique.

A Rome, pendant la belle période de la République de 510 jusqu'à la conquête (1) de la Macédoine, c'est-à-dire pendant 343 ans, l'impôt sur le capital, levé d'après le cens, a été accepté

(1) L'Immunité est l'un des sujets les plus importants de l'histoire de l'impôt, consulter Dureau de La Malle, 1er vol., 169-181; 323-336; 2e vol., 347-375, 447-451; Championnière, *De la propriété des eaux courantes*, 1842; de Vuitry, *Régime financier de la France*, 1er part.; Flach, *Origines de l'ancienne France*, 1er vol., 91-379; Bouchard, *ibidem*, 2e part., chap. 2 et 3; Baudi di Vesmes, ouvrage déjà cité.

par les classes supérieures, avec le service militaire le plus rude. Elles ont eu pour compensation la formation du plus puissant empire qui ait été constitué et l'accaparement de la terre, la possession de magnifiques propriétés foncières.

A partir de la conquête de la Macédoine s'ouvre une seconde période qui dure jusqu'à Auguste et qui peut se résumer ainsi : le citoyen romain, comme l'ancien Spartiate, ne paie pas d'impôt, ne travaille pas, est nourri par les peuples de toute l'Europe. Durant près de 150 ans, le citoyen romain s'est fait traiter comme se traitait un vrai Spartiate; Africains, Siciliens, Égyptiens, Sardes, Italiotes remplissaient pour lui la fonction de Pénestes. Les guerres sociales ont mis un terme à cette exploitation quant aux Italiotes, et les guerres civiles quant aux autres peuples, sauf les effets des lois frumentaires; mais il n'en est pas moins resté, dans le monde romain, un courant contraire à toute égalisation en matière d'impôt. Cette égalisation, préparée entre Rome et les provinces par Auguste et Tibère, consommée par les empereurs du second siècle, a bientôt rencontré d'autres obstacles dans le caractère même du gouvernement, dans les changements économiques et sociaux.

Le gouvernement impérial tempéré, intelligent avec Auguste et Tibère est devenu, dès le premier siècle, capricieux, arbitraire. De même que l'Empereur s'attribuait le droit, tantôt avec le concours du Sénat, tantôt sans l'invoquer, de modifier les impôts, d'en créer de nouveaux, d'interpréter les lois par une simple lettre, il s'arrogea celui d'exempter de l'impôt, et même de déléguer l'impôt.

Cette exemption, appelée dès lors *Immunitas*, ne pouvait surprendre personne, car l'immunité avait été accordée, durant l'époque de la conquête, à des peuples, à des villes, à des particuliers, à des propriétés; ainsi il y avait en Sicile, dix-sept villes sujettes au tribut, huit en étaient exemptes. Athènes avait été exemptée à l'origine. Il en était de même des terres consacrées aux Dieux, à l'entretien des temples. Antoine concède au rhéteur Sextus Clodius, qui écrivait ses discours, 2,000 *jugera* du domaine public à Leontium, en Sicile, *exempts d'impôts*. Trajan accorde à Polémon et à tous les gens de sa maison l'exemption des *Portoria*. Il exempte de la *vicesima hereditatium* tous les membres de la *gens* unis par une communauté d'alliance, de culte et de sacrifices (1).

Jusqu'à la fin du second siècle de l'Empire, les distinctions de citoyen romain, de municipe libre, de colonie romaine, de droit latin, de droit italique se maintinrent et dûrent créer bien des difficultés, bien des inégalités dans les charges fiscales. Hygin parle d'un livre dans lequel on inscrivait les bénéfices et, selon Godefroy, *Immunitas* et *Beneficium* étaient synonymes (2).

Les soldats, les officiers, certains fonctionnaires étaient exempts de tous les *Portoria* (3). Il en était de même des marchands, des armateurs pour les denrées de l'*annona*. Plus tard les exemptions devinrent plus nombreuses pour la *capitatio terrena*, pour la *capitatio humana*, pour les prestations, pour la *glebalis conlatio*, pour la *lustralis conlatio* (4), les corporations. En 383, Gratien, Valentinien, et Théodose, abrogèrent toutes les immunités soit pour les biens, soit pour les personnes inscrites, sans titre valable, sur les registres publics du cens, sur les cadastres des villes ou des provinces (5).

Deux autres causes avaient, en effet, aggravé encore la situation, depuis Dioclétien et Constantin. 1° L'organisation nouvelle du gouvernement, cette création de hauts fonctionnaires qui tinrent bientôt à honneur, comme leur maître, de ne point payer d'impôt. La fonction comporta peu à peu l'immunité; 2° L'immunité fut accordée aux ecclésiastiques, aux communautés religieuses, aux biens de l'Église, comme en jouissaient les biens des temples.

L'exemption conduisit, dans les derniers temps, à la délégation. De nos jours, la Turquie a été obligée de déléguer une partie notable de ses impôts. C'était un moyen de récompenser

---

(1) Dureau de La Malle, 1er vol., 169, 175, 321, 323.

(2) *Ibidem*, 169.

(3) On les exempta même des impôts directs. Cette exemption s'étendit à leurs familles. Les auxiliaires barbares profitèrent plus tard de cette exemption, *Ibidem*, 457.

(4) Bouchard, *ibidem*, 349, 361.

(5) Dureau de La Malle, 1er vol., 181.

des services, de se procurer des ressources, d'accorder des faveurs (1). On cédait l'impôt de tel village, le péage de tel pont. En Perse la Reine disposait de 40 villages pour sa ceinture.

Mais la cause principale provint des changements sociaux, de la transformation de la société, de la diminution de l'esclavage, de l'extension de la culture, du colonat, de la place nouvelle que le travail prit dans la société, et des profits qu'il réalisa, révolution immense, quelque lentes qu'en aient été les étapes.

Au premier aperçu, il peut paraître singulier d'affirmer que la diminution de l'esclavage, sa transformation en servage, le développement de la culture du sol, le changement dans la forme, les conditions du travail et dans l'opinion qu'on pouvait s'en faire, ont aggravé l'inégalité en matière d'impôt.

L'esclavage restreint les bénéfices de la production, parce qu'il en amoindrit la masse et en enchérit le prix; il les attribue à une infinie minorité qui vit dans l'oisiveté et dans le mépris du travail auquel elle doit ses jouissances. La force des choses impose à cette minorité toutes les charges sociales, puisque l'esclave ne fait pas partie de la société.

La condition du serf n'est pas la même. Il compte dans la société. Il possède une famille, des intérêts particuliers. Lorsqu'il a rempli ses obligations, il reste maître de lui; il peut par son travail modifier sa situation; il a une part dans les bénéfices sociaux; il coopère à les augmenter précisément puisqu'il n'y est pas étranger.

Il en résulte : 1° qu'il doit supporter une part des charges sociales; 2° que son maître ne doit ou ne peut continuer à y faire seul face, pourvu qu'il trouve dans la société les garanties indispensables à la sécurité de sa personne et de son travail.

Mêmes résultats quant à l'extension de la culture du sol; elle se fit du IVe au Xe siècle sur une échelle extraordinaire. L'homme s'enfonçe dans les forêts, les marais, les déserts; c'est là seulement qu'il rencontre la sécurité. Ce mouvement explique la rareté des bras, la dépopulation des villes et des campagnes. Aussi on trouve déjà dans les historiens, les publicistes de cette époque

(1) De Vuitry, 1er vol., 9.

des lamentations sur le dépeuplement des campagnes. M. Fustel de Coulanges les a reproduites, après A. Smith; c'était une illusion : elles se peuplaient, au contraire; mais comme les cultures s'étendaient de toutes parts les campagnes paraissaient devenir désertes. La production dut augmenter. Le serf qui en avait sa part, part garantie par la coutume, dut contribuer à son tour.

Dès que le serf payait l'impôt, l'impôt prenait un caractère servile. Payer impôt à Athènes, à Rome, attestait qu'on était libre, riche, porté dans les premières classes du cens, parce que l'esclavage était le fondement de la société. Réciproquement, lorsque le serf fut admis à payer l'impôt, ne pas payer l'impôt dut devenir la preuve de la véritable supériorité sociale, d'une famille sans tache, d'un homme qui n'était pas condamné au travail. Dans les sociétés esclavagistes, il n'y a pas de confusion possible entre le maître et l'esclave; il n'en est pas tout à fait de même entre le maître et le serf; ce qui différencie, dans le premier cas, ce n'est pas le travail, c'est la liberté; ce qui les différencie dans le second, c'est le travail.

Il y eut un autre motif, non moins énergique, plus persistant que le premier, motif qui se rattache directement au problème de l'incidence de l'impôt et qui exerce encore une grande influence dans les sociétés contemporaines, le rejet des charges fiscales sur les classes les plus nombreuses.

Dans les sociétés anciennes, à base esclavagiste, ce rejet était impraticable, non seulement sur les esclaves, mais entre les classes libres. On en trouve la preuve dans l'institution de l'échange à Athènes et dans l'histoire des impôts à Rome. L'aristocratie romaine parvint à accaparer les terres de l'*ager publicus*, mais il ne lui a pas été possible d'échapper à l'impôt; c'était l'effet de l'esclavage.

L'esclavage, en partie, rompu, dissous, tout changeait. Le rejet de l'impôt pouvait être d'autant mieux essayé qu'il avait pour but de modérer la révolution en cours, en atténuant les pertes des maîtres et en diminuant le moins possible le fardeau séculaire des esclaves.

Enfin tout esclave ne devenait pas serf. Beaucoup d'esclaves étaient affranchis; au bout d'un certain temps, au milieu d'une société aussi troublée, aussi mouvante que la société romaine du IIIe, du IVe et Ve siècle, il se formait dans la société des multitudes de conditions nouvelles, variées, différentes. Les premiers échelons des classes moyennes apparaissaient, se consolidaient, s'étendaient; médecins, professeurs, marchands, artistes, banquiers, juristes, architectes, entrepreneurs, capitalistes, armateurs, propriétaires de tout ordre (1). Quelques-uns attrapaient, même par l'utilité à laquelle ils répondaient, l'immunité. En France, les artistes en jouissent encore. Dans le dernier siècle de l'Empire romain l'immunité se développa, ainsi que la délégation, avec une extrême rapidité; ça été une des causes du détraquement de l'Empire.

Les progrès du christianisme, les infiltrations, puis les invasions de races germaniques accélérèrent beaucoup ce mouvement. L'Église, comme tous les sacerdoces (Inde, Égypte, Israël), a prétendu de bonne heure ne pas payer d'impôt, tout en devenant le plus grand propriétaire de l'Europe. En Grèce, les temples ne payaient pas d'impôt et recevaient certaines dîmes. En Égypte, les grands propriétaires n'ont payé d'impôt que dans la seconde période.

Quant aux Germains, ils étaient réfractaires à l'impôt. Si leurs infiltrations ont eu plus d'importance que leurs invasions, ils n'en ont pas moins introduit dans le monde romain de nouvelles idées sur l'impôt, de nouvelles traditions, de nouveaux éléments. S'ils n'étaient pas des maîtres, encore moins pouvaient-ils être traités en vaincus. Acceptés à divers titres dans l'Empire, ils étaient avides d'immunités tout en se refusant à subir l'impôt.

Divers éléments vont agir, avec une grande puissance, pendant les premiers siècles du moyen âge, coopérer à la destruction de l'impôt. De ces éléments, l'immunité a été et restera le plus redoutable.

§ 12. *Reflets et incidence des impôts.*

Quelle influence de si grands changements dans les impôts ont-ils eue sur leurs effets économiques et sociaux? Pendant la

(1) Duruy, *ibidem*, 7e vol., 230. Fustel de Coulanges, *Anciennes institutions*, liv. 2, chap. 14, édit. 1875.

première époque de l'Empire, l'impôt réorganisé par Auguste et par Tibère demeure presque en entier à la charge des classes supérieures. Le citoyen romain perd à peu près la situation privilégiée qu'il avait obtenue, ses charges s'équilibrent avec ses avantages. L'impôt foncier et le tribut forment la part des provinces, l'impôt sur le capital et la taxe successorale celle de l'Italie et des Romains. Les uns les autres acquittent les *Portoria* et les prestations. Quelques taxes spéciales sont appliquées aux classes moyennes qui, pendant les IIe et IIIe siècles, ont fait de notables progrès. Les immunités commencent à poindre. Tout considéré le gouvernement impérial, le principat a été contraint pour subsister de maintenir sur les classes riches le fardeau de l'impôt.

La situation est loin d'être la même dans la seconde période de l'Empire; ce qui l'atteste, c'est l'accroissement de l'immunité. Cet accroissement a un double effet : 1° de rejeter une notable partie des impôts sur les classes moyennes et inférieures; 2° de préparer, dans les rangs mêmes des classes supérieures, une inégalité qui, tôt ou tard, aura une grande influence sur la société.

Tels sont, en effet, les résultats de l'incidence de la *capitatio terrena*, de la *capitatio humana*, de la *Lustralis conlatio*.

La *Lustralis conlatio* était un progrès, elle réalisait la spécialisation de l'impôt. Combien n'était-il pas préférable pour l'industriel, le marchand, l'entrepreneur d'avoir à payer un impôt sur les profits que sur le capital? Elle n'était due que tous les cinq ans; son taux était modéré. Seulement, elle était arbitraire et nouvelle. C'est ce qui explique les protestations contre le *chrysargirum* et les termes de l'édit d'Anastase. Telle quelle, elle devait encore être plus lourde que le *tributum ex censu* sur les capitaux commerciaux, parce que, à raison de son origine même, le *tributum ex censu* portait surtout sur les capitaux immobiliers. Ces protestations semblent démontrer un autre fait, c'est que les personnes atteintes par la *conlatio lustralis* ne pouvaient pas facilement répercuter l'impôt sur autrui, et ajouter la taxe à leurs factures. Les impôts, qui s'acquittent à terme plus ou moins éloigné et qui ont le caractère de taxe directe, sont à tous égards moins susceptibles de répercussion que ceux payés à raison d'une marchandise déterminée. Les *Portoria* pouvaient être plus facilement répercutés que le *chrysargyrum*. Il en est de même aujourd'hui. Un négociant est moins incertain de rentrer dans les droits de douane qu'il avance que dans le coût de sa patente, même donnât-elle lieu à un prélèvement proportionnel sur ses affaires.

A la charge de qui retombait la *capitatio humana?* La question est délicate, car les modifications survenues dans la composition de la société avaient nécessairement une certaine influence sur l'incidence de la taxe.

1° S'agit-il des esclaves? Le maître la payait et la supportait.

2° S'agit-il des affranchis? Elle demeurait à leur charge, quelqu'étroits que puissent être les liens du patronage, puisque les affranchis opéraient pour leur compte, à leurs risques et périls.

3° S'agit-il des colons serfs? Le maître en était responsable, il devait l'avance de l'impôt. En était-il remboursé? Il faut ici distinguer, entre les serfs domestiques et les serfs réellement colons. Pour ceux-là, le salaire n'était pas encore assez nettement dégagé pour que le serf fût à même de rembourser; quant au serf colon, les opinions diffèrent sur sa condition. Moins on lui accordait de liberté, moins il pouvait rendre la taxe. Il devait exister des différences sensibles entre les serfs-colons, à raison de leur condition, selon les circonstances, la nature des cultures, la fertilité du sol, le climat, la proximité des marchés, la faculté de payer l'impôt en nature; les plus favorisés pouvaient en garder une part, les moins favorisés aucune.

S'agit-il des colons libres, leur part dans la production étant garantie par la coutume, ils devaient être à même de supporter l'impôt personnel (1).

Ces questions se reproduiront dans les siècles qui vont suivre; leur solution variera d'après la condition du colon et le milieu social. En principe, on est porté à admettre que le colon, même perpétuel, ne pouvait échapper à l'impôt. Faut-il encore que l'état de la société ne le réduise pas au strict nécessaire.

La *capitatio terrena* était l'impôt foncier. Les propriétaires

(1) Ch. Girard, *Droit français au moyen-âge*, tome 1, p. 181.

avaient-ils le moyen de le répercuter, en tout ou en partie, sur les autres classes? Comme toutes les taxes directes, l'incidence de l'impôt foncier est immédiate. Est-il assis sur le capital, comme la *capitatio terrena?* le propriétaire doit l'acquitter dans tous les cas, même s'il n'a pas de revenu. Est-il assis sur le revenu? le propriétaire pourra en être déchargé faute de récolte. La *capitatio terrena* était assise sur le capital. Restait au propriétaire la chance de s'en récupérer sur les prix des récoltes.

Dans les sociétés esclavagistes, toute répercussion étant impossible en principe — elle peut avoir lieu néanmoins entre propriétaires producteurs de denrées différentes ou situés dans des conditions de production très opposées — nous avons vu que le *Tributum ex censu* ne pouvait donner lieu à des reflets; mais la *capitatio terrena* était appliquée dans un milieu différent où se rencontraient plusieurs classes de personnes de conditions très diverses. Les propriétaires fonciers n'avaient plus affaire seulement avec des masses d'esclaves réduits *au strict nécessaire toujours garanti,* mais à toute sorte de consommateurs, les uns ayant beaucoup plus, les autres moins que le nécessaire; d'où résultait une variation dans les prix, selon les variations des besoins et des ressources; ce sont ces variations qui facilitent le mieux les propriétaires pour rejeter l'impôt, c'est-à-dire pour le comprendre dans les frais de production.

Vis-à-vis des esclaves, des colons serfs et même des colons libres, tous pourvus par des prélèvements en nature, le rejet ne pouvait être efficace, — il n'en était pas de même pour les populations urbaines, formées principalement d'anciens affranchis, à moins qu'elles ne fussent entretenues au moyen du *congiarium.* Mais, dans les derniers temps de l'Empire, le *congiarium* diminua beaucoup à Rome; il disparut peu à peu de l'Empire. Il n'en était pas de même pour l'État qui avait de grandes armées à nourrir. De là l'édit de Dioclétien sur le maximum 301 (1). Cet

(1) *Édit de Dioclétien, établissant le maximum dans l'Empire romain,* par MM. H. Waddington, 1864; ce curieux travail se compose du texte latin et d'un commentaire très important. On trouve page 18 à propos des salaires (chapitre VII, *De mercedibus operariorum,* un commentaire sur les salaires. Dans ce

édit est du commencement de la seconde période de l'Empire romain. Il appartient aux belles années qui suivirent les mesures réparatrices de Dioclétien. Il dénote une crise économique provenant de causes très diverses, notamment une cause monétaire. Toutefois, on peut en induire l'importance des villes, pour lesquelles l'édit avait été fait. « Chacun sait par sa propre expé-« rience que les objets de commerce et les denrées qui sont « vendus journellement sur les marchés ont atteint des prix « exorbitants et que la passion effrénée du gain n'est plus modé-« rée ni par la quantité des importations, ni par l'abondance des « récoltes..., quant aux négociants qui ont l'habitude de fré-« quenter les ports de mer et de parcourir les provinces loin-« taines, qu'ils se souviennent qu'il est inutile d'accaparer les « denrées en temps de cherté (1). » Il y avait donc dans l'Empire un mouvement commercial important, preuve de l'existence de nombreuses populations, de nombreux consommateurs, en dehors des exploitations agricoles où tout dépendait encore des anciens liens de famille, de clientèle et de servitude.

Quelque part que les propriétaires fonciers puissent répercuter de la *capitatio humana* et de la *capitatio terrena*, ces deux impôts n'en constituaient pas moins pour eux une charge très lourde, d'autant plus que les prestations, de plus en plus croissantes, venaient l'aggraver encore. Quelques-unes de ces prestations, par exemple les corvées pour les chemins, les charrois, retombaient sur les colons; les plus onéreuses restaient au compte des propriétaires.

Ainsi s'expliquent les deux faits, contradictoires en apparence, de cette époque, en ce qui concerne la propriété foncière : 1° les

---

commentaire, M. Waddington admet que le salaire de l'ouvrier des campagnes, sans nourriture, était fixé par le tarif au maximum de 1 fr. 55, — d'après les prix de 21 fr. 55 l'hectolitre de seigle, 0 fr. 92 le litre de vin et 1 fr. 52 le kilog. de mouton. A ces 1 fr. 55 s'ajoutait la nourriture. D'après Cicéron, l'ouvrier des campagnes était payé 0 fr. 80, — plus la nourriture. Pour expliquer de tels prix, il faut toujours se rappeler qu'ils s'appliquaient à des *hommes libres*, payés à raison même de leur liberté et de la supériorité soit de leur personne, soit de leur travail. Quant au maximum de Dioclétien, il y avait dans le tarif de 1 fr. 55 une certaine déduction à opérer à raison de la monnaie avec laquelle on payait. L'édit du maximum avait une cause monétaire.

(1) Traduction de M. Waddington, page 3.

obligations de plus en plus rigoureuses qui lui sont imposées, telle que la responsabilité solidaire de l'impôt; 2° les immunités. Les unes et les autres préparent la transformation qui s'annonce déjà : la formation des grands domaines, élément primordial de la société féodale. La rigueur de la législation atteste la gêne et les souffrances de la propriété foncière; l'*immunitas* n'est que le moyen d'y échapper par l'exemption de ses obligations.

La *glebalis conlatio* avait le même caractère. Le sénateur était toujours un propriétaire. La *glebalis conlatio* constituait un second impôt foncier qui ne rendait que plus précieuse l'*immunitas*.

L'extension de l'*immunitas* aux biens de l'Église ne pouvait qu'accroître encore les souffrances des propriétaires, décourager ou ruiner les moins importants et précipiter le mouvement de concentration.

Il en était de même des invasions des Barbares, des malheurs qui en résultaient de près, de l'inquiétude, de loin. Tout ce qui empirait la condition de tous retombait sur les propriétaires, car ils étaient encore l'élément social principal. Beaucoup désertaient, beaucoup disparaissaient dans les forêts, dans les déserts. Ils y trouvaient la sécurité; ils défrichaient le sol, loin des routes que suivaient les Barbares comme les agents du fisc. Nous les retrouverons dans l'époque suivante, comme le squatter qui est resté un demi-siècle dans les savanes du Farwest.

La disparition de l'impôt successoral est provenue des mêmes causes. L'impôt successoral n'a de fondement durable qu'en ligne directe. Les mœurs romaines, la constitution de la famille étaient contraires à la taxe en ligne directe. Les charges des propriétaires étant ruineuses, au moment même où ils étendent le plus la culture, il est naturel qu'un impôt qui restait entièrement à leur compte, sans répercussion possible, ait été impraticable, par suite aboli, afin de leur permettre de faire face à tous les autres.

§ 13. *Le domaine.*

La constitution du domaine se relie directement à celle de l'impôt. C'est ce qui résulte du tableau historique que nous avons dressé. Toujours, nous nous sommes attachés à donner quelques renseignements sur le domaine des États, parce que les revenus du domaine peuvent préserver les peuples de trop lourdes charges fiscales. Les Romains, qui ont longtemps procédé avec une véritable intuition de leur prodigieuse destinée, dont peut-être Bossuet seul a compris et montré le plan, ont, de tout temps, formé, conservé, étendu un domaine important. Nous avons même dû montrer la place de premier ordre que ce domaine, énormément accru par les guerres, tenait dans l'histoire intérieure du peuple romain.

Pendant la seconde période de l'Empire romain, le domaine, d'après les changements qui se sont produits dans la première période, a en partie changé de caractère. Il est devenu, tout comme en Égypte, à la fois territorial, fiscal et industriel. M. Bouchard divise ses revenus en 8 classes : 1° terres, maisons, forêts ; — 2° vente des denrées provenant des impôts frumentaires ; — 3° mines, carrières, salines ; — 4° manufactures de l'État ; — 5° monnaies ; — 6° lois caducaires ; — 7° amendes ; — 8° confiscations ; — 9° droits divers (1).

1° *Terres, maisons, forêts.* — Cette première catégorie était entretenue au moyen des lois caducaires et des confiscations. Nous n'avons pas à revenir sur les explications déjà fournies à ce sujet. Les immeubles étaient affermés à temps ou à bail perpétuel, moyennant des redevances en or et en nature. Le taux des redevances est ordinairement de 10 p. 0/0 pour les terres labourables et de 20 p. 0/0 pour les terres complantées. Les redevances étaient payées en or ou en nature et vérifiées avec pesage par des fonctionnaires dits *susceptores*.

2° *Lois frumentaires.* — L'État trafiquait souvent des blés et autres denrées provenant des lois frumentaires ; il agiotait sur les cours dans le sens de la baisse (2).

3° *Ventes publiques.* — Faute de fermiers ou de locataires, en cas de grosses réparations urgentes, le fisc mettait en vente publique les immeubles qui l'embarrassaient ; il en était de même

(1) Bouchard, *ibidem*, p. 379-405.

(2) Bouchard, *ibidem*, p. 386.

d'objets mobiliers, tels que les défroques impériales, robes des impératrices, pierreries, armes; le fisc entassait moins d'oripeaux qu'aujourd'hui; on vidait plus souvent les grands meubles (1).

4° *Mines.* — Les mines appartenant aux particuliers devaient le dixième du produit, les mines d'or le septième. On accordait facilement le droit de rechercher de nouvelles mines, surtout de l'or, à la double condition de payer une redevance proportionnelle du septième pour l'or et de vendre à l'État les produits à un tarif qu'il fixait (2).

5° *Monnaies.* — L'Empereur seul pouvait battre monnaie. Les particuliers avaient la faculté d'apporter aux établissements monétaires le cuivre, l'argent et l'or pour les convertir en pièces. Il leur était retenu un seizième du poids pour frais de fabrication; quant à la valeur monétaire, elle était fixée par l'État qui se réservait la différence entre la valeur réelle et la valeur nominale. Les Romains n'ont jamais reconnu, jamais pratiqué les lois monétaires comme les Athéniens. Ils se sont toujours arrogé le droit de fixer la valeur des monnaies, quelle que fût celle du métal monnayé. Les Empereurs n'ont pas manqué de s'emparer de ce droit retrouvé par les *Institutes* dans les formules célèbres des jurisconsultes; *quidquid cæsari placuit legis debet habere vigorem.* Aussi il n'y a jamais eu à Rome de véritable régime monétaire. Tant que la guerre et la conquête approvisionnèrent le Trésor romain des monnaies étrangères d'argent ou d'or, les choses s'y maintinrent tant bien que mal, mais lorsque l'afflux des monnaies étrangères cessa, les ateliers monétaires romains, conformément à la tradition romaine, fabriquèrent des monnaies de tout type.

Le premier effet de cette anarchie monétaire fut de raréfier l'or. C'est pourquoi, dans la seconde période de l'Empire, les impôts doivent être payés *en or* ou en nature. Les préfets du prétoire étaient tenus d'expédier l'or à Constantinople : quant aux produits en nature, ils s'en arrangeaient comme ils pouvaient; de cette situation est née la plus terrible crise monétaire connue. Elle a

(1) Bouchard, *ibidem*, p. 387.

(2) Bouchard, *ibidem*, p. 388.

eu une très grande influence sur les changements accomplis par Dioclétien, Constantin et sur la dislocation de l'Empire. Le moment arriva, en effet, où l'or étant devenu très rare, l'argent renchérit de valeur. Alors l'État, les empereurs romains eux-mêmes, avec l'avis des jurisconsultes, Paul et Modestin notamment, entreprirent de faire passer le cuivre — l'État possédait de grandes mines de cuivre en Dalmatie — pour l'argent. On abaissa, d'un côté, le poids et le titre des pièces en argent et, d'un autre côté, on revêtit la pièce de cuivre d'une légère pellicule d'argent, même de plomb. De là une anarchie monétaire aussi grande que l'anarchie des assignats, le maximum, et une perturbation économique inouïe (1).

6° *Lois caducaires, amendes, confiscations.* — Inutile d'insister sur la corrélation intime des lois contre les célibataires ou les testaments des gens riches, les enfants illégitimes, sur les confiscations, sur les amendes dans un temps aussi redoutable que celui de la fin de l'Empire romain. La sécurité disparut, c'est tout dire. La société seigneuriale, puis la société féodale sont nées du défaut de sécurité tout autant pour les biens que pour les personnes, M. Bouchard a énuméré 29 cas de confiscation (2); quant aux amendes elles n'étaient souvent que des confiscations déguisées.

7° *Droits divers.* — Ces droits produisaient certaines ressources au fisc, — la pêche, — les concessions d'eau, — l'entretien des égouts, — le monopole de certaines marchandises, le passage dans des propriétés de l'État (3).

---

(1) Mommsen, *Histoire de la monnaie romaine*, traduction de Blacas, 3e vol., chap. 3.

(2) Bouchard, *ibidem*, 394-399. — Dans ces cinq pages, M. Bouchard donne de grands détails sur les confiscations, inventaire, prise de possession, appel des confisqués — tout cela n'a disparu de nos lois et de nos mœurs que depuis moins d'un siècle.

Étaient caducs :

1° Les legs aux célibataires ou aux époux sans enfants.

2° Les legs aux enfants naturels sans héritiers propres.

3° Les fidéicommis aux incapables.

Les dénonciateurs des cas caducaires recevaient le tiers, même la moitié du legs ou successions, 392-393.

(3) Bouchard, *ibidem*, 400.

§ 14. *Le fisc impérial.*

Qu'est-ce qui sera chargé de la rentrée, de la surveillance, de la gestion, de la distribution de toutes ces ressources, ressources provenant des impôts, ressources provenant des domaines, ressources provenant des confiscations et des lois caducaires, qu'il ne faut pas confondre avec le véritable domaine? Ce sera le fisc. — Sous la République romaine, le fisc, institution des rois, avait disparu. L'*ærarium* l'avait remplacé — mais, dès la constitution de l'Empire, il avait fallu faire la part au Prince, ou plutôt Auguste et Tibère se l'étaient adjugée et ils avaient reconstitué le *Fiscus*. — Nous en avons déjà parlé plus haut. Jusqu'à Dioclétien, *ærarium* et *Fiscus* firent plus ou moins bon ménage ensemble, mais le *Fiscus*, c'est-à-dire d'abord le trésor personnel du Prince, puis son administration fiscale et financière propre, empiéta beaucoup sur l'*ærarium*. Ainsi la division originaire en provinces du Sénat, reliées à l'*ærarium*, puis en provinces du peuple ou du Prince, reliées au *Fiscus*, tendit à s'affaiblir et tomba en complète désuétude. Le Prince mit la main sur toutes pour la forme: il l'avait toujours mise en réalité. Le *Fiscus* devint ainsi le représentant de tous les intérêts fiscaux de l'Empire (1). Au contraire, les affaires personnelles de l'Empereur se détachent du *Fiscus;* elles deviennent celles de son domaine particulier (*Patrimonium Principis*).

A partir de Dioclétien et de Constantin une réforme financière importante correspond à la réforme fiscale. Elle sera traitée dans un autre livre de cet ouvrage. Quant à présent, il nous suffit de dire que les anciennes attributions de l'*ærarium* furent données au comte, ministre du Trésor (*comes Sacrarum largitionum*), expressions qui nous rejettent bien loin du principat d'Auguste, de Tibère, et celles du *Fiscus* au comte, ministre du domaine impérial (*comes privatarum largitionum*). — Mais le nom de fisc resta attaché, dans la mémoire du peuple, au ministère du Trésor, chargé de l'encaissement des impôts et même, en partie,

(1) Serrigny, 1 vol., 98, *Fiscus*, Dict. Darenberg.

des encaissements du domaine. Pline le Jeune avait trop bien, sous Trajan, caractérisé le fisc de cette époque, tout autrement modéré qu'au IIIe et au IVe siècles, pour que le fisc perdît son nom, devenu universellement impopulaire.

Le fisc romain date réellement de ce temps. Ce n'est plus le *procurator* ou le *prætor* faisant sa fortune personnelle par des exactions dont il est parfois tenu de rendre compte, tantôt devant les comices populaires, avec un accusateur ou un défenseur tel que Cicéron, tantôt devant le Sénat, tantôt devant un juge aussi sérieux que Tibère; c'est une armée de fonctionnaires obscurs, avisés, diligents, impitoyables, disséminés de tous côtés, au courant de tout, multipliant les enquêtes, les visites, les pesées, les procès, les paperasses, obéissant comme une machine aux ordres d'un Ruffin à court d'argent, entourés de registres où tout se trouve écrit, résumé, examiné, compulsé, inventorié et dont le poids sur le contribuable est aussi redoutable que la pression dans la machine hydraulique de Pascal.

Ce fisc est armé afin d'attaquer, de se défendre, de lois dont les législations fiscales modernes n'ont eu garde de dédaigner l'héritage (1). 1° Il ne doit pas d'intérêt; 2° il peut vendre l'objet indivis; 3° pas de caution; 4° pas de frais en justice; 5° pas de vice rédhibitoire; 6° il passe avant tout autre créancier; 7° ses droits sont imprescriptibles; 8° privilège général sur les biens mobiliers et immobiliers du débiteur; 9° hypothèque tacite ou légale; 10° usage des délateurs. Les plus redoutables étaient les personnes de la Cour, attachées au service de la Chambre du prince. En 325, Constantin fit paraître l'édit *ad universos provinciales* provoquant les délations contre les juges, les comtes, les gens de le Cour, ses propres amis. Tous tombaient sous la coupe du fisc.

« C'était aux agents de l'*officium*, en Égypte, qu'était confiée « la perception des taxes. On aurait rougi, rapporte Ammien « Marcellin, d'avoir satisfait aux collecteurs sans pouvoir mon- « trer son corps sillonné de coups... De nombreux témoignages « racontent les épouvantables moyens de contrainte du fisc.

(1) Serrigny, 2e vol., p. 4, 26.

« Dès emprisonnements sans fin, des coups de fouet armés de « plomb, le supplice du froid (sorte d'estrapade, lente et hor- « rible). Pour échapper à ces cruautés beaucoup vendaient et « prostituaient leurs enfants, ou fuyaient chez les Barbares. « On ne saura jamais ce que le fisc romain a coûté de larmes et « d'angoisses au genre humain. On prêta à un empereur ce mot (1) « terrible : « les débiteurs insolvables ne sont bons qu'à tuer. »

Sous ce rapport, les progrès de la civilisation ont amené des changements considérables dans les idées et dans les mœurs des grandes nations appartenant à la civilisation chrétienne; mais ces changements datent, quant à certaines d'entre elles, de moins d'un siècle, parfois ils sont même incomplets et imparfaits. Les fiscs italien, prussien, russe, ottoman sont encore d'une sévérité rigoureuse; si le fisc anglais est modéré en Angleterre où des excès ne seraient pas tolérés, il est impitoyable en Irlande. Enfin, malgré l'extrême adoucissement des lois et des mœurs en France, toutes les branches du fisc ne sont pas animées des mêmes sentiments de bienveillance et de juste modération qui caractérisent celle (administration de contributions directes) chargée de lever précisément les impôts qui représentent la *capitatio terrena* et la *capitatio humana*. On a vu des agents, qui peut-être auraient employé la courbache au besoin, vendre les bancs des élèves des écoles gratuites et jusqu'aux lits des religieuses, quand ils décidaient qu'il y avait trop de lits; on a vu des magistrats interpréter ainsi le Code de procédure civile.

Le progrès n'en est pas moins réel, et comme les nations européennes, la France surtout, paient chaque année, sans résistance, ni murmure, ni plainte, des sommes colossales, comparées

(1) *Journal officiel*, n° 355, 1880. — Communication de M. Leblant à l'Académie des Inscriptions. Cette citation d'Ammien Marcellin est très précieuse. Elle justifie ce que M. Maspero nous a appris des procédés immémoriaux du fisc en Égypte et elle explique, contrairement à l'opinion du duc d'Harcourt (*l'Égypte*, 1893) l'usage actuel, le *point d'honneur* du fellah de ne payer qu'après quelques coups de courbache; c'est la seule protestation que la dureté de sa condition lui permette. C'est une sorte d'appel à la justice. Celui qui se dégrade ainsi n'est pas le fellah accablé, mais le percepteur.

à ce qu'elles payaient sous Dioclétien et Constantin, à coups de fouets plombés ou grâce à l'estrapade, il faut bien constater le progrès qui est bien grand, en effet, mais qui peut être et qui deviendra plus grand encore.

§ 15. *Les impôts des provinces, des civitates et des villes.*

En principe, l'Empire romain se composait encore, au IVe et au Ve siècles, des mêmes éléments politiques que vers la fin de la République et sous Auguste, d'une part l'Empire, d'autre part les villes ou municipes. La raison fondamentale de cet état de choses venait du caractère essentiellement urbain des civilisations grecque et romaine. Il n'y en a point de preuve plus péremptoire que l'histoire de Rome et de son Empire. Le citoyen romain, nourri par l'État, a toujours été un citadin. Dans les derniers temps de l'Empire, il ne recevait le *congiarium* que dans les villes.

Les provinces, au nombre de 120, partagées en 4 préfectures et 14 diocèses, ne formèrent jamais que des divisions administratives. Un grand nombre conservèrent ou furent invitées à constituer des assemblées provinciales, mais ces assemblées étaient, avant tout, religieuses. Les Romains les favorisèrent pour apporter quelque unité dans leur Empire. Ils leur reconnurent même la faculté d'avoir des monnaies locales (κοινα). Ces assemblées étaient composées des délégués des curies des villes ou municipes, élus d'après une certaine proportion. Ces délégués recevaient une indemnité de route. Elles étaient bien plus nombreuses en Orient qu'en Occident. La présidence appartenait à l'Asiarque, sorte de personnage mis au premier plan par sa fortune, sa famille, le sacerdoce qu'il exerçait. Mais qu'étaient ces assemblées? De simples réunions de tolérance, « des associations d'ordre privé, autorisées, protégées et surveillées par la puissance publique », dit M. Guiraud (1). Elles servaient de moyen de communication entre l'Empereur et les populations. Elles interve-

(1) *Les assemblées provinciales dans l'Empire romain*, par M. P. Guiraud, 1887, p. 114.

naient surtout pour maintenir les fêtes provinciales, auxquelles les Romains attachaient une grande importance. Il y avait cependant un budget provincial, mais il était tout religieux, par suite volontaire. Il y avait aussi le budget provincial du gouverneur; ce budget était réglé directement entre les gouverneurs et les préfets du Prétoire, dont ils dépendaient, probablement au moyen de ces fonds complémentaires (*canonici tituli ad arcam Præfecti Prætorio pertinentes ou superindicta*) indiqués par M. Bouchard (1). Ce n'est pas que les assemblées provinciales n'aient eu une importance politique indirecte, à côté de leur fonction religieuse, mais elles ne disposaient pas de droits fiscaux, de moyens financiers provenant d'impôts; elles devaient pourvoir à leurs dépenses au moyen de contributions toutes volontaires et personnelles. Il n'en fut pas différemment aux IVe et Ve siècles, quand les Empereurs essayèrent de leur demander un concours qu'elles n'étaient pas faites pour donner.

Tout autre était la condition des *civitates* et des municipes. La *civitas*, en général, consistait dans une ville avec un certain territoire plus ou moins étendu; le municipe proprement dit ne comprenait que le corps municipal d'une ville. Les Romains furent toujours favorables aux droits des *civitates* et surtout des municipes, soit par politique, soit par tradition latine, soit parce que beaucoup de citoyens romains habitaient les villes. Lors de la conquête, de la formation de leur Empire, les Romains consentirent un grand nombre de traités avec les villes, et, en général, respectèrent longtemps leurs institutions locales, comme nous l'avons vu à propos de la Grèce romaine; ce respect s'affaiblit avec le temps et tous ces traités disparurent peu à peu devant les règles communes, surtout à partir de Dioclétien. Les *civitates* et les villes étaient représentées et administrées par les *decurions* et les *curiales*, c'est-à-dire les habitants et surtout les propriétaires les plus considérables, responsables de l'ordre général. Ils formaient la curie, qui se recrutait elle-même au fur et à mesure des extinctions. Ils recevaient parfois le nom de sénateurs. Leur condition continua à grandir avec la formation et la

(1) Bouchard, *ibidem*, p. 307.

durée de l'Empire. Ils jouissaient d'une considération et d'une autorité réelles : ils étaient, comme le dit Serrigny (1), le nerf et le soutien de l'État. Leur intervention, au profit de l'État, était double. D'un côté ils étaient chargés, sinon de la perception, dn moins de l'assiette et du recouvrement des impôts principaux des deux capitations, et ils en répondaient personnellement et solidairement (2). D'un autre côté, ils administraient la ville ou les *civitates* et avaient droit à certains honneurs et privilèges. Leurs fonctions étaient héréditaires et obligatoires; on ne pouvait renoncer à la condition de *décurion* ou de *curiale;* sur les derniers temps de l'Empire, il est facile de comprendre que les charges de leurs fonctions devinrent plus lourdes que n'étaient grands les avantages.

De quelles ressources disposaient-ils pour faire face aux dépenses locales? Ces ressources consistaient : 1° dans les revenus des biens de la cité; 2° dans les octrois, autorisés par l'Empereur qui en approuvait les tarifs, mais dont un tiers seulement était attribué aux villes; 3° probablement dans certaines taxes locales; mais c'était surtout la fortune personnelle des *décurions* et des *curiales* qui formait la ressource principale. Le décurionat n'était, en définitive, qu'un mode d'exiger l'impôt local. Il en a été de même, dans une grande partie de la Grèce, pour les Liturgues. Les charges des décurions et des curiales, qui ont donné lieu à tant de récriminations de la part de Lactance et de Salvien, dont l'impartialité mérite examen, étaient en rapport avec les traditions des anciennes civilisations. Elles ne devinrent excessives, intolérables qu'à l'époque de la dislocation de l'Empire, non pas à raison de leurs obligations locales, mais à raison de leurs obligations fiscales générales. Ces obligations, en outre, du recouvrement des impôts, consistaient (3) : 1° à faire la police

(1) Serrigny, 1 vol., 186. — Glasson, *Histoire du droit et des institutions de la France,* 1 vol., 245. M. Glasson pense que les villes *fœderatæ* étaient, en principe, exemptes des impôts romains directs; c'est aller un peu loin. Leur condition fiscale dépendait de leurs arrangements primitifs et postérieurs; mais la tendance était à faire payer l'impôt par les *civitates.* Voir Desjardins, *La Gaule romaine,* III, vol. 81. On en comptait 60 sous Auguste.

(2) Ils nommaient les *susceptores* (receveurs) et ils en répondaient.

(3) Serrigny, 1 vol., 228, 31. — Consultez Guizot, *Essai sur l'histoire de France, premier essai.*

municipale; 2° à assurer l'exécution des jugements; 3° à entretenir les bâtiments locaux et les murailles de la cité, la poste aux chevaux; 4° à surveiller les procurateurs des mines de l'État; 5° à veiller au recrutement militaire (prototypies); 6° à faire remettre à l'Empereur l'*aurum coronarium*, — don de joyeux avènement — et l'*aurum tironicum* (remplacement militaire). Ces charges, jointes à celles locales, accablèrent la propriété foncière et préparèrent la dislocation intérieure de l'Empire. Les Empereurs en vinrent même, contrairement à toutes les traditions romaines, jusqu'à mettre la main sur la propriété foncière privée : 1° Ils obligèrent toute personne devenue propriétaire, à titre lucratif, de biens d'un décurion à payer annuellement à la curie une portion du revenu de ces biens, le sixième au moins, l'État devenait ainsi copropriétaire des biens des décurions; 2° lorsque les biens d'un décurion passaient à une personne étrangère à la curie, la curie avait droit au quart de l'hérédité (2). Toutes ces dispositions se retrouvent dans le régime féodal; on l'a cru sorti des forêts de la Germanie; les empereurs et les jurisconsultes romains y ont eu aussi leur part.

Au fond, toutes ces dispositions ont leurs racines dans les progrès de la propriété foncière elle-même, son importance nouvelle, chaque jour plus grande. Elles équivalent à des taxations arbitraires, mais qui ont grand rapport avec nos droits de mutation actuels, entre-vifs ou par décès.

Ces progrès de la propriété foncière sont attestés par l'apparition d'un nouvel organisme politique, social, le municipe rural, appelé *metrocomia*, réunion de plusieurs groupes ruraux, de villages, première forme de la communauté villageoise (1). Nous sommes sur le seuil du moyen âge. Élevez une maison fortifiée, même en terre, au milieu de la *metrocomia*, vous avez la seigneurie.

---

(1) Serrigny, 1 vol., 186, 11. Pour les villages, ils étaient, selon leur plus ou moins d'importance, tantôt pourvus d'une municipalité particulière, tantôt groupés plusieurs ensemble sous l'administration d'une municipalité unique, siégeant au chef-lieu, appelé *metrocomia*, comme nos communes au-dessous de 5,000 habitants sous la constitution de l'an III.

CHAPITRE VI.

FORMES, IMPORTANCE, INFLUENCE DES CHANGEMENTS OPÉRÉS PAR DIOCLÉTIEN ET CONSTANTIN DANS LE SYSTÈME D'IMPÔT DE L'EMPIRE ROMAIN.

A raison de l'étendue et de la diversité des territoires auxquels ils s'appliquaient, de la masse d'hommes, différents eux-mêmes de race, de climat, de traditions, de tendances qu'ils concernaient (1), il n'y a jamais eu de changements aussi considérables dans le système d'impôt d'un État que ceux lentement accomplis par Dioclétien, Constantin et leurs successeurs. Les réformes de 1789 n'ont eu qu'une bien médiocre sphère d'action, comparée à la portée des modifications effectuées alors dans le système d'impôts de l'Empire. Ni l'Angleterre, ni l'Allemagne, ni l'Autriche-Hongrie, ni la Russie n'ont tenu compte des réformes françaises. En outre, ces changements eurent lieu à une époque de révolutions profondes, révolution dans les institutions politiques et la forme du gouvernement, révolution dans le développement économique de l'Europe, révolution dans l'organisation du travail, révolution dans la culture du sol qui prend une extension énorme, révolution dans la propriété foncière qui devient l'élément politique et social directeur, révolution dans les religions, révolution dans les races d'hommes appelées à peupler l'Europe. Aussi l'influence de ces changements, se prolongeant avec celle de ces diverses révolutions, dure-t-elle encore.

Pour se faire une certaine idée des transformations accomplies dans cette grande époque, il suffit d'ouvrir et de comparer entre eux les monuments incomparables qu'elle nous a laissés, le Code Théodosien avec le Code de Justinien et les Novelles, et ces divers ouvra-

(1) Consulter le bel ouvrage de Mommsen, *Les provinces de l'Empire romain*, dont il a paru une traduction en anglais, 1886, London.

ges avec les Pandectes et les Codes Grégorien et Hermogénien.

Avec ceux-ci on demeure dans le véritable milieu romain; on s'entretient avec les jurisconsultes qui ont été la plus haute expression de la civilisation romaine, Ulpien, Papinien, Paul ont plus fait pour le progrès du genre humain, avec Cicéron, Sénèque, Pline l'ancien et Tacite, que Cincinnatus, Papirius Cursor, Fabius Maximus et Paul Émile. Aussi les Pandectes, publiées en 533, ont le caractère purement romain.

Avec ceux-là, avec le Code de Théodose II, paru en 438, et celui de Justinien qui date de 534, la différence est saisissante. Le titre XVI du Code Théodosien nous transporte dans un monde étrange; la secte pestiférée de Tacite a eu la victoire; elle va assister à l'effondrement et à l'ensevelissement de ce peuple romain dont les destinées semblaient éternelles. Car Tite-Live a cru, et peut-être Tacite, à cette éternité. — Titre Ier, *De fide catholica*; titre II, *De Episcopis, de Ecclesia, de clericis;* titre III, *De monachis;* titre IV, *Qui de religione contendunt;* ce titre aurait stupéfait Cicéron et Sénèque; titre V, *De Hereticis;* titre VI, *Ne sanctum baptisma iteretur;* titre VII, *De apostasis;* titre IX, *Ne christianum mancipium judæus habeat*, et ainsi de suite. Justinien refait en partie le Code Théodosien. Il ne trouve plus suffisant de placer à la fin du Code les lois religieuses. Elles sont mises en tête, avant les constitutions impériales, avant les dispositions sur l'autorité des lois.

Ces changements, en germe bien avant Dioclétien, reçoivent de sa main vigoureuse une impulsion puissante. Si ce soldat de fortune (1) a exercé sur tout l'avenir de notre civilisation une influence immense en séparant les éléments civils et militaires, en isolant l'empereur des soldats, en plaçant l'origine de son pouvoir dans la volonté divine et non dans la délégation du peuple, en constituant la cour avec ses fonctionnaires, ses gardes, ses silentiaires, ses écoliers, sortes de pages (*scholares*), sa police publique et privée (2) (*agentes in rebus*), il n'a pas été

(1) Grande encyclopédie, au mot *Dioclétien*.

(2) Les écoles militaires contenaient 3.500 élèves, formaient la garde de l'Empereur. Une section des scholares fournissait les *agentes in rebus* avec 240 officiers, 250 sous-officiers, 750 agents. — Grande encyclopédie, au mot *Empire*.

moins prévoyant en préparant, dans les impôts et les finances de l'Empire, des changements qui subsistent encore pour certaines parties de l'Empire où dont d'autres longtemps profitent.

§ 1. *Formes des changements.*

Ces changements n'ont pas eu lieu subitement, à la suite de bouleversements intérieurs et d'une sorte de volte-face dans l'ensemble des institutions. Au contraire, ils se sont accomplis peu à peu. Dioclétien en a été le principal promoteur (1), de même que c'est lui qui a commencé la série des modifications successives dans le gouvernement de l'Empire; mais plusieurs de ces changements lui sont fort antérieurs; d'autres n'ont été faits que du temps et sous l'impulsion de Justinien. On peut évaluer à au moins 300 ans (265-565) la période pendant laquelle ils se préparent, apparaissent, s'exécutent et se complètent. Aussi ne consistent-ils pas dans des lois d'ensemble, comme certaines lois mémorables de l'Assemblée constituante, du Directoire et de la Restauration, quant à la France de 1789, mais en des constitutions, des édits, des rescrits innombrables des Empereurs depuis Dioclétien, et même avant lui, jusqu'à Justinien, et même après lui. Ces constitutions, édits, rescrits, décisions quelconques se trouvent épars dans les divers monuments juridiques de cette période : 1° le Code Théodosien (2), de beaucoup le plus riche et le plus important en documents, avec les deux Codes ou plutôt les débris des Codes Grégorien et Hermogénien, dont le texte précède celui du Code de Théodose II; 2° le Digeste ou les Pandectes; 3° le Code de Justinien (3); 4° les Novelles et les Authentiques de ce

(1) Duruy, 7° vol., p. 36. M. Duruy pense qu'ils ont commencé vers 282.

(2) Édition Hænel, Bonn, Leipzig, 1842, ms. 40. Comparer cette édition, qui est enrichie d'une importante chronologie avec celle de Godefroy, 7 volumes in-folio — à cause des notes — p. 663 et l'édition Ritter plus complète, 1736, 6 vol. Sur l'importance du Code Théodosien, voir Giraud, *Eléments de droit romain,* p. 378.

(3) Quoique très inférieur au Code Théodosien comme monument fiscal, le Code de Justinien doit être consulté. Livre III, *De vestigalia.* Livre X, *De jure fisci-incolis, tributis.* Livre XI, Des corporations, *De colonis, De censibus.* Livre XII, important pour l'état de la propriété foncière. Livre XIII, Lois militaires. Titre *de agentibus in rebus,* sorte d'inspecteurs généraux dits *les yeux de l'Empereur.*

dernier. Les dispositions et décisions contenues dans ces Codes sont presque innombrables. On peut les partager en deux catégories. La première comprend celles qui s'appliquent exclusivement et directement aux réformes fiscales des Empereurs, ce sont de beaucoup les moins nombreuses. On peut citer notamment : le titre Ier, livre VI du Code Théodosien sur *la glebalis conlatio, l'aurum oblatitium* — plusieurs titres du livre VII sur l'*annona*. Le titre Ier du livre X, *De jure fisci*. Le titre Ier du livre XI *de annona* et *tributis*. Le titre XII du même livre sur l'*Immunitas* et plusieurs autres sur les prestations — plusieurs titres du livre XII sur les *décurions* et les *curiales* (1). Le titre Ier du livre XIII, *Lustralis conlatio,* les titres X et XI *de censu, de censoribus, peræquatoribus et inspectoribus*. Tout le livre XIV sur les corporations et l'administration des grandes villes de Rome, Constantinople, Alexandrie, Carthage. Quant aux deux *capitatio* et aux Portoria, on trouve très peu de textes directs. Vient ensuite la seconde catégorie, celle des textes indirects. Il a fallu des générations de travailleurs très laborieux et éminents, les Godefroy, Savigny, et avant eux Cujas, Juste Lipse, Casaubon, et leurs prédécesseurs depuis le XIe siècle, pour les établir, les classer et les interpréter. A la fin de l'édition Hænel du Code de Théodosien se trouve le classement des documents contenus dans ce code. On peut juger de ce qu'il a exigé d'efforts séculaires pour opérer un classement sérieux (2) par le fait que l'on possède 1,200 constitutions ou autres actes législatifs de Dioclétien. Le même travail a dû être fait pour les Pandectes, le Code Justinien et les Novelles, car les seules traces de changements importants, notamment pour les deux *capitatio,* ne se rencontrent que dans des documents indirects. En voici un exemple : le titre XV du livre V du Digeste est intitulé *De censibus,* qu'on peut traduire par l'expression : *Des recensements.*

---

(1) Ce livre est des plus curieux pour la condition des *curiales*. Titre XVIII, *Si curiales relicta civitate rus habitare maluerunt.* Titre XIX, *De his qui propriam conditionem reliquerunt.* Aujourd'hui on se précipite dans les villes.

(2) Aussi avons-nous dû nous contenter de citer les auteurs principaux qui ont fait l'assemblage exigeant bien des années — comparer Serrigny — 2e vol., pages 74 et suivantes. Paul Viollet, *Précis du droit français,* pages 9-28. Renvoi à l'appendice où les textes les plus importants sont relevés pour les principaux impôts.

Sous ce titre on a placé des extraits des ouvrages d'Ulpien, de Papinien, de Celsus, de Gaïus, de Paul. Les extraits d'Ulpien touchent aux plus importantes matières fiscales : 1o l'application du *jus italicum* dans les villes de Syrie, et Phénicie, notamment à Tyr ; 2o les conditions du *tributum pro capita,* première forme de la *capitatio humana*; 3o les effets à l'époque d'Ulpien de l'*Immunitas*; 4o le mode d'appliquer le *Stipendium ou tributum soli,* première forme de la *capitatio terrena*. Des milliers de textes ont autant d'importance. Ces extraits d'Ulpien doivent être classés au nombre des dispositions préparatoires des réformes postérieures.

Parmi ces réformes, la constitution de la *capitatio terrena* et de la *capitatio humana* a été certainement la plus importante ; elle ne résulte cependant que de textes indirects ou des inscriptions. On ne connaît cette constitution, œuvre du temps, que par des interprétations d'autres textes, ou quelques passages des écrivains de l'histoire Augustale, en particulier d'Aurelius Victor (1). C'est dans les titres du Code Théodosien tels que *de indulgentia debitorum, de itinere muniendo, de Annonæ, de colonis, de censu,* que l'on a pris les éléments indiquant ces changements, qui ont été plutôt des transformations successives que des actes législatifs ; aussi cette constitution n'a-t-elle pas revêtu un caractère d'ensemble ; cet ensemble s'est accompli peu à peu, souvent avec des différences nombreuses, puisque Dioclétien porta le nombre des provinces à 96, formant 37 gouvernements et 14 diocèses.

Le courant réformateur s'est prolongé jusqu'à l'époque de Justinien qui l'a consolidé, développé et régularisé ; mais, en ce qui est du système fiscal, la coutume, la tradition, si anciennes en Orient, ont fini par prévaloir entièrement sur la législation. Peu à peu l'activité législatrice impériale se calme. L'œuvre est accomplie. Le latin même perd sa place éminente qu'il avait conservée. Les dernières Novelles sont écrites en grec et ont dû être traduites en latin.

Ce sont par suite les compilateurs, les glossateurs, les critiques de ces grands monuments qui, pièce à pièce, ont réuni,

(1) Duruy, 7e vol., page 50, notes 4 et 5.

comme dans une mosaïque, et ajusté les uns avec les autres, les divers éléments de ces réformes fiscales dont la tradition et la coutume sont devenues la forme réelle, de beaucoup d'impôts, notamment la taille en France.

§ 2. *Leur importance.*

Pour apprécier toute la portée de ces changements, il faut laisser de côté, dans le système d'impôt du bas empire, tout ce qui est particulier au régime impérial même — et porter seulement son attention sur les grandes lignes du système d'impôt, spécialement l'impôt foncier ou *capitatio terrena*, l'impôt personnel mobilier ou *capitatio humana,* les douanes et les péages, les corvées, les octrois, les monopoles. Nous négligeons les confiscations, les lois caducaires, les délations, bien qu'il n'y a guère plus de 100 ans, au plus 200, que les budgets royaux ou républicains n'y aient plus recours — mais il est évident qu'avec ces éléments nouveaux le système fiscal de l'Empire était complet et qu'on y a peu ajouté. La *capitatio terrena* portait sur le capital foncier, de même que la taille réelle en France et que l'impôt foncier au Japon. En Prusse et même dans toute l'Allemagne on a la tendance à substituer l'impôt foncier sur le capital à l'impôt foncier sur le revenu. Aux États-Unis la *réal property-tax* porte sur le capital. Quant à la *capitatio humana,* elle était comme le vestibule à l'impôt sur les revenus personnels et mobiliers. Elle avait une très grande importance, parce qu'elle correspondait, comme nous l'avons vu, à la désorganisation de l'esclavage et à la première éclosion de classes moyennes et agricoles. De même de nos jours les impôts sur les valeurs mobilières et les objets de consommation correspondent à l'immense diffusion de la richesse. Les péages étaient indispensables sous l'Empire romain parce qu'ils complétaient les douanes. L'empire était trop vaste pour que les droits d'entrée ne fussent perçus que sur les marchandises étrangères ; quant aux corvées, si nombreuses, si lourdes, et auxquelles sont consacrés un très grand nombre de textes des Codes, elles résultaient à la fois de l'état de la civilisation et du caractère agricole qu'elle tendait de plus en plus à revêtir. On retrouve les corvées dans la plupart des États contemporains; il en existe encore des débris en France; la Russie, la Perse, la Chine ont conservé la corvée. Nulle part, elle n'est plus générale qu'à Madagascar. Sans la corvée, le gouvernement malgache ne pourrait subsister. Sous ce rapport, les textes romains, qui nous paraissent si étranges, parce que notre civilisation nous permet de nous passer des corvées, donnent peut-être un tableau plus sincère de la condition historique de l'humanité que ne le font les législations fiscales actuelles des principales nations de l'Europe.

§ 3. *Leur influence.*

Aussi l'influence du système d'impôt qui a prévalu dans les derniers temps de l'Empire romain a été immense (1). Le système a survécu à l'Empire, soit l'Empire d'Occident, soit l'Empire d'Orient. En Orient les Arabes, les Turcs et les Perses y ont apporté fort peu de modifications. Les impôts y ont changé de nom, tout en restant les mêmes. On les y retrouve encore. En Occident, où tant de révolutions ont tout détruit et renouvelé, le système fiscal romain a dominé chez tous les peuples d'origine latine, particulièrement en Italie et en France. Toutefois, c'est en France que la persistance a été le plus extraordinaire. Pendant l'époque gallo-franke et pendant l'époque monarchique nul doute, tailles réelles, tailles personnelles, péages, douanes intérieures, corvées, octrois, la France a conservé tout le système romain jusqu'en 1789. Nous établirons que les fameux droits féodaux, qui ont soulevé tant de malédictions de la part de ceux qui ne voulaient plus les payer, tout en restant débiteurs, et parfois en les exigeant d'autrui, n'étaient, en grande partie, que les impôts romains ou des droits fonciers d'une parfaite légitimité.

(1) Cette influence a été exercée par le Code Théodosien qui a précédé d'un siècle les Codes divers de Justinien. Le Code Théodosien s'est maintenu jusqu'au XIe et XIIe siècle dans les pays de véritable latinité. Après le XIIe siècle, il a été remplacé par les Codes de Justinien. C'est dans le Code Théodosien que se trouve les principaux textes fiscaux. La tradition fiscale a été ainsi conservée. Nous montrerons dans le livre suivant, que l'appropriation des impôts dans les seigneuries et dans les fiefs a concouru à leur maintien sous divers modes. A l'époque du Code Théodo-

Toutefois, depuis la Révolution française et principalement depuis la seconde moitié du XIXe siècle, la direction générale de la civilisation change; l'influence de la propriété foncière s'est amoindrie; la richesse, tout en augmentant beaucoup, s'est disséminée; le pouvoir personnel des monarchies a perdu de son lustre, même en Orient, même en Chine, même au Japon; la séparation, établie par Dioclétien, à l'instar des antiques monarchies orientales, n'a pu être maintenue. Il y a loin du président de la République Française à Louis XIV; le Tzar de toutes les Russies n'est pas relégué au fond d'un palais; aucun souverain n'est plus accessible; le Fils du ciel a dû consentir à recevoir les ambassadeurs des Barbares lui-même. Quel homme rappelle mieux Antonin ou Marc-Aurèle que le président Cleveland? En même temps, les nécessités militaires ont reparu et la distinction fondamentale, absolument contraire aux traditions romaines et grecques, entre le citoyen et le soldat, distinction qui a survécu à la Révolution française, distinction qui n'a pas empêché l'Angleterre de fonder le vaste empire de l'Inde, n'a pu être maintenue en Europe. Tout homme est militaire. Il n'arrive à aucune fonction s'il n'a pas été soldat.

Ces différences servent à mieux faire comprendre l'importance historique de l'époque qui s'étend de Dioclétien à Justinien. Elle est de premier ordre dans l'histoire de la civilisation; aussi a-t-elle produit un très grand nombre d'hommes éminents et nous a-t-elle transmis dans les Codes romains les monuments qui présentent le résumé général de l'histoire de la civilisation au moment où le christianisme en prend la direction religieuse et morale et où se préparent, en Europe, la rencontre et la fusion des principales races de l'humanité.

---

sien les rapports entre les deux parties de l'empire romain étaient encore importants; ils étaient trop affaiblis en 533 pour que les Codes de Justinien y aient été appliqués et même connus.

CHAPITRE VII.

COUP D'ŒIL GÉNÉRAL SUR L'HISTOIRE DE L'IMPÔT DANS LES ANCIENNES CIVILISATIONS.

Par suite, il est nécessaire de résumer les grandes lignes de l'histoire de l'impôt, au moment où tout va changer dans la direction de la civilisation, où l'humanité, sous l'impulsion d'une force qui n'est pas encore fatiguée, va transporter son foyer principal hors de l'Europe, pour rayonner de là non seulement sur le territoire des anciennes civilisations de l'Asie, mais sur le globe entier.

Les premières civilisations, celles de la Mésopotamie, de l'Égypte, de la Perse, de l'Inde et de la Chine nous ont présenté deux systèmes d'impôt, correspondant à deux civilisations différentes. D'un côté, le système de l'Inde, ayant pour seul fondement, la culture du sol et le morcellement de la souveraineté politique. Tous les autres systèmes ont un autre caractère. Les éléments de la civilisation sont très variés en Chine, en Égypte, en Mésopotamie, en Perse, quoique reposant sur la propriété foncière et la culture du sol à titre principal, mais sans exclusion de l'industrie et du commerce. De là des impôts atteignant les branches diverses de la production et parvenant en Égypte à une perfection extrême. Cependant pour tous ces systèmes, l'impôt agricole, qui est le principal, se perçoit, en tout ou en partie, en nature, et parfois il ne consiste même que dans une dîme en nature. Malgré les guerres, les conquêtes, les oppressions des races vaincues, malgré l'esclavage, ces traits marquent nettement les institutions fiscales de ces premières civilisations et caractérisent toujours celles d'entr'elles qui durent encore. On les retrouve en Chine, duns l'Inde, en Perse, dans l'Empire turc et même en Égypte. A l'immutabilité fiscale correspond un état social et politique moins incertain, mais moins progressif qu'en Europe, la richesse y est moins grande, mais la misère moins excessive.

Ces civilisations subsistent encore. Au Japon règne une dynastie qui remonte à plus de 2,500 ans. Cependant le Japon ne montre aucun signe de décadence. Il est plus peuplé que la France et en voie d'accomplir un renouvellement complet. La Chine compte 400 millions d'habitants, c'est-à-dire plus du quart du genre humain. L'Inde est très peuplée et heureuse. L'Égypte n'a jamais été plus peuplée qu'aujourd'hui.

A ces grands États constituant un seul groupe avec une population de 700 millions d'hommes — ont fait longtemps face la Phénicie, la Judée, les Grecs et le peuple romain. Malgré l'originalité de leurs institutions, la Phénicie et la Judée n'ont pas conservé de rôle politique — mais la Judée a rempli un rôle religieux tellement extraordinaire qu'elle a eu une influence fiscale, ne serait-ce que la dîme ecclésiastique, que nous allons avoir à étudier avec les impôts au moyen âge. Cette dîme subsiste encore en Angleterre, la nation qui est actuellement à la tête de la civilisation.

Cette influence, la Grèce, conquise, dévastée, humiliée par les Romains, ne l'a exercée à aucun point de vue sur l'Europe; néanmoins elle a eu un développement politique, social, économique, financier extrêmement brillant et plein aujourd'hui pour l'Europe d'enseignements, puisque les idées démocratiques d'une partie de la Grèce tendent à y prévaloir. Dans ce développement, que nous avons appelé un microcosme, les Grecs ont eu deux systèmes d'impôt; d'abord, celui des Athéniens ou des Ioniens, des plus variés et des plus complets à raison de la fécondité déployée par l'esprit fiscal démocratique. Néanmoins cette fécondité a fini par compromettre la vie sociale, la production et la conservation de la richesse en Grèce, et par provoquer une décadence effroyable qui ne s'est arrêtée quelque temps que sous l'influence de Rome et du christianisme. Bien que les institutions fiscales de la Grèce démocratique n'aient exercé aucune influence sur l'Europe, elles n'en sont pas moins intéressantes : il faut les étudier afin de se prémunir contre le virus démocratique. Quant au régime fiscal dorien, dont Lacédémone a été le type, il a été encore plus 'uneste; il peut servir d'antidote aux maladies socialistes.

Le système romain, dans ses trois grandes époques, est, au contraire, en rapports intimes et profonds avec les sociétés européennes contemporaines, même avec leurs colonisations.

Dans la première époque, le *tributum ex censu* et les Portoria ont constitué un ensemble simple et puissant, offrant beaucoup de rapprochements à faire avec les impôts aux États-Unis. Cet ensemble a été altéré par la direction donnée à la politique de Rome, par la guerre, la conquête du monde méditerranéen et la formation d'une aristocratie foncière oppressive, qui a exploité tous les peuples méditerranéens.

Dans la seconde époque, transition entre la République et l'Empire, les peuples conquis par Rome ont, peu à peu, arraché la concession d'un système d'impôt uniforme, dans la mesure du possible, pour toutes les parties de l'Empire. Le prix de cette uniformité a été les lois frumentaires. Le citoyen romain pauvre a été nourri par l'Europe, qui a pu respirer pendant quelque temps.

Dans la troisième, le peuple romain est définitivement submergé par les peuples conquis. L'Italie est soumise à l'impôt. Les citoyens romains ne sont plus nourris que dans les grands centres turbulents. Les Empereurs cessent d'être en rapports directs avec les citoyens, profondément dégradés; on leur refuse même d'être soldats; l'armée devient celle de l'Empereur; il la tient au loin; il a ses gardes spéciaux; il est le maître de l'impôt; il en dispense ses amis, il le délègue à ses courtisans; l'impôt revêt un caractère d'autant plus servile que les esclaves sont moins nombreux et qu'on peut l'exiger des anciens esclaves, transformés en négociants, employés, propriétaires, colons. A eux de payer et faire payer l'impôt. Peu à peu les grands fonctionnaires, les grands propriétaires en seront tous exempts. Cette exemption dite *immunité* diminue les ressources fiscales du gouvernement qui procède, avec Dioclétien et Constantin, à une modification profonde des impôts, principalement mis à la charge de la propriété foncière rurale par la *capitatio terrena*, la *capitatio humana*, les prestations et les corvées. Tant que l'Empire est en mesure de résister aux causes de dislocation qui lui sont propres, ce système se maintient, parce qu'il correspond à deux révolutions économiques : 1° la transformation de l'esclavage antique ; 2° l'extension du développement agricole et rural de l'Europe et de la propriété foncière. Il a le plus grand rapport avec les impôts qui avaient prévalu dans les anciennes monarchies de l'Orient, notamment de la Mésopotamie, et il en provient en partie ; aussi, en Orient, a-t-il résisté à tous les changements politiques qui s'y sont accomplis.

Il n'en a pas été longtemps de même en Occident, parce que les conditions politiques et économiques de l'Europe ont eu pour résultat la ruine totale de l'Empire romain d'Occident. En réalité, l'état de civilisation de l'Europe, très inférieur aux ve et vi^e^ siècles à celui de l'Orient (Asie mineure, Ancienne Mésopotamie, Palestine, Phénicie, Égypte) ne permettait pas à un système d'impôt, tel que celui adopté par Dioclétien et ses successeurs, de subsister. Dans leurs vastes réformes, Dioclétien et Constantin ont été dominés par les influences orientales, bien autrement puissantes alors. Le christianisme et le mahométisme le prouvent assez ; ces réformes convenaient fort bien à l'Orient ; elles ont dû, en Occident, participer aux changements de toute sorte qui allaient y avoir lieu sous l'influence des invasions, de la dissémination des populations, des progrès extraordinaires de la culture, de la décadence des villes et de la ruine du gouvernement central.

De toutes ces causes, cependant, la plus active a été la transformation de l'esclavage. L'esclavage dans la Grèce ancienne et à Rome avait pris un développement inconnu toujours en Orient. La liquidation de cet esclavage a duré longtemps ; associée à d'autres éléments perturbateurs, elle a produit la société du moyen âge et le fait décisif de l'appropriation de l'impôt.

LIVRE QUATRIÈME.

DE L'IMPÔT AU MOYEN AGE.

CHAPITRE I.

OBSERVATIONS PRÉLIMINAIRES.

Dans la course rapide que nous avons dû faire à travers les siècles, depuis les premières civilisations écloses dans les deltas du Tigre et de l'Euphrate jusqu'aux réformes de Dioclétien et de Constantin, nous avons suivi une même route qui, malgré bien des détours ou des précipices, nous a conduits à un ensemble de constructions, qu'on peut considérer comme présentant, dans leurs grandes lignes et leurs compartiments divers, l'abrégé de tous les efforts des peuples, de tous les progrès du temps.

La dissolution de l'Empire romain d'Occident marque un retour en arrière extraordinaire; c'est le point de départ d'une époque pendant laquelle vont temporairement s'altérer tous les fruits du passé. En Europe, l'impôt subit une lente dégradation qui se termine par une sorte d'éclipse. Il faut retourner en Asie, soit dans les provinces dépendant encore de l'Empire romain d'Orient, soit dans celles composant l'empire des Arabes, pour retrouver une véritable organisation financière, des institutions fiscales, appropriées aux besoins généraux d'un État et donnant encore quelque idée de ce qu'ont fait la Chine, les Égyptiens, les Perses, les Grecs et les Romains.

Et cependant, durant cette époque qui se prolonge pendant neuf cents ans, les peuples européens accomplissent d'assez notables progrès et se trouvent en mesure de soutenir, pendant deux cents ans, le mouvement extraordinaire des croisades.

Il faut en conclure que, dans l'histoire de l'humanité, il importe de ne pas consacrer uniquement son attention aux faits réguliers et symétriques comme la marche de la civilisation en Égypte ou l'Empire romain. D'autres événements, d'un caractère différent, opposé, méritent de provoquer l'attention et les études de tous ceux qui s'intéressent à bien saisir le sens des principaux événements de l'histoire.

A cette organisation fiscale presque parfaite de l'Empire romain, succède en Occident une complète désorganisation. L'anarchie la plus profonde remplace l'ordre le plus savant. Tous les rouages, qui devaient garantir l'impôt et procurer à l'État les ressources nécessaires, s'approprient et accaparent l'impôt. La notion elle-même de l'impôt s'oblitère. Des générations vont se lever, pour lesquelles l'impôt sera encore moins compris qu'à Sparte. Des usages, des législations s'établiront, fonctionneront au hasard, sans aucune main directrice, un Solon, un Auguste, un Dioclétien, qu'on puisse reconnaître.

Cette première époque, pendant laquelle la notion de l'impôt s'obscurcit, s'oblitère complètement, dure cinq cents ans. Vient ensuite une autre époque, qui dure encore pendant trois cents ans : l'impôt refait son apparition, mais il n'a aucun caractère général, permanent. Il est purement occasionnel, local. Dans la troisième, qui s'étend du XIVe au XVIe siècle, l'impôt reprend son ancien caractère d'utilité générale. Toutefois il n'est encore que temporaire. Enfin, avec l'époque monarchique, mais non sans de grandes difficultés, l'impôt redevient une institution stable. Entre l'ensemble des réformes de Louis XIV et la chute de l'Empire romain, il s'écoule 1200 ans. Et même en 1789, l'organisation fiscale de l'Europe était-elle inférieure à l'ensemble des institutions fiscales de Dioclétien.

CHAPITRE II.

ÉPOQUE FRANCO-ROMAINE, APPROPRIATION DE L'IMPÔT.

§ 1er. *Dislocation de l'Empire romain.*

S'il fallait préciser une date à la crise qui constate la dislocation de l'Empire romain, il semble que la moins inexacte serait celle où Théodose opère le partage entre ses deux fils de l'Empire d'Orient et de l'Empire d'Occident. L'ébranlement de la machine remonte beaucoup plus haut. On peut considérer qu'elle ne fonctionne plus que par intervalles et par saccades dès la mort de Marc-Aurèle. Ni Septime Sévère, ni Dioclétien, ni Constantin ne parviennent, au prix des plus grands efforts, à dominer la force séparatiste centrifuge. Les Gaules se séparent durant soixante ans. Dioclétien trace lui-même, sur la carte de l'Empire, les lignes du démembrement. Constantin coupe l'Empire en deux en transportant sa capitale à Byzance.

C'est là le mouvement de dislocation politique, national, ethnique. Les peuples et les races que Rome a vaincus, ruinés, gouvernés (1) pendant quelques siècles n'ont pas disparu. Ils ont repris de nouvelles forces en s'associant au foyer commun; ils tendent maintenant à le briser avec une force irrésistible. Si, en Orient, la dislocation n'a pas la même énergie, c'est que déjà, à diverses reprises, bien avant l'Empire romain, les diverses parties de l'Empire y ont été groupées par les Assyriens, les Égyptiens, les Perses, les Grecs, et qu'elles ont pris, durant de longs siècles, l'habitude de vivre ensemble. De Sismondi a cependant émis l'opinion que puisque l'Empire d'Orient avait duré dix siècles de plus que l'Empire d'Occident, celui-ci, sans ses chefs, aurait pu prolonger son existence. Cette opinion est contraire aux faits

(1) De Sismondi, *Histoire de la chute de l'Empire romain*, p. 250, 1 vol.

historiques. A partir des Flaviens, c'est de l'Orient que l'Empire romain reçoit ses ressources, c'est de l'Occident que proviennent ses plus grands dangers. Les conditions des populations, l'état de civilisation auquel elles étaient parvenues, différaient entièrement.

A côté de ce premier mouvement de dislocation, il s'en opère un second, à l'intérieur de chacun des groupes principaux de l'Empire; les intérêts, qui avaient été si longtemps juxtaposés ou confondus, se dissocient, d'autres intérêts surgissent à côté d'eux. Tout change, se renouvelle, se mêle dans les conditions sociales et dans l'état économique; une immense révolution religieuse, une véritable immigration à l'intérieur du continent européen, une décomposition complète dans l'état des personnes qui a sa répercussion dans l'état des biens, l'introduction dans la société d'un élément nouveau, l'homme du Nord, le Goth, le Franc, le Lombard, le Saxon, le Vandale, qui prend place au premier rang et dans les mains duquel tombe ce qui reste de gouvernement; le haut fonctionnaire romain, le grand propriétaire, l'évêque, admis à partager ce reste, admis à s'asseoir, non sans craintes parfois, au festin; les institutions romaines, avant tout les impôts, se perpétuant, mais dans un état de dégradation, devenant une proie, une marchandise, un objet de trafic; toute idée d'utilité générale, de direction commune s'affaiblissant pour disparaître bientôt; l'anarchie, l'insécurité, la violence se glissant partout; l'homme et la propriété ne trouvant plus de protection que dans la force personnelle et physique.

§ 2. *Dislocation des provinces — les États modernes.*

Aussi dès que le partage de Théodose fut réalisé, il s'en produisit un second par la force même des choses. Dans l'Empire d'Occident chacun des principaux territoires géographiques recouvra une sorte d'indépendance et, dans chacun d'eux, s'installa, pour la préparer, un groupe germanique. C'est un des phénomènes les plus curieux de cette époque de rénovation. Les Ostrogoths et les Lombards en Italie, les Wisigoths au midi, les Burgondes à l'est, les Francs au nord des Gaules, les Wisigoths en Espagne, les Vandales en Afrique, les Saxons en Angleterre (1).

Le sort de chacune de ces provinces est loin d'avoir été le même. De là des différences fondamentales dont il faut tenir compte dès l'origine, pour apprécier les conditions actuelles de formation des États modernes, car leurs bases ont été projetées dès le ve siècle.

L'Italie est de toutes les parties de l'Empire celle qui a le moins souffert des invasions. Sa renaissance date de la fin de l'Empire. Elle se partage, dès lors, en trois groupes principaux qui se sont maintenus jusque dans la seconde moitié du XIXe siècle. Au midi domine l'influence grecque avec l'Empire d'Orient, au centre celle des Papes, au nord celle des Lombards. Mais à côté de cette première démarcation, il y en a une seconde — nulle part le nombre, la population, l'importance des villes ne sont aussi considérables qu'en Italie. Cela tient à l'ancienneté de la civilisation et aussi au climat. La campagne n'est habitable en Italie que dans le nord. Le climat a un autre avantage pour l'Italie. Le Goth, le Franc, le Hérule n'y peuvent résister. Ils dégénèrent rapidement. Dès les invasions, les villes se ferment, se couvrent de murailles; les rues, les maisons sont fortifiées; les habitants des campagnes se transportent sur les sommets des Apennins et y établissent ces villages que l'on y voit encore aujourd'hui. Dans les villes se réfugient tous les débris de la civilisation romaine, ses lois, ses traditions, ses monuments, ses œuvres, ses arts, ses impôts. Bientôt les ports de l'Italie, rendus à la liberté, émancipés des servitudes romaines, deviendront les premiers foyers des Républiques italiennes; c'est là que se préparent les éléments de la seconde civilisation de l'Italie.

En Espagne, les Wisigoths organisent, avec le concours de l'Église, une monarchie régulière qui a son gouvernement, sa dynastie, ses lois, ses codes, ses assemblées politiques, et qui

(1) Sur ce mouvement de dislocation, Glasson, *Histoire du droit et des institutions de la France*, 1 vol., page 585. — Les diverses parties de l'Empire sont demeurées systématiquement séparées les unes des autres.

prolonge son existence jusqu'à l'invasion des Arabes. L'élément germanique joue un rôle important dans l'histoire du peuple espagnol. Après l'Italie, l'Espagne a été la partie de l'Empire romain la plus profondément romanisée, surtout le long des côtes de la Méditerranée et dans les provinces méridionales. Mais le séjour des Wisigoths et la longue domination des Arabes, qui dure près de sept cents ans, ont beaucoup amoindri l'influence romaine, notamment l'organisation fiscale de Rome. Presque partout la redevance se substitue à l'impôt. Toutefois, comme en Italie, les villes conservent leur indépendance.

En Afrique, les invasions des Vandales et celles des Arabes n'ont pas eu le caractère destructif qu'on leur attribue généralement. Les provinces d'Afrique sont demeurées prospères jusqu'au XIIe siècle (1), mais leur organisation sociale et fiscale est devenue complètement arabe. Elles ont participé à la prospérité et à la décadence des Arabes.

A la fin du second siècle, les Gaules étaient déjà la province la plus importante de l'Empire romain. Pendant le IIIe siècle, elles en sont demeurées longtemps séparées. Constantin et Julien ont dû l'Empire à l'influence des Gaules. Les Gaules ont essayé de soutenir l'Empire sans y parvenir : ce sont elles, en effet, qui ont supporté le poids principal des invasions. Tous les peuples du Nord s'y sont donné rendez-vous ; tous les ont traversées, plusieurs s'y sont établis. Par suite, les Gaules occupent, dès cette époque, une place de premier ordre dans l'histoire de l'Europe et dans celle de la civilisation. Elles sont le territoire où se sont juxtaposées et fusionnées les races du Nord et celles du Midi, les peuples germains et les peuples latins. Tout y convenait à cette œuvre, la nature de leur climat, leurs productions, la situation et l'importance du territoire. Au Midi, les races latines se sont conservées avec les traditions romaines, dans le Nord ont incontestablement dominé les mœurs et les institutions germaniques. Il y a même eu dans les Gaules certaines parties comme la Bretagne, le Poitou, l'Auvergne où ont survécu les

---

(1) Voir l'ouvrage de M. de Max Latrie, *Relations et commerce de l'Afrique septentrionale avec les nations chrétiennes au moyen âge*, 1886.

vieilles influences celtiques ou kymriques, comme dans les Landes les débris de la race ibérique.

C'est par suite, dans les Gaules qu'il est le plus curieux d'étudier comment a eu lieu la dissolution des institutions fiscales de Rome, le sort qu'elles ont subi, leur transformation, enfin leur disparition, soit à raison de l'étendue du théâtre, soit à raison de l'opposition des éléments en présence.

D'ailleurs, de cette époque, s'accusait la prépondérance politique de ce territoire dont Strabon avait révélé et signalé les merveilleuses ressources. Cette prépondérance, à travers bien des vicissitudes, s'est maintenue longtemps; malgré d'immenses changements en Europe et sur le globe, la France est encore, à 1400 ans d'intervalle, un des facteurs principaux de l'histoire et de la civilisation; c'est dans les Gaules, en outre, que se rencontrent les documents les plus complets et les plus précieux sur toute cette période.

§ 3. *Dislocation des villes et des campagnes.*

« Après la chute de l'empire romain, dit Adam Smith, les habitants des villes ne furent pas mieux traités que ceux des « campagnes. Ces villes étaient, il est vrai, composées de gens « bien différents des premiers habitants des anciennes répu- « bliques de Grèce et d'Italie. Ce qui composait principalement « celles-ci, c'étaient les propriétaires des terres, entre lesquels le « territoire public avait été originairement divisé et qui avaient « trouvé plus commode de bâtir leurs maisons dans le voisinage « l'une de l'autre et de les environner d'une muraille pour la dé- « fense commune. Au contraire, après la chute de l'empire ro- « main, il paraît qu'en général les propriétaires des terres ont « habité dans des châteaux forts, sur leurs propres domaines et « au milieu de leurs tenanciers et de tous les gens de leur dé- « pendance. Les villes étaient particulièrement habitées par des « artisans qui étaient alors, à ce qu'il semble, de condition ser- « vile ou d'une condition qui en approchait beaucoup (1). »

---

(1) *Richesse des nations*, Livre III, chap. III.

Adam Smith a relevé, avec sa capacité habituelle, dans ce passage, la seconde séparation qui eut lieu lors de la dislocation de l'empire romain, entre les villes et les campagnes. Mais les villes, à cette époque, avaient déjà pris et ont conservé plus d'importance qu'il ne l'a pensé. Toutes les villes n'ont pas été soumises au régime féodal; le véritable régime féodal, au surplus, n'était pas contraire à l'indépendance des villes.

Pendant de longs siècles, à partir de la fin de l'empire romain d'Occident, cette séparation des villes et des campagnes se maintient et même s'aggrave. Les villes s'isolent et perdent l'influence politique. C'est un changement complet avec la civilisation grecque et romaine. Ce changement est dû aux causes que nous avons déjà indiquées, seulement elles agissent avec plus d'efficacité : 1° les progrès de la culture du sol; 2° les monastères et les abbayes; 3° l'immigration des populations à l'intérieur; 4° la transformation de l'esclavage. Une nouvelle impulsion est donnée à ce mouvement par les populations germaniques qui, habituées à habiter les campagnes, conservent leurs préférences, et leurs mœurs.

§ 4. *Importance des campagnes.*

Jusqu'alors, à quelques exceptions près, l'histoire de la civilisation avait été l'histoire des villes. En Égypte, l'histoire de chacun de ses trois empires est associée à l'histoire d'une des capitales de l'Égypte; il en est de même pour la Chaldée, l'Assyrie, la Perse. Lacédémone et Athènes n'étaient guère que des villes. L'Empire romain est sorti d'une ville, entourée d'un fort médiocre territoire; la civilisation des Arabes a même eu un caractère urbain. Cette race de nomades n'a grandi, n'a donné l'expression de sa puissance que dans les villes.

Il n'en a pas été de même des races du nord, et, parmi ces races, il faut compter les Celtes, les Kymris, qui ont occupé le nord, l'ouest et le centre de la France, bien avant les tribus germaniques. Lors de la conquête romaine, les Gaules étaient déjà habitées par des populations qui préféraient la vie rurale. Les villes n'étaient encore ni nombreuses, ni importantes. La ville gauloise, plus tard française, est surtout d'origine romaine.

Le changement qui transporta la vie et l'influence politique dans les campagnes a quelque chose d'extraordinaire. Il faut, pour en bien saisir la portée, se rappeler la fonction des anciennes cités : Babylone, Tyr, Jérusalem, Carthage, Athènes, Rome. Tous ces organismes si puissants, tombent en ruine. La foule humaine qui les a si longtemps recherchés, les abandonne; les grands noms qu'on était habitué à vénérer, à redouter, sont oubliés. La vie est entièrement changée. Qui a conservé quelque souvenance des repas publics, du triobolon, des liturgies, des gladiateurs, du congiarium, du citoyen romain? Le consul devient un pauvre magistrat municipal qui s'inquiète plus des caprices du seigneur voisin que des annales de Tite-Live.

Et le fond de cette révolution radicale (1), la raison de ce changement à vue de décor, c'est cependant encore de fermer les ergastula romains, de briser les fers de l'esclave grec, de transformer le colon latin en un métayer ou un bon vigneron qui pourra nourrir, vêtir, élever, aimer sa famille, sans la permission de personne, et sans que personne lui arrache, sous forme d'impôt ou de redevance, le fruit de son labeur.

§ 5. *De la condition des personnes.*

Dans la société grecque la composition même de la société ne présentait pas d'embarras, les Grecs pratiquaient l'esclavage comme des pirates. Ils vivaient de piraterie. Ils affranchissaient peu. A Athènes on ne trouve dans les documents historiques que des hommes libres et des esclaves (2). A Lacédémone, à Thèbes, où la piraterie était plus rare, il y avait une classe intermédiaire qui se tenait plus près de la liberté que de l'esclavage. C'étaient les Pénestes, les Périèques, les Clarotes, cultivateurs du sol, dont la coutume fixait et garantissait la condition.

---

(1) Ingram, *History of Slavery aud Serfdom*, 1895, p. 77. M. Ingram insiste sur les causes qui ont préparé dans la société romaine la transformation de l'esclavage en servage.

(2) Wallon, *Histoire de l'esclavage*, livre I, chap. X.

Dès l'origine, la composition de la société romaine a été plus complexe, parce que la servitude y avait une place moindre. La société était profondément aristocratique; les rangs sévèrement marqués et gardés. Patriciens, plébéiens, sénateurs, chevaliers, citoyens, il y avait entre eux, quoique libres, des démarcations perpétuelles, les démarcations s'augmentèrent encore avec la conquête : il y eut en Italie les personnes qui possédaient le droit de cité complet (*civitas*), celles qui n'avaient que le droit latin, celles réduites au *jus italicum*, les Déditices, les colons des municipes; plus tard la confusion s'accrut encore : en Sicile seulement, il y eut trois sortes de conditions, les tributaires, les decumani et les alliés (1). Toutes ces différences se retrouvaient, quelquefois plus nombreuses, plus variées dans les autres provinces. Il ne s'agissait dans ces distinctions que des droits politiques. Les mêmes existaient quant aux droits sociaux. Les Romains avaient, toutes proportions gardées, beaucoup moins d'esclaves que les Grecs; ils les affranchissaient plus volontiers, les affranchis entraient dans leur clientèle. Il y avait bien des degrés dans la clientèle de même que dans les affranchis. Dans les villes les affranchis étaient plus nombreux que les esclaves. Dans les campagnes on rencontre, dès les premiers temps de l'Empire, à côté des esclaves, des colons serfs ou anciens affranchis, des colons libres, sorte de métayers ou de fermiers. Parmi ces derniers, il faut comprendre les nombreux colons germains auxquels asile a été accordé (2).

Nous avons vu que peu à peu il s'était fait une sorte d'égalisation au point de vue des droits politiques, et que l'impôt avait joué un grand rôle dans cette égalisation. Jusqu'à un certain point, il en a été de même quant aux conditions sociales, mais avec beaucoup plus de difficulté, de lenteur et précisément sous l'influence du même mobile, l'impôt.

Tous les documents impériaux de la fin du IVe et du Ve siècle, résumés par M. Fustel de Coulanges dans son beau mémoire sur

---

(1) Voir Fustel de Coulanges, *Institutions politiques*, chap. XV, et Dureau de La Malle, *Économie politique des Romains*, 2e vol., 336-375.

(2) Marcel Fournier, *Des affranchissements*, 1882, p. 27 et suiv.

le colonat (1), indiquent les efforts des Empereurs pour fixer à demeure et maintenir la condition des colons, les retenir, même par la violence, sur les domaines qu'ils exploitent.

A cela plusieurs raisons : 1° la rareté des bras eu égard au développement de la culture; 2° les soustractions de colons entre propriétaires ; 3° les besoins croissants des prestations ; les services personnels tendant à remplacer l'impôt en nature ou en argent; 4° le goût et l'habitude du vagabondage; 5° le service militaire; 6° enfin et surtout le paiement de l'impôt.

L'inscription du colon sur le livre du cens (*adscriptio*) était une première garantie qui répondait à toutes les nécessités. Mais la garantie pouvait être insuffisante. Comment réclamer, même au propriétaire, les services de colons libres, mais qui ont disparu? De là, après bien des hésitations, la loi de Théodose portant que « dans toutes les provinces de l'Empire, c'est une règle « établie par les ancêtres que les colons soient retenus par une « sorte de droit éternel; il ne leur est pas permis ni de s'éloigner « des champs dont ils ont la jouissance, ni d'abandonner la terre « qu'ils ont une fois mise en culture. Le colon ne peut pas aller où « il veut comme l'homme qui aurait son plein droit et qui serait « libre. S'il quitte la terre, le propriétaire a plein pouvoir pour « le ramener (2). »

Plus tard Anastase et Justinien (3) adoucirent cette loi; ils décidèrent que si le colon était resté 30 ans sur la terre, par réciprocité il ne pouvait plus être évincé ni les conditions de l'exploitation modifiées. Il devient un tenancier à rente fixe; qui fixe cette rente? La coutume. C'est un point particulièrement élucidé par M. Fustel de Coulanges et qui est en parfait accord avec les traditions rurales, même les traditions actuelles. La coutume est la

(1) *Le colonat romain*, premier mémoire contenu dans des *Recherches sur quelques problèmes d'histoire*, 1886 ; c'est l'ouvrage qui éclaire le mieux l'étude et la connaissance de la double révolution agitant l'empire romain et préparant la société féodale et la transformation de l'Europe; notamment les chapitres sur les colons partiaires, p. 21. — Sur les Saltus, p. 25. — Sur les *colons germains*, p. 43. — *Tenures serviles*, p. 55. — *Colons censitaires*, p. 57. — *Colonat après l'Empire*, p. 145.

(2) Fustel de Coulanges, *Colonat*, p. 93.

(3) Le même, p. 97.

loi de la culture. Le contrat n'y intervient que très-rarement, et seulement dans les temps d'exploitation intensive, de civilisation progressive. Le colon est héréditaire, mais il est maître chez lui. Sa famille, son mobilier, son bétail lui appartiennent. Il peut acquérir, hériter, il est tenu seulement à la culture. Le colon suit le sort de la terre. Il est cédé avec elle, pas sans elle (1).

Telles étaient, à la fin du ve ou au vi^e siècle, les conditions des populations rurales, telles on les retrouve pendant toute la période franco-romaine. Leur état général aurait plutôt empiré, à raison du défaut de garantie, qu'il ne se serait amélioré. Néanmoins si au lieu de considérer les colons seuls on tient compte des esclaves, on constate un grand progrès. On trouve la preuve de ce double fait vers le milieu du ixe siècle, dans le dénombrement de la population rurale établie sur les domaines de la grande abbaye de Saint-Germain-des-Prés; cette population se décomposait ainsi (2) :

1° Ménages de personnes libres	9
2° Ménages de lèdes	45
3° Ménages de colons serfs	120
4° Ménages de colons	2,080
5° Ménages de condition indéterminée	606
Ensemble	2,860

Ces ménages sont établis sur 221,187 hectares et forment un groupe de 10,282 personnes. Le groupe principal se compose de 2,080 colons, quelle est la condition de ces colons? Ce sont les colons attachés à la terre, mais l'exploitant pour leur compte. Voici ce qu'en dit M. de Vuitry. « Les colons et les lèdes formaient plus des trois quarts des tenanciers de l'abbaye et, sans « en conclure qu'ils étaient partout ailleurs dans la même proportion, on peut tenir pour certain qu'ils occupaient une place « considérable dans l'état social de cette époque, qu'ils avaient « le principal rôle dans l'exploitation du sol et que les anciens

(1) Le même, p. 117.

(2) Ad. Vuitry, *Études sur le régime financier de la France*, 1er volume, p. 67.

« impôts romains, s'il en restait, devaient surtout grever leurs « personnes et les terres qu'ils cultivaient (1). »

Les autres groupes ne sont pas moins intéressants à analyser. La liberté absolue est minime, mais elle n'a pas disparu; c'est la confirmation par la statistique des récits de Grégoire de Tours. Les esclaves n'ont qu'un rôle tout à fait secondaire; sont-ils encore appelés colons-serfs. Les lèdes, colons-francs, montrent que l'élément germanique n'a pas d'importance. Le groupe des conditions diverses, achève le tableau, car l'anarchie profonde du IXe siècle devait créer, dans les situations personnelles, bien des variations et des incertitudes (2).

Quant aux rangs supérieurs de la société, la composition en est trop connue pour qu'il y ait lieu d'insister; on y rencontrait les grands propriétaires gaulois, romains, francs, les descendants des hauts fonctionnaires romains, ducs, comtes, agents financiers, les évêques chefs d'abbayes, de monastères, tous devant leur rang et leur influence à l'importance de leurs possessions territoriales, vivant au milieu des campagnes, dans des villæ, la plupart fortifiées; c'étaient les héritiers des hautes classes romaines, augmentées des représentants du clergé et des chefs de bandes germaniques.

Dans les villes, dominent les comtes, représentants de l'autorité centrale et les évêques; elles perdent une partie de leur population; elles souffrent plus encore que les campagnes des incursions des Sarrasins et des Northmans; elles s'entourent de murailles, elles restent pendant toute cette époque, sans influence.

§ 6. *De la survivance des impôts romains.*

La persistance des conditions sociales (3), sur lesquelles les documents contemporains ne laissent aujourd'hui aucun doute,

---

(1) *Le même*, p. 70.

(2) Comparez les chap. IX à XII du livre de M. Fustel de Coulanges, *Sur l'alleu*; 1892, ses conclusions sont les mêmes.

(3) Fustel de Coulanges, *La monarchie franque*, p. 248, 287, a indiqué les impôts qui avaient persisté et ceux qui avaient disparu. Parmi les premiers les

a longtemps accrédité l'opinion que les invasions germaniques n'avaient point exercé d'influence dirimante dans les Gaules, que le gouvernement romain s'était éclipsé plus de nom que de fait, que les Francs s'y étaient substitués dans le Nord, les Burgondes à l'Est, les Wisigoths au Midi, que toute l'administration romaine était restée debout et que les impôts, établis par Dioclétien et par Constantin, avaient continué d'être perçus; c'est le système soutenu avec beaucoup de science, au siècle dernier, par l'abbé Dubos, condamné avec une certaine irritation par Boulainvilliers et Montesquieu, relevé par un grand nombre de publicistes contemporains, MM. Pétigny, Lehuerou, Pastoret, Championnière, Guerard, Fustel de Coulanges, tandis que Baudi di Vesme, Montlosier, Pardessus adhéraient aux idées de Montesquieu. La question a été complètement élucidée par les travaux de M. Ad. Vuitry, de M. Flach et de M. Glasson. L'organisation et l'administration fiscales romaines ont survécu à l'empire romain dans les Gaules, pendant le VIe et le VIIe siècles; à partir du VIIIe siècle elles se sont peu à peu transformées pour disparaître en partie à la fin du IXe siècle; en outre, elles se sont conservées plus intactes dans le midi que dans le nord de la France, dans les villes que dans les campagnes. Les deux capitations ont continué à être perçues, ainsi que les *portoria*. Les prestations se sont aggravées. Les autres taxes ont disparu. Il a été procédé sous les rois Mérovingiens à plusieurs opérations du cens, nécessaires pour l'application de la *capitatio humana;* ces opérations ont fini par rencontrer de grandes difficultés; elles ont même provoqué en 615 une sorte de révolution fiscale à partir de laquelle la perception directe de l'impôt au profit du pouvoir central demeure restreinte et cesse bientôt. Mais, jusqu'à cette époque, l'impôt a été exigé de tous les contribuables, sans égard à leur origine;

---

deux *capitatio* avec tendance à se confondre, les *portoria,* les corvées. Parmi les seconds, le chrysargyrum, p. 260, 264. « Le mode de répartition de l'impôt foncier, s'est continué de l'époque romaine à l'époque franque. C'est là un fait de la plus grande importance et nous aurons à le rappeler plus tard pour rendre raison de la transformation qui se produira dans l'impôt foncier au début de la période féodale, p. 271. Voir également Glasson, *Ibidem.* 2e vol., 358, 381.

et quand il s'effondre dans l'anarchie du VIIIe siècle, tous profitent, sans distinction de race, de sa disparition.

« On ne voit pas, dit M. Lehuerou, qu'il soit question nulle « part, sous les Carlovingiens, de rien qui ressemble à l'impôt « territorial et à la capitation tels qu'ils existaient sous l'Empire. « Les divers cens assis sur les biens ou sur les personnes dont « il est fait mention si souvent dans les capitulaires et ailleurs « ne sont que des rentes domaniales payées à des propriétaires « par des censitaires et des colons. Le tribut public périt (1). »

§ 7. *Les viri potentes, l'immunitas et l'honor.*

Nous avons vu comment les Empereurs romains, en vertu du droit qu'ils avaient d'établir et de modifier l'impôt, en arrivèrent à l'exemption d'impôt, à l'immunité et comment cette immunité se développa progressivement, au profit des hauts fonctionnaires et des grands propriétaires au fur et à mesure que l'émancipation des classes serviles permit de les assujettir à l'impôt (2). Le caractère essentiel de la révolution politique qui précéda et suivit la dissolution de l'Empire romain d'Occident a été de reconstituer une puissante aristocratie, formée de propriétaires, de fonctionnaires, des chefs de bande germains et des évêques. Les éléments de cette aristocratie, qui a gouverné l'Europe si longtemps et à laquelle la civilisation européenne est redevable de sa supériorité, était déjà réunis au IVe siècle (2). Elle a puisé ses forces dans la propriété foncière, parce qu'à partir du IVe et même du IIIe siècle, la propriété foncière prend en Europe une importance jusqu'alors relativement moindre; le colonat a été la conséquence de ce grand mouvement territorial et agricole.

C'est alors qu'apparaît dans les documents le *vir potens :* ce n'est plus le sénateur romain, un illustris, un clarissimus. C'est

---

(1) Ad. Vuitry, *ibidem*, 41.

(2) Fustel de Coulanges, *Institutions politiques*, ch. XVI. M. Fustel de Coulanges a repris cette question des immunités dans son livre sur les origines du système féodal, ch. XIII, mais il ne remonte pas assez loin dans les origines de l'exemption de l'impôt.

un homme puissant, un duc, un comte, un évêque, un gros propriétaire foncier. Sous les derniers empereurs, ces *viri potentes* avaient arraché beaucoup d'immunités particulières; quand le pouvoir central s'affaissa, ils se les attribuèrent eux-mêmes. « Les fonctionnaires deviennent omnipotents : confis-« cations, prestations arbitraires, exactions dans la levée des « impôts deviennent l'exercice régulier de la fonction publique. « Les grands propriétaires gallo-romains se rendent plus indé-« pendants encore que les fonctionnaires; ce sont eux qui, dans » chaque canton, répartissent l'impôt territorial, et ils font en « sorte d'en détourner tout le poids sur les petits cultivateurs. « Au besoin ils s'entendent avec les agents du fisc, ou bien ils « obtiennent de l'État lui-même, soit par la collation de fonc-« tions ou de titres honorifiques, soit par des privilèges, l'*im-« munité d'impôts*. Ils se mettent en dehors et au-dessus des « lois; ils résistent par la force à la perception des impôts dont « ils n'ont pu se décharger (1). »

Le chef de bande franc, apportionné d'un domaine, le reçut immunis, tel que le gallo-romain l'avait possédé. « Toutes les « grandes villæ gallo-romaines, dit M. Flach, dont le proprié-« taire autrefois avait su empêcher l'inscription au registre ca-« dastral, arrivèrent libres de toutes charges publiques aux « mains des chefs francs qui en prirent possession. Le même « avantage fut assuré aux grandes fermes établies par les en-« vahisseurs, soit sur des terres désertes, soit sur des terri-« toires concédés par le roi. Les terres désertes, fort nombreuses « au ve siècle, n'étaient pas recensées. Quant aux terres du fisc, « elles passaient franches d'impôt foncier à tous ceux qui en « obtenaient la concession. Il en était ainsi du temps de l'Em-« pire (2). »

D'autres, en entrant dans le *mundium* du roi, obtenaient l'*immunitas*. C'est par le *mundium* que l'Église parvint à protéger ses domaines et à se débarrasser de l'impôt. Le roi faisait don des charges publiques à son recommandé « ce qui équivalait à une « dispense de l'impôt foncier et à une transmission de droit aux

(1) Flach, *Origines de l'ancienne France*, p. 90. T. 1er.
(2) Flach, *Dito*, p. 99.

« impôts de capitation et de redevance. Il faisait don, en outre, « à son recommandé des amendes judiciaires (Freda) qui au- « raient dû tomber dans son trésor. Par cette double libéralité, « les fonctionnaires royaux étaient écartés du territoire privilé- « gié. L'accès leur en était rigoureusement interdit par la charte « royale que nous pouvons appeler maintenant de son vrai nom « charte d'immunité (1). »

Fonctionnaires, propriétaires, chefs de bande, évêques, grands abbés étaient donc ainsi pourvus de l'*immunitas*.

Ils le furent aussi de l'honor (2). On sait que les empereurs romains avaient eu la faiblesse de consentir quelques délégations d'impôts. C'était altérer la notion de l'impôt; c'était en détruire la base. Ces délégations prirent une grande extension sous les Mérovingiens. La délégation était l'*honor*. Par l'*immunitas*, on était affranchi de ses propres impôts, par l'*honor* on acquérait les impôts d'autrui. Nous y reviendrons sous le § 10 du présent chapitre où est élucidée la transformation de l'impôt.

§ 8. *La Dîme.*

Dès le IIIe siècle, Origène rappelait que la dîme remontait à l'époque d'Abraham et qu'elle était due sur tous les produits de la terre en vertu d'un ordre direct de Dieu. Plus tard saint Augustin recommandait formellement l'établissement de la dîme comme conforme à la tradition immémoriale des peuples, comme nécessaire à l'entretien de l'Église. Les chrétiens l'acceptèrent dès lors d'une manière générale (3). En 585, le concile de Mâcon excommunie les personnes qui ne payent pas la dime. Les capitulaires de Charlemagne la considèrent comme obligatoire. La dîme variait, selon les localités, du 1/10 au 1/13 du produit brut; elle était réelle ou prédiale sur les fonds ruraux, personnelle sur les produits du travail.

Son introduction en Occident est un fait nouveau. Les Romains l'avaient, en général, respectée, là où ils l'avaient rencontrée; ils la comprenaient dans le *Tributum soli;* mais ils ne l'a-

(1) Flach, *Dito*, p. 108.
(2) Flach, *Dito*, p. 119.
(3) Ad. Vuitry, 1er vol., p. 274.

vaient pas propagée. Il est intéressant, dans l'histoire de la civilisation, de constater l'expansion des diverses formes de l'impôt. On sait combien la dîme a eu de partisans à la fin du XVIIIe siècle. Beaucoup de personnes, même en dehors des idées de Vauban, appartenant aux divers partis révolutionnaires, admettaient que la dîme pouvait devenir la base de l'impôt foncier en France.

Il y eut dans l'attribution de la dîme à l'Église un fait d'ordre supérieur. D'abord, au point de vue fiscal, ce fut un bien grand démembrement, un bien grand affaiblissement des ressources de l'État; ce fut une immense appropriation. Mais cette appropriation fut le résultat des changements très-considérables dans les éléments mêmes du pouvoir, du gouvernement et dans les facteurs de la civilisation. L'Église était devenue, sous l'influence d'une révolution religieuse extraordinaire, l'un des éléments du pouvoir, du gouvernement, de l'État même, le fondement principal de la société; avec la charge de l'enseignement et de l'assistance, elle était le premier facteur de la civilisation du temps, exactement comme autrefois les Lévites en Israël, comme les prêtres d'Égypte, comme les Brahmanes, non seulement exempts d'impôts, mais entretenus par l'impôt. La dîme, dans toute l'Europe, au profit de l'Église n'a donc été nullement une usurpation, mais une modification dans la forme et l'attribution de l'impôt parallèle à un changement dans la constitution du pouvoir, de l'État, du gouvernement. Il faut voir aussi dans l'établissement de la dîme, d'un côté la marque de l'influence nouvelle en Europe des civilisations orientales, que nous avons dû mettre au premier plan, puisqu'elle ont été la force génératrice de la civilisation, et, d'un autre côté, l'influence de la mise en culture d'une grande partie de l'Europe. Prédominante durant l'époque franco-romaine, déjà très-importante dans la seconde période de l'empire romain, cette influence est le fait générateur de la société féodale. Développement de la culture du sol, importance des campagnes, société féodale, dîme, sont concomitants, solidaires, caractéristiques des mêmes temps.

Il dut y avoir un grand accroissement de produits. Le prélèvement d'une dîme, qui variait du dixième au treizième sur les résultats bruts n'étaient pas une charge aussi lourde qu'on pourrait le croire. Bien autrement aléatoire est la conversion des récoltes en métaux précieux, conversion qui augmente les *aléas* des cultivateurs et qui a pour conditions une certaine abondance dans la masse des produits et une certaine stabilité dans leur valeur. C'est pour ces raisons, d'une part, que la Chine, l'Empire ottoman, l'Angleterre religieuse pratiquent encore la dîme en nature; et, d'autre part, que l'abolition de la dîme en France ne fut pas un aussi grand bienfait que l'Assemblée constituante le crut. Sur une production brute de 2,400 à 2,800 millions de francs les dîmes représentaient en 1789 environ 100 millions de francs, soit moins de 10 p. 0/0 de la production nette (1).

§ 9. *De la condition des terres.*

« Si nous réunissons tous les traits (2) sous lesquels le do-
« maine du grand propriétaire vient de nous apparaître, nous
« avons devant nous une *Potestas*, franche et libre, une terre
« inaccessible aux agents de la force publique et aux collecteurs
« d'impôts.... Quel agent du fisc oserait tenir tête au petit sou-
« verain qui y commande, pénétrer jusqu'à sa somptueuse de-
« meure que ne défendent pas seulement des murs et des en-
« ceintes (*burgus, castella*), mais dont l'approche est gardée par
« la foule des clients? Les habitants du domaine sont les hommes
« du propriétaire; il les juge, les punit, colons aussi bien qu'es-
« claves et affranchis. Il les assiste et les secourt. Il les enrôle

(1) Nous avons réduit le chiffre de 133 millions avancé par Necker et accepté par M. Léonce de Lavergne (*Introduction aux voyages d'Arthur Young*). M. Monin (Grande Encyclopédie au mot *Dîme*) réduit à 65 millions le produit des dîmes, évalué à *90 millions* par l'abbé Mayet, membre de l'Assemblée constituante. Il est certain que diverses parties du territoire, nouvellement mises en culture, échappaient à la dîme. D'autre part, l'Église avait inféodé une partie de ses dîmes aux seigneurs féodaux, en compensation des services publics qu'elle ne pouvait remplir; en outre, toutes les dîmes personnelles affectant le travail tombèrent en désuétude. La dîme fut ainsi restreinte aux fruits de la terre, surtout aux céréales, aux foins et aux vins, qui constituaient les grosses dîmes. L'inféodation des dîmes, qui a donné lieu à tant de controverses, mais qui a été maintenue jusqu'en 1789, est un fait de la même nature que l'appropriation de l'impôt dans la seigneurie. Elle a eu les mêmes origines, les mêmes causes et les mêmes fins.

(2) Flach, *Origines*, p. 76, 99.

« et parfois, avec leur aide, il repousse les Barbares... (1) » Ce portrait du grand propriétaire gallo-romain est resté exact du VIe au XIe, même au XIIe siècle. Il s'applique à l'évêque et au noble franc. On dirait un riche mexicain, enfermé dans son Rancho, offrant à tout venant assistance et protection, moyennant obéissance et travail (2).

Les rois francs purent maintenir, à leur profit, pendant près de deux siècles, sous diverses formes, les principaux impôts romains, mais ils ne parvinrent jamais à maintenir l'ordre social, à rétablir la sécurité. Ils y furent plus impuissants que les autres gouvernements germaniques, parce que de nouvelles bandes, accourues d'au delà du Rhin, venaient sans cesse compromettre l'ordre et toute sécurité. Il en fut de même plus tard pour les Northmans.

Confondant les époques franque et féodale, Montesquieu a soutenu, avec sa vivacité habituelle, que les Francs n'avaient jamais consenti à subir les impôts romains. C'est un point que M. Ad. Vuitry a particulièrement traité (3). Les Francs ont résisté aux impôts personnels, mais ils ont partout dû se plier aux impôts provenant de la condition des terres. Cette obligation, comme il résulte de plusieurs textes célèbres de Grégoire de Tours et des traités si importants d'Andelot en 615 et de Kiersy-sur-Oise en 877, a été l'une des causes de la chute des Mérovingiens et des Carlovingiens. Elle a exercé une grande influence sur la constitution des fiefs ; mais elle a subsisté du VIe au VIIIe siècle, et encore au IXe siècle. Même après l'édit de Kiersy en 877, qui est considéré comme l'acte consacrant la dépossession fiscale des

(1) Comparer la description de la grande ferme ou villa de Braine au VIe siècle. *Récits des temps mérovingiens*, tome 1.

(2) Sur les Haciendas du Mexique et du Texas, Voir une monographie de M. Claudio Jannet, 1893.

(3) Lorsque Montesquieu refusait aux mots *census* et *tributum* la signification d'impôt, lorsqu'il disait que ce qu'on appelait *census* était un tribut levé sur des serfs, une redevance privée, non une charge publique, il avait en vue le dixième et non le sixième siècle, Ad. Vuitry, *ibidem*, 1er vol., 89. — Voir également M. Esmein, 615, *Cours d'histoire du droit français*, 1895, p. 89, *Esprit des lois*, liv. XXX, chap. XII, XIII, XIV et XV. Montesquieu donne à tous les impôts de cette époque le nom de *maltote*, expression de la fin du XIIIe siècle appliquée à l'un des premiers impôts généraux en France.

Carlovingiens, Charles le Chauve en 879 et Raoul en 924, purent lever encore un tribut général. « Ce fut, dit M. Ad. Vuitry, le dernier subside imposé à la nation, à titre de tribut général, et *quatre siècles* s'écouleront avant que le pouvoir royal puisse seulement essayer d'y avoir recours (1). »

La condition des terres se calqua, à partir du VIe siècle, sur celle des personnes et suivit le sort de l'insécurité commune. D'une part il dut, par suite du développement de la culture, dans des parties éloignées, inconnues, inaccessibles du territoire (*saltus*) se former des terres très nombreuses qui ne furent jamais soumises à l'impôt. D'autre part, dans les derniers temps de l'Empire, au milieu d'une anarchie croissante, l'opération du cens n'eut plus autant de régularité. Beaucoup de domaines échappèrent, même avec la connivence des agents du fisc. Il y eut certainement, dès le Ve et surtout au VIe siècle, des domaines anciens ou nouveaux qui ne furent pas compris dans le cens.

Pour se faire une idée assez exacte de l'état réel des Gaules à cette époque, qui s'étend du VIe au Xe siècle, il faut ne jamais perdre de vue que la Gaule formait alors un territoire relativement très-considérable, couvert de forêts, de marais et de landes, avec une population restreinte et disséminée. En 1789, après plus de dix siècles de progrès, il y avait encore en France plus de 15 millions d'hectares en forêts, landes et marais ; c'est-à-dire le quart au moins du territoire. Les agents du fisc romain n'avaient pu exercer leur action que dans le rayon des groupes principaux, en pressurant les *curiales* ou propriétaires qui vivaient dans les villes. Les défrichements nouveaux, les mises en culture, les plantations continuèrent, surtout par les monastères, de toutes parts, mais à des distances relativement très-grandes.

On ne saurait trop insister sur ces défrichements, c'est-à-dire sur la mise en culture du sol des Gaules. Au VIIe siècle, la forêt, la lande, le marais, devaient occuper plus des trois quarts de la superficie totale. Bénéfices, précaires, emphythéoses, fiefs, cen-

(1) Ad. Vuitry, *ibidem*, p. 93. Comparer Tardif, *Étude sur les institutions politiques de la France sous les Mérovingiens*, 1882, p. 110, 211, 220, et Paul Viollet, *Histoire des institutions politiques et administratives de la France*, 1er vol., 1890, p. 319, 333, 391, 79.

sives, toutes ces formes de la propriété avaient pour fondement le défrichement, le faire-valoir. Dans la deuxième loi de la seigneurie de Coucy, revisant en 1563 celle de 1163, le cultivateur censier a le droit de défricher telle partie qu'il pourra de la forêt appartenant à la seigneurie ; il devient propriétaire des lots défrichés qu'il peut vendre (1). D'après ce fait, qui se reproduit dans des milliers de terriers, on peut juger de ce qu'étaient les Gaules du VIe au XIIe siècle. M. Lamprecht en a dressé le tableau en marquant l'importance des trois éléments de l'économie rurale de l'époque, l'eau, la forêt, la lande. C'est de ces éléments qu'est sortie notre administration des *Eaux et forêts* (2), qui est d'origine seigneuriale (3). Il y avait des étendues sans maître, sans valeur aucune, des déserts, comme aux États-Unis, qu'on nommait *indominicatura* (4). Il y a encore aux États-Unis, en Argentine, au Brésil, en Australie et par toute l'Afrique, d'immenses étendues de terre sans maître, non appropriées. Tel était l'état des Gaules, et le résultat économique le plus considérable de la Révolution a été de mettre en culture 7 millions d'hectares, sur les 15 millions de marais, landes et forêts en 1789. Le mouvement de centralisation politique des XVIIe et XVIIIe siècles arrêta les défrichements. On en trouve une curieuse preuve dans la vie de Montesquieu, auquel l'intendant de la Guyenne refusa l'autorisation de transplanter en vignes une lande près de Bordeaux (5). En appréciant la fonction économique de l'époque féodale, nous montrerons combien elle a eu d'importance au point de vue de la mise en culture du territoire.

Aux domaines nouveaux, à ceux qui échappèrent au fisc, — il importe de ne pas les confondre — s'ajoutèrent ceux qui obtin-

---

(1) *Réforme sociale*, août 1883, p. 163.

(2) *Etat économique de la France pendant la première partie du moyen âge*, 1890, livre II, chap. Ier. Tout l'ouvrage est à consulter, p. 108, 111, 140 spécialement. Comparer sur les forêts en France *Le droit de tiers étranger. Recherches sur divers services publics au* XIIIe *siècle*, par le colonel Borelli de Serres, 1896, ouvrage des plus curieux.

(3) C'est à propos d'un procès relatif à la propriété des *eaux courantes* que Championnière a composé son *Mémoire judiciaire sur la féodalité* avec un zèle funeste à sa cause.

(4) Par suite, le fief sera appelé *Dominicatura*, p. 172.

(5) *Œuvres inédites de Montesquieu*, t. I.

rent l'immunité. Pendant l'Empire romain, l'immunité avait été principalement personnelle; elle devint principalement réelle, foncière; elle fut accordée par les rois Francs à des personnes déterminées, mais sous une forme qui lui donnait le caractère d'une faveur, d'une exception foncière. Les rois Francs avaient hérité de la pleine autorité impériale; ils en usaient comme les empereurs; ils affectaient même de se servir des mêmes procédés et des mêmes expressions que les empereurs de Constantinople et de se montrer tout-puissants et capricieux comme eux. Ils avaient conservé le même personnel fiscal et administratif, *duces, comites, vicarii, judices,* auxquels on appliquait les mêmes épithètes. Ce personnel était chargé comme, du temps de l'empire, de percevoir les impôts, de veiller à l'exécution des charges publiques. Il s'en tirait comme il pouvait, au milieu d'une anarchie effroyable, combattu entre deux tendances, celle de procurer quelques ressources au fisc royal et celle de s'en réserver davantage. Par suite, il n'en était que plus âpre dans ses poursuites à l'égard soit des propriétaires, soit de tous fermiers, colons, serfs, hommes libres, réunis dans leurs villæ. La forme nouvelle de l'*immunitas* consista à interdire aux agents du fisc, auxquels on donna, d'après la tradition romaine, le nom générique de *judices,* toute entrée dans les domaines des Immunistes (1). L'*Immunitas* passa ainsi des personnes aux domaines, du moins pour la partie des domaines demeurés sous la main de l'Immuniste. Mais les diverses personnes et les domaines dépendant de l'immuniste durent continuer à acquitter leurs impôts et charges. L'immuniste devait le faire lui-même. L'*Immunitas* conserva ainsi, en partie, le caractère qu'elle avait à l'époque romaine. C'est un temps fort curieux de transition que Montesquieu (2) a fort bien remarqué, qui a été quelquefois méconnu et sur lequel M. Fustel de Coulanges n'est pas lui-même assez net. Ce qui veut dire qu'il y eut diverses étapes dans les transforma-

(1) Fustel de Coulanges, *Origines du système féodal,* chap. XVI. M. Fustel de Coulanges insiste sur le caractère personnel des actes d'immunité. Ce qui avait lieu également sous le régime romain.

(2) *Esprit des Lois,* liv. XXX, chap. XVI, XXI, XXII.

tions et l'appropriation de l'impôt (1). Les origines de ce mouvement remontent aux derniers temps de l'Empire romain. Il a puisé de nouvelles forces dans les invasions germaniques; mais l'*Immunitas* et l'*Honor* romains provenaient des mêmes influences que l'*Immunitas* et les *Honores* de l'époque gallo-franke et les ont précédés; c'est le même courant économique. Les rois mérovingiens ont procédé comme les empereurs romains, bien qu'avec des formes différentes et en attribuant plus d'importance aux terres qu'aux personnes. Au point de vue de l'impôt, il y eut aggravation; mais le mouvement était le même : exemption des classes supérieures de l'impôt et des charges publiques, parce que les progrès des classes inférieures leur permettaient d'y concourir et que l'acquittement de l'impôt et des charges publiques avait changé de caractère. Au-dessus des faits historiques, des actes, des formules, il faut reconnaître et suivre les mouvements économiques et sociaux. La *capitatio humana* n'avait jamais concerné les classes élevées, encore moins les hauts fonctionnaires, les sénateurs; qui aurait osé la réclamer *des Potentes?* Il en fut de même pour la *capitatio terrena* et toutes les autres charges romaines, les seules pratiquées du VIe au VIIIe siècle. On peut même dire qu'elles disparurent ou se transformèrent d'elles-mêmes. Les formules des rois méronvingiens indiquent plutôt leur impuissance que leur bonne volonté. Ce serait se méprendre complètement sur l'époque que d'y attacher trop d'importance.

Mais tous les propriétaires n'obtenaient pas l'*immunitas*. On l'accordait à ceux qui étaient assez forts pour l'imposer. Dans les mouvements sociaux, surtout dans les mouvements aristocratiques, il faut compter déjà par soi-même pour profiter du courant. Il y eut beaucoup de propriétaires, beaucoup de fonctionnaires qui demeurèrent, par l'infériorité de leur condition et de leurs intérêts, en dehors du courant. Ce sont ceux

(1) Dans son traité, *Sur l'Immunité* (Paris, 1882). M. A. Prost semble considérer l'*Immunitas* comme un fait nouveau qui apparaît tout à coup et qui résulte des circonstances. M. Fustel de Coulanges essaie de soutenir, avec plus de réserve, la même opinion (*Origines du régime féodal*, chap. XVI), mais les faits et les raisons le conduisent à modifier ses idées, *ibidem*, p. 421-425. — De même M. Esmein, *Cours d'hist. du droit*, p. 146, négligeant l'origine romaine, ne peut donner une raison économique de l'*Immunitas*.

qui eurent recours, au milieu de l'anarchie générale, à la recommandation. Les plus petits se placèrent, avec un juste instinct de leur sort, sous la protection de l'Église et lui créèrent son immense clientèle; les autres sollicitèrent le patronage (*patrocinium*) des Potentes, en leur cédant tout ou partie de leurs domaines.

Cette cession était suivie d'une rétrocession, mais à titre nouveau et différent, à titre de *beneficium* ou bienfait. Le *beneficium* a eu, d'ailleurs, une autre source, la cession directe. La tenure ou propriété bénéficiaire prit, du VIe au IXe siècle, une énorme extension; elle ne provint pas seulement de l'état anarchique de la société, du besoin d'ordre et de protection, mais du développement de la culture, de ses nécessités, de l'abondance des terres, et de leur peu de valeur.

Les modes d'occupation et d'exploitation spécialement romains tels que la locature à divers termes, l'emphytéose ne disparurent pas ; elles se propagèrent, au contraire, au fur et à mesure de l'extension des territoires défrichés.

Il y eut ainsi plusieurs catégories de terres : 1° les grands domaines, les villæ qui deviendront les seigneuries; 2° les domaines tenus à titre bénéficiaire provenant de la *commendatio* ou du *beneficium*; 3° les domaines compris dans une locature ou une emphytéose; 4° les biens propres de l'Église; 5° les domaines dits *precaria*, protégés par l'Église.

L'*Immunitas* concernait essentiellement les grands domaines ou villæ. Les alleux (1) qui ont tenu jusqu'en 1789, une si importante place dans l'histoire de la propriété foncière en France, faisaient partie de ces grands domaines. Ils ont eu deux caractères : 1° l'exemption d'impôts, de services, sauf le service mili-

---

(1) Fustel de Coulanges, *L'alleu et le domaine rural*, 1882, chap. 1er; — M. Flach, *Origines*, 1 vol., 122. — M. Glasson, *ibidem*, 4e vol. 466. — M. Cauwès, *Un excellent article dans la grande Encyclopédie avec bibliographie sur l'alleu*. — M. Lempereur, archiviste de l'Aveyron, dans un mémoire fort distingué, pense que l'alleu véritable a été la seigneurie. *Bulletin du comité des travaux historiques*, année 1894, p. 341, les droits seigneuriaux dans les terres de l'ancien évêché de Rodez. — Comparez M. Esmein, *Cours de droit français*, p. 222 et M. Paul Viollet, *Précis d'histoire de droit français*, p. 529 et 607. — Chénon, *Hist. des alleux en France*, 1888.

taire, de charges et d'hommage pour leurs propriétaires, et 2° l'héritage pour origine. C'étaient des domaines patrimoniaux et familiaux.

Malgré beaucoup de travaux, la discussion est encore ouverte sur la condition réelle des alleux. Les alleux ont été des domaines, de consistance très-variable, libres d'impôts, de services et d'hommage. Par des circonstances diverses, les unes territoriales, les autres politiques, d'autres économiques, un certain nombre, surtout dans le midi de la France, échappèrent à la hiérarchie féodale. Aussi l'opinion s'est-elle fait jour que le véritable alleu représente la véritable seigneurie, ou plutôt la propriété foncière, le domaine agricole, sans appartenances politiques, sans liens de patronage, et, avant tout, le domaine possédé à titre d'héritage, le domaine patrimonial; ce qui s'applique fort bien à une époque où la propriété provenait de tant d'autres causes, avec des caractères très-divers, temporaire, viager, par donation, par recommandation, par location à temps ou perpétuelle, même par emphytéose, par occupation, par conquête, par violence.

L'*Immunitas* est-elle la seule origine de l'exemption d'impôts et des charges publiques des alleux? Cela semble peu probable. D'autres causes ont dû y concourir, notamment la constitution de l'alleu sur des territoires nouveaux ou non portés au cens.

L'alleu, tout en échappant à la hiérarchie féodale, et aux obligations qui en résultaient, profita, quant à ses dépendances — domaines ou personnes — de tous les avantages de la féodalité. Il ne fut tenu à aucune obligation, sauf le service militaire, mais il exerça tous les droits des autres seigneuries (1).

Aussi jusqu'en 1789, l'alleu n'a-t-il cessé d'être battu en brèches par les feudistes féodaux et surtout par les feudistes royaux — mais il leur résista. Les juristes de l'Assemblée constituante, Merlin, lui-même, tous pénétrés de l'ancien régime bien qu'en étant ses adversaires souvent injustes, toujours implacables, s'imaginèrent, pendant quelque temps, que tous les

(1) Il y eut des alleux francs même de la dîme; probablement après rachat.

domaines deviendraient des alleux, à la suite de l'abolition du régime féodal.

Tant que l'impôt et les charges diverses purent être exigés, c'est-à-dire jusqu'à la fin du VIIIe siècle, les domaines non garantis par l'*immunitas*, de moins en moins nombreux, les domaines bénéficiaires spéciaux, les diverses locatures les acquittèrent selon la condition et les formes des temps. Les alleux ne le payèrent jamais. M. Flach a consacré un chapitre spécial à l'alleu. Il prouve par des documents qu'il y a eu de tout temps des domaines, même de petits domaines, entièrement libres, ne devant rien à personne — ni redevances, ni taxes — c'est un véritable phénomène fiscal, qui s'explique dès qu'on reconnaît l'importance de ces deux faits principaux, pour cette époque : 1° le développement de la culture; 2° l'appropriation progressive de l'impôt.

Toutes les questions, si complexes, relatives à la condition des terres ont été traitées, avec un talent particulier, par M. Fustel de Coulanges dans son ouvrage sur l'alleu et le domaine rural. M. Fustel de Coulanges est certainement le publiciste français qui a eu le sentiment le plus exact de l'immense changement accompli dans la propriété foncière et la culture du sol depuis le IVe siècle jusqu'à l'époque féodale, qui n'a été que la consolidation de ce changement. Il a spécialement montré la constitution et la consistance des divers domaines romains, la villa qui sera la seigneurie, la manse qui sera le fief, la corrélation entre chaque nature de tenure et la condition des cultivateurs; tenure servile pour le serf, tenure intermédiaire des affranchis, tenure du colon qui deviendra le censive. Il y aura même plus tard plusieurs espèces de censives.

Car, dans le mouvement, si considérable, de la transformation lente de l'esclavage en servage, du servage en condition libre, il y a eu mille nuances, mille transitions dont on retrouve les traces jusqu'en 1789 et même au delà. Ce qui est vrai de la condition des personnes est aussi vrai de la condition des terres sur laquelle la première avait et a longtemps conservé une influence directe. Ces distinctions fondamentales font comprendre l'état social au moyen âge et les nombreuses appropriations et transformations de l'impôt.

Il ne faut pas juger les siècles qui nous ont précédés, surtout les époques qui ont formé le moyen-âge, avec nos idées actuelles. La régularité, la publicité, la simplicité de toutes choses aujourd'hui étaient remplacées par la confusion, l'obscurité et la complexité dans les conditions des biens et des personnes.

Il est certain que le fait du maintien du VIIe au XVIIIe siècle de l'exemption d'impôt au profit d'un certain nombre de domaines spéciaux sur le sol français, exploité, ravagé à fond et de tout temps, de même que l'Égypte et l'Asie mineure, par des successions de fisc, a quelque chose de fort extraordinaire; mais, si on sort de France, et si on jette les yeux sur l'histoire de la propriété foncière et de l'impôt foncier en Europe seulement, on est beaucoup moins surpris, car on trouve plus d'un État où l'impôt foncier a été longtemps et est encore inconnu, notamment l'Allemagne, où, dans certaines régions, les grandes terres en sont encore exemptes.

§ 10. *De l'appropriation de l'impôt.*

Les éléments de l'appropriation de l'impôt se trouvaient dans le double principe de l'immunité; l'exemption et la délégation de l'impôt; l'*Immunitas* et l'*Honor*. L'un et l'autre prouvent à quel point les notions fiscales s'étaient rapidement dégradées dans l'Empire romain. L'exemption d'impôt n'était pas entièrement étrangère aux républiques grecque et romaine. Mais convertir l'impôt en une propriété cessible ou un don gracieux, leur a été inconnu. On rencontre toutefois des délégations d'impôt dans l'Égypte musulmane. L'impôt y devint aussi un objet de trafic. Peut-être en a-t-il été de même dans l'empire des Perses, puisque les satrapies étaient presque des délégations d'impôt à titre onéreux.

L'*Honor* a eu d'abord moins d'importance que l'*Immunitas* (1) dans la transformation de l'impôt. Ce fait seul suffit à démontrer que l'incidence de l'impôt avait lieu sur les classes supérieures.

---

(1) Ad. Vuitry, 1er vol., 47.

Il y avait, dans les premiers temps, plus d'avantages pour elles à ne pas payer l'impôt qu'à l'exiger d'autrui.

L'appropriation de l'impôt, commencée par l'*Immunitas*, s'est complétée par l'*Honor* et par la constitution de la seigneurie. Le propriétaire de la seigneurie après avoir, pour lui, agi par exemption, s'est approprié, quant à toutes les personnes et quant à toutes les terres de la seigneurie, les impôts et charges auxquels elles étaient tenues, au moyen de l'occupation et par la confusion, en sa personne, des droits de propriété et des droits de l'État.

On a longtemps affirmé que cette confusion avait été l'œuvre et le caractère de la société féodale. Il y a, à cet égard, une distinction importante à faire. Les seigneuries ont précédé la société féodale. C'est dans la seigneurie, c'est-à-dire dans ces grandes villæ, si souvent décrites par Grégoire de Tours, que la confusion a eu lieu. La société féodale a, au contraire, réglementé les seigneuries ; elle leur a imposé une classification, des règles communes, des devoirs d'ordre supérieur d'où sont provenus, en partie, les droits du pouvoir royal, destiné à reconstituer l'impôt en France.

Ainsi, pour les mêmes causes, sous des formes différentes, mais dans le même but que sous l'empire romain, l'*Immunitas* s'est développée du VIe au IXe siècle, sans abolir les impôts et les charges, autres que ceux des grands propriétaires, des *Potentes*, en interdisant aux *judices* ou au personnel fiscal de pénétrer sur les domaines, mais en réservant, au contraire, au fisc royal, dans la mesure du possible, les impôts et les charges des personnes, comme des terres sous la dépendance des *Immunistes*. « Voulons, « porte un acte de 705, qu'aucun fonctionnaire public n'entre dans « vos curtes pour y faire aucune perception ; mais en renouvelant cette faveur qu'aucun de vous ni de vos subordonnés ne se « permette de rien percevoir de ce qui est dû à notre fisc, mais « que les 12 solidi soient portés à notre trésor. » M. Fustel de Coulanges ajoute : « quand cette clause se trouve dans un diplôme, il « est visible que la terre privilégiée n'est pas exempte de l'impôt ; « l'impôt public subsiste (1). » Sans doute, mais l'impôt est déjà

(1) *Origines du système féodal*, page 371.

bien amoindri, puisque les plus riches personnages en sont exempts. « Que l'évêque ou ses agents lèvent les 200 solidi « d'*inferenda* et 200 autres solidi d'*aurum pagense* qui revien- « nent à notre fisc du fait de cette ville et de ses curtes (1). » Ce texte indique clairement que le *potens* lève déjà l'impôt, c'est-à-dire le fait payer par autrui.

C'est le premier degré de l'*Immunitas*. Restait à s'approprier les impôts payés par autrui. L'interdiction faite aux *judices* de lever les impôts et les charges, de même que celle de remplir leurs fonctions judiciaires, révèle déjà un profond désordre, une anarchie presque absolue, en même temps qu'une bien grande concentration de la propriété foncière. Peut-on s'imaginer dans quels dédales de détails fiscaux le trésor royal aurait été engagé s'il avait eu affaire à quelques milliers de Potentes et d'évêques?

On franchit bientôt le second degré, qui consista non pas dans l'abandon complet des impôts, des charges, abandon qui résultait du retrait des pouvoirs des *judices*, mais dans la consécration royale de cet abandon. Voici un texte donné par M. Fustel de Coulanges. « Tout ce que notre fisc avait coutume de « percevoir (sur leurs hommes, et sur ceux qui habitent leurs « terres), nous par notre bonté, nous le remettons et concédons « aux moines, afin que cela serve à l'entretien du saint lieu (2). » M. Fustel de Coulanges cite d'autres diplômes ; mais il y attache trop d'importance. On ne posséderait pas ces diplômes que l'on serait autorisé à conclure que l'appropriation de l'impôt et des charges publiques a eu lieu dans les seigneuries ou grands domaines, dès que les *judices* n'ont plus été autorisés à y entrer. Pas de fisc, pas d'impôt. Au surplus, les détails de toute nature que l'on possède sur les seigneuries ne permettent aucun doute sur l'appropriation de l'impôt. Les diplômes n'ont que l'avantage d'en donner une preuve écrite et d'indiquer les étapes.

Il y a eu cependant un troisième degré dans l'appropriation

(1) *Dito*, page 304.

(2) *Origines du système féodal*, page 305. — Ce chapitre consacré par M. Fustel de Coulanges est des plus remarquables bien que nous n'en acceptions pas toutes les idées.

de l'impôt, une autre étape, peut-être plus curieuse à étudier que les deux précédentes, plus particulière à l'époque gallo-franke, plus caractéristique de la société féodale.

« Pour se faire obéir dans les provinces, la royauté franke « avait à sa disposition tout un corps administratif *qu'elle tenait « de l'empire romain*. Loin de le supprimer, elle le développa; « elle augmenta le nombre des agents du pouvoir; elle eut ses « *Duces* et ses *comites*, à peu près comme l'Empire; elle eut de « plus des *vicarii*, des *tribuni*, des *centenarii*. Cela fit un réseau « qui couvrit tout le royaume. Les ducs et les comtes étaient « nommés par le Roi et pouvaient être révoqués par lui. Les « vicaires, tribuns, centeniers paraissent avoir été nommés par « les comtes dont ils étaient les délégués. Le terme général, dont « on désignait les membres de cette vaste hiérarchie adminis- « trative, était celui de *Judices*. Ce terme venait de l'Empire ro- « main. Quand on rencontre le terme de *Judex* dans les lois ou « dans les textes historiques, il ne faut pas croire qu'il s'agisse « simplement d'un magistrat de l'ordre judiciaire. Le *Judex* est « un duc, un comte, un *vicarius*, ou un centenier, c'est-à-dire « un agent de l'administration (1) ». Sous l'Empire romain, ils avaient la main dans toutes les matières fiscales. Il en fut de même pendant l'époque gallo-franke. C'est aux *Judices* que les diplômes d'*Immunitas* interdirent l'entrée des domaines immunistes, et par suite la perception de l'impôt et l'exécution des charges publiques, mais l'*Immunitas* ne fut pas accordée à tous les propriétaires; et il a dû arriver, plus d'une fois, que les *Judices* ont passé outre aux diplômes. Il est certain qu'ils conservèrent, sous les deux premières dynasties, et qu'ils eurent, sous la troisième, une très grande importance; notamment ils obtinrent en 877, par le traité de Kiersy, que leurs fonctions devinssent des charges héréditaires. Ils ont rempli un rôle de premier ordre dans le régime féodal, jusqu'en 1789. Il est résulté de l'influence,

(1) Fustel de Coulanges, *Origines du système féodal*, p. 342. Il importe de ne pas exagérer la régularité administrative de ce réseau fiscal. Les temps ne le comportaient pas. En général, M. Fustel de Coulanges y attache trop d'importance. E. Beaudoin, *Origines du régime féodal, La recommandation et la justice seigneuriale*, 1880.

des extorsions et des droits héréditaires de ces divers personnages, une troisième et définitive appropriation de l'impôt.

Championnière a jeté de vives lumières sur cette appropriation des impôts, sans en saisir complètement le caractère. Championnière n'a pas reconnu, en effet, les faits supérieurs, qui, même en donnant aux invasions germaniques l'importance la plus étendue (elle a été, en réalité, considérable), dominent toute l'histoire de la civilisation en Europe, depuis l'Empire romain jusqu'au XIIIe siècle : 1° le développement de la culture du sol; 2° l'abolition de l'esclavage; 3° la défense du territoire, et 4° la formation des éléments de la nationalité. Il ne voit que violences et usurpations dans des changements dont il a perdu la clé et qu'il ne peut expliquer. Il est ainsi amené à admettre que les *Judices*, après être devenus propriétaires héréditaires de leurs charges se seraient emparés d'une portion du revenu que l'État aurait encaissé des colons pour les propriétaires, les *seniores*, en même temps que l'impôt. Par suite, il introduit dans l'exploitation du sol sous l'empire, un élément, que les documents contemporains ne signalent jamais : c'est un propriétaire (*possessor*) dont l'État se chargerait de recevoir les revenus confondus avec l'impôt. Or, Caton l'ancien et Pline le jeune ont tracé le tableau de la condition du propriétaire à 300 ans d'intervalle. L'un et l'autre administrent directement, et à leurs risques et périls, jamais les agents de l'*ærarium* n'ont encaissé les revenus des propriétaires (1).

Aux Ve, VIe et VIIe siècles, le propriétaire est à peu près le propriétaire romain. Il est plus indépendant et plus important. Il doit s'entendre avec les propriétaires d'origine germanique, dans les cantons où il s'en rencontre et, presque partout, avec l'Église et les anciens fonctionnaires, ou leurs représentants, propriétaires eux-mêmes. Ces derniers sont les *Judices* (2).

Le *Judex*, sous l'administration impériale, veillait à la perception de l'impôt et jugeait les difficultés auxquelles elle pouvait donner lieu. Il prélevait, pour sa rémunération et ses frais, une

(1) Ad. Vuitry, 1er vol., 44 et s.; Championnière, *Propriété des eaux courantes*, p. 184.

(2) *Le même*, p. 53.

part sur les recettes qui, au surplus, comprenaient une certaine somme supplémentaire pour y faire face. Le *Judex* s'appropria cette part, probablement en l'augmentant, de même que le *Potens*, après s'être affranchi de tout impôt et de toutes charges, s'était approprié les impôts et les obligations diverses des personnes et des domaines sous sa dépendance.

Championnière ajoute que le *Judex* s'appropria également la portion de la rente du sol ou revenus (*redditus*) qu'il encaissait autrefois pour le compte des propriétaires. Cette seconde appropriation est contradictoire avec les documents, avec l'organisation de la propriété et l'influence des Potentes ou Seniores. Elle n'aurait pu, en tout cas, avoir lieu qu'au détriment des petits et moyens propriétaires (*possessores*) qui très certainement surveillaient eux-mêmes leur exploitation; ce n'est pas à dire que quelques exemples de cette dépossession n'aient pu se produire; mais elle n'a point été ni pu être un fait général.

M. Ad. Vuitry a accepté le système de Championnière, en s'appuyant sur un texte emprunté au Code de Justinien (1). Il admet que, dans les derniers temps de l'Empire romain, les *Judices* recevaient des colons, d'une part, les impôts et charges diverses dits *Functiones publice*, et, d'autre part, les revenus des propriétaires, *redditus*. Ils auraient ainsi rempli le rôle d'intermédiaires, de même les Zémindars le sont devenus dans l'Inde, entre les cultivateurs et l'État. Tout en citant le même texte, M. Fustel de Coulanges s'est montré bien autrement réservé. Il fait payer par le colon les *Functiones* au *Judex* et les *Redditus* au propriétaire. Il est inexplicable que Championnière ait pu, ainsi que M. Ad. Vuitry, se servir de textes d'un code, qui n'a été connu en Europe qu'au XIIe siècle, pour établir des faits fiscaux et économiques qui se seraient produits dans les Gaules,

---

(1) Codex Justiniani, livre XI, titre 48, loi 20. « Sin autem hoc coloni minime « facere voluerunt vel potuerunt, tunc idem, redditus per officium judicis annui « exigantur per solita tempora et deponantur in œde sacra ». M. Ad. Vuitry, tome 1, p. 44, parle de textes du Code Théodosien, mais il n'en cite aucun. M. Fustel de Coulanges, *Origines du système féodal*, p. 416, ne rapporte pas exactement les termes de ce texte. Ainsi, il dit *more solito* au lieu de *solita tempora*, ce qui est bien différent.

du VIe au IXe siècles. Ces assertions se reliaient, dans l'esprit de Championnière, à de fausses notions sur la féodalité et à la théorie que les *Judices*, plus tard les *seigneurs justiciers*, qui ont tenu une si grande place dans la société féodale, non seulement avaient usurpé les impôts et les charges publiques, *Functiones*, mais encore les revenus, la rente du sol, *Redditus*, sur laquelle les idées de Ricardo et de Rossi avaient projeté les notions imparfaites, en complète faveur à l'époque ou Championnière écrivait. On saisit facilement l'importance que certains publicistes, poursuivant longtemps après la Révolution de 1789 leurs polémiques de parti pris contre le régime féodal, pouvaient attacher à démontrer qu'une partie des propriétaires les plus anciens du sol en France avaient usurpé non seulement les impôts de l'État, mais les revenus des moyens et petits propriétaires. C'était une thèse politique, comme tant d'autres, contre les classes supérieures qui avaient pu résister à la crise de 1789.

Le texte invoqué par Championnière et M. Ad. Vuitry, cité par M. Fustel de Coulanges, a une très grande importance économique et fiscale, mais il n'a pas le sens qu'on lui a prêté. Il signifie que lorsque le colon n'aura pu ou voulu payer, soit l'impôt, soit le revenu du propriétaire, celui-ci pourra faire exiger son *Redditus* par le *Judex*, sans autoriser ce dernier à le recevoir, puisque le *Redditus* devra être déposé dans une église. Rien d'extraordinaire à ce que le *Judex*, magistrat administratif et judiciaire, reçoive ce mandat —, mais ce que le texte constate c'est le paiement de l'impôt par le colon; c'est là le fait considérable, le fait que nous avons indiqué comme décisif dans la seconde période de l'Empire romain, le fait qui va prendre une place dominante pendant toute la période féodale et même après elle. C'est à raison de la portée exceptionnelle de ce texte que nous avons dû entrer dans plus de détails.

L'impôt s'est trouvé ainsi complètement approprié soit par l'*immunitas*, soit par l'*honor*, soit par l'action du *Judex*. Cette appropriation a eu lieu aussi bien pour les impôts indirects que pour les impôts directs; chaque *Potens* ou chaque *Judex* avait la main sur les deux capitations, sur les prestations, sur les portoria, sur les péages. C'est ainsi que s'expliquent les droits, aussi multiples que variés, exigibles à tout instant, que révèlent les documents de cette époque.

Pour achever cette dislocation de l'État, quelques-unes de ces appropriations tombèrent dans le commerce. L'impôt devint un droit de propriété pour les uns et une servitude pour les autres.

« Les anciens impôts romains, dit M. Ad. Vuitry, ainsi tombés « dans le domaine public, furent l'objet de toutes les transac- « tions de la vie civile; ils se transmirent et se divisèrent par « toutes les voies du droit conventionnel. Plus tard, quand aux « onzième et douzième siècles, l'inféodation fut devenue le con- « trat le plus usuel, les propriétaires de l'impôt l'inféodèrent (1), « comme ils l'avaient partagé, donné, vendu, affermé. Ces con- « cessions furent variées. Elles comprirent tantôt les produits de « tout un territoire, tantôt ceux d'une localité déterminée. Quel- « quefois elles se bornèrent à tel ou tel droit, à telle ou telle « redevance : c'est ainsi que les cartulaires montrent tenus en « fiefs, des droits de péages, de tonlieux, de foires et de marchés. « L'appropriation privée de l'impôt fut complète (2). »

Ainsi l'appropriation de l'impôt a eu un triple caractère. D'abord le propriétaire a cessé de payer les impôts auxquels il était tenu en vertu des lois et des traditions romaines; puis il est devenu délégataire des impôts dus sur sa terre par les personnes et les biens, en vertu de la charte d'*Immunitas*, réunissant les deux avantages de l'*Immunitas* et de l'*Honor* des Romains de l'Empire et y correspondant entièrement. Ce propriétaire c'est le *Senior* (3).

---

(1) Il y eut, avant les inféodations, des recommandations d'impôt. Le petit propriétaire cédait à l'immuniste (possesseur) de l'impôt, son domaine. L'immuniste le lui rétrocédait avec sa protection, contre une augmentation de l'ancien impôt, — compris plus tard dans le cens ; — c'était, comme l'a fait observer M. Fustel de Coulanges, un contrat d'assurances. — Ad. Vuitry, 1er vol., 47.

(2) Ad. Vuitry, 1er vol., 53.

(3) M. Bordier, commentateur fort compétent de Championnière, a contesté qu'à l'époque gallo-franque la délégation, dont il reconnaît l'importance, fut le même fait que l'*Honor* romain, bien que les délégataires fussent dits *honorati*. Dans son *Essai sur la féodalité* (1858), M. E. Secretan a montré que l'*immunitas* et l'*honor* de l'époque franke provenaient des traditions romaines, page 78. L'*honor* était étranger aux Germains. D'ailleurs nous ne saurions trop recommander le travail de M. Bordier, *Annales de l'École des chartes*, 2e série, 4e volume.

Enfin le *Judex*, devenu héréditaire à la fin du IXe siècle, s'est approprié les droits résultant de ses fonctions, consistant à rendre la justice et à percevoir les impôts, fonctions confondues plus tard dans sa *Justitia* (1).

De là, une situation complexe qui était parfaitement connue des feudistes, avant 1789, mais qu'on avait perdue de vue dans la tempête de 1789; ça été le grand mérite de Championnière de la remettre en évidence (2), car elle a une très-grande importance fiscale, juridique et politique.

On a vu plus haut qu'il y avait plusieurs espèces de terres, d'après le régime de propriété auquel elles appartenaient (3). 1° Les alleux; 2° les biens de l'Église; 3° les bénéfices devenus les fiefs; 4° les terres pourvues de l'*Immunitas*. Sur lesquels de ces biens les Judices pouvaient-ils avoir conservé le droit d'exercer leurs fonctions? Sur les bénéfices et les domaines non pourvus d'*Immunitas;* c'est de ce fait qu'est sortie la *seigneurie justicière*, celle qui avait le droit et le devoir de juger et de percevoir les impôts. C'est, dans l'ordre des pouvoirs, la première seigneurie, la seigneurie qui avait le véritable commandement fiscal, administratif, judiciaire. C'est celle qui a caractérisé le seigneur haut justicier avec potence publique jusqu'en 1789. Elle représentait le *magistratus* romain. Surtout, c'est elle qui a eu la garde des impôts, des charges publiques, de la voirie, de la police, des débris de l'administration. De là, les hauts pouvoirs des ducs, des comtes, des vicomtes, des viguiers, remontant aux fonctionnaires romains. Leur autorité s'exerçait sur tous les domaines qui n'étaient pas des alleux ou qui n'étaient pas immunistes. Cette autorité n'avait aucun fondement féodal, et cepen-

(1) Plusieurs des droits du seigneur justicier avaient, en effet, le caractère judiciaire; mais le mot *justitia* provenait de la fonction du *Judex* à la fois fiscale et judiciaire. — Ad. Vuitry, *ibidem*, p. 54.

(2) Championnière, *ibidem*, p. 275 et suiv.

(3) Les personnes, habituées au caractère à la fois simple et puissant de la propriété romaine, sont portées à être surprises par les modalités du droit de propriété en Europe au moyen âge, mais ces modalités existent encore, notamment dans l'Inde et en Russie. Sous ce rapport voir une de nos études dans l'*Économiste français*. — *Des formes de la propriété en Russie*, 17 juin 1893.

dant c est à raison d'elle qu'ont eu lieu les principales attaques contre la féodalité (1).

Passons à la situation du *senior* immuniste et de l'alleutier. Il ne paie plus d'impôts; la plupart des propriétaires les acquittaient sous l'Empire. S'il a l'*Immunitas,* il perçoit les redevances et les impôts des biens et des personnes compris dans son domaine; de grands changements se produiront lorsque les fiefs et les censives remplaceront les bénéfices. Il rend également la justice. Il est devenu *ipso facto* seigneur justicier, puisque les fonctionnaires ne peuvent plus entrer sur sa terre ni pour juger, ni pour percevoir l'impôt. Il est maître chez lui (2).

Toutefois les choses n'étaient pas aussi simples qu'elles le paraissent.

1° Les *Judices* étaient souvent eux-mêmes grands propriétaires. En ce cas, ils réunissaient les avantages de la propriété à ceux de la justice; ils étaient entièrement maîtres chez eux.

2° Les propriétaires ou *seniores* n'avaient pas souvent l'*Immunitas*; par suite sur leurs domaines il y avait deux seigneurs, le seigneur terrien, plus tard féodal, puis le seigneur justicier, cas assez fréquent.

3° Les changements dans l'étendue des terres, changements multiples, avaient d'autres conséquences; tantôt la seigneurie terrienne avait un territoire plus vaste, tantôt moindre que la seigneurie justicière ou réciproquement. De là bien des complications.

L'établissement du régime féodal régularisa et aggrava cet état de choses; il y apporta des modifications notables, qui seront expliquées dans le paragraphe qui suit.

En général la *proprietas du senior* et la *Justitia du Judex,* surtout dans les très-grands domaines, se trouvèrent réunies; mais souvent, dans les domaines de moindres dimensions, bien qu'importants encore, elles furent séparées, de telle sorte que sur un même domaine, il se trouva deux *potentes*, par suite

---

(1) Nous devons renvoyer, pour les détails, au chapitre XVI (de l'Immunité), *Origines du régime féodal,* par M. Fustel de Coulanges. Voir Hervé, *Matières féodales,* 2e vol., p. 446. — *Du vrai seigneur, qui peut prendre ce titre dans une paroisse;* voir aussi Glasson, tome IV, p. 458.

(2) *Origines du régime féodal, ibidem,* chapitre XVI, § 9.

deux seigneurs. « En remontant vers la constitution originaire « de la *Seigneurie* et de la *Justice*, on trouve la puissance du « *comte* et celle du *senior*, opposées l'une à l'autre et commen- « çant une lutte qui ne doit pas finir de sitôt (1) ». Le *senior* est le grand propriétaire romain, qui, dans la hiérarchie féodale, va devenir le seigneur véritable, *le seigneur féodal par excellence*, qui vivra surtout du produit de sa terre et des redevances féodales et agricoles, quand il n'aura pas la justice. *Le comes* ou comte, c'est le fonctionnaire romain qui vivra, s'il est grand propriétaire, des mêmes revenus et des mêmes redevances, en même temps que des produits exclusivement fiscaux de sa *Justitia* et qui, s'il n'est pas grand propriétaire, ne vivra que de sa *Justitia*. Il la rendra par conséquent très-rigoureuse, très-productive; il aura des rapports pénibles avec tous les seigneurs et toutes les populations; il sera pris en aversion; il aura des tribunaux, des greffes, des terriers, des prisons, des carcans, une multitude de petits officiers, greffiers, huissiers, voyers, gruyers et autres; il multipliera les aveux, enquêtes, dénombrements et toutes sortes de procédures; et ce sera de ses exigences que proviendront les plaintes des populations et leur haine contre le régime féodal, bien que le seigneur justicier descende en droite ligne du fisc romain, tandis que la véritable féodalité, c'est-à-dire le lieu d'honneur (Fevum) reliant le vassal au seigneur qui lui a concédé un fief militaire ou une censive roturière, a eu un caractère essentiellement militaire ou agricole et jamais fiscal. M. Bordier a assez bien résumé cette situation si curieuse en disant : « *La Justice* est un pouvoir, la seigneurie « est une propriété. *La Justice* est le pouvoir tombé dans le do- « maine privé; la seigneurie féodale est étrangère à l'autorité « publique, le seigneur justicier est étranger à la possession du « sol. »

§ 11. *La seigneurie.*

La seigneurie est l'un des faits les plus curieux de l'histoire de la civilisation en Europe, particulièrement en France. On ne

(1) Ad. Vuitry, *ibidem*, p. 55-58. M. Vuitry établit que parfois le mot *Justitia* embrassait tous les droits seigneuriaux, de là bien des confusions.

a rencontre ni en Grèce, ni dans l'Empire romain, dont la civilisation a revêtu un caractère essentiellement urbain; mais elle a existé en Égypte, dans l'Inde, en Chine, probablement dans l'empire des Perses, sans qu'on puisse dire qu'elle y ait affecté les mêmes caractères qu'en Europe. Elle provient, avant tout, du progrès de la mise en culture du sol, de la constitution de la propriété foncière, des garanties dont la propriété foncière a été entourée, de son influence, de ses services sociaux. C'est là son premier et fondamental élément, de même que dans les grands *Latifundia* des sénateurs romains; quelques-uns de ces *Latifundia* existent encore aux environs de Rome, en Calabre, en Sicile; ce sont les Haciendas du Mexique, du Pérou, du Brésil, de la République Argentine; ce sont les grandes farms du Far-West américain, de l'Australasie, ou de l'Afrique australe; on rencontre quelques grands domaines du même ordre en Espagne, un grand nombre en Russie, dans l'Allemagne du Nord; ils se partagent encore le sol de l'Angleterre (1). Par suite, il est tout naturel que du Ier au VIe siècle, dans les Gaules qui s'étendaient jusqu'au Rhin et dont la population ne dépassait pas 4 millions d'hommes, il y eut des Haciendas; on les appelait des *civitates*.

(1) M. Max Leclerc, *Lettres du Brésil* (1895) donne la description d'une grande *fazenda* ou caféière qui produit 600,000 kilog. de café par an. C'est une véritable seigneurie, qu'on peut comparer aux grandes fermes des Mérovingiens. Au Pérou, certains domaines ont de 10,000 à 50,000 kilomètres carrés. Il existe en Russie des terres importantes qui sont de véritables seigneuries. Le grand propriétaire russe jouit encore d'une sorte de condition seigneuriale. La terre de Voronka, appartenant à la famille de Kotchubey, dans l'Ukraine, que nous avons visitée en 1891, avec 4,000 hectares, n'est qu'une terre moyenne. Il y en a dans l'Ukraine (l'une des riches provinces de la Russie d'Europe) d'autrement importantes (*Réforme sociale*, avril 1892). Dans une grande partie de la Sibérie, l'occupation n'est pas complète. Il en était, de même, en Gaule, au VIIe siècle. Dans le nord de l'Allemagne, dans le Mecklembourg notamment, il existe de grandes terres ou seigneuries avec un régime fiscal particulier, alleux ou fiefs, au nombre de 905, d'une contenance totale de 3,378 kilomètres carrés (*Statistique des États*, comparée par M. E. F. de Flaix, t. 1, p. 439-443). Quelques grands domaines se sont aussi conservés en Espagne (*Revue des Deux-Mondes*, avril 1895). Les îles Britanniques, malgré le caractère commercial et industriel de la race anglo-saxonne, sont le territoire par excellence des grandes terres en Angleterre, en Écosse, comme en Irlande. En 1850, M. Léonce de Lavergne ne comptait en Angleterre que 250,000 propriétaires ruraux et 7,600 en Écosse. La terre de lord Lansdowne, en Irlande, contenait 40,000 hectares.

Les *civitates* (1) formaient, en général, de grandes étendues qui se subdivisèrent en *pagi*, les *pagi* en *metrocomiæ*, celles-ci en *villæ*, en *curtæ*. César constatait, dès son époque, la tendance des Gaulois à multiplier les *pagi;* même aujourd'hui, cette tendance à l'infini morcellement en *pays* divers subsiste encore en France. Dès la chute de l'administration romaine, les *civitates* se morcelèrent; d'ailleurs le développement de la mise en culture du sol favorisa ce mouvement; il en fut de même des incursions, occupations, colonisations des tribus germaniques, puis de l'établissement des évêchés, des archidiaconés et des doyennés, même des abbayes et des monastères, des châteaux forts ou castra, des *villæ* fortifiées, des *metrocomiæ* ou réunions de *villæ*. Tout *castrum*, toute *metrocomia*, toute grande villa, toute abbaye, tout monastère, tout évêché devint une seigneurie ou le centre d'une seigneurie sous divers noms : châtellenie, baronnie, comté. M. Longnon a dressé (2) l'atlas géographique de ce mouvement. Ce serait une erreur de croire qu'il est entièrement dû aux institutions féodales. Ces institutions ont coïncidé avec l'occupation, le défrichement, l'occupation des Gaules; mais, sans contester l'influence que ces grands faits économiques ont eue sur la féodalité et réciproquement, ils sont indépendants, en réalité, les uns des autres. Demeurés romains, les *civitates*, les *pagi*, *metrocomiæ*, *villæ*, se seraient étendus de tous côtés dans les Gaules, de même que les *fundi* ou domaines. Si les lieux habités portent des noms celtiques, romains, féodaux ou des désinences germaniques, c'est que les populations s'y sont fixées aux époques celtique, romaine, germanique ou féodale. Il est facile par l'étude des noms de reconnaître l'importance supérieure des désinences romaines et féodales (3).

---

(1) Godefroy, fait des *metrocomiæ* l'origine des *vicorum* et *pagorum* — *Ad legem*, 6, Code théodosien — tandis que Ducange en fait la paroisse. — *Glossarium*, 4e vol., 291.

(2) *Atlas historique de France*, 1884.

(3) Arbois de Jubainville, *Recherches sur les origines de la propriété foncière en France*, 1890, livre de première main. M. A. de Jubainville met en relief : 1° l'incertitude de la propriété dans un milieu où la population fait défaut; 2° le caractère précaire de l'occupation du sol comme dans le Farwest américain. Consulter également l'ouvrage cité plus haut de M. Lamprecht, principalement le livre second, chapitre III.

Si on étudie, avec soin, les renseignements donnés par M. Arbois de Jubainville et M. Longnon, on voit que les seigneuries ont correspondu aux centres habités et fortifiés et qu'elles se sont morcelées en petites seigneuries ou fiefs à mesure de l'accroissement des lieux habités, c'est-à-dire de la population. Le même fait se passe aux États-Unis et en Australie, au milieu d'une sécurité qui, sans être entière, est tout autre. De sorte que l'histoire des seigneuries n'est autre que l'histoire de l'occupation et de la mise en culture du sol. On peut en trouver plusieurs exemples dans l'ouvrage de M. Longnon, tels que le comté de Vitry en Perthois, primitivement comté de Changy, le comté de Santerre, le vicomté de Thouars, les sept comtés formés du démembrement de la *civitas* de Poitiers et le territoire *inter duo Maria* (entre deux mers) en Guyenne (1).

En un mot, pour comprendre les origines, la fonction, l'histoire des seigneuries, il faut faire plus de géographie que de droit feudiste, plus d'économie politique et d'économie rurale que d'art héraldique ou de procédure. On apprendra davantage en consultant MM. Arbois de Jubainville, Longnon et les recueils d'archives locales que Brussel, Henrion de Pansey et Merlin, lesquels, malgré une science juridique aiguisée, n'ont pas eu, pas plus que M. Guizot, et surtout qu'Augustin Thierry, le sens économique et militaire des origines de la France féodale. La France féodale a été le produit de la mise en culture et des conditions politiques et militaires du territoire.

Nous pouvons en fournir la preuve immédiate grâce à de nombreuses et récentes publications, parmi lesquelles nous avons dû faire un choix. Nous citerons cinq grandes seigneuries appartenant aux diverses parties de la France : Est, Centre, Ouest, Midi. Un remarquable mémoire de M. Chenon, professeur à la Faculté de droit de Paris, inséré dans les *Mémoires des Antiquaires du centre* (2), contient l'histoire d'un vaste domaine, devenu une seigneurie considérable, depuis les temps antérieurs à la conquête romaine jusqu'au plein moyen âge. Centre de population

(1) Longnon, *ibidem*, 2e et 3e livraisons.

(2) *Mémoires des Antiquaires du centre*, 1878.

des Bituriges, en Berry, oppidum romain, pris en 583 par les Francs, depuis Castrum Melanum, château Meillant était au commencement du XIe siècle, une châtellenie, c'est-à-dire un fief noble militaire, une seigneurie, faisant partie de la grande seigneurie de Déols. La seigneurie de Déols, avec ses seigneurs, les Ebbe, a été une des principales seigneuries du centre de la France. C'est la seigneurie primordiale, d'origine tout à fait foncière, l'alleu antérieur à l'époque romaine.

Dans les mêmes conditions, la seigneurie de Montravel, en Guyenne, ne comprenait pas moins de dix-huit paroisses, ce qui correspondait à près de 20,000 hectares. Elle appartenait au XIVe siècle à l'archevêché de Bordeaux (1). En 1306, 47 tenanciers nobles, chacun avec fief militaire, prêtaient à l'archevêque l'hommage lige, tête nue, sans ceinturon ni épée. L'un de ces fiefs existe encore, avec château et donjon. Le donjon est celui où Michel Montaigne a vécu et dans lequel il a écrit les *Essais*. Le fief de Montaigne avait été acquis en 1477 par Ramon Eyquem, aïeul de Montaigne, marchand de sel et de pastel à Bordeaux, petit-fils d'un serf questal, entré par cet achat dans le milieu noble féodal. Le père de Montaigne, Pierre Eyquem de Montaigne, dut faire, par suite, les campagnes d'Italie. Des parents de Montaigne possédèrent, jusque dans ces dernières années, la terre, ancien fief noble, de Cantemerle en Médoc. C'est ainsi que la terre et les familles sont inséparables dans les sociétés stables.

Il y a eu cependant des seigneuries plus importantes, tout en s'en tenant aux seigneuries exclusivement territoriales, sans parler des seigneuries politiques, telles que certains duchés, comtés, vicomtés qui correspondaient à des divisions territoriales ou administratives et qui, sauf sur les seigneuries véritablement allodiales, exerçaient la fonction de seigneurie supérieure, ainsi le duché de France, le duché de Bourgogne, le duché d'Aquitaine. L'une de ces seigneuries les plus remarqua-

(1) Malvezin, *Michel Montaigne, sa famille*, 1880, Bordeaux. Citons encore en Guyenne la seigneurie de Bénauge, qui comprenait 19 paroisses. Le corps principal subsiste toujours, de même que le château de Michel Montaigne. Sur le château de Bénauge, consulter Léo Drouyn, *La Guyenne militaire*.

bles, donnant absolument l'idée des Haciendas du Mexique, du Pérou ou des Faciendas du Brésil a été la baronnie ou seigneurie Castelnau de Montratier-en-Quercy (1). Cette seigneurie avait une contenance de 30 lieues de circonférence et ne comprenait pas moins de 80 fiefs. C'était une terre allodiale, noble, militaire, le plus haut type de la seigneurie indépendante, remontant à l'époque romaine, probablement antérieure (2). Son histoire est tout un drame. Elle a eu ses dynasties, ses guerres, ses malheurs, mais elle a duré jusqu'en 1789. Nous terminerons cette bien rapide excursion dans l'histoire des seigneuries, entreprise pour faire comprendre que la fonction politique, économique, militaire, sociale des seigneuries explique les changements dans les conditions de l'impôt et des charges publiques, par le marquisat de Plancy, dont l'histoire est l'une des plus curieuses et des mieux faites (3). Le château de Plancy, situé en pleine Champagne, a été d'abord, comme château Meillant, une station romaine, dans un pays âpre et sauvage. Peut-être saint Victor s'y est-il retiré (VIIe siècle). Au XIe siècle, Plancy est une seigneurie, relevant des vicomtes de Troyes et appartenant à Gilia, femme noble (1080). Depuis cette époque on a la liste des propriétaires ou seigneurs de Plancy, avec une importante collection de documents et de chartes, à laquelle nous reviendrons à propos des droits féodaux. Les seigneurs de Plancy n'ont pas joué les mêmes rôles politiques que les barons de Craon, de château Meillant, de Montratier. Ce sont de véritables *seniores*, propriétaires simplement. La seigneurie s'augmenta beaucoup par la mise en culture de terres nouvelles. La famille de Guénégaud en devint propriétaire en 1667 ; elle fit procéder à un dénombrement régulier des fiefs, villes, villages et paroisses de la seigneurie, document du plus grand intérêt au point de vue des revenus de la terre, des impôts, des droits féodaux. Après plusieurs mutations, elle fut acquise par des *financiers littérateurs*, les d'Aucour

(1) Léopold Limayrac, *Étude sur le moyen âge, Histoire d'une commune et d'une baronnie en Quercy*, Cahors, 1885.

(2) *Réforme sociale*, janvier 1886.

(3) *Le marquisat de Plancy et ses seigneurs*, par le baron de Plancy, Arcis-sur-Aube, 1895.

qui n'émigrèrent pas et la préservèrent des Vandales de 1793. Un d'Aucour est devenu préfet sous Napoléon, qui redora les armoiries de la famille. Mais la terre est encore la même. En 1815, on ne se rendait encore à Plancy qu'à cheval.

Nous citerons, comme autre type, la grande seigneurie de Clermont en Beauvoisis sur laquelle M. le vicomte de Luçay a publié un important mémoire. Peut-être moins considérable que celle de Montratier, elle contenait plus de fiefs et surtout des fiefs plus riches, à raison de sa situation dans un territoire tout autrement fertile. Elle s'étendait sur 1,500 fiefs et arrière-fiefs. C'est la seigneurie dont Philippe de Beaumanoir a écrit les coutumes (1).

A ces types, on pourrait en ajouter des milliers d'autres (2). On se trouve alors transporté dans des milieux bien différents de ceux dont les ouvrages des feudistes, des légistes révolutionnaires et des historiens citadins donnent l'idée.

L'occupation, la culture, le partage de la terre, tel est le premier élément de la seigneurie; c'est un élément économique, foncier, agricole. Il suffit d'ouvrir les documents relatifs à quelques-uns de ces grands domaines pour le reconnaître. Pas besoin de codes, de formules, de juristes, mais l'intelligence des

---

(1) Le comté de Clermont en Beauvoisin. — *Le dénombrement de 1373*, Paris, 1878.

(2) Dans la seconde partie de notre siècle, depuis que la direction donnée aux études historiques par la monarchie de Louis XIV et par le courant révolutionnaire a été redressée, on a publié de très-nombreuses monographies avec beaucoup de documents sur les seigneuries. On les trouvera en grande partie énumérées dans la bibliographie qui précède le 4e volume des institutions de la France par M. Glasson. *La Réforme sociale* en a donné quelques-unes (1883-1886). V. également le *Château de la Roche Guyon* (1892) par M. Rousse, remarquable monographie d'une terre noble depuis dix siècles. — *La Roche Talbot*, dans le Maine, par le comte de Beauchesne (1893). Bien que l'histoire de la baronnie de Craon par M. Joubert ne commence qu'à la fin du XIVe siècle et qu'elle se termine en 1626, elle n'en est pas moins intéressante pour montrer la protection que les populations ont longtemps demandée aux seigneurs. On trouve même dans l'histoire de cette seigneurie un traité formel de protection. Le baron s'oblige, moyennant *espèces en or*, à défendre les populations (1428). Les feudistes n'ont rien su ou voulu savoir de tout cela, de même que les salons, où Voltaire lisait la Pucelle, n'ont rien compris à la mission de Jeanne d'Arc. Cette baronnie, située aux confins de l'Anjou et de la Bretagne, s'étendait sur 68 fiefs. Le grand château, bâti sur l'Oudon, comprenait 27 tours, avec une muraille de 2 à 3 mètres d'épaisseur.

faits économiques. Ainsi pour la seigneurie de Montratier, en même temps que l'on suit ses destinées historiques par la succession de ses familles seigneuriales, on assiste aux extensions des cultures, à la transformation des redevances et des droits, ainsi qu'aux changements dans la condition des populations. Il est clair que les publicistes qui se morfondent à s'imaginer que la petite propriété de 10 ares à 1 hectare est le *nec plus ultra* de l'appropriation du sol — nous avons mis en scène un centurion romain dont la famille vivait sur un lot d'un hectare — ne peuvent que difficilement comprendre pourquoi et comment il a existé en France des domaines de 30 lieues de circonférence. Ce sont leurs écrits qui ont jeté tant d'obscurité sur l'époque dont nous nous occupons. C'est l'époque de la très-grande propriété dans l'Europe occidentale, de l'occupation d'immenses étendues. Il en est de même aujourd'hui aux États-Unis, dans l'Afrique australe, en Australasie, dans l'Amérique du Sud, où les domaines ont peut-être des formes moindres, mais encore colossales, comparées à notre conception démocratique de l'appropriation de la terre. La seigneurie a été la forme de l'occupation et du défrichement du sol en Europe et en France, de même que *la Farm* dans la colonisation anglo-saxonne (1) et l'Hacienda dans l'Amérique espagnole.

Sans une très-nette intelligence de ce premier élément, qui est tout économique, l'histoire fiscale de l'Europe occidentale, du ve au XVIIIe siècle, est incompréhensible et on s'expose aux erreurs profondes et aux actes révolutionnaires de l'Assemblée constituante, même sous la direction de Merlin.

La seigneurie a été également un centre de production, production agricole, production industrielle; c'est dans les seigneuries que se sont formés, surtout dans les abbayes, les premiers ateliers industriels, cordonniers, taillandiers, fondeurs, forgerons, orfèvres, serruriers, charpentiers, tourneurs. Charlemagne recommandait que dans toutes ses fermes les ateliers fussent tenus

---

(1) Village créé dans les terres désertes. — Flach, 2e vol., p. 139. La Farm est plutôt un domaine qu'un village; il en était de même de la seigneurie. M. Lamprecht (page 170), montre les seigneurs comme de grands entrepreneurs de culture, des sortes de *Squatters*.

en état, approvisionnés d'ouvriers et surveillés, notamment pour le tissage de la laine et du lin (1).

A ces éléments économiques principaux il s'est joint un autre élément de nature différente, un nouvel ordre politique et social, à la place de l'anarchie profonde qui est résultée de la dislocation de l'Empire romain, sous l'influence principales de causes intérieures et des invasions. La grande propriété, sur laquelle les empereurs romains s'étaient exclusivement appuyés depuis Dioclétien, est devenue l'héritière d'un pouvoir qui sombrait. Ce pouvoir est passé, en Gaules, dans les mains des Mérovingiens, puis dans celles des successeurs de Charlemagne, mais il n'a pu garantir l'ordre politique et social. Les grands propriétaires, les *seniores*, se sont trouvés *ipso facto* investis de cette obligation, aussi bien pour eux-mêmes que pour les autres.

« Le royaume, écrivait Moreau de Beaumont, l'un des pu-« blicistes financiers les plus instruits du XVIIIe siècle, s'est trouvé « la proie d'une mulitude de seigneurs qui tous regardaient « comme faisant partie de leurs seigneuries des droits et des « redevances qui, autrefois, avaient appartenu à l'État ». Rousselot de Surgy ajoutait : « Ils s'approprièrent les tributs, les « amendes, les droits du roi dont ils n'étaient auparavant que « les receveurs » et Henrion du Pansey : « L'impôt fut trans-« formé en droit seigneurial; le cens devint l'un des attributs « du seigneur (2). »

Ces publicistes, fort distingués, se trompent complètement quand ils parlent d'usurpation. Ils disent vrai quand ils parlent d'appropriation, mais ils oublient d'ajouter qu'elle était nécessaire. Leurs idées ont été partagées par toutes les personnes instruites de la période monarchique; elles ont beaucoup contribué à répandre sur l'époque féodale en Europe les notions les plus fausses et parfois les plus extravagantes. L'impôt féodal s'est constitué dans la seigneurie; la seigneurie est le moule de la société féodale; elle en est aussi le pouvoir, le gouvernement; elle est la forme de l'État. Pendant plusieurs siècles, dans toute

---

(1) Levasseur, *Histoire des classes ouvrières*, 1 vol., page 109.

(2) Citations de M. Ad. Vuitry, 2e vol., p. 20 et 23.

l'Europe occidentale, méridionale, centrale même, il n'y eut plus de pouvoir, de gouvernement, d'État. A la suite de la dislocation et de la chute de l'Empire romain; en particulier, dans la Gaule franque, les Mérovingiens, puis les Carlovingiens, après Charlemagne, furent impuissants sinon à fonder, du moins à maintenir le pouvoir, un gouvernement durable et respecté. Ils ne purent suffire à assurer l'ordre social. Aucun de leurs grands officiers ou feudataires, aucun évêque n'y parvint davantage. Moreau de Beaumont et tous les feudistes du XVIIIe siècle, même le plus récent, Merlin, vivant au milieu de la sécurité profonde des derniers jours d'une puissante monarchie, n'ont pas été à même de se faire une idée exacte de l'état politique et social des principales nations de l'Europe à la chute de l'Empire romain d'Occident.

La seigneurie a été une forme locale, mais réelle du pouvoir, par suite le seigneur s'appropria l'impôt. C'était sa mission, son droit, son devoir. M. Flach a très-bien marqué les diverses étapes ou transformations de la propriété foncière qui ont abouti à la seigneurie. A travers toutes les époques se dessine et s'accentue la suprématie de la grande propriété foncière. Après la conquête romaine, indépendance du grand seigneur gallo-romain; au VIe et au VIIe siècle, domination des propriétaires puissants, des *viri potentes*, sur des circonscriptions territoriales; au IXe le domaine devient une *potestas*; enfin au Xe siècle le grand propriétaire terrien est investi d'une souveraineté de fait (1).

La seigneurie est la grande propriété à laquelle se sont jointes l'*immunitas* et l'*honor*, ce qu'on appelle la *potestas*. A cet égard M. Flach insiste avec raison, sur le fait que, dans les anciennes civilisations le propriétaire a toujours joui de la *potestas* domestique, par une tradition immémoriale et incontestée. Le propriétaire français actuel ne donne pas l'idée de l'ancien propriétaire à Rome et en Grèce, ni même dans plusieurs États de l'Europe, encore moins aux États-Unis, en Australie et en Orient. La

(1) M. Flach a donné au premier volume de son ouvrage, *Origines de l'ancienne France*, le sous-titre de : *Le régime seigneurial*. Comparer 1er vol., p. 67, *Le château fort*, p. 81, et *La villa au IXe siècle*.

force des choses, au milieu de la dissolution et de l'anarchie des invasions, compléta cette *potestas* au profit de l'homme puissant « qui a de nombreux hommes d'armes, des retraites assurées « (Castella), qui a des soldats, des paysans, des villages entiers « dans sa clientèle ». Voilà le seigneur. Il ne doit l'impôt à personne; il lève sur ses terres les impôts accoutumés et il exerce la justice (1). C'est le résultat du temps. Il commande parce qu'il n'existe pas d'autre pouvoir que le sien et que la possession du sol a toujours été, sera toujours une force, plus ou moins grande selon les circonstances.

Les droits seigneuriaux sont les impôts auxquels il a droit en vertu de la coutume (ils ne sont autres que les impôts romains). Mais il est en même temps propriétaire. Comment distinguer entre ses droits comme seigneur, dépositaire de la puissance, de la protection publique et partant de l'impôt, et ses droits comme propriétaire ?

En ce qui est des impôts indirects, la distinction était possible. Aussi le seigneur a-t-il plus tard perdu une partie des taxes indirectes. Cela était moins facile en ce qui concerne les impôts et les revenus de la terre. De là une confusion qui s'est perpétuée jusqu'en 1789. La même confusion a eu lieu en Égypte.

En effet, comme la même personne réunissait sur sa tête la *proprietas* et la *potestas*, qu'est-il arrivé? c'est que les garanties indispensables à l'exploitation du sol ont prévalu sur le caprice inhérent à la *potestas*. Les droits du seigneur sont devenus immuables et le colon a été considéré comme possesseur immuable de sa tenure. Voilà les éléments de la censive roturière qui a été pour les classes agricoles un immense progrès puisqu'elles sont devenues libres propriétaires d'une grande partie du territoire moyennant des redevances fixées par une coutume immémoriale. M. Ad. Vuitry a donné de nombreuses citations sur ce dernier point qui est conforme, au surplus, aux textes des lois romaines, réunis par M. Fustel de Coulanges. L'édit de 615 portait textuellement que les impôts ne seront exigés que suivant

(1) *Origines*, 129.

la coutume. M. Bordier a établi que la coutume antique de chaque localité a partout limité les droits seigneuriaux. « Outre « l'impôt dû à l'État, a dit M. Guérard, les colons acquittaient « ordinairement au profit de leurs maîtres une redevance an- « nuelle, suivant les conventions ou l'usage *et qui ne pouvait « être augmentée* (1). »

M. Guérard continue :

« Si, d'un côté, la condition du colon, inclinait vers la servi- « tude, de l'autre, la servitude s'élevait de plus en plus vers la « liberté. La possession se convertit en propriété entre les mains « des serfs cultivateurs, comme entre celles des bénéficiers; le « simple tenancier se rendit propriétaire de sa tenure en même « temps que *les officiers du Roi s'approprièrent* leurs honneurs « et leurs bénéfices; les uns et les autres quittèrent leur condi- « tion en même temps pour passer dans une toute autre, bien « différente et bien supérieure, car de simples possesseurs qu'ils « étaient jadis, ils se trouvèrent au xe siècle de véritables pro- « priétaires. A partir de cette époque, les chartes et tous les « autres documents témoignent d'une grande révolution dans « les plus basses comme dans les plus hautes sphères de la so- « ciété. Ce sont d'autres institutions, d'autres droits, d'autres « usages. Les colons et les hommes non libres sont confondus « avec les serfs pour ne composer avec eux qu'une classe de « personnes. Les redevances et les services apparaissent sous « une forme nouvelle... La propriété de son champ n'est plus « contestée au villain qui l'a définitivement conquise; s'il a dé- « sormais à combattre, ce n'est plus pour la propriété, mais « pour la franchise et pour l'indépendance de sa terre (2). »

Ainsi les droits seigneuriaux n'ont pas été une usurpation sur les cultivateurs, mais une appropriation nécessaire d'après la forme nouvelle de l'État. Ils comprenaient une part d'impôt, mais une part plus grande de rente et de revenus légitimes, fixées par la coutume. Tous ces résultats sont conformes à l'évolution de la propriété foncière dans la plupart des États.

---

(1) Ad. Vuitry, 1er vol., 62, 71.
(2) Ad. Vuitry, 1er vol., 72.

Trois sortes d'impôt ont survécu : 1° les impôts directs, la capitation foncière et la capitation personnelle; 2° les *Portoria*, devenus les droits de tonlieu et de péage; 3° les prestations qui se sont multipliées et d'autant plus lourdes; 4° il faut y ajouter la dîme.

M. Ad. Vuitry admet que tous ces impôts « restèrent à la charge « des personnes, presque toutes de condition servile, placées « vis-à-vis des propriétaires dans des liens de dépendance per- « sonnelle, mais ayant sur la terre un droit perpétuel et hérédi- « taire (1). »

Peut-être en a-t-il été ainsi pour la seconde partie de cette période; quant à la première, il est difficile de partager le sentiment de M. Ad. Vuitry. Les documents contemporains représentent ces populations comme absolument hors d'état de supporter l'impôt. Les temps étaient trop difficiles; elles-mêmes étaient trop près de la servitude. « La capitation personnelle, dit M. Ad. « Vuitry, était si accablante pour les familles que beaucoup de « parents souhaitaient la mort de leurs enfants afin de ne pas « être contraints de la payer ». La reine Bathilde, veuve de Clovis II, en déchargea les enfants. Comment donc auraient-ils pu faire face aux prestations, aux *portoria*, à la capitation foncière (2)?

En analysant les éléments de la population des terres de l'abbaye de Saint-Germain-des-Prés, nous avons reconnu que la masse était composée de colons à perpétuelle demeure et de personnes de condition indéterminée. Le nombre des ménages libres était sans importance. Sous l'Empire, le propriétaire devait parfois avancer l'impôt pour ses colons et s'adresser au *Judex* : combien tout était devenu plus difficile des v° au VIII° siècle! Les impôts retombaient à la charge des propriétaires formant une aristocratie puissante, seule force sociale du temps. De là ses efforts, pendant deux siècles, pour se débarrasser des charges qu'elle ne pouvait répercuter; de là les événements qui préparent l'édit de 615; de là la transformation de l'impôt.

(1) Ad. Vuitry, 1er vol., sect. 6, p. 86.

(2) Ad. Vuitry, 1er vol., 73, 86, 90.

« Cette espèce de charte politique, dit M. Ad. Vuitry, à propos du traité de 615, est peut-être le monument législatif le plus considérable de la dynastie mérovingienne. Il est un témoignage irrécusable de l'importance qu'avaient prise à cette époque les questions fiscales. Sur les divers articles que comprend l'édit de 615, huit s'appliquent à des matières de finances et d'impôts. » « L'un garantit le droit de succession *ab intestat* et défend aux agents de l'autorité publique, et spécialement à ceux de l'administration fiscale d'y mettre obstacle. D'autres ordonnent la suppression des nouveaux cens qui ont provoqué des réclamations, ou ils interdisent tout accroissement du tarif des tonlieux, des péages, c'est-à-dire des impôts indirects « Ils constatent donc l'existence des anciens impôts; ils assurent leur maintien; en même temps, ils décrètent leur fixité et font ainsi commencer en cette matière l'*empire de la coutume*. En outre, ils ont implicitement pour effet de conserver, en ce qui concerne le cens, les exemptions déjà obtenues et conquises par l'Église et par les Francs (1). » L'empire de la coutume n'est autre que la théorie des économistes sur la fixité de l'impôt, théorie entièrement opposée à la tradition de l'impôt romain.

A partir du xe siècle la situation change. La condition des seigneurs et des colons s'améliore parallèlement; ceux-ci sont devenus propriétaires des impôts; ceux-là de leurs tenures. En outre, la coutume a été appliquée comme règle aux uns comme aux autres. Le jeu naturel des lois économiques a dès lors tendu à rejeter sur les colons l'efficacité de l'impôt, souvent confondu avec les diverses redevances agricoles et foncières, puisqu'ils pouvaient le supporter.

Il en a été de même de la dîme. Dans la première partie de cette période, elle a dû rester au compte des propriétaires; dans la seconde, elle a été supportée par les colons.

C'est un moment important dans l'histoire de l'impôt et même dans celle de la civilisation. Il n'est pas possible de lui indiquer une date même approximative; mais il n'y a aucune témérité à

(1) 1 vol., 90.

penser que les classes rurales, dans toute l'Europe occidentale, ont largement profité du grand mouvement qui se manifeste dans le cours du XIe siècle et qui prépare les Croisades. Les Croisades n'ont pu avoir lieu qu'à une époque prospère. L'émancipation de ces classes n'est pas encore achevée. Les Croisades vont leur fournir l'occasion de la poursuivre rapidement; mais elles prélèvent déjà une part plus grande dans la production; elles jouissent de plus de liberté; une part de l'impôt leur incombe nécessairement.

En outre, de ces deux premiers éléments, d'un côté, l'occupation, le défrichement et la mise en culture du sol, et d'un autre côté, le maintien d'un ordre régulier au milieu d'une anarchie complète, désespérée, pour employer les termes mêmes des chroniqueurs du temps, éléments dont les feudistes royaux, tels que Loysel et surtout Merlin, n'ont eu aucune idée, il y a lieu d'en étudier un troisième de première importance, l'élément militaire (1). C'est dans la seigneurie que se sont fixés et qu'ont pris corps les liens militaires du *comitatus* germanique, au moyen de la constitution des fiefs et de la transformation des bénéfices en fiefs, l'une et l'autre ayant pour fondement le service militaire. Agrandie avec les bénéfices, longtemps temporaires et viagers, la seigneurie s'est morcelée avec les fiefs héréditaires. C'est dans les fiefs que se sont formées les traditions, les mœurs, les idées, les familles militaires de la France. Acquérir un fief, c'était devenir militaire; le propriétaire d'un fief était dit *miles*. Pendant plusieurs siècles, les seigneurs ont été les défenseurs de l'ordre social et du territoire. C'est ce que M. Fustel de Coulanges a nettement établi en contradiction avec les attaques des feudistes aux ordres de la Royauté et avec les injustices et les passions, nées du mouvement réformateur du XVIIIe siècle. Le seigneur, a démontré M. Fustel de Coulanges, a été un défenseur, un protecteur, celui dans lequel

(1) Voir deux articles remarquables de M. Fustel de Coulanges dans la *Revue des Deux-Mondes*, 15 mai 1873 et 1er août 1874. Ces deux articles n'ont pas été reproduits dans les œuvres de M. Fustel de Coulanges; on doit le regretter. Jamais M. Fustel de Coulanges n'a été mieux inspiré.

les populations tourmentées, pressurées, accablées par l'anarchie du IXe siècle se sont mises à espérer (*in quem sperare*). De là la popularité réelle dont la féodalité a été entourée pendant plusieurs siècles. « Les peuples se serrent autour de leurs défenseurs, « autour *des seigneurs et des comtes*. Rien de plus populaire que « la féodalité à sa naissance. Le souvenir confus de cette popu- « larité est resté dans les romans où Gérard de Roussillon, où « Renaud et les autres fils d'Aymon soutiennent une lutte héroï- « que contre Charlemagne.... Michelet continue. « La fusion des « races commence et la société cherche à s'asseoir. La France « voudrait devenir un monde social, mais l'organisation d'un « tel monde suppose l'ordre et la fixité. La fixité, l'attachement « au sol, à la propriété, cette condition impossible à remplir « tant que durent les immigrations des races nouvelles; elle ne le « sera complètement que par la féodalité... (1). »

Même au point de vue fiscal, il y a lieu d'insister sur le caractère militaire de la féodalité et sur les services militaires qu'elle a rendus, d'abord en fermant le territoire aux invasions, puis en faisant les Croisades, enfin en fournissant les cadres des familles à l'aide desquels la monarchie a constitué la France. Dans cette constitution, l'œuvre des classes féodales et des classes rurales a été énorme, celle des classes du tiers-état bien moindre (2). C'est avec la plus grande persistance que les classes moyennes sont devenues étrangères au service militaire. Même quand elles acquéraient des fiefs nobles militaires, elles avaient la prétention de profiter des avantages, sans remplir les charges; ce qui a été le cas de Montaigne lui-même; or, le service militaire a décimé les nobles et livré leurs fiefs aux classes moyennes. Les privilèges, les exemptions d'impôt, les immunités, les *honores* avaient une pesante compensation, la défense du territoire, l'éducation militaire, la vie militaire (3). A cet égard, il a

---

(1) Michelet, *Hist. de France*, 1 vol., page 408.

(2) Aug. Thierry, sous l'influence du parti libéral de la Restauration, a sans doute retracé avec un grand talent l'histoire du tiers-état, mais il a oublié l'histoire militaire et l'histoire rurale de la France. Il a sacrifié le principal à l'accessoire.

(3) *La chevalerie*, par M. Léon Gautier.

existé de curieux rapports entre la chevalerie militaire française, les familles nobles militaires françaises et les systèmes militaires de l'Égypte, de Lacédémone et de Rome. Le véritable service militaire, accepté par tous, comme dans la Rome républicaine, ne date en France que de 1872 (1).

Il est sorti des foyers militaires seigneuriaux, une race d'hommes extraordinaire. Cette race a fait les Croisades, qui ont été et qui demeureront l'époque héroïque de la France (2). Les clientèles commerciales de la France par tout l'Orient s'y rattachent (3). Ces hommes ont porté le nom et les souvenirs de la France en Syrie, à Rhodes, à Chypre, en Crète, en Égypte, en Tunisie, à Constantinople, dans la Grèce entière. Ces souvenirs n'ont pas disparu. La France est populaire dans tout l'Orient. A aucun moment de son histoire, la France n'a été plus influente, plus civilisatrice que du XIIe au XIVe siècle. La France de saint Louis a été moins pompeuse, mais plus grande que celle de Louis XIV. A ces mêmes foyers transformés, mais encore les mêmes, ont appartenu les familles militaires qui ont relevé la France du XVIe et du XVIIe siècles. Les services des familles militaires de la France sont attestés par les plus illustres souvenirs de la patrie : Philippe-Auguste, saint Louis, Duguesclin, Jeanne d'Arc, Richemont, Bayard, Guise, Henri IV, Turenne, Condé. Plus d'un général de la Révolution ou de l'Empire a eu les mêmes origines : Davout, Marmont, La Riboissière ; le maréchal Bugeaud lui-même est né dans un vieux nid seigneurial. La Piconnerie.

Nous n'entreprendrons pas de tracer le tableau d'une seigneurie. Nous renvoyons à l'excellent ouvrage de M. Dareste de la Chavanne dans lequel la formation, l'exploitation, les conditions des seigneuries ont été remarquablement étudiées. M. Dareste de la Chavanne n'a cependant pas insisté sur la fonction mi-

---

(1) Voir, ci-après nos réflexions à propos du service militaire pour les tenures en roture, les communes et les villes.

(2) Comparer les réflexions de M. Finlay, *History of Greece*, t. 4, p. 67, sur la grandeur de la France du XIIIe siècle.

(3) La France entretient encore avec l'Empire ottoman un commerce considérable ; elle vient au second rang, après l'Angleterre, avec 202 millions de francs en 1894.

litaire, nationale, protectrice des seigneuries; c'est dans la seigneurie que s'est organisée la résistance, contre les Northmans, les Allemands au Nord, les Sarrasins au Midi, avant la véritable époque féodale. Ce point, si essentiel, si important, a été mis particulièrement en relief par Michelet, par M. Fustel de Coulanges et par M. Flach. On a dit que la royauté avait fait la France, c'est une vérité incomplète. La royauté a réuni les éléments de la nationalité en un faisceau puissant; mais beaucoup de ces éléments ne proviennent pas d'elle; ils proviennent de la seigneurie; mœurs militaires, mœurs agricoles, habitudes du travail ont été façonnées dans la seigneurie. Il existe encore, en France, plusieurs anciennes seigneuries, celle de Meillant en Poitou, celle de Valençay dans le Berry et bien d'autres, car la propriété foncière possède une force de résistance correspondant à la vitalité de la nature elle-même. On peut encore y étudier sur place les populations seigneuriales. Ces populations valent bien celles des grands centres industriels modernes. Peut-être sont-elles moins actives; mais elles sont aussi plus saines, plus vigoureuses et plus heureuses (1). La seigneurie a survécu, en effet, à la société féodale dont elle a été l'élément constituant, mais par laquelle elle n'a pas été absorbée. Des temps malheureux pourraient reconstituer la seigneurie, parce que la propriété foncière sera toujours la condition et la garantie d'une véritable civilisation.

§ 12. *Résumé général de cette période.*

Résumons à grands traits cette période si intéressante. Dès l'époque de Dioclétien l'impôt avait pris un caractère rural; il portait, avant tout, sur la production agricole. Avec l'accroissement des cultures et l'importance des campagnes, cette tendance devint encore plus grande. La vie politique et sociale eut son foyer dans les campagnes, dans les grandes exploitations ou domaines qu'on peut comparer aux *Haciendas* du Mexique et de l'Amérique du Sud. C'est là que les Germains aimaient à habiter; les

(1) Point de vue développé avec talent par Michel Chevalier.

Gallo-Romains firent de même et le mouvement devint général. Les habitations furent fortifiées dans un but de sécurité publique, en vue de protéger les populations. Ainsi se créèrent les seigneuries par un mouvement naturel, social, national. Lorsqu'un centre fut formé, beaucoup de propriétaires s'y rallièrent par *la recommandation*, et placèrent leurs personnes et leurs terres sous la dépendance du seigneur, moyennant sa protection; de même le seigneur accorda la jouissance ou le *bénéfice* de diverses parties de la seigneurie aux familles qui venaient s'y établir; par suite, c'est dans la seigneurie que l'impôt s'est transformé. Le seigneur en était le propriétaire, le dispensateur, le maître. Du IXe au XIIIe siècle cet état de choses s'est maintenu dans la plus grande partie de l'Europe. Les grands Capétiens, qui ont préparé la formation de la France, n'ont levé des impôts que sur les terres dont ils étaient les seigneurs. Le fait de l'État, et le fait de devoir et de payer l'impôt à l'État avaient été remplacés par le fait du seigneur, et par le fait de devoir et de payer l'impôt au seigneur.

Dans beaucoup de seigneuries, les droits du propriétaire primordial, du *senior*, et les droits du fonctionnaire, du *judex* furent réunis. Dans quelques autres, ils demeurèrent séparés. Il y eut, parfois, deux seigneurs dans la même seigneurie — le seigneur propriétaire et le seigneur justicier. Ce second seigneur était investi des droits de l'ancien *judex*, c'est-à-dire des droits de justice, dont l'impôt était l'élément principal. Cette distinction s'est maintenue, en France, jusqu'en 1789, avec de nombreuses difficultés tenant soit aux origines mêmes des deux espèces de seigneuries, soit à leur superposition dans bien des cas, soit à leur séparation dans beaucoup d'autres. En général, le seigneur justicier a été le seigneur d'ordre supérieur. Il représentait, en effet, non pas l'influence de la terre et la richesse, mais l'autorité publique. Quant au baron féodal, le *senior* sans justice, il a tenu bon jusqu'en 1789 et même au-delà. Le départ entre le pouvoir que donne la richesse et le pouvoir que donne la fonction publique est toujours difficile à faire. Qu'est un préfet républicain à côté d'un grand industriel, ou d'un grand propriétaire, ou d'un grand banquier? Il est moins important qu'un chef de rayon achalandé dans une coopérative importante, celui-ci peut compter sur sa place grâce à sa clientèle ; mais que va devenir l'autre ?

Ce qui veut dire que, dans les transformations sociales, les éléments économiques ont plus de résistance, de force et de durée, bien que moins d'éclat, que les éléments politiques.

Quel plus amusant type que celui de Godard d'Aucour, fermier général, littérateur, poète, vaudevilliste, qui remplace à Plancy les chevaliers des Croisades, fait gérer sa terre par un parent de Danton, n'émigre pas, la conserve intacte et se métamorphose en préfet de Napoléon !

Eh bien ! la terre de Plancy a été transmise pendant plus de trois siècles dans la famille des d'Aucour et, en 1871, le baron d'Aucour, après s'être engagé, à l'âge de plus de 50 ans, parmi les mobiles de l'Aube, et avoir combattu à Bagneux, à côté du comte de Dampierre, a été élu membre de l'Assemblée nationale.

Il y a donc des traditions d'honneur immuables, attachées à la possession du sol.

CHAPITRE III.

L'ÉPOQUE FÉODALE EN FRANCE.

§ 1. *Caractères généraux de la féodalité en France.*

La féodalité est tout à fait postérieure à la constitution de la seigneurie. La seigneurie en a été l'élément générateur. La féodalité est, avant tout, un organisme militaire; la seigneurie un organisme économique, politique, social.

On peut fort bien considérer la féodalité comme la confédération, l'association, le syndicat, la cristallisation des seigneuries. La féodalité ne s'est faite, comme une sorte de soudure des seigneuries, que lorsque la dynastie des Carlovingiens, c'est-à-dire la Royauté, eut reconnu son impuissance à garantir aux intérêts sociaux la protection dont ils ont toujours besoin (1). Le traité de Kiersy, en 877, constata cette impuissance. Charles le Chauve accorda l'hérédité de leurs fonctions et de leurs bénéfices (*Honores*), aux Comtes, à tous les grands feudataires, c'est-à-dire aux seigneurs les plus considérables, aux propriétaires les plus importants, à ceux qui représentaient les principales parties du territoire. Ce traité n'ajouta rien, en fait, à leurs propriétés foncières, tout en sanctionnant, en droit, l'hérédité de celles qu'ils possédaient, à titre précaire, de la Royauté; mais il leur conféra la perpétuité, l'hérédité des fonctions politiques dont ils étaient revêtus à titre temporaire (2). En outre, il accorda aux *vassaux* les mêmes avantages qu'aux Comtes. Les Comtes représentent les seigneuries et les vassaux les fiefs. Et il prescrivit aux évêques, abbés, Comtes, d'en faire autant pour leurs propres vassaux. L'hérédité devint le fondement de tout, elle assit tout.

---

(1) Glasson, *Institutions de la France,* 4e vol., introduction. — Mortet, article *Féodalité* (grande Encyclopédie), travail important.

(2) H. Martin, *Histoire de France,* 2e vol., 467.

En réalité, Charles le Chauve ne fit que sanctionner un état de choses préexistant, auquel le pouvoir royal ne pouvait s'opposer et qui était l'expression d'une nécessité politique et sociale.

A l'anarchie intérieure se joignaient les incursions des Northmans, des Sarrasins, des Hongrois, qui la rendaient plus intolérable encore. Rien de surprenant si, de ce chaos, est sorti un grand mouvement militaire ayant pour fondements la propriété foncière, le salut public, la défense du territoire et des populations. C'est ce que Michelet a si bien expliqué, il y a déjà 60 ans, et c'est ce qu'au milieu des splendeurs de Louis XIV, Loysel avait absolument oublié : « Ces libérateurs du pays occuperont les défilés « des montagnes, les passes des fleuves; ils y dresseront leurs « forts (*castra*); ils s'y maintiendront à la fois et contre les bar« bares et contre le prince. Les peuples se serreront autour de « leurs défenseurs, autour des seigneurs, des Comtes ». « Celui« ci perche avec l'aigle; l'autre se retranche derrière le torrent. « L'homme prend racine, il s'incorpore à la terre; naguère l'homme « était une personne, la loi était personnelle. Aujourd'hui, l'homme « s'est fait terre; la loi est territoriale (1) ».

A cet égard, il est indispensable de ne pas oublier quelles étaient les conditions économiques et sociales de la Gaule franque après la dissolution de l'empire éphémère de Charlemagne. On en trouvera le tableau, tracé d'après les sources mêmes, dans les premiers chapitres du second volume de l'ouvrage de M. Flach; les villages de la Gaule romaine et de la Gaule franque, les effets des invasions sarrasines, normandes et hongroises, le château-fort remplaçant la villa, les débris des villæ, les villæ transformées en villages, les villages indépendants, les villages créés dans les forêts, les bourgs-neufs, les asiles et les sauvetés. Ces formes diverses de l'occupation du territoire correspondaient, d'une part, à l'anarchie générale de l'époque et au besoin de sécurité, d'autre part, aux progrès des défrichements et des cultures (2). Les *sauvetés* étaient des centres de culture,

---

(1) *Histoire de France*, 1 vol., p. 429.

(2) En somme, le grand propriétaire (le *senior* ou le *judex*), vit sur sa terre comme dans un camp retranché, avec une muraille et des forts, où il échappe aux pouvoirs publics et où il leur soustrait tous ceux qui se sont mis dans sa clientèle

d'élevage de bétail, de foires, comme il s'en crée chaque année aux États-Unis, qui se formaient sous la protection des abbayes; ainsi l'*abbaye de la Sauve*, Entre-deux-Mers, en Guyenne, devenue actuellement une école départementale (1).

Dès que ces foyers sont constitués, l'impôt y fait son apparition, comme le résultat naturel, et même, comme la condition nécessaire, de toute agglomération. Prenons-le dans sa molécule génératrice. « Tous les habitants, qu'ils soient ou non tenanciers, « sont astreints au droit de gîte, quand arrive dans le bourg « un personnage de marque. Tous aussi doivent, en pareille « occurrence, faire un crédit de 15 jours pour le paiement du « pain, de la viande et de toutes autres denrées marchandes. « Enfin un impôt est levé sur les bœufs, les porcs, le vin vendu, « un denier par porc, deux par bœuf (2) ».

Le milieu est troublé, anarchique, mais plein de sève et de vie. Le régime féodal donnera à ce milieu, non pas une sécurité complète qu'il ne supporterait pas, mais une sécurité d'ordre supérieur, sans amoindrir ses forces vitales. Pendant toute l'époque féodale, à raison même de l'intensité du développement agricole, il y a eu, en France, comme une surabondance de vie.

Les seigneuries, les abbayes, sortes de seigneuries monacales, étaient éparses de tous côtés sur le territoire, séparées par de grandes distances; les châteaux-forts, qui en étaient le centre, se rencontraient, au fond des forêts, comme Plancy ou Bénauge, Château Meillant; sur des plateaux éloignés, comme Montratier; au passage des fleuves et des rivières, comme Craon. La féodalité a consisté à souder les uns aux autres, par la force même des choses, les éléments divers réunis dans les seigneuries, à demander à la terre, à la propriété foncière, les premières ressources

(E. Beaudoin, ouvrage déjà cité, page 88). M. Beaudoin oublie que ces pouvoirs publics ont disparu et que les barons de Montratier, de Château Meillant, de Bénauge, de Plancy, de Craon, étaient les véritables pouvoirs publics; c'était à eux que les populations s'adressaient.

(1) L'Église de cette sauveté est encore un des beaux monuments du moyen âge en Guyenne.

(2) Flach, *Origines*, 2e vol., p. 200. C'est l'impôt sur le bétail, tradition des anciens temps, tradition des peuples nomades.

pour reconstituer le territoire, puis le gouvernement, puis la nation. C'est un premier mouvement d'une très grande intensité, parce qu'il est territorial, vers la formation de la nationalité. Son œuvre principale a été le territoire.

C'est bien ainsi que l'a compris Michelet lui-même dans l'une de ses plus belles inspirations.

« La variété infinie du monde féodal, la multiplicité d'objets « par laquelle il fatigue d'abord la vue et l'attention, n'en est « pas moins la révélation de la France. Pour la première fois « elle se produit dans sa forme géographique. Lorsque le vent « emporte ce vain et uniforme brouillard, dont l'empire allemand « avait tout couvert et tout obscurci, le pays apparaît, dans ses « diversités locales, resserré par ses montagnes, par ses rivières; « ses divisions politiques répondent ici aux divisions physiques. « Bien loin qu'il y ait, comme on l'a dit, confusion et chaos, c'est « un ordre, une régularité inévitable et fatale. Chose bizarre ! Nos « 86 départements répondent, à peu de chose près, aux 86 dis- « tricts des capitulaires, d'où sont sorties la plupart des souverai- « netés féodales, et la Révolution qui venait donner le dernier coup « à la féodalité, l'a imitée malgré elle (1). »

Et cependant, malgré un brillant développement de cinq siècles, du IXe au XIIIe, et une longue transformation, puis, décadence, de cinq siècles encore, du XIVe au XVIIIe, c'est-à-dire après dix siècles d'existence, la forme particulière, à plusieurs égards supérieure, que la féodalité avait imprimée à la propriété foncière en France, y a presque complètement disparu pour reprendre la forme de la propriété romaine quiritaire. La France présente même ce singulier contraste qu'après avoir été la partie de l'Europe où la féodalité a eu son plus vif éclat, c'est aussi la partie de l'Europe où elle a laissé, dans les institutions le moins de traces, bien que les monuments, les souvenirs, les traditions y reportent sans cesse les générations. Ainsi l'Angleterre, toute l'Allemagne du Nord, l'Italie, l'Espagne, quoique moins pénétrées par l'esprit féodal que la France, sont restées tout autrement sous l'influence du mouvement féodal. Nous n'hésitons pas

(1) *Histoire de France*, 2e volume, page 2.

à attribuer ces contrastes au caractère particulier de la race celtique ou gauloise, à sa nature, profondément individualiste, d'une part, et à la persistance de l'influence de la civilisation latine, d'autre part; à cet égard, le livre de Pierre de Fontaines(1) est un monument historique de premier ordre. On ne saurait trop le relire. Rien d'intéressant comme de voir le vieux juriste féodal, après avoir disserté sur les coutumes qui n'ont aucun rapport avec le droit romain, s'occuper tout à coup d'Ulpian et de Paulus et conduire son lecteur du milieu féodal dans le milieu romain. Cette conduite fut considérablement facilitée par la supériorité de civilisation de la France romaine du midi sur la civilisation de la France féodale du nord, par l'action de la papauté, par celle de l'Église romaine dominant en France aux XIIe, XIIIe et XIVe siècles. Le droit romain envahit alors la France, il y est enseigné de toutes parts; il y a eu au XIIIe siècle comme une première Renaissance. Les monuments juridiques romains révèlent à tous les esprits perspicaces, tels que Pierre de Fontaines, un droit de propriété tout autre et, à beaucoup d'égards, supérieur à la propriété féodale, un droit *in rem*, absolu, primordial, qui ne connaît pas de supérieur, qui n'est subordonné à aucune condition, qui résulte ou de l'occupation, comme la plupart des seigneuries, ou de la convention, du contrat.

Ce n'est pas que, sur tout le territoire des Gaules, on puisse dire que ce droit absolu de la propriété eût complètement disparu. L'alleu héréditaire en portait la marque, en conservait la tradition; quoique l'alleu lui-même, soit à raison du service militaire, soit à raison de la justice, eût souvent subi l'influence de l'association féodale; mais le mouvement général du développement de la mise en culture du territoire et de la propriété foncière, s'était opéré dans une autre direction, provenant et des nécessités économiques, et des lois de la décadence de l'empire romain, et des invasions du Nord comme du Midi. Cette direction avait pour fondement la concession du sol à temps au

(1) N'importe l'auteur anonyme ou supposé du *Conseil à un ami*. On sait qu'il a été composé vers le milieu du XIIIe siècle, cela suffit pour lui donner son véritable caractère. Favre, *Introduction au glossaire de Laurière*.

lieu de la vente, le bail emphytéotique ou perpétuel au lieu de la transmission complète. Deux causes historiques à cette direction : d'abord, l'incertitude et l'imperfection du droit de propriété chez les Germains et ensuite les nécessités que les temps, la nature des choses imposèrent aux concessions du sol, aux exploitations des cultures dans les derniers siècles de l'empire romain. Dans leurs deux livres remarquables sur les locations perpétuelles. MM. Garsonnet et Lefort ont parfaitement indiqué ces origines, en suivant chez les divers peuples de l'Empire et chez les diverses races les oscillations des formes différentes du droit de propriété sur le globe (1).

Lorsque commença et s'étendit ce grand mouvement d'occupation et de défrichement du territoire européen, vers le IIIe et le IVe siècles, mouvement qu'il ne faut jamais perdre de vue dans l'histoire de la propriété foncière et des impôts en Europe, en même temps que s'accomplissaient de si grands changements dans la condition personnelle des hommes, la forme absolue de la propriété romaine quiritaire, adaptée parfaitement au territoire du *Latium*, très restreint et très peuplé, ne convenait plus à d'immenses solitudes, couvertes de marécages et de forêts, où l'homme avait plus de valeur que la terre (2). De là les locations perpétuelles où à long terme qui avaient l'inexprimable avantage de fixer l'homme à la terre. Telle a été et telle est encore la condition de la Russie, où le *Mir* a retenu et retient l'homme, de même que les diverses formes de locations perpétuelles du IXe au XIIIe siècle le retenaient en faisant de lui un propriétaire conditionnel (3).

Fief, bail à cens, bail à rente foncière, champart, bordelage,

---

(1) E. Garsonnet, professeur à la Faculté de droit de Paris, *Histoire des locations perpétuelles*, 1872, ouvrage d'une haute érudition dans lequel on suit les diverses étapes de la double transformation de l'état des terres, des personnes depuis l'Empire romain jusqu'au XIVe siècle. Voir surtout les deuxième et troisième parties, avec indication *complète des sources*. Lefort, t. 1, *Des contrats de location perpétuelle*, 1875, contient une excellente étude sur les fiefs, et les tenures en roture.

(2) Ce point a été parfaitement mis en lumière par M. le vicomte d'Avenel, *La fortune privée à travers sept siècles*, 1895, p. 162, 173, 174. L'homme est à la fin du XIIe siècle le bien le plus précieux, on se l'arrache, p. 175.

(3) *Sur le Mir*, Voir ci-après nos réflexions sur les résultats du bail à cens. Mackenzie Wallace, *La Russie*, chapitres 29 à 32.

métairie, bail congéable, bail colonger, tenure en échevinage, emphytéose ont été des formes diverses d'occupation conditionnelle du sol présentant le double avantage, pour le seigneur ou propriétaire primordial de peupler, de défendre et de cultiver sa seigneurie et, pour le tenancier, de devenir propriétaire sans bourse délier, association plus favorable au tenancier que le Mir qui ne l'a jamais enrichi et qui a facilité son asservissement, ou que le prêt hypothécaire, surtout à une époque d'extrême rareté et cherté des capitaux.

Malgré ces avantages, le moment dut venir cependant où bien des roturiers et même des possesseurs de fiefs se laissèrent entraîner comme Pierre de Fontaines par le libre droit de propriété romaine. Hommage, fidélité, dénombrements coûteux, aides, quint et requint, rachats, reliefs, amortissement pour les uns, cens, rente, partage des fruits, aveux, tailles, gîtes, corvées, banalités, tonlieux, lods et ventes, pour les autres, parurent accablants et sans fondements; greffes, offices, terriers à entretenir; tout cela devint à la fois onéreux, humiliant, désagréable.

C'est que les formes de la propriété adaptées, du IXe au XIIIe siècle, à l'état économique et social en France, qui ont pu persister du XIVe au XVIIe siècle — sans dépasser le milieu du siècle — ne convenaient réellement plus à l'époque où ont brillé Descartes, Pascal, Corneille et Molière. On en a la preuve dans les ordonnances qui précédèrent et suivirent *les grands jours d'Auvergne*. Ces ordonnances montrent à la fois combien il était déjà nécessaire et facile de modifier des institutions qui avaient fait leur temps. C'est ce dont Colbert était entièrement convaincu. Louis XIV préféra placer son petit-fils sur le trône de toutes les Espagnes, par des guerres qui ont ruiné la dynastie et compromis l'avenir de notre race, que de renouveler un matériel sans valeur; on ne saurait comparer ce matériel tel que l'ont connu Fénelon, Vauban et Montesquieu qu'à ces vieilles machines qu'on montre, dans les écoles d'arts et métiers, comme les modèles primitifs de l'industrie (1).

(1) Telle est l'impression que laisse un ouvrage récent sur la féodalité dans le Bourbonnais (*Les fiefs du Bourbonnais*, Moulins, 1895) par MM. A. de la Faige et R. de la Boutresse. Châteaux, forteresses, tout est à peu près ruiné. Rien n'est plus en rapport avec l'état actuel du Bourbonnais.

Il est vrai que sur d'autres territoires d'autres races conservent encore des formes plus antiques de la propriété, notamment en Chine, dans l'Inde, en Perse, en Russie, dans l'Empire ottoman et que les formes féodales ou seigneuriales de la propriété foncière tiennent encore une assez grande place chez diverses nations de l'Europe. Il est probable que c'est à la diversité des tendances des races qu'il faut faire remonter ces différences. Loin de nous de considérer comme tout à fait définitive pour l'avenir de l'humanité, à raison de sa supériorité, la forme de propriété qui a prévalu en France. Il est probable que des hommes d'État, comme Richelieu et Colbert, auraient pu suffisamment émonder l'arbre remarquable qui avair jeté de si profondes racines et qui s'était couvert d'une si brillante végétation sur le sol français, pour le raviver et l'adapter à des temps nouveaux. En tout cas, notre petite propriété parcellaire qui a provoqué tant de dithyrambes et de statistiques, n'est plus entourée d'aucun engouement. Elle ne retient plus personne aux champs. Elle n'apparaît plus comme l'élément d'une démocratie satisfaite, mais elle a certainement amoindri le nombre et la consistance de nos familles, limité l'essort de notre race et contribué à lui préparer un avenir qui n'est pas sans inspirer quelque perplexité.

§ 2. *Les fiefs et le service militaire.*

L'organe essentiel de la féodalité c'est le domaine militaire, le fief avec service militaire obligatoire (1). Le service militaire obligatoire, c'est le prix du fief. La seigneurie s'est démembrée en fiefs afin de se procurer et de s'assurer les moyens de sa défense, défense du sol, défense des populations. Avant tout et partout, la féodalité a consisté à former une aristocratie militaire, qui n'était pas sans ressemblance avec les anciennes aristocraties d'Égypte, d'Assyrie, de Perse, de Grèce et de Rome, même avec celle des Arabes musulmans, au moyen de la terre, de la propriété foncière. Le service militaire obligatoire! Il a fallu les plus grands

(1) Cujas le définit. Feudum est jus in prædio alieno, in perpetuum utendi faciendi, quod pro beneficio dominus dat ea lege, ut qui accipit, sibi fidem et militiæ munus aliudve servitium exhibeat (Ducange, *in feudum*).

malheurs, une nécessité impérieuse pour y rompre les familles, surtout les familles sortant des rangs du tiers-état; même lorsqu'à la suite de transformations économiques, ces familles ont pu acquérir des fiefs, elles ont souvent reculé devant le service militaire obligatoire pour emprunter, dès le XIIIe siècle, avec le concours du pouvoir royal, le remplacement militaire, aux lois de la seconde époque de l'Empire romain. Tel a été le cas de Montaigne, de Montesquieu et de combien d'autres, de Mirabeau lui-même, qui appartenait à une famille militaire très-honorable (1).

« Le service militaire, dit M. Beugnot dans sa belle préface « aux coutumes de Philippe de Beaumanoir, était le fondement « de l'édifice féodal. Les concessions de terre, faites par les pro- « priétaires à ceux qui ne l'étaient pas, avaient eu pour but de « rendre le service régulier et obligatoire afin que la seigneurie « et le seigneur ne manquassent pas de bras pour les défendre. » Aussi le traité de Kiersy en 877 imposait-il à tous les fonctionnaires ou bénéficiers, auxquels il accordait l'hérédité, l'obligation du service militaire. Cette obligation a été la première page de la longue histoire du service militaire en France. Le fief a remplacé le bénéfice. Le fief est, à l'origine, essentiellement militaire et, comme tel, noble, avec dispense d'impôts.

La seigneurie a alors subi un premier démembrement, tel que celui constaté pour la seigneurie de Clermont — en fiefs militaires, qui, d'après leur importance, sont devenus les moyennes et les petites seigneuries. La propriété foncière, d'abord via-

---

(1) Les ouvrages sur les fiefs sont innombrables. M. Mortet les a résumés dans ses deux articles. — *Féodalité et fief* de la *Grande Encyclopédie*. — Consulter spécialement *Histoire du droit et des Institutions de la France*, par M. Glasson : *La Féodalité*, tome IV, chap. 2 ; M. Léopold Delisle sur *la condition des classes agricoles au* XIIe *siècle*, l'*Histoire des classes agricoles* par M. Dareste de la Chavanne, le livre de M. Lamprecht cité plus haut. — Garsonnet et Lefort, *Locations perpétuelles*. — Lavisse, *Histoire générale*, tome II. — Luchaire, *Manuel des institutions de la France et les institutions monarchiques de la France sous les Capétiens*, 2 volumes. — Gasquet, *Les institutions politiques de la France*, 2 volumes, et, parmi les feudistes, les ouvrages cités plus bas de Brussel, Renauldon, de Fréminville, Laurière, Loysel, Hervé, de Boutaric, Beaumanoir, P. de Fontaines (édition Ducange). — *Les Assises de Jérusalem* (*Recueil des Croisades*). — Ad. Vuitry, ouvrage déjà cité. — Dodu, *Institutions du royaume latin de Jérusalem*, 1895, livre au courant, et Borelli de Serres, *Recherches*, indiqué plus haut.

gère, puis héréditaire, a donc été le premier et le principal élément des fiefs, comme le pensait Guérard et comme les faits le disent. Mais il y en a eu un second; M. Flach a eu raison de l'établir, c'est le compagnonnage militaire (1), le *comitatus* germanique, plus rarement celtique, *la maisnie*, la parenté, la famille, la vie commune à une époque où la solitude ne pouvait convenir à personne. Faut-il aller jusqu'à penser, avec M. Flach, que cet élément a été le clan? cela paraît invraisemblable. C'était la vie rurale commune, la vie familiale militaire. Le clan même ne subsistait qu'en Bretagne, en Écosse et en Irlande. C'est ici qu'apparaît l'importance du seigneur féodal à côté du seigneur justicier — dans les cas où ils sont séparés. — C'est le seigneur féodal qui concède le fief, le domaine militaire, comprenant le service militaire et certaines redevances foncières, qui n'ont jamais eu le caractère fiscal, mais le caractère foncier, vraiment féodal — féodal est le contraire de fiscal. La grande injustice de la Convention a été de ne pas le reconnaître (2).

Le propriétaire de fief, le vassal n'a de rapports, sauf pour la justice, avec le seigneur justicier que si ce dernier est son seigneur féodal, et il ne lui doit que les services féodaux, résultant tous du contrat; il ne doit pas d'impôt. Le prix du *Fevum*, c'est le service militaire. Par la suite des temps, certains impôts se glisseront, comme dans toute société, entre le seigneur et son vassal, particulièrement les droits de mutation entre-vifs et par décès, mais bien rarement l'impôt personnel. Le fief est libre d'impôts. Il est noble parce qu'il est militaire.

On comprend maintenant pourquoi les terres nobles sont restées exemptes d'impôt foncier ou de la taille royale jusqu'en 1789.

Sous cette expression générale de fiefs ont été comprises diverses formes de concession de la propriété. Du Cange n'a pas

(1) M. Flach, *Origines*, 2e vol., p. 450 et s. Avec le *comitatus* apparaît l'importance de l'élément et de l'influence germaniques.

(2) C'est ce que constate fort bien M. Mortet, page 228 — et au mot *fief*, page 420. Aussi dès que les temps révolutionnaires se sont éloignés, la jurisprudence tendit à interpréter plus équitablement les lois de la Convention. M. Doniol, *La Révolution française et la féodalité*, page 164. — Et Championnière perdit son procès.

indiqué moins de 164 espèces de Feudum (fief), bien que Cujas ait donné pour toutes les espèces une formule générale acceptable. Il y a, toutefois, à faire une première distinction fondamentale. Le véritable fief a deux conditions essentielles : 1° la transmission d'un fonds de terre, rural ou urbain ; 2° le service militaire. Ces deux conditions remplies, le fief s'appropriait à toute sorte de combinaisons ; elles étaient, en fait, très variées, surtout en France, dont le territoire, selon la belle expression de M. Léonce de Lavergne, est le résumé de l'Europe. Des différences naturelles, irréductibles de ce territoire, différences qui persisteront toujours et qui ont résisté aux niveleurs de 1789, sont issues des formes multiples de propriété, de possession, de jouissance, d'exploitation, de droits, de redevances dont il est nécessaire de prendre connaissance dans les feudistes, notamment dans Boutaric et dans Renauldon ; nous allons indiquer quelques-unes de ces formes pour les tenures roturières, qui étaient l'opposé des fiefs ; mais elles étaient, quoique bien plus restreintes en réalité pour ces derniers, encore fort nombreuses. Par suite, il y a eu pour les fiefs certaines différences au point de vue des droits féodaux. L'extrême variété et complication de droits féodaux n'est que l'expression de l'extrême variété des formes de l'occupation, de l'exploitation et de la propriété du sol.

A côté des véritables fiefs, avec propriété territoriale et service militaire, tels que le *Feudum loricæ* ou de haubert, on rencontre d'autres fiefs qui prennent place dans le milieu féodal, qui lui donnent un autre caractère, mais qui ne sont pas de véritables fiefs, tels que le *Feudum annuum* ou fief d'office et de dignité, *Feudum bursæ vel de Camera regis*, *Feudum in curia*, *Feudum in curte*, *Feudum ministeriale*.

Il y avait même des tenures roturières ou serviles auxquelles on donnait le nom de fief, *Feudum censuale*, *Feudum communale*, *Feudum corporale*, *Feudum de Haro*, *Feudum habitantis* comportant une servitude d'habitation, *Feudum talliatum;* ces deux expressions sont contradictoires, elles doivent appartenir à la décadence féodale ; *Feudum ad vitam*; *Feudum gentile*, qui ne pouvait appartenir qu'à des ingénus, gens de naissance libre.

Le Feudo firma qui a eu une grande importance, comme l'inliquent les comptes conservés des grands Capétiens, était-il un véritable fief? On doit en douter. Du Cange le définit, « Tenura « terrarum pro annuo redditu concessa, quæ tertiam, vel ad « minus quartam veræ æstimationis æquat, absque aliis servitiis « in charta expressis. » D'après ces terme le *Feudo firma* ne pouvait être un fief.

Au contraire, le *Feudum francum*, franc fief, était un véritable fief, bien que possédé par des hommes libres, non nobles, parce que, bien qu'exempt d'hommage, il était tenu au service militaire et soumis au cens : *censui obnoxius* (1).

Ces diverses formes de fief sont strictement réglées par le contrat. Il en résulta un très grand progrès pour la constitution du droit de propriété. A l'occupation, à la recommandation, à la concession bénéficiaire, succède une forme moins imparfaite, bien qu'encore incomplète ; le service militaire et ses compléments, la fidélité, l'hommage, la justice, les aides, composent un véritable prix ; cela est si vrai que, au bout d'un certain temps, ces services divers s'évanouiront, mais la propriété demeurera acquise; elle se transmettra légalement et cette transmission donnera lieu à des taxations nouvelles.

A partir du XIIe et surtout du XIIIe siècle, il se produisit dans cet organisme des changements qui s'aggravèrent avec le temps, et qui, en 1789, justifièrent, en partie, les critiques des feudistes et des économistes.

Nous avons vu que, dès les derniers temps de l'Empire romain, les véritables cultivateurs, les colons avaient beaucoup amélioré leur condition et qu'après la crise du VIe et du VIIe siècle, cette amélioration avait repris son cours au IXe; elle ne s'est ralentie depuis qu'au XIVe et XVe siècles; mais elle a été très grande au XIIe et au XIIIe. Nous allons en demander la preuve à une autorité compétente, M. Léopold Delisle. Ces colons, qu'on rencontre à toute époque dans les Gaules romaines et autres, premier élément de la propriété roturière, n'ont cessé de croître en nombre et en importance; surtout après les pertes terribles que les Croisades infligèrent aux seigneurs féodaux, ils

(1) Du Cange, *Glossaire*, au mot *Feudum*.

devinrent acquéreurs de fiefs nobles, militaires. Tantôt favorisés, tantôt interdits, ces achats ont persisté jusqu'en 1789. C'est ainsi que les Ramon Eyquem et autres marchands bordelais acquirent des fiefs nobles, militaires, et entrèrent dans la société féodale. Mais ils n'avaient pas l'entraînement militaire, ni la tradition, ni l'éducation, ni le goût ; ce n'étaient pas de vrais compagnons ces trafiquants en sel, en toile, en pastel? Rarement pouvaient-ils monter à cheval, porter le haubert et manier la lance, trop lourde pour eux. Le service militaire leur devint à charge ; y a-t-il jamais eu un plus piètre chevalier que Michel Montaigne, fils d'une juive et petit-fils d'un marchand de sel (1)? Les honneurs du fief leur allaient fort bien, mais point les charges. Il arriva ainsi, comme l'a expliqué de Tocqueville, que les seigneurs de fiefs, acquis par des mains point militaires, cessèrent de remplir la fonction à raison de laquelle ils étaient exempts d'impôts (2). Ils propagèrent, même parmi les fiefs, le remplacement militaire, de même que dans la seconde époque de l'Empire romain. L'Église avait nécessairement conservé la tradition du remplacement militaire qui devint une nécessité lorsque les femmes purent posséder des fiefs. Puis tout se modifia dans les armées. Le seigneur féodal et ses vassaux étaient des chevaliers excellents, mais les archers réguliers, les arquebusiers, l'artillerie les décimèrent à Crécy, à Poitiers, à Azincourt. Il fallut leur substituer l'infanterie et l'artillerie elle-même. Néanmoins, cette organisation militaire des fiefs a eu son époque, ses beaux jours. Elle a donné à la race française des chevaliers admirables ; cent chevaliers conquirent le Péloponèse au XIIIe siècle. Leurs exploits valent bien ceux des cavaliers de Fernand Cortez (3).

---

(1) Sur son tombeau (chapelle de la Faculté des Sciences à Bordeaux) Michel Montaigne est représenté comme un preux chevalier du XIIe siècle ; on dirait d'un croisé. Malvezin, *Michel Montaigne et sa famille*, 1880.

(2) *L'ancien régime et la Révolution*, livre I, chap. 1. — Le paysan que Tocqueville met toujours en scène est l'ancien colon, devenu propriétaire roturier. Ce n'est ni le fermier, ni le métayer, ni le valet laboureur, ni le prixfaiteur, ni le bordier, qui, pour Tocqueville et bien d'autres, sont censés ne pas exister. C'est cependant d'eux que Lafayette a dit en juin 1815 qu'ils avaient couvert l'Europe de leurs ossements. La Révolution française a été pour eux un cimetière.

(3) *Chroniques relatives aux expéditions françaises au* XIIIe *siècle*, par M. Buchon, introduction VI-VII.

§ 3. *Les tenures roturières.*

Le chevalier n'était pas un cultivateur; on ne l'élevait pas à semer, labourer, battre le grain, engranger, soigner le bétail, planter la vigne. La chevalerie est la fleur d'une grande aristocratie militaire, tout comme les Spartiates de Lacédémone, servie de même qu'eux par d'autres classes, qui cultivent le sol et qui, dans les ateliers, se livrent aux travaux industriels de plus en plus variés; ce sont les diverses espèces de personnes que le polyptique d'Irminon nous a fait connaître, devenues au XIIIe siècle plus nombreuses et plus importantes. De même que la seigneurie s'est démembrée en fiefs, de même le fief se démembre à son tour en ce qu'on nomme des tenures, c'est-à-dire des domaines de formes, de dimensions et de noms différents : bail à cens, champart, bail à rente foncière, bordelage, borde, vicairie, albergement, pagesia, métairie, parcières, les premières comprises sous l'appellation générale de censives, toutes dites *tenures en roture,* soit parce que ceux auxquels elles appartenaient cultivaient, rompaient eux-mêmes la terre, ou provenaient de ceux qui l'avaient rompue, soit parce qu'elles étaient, en fait et en droit, soumises à diverses charges, notamment à des prélèvements en nature sur les récoltes, à des redevances en argent ou en nature, à diverses taxes résultant des conventions ou de la coutume. « Roture, enseignait Loysel (1), héritage « tenu en villenage, héritage tenu à cens, rente, en *services* « *vilains,* à la différence du fief qui est tenu par services no- « bles. » Le sens des mots villenage, vilains, n'était pas exactement le même que celui qu'on y attacherait aujourd'hui. Le vilain n'était autre que l'habitant de la villa, le colon devenu locataire à titre perpétuel d'une partie de la villa, parfois même propriétaire au moyen de la rente foncière. Sa condition sociale restait très inférieure à celle du seigneur noble, mais elle n'avait rien de servile. Bon nombre de tenures roturières appar-

(1) *Institutes coutumières,* édition Laboulaye, au mot *Roturier.* Après avoir dit : et sont nobles ou roturiers; Loysel ajoute : *vilain ne sçait ce que valent éperons.* Il n'aurait pas pu dire la même chose des bourgeois.

tenaient même à des hommes dits *francs-homme* et considérés comme d'origine libre (1), tandis que d'autres, en plus grand nombre, étaient possédées par des colons, devenus libres, mais d'origine servile.

A côté de ces tenures qui avaient un caractère essentiellement seigneurial ou féodal, il s'en trouvait d'autres qui, sans avoir ce caractère, n'en étaient pas moins des tenures en roture, telles que les domaines tenus à bail ordinaire, ou par rente foncière non féodale. En général, le *criterium* pour distinguer les tenures roturières féodales de celles qui ne l'étaient pas, se trouvait dans le droit fiscal des *lods et ventes,* droit très important. Étaient féodales celles qui le devaient, étaient libres celles qui ne le devaient pas.

Malgré toute l'extension de l'organisation féodale et seigneuriale du IXe au XIVe siècle, elle ne parvint jamais, sauf pour le service militaire et l'administration de la justice, à s'imposer à toutes les personnes et à toutes les propriétés foncières rurales ou urbaines. C'est un des faits les plus curieux du moyen âge et l'un de ceux dont on s'aperçoit le plus rapidement, quand de la lecture des ouvrages de doctrine sur les temps de la féodalité on passe aux documents contemporains. Dans ces documents, tout revêt un autre aspect. Tout est extrêmement varié, pour les personnes comme pour les biens, tout donne nettement l'idée et le tableau de l'immense transformation (2) qui s'accomplit pendant le moyen âge par le concours de ces deux faits de premier ordre, d'une part la mise en culture et l'occupation du sol de l'Europe; d'autre part, la lente évolution qui substitue le servage à l'esclavage, et la liberté au servage.

Par le bail à cens et la rente foncière, les propriétés urbaines eurent le même caractère, elles devinrent aussi, surtout dans le Nord et l'Est de la France, des tenures en roture. Il y avait encore en 1789 des maisons tenues à cens dans toutes les villes. Mais les bénéfices du commerce, de l'industrie, de la banque, les traditions romaines dans le Midi modifièrent promptement la

(1) D'Avenel, *ibid.*, p. 164.
(2) D'Avenel, *ibid.*, p. 166.

condition des roturiers dans les villes. Ils devinrent des bourgeois. L'importance de ce changement est attestée par les assises de Jérusalem. La cour du vicomte ou des Burghéois est placée à côté de celle des barons, dès le XIIe siècle.

§ 4. *Éléments divers de la propriété foncière en France.*

Seigneuries, alleux, fiefs, tenures en roture, féodales ou libres, tels sont les éléments divers de la propriété foncière en France. De ces divers éléments, l'alleu est le plus ancien, puisqu'il remonte au moins à l'époque romaine, probablement à des temps antérieurs, et la tenure en roture, libre ou féodale, le plus important, non pas du IXe au XIIIe siècle, ni même au XVIe, mais à partir du XVIIe et du XVIIIe siècle, époque où un grand élan a été imprimé aux défrichements et où la population a sensiblement augmenté — 6 millions au XVIIe siècle, 9 millions au XVIIIe; — mais toutes ces distinctions, seigneuries, fiefs, rotures, ont disparu. Les domaines, les terres et autres formes de la propriété foncière de la France actuelle ont tous revêtu le caractère de la propriété romaine, depuis moins d'un siècle. Cette transformation dans la possession et la propriété de la terre sera-t-elle définitive?

§ 5. *Reconstitution de l'impôt.*

Dans les premiers temps de l'époque féodale le développement des fiefs a été très considérable; mais les conditions économiques du fief et les obligations militaires limitèrent peu à peu ce développement, bien avant même l'intervention directe de la royauté. Au contraire, les tenures roturières, malgré les charges qu'elles avaient à supporter, ne cessèrent d'augmenter; elles devinrent la véritable forme de l'accroissement du territoire cultivé. Il arriva un moment où l'établissement des fiefs fut de plus en plus restreint; il n'en pouvait être de même pour les rotures, appelées à être le moule principal de la propriété foncière en France. C'est surtout dans la tenure en roture, quel que fût le mode de propriété à laquelle elle correspondit, que le régime féodal a rétabli l'impôt, ensuite dans le fief, mais incomplètement pour celui-ci.

« L'impôt changeant de destination, dit Championnière (1), « devait être modifié dans sa nature : le nouveau possesseur « n'avait plus besoin des armes et des fournitures exigées pré« cédemment, cependant il dut se garder de laisser périr les « obligations dont le profit lui était attribué et chercher à les « approprier à son usage. Les polyptiques des églises *immunes* « sont expliqués par cette observation et en même temps la « confirment. On y trouvera, en effet, tous les impôts romains « convertis en redevances privées; par exemple, les obligations « de transporter, de faire des charrois, de fournir des chevaux, « de recevoir les officiers publics, de les héberger, de fabri« quer des armes, des vêtements, des instruments de labou« rage, enfin le service militaire, s'y rencontrent très exacte« ment, *mais appliqués aux besoins du monastère;* ainsi le « colon, au lieu de loger les fonctionnaires du roi, logera les « moines en voyage, au lieu de fabriquer des tuniques mili« taires, les femmes confectionneront des chemises ou des « robes pour les religieux; au lieu de marcher personnelle« ment au service du roi, l'homme *de potestati* paiera une rede« vance en argent; toutes ces obligations conservent le même « nom et constatent leur cause primitive. La corvée des char« rois se nommera *angaria*, *comme dans les textes du Code;* le « devoir dérivant des fournitures de chevaux s'appelle *parave« redum* : celui qui remplace le service militaire est désigné « sous la dénomination *ad hostem.* Le *census* persiste partout « sans changer ni de nom, ni d'étendue, ni d'objet et lorsque « les polyptiques deviennent les terriers féodaux, la redevance « conserve encore le nom de censive. »

Parmi ces charges, la plus grande partie de celles ayant un caractère fiscal appartenaient au seigneur justicier, quand les deux seigneuries étaient séparées, et celles ayant un caractère foncier au seigneur féodal. Les charges fiscales provenaient

(1) *Propriété des Eaux courantes*, p. 184-185. Tous les détails si curieux de ce texte s'appliquent aux fiefs et aux tenures roturières; seulement pour les fiefs le service militaire était personnel et obligatoire. Pour les domaines ecclésiastiques, le remplacement militaire avait prévalu, comme il prévalut plus tard pour les tenures roturières.

presque toutes des impôts romains, appropriés par le seigneur justicier. Elles étaient exigées d'autorité, mais toujours avec un traditionnel respect de la coutume.

M. Ad. Vuitry a soutenu l'opinion que l'impôt était sorti de l'aide féodale, impôt extraordinaire que le vassal devait au suzerain dans certaines circonstances. Il y a lieu de faire à ce sujet une distinction importante. Si l'on considère l'impôt, au point de vue de sa destination, au point de vue de son emploi, cette opinion peut avoir quelque fondement quant à l'impôt pour les fiefs. C'est l'aide féodale, surtout à l'occasion du grand mouvement des Croisades, qui serait, en partie, l'origine de l'impôt moderne, la molécule génératrice; mais si, au contraire, l'on considère l'impôt au point de vue de l'obligation, au point de vue de la nécessité, au point de vue du concours à la chose publique, c'est aux droits ordinaires du seigneur féodal ou justicier que l'impôt remonte. Il ne semble pas qu'à cet égard il puisse y avoir de difficulté. Il suffit de parcourir, dans le livre de M. Ad. Vuitry, les chapitres 4 et 5, où il traite, avec compétence, des revenus du Roi, sous les premiers Capétiens, pour reconnaître que l'aide féodale n'a eu d'importance qu'en ce qui concerne la destination; or, l'élément principal de l'impôt est-il l'emploi ou la nécessité? Enfin, on pourrait même discuter sur l'emploi, car bien que d'un caractère moins général, la défense de la seigneurie, l'exercice de la justice dans la seigneurie étaient tout autrement le concours à la chose publique que la Croisade. A l'appui de son opinion, M. Ad. Vuitry insiste sur le fait que l'aide féodale extraordinaire a dû être consentie et qu'ainsi le consentement à l'impôt est entré dans le droit public de la France, comme dans celui d'autres peuples européens. Mais le consentement à l'aide féodale n'a été que partiel et que temporaire. Louis XIV et Louis XV ont profondément modifié le système fiscal de la France avec le simple enregistrement des Parlements. Les premiers Capétiens eux-mêmes ont pris, dès le XIIe siècle, des mesures fiscales d'une portée générale, de leur seule autorité. La Royauté française, du XIVe au XVIIe siècle, a subi, plutôt que reconnu, le libre consentement de l'impôt.

Si de ces questions théoriques on passe à l'examen du mécanisme de l'impôt, des procédés d'application, on est obligé de reconnaître combien l'impôt féodal a laissé une marque profonde dans les institutions de la France et de l'Europe. La taille est féodale, les droits de mutation entre-vifs sont féodaux, féodaux ceux de mutation par décès, féodaux ceux de mainmorte.

La Royauté n'a fourni que la gabelle — qui ne lui a fait jamais honneur — la capitation et les vingtièmes ou l'impôt général du revenu; ces deux derniers ont à peine duré cent ans. Les impôts féodaux remontent à 7 à 800 ans et durent encore. Enfin, la taille réelle a beaucoup servi à l'établissement de l'impôt foncier et la taille personnelle à celui de l'impôt mobilier.

Dans l'Europe moderne, la seigneurie a été la molécule reconstitutive de la société. Jusqu'en 1789, la Royauté française est restée une grande seigneurie; lorsque les Parlements haranguaient le Roi ils lui donnaient toujours son titre seigneurial et féodal : *seigneur roi*. Le chapitre 3 du livre de M. Ad. Vuitry est tout entier consacré à montrer comment, pendant trois siècles, s'est agrandie la seigneurie capétienne; une famille de paysans qui, durant le même temps, aurait ajouté lopins à lopins, n'aurait pas procédé différemment. Il en a été de même pour les autres seigneuries. C'est ainsi que se sont resoudés les divers tronçons de la France. Le territoire national s'est formé par les évolutions de la propriété foncière.

L'impôt féodal, bien que restreint, à l'origine, à la seigneurie, était aussi légitime que tous les autres impôts. La seigneurie était un pouvoir, un état; aussi M. Dareste de la Chavanne, a-t-il dit à propos de l'impôt féodal : « Telle était l'incontestable « légitimité des droits pécuniaires que les seigneurs levaient « à titre de puissance publique et qu'ils pouvaient en con- « séquence augmenter dans les circonstances extraordinai- « res (1). »

Dans son rapport du 3 novembre 1789 à l'Assemblée constituante sur les droits féodaux, Merlin a fait la triple distinction des droits afférents : 1° à la justice seigneuriale; 2° aux servitu-

(1) *Histoire des Classes agricoles*, p. 343.

des personnelles; 3° aux baux à cens, mais il a méconnu la fonction politique qui a incombé à la féodalité et amoindri sa fonction économique.

En réalité, l'impôt romain a été approprié par les seigneuries et l'impôt reconstitué par la féodalité. Ce double fait a été et est encore l'objet de thèses qui ne sont pas près d'être épuisées. L'appropriation et la reconstitution ont eu le même caractère. Elles ont été le résultat des nécessités publiques. C'est ce que M. Flach a établi, avec une grande abondance de textes, dans divers chapitres du premier volume de son ouvrage. « Sous « la monarchie carlovingienne, le grand alleutier imposa déjà « ses hommes, tenanciers ou simples habitants de ses terres, « par voie d'analogie avec les procédés en usage en dehors de « son domaine. Il exigea d'eux des redevances ou des corvées. « L'immuniste fit de même... De leur côté, les officiers royaux, « ducs, comtes, vicaires ne se firent pas scrupule de modifier « la nature et l'assiette de l'impôt. Ces taxes, une fois consa- « crées par l'usage, alleutiers, judices, immunistes, officiers « durent les défendre contre les nouveaux venus, contre les « barons (1). »

Ces quelques lignes résument, assez heureusement, les conditions de la réapparition de l'impôt dans la société féodale. La convention, l'usage, la violence y eurent part, la violence moins qu'on ne l'a dit. M. Flach a trop insisté sur la violence et la surprise. On remarquera aussi la complexité et la diversité des droits. Elles disparurent lentement avec la création du droit féodal. Les ducs et les comtes devinrent les suzerains; les barons, les vassaux. Le grand propriétaire fut suzerain ou vassal; plus tard, il put être l'un et l'autre.

§ 6. *Les droits féodaux.*

L'expression générique *Droits féodaux* a été presque une arme de guerre contre la féodalité, contre les modes de pro-

(1) Flach, *Origines*, p. 386, 1er vol. — M. Glasson attribue la reconstitution de l'impôt à la Royauté (5e vol. p. 519); nous pensons qu'elle n'a eu qu'une part dans cette reconstitution.

priété parfaitement légitimes, particuliers au régime féodal, contre les contrats qui en résultaient et contre les revenus des propriétaires. On a compris, sous le nom de droits féodaux, des droits différents d'origine et de nature parce qu'ils appartenaient le plus souvent aux mêmes personnes sur les mêmes biens. De tout ce qui a été établi plus haut, il résulte qu'il y a eu, sur ces mots, *Droits féodaux*, une double confusion et qu'il y a lieu d'y opposer une double distinction :

1° Il faut distinguer les droits féodaux qui étaient dus par les fiefs, tenures nobles — et par les tenures roturières;

2° Il faut distinguer ceux qui, dans les unes et dans les autres, redevances, taxes, impôts, obligations, étaient de nature économique de ceux de nature politique ou fiscale.

Le fardeau fiscal était considérable pour les tenures roturières; permanent, régulier, judiciaire, il s'étendait, quant aux roturiers et à leurs biens, de même que quant aux serfs, à tous les détails de leur activité économique. Il n'en était pas de même pour les fiefs, les seigneurs ou les nobles qui les possédaient. Le fardeau militaire était régulier, mais non permanent; toutes les autres charges, parfois onéreuses, avaient un caractère occasionnel. Longtemps le service militaire lui-même ne fut que temporaire. Dans la seigneurie même, il fut d'abord fixé à 40 jours.

C'est, par suite, dans la seigneurie, à l'époque féodale, qu'est arrivé à son apogée le mouvement fiscal, commencé sous l'empire romain, mouvement qui avait pour but de décharger des impôts les classes supérieures, mais ne travaillant pas, et de les mettre exclusivement à la charge des classes laborieuses, mais en partie émancipées, admises à la propriété du sol, maîtresses exclusives de l'agriculture, du commerce et de l'industrie qui les enrichissent. C'est même dans la seigneurie que ce mouvement a commencé son oscillation en sens contraire, puisque le service militaire est devenu la part des classes supérieures, ce qui avait cessé pendant les derniers temps de l'empire romain, et qu'au service militaire ont été peu à peu ajoutées des charges fiscales assez lourdes, mais occasionnelles.

§ 6. *Des droits féodaux sur les fiefs.*

En principe, le propriétaire de fief, le noble militaire est exempt d'impôts directs ou indirects, de même que le Spartiate. Le légionnaire romain n'a joui de ce privilège que sous l'Empire; il a aussi appartenu au musulman militaire. Le noble militaire ne doit que le service militaire, la foi, l'hommage et diverses rentes féodales foncières, conformes à son contrat avec son seigneur. C'est là le droit originaire mais, avec le temps, de nombreuses modifications y ont été apportées (1).

Il y a lieu, par suite, d'indiquer, d'abord, les obligations militaires et foncières des fiefs, les devoirs et les charges qui en résultaient.

I. — Obligations militaires et foncières.

1° Le possesseur de fief ou vassal avait, avant tout, à prêter le serment de foi et à faire l'hommage (2) au jour convenu, afin de recevoir l'investiture régulière, sauf délai, sous peine de confiscation ou plutôt de révocation, au moyen de la saisie féodale. — S'il manquait à son serment, le fief lui était retiré au moyen de la *commise*.

2° Il devait faire l'aveu et le dénombrement aux époques et dans les délais fixés, à peu près tous les 30 ans.

Car il n'était que possesseur conditionnel; le seigneur avait un intérêt évident à s'assurer que le fief était maintenu en bon état et que toutes les conditions du contrat étaient remplies (3).

(1) M. Esmein, *Cours d'histoire du droit français*, pages 188, 229, 269, et surtout M. Glasson, *Institutions de la France*, 4e vol., 4e partie, chap. 2; *Fiefs et autres tenures*. Nous ne pouvons énumérer les innombrables variétés de cas qui résultèrent des diversités des fiefs d'après les temps, les conditions contractuelles, les différences locales. Les fiefs n'étaient pas régis par les mêmes contrats en Guyenne que dans l'île de France.

(2) M. Ad. Vuitry, ouvrage cité, 1 vol. p. 117, soutient que l'hommage simple était la règle et l'hommage-lige l'exception. — Cette exception est contraire à l'essence du régime féodal qui était le devoir militaire personnel pour les fiefs, l'hommage simple ne liait pas complètement le vassal au seigneur. Comparer Boutaric, *Droits féodaux et seigneuriaux*, 1775, *Des fiefs*.

(3) Glasson, *ibidem*, 4e vol., 372.

Cette charge périodique rappelait au vassal sa condition subordonnée et représentait certaines dépenses.

3° La principale obligation du vassal était le service militaire personnel, à raison de 40 jours par an et encore pendant toute la guerre, s'il était tenu par hommage-lige, notamment si la guerre avait lieu dans la seigneurie ; il devait être accompagné de son écuyer et d'un certain nombre d'hommes d'armes ; il devait la garde du château-fort de la seigneurie. Il ne pouvait se dispenser du service *personnel* qu'en cas de maladie, à condition d'envoyer une autre personne de sa condition en son lieu et place.

Toutefois, le principe du remplacement qui, de très bonne heure, fut accepté pour les tenures roturières et pour les vilains serfs ou d'origine servile, s'introduisit peu à peu parmi les fiefs. La Royauté favorisa ce mouvement, surtout après les désastres du XIVe siècle ; mais il n'eut jamais l'opinion publique favorable. Tous les États généraux du XVIe siècle sont remplis par les plaintes du tiers état à ce sujet, aussi le père de Montaigne crut-il devoir faire les campagnes d'Italie. Michel Montaigne, son fils, n'en fit aucune.

4° En cas de minorité du vassal, la puissance du fief passait à un plus proche parent, avec les obligations à remplir. La tutelle féodale donnait lieu à de grands abus. Le Roi et les hauts seigneurs s'attribuèrent le droit de garde de mineur ; souvent ils mirent la main sur ses revenus et ses biens, et, lorsque le mineur était une fille, s'emparèrent du droit de la marier. La protection due par le seigneur supérieur devint souvent une oppression. Parfois même elle dégénéra en une sorte de taxation au profit du seigneur (1).

5° Au décès du vassal, l'aîné des fils le représentait sans exclure les droits des frères et sœurs ; il prêtait l'hommage pour eux et les garantissait. C'était le droit de pariage qui modifiait le droit d'aînesse. Les ascendants ne pouvaient hériter du fief ; *propre héritage ne remonte pas*, et ce, à raison du service militaire. A l'origine des temps féodaux, il en était de même des

(1) Glasson, *ibidem*, 4e vol., 372, 6e vol., p. 10.

femmes; mais dès le XIIe siècle, le droit des femmes à l'héritage soit à défaut de mâles, soit en concours avec eux, devînt général.

Le principe du partage des fiefs a été l'une des causes les plus efficaces pour empêcher la noblesse féodale de devenir une véritable aristocratie territoriale.

Le principe anglais de l'indivisibilité de l'*Estate* et du droit de l'aîné à en être le seul maître, n'a pas prévalu en France. Aussi en Normandie (1), le fief était indivisible.

6° En outre de l'ost ou service militaire, le vassal est tenu d'assister au plaid du seigneur, de le seconder dans l'administration de la justice civile ou criminelle; il fournit aussi le service de cour.

7° Il doit encore, dans certaines circonstances, *pledger* son seigneur, c'est-à-dire le garantir, le cautionner, même venir à son aide, lui faire crédit.

8° Enfin, dans la seconde époque de la féodalité, et surtout dans les provinces du midi de la France, le seigneur avait droit à certaines redevances foncières en nature, toujours spécifiées dans les actes. Ces redevances correspondaient à une certaine part du revenu (2). Les fiefs avaient pris une grande importance. Leur valeur, leurs produits avaient augmenté. Si, à partir du XIVe siècle, le rôle militaire du fief alla toujours s'amoindrissant, sa fonction économique, au contraire, ne cessa de s'accroître.

II. — Obligations fiscales.

Les obligations fiscales du vassal, de ses héritiers, représentants ou ayant-cause ont une grande importance, parce qu'il en est résulté des changements profonds dans les impôts. Nous avons rencontré certains droits de mutations entre-vifs à Athènes, en Égypte et à Rome; quant aux droits de mutation par décès, après un long séjour en Égypte, les Romains les lui ont

(1) Glasson, *ibidem*, 4e volume, page 384.

(2) Dans quelques contrées, le vassal devait, outre les aides aux quatre cas, des aides annuelles dont le montant variait suivant les actes de concession ou les coutumes. C'était là des simples accessoires du fief. On se trompe en disant que la taille réelle, même permanente, ne pouvait jamais gréver l'héritage noble. — Glasson, 4e volume, 448, mais cette taille correspondait seulement à une redevance foncière.

empruntés, sans parvenir à les conserver pendant au delà de trois siècles. Ils ne figurent plus dans les ressources fiscales de Dioclétien.

La féodalité les a retrouvés, sous l'influence du caractère conditionnel de la propriété des fiefs. Dès que cette propriété n'était que conditionnelle, les changements, que la transmission familiale ou volontaire pouvait y apporter, donnaient au seigneur le droit d'intervenir. Cette intervention a été basée, en droit féodal, sur le principe du maintien de l'intégralité du fief. Les changements pouvaient en diminuer la valeur, l'*abréger*, selon le terme féodal même; de là nécessité de demander et d'obtenir le consentement du seigneur (1). Il y a même eu une période, du IXe au Xe siècle, pendant laquelle le fief ne pouvait être vendu; une seconde époque suivit, nécessité du consentement; puis, avec le temps, la substitution à ce consentement d'un droit de mutation, pour toutes transmissions entre-vifs ou par décès. Ce droit paraît avoir surtout fonctionné en France, parce que, du Xe au XIVe siècle, la France a été certainement la partie de l'Europe la plus riche et celle où la terre a eu le plus de valeur. Aussi est-ce en France que les mêmes droits de mutation ont été le plus anciennement établis au profit de l'État et qu'ils ont produit les sommes les plus considérables. Les droits de mutation de toute nature ont versé au budget de 1895 la somme énorme de 416 millions. Pareil versement n'existe chez aucun autre peuple, même en Angleterre, même aux États-Unis, les seuls dont la richesse puisse être comparée à celle de la France. Ce sont les foyers féodaux qui ont habitué les Français à supporter, avec une certaine facilité, des droits fiscaux souvent exorbitants. C'est un point de vue auquel les pamphlétaires anti-féodaux ne se sont guère placés. Peut-être seraient-ils encore plus surpris si on établissait, ce qui ne nous serait pas difficile, que la grande administration de l'enregistrement et des domaines est féodale; les principes de ses perceptions et ses moyens d'actions sont féodaux.

A. *Droits de mutation, rachat, relief, mariage.*

1° En cas d'aliénation du fief, l'acquéreur ou le vassal ven-

(1) Glasson, *ibidem*, 4e vol., 314.

deur — ce qui est encore le principe français de l'Enregistrement — devait payer un véritable droit de mutation dit *quint*. Ce droit était fort élevé puisqu'il représentait le cinquième du prix. Dans plusieurs provinces on y ajoutait le *requint* ou le cinquième du quint. Peut-être est-ce le requint qui a donné l'idée du dixième. Dans quelques provinces, le requint était remplacé par le treizième du prix. Les mêmes droits étaient dus en cas de licitation, d'échange, de dation en paiement, d'aliénation quelconque. La plupart des questions agitées, depuis un siècle, entre les particuliers et l'Enregistrement, ont été soulevées par les feudistes seigneuriaux, notamment dans les circonstances diverses que présente la licitation, pour les charges à ajouter au prix, pour les fruits, pour les *loyaux coûts*, expression encore fort bien portée (1).

Le seigneur avait le droit de refuser son consentement et de reprendre ou racheter le fief, en remboursant tout ce que l'acquéreur avait payé : droit de rachat ou racat (2). Lorsque l'usage eût fait prévaloir, en France, le droit absolu de vendre par le vassal, sauf à payer le quint et le requint, le rachat, réchat, racat changea pour ainsi dire de caractère. Il ne signifia plus la faculté de rachat pour le seigneur, mais le droit fiscal remplaçant cette faculté.

On trouve dans les comptes des baillis royaux, des prévôts, ou du Temple, qui ont été conservés, non seulement des mentions très nombreuses de racats, mais des chiffres relatifs à leur quantum. Ces racats étaient fréquents et leur produit formait un élément considérable du budget royal au XIIIe siècle (3).

Il devait en être de même pour les seigneuries importantes.

2° A la mort du vassal, il était dû au seigneur un véritable droit de succession ou mutation, dit de *relief*. De même en cas de donation. Ce droit était égal, d'ordinaire, à une année de

(1) Renauldon, *Traité des droits seigneuriaux*, p. 98-108. — Loysel, *ibidem*. 547, 565, 572. — Glasson, *ibidem*, 4e vol., 369-380.

(2) C'était le retrait féodal.

(3) Consulter : *Historiens des Gaules*, t. XXII ; *Compotus ballivorum*, p. 623, 655, 746, 752. — Léopold Delisle, *Opérations financières des Templiers* ; les *Recepta*. — Bibliothèque de l'école des chartes, 1887, p. 560 ; Rapport à Philippe VI sur ses finances.

revenu du fief, à moins d'arrangements particuliers à forfait. En général, cependant, les héritiers en ligne directe étaient exempts de cet impôt (1).

Le droit de mutation par décès féodal doit être considéré comme une plus grande nouveauté que le droit de mutation entre-vifs. Il devait être fondé sur le fait que les bénéfices, qui ont précédé les fiefs, étaient, à l'origine, temporaires et tout au plus viagers. Le droit de mutation a été, en quelque sorte, le prix de l'hérédité, qui, par essence, n'appartenait pas à une tenure conditionnelle, bien que noble, surtout pour la ligne collatérale. Faut-il rappeler avec quelle lenteur et quelles difficultés cet impôt s'est propagé en Europe? En 1789 on ne le rencontrait que dans les États du pape, en Hollande, en Autriche, dans les États Scandinaves, en France.

Dans beaucoup de documents rachat et relief sont confondus. Le rachat finit par prédominer. Dans les comptes du roi de France au XIIIe siècle, on rencontre très rarement le relief, de *relievo;* tandis que le *raccato* ou *rachato, même racheto* se trouve à toutes les pages des *recepta* des baillis ou des prévôts.

Le taux du relief variait, comme la plupart des impôts, d'après les provinces; en général, le seigneur avait le choix entre trois partis : 1° les revenus d'une année, à son choix, sur les trois années précédant le décès, payables en nature ou en argent; 2° la jouissance d'une année par lui-même; 3° l'estimation du vassal, et même l'estimation d'expertise de bonnes gens (2).

Si plusieurs mutations par décès avaient lieu dans l'année, il n'était dû qu'un seul droit de relief. Il n'en est pas de même aujourd'hui.

Si plusieurs mutations entre-vifs se produisaient, autant de mutations, autant de droits de rachat.

Les communautés religieuses devaient le relief en cas de décès (3).

En cas de minorité du possesseur du fief, le garde noble ou

---

(1) *Les théories fiscales aux* XVIIe *et* XVIIIe *siècles,* par E. F. de Flaix, livre 1, chap. 3, 4 et 5.

(2) Renauldon, *ibidem.* — Glasson, 4e vol., 371.

(3) Renauldon, *ibidem,* p. 107.

bailliste, jouissant du fief, avait à sa charge le droit de relief. Dans quelques cas de tutelle, il pouvait être dû deux reliefs, lorsque la garde et la tutelle n'appartenaient pas aux mêmes mains(1).

Les transmissions gratuites entre-vifs donnaient lieu au relief; mais l'usufruitier n'en devait pas, le relief restait au compte du nu-propriétaire.

3° Le relief était encore dû : 1° lors du mariage de la demoiselle, propriétaire du fief, à moins d'indivision avec un frère; 2° lorsque la veuve se remariait — et à chaque convol(2).

4° Il a longtemps existé des restrictions au mariage des enfants du vassal, surtout des filles. Le seigneur avait un droit d'intervention et de conseil, qui s'est traduit par une sorte de tutelle supérieure, dont l'exercice dégénéra en droits fiscaux. « Le seigneur était directement intéressé à ce que la vassale ne « restât pas fille et à ce qu'elle épousât un bon chevalier; la « conséquence fut, qu'il eut, à ce point de vue, voix au chapitre. « Nous constatons, dans divers documents anciens, que la « femme féodale ne peut se marier sans le consentement du « seigneur, et parfois celui-ci peut la forcer à se marier en lui « présentant plusieurs prétendants à choisir. Bien entendu, la « femme restait libre dans le premier cas de contracter un ma- « riage valable et, dans le second cas, de ne point se marier; « mais la sanction était alors la commise du fief au profit du « seigneur. » De là bien des transactions et des exactions. (3).

B. *Amortissement.* — 5° Si le fief était vendu ou donné à l'Église, il était dû au suzerain un droit d'*amortissement*, payable dans l'année, et variant, quant au taux, de 3 à 6 ans de revenu. L'entrée du fief dans le giron ecclésiastique constituait, en effet, pour le suzerain une perte sérieuse et irréparable. Il n'y a pas de matière féodale que les feudistes aient traitée avec plus de soin et de détail que l'amortissement qui était destiné à prévenir

---

(1) Glasson, 4e vol., p. 373.

(2) Glasson, 4e vol., p. 375. — *Consuetudines feudorum*, tit. XI, chap. 17, 21, 86, 95. — La grande importance de la femme est attestée par la place qu'elle a dans le livre de la *Haute-Cour* de Jérusalem.

(3) Esmein, ouvrage cité, p. 212.

ou à compenser l'une des causes les plus fréquentes de l'*abrégement* du fief. Comme il existait les liens les plus intimes entre la société ecclésiastique, fort antérieure en France, et à la société féodale, et que la première se composait principalement de femmes et de filles appartenant à la seconde, l'Église favorisait le plus possible les donations de tout genre, ce qui eut de bonne heure pour résultat de nombreuses restrictions à ces donations. Les biens ecclésiastiques n'étant jamais aliénés, les seigneurs se trouvaient frustrés, à leur égard, des droits de rachat et de relief. *Ces biens étaient* morts, ou improductifs, comme l'enseignaient les feudistes. Par suite, les biens ecclésiastiques étaient dits, de même que ceux des serfs, mais à des points de vue différents, biens de mainmorte. Fiefs et tenures roturières durent réparer le préjudice fiscal subi par les seigneurs. C'est le principe du droit d'amortissement féodal; c'est également le principe des taxes actuelles qui frappent en France les biens de mainmorte, au double point de vue des mutations entre-vifs et par décès. Ce droit n'était prescriptible que par 30 ou 40 ans. Faute de paiement dans l'année de la sommation, le seigneur se mettait en possession du fief et en jouissait jusqu'à final paiement.

Il y a eu trois étapes, fort intéressantes à suivre, dans la constitution du droit d'amortissement. Pendant la première, qui aboutit à un règlement du parlement en 1275, le seigneur immédiat eut seul droit à l'amortissement fixé, en cas de mutation gratuite, à 4 ans de revenus pour les fiefs ou terres roturières du Roi et à 3 ans pour les autres, et, en cas de mutation à titre onéreux, à 6 et à 4 ans. En 1320, les droits furent augmentés et les alleux furent soumis au droit d'amortissement; c'est la seconde étape. Mais au XVe siècle, l'amortissement cessa d'être considéré comme un droit féodal, il devint un droit royal. Les rois en fixèrent le montant par des ordonnances. C'est une des pertes sensibles de la société féodale comme l'une des premières étapes fiscales du pouvoir royal : ordonnance de Charles V du 8 mai 1372 (1).

---

(1) M. Glasson a traité la matière de l'amortissement dans tous ses détails (4e volume, 342). — Comparez Laurière, *Origines du droit d'amortissement*.

C. *Aides.* — 6° Le vassal était tenu aux aides coutumières dites *auxilia* et connues sous le nom des quatre cas : 1° quand le seigneur armait son fils chevalier; 2° quand il mariait sa fille; 3° quand il partait pour la croisade ; 4° quand il avait à payer sa rançon.

Ces diverses aides disparurent peu à peu, au fur et à mesure que la société féodale se transforma. Le vassal ne pouvait s'y soustraire sous aucun prétexte.

Ces diverses obligations se modifièrent avec le temps, principalement celles ayant un caractère féodal, tandis que celles essentiellement fiscales, comme le quint, le relief, le rachat ont persisté jusqu'en 1789.

Les redevances foncières furent toujours très modérées ; elles ne représentaient qu'une part modique d'un revenu, le plus souvent médiocre. Les charges militaires, judiciaires et politiques formaient le véritable prix du fief, dont le seigneur conservait, au surplus, la propriété éminente en vertu de la directe, droit féodal du propriétaire et du seigneur (1).

7° Ces diverses obligations avaient un caractère strict et rigoureux. Elles étaient garanties par des droits divers que le seigneur exerçait lui-même, d'abord, et ensuite par le recours en justice. Les obligations les plus importantes étaient ramenées à exécution par le seigneur même.

D. *Confiscations, commise et saisie féodale.* — Il y avait lieu à confiscation, au moyen de la commise, pour plusieurs causes (2) : le désaveu, la félonie et le défaut de foi et hommage, l'indignité, la déshérence. Parmi ces causes le défaut de foi et hommage dans l'an et jour ou le délai convenu, était la moins grave; on y substitua à la confiscation la saisie féodale, au moyen de laquelle le seigneur s'emparait et jouissait du fief jusqu'à l'investiture du vassal; mais, dans les autres cas, il y avait confiscation complète,

(1) Lamprecht, *ibidem*, p. 172. — Paul Viollet, *Histoire des institutions*, p. 431-448.

(2) On trouve dans le rapport cité plus haut, fait à Philippe VI sur ses finances, de nombreux exemples de forfaitures. *Des causes d'ingratitude*, Hervé, *Matières féodales*, 3e vol., p. 425.

en France, du moins; faute d'aveu et dénombrement, il y avait encore lieu à saisie.

Il y avait beaucoup d'autres causes de confiscation d'après les provinces et les coutumes, telles que la violence, la menace, la corruption de la femme ou de la fille, le déni de la justice du seigneur, mais ce n'étaient pas des causes générales, absolues.

Quant aux obligations spéciales du vassal qui ne touchaient pas à l'honneur du seigneur, service militaire, redevances, droits de mutation, tutelle, ils ne donnaient pas droit à la confiscation, mais seulement à la saisie féodale, avec ou sans les fruits au profit du seigneur.

Le seigneur avait des obligations réciproques à remplir. S'il y manquait, il était exposé à perdre ses droits sur le fief.

III. — Le milieu féodal noble.

Malgré l'importance des obligations fiscales qui reliaient les vassaux aux seigneurs, ces obligations, n'étaient, à l'origine, que l'accessoire de l'association féodale. L'objet principal de cette association était plus élevé. Il consistait à former, comme à Sparte, comme en Crète, etc., sur une grande échelle, comme à Rome, un noyau aristocratique, militaire, ayant pour fondement la propriété foncière, investi du gouvernement, et à l'abri de tout travail. Dès le IIIe siècle de notre ère cette association jette ses premiers soubassements; l'édifice est achevé au XIIIe siècle; puis il se dégrade avec le temps; mais, détruit en France, il est encore représenté, dans plusieurs parties de l'Europe, par des monuments, des idées, des préférences, des mœurs qui résisteront probablement à l'action du XXe siècle; c'est donc une œuvre plus considérable que ne l'ont supposé les publicistes libéraux du XIXe siècle. Et il est certain que la fréquentation de nos antiques ouvrages de jurisprudence du XIIe et du XIIIe siècle, ainsi que la lecture des feudistes les plus éclairés, tels que Brussel et Renauldon, exercent sur l'esprit une impression profonde, en contradiction avec les enseignements de nos classiques contemporains. Dans les rapports du suzerain et du vassal, il y avait quelque chose de plus noble, de plus haut que ceux du propriétaire actuel avec son fermier ou son métayer. Il y a eu là, non seulement une conception, mais une vie d'ordre supérieur dont on retrouve l'influence partout, dans les obligations du vassal, dans la fidélité, dans l'hommage, dans le respect, dans le concours, dans la défense du seigneur. De même le seigneur devait protection à la famille, aux enfants, à la personne du vassal. Le dévouement, le sacrifice même tenaient une place dans les liens sociaux. Il en résultait une solidarité extraordinaire. A la bataille de Mons-en-Puelle, les deux frères Gentien, bourgeois de Paris, se firent tuer à côté de Philippe le Bel, en le défendant. Nous n'en sommes guère là aujourd'hui (1).

Le côté fiscal de la féodalité ne doit donc pas faire tort à son côté social; sur beaucoup de leurs terres, les seigneurs élevèrent de bonne heure des refuges, des hôpitaux, des asiles, qu'on retrouve au XVIe, même au XVIIe siècle.

Les divers droits féodaux n'étaient pas aussi onéreux qu'on pouvait le supposer, parce que beaucoup se compensaient. La hiérarchie féodale étant essentiellement territoriale, il arrivait sans cesse que la même personne, pour des domaines différents, était seigneur d'un côté, vassal d'un autre, arrière-vassal d'un troisième. Le roi lui-même, jusqu'en 1789, s'est trouvé propriétaire de domaines pour lesquels il était vassal. Il recevait d'un fait et payait de l'autre.

On ne saurait contester, eu égard à la stricte rigueur des coutumes sur les fiefs, que les droits de mutation entre-vifs et par décès ne soient réellement sortis du milieu féodal. Mais ce serait commettre une grave erreur que de leur attribuer pour origine exclusive le régime féodal; ils ont une autre origine, l'importance, les progrès, les revenus, la valeur de la propriété foncière en France au moyen âge (2). C'est pour n'avoir pas tenu compte de

---

(1) Borelli de Serres, *Recherches : les Gentien*. On peut lire dans le premier volume de M. Ad. Vuitry, p. 176, le dramatique récit du duel par lequel l'honneur de la comtesse du Gâtinais est vengé par le chevalier Ingelger, l'un des fondateurs de la maison d'Anjou; récit tout à fait féodal.

(2) Consulter sur ce sujet les études de M. le vicomte d'Avenel, *La fortune privée à travers sept siècles*. Paris, 1894. Bien qu'il y ait lieu de faire des réserves sur les résultats monétaires des études de M. le vicomte d'Avenel, son

ce grand fait économique que des historiens de talent n'ont vu, dans le moyen âge, que l'influence du tiers-état et des villes; ils ont oublié la terre et les propriétaires. Dans les barons féodaux, ils n'ont pas vu les grands propriétaires, *les terriens*, selon l'expression de Ph. de Beaumanoir, non seulement les terriens, mais aussi une forme d'organisation sociale qui a produit des types, et réalisé des idées qui tiendront une grande place dans les progrès de la civilisation et les beaux jours de l'humanité; car la brillante société du XVIe siècle, si remarquable en France, celle plus près de nous, plus savante mais moins naturelle du XVIIe, et même celle du XVIIIe siècle quand on les étudie complètement et qu'on est juste à leur égard, proviennent de l'époque féodale; elles en sont tout imprégnées; ce sont bien souvent les mêmes familles, propriétaires des mêmes domaines, qui les composent.

Il est vrai que la société féodale a été infectée, quoique séparée par plusieurs siècles et de grands événements, du même vice que les sociétés grecque et romaine, l'abstention, l'aversion, l'oppression, le mépris du travail. C'est la cause principale de sa décomposition et de sa ruine. La réhabilitation du travail est, au contraire, l'œuvre mémorable du XIXe siècle. Ce n'est pas que la société féodale n'ait fait une place au travail, mais elle n'en a pas compris le caractère; et le sens de la grande parole d'Aristote : il vaut mieux travailler que commander, lui a échappé. Aussi lui est-il arrivé d'en venir à renoncer à la foi, à l'hommage, à la fidélité, au dévouement, à l'esprit de sacrifice, à la défense de l'ordre et du territoire, à ce fier sentiment chevaleresque de l'honneur qu'elle avait porté si haut, à la protection des mineurs, au culte respectueux de la femme, pour se consacrer presque exclusivement à la culture savante des avantages fiscaux que le temps lui avait conservés. Le seigneur n'a plus considéré le vassal que comme un prébendier chargé de l'entretenir. Il s'est totalement consacré au quint, au requint, au

---

livre est rempli d'observations judicieuses et nouvelles quant à la fonction économique et sociale de la propriété foncière au moyen âge et quant aux oscillations de sa valeur. Consulter aussi deux articles de M. le vicomte d'Avenel. *Revue des Deux-Mondes,* 15 févr. et 15 août 1893.

relief, aux redevances diverses, à l'amortissement. Réciproquement, le vassal n'a plus songé qu'à payer le moins possible. Tout ce qu'il y avait de fraternel, de social, d'amical, dans le milieu féodal a été peu à peu remplacé par l'appétit fiscal, l'activité des greffes et le nombre des terriers. Aussi M. Beugnot a-t-il pu dire :

« Le service militaire et le service de cour étant réduits à de « vaines formalités, l'esprit féodal s'éteignit dans le cœur des « seigneurs ; il y fut remplacé par un sentiment jadis inconnu « à la noblesse. Les droits utiles des fiefs, c'est-à-dire les pro- « duits réels, pécuniaires de ce genre de propriété, devinrent le « fondement de la féodalité (1). »

La féodalité, perdant son caractère militaire, son caractère social, revêtit sa dernière forme, la forme fiscale. Comme l'impôt avait été très certainement l'une de ses principales origines, comme la reconstitution de l'impôt, sa propagation, sa diversification ont eu lieu dans les seigneuries, l'impôt devint l'objet à peu près exclusif de la noblesse, car il n'est pas possible de confondre la société élégante et fort aimable, que Louis XIV enferme et corrompt dans les entresols et les greniers du château de Versailles, avec les chevaliers qui ont soutenu la Croisade pendant trois cents ans et qui ont défendu les colonisations françaises d'Orient jusqu'au XVIIe siècle. La noblesse devient alors fiscale ; elle vit de fiscalité ; elle concourt, il est vrai, mais sans entrevoir les suites de ce concours, à répandre les idées fiscales, les moyens fiscaux en France. Les feudistes se multiplient et composent les ouvrages que nous possédons encore ; les uns, les moins nombreux, mais peut-être les plus intéressants, défendant les droits féodaux d'une noblesse qui n'est plus féodale ; les autres les attaquant, presque toujours avec injustice, souvent avec ignorance, au nom du pouvoir supérieur du Roi.

C'est dans ces controverses, c'est dans les tribunaux, greffes, perceptions de la noblesse au XVIIIe siècle que se sont formés

---

(1) Beugnot, préface aux Coutumes de Beaumanoir, page 64. Aussi dans le livre de la Haute-Cour de Jérusalem on ne trouve aucune mention de redevances ; le fief est tout militaire.

les plus redoutables juristes de la Révolution, Merlin, de Malleville, Treilhard, et les rédacteurs des lois fiscales du Directoire. La grande administration de l'enregistrement et des domaines est de provenance féodale. Elle relève de la féodalité par tous les côtés. Elle personnifie, au milieu d'une société nouvelle, la dernière forme de la société féodale; ses lois, sa rigueur, son vocabulaire, ses amendes, ses doubles, ses triples droits, tout son génie est féodal; aussi a-t-elle rendu à la France les plus grands services, parce qu'elle correspond exactement, comme la féodalité, à la prodigieuse fortune de la propriété foncière en France.

Et si on peut reprocher à la royauté de Louis XIV et de Louis XV, comme à la noblesse humanitaire, libérale et sceptique du XVIIIe siècle (c'est elle qui a volé au secours de Washington et qui s'est laissé duper par Franklin), de n'avoir pas remplacé à temps un édifice vermoulu, elles ont bien quelques droits à revendiquer l'honneur d'avoir légué, au moins, à la France les plus puissants instruments fiscaux que l'humanité ait jamais tolérés.

§ 7. *Des droits féodaux sur les tenures roturières.*

Au contraire, avec la roture qu'il ne faut, à aucun prix, assimiler à la servitude, on pénètre dans le milieu du travail, dans le milieu, déjà puissant, de ceux que les assises de Jérusalem appellent les Borgheois. Dès le XIIe siècle, les bourgeois ont à Jérusalem leur cour qui est présidée par le vicomte. De même, à Lacédémone, à côté des Spartiates, se trouvaient les Périèques, propriétaires, commerçants, militaires, qui ont plus tard formé la redoutable ligue des Achéens, derniers défenseurs de la Grèce contre les Romains. Polybe, l'un des plus grands esprits de la civilisation grecque, l'ami de Paul-Émile et de Scipion l'Émilien, était achéen.

Pendant tout le moyen âge, et surtout à partir du XIIe siècle, le roturier est l'homme libre qui travaille de ses mains ou s'occupe d'affaires, dans les seigneuries ou dans les villes. Beaucoup de roturiers sont ingénus, c'est-à-dire d'origine tout à fait libre, du moins depuis de longues générations; les autres proviennent des divers rangs de la servitude : servitude domestique, servitude ecclésiastique principalement, servitude urbaine, servitude rurale, car les degrés de la servitude sont infinis. Dans l'esclavage, il n'y a pas de degrés; il n'en est pas de même de la servitude. Aussi faut-il, dans ce paragraphe, détacher tout ce qui concerne les droits féodaux ou autres concernant les divers degrés de la servitude et les réserver pour un paragraphe spécial, afin de mettre la roture en relief et de la montrer telle qu'elle était.

Ses éléments principaux consistaient dans : 1° les personnes libres des villes; 2° les anciens colons qui n'étaient pas tombés en servitude; 3° les propriétaires des campagnes non nobles; 4° les serfs antérieurement affranchis; 5° et les nouveaux arrivants. Pendant tout le moyen âge, du VIe au XVe siècle, il y a eu sur le territoire gaulois ou français un mouvement d'immigration important. Ce mouvement existe encore aujourd'hui. Il est dans la nature des choses; il tient à la situation du territoire, à l'extrémité de l'Europe et de l'Asie.

La plupart de ces éléments se trouvaient répandus dans les seigneuries; les autres dans les villes, avec un mouvement perpétuel de va et vient qu'on constate dès qu'on ouvre les documents du temps. Néanmoins, la situation des roturiers dans les villes se différencia de bonne heure de celle qu'ils avaient dans les campagnes, et ces différences ont modifié les droits féodaux, parce que certaines villes conservèrent quelque indépendance vis-à-vis des seigneurs et que, dans le milieu féodal, une situation à part fut faite, surtout à partir du XIIe siècle, soit aux villes, soit aux communes, et par suite aux populations comme aux biens, meubles et immeubles, leur appartenant. Nous traiterons donc à part des droits féodaux dans les villes et les communes, affectant exclusivement ce paragraphe aux tenures roturières rurales, de beaucoup les plus nombreuses et les plus importantes jusqu'en 1789 (1).

Nous avons indiqué plus haut la diversité des formes des te-

---

(1) Consulter spécialement sur ces tenures, Glasson, t. IV, 386-425. — Lefort,

nures roturières. Les unes, le plus grand nombre, étaient féodales. Les autres, baux à ferme, métayages perpétuels ou à temps, baux héréditaires, n'avaient pas le même caractère. Néanmoins, les unes et les autres supportaient également les charges qui, n'étant pas des redevances foncières ou des droits purement féodaux, provenaient surtout du pouvoir seigneurial et de la justice.

I. — Tenures roturières féodales.

Ces tenures étaient les domaines ou les terres cultivés par les propriétaires non nobles, les colons, les serfs entièrement affranchis et les immigrants (Hospites). A l'époque féodale, ils étaient les vilains (vilani), tous dits d'abord hommes de *poeste;* c'étaient les habitants des villages, situés au pied ou autour des châteaux et plus tard les roturiers, c'est-à-dire les cultivateurs. Avec le temps, les vilains sont devenus les propriétaires roturiers, ceux qui ont fait, en partie, la Révolution de 1789, et les serfs de tout genre sont devenus les paysans : valets, laboureurs, domestiques, prixfaiteurs, métayers. Les domaines qu'exploitaient les vilains restèrent leur propriété héréditaire, moyennant des conditions réglées, tantôt par par le contrat, tantôt, et le plus souvent, par la coutume (1). D'ailleurs, le développement du sol exploité ne cessa de multiplier les exploitations rurales sous toutes espèces de formes, de noms et de conditions. C'est un point essentiel. Le fief fut, à partir du xve siècle, tout à fait l'exception.

Les différences principales entre les tenures roturières et les fiefs étaient : 1° que le vilain ne devait pas, en principe, le service militaire personnel comme condition de sa tenure; 2° qu'il était tenu à donner au seigneur féodal ou censier une

---

Locations perpétuelles, 204-250. — Garsonnet, *ibidem,* livre 2, troisième partie, chapitre 1er. — Renauldon, *Traité des droits seigneuriaux, Héritages en roture,* p. 152.

(1) C'est l'une des différences essentielles entre les fiefs — réglés par le contrat — Les *Assises* de Jérusalem ont le sens de conventions habituelles — et les propriétés roturières réglées, ordinairement par la coutume antique, dont la base est la culture. Pour le fief, la culture du sol était un accessoire.

part plus ou moins grande de revenu; 3° que le seigneur avait le droit d'augmenter cette part, d'après la coutume; 4° que le vilain avait à faire face à d'autres obligations à l'égard du seigneur justicier; ces obligations représentaient la plupart les anciens impôts romains. — Le vilain ou propriétaire roturier avait donc toujours affaire au seigneur à double titre, titre féodal, titre justicier, ou à deux seigneurs, le féodal et le justicier; 5° qu'il n'était appelé à aucun service de cour, non plus, sauf des exceptions, au plaid où à l'administration de la justice.

Ces différences ont été résumées par M. Glasson, auquel nous empruntons le paragraphe qui suit à raison de l'importance du sujet :

« La censive (1) était, comme le fief, une terre qui dépendait « d'un seigneur. Mais le fief avait le caractère d'une tenure « noble, aussi bien vis-à-vis du vassal qu'à l'égard du seigneur, « tandis que la censive était un bien roturier vis-à-vis du te- « nancier. Dans les deux cas, la terre était concédée à perpé- « tuité, avec réserve toutefois d'un droit supérieur et de cer- « tains services. Ces services étaient nobles et *personnels* pour « les fiefs, d'une nature roturière (2) pour les censives. Le « vassal reconnaissait sa dépendance (3) par la foi et l'hom- « mage et si le vassal de petite noblesse payait, lui aussi, des « redevances en argent ou en nature, *ce n'était pourtant pas là* « *un élément essentiel de sa tenure*. Le censitaire ne devait ni « la foi, ni l'hommage, et il payait nécessairement un cens, « c'est-à-dire une certaine redevance en argent ou en nature « dont la quotité variait à l'infini suivant les contrées, mais était « toujours en général très modique. Le censitaire, à la diffé- « rence de certains vassaux, ne détenait pas et n'exerçait pas « une partie du pouvoir souverain : c'était une sorte de proprié- « taire d'une nature inférieure; il n'était pas noble comme le « vassal, ni libre comme l'alleutier, car il reconnaissait un sei-

(1) La censive est une expression moins extensive que *tenure roturière*.

(2) M. Glasson écrit *vile*, nous avons substitué roturière. L'expression *vile* pourrait induire en erreur.

(3) Dépendance *noble*. C'est le cas du roi, devenu vassal par la possession d'un fief.

« gneur. Aussi la censive n'impliquait aucune participation à la « justice pour le tenancier, lequel était soumis à la cour du « seigneur (1). »

On n'a rien écrit de plus clair et de plus exact sur la condition moyenne de la propriété foncière au moyen âge dans l'Europe occidentale, particulièrement en France. Il est cependant nécessaire d'ajouter que la possession d'une censive comportait le service militaire obligatoire, mais non personnel. C'est un point très-important qui n'a pas toujours été assez catégoriquement indiqué; même le serf devait le service militaire.

Il n'est pas possible de ne pas relever les analogies frappantes entre les conditions des possesseurs de censives roturières dans l'Europe occidentale au moyen âge et celles de la seconde catégorie de propriétaires fonciers de la Grèce : Périèques, Pénestes, Clarotes, astreints également à des redevances d'un caractère mixte et au service militaire.

Seigneurs, vassaux, propriétaires nobles, pouvaient devenir possesseurs par achat, héritage, droit de retour, saisie, de tenures roturières; ils en devaient alors les services, de même que le Roi devait le service des fiefs, dont il devenait le maître. Ces services conservaient le même caractère roturier — sans amoindrir la condition personnelle de celui qui les rendait. De même le roturier parvint de bonne heure à devenir propriétaire de fiefs et même de seigneuries, mais il fallut beaucoup de temps pour que la condition de la terre noble qu'il détenait influât sur sa condition personnelle. Ce n'est qu'à la troisième génération que Michel Montaigne, petit-fils de Ramon Eyquem, l'acquéreur du fief noble de Montaigne, encore était-il conseiller au parlement de Bordeaux, jurat, maire et fort riche, fut admis dans la noblesse de Guyenne, vers la seconde partie du XVIe siècle. Combien cette admission eût-elle été plus difficile, quoique non impossible au XIIIe siècle?

Enfin, le seigneur suzerain, rentré en possession d'un fief, pouvait en faire une tenure roturière et, réciproquement, il avait la faculté d'élever une tenure de roture au rang de fief.

(1) Glasson, *ibidem*, 4e vol., 386-387.

Ces divers changements, modifiant le caractère de la tenure, modifiaient également la nature des redevances, des obligations, charges d'impôts.

Elles étaient loin d'être les mêmes pour des rotures que pour des fiefs; néanmoins certains impôts, particulièrement ceux de mutation (entre-vifs, par décès, amortissement), avaient la plus grande analogie; le service militaire était un impôt pour les roturiers puisqu'en général ils pouvaient s'en acquitter en argent, mais les redevances et les charges différaient profondément.

Pour le fief, en général modique eu égard à l'importance du fief, la redevance était toujours foncière, tout à fait agricole; elle correspondait à une véritable rente foncière non rachetable, sans aucun caractère fiscal; c'était un accessoire aux services nobles (guerre, garde, justice) du vassal. En outre, le vassal ne devait, d'ordinaire, aucunes tailles autres que les aides ni aucune des charges et redevances indirectes, si nombreuses au moyen âge.

La situation économique et fiscale de la tenure roturière était, au contraire, très-complexe; si le fief représentait la partie du territoire, spécialement affectée au service militaire, la tenure en roture représentait celle beaucoup plus importante, affectée à la production agricole comme à l'entretien général des ressources et dépenses publiques; elle devait, tout en parant à ces dépenses, et en suffisant à celles du possesseur roturier, concourir à celles du seigneur, non seulement comme dépositaire, en tout ou en partie, de la puissance, mais comme véritable propriétaire primitif du fonds. De là une confusion incontestable dans les obligations, redevances, charges et impôts. Cette confusion s'est maintenue jusqu'en 1789, quant à la partie du territoire, où s'étaient conservées les institutions et coutumes rurales de l'époque féodale. Mais du XIIIe siècle au XVIIIe, les conditions de propriété, d'exploitation, de redevances, charges et impôts du territoire ont bien changé. Les fiefs et les tenures roturières, avec les charges à elles propres, ne formaient plus la partie la plus importante du territoire. Aussi le XIIIe siècle est-il le plus convenable pour étudier les droits féodaux. C'est le moment de leur plein épanouissement; d'un côté, ils se sont définitivement formulés; d'un autre côté, ils n'ont pas encore été altérés par le nouveau pouvoir qui doit tout approprier à un état politique et social différent.

De l'extrême complicité des droits féodaux résulte la nécessité de les diviser en diverses catégories. En étudiant avec soin ces catégories, on assiste, en quelque sorte, à la confection de nos budgets modernes. Ce ne sont pas les mêmes chiffres, mais ce sont les mêmes éléments fiscaux. On peut établir quatorze catégories : redevances foncières; droits de mutation; taxes directes; impôts de consommation; douanes et péages; servitudes et corvées; taxes de travail et d'industrie; domaine; confiscations; droits judiciaires; monnaie; dîmes inféodées; service militaire.

PREMIÈRE CATÉGORIE : REDEVANCES FONCIÈRES ROTURIÈRES.

Cette première catégorie a une grande importance parce qu'elle comprend les revenus agricoles, la plupart en nature, qui constituaient le produit principal de la tenure aussi bien pour le seigneur que pour le possesseur roturier. La part du seigneur et, par suite, les obligations du tenancier variaient d'après la nature des tenures roturières. Il est donc indispensable de passer en revue les principales tenures : c'étaient le bail à cens, le champart, le bail à rente foncière, le bordelage, le bail à locatairie perpétuel. Le caractère essentiel de ces cinq tenures roturières était de transférer au tenancier la propriété conditionnelle, mais perpétuelle des fonds. D'où, l'obligation d'en acquitter les *lods et ventes,* ou droits de mutation des tenures roturières. Le paiement de *lods et ventes,* comme l'indique Loysel (1), était, même au XVIIe siècle, le critérium d'après lequel on pouvait apprécier le caractère juridique et fiscal d'une tenure. Était féodale toute tenure soumise aux *lods et ventes.*

A. *Le bail à cens.* — Du IXe au XVIe siècle, le bail à cens a été la tenure principale (2). Elle était essentiellement féodale et

(1) *Institutes coutumières, ibidem,* 544, 545, 546.

(2) Fréminville (*Vrais principes des fiefs*) a donné un modèle de bail à cens avec le commentaire des articles; c'est un document important.

roturière. D'où les expressions *accenser* un domaine, une maison, c'est-à-dire les donner à bail à cens, par lequel la propriété utile était transférée à perpétuité, mais conditionnellement. D'où également le terme de *censive* pour tout domaine soumis au cens. Il est nécessaire de connaître la fonction économique du bail à cens pour avoir une idée exacte de la féodalité et se rendre compte des avantages que longtemps elle a eus, soit pour l'amélioration de la condition des tenanciers, soit pour les progrès de la culture du sol, soit pour constituer et transférer la propriété. En outre, le bail à cens a été un mode de lever et d'acquittèr l'impôt foncier.

En principe, pour les biens ruraux et urbains, le cens correspondait à la fois au droit seigneurial, manifestant le caractère roturier de la tenure, et à une part quelconque dans le revenu, à la rente du sol. Aussi un fief n'était jamais accensé. Il acquittait parfois une certaine rente foncière; il devait les aides, même la taille, dans certaines parties du midi; mais il n'était jamais tenu à cens, parce que la tenure du fief était noble, la tenure de la censive roturière. Le fief avait pour fondement le service de l'armée, et la censive, non pas la servitude, comme on l'a dit, mais la culture du sol. C'est une méprise complète, dès la fin de l'Empire romain, que de confondre la culture du sol avec la servitude.

Par suite, le cens, au milieu de variétés infinies, était double. Il se subdivisait en chef cens, *capitalis census* (1), et en gros cens. *Le chef cens,* comme charge fiscale, était quérable; *le gros cens* était, au contraire, portable; il représentait la rente du sol, mais nullement un prix de fermage; *le chef cens* était coutumier, invariable, imprescriptible; *le gros cens* résultait du titre ou de l'aveu; à défaut de récolte il pouvait être réduit; réciproquement, dans certains cas, il pouvait être augmenté, d'où la croix du

(1) Serrigny, *Revue critique de législation et jurisprudence,* 1873, 2e série, page 417. — Ducange, *Glossarium* au mot *census.* Le cens était à la fois un impôt, *tributum* et une redevance *Pensitatio.* — Laurière, *Glossaire* de Rageau, au mot *cens.* M. Ad. Vuitry, en citant (1er vol., 265) l'opinion de Pardessus que le *cens dénote seigneur de fiefs,* semble ne voir dans le cens qu'un impôt, un débris des impôts romains; c'était aussi une redevance foncière, la rente du sol. Ce qui était l'opinion de Guérard, rapportée par M. Ad. Vuitry, *ibidem,* pages 78 et 81.

cens, *census incrementum* (1); mais, d'une manière générale, il était ordinairement très modique. Dans la seconde loi de la seigneurie de Coucy (en 1563) (2), des concessions de terres sont faites aux serfs, qui sont affranchis, moyennant un cens de douze deniers par an (3), le treizième du revenu, et la douzième gerbe, plus les droits ordinaires de mutation. La modicité habituelle du cens est un fait reconnu; aussi, le plus souvent, il y avait dans le bail à cens, un contrat de champart, en vertu duquel le seigneur avait droit à une certaine part, presque toujours le tiers du revenu brut. Ces conditions ont été considérées comme très favorables. Le bail à cens a été l'instrument principal des défrichements (c'est le cas pour la forêt de Vervins), et de la culture du sol ainsi que pour la concession de la terre aux roturiers.

La civilisation ne disposait pas, au moyen âge, des ressources qui lui permettent de faire aujourd'hui, à d'autres conditions, le défrichement et la mise en culture du Farwest américain, des Pampas argentins, des plaines de l'Australie et de l'Afrique australe. Mais les faits sont de même nature.

On a longtemps discuté sur l'origine et la véritable signification du cens. Les uns ont admis, c'est l'opinion développée avec talent par M. Glasson et par Serrigny (4), qu'il devait provenir des anciens impôts et redevances romains; d'autres, notamment M. Fustel de Coulanges, n'y ont reconnu qu'une redevance foncière (5). Guérard (6) voit, dans le chef cens, la manifestation de la directe du seigneur, et, dans le gros cens, la rente seigneuriale ou foncière, se rangeant à peu près à la première opinion, qui nous paraît tout à fait conforme à l'influence considérable de la tradition dans l'impôt. Coutumier, invariable, imprescriptible, indivisible, solide ou solidaire, le *capitalis census* devait représenter la *capitatio terrena* en partie. Il y avait, d'ailleurs, bien des variétés de cens. Ducange en fait connaître

(1) Ducange, au mot *census :* Glossarium. — Brussel, *ibidem,* p. 475.
(2) *Réforme sociale,* 1883.
(3) Sous saint Louis le denier tournois valait 0,084, et à peine 0,015 au XVIe siècle.
(4) Glasson, t. IV, 392, *Revue critique de législation et jurisprudence,* 1873, p. 417.
(5) *Revue des Deux-Mondes,* février 1878.
(6) Polyptique de Saint-Père de Chartre.

soixante-dix, mais il le définit à la fois *tributum* et *pensitatio in agris et prædiis* (1).

Le cens était un droit réel; en cas de non-paiement, le seigneur exerçait non pas la commise, mais la saisine censuelle. S'il rentrait dans la propriété de la tenure (2), tous les droits concédés par le tenancier devenaient caducs.

On reconnaît toutefois dans le cens le double caractère des droits féodaux, la part due au propriétaire du sol — part foncière — et la part due au seigneur, part fiscale. Au contraire, comme l'a fort bien remarqué M. Glasson, le *surcens* ou *cens costier* était purement foncier. « Il représentait, dit M. Glasson, « le fermage qu'acquittent aujourd'hui les tenanciers (3) ». Aussi, ajoute-t-il, « la condition des tenanciers eût été des meilleures « si leurs terres n'avaient pas été grevées d'une foule d'autres « charges ».

Dans le relevé des comptes royaux, à la fin du XIIIe siècle, les cens forment un revenu important (4).

B. *Le champart.* — « Il y avait trois sortes de champart : cen- « suel, seigneurial et simple rente foncière. Le champart censuel « était celui qui tenait lieu de cens; il formait le véritable cens « de la seigneurie lorsqu'il était dû au seigneur de l'héritage « grevé et quand il en était la première ou unique charge. Au « contraire, il était seigneurial, quand il était établi par le sei- « gneur et par le bail à cens, et quand l'héritage (la tenure), « était grevé d'un cens indépendant de cette redevance. Le « champart n'était tout simplement qu'une rente ou prestation « foncière quand ce n'était pas entre les mains du seigneur de « l'héritage qu'il devait être acquitté (5) ». Dans ce dernier cas, le champart n'avait rien de féodal et ne pouvait contenir aucune part d'impôt. Il n'en était pas de même dans les deux autres, surtout dans le premier. Aussi Loysel enseigne-t-il formellement que les terres tenues à champart devaient les lods et ventes

(1) Ducange, *Glossarium*, au mot *Census*.
(2) Qui negliget censum, perdat agrum. Ducange, *ibidem*.
(3) *Ibidem*, 4e vol., p. 394.
(4) *Historiens des Gaules*, tome XXII.
(5) Lefort, *ibidem*, 218. — Ad. Vuitry, *ibidem*, 266.

au chief seigneur foncier seulement (1). Certains champarts étaient perpétuels et transféraient un droit d'exploitation qui ne cessait que faute de culture. Il consistait dans un prélèvement en nature (blé ou vin) qui s'exerçait, après celui de la dîme, ecclésiastique ou inféodée, et qui variait, d'après les provinces et les coutumes, depuis la vingtième gerbe jusqu'à la quatrième, du cinquième au quart des fruits (2).

On peut dire, d'une manière générale, qu'il y avait deux champarts, le champart censuel ou féodal, pouvant représenter une part d'impôt foncier, et le champart foncier, qui n'en représentait aucune. Le paiement des lods et ventes marquait la différence.

Le champart, ou agrier, ou terrage, portait dans les contrées viticoles d'autres noms, tels que ceux de bail à comptant, parcière, baillette. C'est l'une des formes de l'exploitation agricole qui ont le plus contribué à l'extension des vignes, aux progrès de l'agriculture et à l'amélioration de la condition des populations rurales (3).

C. *Le Bordelage.* — La tenure en bordelage ou bourdelage (4), spéciale au Bourbonnais et au Nivernais, mais plus répandue dans le centre de la France qu'on ne l'a cru, était cependant moins générale que le champart, moins libérale envers le tenancier et strictement féodale. Les besoins de la culture et son caractère rigoureux l'avaient fait étendre aux fiefs; elle donnait lieu au profit du seigneur à deux redevances, en argent et en nature, comme le cens, beaucoup plus élevées, tantôt portables, tantôt quérables, prescriptibles seulement par trente ans; mais elle transférait la propriété conditionnellement. Le tenancier avait le droit de vente, sauf le retrait féodal que le seigneur pouvait exercer en remboursant le prix et les loyaux coûts. S'il n'usait pas du retrait, il percevait, au lieu des lods et ventes, le tiers du prix ou le tiers denier. La tenure était donc féodale. Elle

(1) *Institutes coutumières*, 544, 545, 546.

(2) Renauldon, *ibidem*, page 181.

(3) Nous avons connu, 60 ans après la Révolution, dans un vignoble, un cas de champart simple, fondé sur titre. Il fut maintenu et le champart racheté.

(4) Lefort, *ibidem*, 227 ; Renauldon, page 181.

équivalait à la tenure à cens champartier. Dans le Bourbonnais on donnait aux redevances bordelières le nom de *tailles réelles*. C'est un renseignement précieux pour l'origine de la taille. Autre caractère de cette tenure, elle était garantie par la commise féodale (1).

D. *Le bail à rente foncière*. — Bien que le bail à rente foncière n'eut pas le même caractère que le bail à cens, Loysel l'a compris parmi les tenures féodales : « on met sa terre en gagnage « par baux à rente, cens ou fief (2) ». Aussi la plupart des coutumes décidaient que lorsque le bail à rente foncière portait que le rachat pouvait avoir lieu, le seigneur du fonds avait droit aux lods et ventes, afin de prévenir des ventes fictives (3). En outre la rente était due par le fonds et non par la personne, à moins de la stipulation *de faire valoir;* le preneur s'en débarrassait par le déguerpissement. La faculté de déguerpir, qui se pratique sur une vaste échelle dans les États du Farwest américain, ou d'abandonner le fonds, a un caractère qui le rapproche du fief. Le possesseur du fief pouvait aussi déguerpir. Le déguerpissement est toujours l'indice d'une condition difficile pour la terre et la propriété foncière.

E. *Le bail à locatairie perpétuelle*. — On peut comprendre, sous cette formule, diverses sortes de locatures ayant le caractère de perpétuité et par suite modifiant la propriété : 1° la locatairie perpétuelle, 2° l'albergement, 3° même l'emphytéose. Lorsqu'elles étaient consenties par le seigneur et que soit les actes, soit les coutumes, accordaient au seigneur les lods et ventes, elles avaient le caractère féodal; mais si ces deux faits ou l'un d'eux manquaient, elles avaient le caractère foncier. C'est le principe que la jurisprudence adopta après la crise révolutionnaire. Pour donner un exemple de la coutume, il suffit de rappeler qu'en Provence le bail à locatairie perpétuel était tenu pour féodal et pour foncier en Languedoc.

---

(1) Pour les maisons le droit fut abaissé au XVIe siècle, au sixième denier, 3 sols et 4 deniers sur 20 sols. — Lefort, *ibidem*. 228.

(2) *Institutes*, 505.

(3) Lefort, *ibidem*, 237. En baux à rente rachetable sont dûs lods et ventes. — Loysel, *Institutes*, 536.

Règle générale : les lods et ventes, contractuels ou coutumiers, révèlent le caractère de la tenure ; seul le seigneur a droit d'en jouir, parce que seul il a droit à l'impôt; et chaque fois qu'il avait droit aux lods et ventes, les redevances qu'il percevait pouvaient comprendre une part d'impôt (1).

Aussi la *main ferme* dans le nord de la France était-elle une tenure féodale parce qu'elle était grevée des lods et ventes (2).

F. *L'emphytéose.* — Faut-il comprendre l'emphytéose parmi les tenures roturières? Le régime féodal avait modifié les idées et les pratiques romaines relativement à l'emphytéose. « Si « je compare, dit M. Garsonnet, l'emphytéose consentie par un « possesseur d'alleu noble au bail à cens ou à rente seigneuriale, « j'ai encore plus de peine à les distinguer l'un de l'autre ». Et le savant juriste ajoute : « la retenue des droits honorifiques si le « fonds était noble, *les lods et ventes* s'ils avaient été expressé-« ment stipulés, le droit de retrait ou de prélation, s'il était ad-« mis par la coutume, l'obligation d'améliorer même en l'absence « d'une convention formelle, tels étaient les caractères distinctifs « de l'emphytéose ». Enfin Merlin reconnaissait que les lods et ventes étaient dus en principe, même sans stipulation, bien qu'il y eût désuétude à cet égard (3).

Il faut conclure de l'ensemble de ces faits, qu'au moyen âge, l'emphytéose était devenue une tenure féodale roturière de la même nature que le bail à rente foncière; elle s'était modifiée; elle s'était appropriée aux temps. Il est, au surplus, très difficile de définir le véritable caractère de l'emphytéose. Il semble que ce soit une forme variable, incertaine, transitoire de la propriété, convenant aux époques de disproportion entre la terre à cultiver et les capitaux nécessaires à la culture.

L'emphytéose a conservé une grande importance, surtout au milieu de la race anglo-saxonne; une partie du sol des villes anglaises, de Londres en particulier, et des villes américaines

(1) En ventes d'héritage, tenus à cens, soit pour cas simple, soit à faculté de rachat et en baux à rente rachetable, sont dûs *lods et ventes.* — Loysel, *Institutes,* 536. — Voir en ce sens Garsonnet, *Locations perpétuelles,* pages 409-427.

(2) Ducange, *Firma :* Glossarium.

(3) Garsonnet, *ibidem,* p. 418.

de la Nouvelle-Angleterre, telles que Boston, a été cédée par bail emphytéotique, mais de 99 ans seulement. Au moyen âge, l'emphytéose était un bail perpétuel, ayant les mêmes caractères que le bail à cens ou à rente foncière. Il transférait, en réalité, le domaine utile. D'où les lods et ventes.

Seconde catégorie. — Droits de mutation.

Les droits de mutation sur les tenures roturières étaient au nombre de cinq, en laissant à part divers droits qu'on pourrait relever soit dans les feudistes, soit dans les coutumes; ces droits avaient beaucoup d'importance. D'abord, ils indiquaient nettement les conditions de la tenure, puis ils constituaient pour les seigneurs une partie notable de leur revenu, de même qu'une charge assez lourde pour les tenanciers. C'étaient les lods et ventes, le relief, l'amortissement, le marciage et le franc fief.

A. *Lods et ventes*. — Ils étaient stipulés par les actes ou dus en vertu de la coutume. Ils formaient un droit de mutation entre-vifs sur les tenures roturières correspondant au quint et au requint sur les fiefs; ils devaient être acquittés dans les 40 jours de la mutation et à Paris, d'abord dans la huitaine, puis dans les 20 jours. Actuellement le délai est de 3 mois pour les actes sous seings privés, mais il n'est que de 10 jours pour les actes notariés ou de 15 jours pour les actes judiciaires qui contiennent les mutations les plus importantes. Ils variaient du sixième au douzième du prix selon les coutumes. Ils étaient ainsi un peu moins élevés que pour les fiefs (1). Le seigneur avait le droit de saisir le revenu en cas de retard et même d'exiger le double droit. C'est un emprunt que la loi de frimaire an VII n'a

(1) Ducange cite des cas où les lods et ventes représentaient le tiers du prix et d'autres le vingtième. — Renauldon (*Dictionnaire des fiefs* au mot *lods et ventes*), admet qu'ils variaient du sixième au vingtième du prix. — Laurière indique 2 sols par livre, c'est-à-dire pour le XIIIe siècle 2 fr. 97 sur 17 fr. 84. — Guérard (*Cartulaire de Saint-Père de Chartres*) cite une vente de 12,000 livres tournois donnant lieu à un lod de 1,000 livres, réduit à 500 par Charles VI. Dans les comptes des baillis royaux (*compotus ballivorum*), *Historiens de France*, 22e vol., les *lods et ventes* ont beaucoup moins d'importance que les rachats et les reliefs.

pas manqué de faire aux lods et ventes. Les lods et ventes étaient dus dans les mêmes cas que le quint ou le requint : échange, vente, transaction, donation en paiement, partage, louage perpétuel, donation. Ducange explique fort bien que les mots lods et ventes proviennent du verbe *laudare* approuver, *vendæ* les ventes (1), approbation que donnait le seigneur, car il avait le droit de retrait. L'impôt remplaça le retrait, de même que l'impôt finit par remplacer le service militaire.

Ainsi que pour le quint, les lods et ventes donnèrent lieu à une multitude de questions et de difficultés. On les trouvera résumées pour la Savoie seulement dans un curieux ouvrage de Bailly (2). On croirait, en le parcourant, feuilleter un dictionnaire d'enregistrement contemporain, car l'impôt, et ceux qui en ont la responsabilité, sont immuables, ou à peu près.

B. *Relief.* — Les terres roturières acquittaient aussi un droit en cas de mutation par décès, d'abord sur l'habitation et ensuite sur les terres, par arpent. Ce droit était moindre que pour les fiefs, parce que, dans les idées du temps, le fief noble, militaire, avait une toute autre importance que la censive roturière.

D'après Loysel, il équivalait, selon les coutumes, soit au double du cens ou de la rente, soit à une année de revenu (3). Dans d'autres, selon Renauldon, le droit de relief était de 20 deniers par livre du prix de l'héritage (4).

C. *Amortissement.* — Les terres roturières, particulièrement les censives, qui entraient dans le domaine de l'Église, devaient également le droit d'amortissement, de même que pour les fiefs dans les mêmes conditions.

D. *Marciage.* — Dans certaines provinces, les tenanciers de rotures, non sujettes au cens, devaient payer à la mort du seigneur un droit dit de marciage. Renauldon le fixe au double du cens ou à un an de fruits (5).

(1) Ducange, *Glossarium Laudibus et vendis.*

(2) *Traité des lods*, 1770, en Savoie, très curieux livre. Les lods ne sont pas dus sur les meubles, mais ils sont dus sur les immeubles par destination et sur les fruits pendants par racines.

(3) *Institutes coutumières*, 547, 567.

(4) *Dictionnaire des fiefs*, au mot *Relief.*

(5) *Dictionnaire des fiefs*, au mot *Marciage.*

E. *Franc fief.* — Droit de mutation que tout roturier devait acquitter quand il achetait un fief; on considérait que, par cet achat, la valeur de la seigneurie était amoindrie (1).

L'histoire du droit du franc fief est fort curieuse. En principe féodal, le roturier ou vilain ne pouvait acquérir un fief, parce que, bien que tenu lui-même au service militaire, il n'était pas dans les conditions requises pour remplir en personne les divers services du fief (2). A l'époque des Croisades, les pertes de la noblesse firent changer le droit, dans un intérêt commun. Dès la fin du XIIIe siècle, les roturiers purent acquérir des fiefs à condition de payer, du moins dans le domaine royal, une indemnité égale à 2 ans de revenu. Le roturier pouvait s'en dispenser en faisant le service militaire du fief. En 1320 une ordonnance royale décida que l'indemnité serait due, même au cas où le roturier ferait le service; elle fut fixée à 3 ans de revenu, pour le cas où le roturier ferait le service et à 4 ans s'il ne le faisait pas. Plus tard le Roi s'appropria le droit de franc fief, comme il s'était emparé du droit d'amortissement.

Il était également dû un droit de 4 ans de revenu lorsqu'un fief était converti en censive ou tenure roturière.

Le droit de mutation acquitté, le roturier avait-il, comme possesseur de fief, les mêmes avantages qu'un possesseur noble, qu'un véritable seigneur? La qualité de la terre changeait-elle la condition du possesseur? en un mot, se métamorphosait-il en gentilhomme? C'est une des questions les plus intéressantes du moyen âge. On peut répondre qu'en général la qualité de la tenure ne l'emportait pas sur l'origine sociale du possesseur, lorsqu'il était d'extraction servile, surtout dans le Nord. Ainsi, la succession du roturier possesseur de fief se partageait roturièrement pendant trois générations. On était moins rigoureux dans le Midi. On admettait qu'après trois générations, ou quartiers, le possesseur de fief devenait gentilhomme et pro-

(1) Glasson, 4e vol., pages 319-326. Discussion importante.

(2) De là le texte de Beaumanoir : « Selon l'establissement le Roy, li home « de poeste ne pueunt devenir tenir fié, ne eus acroître en fié et ne pour quant « no i veous aucun remede coment ils pueunt avoir fié, et si n'est pas l'establis- « sement brisiés » (édition Beugnot).

fitait des avantages de son fief. Le cas s'est réalisé pour Michel Montaigne. A la troisième génération, l'arrière-petit-fils d'un serf questal, a épousé une demoiselle noble (la mère de Montaigne était juive) et a marié sa fille unique dans l'une des premières familles nobles militaires de Guyenne, la famille de Lur) (1).

Mais, à la fin du XVIᵉ siècle les tendances devinrent plus sévères et il fut plus difficile à un bourgeois de devenir noble en acquérant un fief; en effet, il *abrégeait* ainsi les revenus royaux. La terre n'annoblit plus. Le Roi seul put annoblir.

Ces divers droits de mutation étaient essentiellement féodaux; seul, à l'origine, le seigneur féodal, ancien propriétaire de la tenure, pouvait les exiger. Cependant les droits de lods et ventes, de relief, d'amortissement et de franc fief formaient de véritables impôts; c'étaient des impôts de mutation; c'est dans la seigneurie que ces impôts, appelés à un si grand avenir, se sont, en réalité, constitués.

M. Ad. Vuitry fait remonter ces droits (2) aux impôts romains. A son avis, les droits de mutation par décès proviendraient de la *vicesima hæreditatium* et les droits de mutation entre-vifs de la *centesima rerum venalium*. On peut en douter : d'un côté la *vicesima hæreditatium* a disparu au IVᵉ siècle; d'un autre côté la *centesima rerum venalium* ne portait que sur les marchandises vendues à l'encan. Il est plus naturel de reconnaître dans l'invention de ces divers droits, la double influence de l'importance de la propriété foncière et du caractère même du régime féodal. Championnière a considéré ces taxes comme des appropriations privées; c'est qu'il jugeait le régime féodal avec les idées du XIXᵉ siècle et non point d'après les nécessités du XIIᵉ siècle.

TROISIÈME CATÉGORIE. — TAXES DIRECTES.

Les taxes directes se composaient des aides extraordinaires et des tailles.

(1) Malvezin, *Michel Montaigne et sa famille*. Cet ouvrage, dû à l'initiative de M. Magne, ancien ministre, est rempli de documents authentiques qui lui donnent une grande valeur.

(2) Ad. Vuitry, *ibidem*, p. 278.

A. *Les aides.* — Elles étaient dues par les tenures roturières dans les mêmes conditions que les fiefs; mais elles étaient moins rigoureusement exigées, parce qu'elles reposaient sur le principe *du don volontaire* au lieu du principe de l'obligation. Au milieu de tout l'appareil fiscal du moyen âge, le don volontaire ne disparut pas. Il resta la forme de l'impôt la plus antique et la plus respectable.

B. *La taille.* — Il importe de faire immédiatement, quant à la taille, deux remarques préliminaires : 1° Il ne faut jamais confondre les tailles que payaient certains fiefs, la plupart des tenures roturières et les roturiers avec les tailles diverses qui portaient sur les biens serviles et sur les différentes personnes serviles. C'est faute de faire cette distinction essentielle entre personnes et biens des roturiers, personnes et biens des serfs — et nous verrons combien d'autres distinctions il y a lieu d'établir entre les gens et les biens entachés de servitude — qu'il a été mis en circulation tant de faits et d'idées contradictoires sur les divers genres de taille.

2° Le principe de l'abonnement se généralisa pour les tailles, même pour les tailles serviles. L'abonnement n'est autre que l'impôt de répartition. La répartition limite les inégalités et les excès. Il y a contradiction entre l'idée de l'abonnement et l'idée de la taille *ad misericordiam.* Celui qui peut tout prendre ne donne pas d'abonnement. L'abonnement a pour raison la fixité aussi bien pour le contribuable que pour le maître.

Il ne saurait y avoir de doute sur l'origine de la taille roturière, pas plus qu'il n'y en a sur son caractère. Elle correspondait certainement à la *capitatio terrena* et à la *capitatio humana* réunies (1); elle provenait des traditions romaines qui n'ont jamais disparu dans le midi, pas plus que dans le centre des Gaules, surtout dans les villes où plusieurs documents, notamment pour Paris, ont conservé les cotes de la taille roturière. Elle consistait dans un impôt global sur le capital et sur le revenu, telle que la monarchie l'a pratiquée pendant 400 ans. Si

(1) Les Mérovingiens avaient conservé les deux grandes sources du revenu public impérial, la *jugatio terrena* et la *capitatio humana.* — Ad. Vuitry, *ibidem,* p. 34.

on réunissait aux États-Unis les deux taxes sur la *real property* et la *personal property*, on reconstituerait la taille. Aussi Rageau la définissait-il comme d'origine grecque et germaine (1), même comme une sorte d'offrande volontaire. Telle était également l'opinion formelle d'un des plus grands feudistes, de Brussel (2). En tout cas, les feudistes autorisés ne la présentent jamais sous les formes odieuses qui l'auraient rendue inapplicable et improductive.

D'après Ducange, Brussel, Renauldon, Freminville, Hervé, Rageau (3), on peut ramener aux termes suivants les règles de a taille sur les roturiers : 1° elle consistait en une taxe sur les facultés (fonds, meubles, revenus) des censitaires; 2° elle était due souvent par les fonds immeubles seuls : c'était la taille réelle; 3° elle était en général annuelle, payable en août, à Noël et à Pâques; 4° comme le cens, son taux était très modéré; 5° les seigneurs l'abonnaient souvent afin d'avoir un revenu fixe; 6° les officiers confectionnaient les rôles dans chaque seigneurie; 7° elle était payable en nature et en argent (4); 8° elle avait partout pour fondement la coutume et non le caprice arbitraire du seigneur; 9° elle ne paraît pas avoir formé un revenu important pour les seigneuries; 10° dans les recettes des comptes royaux que l'on possède pour la fin du XIIIe siècle, les produits de la taille ne tiennent qu'une place tout à fait secondaire (5).

La taille n'est devenue un impôt productif que dans les mains du pouvoir royal.

---

(1) Est canon inlatio, pensio, collatio oblatio, indictio, pensitatio, quæ libet publica ειδφορα, καταβολὴ, φομος, επι-κεφαλαιον, census, tributum, capitatio. — Laurière, *Glossaire*. — Brussel, *Examen des fiefs*, 1er vol., 411.

(2) De là les tailles dites *gracieuses*, qui étaient demandées de temps en temps et accordées. C'est un des plus grands arguments contre les exagérations de certains écrivains à l'endroit des violences dont les tailles auraient été l'occasion.

(3) *Encyclopédie méthodique*, au mot *Taille*. — Ducange, *Glossarium*, au mot *Tallia*. — Laurière, *Glossaire*. — Rageau, au même mot. — Hervé, *Matières féodales*, 1er vol., p. 161. — Brussel, 1er vol., p. 411, 416. — Fréminville, *Vrais principes des fiefs*. — Renauldon, *Traité des droits seigneuriaux*, p. 225.

(4) Surtout en nature, spécialement en grains. — Historiens des Gaules, 22e vol., *compotus ballivorum*.

(5) Historiens des Gaules, 22e vol., *compotus ballivorum*.

Il y avait cependant des exceptions qui tenaient à la violence des mœurs au moyen âge et à la nature des institutions. Ainsi la présence sur une seigneurie de deux seigneurs qui, chacun, avaient le droit de lever la taille, aggravait beaucoup la condition des tenanciers. C'est ce qui explique pourquoi toute taille seigneuriale a dû être interdite quand la royauté a été autorisée à lever une taille annuelle pour entretenir une armée permanente.

La taille ne paraît pas avoir eu dans le Midi de la France, bien plus avancé en civilisation au moyen âge que le Nord, les mêmes caractères. Elle a tendu de bonne heure à devenir un impôt foncier, ce qu'était la *capitatio terrena*. Ainsi, dès le milieu du XIIe siècle, dans toute la zône où se répandirent les doctrines des Albigeois, précurseurs des Calvinistes (Quercy, Velay, Vivarais, Rouergue, bas Languedoc) la taille consistait dans une taxe foncière, calculée d'après les instruments de travail. Les rôles étaient dressés par les curés, sous le contrôle des évêques; mais les tenures roturières ou serviles la supportaient seules. Il en fut ainsi jusqu'en 1789 (1).

Quatrième catégorie. — Taxes de consommation.

Ces taxes ne pouvaient atteindre que les roturiers et les serfs. Elles consistaient principalement dans :

A. Les banalités, moulins, fours, pressoirs, boucheries, taureaux, moulins à drap seigneuriaux dont les roturiers ou les serfs devaient se servir à des conditions que le seigneur fixait seul. A cet égard, on a singulièrement exagéré les choses; car il est bien certain que moulins, fours, pressoirs seigneuriaux ont dû être, pendant bien du temps, un très grand avantage et un grand progrès.

B. Des droits sur les marchandises dans les foires, à l'entrée

(1) Molinier, *Étude sur l'administration féodale en Languedoc*. Cet ouvrage, fait d'après les sources mêmes, est important comme donnant la physionomie féodale et fiscale du midi de la France au XIIe siècle. Il contient une sorte de chronologie fiscale très précieuse et confirme, par les documents datés, la succession des diverses étapes de l'époque féodale.

des villes et dans les villes mêmes, tels que le droit d'étalage, celui des poids et mesures ou de leyde, dans les marchés.

Ainsi dans les principales villes du domaine royal, Paris, Bourges, Orléans, le roi levait, tous les trois ans, une taille sur le pain et une autre taille sur le vin (1).

C'étaient les anciens portoria que chaque seigneur appliqua, dans sa seigneurie, sous toute espèce de formes et de noms. Seulement les taxes furent étendues à tous les objets de consommation, blé, pain, viandes, boissons, fruits, sel, métaux, produits fabriqués, cuirs, bois, meubles, métiers; le vin notamment était déjà traqué sans pitié et sans merci. « Le vin était « surtout imposé, tantôt au moment de la récolte, soit à la mise « en cuve, soit à la mise en cellier, tantôt au moment du trans- « port ou de la vente. Le mode d'imposition variait dans chaque « localité : le nombre de ces perceptions, leur variété ne per- « mettent pas d'en donner une idée générale (2) ».

Après le vin, venait le sel, que la royauté ne s'est réservé qu'au XIVe siècle.

Les droits se levaient surtout dans les foires et dans les marchés. Les grandes foires sont d'origine féodale; elles ont rendu d'immenses services; elles donnaient lieu à la perception de nombreux droits de transport. De là les péages sur les routes, les ponts, les rivières, les ports, à l'entrée et à la sortie des villes, le long des rivières et des cours d'eau.

Cinquième catégorie. — Douanes et péages.

Le transit de seigneurie à seigneurie donnait lieu à de véritables droits de douane qu'il fallut restreindre. Dans les ports, les seigneurs levaient des droits à l'entrée et à la sortie des marchandises. Ces droits se réglementèrent peu à peu, lors de la formation des grands fiefs. Les grandes divisions douanières de la France et des principaux États de l'Europe se formèrent.

En dehors des taxes dans les ports, les droits principaux

(1) Historiens des Gaules, 22e volume, *compotus ballivorum*, 1295.

(2) Ad. Vuitry, *ibidem*, 1er vol., page 341.

étaient ceux de tonlieu (*Theloneum*) perçus, de même que dans l'Empire romain et qu'en Chine encore aujourd'hui à des endroits déterminés, ceux *de travers* qu'il fallait acquitter pour traverser la seigneurie, *ceux de parcours*. Le tonlieu était tantôt un droit sur la circulation (1), tantôt sur l'entrée ou la sortie des marchandises. On le confondit d'abord avec le droit d'octroi et d'entrée des villes, puis on l'en distingua. Dès la fin du XIIIe siècle, le pouvoir royal tendit à accaparer tous les droits de tonlieu et à partager, tout au moins, ceux d'octroi.

Quant aux péages, ils étaient différents; ils se prélevaient surtout sur les ponts, les rivières, les bacs. Dès le XVIe siècle tous ces péages furent réglés par le pouvoir royal qui ne reconnut que ceux établis par des titres, surtout les droits de bac. Ils avaient un caractère domanial.

SIXIÈME CATÉGORIE. — TAXE DE TRAVAIL ET D'INDUSTRIE.

Les empereurs romains intervenaient dans la production; ils réglaient, par leurs édits, les conditions des ouvriers, des associations, du travail; ils avaient établi *la conlatio lustralis*. Les seigneurs firent aussi des règlements pour l'agriculture, le commerce, l'industrie, les métiers, les salaires, le pesage et le mesurage des marchandises, l'arpentage des terres; ils prélevaient des taxes à cet effet; ils intervenaient particulièrement dans la production agricole pour régler l'époque des moissons, des fauchaisons, des vendanges, de la vente, du transport des vins.

Pendant longtemps cette intervention et ces règlements ont été indispensables. Abolis par la Révolution française, les règlements ont survécu. Même aujourd'hui, les maires, dans une certaine partie du nord de la France, prennent encore des arrêtés concernant les récoltes, spécialement les vendanges. Il faut reconnaître toutefois qu'en 1789, cette intervention et ces règlements étaient devenus un grand obstacle aux progrès de l'agriculture et de l'industrie. Le pouvoir royal s'était, en partie, emparé du droit de les faire; ce qui, bien souvent, avait aggravé les entraves

---

(1) Theloneа circulorum, Hist. des Gaules, 22e vol., *compotus ballivorum*.

à la production, notamment pour le commerce de laines, considérable dès le XIIe siècle. L'un des plus grands bienfaits de la révolution de 1789, l'un des moins contestables, a été la liberté rendue au travail. M. Léonce de Lavergne, agronome si éclairé, n'était pas éloigné d'admettre que tous les progrès de la Révolution se ramenaient à la liberté du travail (1), surtout pour la production agricole.

Septième catégorie. — Corvées.

L'importance des corvées était très grande. Elles constituaient une charge bien plus lourde que les tailles. Elles provenaient, avec aggravation, des traditions romaines. Certaines d'entre elles étaient aussi bien à la charge des fiefs que des autres tenures, notamment la plus redoutable, le gîte ou le droit de procuration. Nous avons montré la nécessité et l'organisation de cette corvée dans les derniers temps de l'Empire romain. Elle était devenue plus nécessaire et plus lourde au moyen âge avec l'augmentation de la population, des territoires cultivés, et des personnes qui les réclamaient : le roi, les officiers, les seigneurs et leur suite, les évêques, les abbés mitrés, les prévôts, les baillis. Brussel a donné la statistique de gîtes (gista) dans le domaine royal, avec le tableau des distances et des gîtes par villes, pour le roi, les évêques, les seigneurs, ainsi que l'évaluation en argent des dépenses. Il existait un rôle de gîtes sous Louis VII. Plus tard, le gîte fut converti en un impôt en argent et en nature. Le gîte ne comprenait pas seulement le logement et la nourriture pendant un certain temps et à certains moments ; mais, selon la tradition romaine, la fourniture, soit gratuitement, soit à des tarifs fixés par les seigneurs, de provisions, de moyens de transports. Cette corvée était donc fort lourde (2). Les corvées, proprement dites, étaient surtout appliquées aux domaines seigneuriaux et aux fiefs

(1) Introduction aux voyages d'Arthur Young ; comparer : 1° notre étude sur les œuvres inédites de Montesquieu, *Journal des Économistes*, 1894. — 2°, *Seignobos. Le régime féodal en Bourgogne*, la seigneurie de Vergy.

(2) Brussel, *ibidem*, tome I, p. 536. — Historiens des Gaules, XXII volumes, *excerpta e rationibus ad mansiones et itinera regem spectantia.*

nobles, de même qu'aux biens de l'Église. Elles consistaient dans l'entretien des chemins, le transport des récoltes et des provisions, dans les réquisitions pour les récoltes, dans la confection de vêtements et d'armes, dans l'entretien des bois, des eaux. — Renauldon leur a consacré un chapitre très curieux (1) dans lequel il pose quelques règles générales : 1° quiconque doit la taille réelle, doit les corvées d'après la coutume ou le titre; 2° quiconque est taillable est corvéable; 3° qui n'est pas taillable n'est pas corvéable. De là bien des difficultés et des complications qui entretenaient de procès sans fin toutes les justices seigneuriales, notamment pour savoir si la corvée affectait d'un caractère spécial l'héritage (fief ou tenure roturière) ou la personne.

Les corvées n'avaient aucun caractère servile. Les vassaux les devaient fournir en partie. Elles résultaient de la force même des choses. Elles avaient autant le caractère réel que personnel. Seuls les serfs, ou anciens serfs devaient, en général, des corvées dites de corps; nous ne mentionnerons pas l'obligation que certains roturiers auraient subie de battre les eaux de l'étang, près du château, pour faire taire les grenouilles.

Toutefois le guet a été une rude corvée, ainsi que le rabattage pour la chasse.

Huitième catégorie. — Domaine.

Chaque seigneurie avait également ses produits domaniaux, provenant des fournitures en nature et de la culture de la partie réservée de la seigneurie. Certains domaines royaux étaient également cultivés directement.

Cette catégorie de droits était certainement très productive pour la plupart des seigneurs, en particulier pour le premier seigneur, pour le Roi. On ne peut avoir une idée de l'importance des domaines, même pour le Roi, qu'en recourant aux documents originaux. Par cette expression *domaine* nous entendons seulement les droits ou les produits domaniaux, et nullement l'ensemble des possessions royales.

(1) *Traité des droits seigneuriaux*, page 205.

A. *Produits domaniaux.* — Les produits domaniaux étaient les blés, avoines, orges, vins, poirés, cidres, bestiaux divers, poissons, qui, chaque année, étaient livrés au Roi, soit à raison des terres qu'il faisait cultiver, soit à raison de cens, bien plus considérables, qui lui étaient remis à titre de paiement de toute sorte (1), redevances, fermes, gîtes, impôts. Ces remises n'étaient, en partie, que le paiement de l'impôt acquitté principalement en nature. Nous allons parler des forêts, le produit domanial par excellence.

B. *Droits domaniaux.* — Quant aux droits domaniaux, ils étaient très multiples et très variés : nous ne pouvons énumérer que les plus importants (2) :

1° Le droit de deshérence, sur les biens vacants, abandonnés et sur les héritages sans héritiers;

2° Le droit d'épaves, le droit de bris;

3° Le droit de découverte de trésors;

4° Le droit sur les biens des bâtards et des aubains (étranger) d'après la coutume;

5° Les amendes;

Les amendes étaient très nombreuses; elles appartenaient au seigneur, qui avait le droit de les prononcer. Nous reviendrons sur ce point essentiel à propos des droits judiciaires;

6° Les droits de chasse, de pêche, de garenne, de colombier. Ces droits relevaient surtout du seigneur féodal. Ils paraissent s'être beaucoup aggravés du XIIe au XVIIIe siècle. Ils comptent parmi ceux qui pesaient le plus sur les tenures roturières, parce qu'ils en diminuaient l'indépendance et la jouissance;

7° Les droits sur les cours d'eau et rivières navigables et flottables. En général, ces droits appartenaient au seigneur justicier. Ils donnèrent lieu à beaucoup de vexations. C'est à propos d'un procès sur un cours d'eau que Championnière a composé son livre fort intéressant, mais qui n'a que la valeur d'un pamphlet judiciaire. Le pouvoir royal parvint, assez rapidement, à

---

(1) Census vinearum, census domorum, census terræ in frischia. — Hist. des Gaules, 22e vol., *compotus ballivorum.*

(2) Brussel, *ibidem,* tome I, *Revenus des seigneurs et du Roi.*

faire prévaloir ses droits sur les rivières navigables et flottables, en abandonnant les autres aux seigneurs, qui levèrent des taxes sur les moulins, les passages;

8° Les droits de bac, très importants au moyen âge et assez lucratifs. La législation des cours d'eau leur fut appliquée;

9° Les droits d'étangs, d'égouts, de pluie, de puits (1), qui demeurèrent longtemps seigneuriaux et qui avaient de l'importance dans les villes;

10° Le droit de blairie ou de péage sur les terres vagues;

11° Le droit de banvin, qui autorisait le seigneur à vendre ses vins avant ceux des vassaux ou des tenanciers. De même, les coutumes de Bordeaux, même au XIIIe siècle, n'autorisaient l'entrée des vins du Haut-Pays (Haute-Guyenne) qu'à un certain délai des vendanges.

C. *Forêts.* — Les revenus forestiers tenaient la première place parmi les ressources du Roi et des seigneurs. Brussel a donné beaucoup de renseignements à ce sujet, mais les comptes des baillis pour 1295 en contiennent bien davantage. MM. Lamprecht et Borelli de Serres ont mis en évidence que le territoire de la France a été couvert de forêts pendant le moyen âge et que leurs produits ont eu une grande importance aussi bien pour le Roi que pour les seigneurs. Aussi, dès 1302, le personnel des eaux et forêts était organisé. De là les droits de gruerie, de graierie, de tiers et danger. Les forêts donnaient lieu à un grand nombre de droits et de procès. Les forêts formaient le véritable domaine, la réserve du Roi et des riches seigneurs. On trouvera à cet égard les détails les plus curieux et les plus précis dans le remarquable mémoire de M. Borelli de Serres (2) sur l'origine du droit de tiers et danger, droit caractéristique des faits domaniaux à cette époque.

D. *Exploitations diverses.* — Bien que les produits des exploitations agricoles ou industrielles ne fussent pas des im-

---

(1) Renauldon, *ibidem*, livre V, chapitre V.

(2) *Recherches sur divers services publics*, Paris, 1895, p. 293. — Lamprecht, *La France au* XIe *siècle*, chapitre premier.

pôts, il est nécessaire d'en tenir compte parce qu'ils constituaient une des plus grandes ressources des seigneuries, comme l'indiquent les *Recepta ballivorum* du domaine royal pour 1295 (1). La Royauté avait des terres, des vignes, des prairies sous sa main directe, les unes affermées, les autres exploitées. Elle avait des abeilles, des ruches, de la cire. Elle récoltait des blés et des avoines ; elle exploitait des étangs ; elle en affermait la pêche ou faisait pêcher elle-même. Dès Philippe le Bel on s'occupait de repeupler les étangs.

Le Roi avait également des mines; la propriété des mines était seigneuriale. Ce n'est qu'en 1413 que le Roi s'attribua un droit supérieur de propriété sur les mines (2).

NEUVIÈME CATÉGORIE. — DROITS JUDICIAIRES ET LE SCEAU.

Les droits judiciaires étaient très multipliés. Ils alimentaient les innombrables greffes des justices seigneuriales et royales. Il serait tout à fait fastidieux de les rappeler. Au surplus, on peut les trouver, en partie, énumérés dans la loi de frimaire an VII, et dans le Code de procédure civile de 1807, qui, l'un et l'autre, sont une sorte de miroir des justices seigneuriales. Les saisies de nos Codes, saisie-arrêt, saisie-exécution, saisie-gagerie, saisie-brandon, proviennent de la saisie féodale. Les tenures roturières étaient sans cesse menacées par la saisie féodale, de même que les fiefs par la commise. En parcourant les cent un droits divers, mentionnés par Boutaric, il serait facile de relever beaucoup de droits judiciaires. Le mot exploit, dont Racine s'est tant servi dans *Les Plaideurs* est féodal : *expleta*.

Les seigneurs avaient, de même que le Roi, des greffes, des huissiers, des notaires ou tabellions. Les jugements, les actes donnaient lieu à des droits, notamment à l'apposition du sceau. Il faut y reconnaître la première apparition, lointaine encore,

(1) *Historiens des Gaules*, 22e vol., p. 623.

(2) Glasson, *ibidem*, 6e vol., p. 32.

des produits d'une mine qui devait être si féconde, en France du moins, le timbre et l'enregistrement. Le sceau donnait une sorte d'authenticité aux actes. Dans les comptes royaux, les produits du sceau (sigillum) tiennent une certaine place (1).

Les amendes étaient plus productives encore. Elles étaient en rapport direct avec la société féodale, fondée essentiellement sur le contrat. Les chartes des villes et des communes avaient surtout pour objet de les diminuer ou d'en exempter les bourgeois ou autres membres de l'association. Après les tailles, les corvées, les banalités, les amendes étaient les impositions qui pesaient le plus lourdement sur les habitants des villes et des campagnes. Leur tarif était minutieux; on l'exigeait avec rigueur. M. Luchaire les divise en trois catégories : 1° redevances prélevées pour exemption des devoirs judiciaires ou services de cour (placitum); 2° les amendes payées pour crimes et délits (infracturæ, amendæ); une des sources les plus importantes du revenu seigneurial; 3° les amendes prélevées par le justicier à l'occasion des frais de procédure (2).

Le milieu féodal a été, à la fois, militaire, agricole et procédurier, fiscal, inquisiteur. Sous ces trois rapports, il a exercé une influence immense sur la France, même celle d'aujourd'hui. Nos codes foisonnent d'amendes, surtout nos lois fiscales en sont émaillées au delà de tout ce que l'on peut imaginer. Les uns et les autres tiennent de fort près au milieu féodal, malgré 1789 et 1793.

DIXIÈME CATÉGORIE. — POLICE.

La police appartenait au seigneur justicier, même dans le cas où la justice et la seigneurie n'étaient pas dans les mêmes mains. Elle faisait partie de la justitia. Comme la plupart des institutions

(1) Glasson, *ibidem*, 6e vol., page 7.

(2) Luchaire, *Manuel*, p. 343, 388, 542, 594. — Glasson, *ibidem*, p. 23. Les amendes sont multipliées dans les Établissements de Saint-Louis. — Édition Ducange, p. 379. — Seignobos, *Le régime féodal en Bourgogne*, p. 399, note des amendes de la prévôté de Noyer.

féodales, elle aboutissait le plus souvent à des affaires d'argent, à des amendes qui formaient un revenu et un véritable impôt. Si on ouvre nos budgets actuels, on trouvera, tout de suite, la place qu'y occupent les amendes de toute sorte provenant de la police. Ainsi pour les foires et marchés, il faut distinguer les taxes policières qui relevaient du seigneur justicier et les taxes féodales dues à raison des locaux appartenant au propriétaire du fonds. Cette police était assez fort active, car il y avait beaucoup à faire au milieu de la complexité qui régnait dans la condition des personnes et des biens. Le déguerpissement, qui a caractérisé toute l'époque féodale, parce que la population n'était pas tout à fait stable, les changements de seigneurs, les soustractions entre seigneurs de tenanciers et de serfs, l'exécution des saisies, les allées et venues des gens flottants ou vagabonds, les guerres privées, les mouvements des foires et marchés, la surveillance des droits si multipliés des seigneurs, sur les personnes, les terres, les bois, les cours d'eau, les récoltes, les marchandises, les bandes d'aventuriers et de bandits parcourant la France de part en part et trouvant dans les forêts des abris infranchissables, mais surtout les procès de toute espèce qui encombraient les tribunaux, les rapports encore violents des hommes entre eux, les duels privés et judiciaires, les tournois, la multiplicité des contraventions, des délits et des crimes, les règlements économiques et administratifs, la levée des taxes, tout l'ensemble social et fiscal donnait une grande importance à la police.

La police se traduisait surtout par les amendes; amendes seigneuriales, amendes royales, destinées à grossir le trésor seigneurial ou royal et aussi à faire vivre les agents de tout genre qu'ils tenaient sur pied (1).

Onzième catégorie. — Les confiscations.

La confiscation est à peu près de tous les temps. La démocratie athénienne en avait fait, malgré le type supérieur de gouver-

(1) A. Monteil, *Hist. des divers États*, surtout le volume consacré au XIIIe et XIVe siècles. L'œuvre de M. Monteil, critiquée doctoralement par M. Guizot, donne une idée plus vivante du moyen âge que les leçons du grand professeur.

nement qu'elle a réalisé, une des ressources régulières de ses budgets. Rien de plus réel et de plus amusant que le personnage d'Aristophane se demandant le matin quelles propriétés devront être confisquées le soir. La confiscation n'a pas chomé à Rome ; il suffit d'ouvrir Tacite et les codes inspirés par le christianisme. Les rois Francs et Carolingiens ne confisquèrent pas moins. Faut-il parler des confiscations sous Louis XIV même et de la répartition des biens confisqués? Mais nul régime n'a cependant pratiqué la confiscation avec autant de persévérance que le régime féodal ; la confiscation n'y était pas seulement une ressource fiscale et domaniale, mais elle résultait de la nature des institutions, surtout pour les fiefs. *La commise* n'était, en réalité, que l'application du droit de se faire justice soi-même, reconnu au seigneur. Les alleux mêmes pouvaient être confisqués, en certains cas, parce que la confiscation dominait le droit de propriété qui n'était encore que conditionnel. Il suffit d'ouvrir les comptes des recettes royales au XIIIe siècle pour reconnaître l'importance de *forfaitures* ou confiscations (1).

Ainsi, on peut comprendre parmi les confiscations le droit, que les seigneurs ont exercé, de spolier (jus spolii) le mobilier de l'évêché à la mort de l'évêque (2). Quant à la *regale* les seigneurs mêmes ne l'ont pas eue. Les grands feudataires seuls (Normandie, Bretagne, Aquitaine, Toulouse) en ont joui quelque temps.

DOUZIÈME CATÉGORIE. — DÎMES INFÉODÉES.

L'inféodation des dîmes est antérieure au XIIIe siècle. Elle fut sévèrement interdite par le concile de Latran en 1179 ; mais les rois capétiens se sont toujours refusés à admettre à cet égard les plaintes de l'Église. L'inféodation donnait lieu à de véritables fiefs de dîmes avec aveu, démembrement, partage. On ne possède aucun renseignement sur leur importance ; mais elle était sérieuse. Cette inféodation fut maintenue jusqu'en 1789. L'abo-

---

(1) Luchaire, *Manuel*, 148, 578. — M. Luchaire comprend avec raison la confiscation parmi les revenus du seigneur, page 212. — *Historiens de France*, tome 22, 623, *Bibliothèque de l'école des Chartes*, 1887, p. 180. — Glasson, *ibidem*, 6e vol. 21.

(2) Glasson, 6e vol. 58.

lition des dîmes en priva seule les seigneurs et les fieffés qui les représentaient. Pour eux la perte fut totale; ces inféodations n'ont pas été étrangères à la Révolution, qui ne put réussir qu'avec le concours des religieux et du bas clergé. Elles formaient un véritable impôt au profit de ceux qui en profitaient. Les unes pouvaient avoir l'usurpation et la violence pour origine; les autres représentaient le coût des services que l'Église n'avait pu rendre ou payer (1).

TREIZIÈME CATÉGORIE. — LA MONNAIE.

Jusqu'à la fin du XIVe siècle, la royauté et les grandes seigneuries ont possédé des ateliers monétaires et ont battu monnaie (2). A l'époque de saint Louis, 80 seigneurs frappaient de la monnaie; un siècle plus tard on en comptait encore 35. Jusqu'en 1337, la Royauté n'émit pas de fausse monnaie, soit en altérant le poids, soit en altérant le titre, mais elle s'attribua, de tout temps, de même que les seigneurs, le droit de fixer la valeur de la monnaie et, par suite, de faire varier les prix. Sous le roi Jean, de 1350 à 1360, la livre tournoi changea 70 fois de valeur. Les mêmes changements, bien qu'avec plus de modération, avaient lieu dans les seigneuries. Ces changements procuraient des bénéfices qui constituaient un véritable impôt monétaire. Cet impôt monétaire a été maintenu jusque sous Louis XV, quant au pouvoir royal; mais il y a eu, jusqu'au XVe siècle, un autre impôt monétaire. Les villes, les communes, les corporations de marchands traitaient tantôt avec le roi, tantôt avec les seigneurs, soit moyennant une redevance, soit comptant, pour être garanties pendant un certain temps, contre les variations dans les monnaies; c'étaient des contrats d'assurance ou de garantie monétaire. On ne niait pas le droit royal ou seigneurial, mais on voulait s'en préserver. Dès 1120 des traités intervinrent avec le Roi, en 1133, 1183, 1195 et ainsi de suite. En 1282 le duc de Bourgogne s'engage pour 2 ans moyennant

(1) Renauldon, *Traité des droits seigneuriaux*, page 188.

(2) Nous renvoyons à l'exposé de M. Glasson, *ibidem*, 6e volume, pages 28 et suiv. Consulter également Engel et Serrure, *Hist. numismatique du moyen âge*, 1894, 2 vol.

sols par feu et un dixième de revenu; c'est bien l'impôt (1).

On peut rattacher à la monnaie une autre pratique dont on retrouve les traces dans les comptes des rois au XIIIe siècle; cette pratique était féodale et seigneuriale; elle consistait à s'approprier à crédit des marchandises, des provisions chez les vassaux, tenanciers et marchands. C'étaient de véritables emprunts forcés; aussi dans les comptes des baillis on trouve des quantités de *mutua* contractés et remboursés; ces *mutua* ont dû correspondre à un assez grand mouvement de capitaux (3).

QUATORZIÈME CATÉGORIE. — LE SERVICE MILITAIRE.

Les récents travaux de MM. Langlois, Luchaire, Borelli de Serres, et les derniers volumes (XXII et XXIII) des Historiens des Gaules ont renouvelé en quelque sorte l'histoire des origines du service militaire en France (2). Le service militaire paraît y avoir toujours présenté de grandes difficultés. Bien que la race celtique ait déployé des qualités guerrières remarquables, puisqu'elle a fait le fond des armées d'Annibal, de César et de Constantin, elle se pliait difficilement aux habitudes militaires; aussi, dès que les armées romaines eurent quitté les Gaules, les Gaules restèrent désarmées ou à peu près; Germains, Sarrasins, Northmans, Hongrois purent les parcourir tout à leur aise; une anarchie générale, que Charlemagne ne parvint qu'à peine à dominer de son vivant, envahit tout le territoire; il fallut procéder à une organisation militaire sérieuse pour la combattre. Cette organisation a été l'élément principal du régime féodal qui représente une véritable révolution militaire. La terre, le fief, n'est que le prix du service militaire, le moyen de fixer l'homme à la terre et de l'intéresser à la défendre. C'est une prime payable en terre. Ce qui a pu se faire sans difficulté eu

---

(1) Glasson, *ibidem*, 132, 5e vol.

(2) Langlois, Philippe le Hardi, *Monographie remarquable*, 1885, pages 348, 365; les faits réunis sur l'armée royale au XIIIe siècle sont des plus curieux. — Borelli de Serres, *Recherches*, 467. — Historiens de France, 22e vol., *scripta de feodis ad regem spectantibus et de militibus ad exercitum vocandis* sous Philippe Auguste; *Document des plus importants.*

égard à l'étendue relative du territoire et à l'exiguïté de la population.

C'est ce dont les historiens, imbus des idées de 1789, n'ont pas tenu compte. Ils n'ont vu que les derniers temps féodaux. Peut-être moins partial, Tocqueville, aussi moins instruit, n'a point dégagé la face militaire de la féodalité ni compris la révolution dont elle est née. Il a fallu donner la terre à l'homme pour en faire un militaire, un soldat voué à défendre le territoire. La plupart de nos familles militaires sont d'origine féodale et encore territoriales.

Le même service a été imposé aux tenures roturières et même aux tenures serviles, mais dans d'autres conditions. Le seigneur avait le droit de requérir pour les affaires de la seigneurie les roturiers et les serfs, à la charge de les payer ou de les entretenir. Les roturiers accompagnaient les chevaliers et combattaient à pied ; les serfs remplissaient les rôles subalternes (1).

Le Roi possédait les mêmes droits pour les intérêts généraux du royaume ; le fait était accepté dès la fin du XIIe siècle dans les mêmes conditions (2).

Au XIIIe siècle on constate deux changements considérables ; les roturiers obtiennent de substituer au service un subside en argent ; quant aux seigneurs ils obtiennent une solde (stipendium) et enfin ils finissent également par être admis au remplacement militaire contre argent. Ces changements s'expliquent par diverses causes : 1° la longueur des guerres nouvelles, contraires

---

(1) Sur tous ces faits, le livre de M. Langlois est des plus intéressants. Pour le service militaire des villes, voir Luchaire, *Manuel*, 389 et le *compotus ballivorum*, tome 22e, p. 623 ; Historiens des Gaules ; on y trouve la distinction et le détail des *servientes equite* — *servientes pedite*. Seul le *serviens equite* est appelé *miles*. Aussi Ducange dit des roturiers : *dicuntur non esse nobiles ; non habent equum seu equos nec alia arma in domibus eorum* (au mot nobilitas). Comparer (H. des Gaules, XXIIIe) la convocation de l'ost de France, 1303-1304, l'envoi des lettres et le relevé des subsides par sénéchaussée.

(2) Colonel Borelli de Serres, *Recherches*, *Les Gentien, tués à Mons-en-Puelle*, notice des plus intéressantes sur le service militaire. Les Gentien étaient des bourgeois taillables. Ils se firent tuer pour sauver la vie à Philippe le Bel ; leur famille resta roturière. Voir également le mémoire : *Les prisées du service roturier au* XIIIe *siècle*. La prisée était l'estimation, l'évaluation des charges militaires (Hommes, voitures, subsides).

aux termes féodaux; 2° la préférence que les rois et les hauts seigneurs donnent à des soudoyers, aventuriers, bandits, militaires de profession, tels que les bandes de Duguesclin; 3° les progrès dans la composition des armées, qui, dès Philippe le Hardi, ont une artillerie, un corps de génie, des remontes, des magasins, un corps du train, un corps de gendarmerie de forteresse.

Les chevaliers des fiefs, formant la cavalerie, tenaient encore la première place, mais les vilains des rotures et les bourgeois des villes, qui avaient fait bonne contenance à Bouvines, ne convenaient plus pour aller en Sicile et en Aragon. Les rois leur préféraient de l'argent; le service militaire se changea en une taxe. Cette taxe devint l'une des plus grandes ressources du Roi et des hauts seigneurs. Elle a préparé l'établissement de l'impôt royal, de la taille, qui avait un fondement militaire. On en retrouve la preuve dans les documents contemporains. Il y eut certainement parmi les riches bourgeois des villes des hommes fort braves, comme les Gentien, mais les familles bourgeoises devenaient difficilement militaires. Il en a été ainsi de la famille de Michel Montaigne.

Le service était très lourd; nombre de familles, possédant des fiefs acceptèrent le remplacement, même après que la règle générale de la solde eut prévalu pour toute l'armée; néanmoins, au point de vue militaire, les fiefs ont eu une influence décisive sur la formation des familles rurales qui ont constitué pour la France une inappréciable réserve militaire, fondement de son indépendance, garantie de son territoire, encore aujourd'hui (1).

II. — Les tenures roturières non féodales.

Nous n'avons à dire que quelques mots de ces tenures, puisqu'elles ne donnaient lieu à aucune redevance spéciale dans laquelle fut comprise une taxation à raison des fonds ou des personnes. Elles ne transféraient pas le domaine utile quelle que fut leur durée (2) : c'étaient le bail à métairie perpétuel et le bail héréditaire à terme. Le bail à métairie perpétuel, contrat prati-

(1) Opinion développée avec éloquence et autorité par le général Trochu en 1874.

(2) Garsonnet, *Locations perpétuelles*, pages 392-402. — Lefort. *Même ouvrage*, pages 248-254.

qué surtout dans le centre de la France, Limousin, Bourbonnais. Le métayage n'est plus perpétuel; il est, au contraire, devenu annuel, mais à raison des avantages qu'il présente pour l'agriculture dans les terres pauvres, il est en progrès en France, à laquelle il a rendu de très grands services; c'est, au fond, une forme de l'association, même de la coopération. On la rencontre en Tunisie, mais moins avantageuse pour les travailleurs. Le partage à moitié sera toujours une bonne condition pour le cultivateur. En tout cas, c'est un mode de culture qui permet de lutter, bien mieux que le fermage, dans les terres médiocres, contre la mise en culture des territoires nouveaux. Le fermier court à peu près seul les risques. Le métayer les partage.

Le bail héréditaire n'était qu'un fermage sans aliénation du fonds; même situation pour les baux avec droit de marché dans le nord de la France; pour les baux à vie, pour le bail à domaine congéable, pour le bail colonger en Alsace (1). Le caractère féodal, c'est-à-dire la transmission perpétuelle du fonds, mais conditionnelle, manquait. Le preneur ne devenait pas propriétaire, il ne pouvait transmettre la propriété, hypothéquer, etc. Il était tenu vis-à-vis du propriétaire aux obligations du bail et non aux obligations féodales.

Ces différences ne l'exonéraient pas des obligations générales de la seigneurie dont dépendaient les fonds donnés à bail. La seigneurie représentait pour le preneur l'État. Par suite les obligations qui avaient un caractère strictement féodal ne lui incombaient pas, mais il devait remplir les autres, comme les possesseurs de tenures roturières. Les redevances et les droits de mutation, compris dans les deux premières catégories, étaient étrangers aux possesseurs de ces tenures; toutefois, ces derniers demeuraient obligés de faire face aux charges de toutes les autres catégories et de subir : aides et tailles à titre d'impôt direct, taxes de consommation, douanes et péages, taxes et règlements de travail et d'industrie, corvées, justices et droits judiciaires, dîmes, impôts monétaires indirects, service militaire, police, ils ne pouvaient échapper à ce qui constituait la puissance publique du temps.

(1) Lefort, *ibidem*, page 278.

§ 8. *Des taxes et des droits féodaux sur les serfs et les tenures serviles.*

Quoiqu'il y eût un assez grand nombre de serfs dans les villes et dans les communes, les serfs dépendaient beaucoup plus des campagnes que des villes et communes. Quels ont été les effets sur leur condition de l'établissement progressif du régime féodal? Au XVIIIe siècle, les esprits éclairés, les feudistes autorisés, tels qu'Hervé, savaient fort bien que la servitude ne provenait nullement du régime féodal, qu'elle était fort antérieure et qu'elle n'avait pas de rapports directs avec lui. Il y a deux doctrines sur la nature de ces effets. Ainsi, Hervé admettait qu'avec le régime féodal, la servitude s'était développée. « La servitude qui couvrait les campagnes (1), dit-il, avait aussi gagné les villes ». M. Esmein, qui a donné un paragraphe remarquable sur les serfs et les tenures serviles (2), incline vers cette opinion, qui peut invoquer pour elle l'autorité de M. Lamprecht, l'un des publicistes qui connaissent le mieux les premiers temps du moyen âge. Mais Guérard, le savant le plus compétent sur ce sujet, est contraire à cette opinion (3), ainsi que M. Luchaire, avec quelques réserves (4). Nous déférons à l'opinion de Guérard, parce qu'elle est à la fois conforme à un très grand nombre de textes et à la direction économique des faits. Cette direction, nous en suivons les étapes depuis le VIe siècle; il aurait été fort rigoureux de reconnaître que le régime féodal qui, en réalité, a été, pour l'époque où il est sorti de la force même des choses (5), un grand progrès, eût comprimé et fait

(1) *Matières féodales*, 1er vol., 164.

(2) *Cours d'histoire du droit français*, p. 232. — Sur les diverses conditions des serfs, Seignobos, *Le régime féodal en Bourgogne*, pages 41-58.

(3) Cartulaire de Saint-Père de Chartres, prolégomènes. — Comparer un mémoire dans le même sens, de M. Rameau de Saint-Père sur les chartes censives au XIe siècle. — *Comité des travaux historiques*, 1895.

(4) Luchaire, *Manuel*, pages 295-310. — Comparer Seignobos, *Le régime féodal en Bourgogne*, pages 41-58.

(5) Guérard, *ibidem*.

rétrograder le mouvement de transformation dans la condition du travail.

Il se peut qu'en resserrant les liens hiérarchiques et sociaux, la féodalité ait soumis temporairement les serfs à des obligations plus strictes, par exemple en limitant le vagabondage ainsi que le déguerpissement, et en réglant plus sévèrement les conditions du mariage; mais ces restrictions eurent pour les serfs un avantage inappréciable, celui de les fixer de plus en plus sur le sol.

Il est nécessaire de faire une triple distinction dans la condition des serfs, afin d'indiquer les taxes et les droits féodaux qui pesaient sur eux et sur leurs tenures. Ces tenures étaient serviles. Elles ne pouvaient être habitées et cultivées que par des serfs. Tout homme libre, qui y résidait plus d'un an et un jour, devenait serf lui-même. Elles ne pouvaient être acquises que par des serfs. Cet état de choses s'est prolongé aussi longtemps que les serfs ont occupé une certaine place dans la société. Mais, dès la fin du XIIIe siècle, les serfs étaient, pour la plupart, devenus des roturiers (1). Les tenures serviles se transformèrent en tenures roturières. D'ailleurs le serf avait pu, depuis longtemps, acquérir des tenures roturières. Il y en a qui sont parvenus à acquérir des fiefs. En ce cas, la tenure conservait son caractère et le serf sa condition.

Il y avait trois sortes de serfs ou trois catégories de serfs : 1° les colliberts, qui formaient la transition entre le roturier et le serf (2); 2° le serf de servitude réelle; 3° le serf de servitude personnelle, ou serf questal (*homo de corpore*). Les taxes et les droits féodaux variaient par chaque catégorie de serfs, sinon dans les termes, du moins dans leur application.

I. *La capitatio.* — La première preuve de servitude était le paiement annuel de la taxe servile de quatre deniers par tête pour le serf, et de deux par serve (3). Cette taxe n'était nulle-

(1) Sur ce fait, le mémoire de M. Rameau de Saint-Père est décisif. Il s'occupe de quatre châtellenies ou seigneuries dans l'Oise, le Cher, l'Aube et l'Orne.

(2) Guérard et Luchaire, *ibidem*.

(3) Glasson, *ibidem*, 5e vol., page 8. — *Établissements de saint Louis*, même édition, page 308.

ment féodale. Elle tenait à la servitude même. C'était le chevage (*capitalicium, chevagium; capitalis census*). Aussi la reconnaissance du servage, le paiement pour la servitude ou l'acceptation se faisaient-ils en plaçant quatre deniers sur la tête du serf. Tous les serfs payaient la capitation. L'affranchi complet seul ne la payait pas.

Le *chevagium* pouvait se rattacher, quant au mot pour l'exprimer, à la *capitatio humana*, mais il en différait. La *capitatio humana* n'avait aucun caractère servile spécial, tandis que le chevagium était le cens des serfs.

II. *La taille.* — La taille exigée des serfs, de même que des roturiers, et, en certains cas, des possesseurs de fiefs, ne provenait pas de la servitude, comme le *chevagium*; c'était une contribution sur les ressources et les bénéfices des serfs, arbitraire pour le serf questal, extorquée *ad volontatem et ad misericordiam*, plusieurs fois par an, peut-être trois fois (1) sur tous ses biens, le plus souvent abonnée ou réglée par la coutume pour le serf prédial, toujours pour le collibert. Mais il ne faut, pas plus pour les serfs que pour les roturiers, pousser les choses aux extrêmes. Après avoir cité un texte de l'abbé Suger, dans lequel Suger déplore les excès dont sont parfois victimes les serfs de corps, Ducange fait de la coutume du Bourbonnais l'extrait suivant (2) : « Quiconque doit taille personnelle et sur le « chef, soit taille franche, soit taille serve, ladite taille est à vo- « lonté *raisonnable*, et la peut le seigneur croître et diminuer « selon la faculté des biens de celui qui la doit (3) ». Ce texte donne un commentaire sérieux de l'application de la taille ser-

(1) Ducange, *Glossarium*, au mot *Taille*.

(2) Peut-être a-t-on pris les trois termes usuels de Noël, Pâques et août pour trois tailles. — Guérard admet plusieurs tailles annuelles sur les serfs. Renauldon disait : La taille servile est une imposition que le seigneur a droit de lever *tous les ans* sur les serfs qui demeurent sur sa terre.

(3) Rageau cite ce texte de Beaumanoir : « Tant comme ils vivent, li seigneurs ne leur (les serfs) povent rien demander se ils ne meffont, fors leurs cens, et leurs redevances que ils sont acostumé à payer por leurs servitudes ». — M. Flach (*Nouvelle Revue historique du droit français et étranger*, 1882) a réuni divers textes indiquant une oppression sauvage. Ces textes nous paraissent des exceptions. — Comparer les classes serviles en Champagne, *Revue historique*, février 1891. — Seignobos, *ibidem*, page 222.

vile ou roturière. C'était un impôt global sur toutes les facultés du contribuable, arbitraire pour les hommes de corps, réglée, modérée, même souvent rachetée pour les autres serfs.

Si la taille avait eu le caractère de servitude et d'oppression que quelques publicistes lui attribuent, le pouvoir royal n'aurait pu en faire le premier impôt permanent.

III. *Le Formariage.* — Taxe due au seigneur au moment du mariage du serf questal et du serf prédial (1). Il est probable que le collibert ne la devait pas. C'était une sorte de droit de mutation spécial aux serfs. La légitimité du mariage du serf a été le plus grand concours que le christianisme ait donné à son émancipation. Par la force même des choses, quelles que fussent les difficultés économiques, l'égalité dans le sacrement du mariage devait les amoindrir. Mariage légitime, enfants légitimes, la liberté devait suivre. Le mariage affectait donc beaucoup la seigneurie. A l'origine, le consentement du seigneur fut nécessaire. Son serf pouvait quitter la seigneurie pour se marier. C'était l'appauvrir et enrichir le seigneur voisin. C'était faciliter le désaveu : car le serf pouvait désavouer le seigneur et déguerpir. Les seigneurs firent des traités de parcours, c'est-à-dire réglèrent les limites des mariages, des désaveux, des déguerpissements. Mais leur intérêt réel était de retenir le serf sur sa tenure et de faciliter son mariage; on substitua par suite un impôt, une taxe, au consentement. Le taux de cet impôt fut d'abord arbitraire, puis établi d'après la faculté des biens, puis réglé par la coutume (2).

IV. *La mainmorte.* — En ce qui concerne les serfs, la mainmorte n'a aucun rapport avec la mainmorte ecclésiastique. Il s'agit de l'héritage du serf (3). A qui appartiendra-t-il? L'histoire de l'héritage du serf résume celle de sa condition. Pendant de longs siècles, l'héritage du serf appartint au seigneur, à moins que le serf ne vécut dans une communauté. La communauté, *véritable mir*, donnait au seigneur une incontestable

(1) Esmein, *ibidem.* — Luchaire, *Manuel.*

(2) A. Réville, *Le paysan au moyen âge*, 1896, montre le caractère nomade d'une partie des populations.

(3) Esmein et Luchaire, *ibidem.*

garantie ou plus-value (1). Plus tard, sous le régime féodal, on admit que l'héritage du serf, vivant en communauté, passerait à ses enfants; le seigneur n'était préféré qu'aux collatéraux; quant à aliéner sa tenure de son vivant, le serf n'en avait pas le droit. Par suite, il achetait, même affranchi, ce droit fort cher : nouveau droit réel de mutation. M. Luchaire pense que le collibert était exempt de la mainmorte.

V. *Les affranchissements* (2). — Les affranchissements les plus nombreux eurent lieu à prix d'argent et moyennant des redevances à vie, elles-mêmes rachetables.

VI. *Les corvées.* — Les serfs étaient assujettis à des corvées plus nombreuses et plus onéreuses que les roturiers. Toutefois, les mêmes distinctions que pour la taille étaient appliquées. Partout la coutume se substitua à l'arbitraire seigneurial.

VII. *Service militaire.* — Les serfs devaient le service militaire plus rigoureusement que les roturiers. Leurs services étaient indispensables. Divers documents constatent des plaintes de leur part à cet égard.

VIII. *Autres taxes et droits.* — Ils étaient, en outre, assujettis à tous les droits et à tous les impôts qui affectaient les tenures et les personnes : dîmes, police, justice, taxes de consommation, domaniales, d'industrie.

§ 9. *Taxes et droits féodaux dans les villes et les communes.*

Ils étaient à peu près les mêmes que dans les seigneuries, pour les diverses classes de personnes et les divers biens. Mais, au fond, leur poids était plus lourd. Ceci demande quelques explications (3).

(1) Sur les communautés serviles au moyen âge et leur rôle économique, consulter diverses communications faites par M. Tranchant, *Comité des travaux historiques*, 1895, pages 24, 28, 30. Peu de sujets ont donné lieu à autant d'exagérations et de pamphlets que la condition des *mainmortables* jusqu'en 1789. En général, cette condition était meilleure que ne l'ont prétendu les pamphlets révolutionnaires, mais elle variait beaucoup d'après les provinces. — P. Allard, *Serfs mainmortables*, pages 235, 362. — Lecoy de La Marche, *A travers l'histoire de France*, 1896, pages 1 à 16.

(2) Sur le cens des affranchis, Glasson, 6e vol., *ibidem*, p. 3.

(3) Nous renvoyons pour tout ce paragraphe : 1° au tome cinquième, pages 1

I. *Dans les villes.* — Les origines, les conditions, les institutions des villes différaient beaucoup, surtout jusqu'au XVe siècle. Il y avait d'abord les anciennes villes où avait brillé la civilisation romaine, plus nombreuses et plus importantes dans le midi et le centre des Gaules, sauf les colonies du Rhin, que dans le nord : Marseille, Lyon, Aix, Bordeaux, Toulouse, Autun, Poitiers, Orléans, Tours, Paris; puis les villes nouvelles ou villes franches. Ces dernières appartenaient à l'époque seigneuriale. Elles ne remontaient pas au delà du Xe siècle. Elles représentaient entièrement le mouvement féodal puisqu'elles en provenaient.

Fort antérieures, les villes gallo-romaines dépérirent, se dépeuplèrent. Leurs institutions, leurs privilèges subirent une éclipse totale, à l'exception cependant des institutions religieuses, évêques et grandes abbayes. Ce fut le résultat de l'anarchie profonde qui s'étendit partout (1). La servitude, dit Hervé, s'étendit jusqu'aux villes (2). C'était une métaphore, beaucoup plus réelle qu'il ne le supposait lui-même et que ne l'ont enseigné Raynouard, Guizot et Augustin Thierry (3). Ces historiens du Tiers-état se sont mépris sur ses origines. Dans son remarquable ouvrage sur l'*Histoire de Bordeaux* (4), la ville romaine peut être la plus prospère au Ve siècle, déjà port de commerce, centre vinicole, foyer religieux et littéraire, M. Jullian montre les terribles effets des invasions des Germains et des Arabes. La ville parut se relever sous Charlemagne, mais elle fut à peu près détruite de fond en comble par les Northmans. Elle devint moins importante que le camp militaire de Casseuil;

à 64 de l'*Histoire du droit et des institutions de la France*, par M. Glasson ; 2° au livre second du *Manuel des institutions françaises* (période des Capétiens directs), par M. A. Luchaire, 1892. — Cet ouvrage, composé d'après les plus récents travaux et les sources mêmes, a complètement modifié la direction donnée par Raynouard, Guizot et Aug. Thierry à l'*Histoire des villes et du Tiers-état;* 3° *Revue historique*, janvier 1895.

(1) *Des associations de paix*, Luchaire, *Manuel*, 374.

(2) *Matières féodales*, 1er vol., 164.

(3) Luchaire, *Manuel*, pages 370 et suiv., 373, 453.

(4) Bordeaux, 1895, *Période gasconne.* — Cet ouvrage a été publié par la ville de Bordeaux.

par suite, elle tomba complètement dans les mains du comte que Charlemagne lui assigna ; elle ne fut plus qu'un foyer seigneurial et militaire. Marseille, Lyon et Toulouse, et toutes les villes dépendirent d'une seigneurie au moins jusqu'au XIe siècle (1). Elles participèrent nécessairement de l'état général d'anarchie qui a produit la féodalité ; elles ne conservèrent que leurs institutions religieuses, englobées elles-mêmes dans le mouvement féodal. Aussi bien au midi qu'au centre et qu'au nord, les anciennes villes prirent le caractère seigneurial ; elles eurent un seigneur qui les représentait, les administrait comme une partie de sa seigneurie. C'est ainsi qu'après bien des péripéties et des luttes, Bordeaux ne fut plus qu'une sorte de succursale de Poitiers (2), capitale des ducs d'Aquitaine.

Les conditions des biens et des personnes étaient, au moins jusqu'au XIIe siècle, les mêmes que dans les campagnes et les seigneuries. Tenures nobles ou fiefs, tenures roturières, tenures serviles se partageaient le sol urbain et les constructions : nobles, vilains, roturiers, colliberts, serfs prédiaux, serfs questaux ou de corps composaient la population. Redevances, impôts, taxes, droits, notamment les aides aux quatre cas, services divers, étaient les mêmes avec les différences résultant de la nature des choses. Ainsi les taxes de consommation, de tonlieu, de plaçage, les banalités, les taxes d'industrie et de travail, avaient tout autrement d'importance que les dîmes ; les corvées, les baux à cens ou à rente foncière étaient plus nombreux que les locatures perpétuelles, les emphytéoses que les champarts ; même droits de mutation, amortissement, formariage, enfin mêmes tailles.

Les bourgeois des villes étaient tenus au service militaire de même que les vilains ou roturiers des campagnes. Ils l'accomplissaient sous des chefs spéciaux.

A partir du XIIe siècle, les conditions de ces villes tendirent à s'améliorer par diverses causes : l'accroissement de la sécurité générale, les progrès de la production agricole, le développe-

---

(1) Luchaire, *Manuel, Les villes consulaires*, page 430.

(2) Jullian, *H. de Bordeaux*, chapitre VIII.

ment du commerce intérieur et maritime, l'augmentation de la population. Les différences de la situation économique et sociale du territoire entre les diverses parties du territoire, du xe au xiie siècle, ont été très considérables. Les villes reprirent de l'importance, les éléments divers de leur population eurent plus de fixité. D'abord l'élément religieux, le premier de tous. L'église de la paroisse avait résisté à tout. Démolie, reconstruite en bois, brûlée, on la reconstruit en pierres au xie siècle. Bientôt la plupart des villes eurent plusieurs églises; chaque église forma une paroisse, chaque paroisse un quartier avec ses corporations, ses confréries (1). Après l'élément religieux, l'élément seigneurial, le seigneur, sa cour, ses vassaux, ses officiers, ses agents. De très bonne heure, jusqu'en 1789 et même au delà, il y a eu dans toutes les villes le quartier de la noblesse. Après l'élément noble, l'élément (2) marchand, auquel appartiennent les vrais bourgeois; puis les métiers; enfin l'élément populaire, mélange de serfs, de colliberts, d'affranchis, de transfuges, d'étrangers; c'est de l'entente des deux éléments, noble et bourgeois, que naquirent les institutions municipales. De ces deux éléments, l'élément bourgeois avait pris le premier rang dès le xiie siècle; néanmoins les relations étaient, en général, excellentes entre les riches seigneurs et les gros marchands (3). La séparation qui s'accusera au xviie siècle, n'existait pas au xiiie, ni même au xve siècle. Il en a été ainsi dans la plupart des villes consulaires ou de bourgeoisie, à l'exception des villes de l'extrême midi dans lesquelles prévalut l'influence italienne (4). Cette influence facilita la formation d'une tourbe démocratique dont la répression exigea, de même qu'en

(1) Luchaire, *Manuel*, 355. — Telle a été l'organisation de Paris jusqu'au xvie siècle; sur les divers éléments urbains, voir p. 390; « bourgeois royaux », 992.

(2) L'élément marchand est presque aussi important au moyen âge que l'élément religieux. — Luchaire, *ibidem*, 356. — Les métiers, 360. — Consulter à cet égard le livre des tailles de la ville de Paris publié en 1839 dans les Documents historiques. Ce livre donne l'organisation des marchands et métiers par paroisse et quartier en 1292. 15,200 contribuables, composant 61,028 feux à raison de 5,73 personnes par feu, dans 35 paroisses, étaient taxés à 12,243 livres 3 sols faisant en francs, 220,394 environ.

(3) Malvezin, *Histoire de Montaigne et de sa famille*.

(4) Luchaire, *Manuel*, 445. — Glasson, *ibidem*, 5e vol., page 21.

Italie, l'établissement des Podestats, uniquement chargés du maintien de l'ordre et de la paix publique (1).

Mais ces modifications politiques n'eurent pas pour conséquence de changer les institutions municipales. Elles subsistèrent telles quelles; or leur conséquence immédiate a été l'établissement de nouveaux impôts auxquels l'élément noble n'était pas assujetti. Ces impôts consistaient surtout dans de nouvelles tailles, des droits d'entrée ou d'octroi, des taxes sur les foires et marchés (2), notamment dans le Hauban des métiers (3). La concurrence de la double taxation seigneuriale et municipale amena tantôt le rachat par la ville des taxes seigneuriales, tantôt leur restriction, tantôt des luttes qui compromirent l'existence même des institutions municipales.

Cet état de lutte s'accentua principalement dans le domaine royal; et le pouvoir royal s'habitua, de bonne heure, à régler, avec sévérité, les franchises municipales et à en tirer le plus d'argent possible. Il en a été ainsi jusqu'en 1789, surtout aux XVIIe et XVIIIe siècles. L'incertitude, l'incohérence, l'exploitation des institutions municipales, comptent parmi les plus graves causes de la Révolution (4). Le pouvoir royal s'habitua ainsi à redouter l'importance et l'indépendance des villes de bourgeoisie, Paris, Orléans, Lyon, Marseille, Bordeaux. Il ne parvint que difficilement à y être populaire, et il y subsista toujours contre lui un levain qui a contribué beaucoup à sa ruine. A partir de Charles VII, les rois n'ont habité Paris que par intervalles. Louis XIV, Louis XV et Louis XVI jamais.

Si telle a été la condition des anciennes villes romaines, des

(1) Luchaire, *Manuel*, 443.

(2) Luchaire, *Manuel*, 387. — Glasson, *ibidem*, 5e vol., p. 101, droit de *cauchiage*, sur les charrettes, d'*issue* sur les successions attribuées aux étrangers, de *minage* sur les farines, d'*assise* sur la vente des marchandises. M. Des Cilleuls, *Bulletin des travaux historiques*, 1895, page 165, a donné quelques indications sur les droits d'octroi au XIVe siècle, en particulier à Angoulême.

(3) Luchaire, *Manuel*, 387. Le Hauban est une redevance que les gens de métier des principales villes du royaume paient pour les rédimer des corvées, droits et coutumes que le prévot eût pu exiger d'eux, à titre de services publics. — Brussel, 1er vol., p. 53, *ibidem*.

(4) Tocqueville, *Ancien régime*, ch. III et IV. — Glasson, *ibidem*, tome 5e, page 19.

cités consulaires, comme on les désigne, quoique consuls, jurats, jurades, maires, n'aient jamais eu qu'une autorité mal définie et précaire (1), on peut être assuré que les villes neuves, ou franches, malgré des chartes, plus ou moins consenties librement ou à prix d'argent, ne jouissaient pas de plus grands avantages (2).

II. *Les communes.* — Il en a été de même des communes. Sans nier l'intensité du mouvement communal au XIIe siècle, il est bien certain qu'il n'a pas eu, en général, le caractère insurrectionnel qu'Augustin Thierry lui a attribué et que ses tendances anarchiques expliquent sa complète décadence à la fin du XIIIe siècle (3). Toutefois, il parvint à tempérer, dans les petits centres urbains, dans les bourgs, les droits féodaux devenus excessifs puisqu'ils doublaient en quelque sorte, notamment quand la seigneurie était ecclésiastique; sous le rapport des personnes, le seigneur ecclésiastique était moins oppressif que le seigneur laïc, mais il l'était davantage sous le rapport fiscal (4). Les communes différaient entre elles d'après les diverses parties de la France. La plupart obtinrent une condition plus indépendante que celle des villes (5). Il y en eut même qui furent constituées en seigneuries, en fiefs et par suite exemptes des droits féodaux roturiers. Elles avaient, dès lors, à acquitter les droits féodaux des fiefs, ainsi que les taxes communales. Elles faisaient partie du milieu féodal (6); elles devaient foi et hommage, l'ost et le plaid; elles pouvaient appeler du seigneur suzerain au seigneur dominant; elles étaient plus haut placées que les villes de bourgeois; elles étaient tenues au service militaire noble; c'était là le principe. En fait, elles stipulaient des abonnements et des privilèges accordés à prix d'argent (7); un moment plus élevées, dans l'échelle sociale, que les villes bour-

(1) Luchaire, *Manuel*, page 387.
(2) Luchaire, *Manuel*, 378, 396.
(3) Luchaire, *Manuel*, 425.
(4) Tocqueville, *Ancien régime*, page 361.
(5) Luchaire, *Manuel*, 415.
(6) Luchaire, *Manuel*, 413-420. — Glasson, *ibidem*, 5e vol., p. 13.
(7) Luchaire, *Manuel*, page 422.

geoises, elles disparurent rapidement, dès que commença la lente décadence de la société féodale; elles contenaient beaucoup plus de vassaux, de petits seigneurs que ne l'ont enseigné leurs premiers historiens. Leur chute a eu pour cause principale la discorde entre leurs divers éléments sociaux, tandis que dans les villes, l'élément bourgeois a complètement prévalu.

C'est un fait économique curieux que les communes qui eurent des charges moindres que les villes, aient disparu, et que les villes soumises, à deux séries de redevances, taxes, droits, non seulement aient subsisté, mais qu'elles aient repris leur antique influence politique et sociale; c'est que les communes, ayant presque toutes pour origine des associations locales et rurales, appartenaient en réalité à la société féodale et que les villes leur étaient étrangères. Nous retrouvons ici les lignes principales du mouvement même de la civilisation en Europe. Urbain avant l'ère chrétienne, rural dès les derniers siècles de l'Empire romain, ce mouvement devait lentement reprendre sa première direction. Les communes ont été des manifestations en grande partie rurales, locales, féodales. Elles s'éteignent précisément au moment où commence la décadence de la féodalité.

§ 10. *Tailles spéciales sur les Juifs et les Lombards.*

En outre des impôts, taxes et charges qu'ils devaient acquitter comme tous les roturiers, les Juifs et les Lombards avaient à supporter des tailles spéciales. On en trouve la preuve dans les comptes du Temple comme dans ceux des baillis. Ces mentions de recettes sont très fréquentes. Les tailles devaient être onéreuses. Il ne faut pas confondre ces tailles avec les expulsions et les confiscations que les Juifs et les Lombards eurent également à subir.

Sans être tenus pour serfs, les Juifs étaient considérés comme inférieurs aux vilains, aux hommes *de poeste,* et comme essentiellement taillables et corvéables à merci. On est étonné de l'insistance avec laquelle les jurisconsultes féodaux s'en occupent (1).

(1) Brussel, *ibidem,* 2e vol., 562.

§ 11. *Du Franc-alleu.*

Jusqu'à la fin du XIIIe siècle, même après Philippe-le-Bel, la Royauté est demeurée une seigneurie, la seigneurie supérieure, mais une seigneurie acquérant d'autres seigneuries par tous les moyens : mariages, achats, testaments, guerre, conquête, ce que devait faire, sur son modèle, la terrible maison de Bourgogne, entièrement comprise dans la société féodale, c'est-à-dire levant ou acquittant la plupart des taxes ci-dessus cataloguées.

Il a cependant existé en France, depuis la chute de l'Empire romain, jusqu'en 1789, des domaines, des seigneuries, que nous avons dû déjà signaler; *les Alleux*, dits domaines tenus en Franc-alleu durant l'époque féodale, lesquels recevaient taxes fiscales et redevances rurales, sans en acquitter généralement aucune, et sans autre obligation que le service militaire, auquel ils finirent par échapper même avec le temps. On rencontre souvent dans les mémoires de Saint-Simon des propriétaires de ces domaines indépendants, pour lesquels il professe une complète admiration, et, envers lesquels, Louis XIV lui-même ne manquait jamais de déférence. L'existence de ces domaines est une des plus curieuses anomalies de l'histoire fiscale de la France. Les propriétaires de ces alleux (grands alleux, alleux nobles, alleux roturiers) n'étaient nullement exempts d'impôts à titre de nobles, mais à titre de propriétaires de seigneuries ou de domaines; quelques-uns mêmes possédèrent et conservèrent la justice jusqu'en 1789. Il faut se figurer des propriétaires qui reçoivent des impôts, mais qui n'en paient pas; c'était le cas de la grande baronnie de Castelnau de Montratier en Quercy, dont le propriétaire émigra en 1790, au contraire le comté de Clermont-en-Beauvoisis était un fief. En cherchant bien on retrouverait le même phénomène parmi les grands propriétaires du Mexique et de l'Amérique du Sud, recevant des impôts et n'en payant jamais. Au Mexique et au Pérou, cela s'explique fort bien par les distances. En France, aujourd'hui, il n'y a plus de distances. Mais elles étaient bien grandes au XIIIe siècle, aussi M. Chenon a-t-il pu dire « les propriétaires d'alleux sont les anciens pro-

« priétaires romains, placés dans un milieu différent, auquel ils « échappent en partie (1) ». Ils gardèrent les impôts sans en rien rendre à personne. La féodalité et la royauté leur firent une guerre acharnée ; les petits alleux durent devenir des fiefs, les grands tinrent bon comme le chêne de La Fontaine ; il fallut un cyclone effrayant pour les déraciner ; au surplus, ce qui est extraordinaire dans la France du moyen âge et de tous les temps, ce n'est pas que les alleux aient échappé à l'impôt, mais c'est que, depuis les Romains jusqu'à aujourd'hui, la terre française, sans cependant accepter les chiffres de Baudi di Vesme au IVe siècle, ait pu devenir si féconde et si belle en payant si cher le droit de la cultiver.

§ 12. *Des exemptions d'impôts et des anoblissements.*

Nous abordons ici, de nouveau, le plus grave des problèmes fiscaux et sociaux que soulève l'histoire de l'impôt à travers les diverses civilisations. L'organisation des impôts chez les diverses races et les divers peuples est un très grand fait, présentant beaucoup d'intérêt ; ce n'est pas cependant le fait principal, le fait directeur. Il y en a un autre, plus important, c'est la charge de l'impôt, non pas la charge indirecte seulement, résultant de l'incidence, phénomène d'ordre économique très complexe, mais la charge directe, la charge immédiate qui a bien souvent une influence décisive.

Quant aux civilisations anciennes, antérieures à la civilisation grecque et à l'Empire romain, nous avons établi que si, dans l'empire de la Chine et en Égypte, la charge directe de l'impôt était répartie en diverses proportions sur les divers éléments sociaux, dans l'Inde, en Perse, en Israel, certaines classes de la société avaient été exemptées d'impôts.

Parmi les divers États helléniques, à base esclavagiste, l'impôt n'a pas reçu la même organisation dans les États doriens, agricoles, militaires, aristocratiques que dans les États ioniens, commerçants, maritimes et démocratiques. Chez ceux-ci la tendance

(1) *Étude sur les Alleux.*

a été d'accabler les classes riches et chez ceux-là de faire supporter l'impôt par les classes vivant du travail.

Dans Rome républicaine et militaire, les classes riches supportaient une grande partie de l'impôt, mais s'en récupéraient par la guerre. Dans Rome impériale, moins militaire, plus pacifique, mais dominée par deux faits économiques d'ordre supérieur, la transformation de la civilisation qui d'urbaine devient rurale et la transformation de l'esclavage qui devient le servage : cette récupération cessant, les classes riches rejettent l'impôt sur les classes serviles.

L'Empire romain se partage et se dissout au milieu de ces transformations qui aboutissent, l'une et l'autre, après quatre siècles d'anarchie, à la société féodale. La société féodale substitue la règle, le contrat, la procédure à cette anarchie ; elle jette la base d'une civilisation durable, dont les deux éléments sont le service militaire et la propriété foncière conditionnelle.

La propriété foncière, énormément agrandie, se fractionne en centres militaires et économiques, les seigneuries, et celles-ci se morcèlent en fiefs, tenures nobles, puis en tenures roturières et serviles. Les charges fiscales sont mises au compte des tenures roturières et serviles.

Conséquence : les possesseurs de tenures nobles ont des avantages considérables aux dépens des autres. Sera-t-il libre à tous, roturiers et serfs, d'acquérir ces tenures nobles, et, en les acquérant, d'entrer dans la classe sociale qui jouit de l'exemption d'impôts (1) ?

En traitant des droits de franc fief, nous avons montré dans quelles limites cette acquisition procurait l'exemption ; l'acquisition d'un fief n'a pas été, dans la société féodale, le seul moyen de devenir gentilhomme. C'était le moyen le plus libre et le plus sûr, puisqu'il dépendait de la richesse, mais tout seigneur pouvait faire un roturier, même un serf, chevalier. Tout chevalier devenait gentilhomme, par suite profitait de l'exemption. Toutefois l'attribution de la chevalerie à des roturiers, surtout à des

(1) Luchaire, *Manuel*, page 182. — Glasson, *ibidem*, 4e vol., 314 et suivantes. — La discussion de M. Glasson est des plus complètes.

serfs, était un fait rare; *elle abrégeait*, en effet, le fief en le privant des droits payés par le roturier ou le serf anobli.

C'est en vertu de ce principe qu'à la fin du XIIIe siècle (vers 1290) le pouvoir royal s'attribua le droit d'anoblir sans conférer la chevalerie. Il y vit d'abord divers avantages : diminuer la puissance des seigneurs, récompenser des services et faire une certaine finance; mais les seigneurs ne furent pas privés du droit de conférer la chevalerie.

Ils ne perdirent ce droit — François Ier se fit armer chevalier — que plus tard, postérieurement à l'époque où le pouvoir royal accapara l'impôt de franc fief.

Mais lorsque le pouvoir royal, par ses usurpations et par les mœurs, fut investi du droit d'anoblir, c'est-à-dire de la faculté d'exempter de beaucoup d'impôts ses privilégiés, il se trouva placé entre deux tendances; multiplier les anoblis afin d'en obtenir des services ou de l'argent, les restreindre afin de ne pas amoindrir le nombre des contribuables.

La contradiction de ces deux tendances eut pour résultat les revisions périodiques des titres de noblesse, résultant des anoblissements et de l'achat des tenures nobles; c'était reviser le droit de ne pas payer ou l'obligation de payer les impôts. Ces revisions ont été l'un des thèmes favoris des plaintes des États-généraux ou particuliers, intéressés à ce que les charges fiscales fussent réparties sur le plus d'épaules possibles.

De ces deux tendances, celle favorable aux anoblissements finit par prévaloir, malgré l'édit de 1579, parce que les Rois mirent au-dessus de tout l'avantage de faire finance immédiate avec les anoblissements; mais si les anoblissements procuraient l'exemption d'impôts, ils n'ouvraient plus les rangs de la véritable noblesse; c'est alors que s'établit la distribution de noblesse d'épée et noblesse de robe; un conseiller à mortier, même Montesquieu qui était président, n'était jamais pris pour un gentilhomme. Au surplus, ces anoblissements n'avaient eux-mêmes qu'une valeur temporaire. Après les avoir vendus contre finances, les Rois les révoquaient, sauf à les restituer contre une nouvelle finance.

La véritable noblesse, qui remonte en France, souvent au

xe siècle, et même bien au delà, a résisté à ces extorsions, mais l'inégalité fiscale a disparu.

Il en a été de même de l'Église catholique, élément bien antérieur au régime féodal dans la civilisation française. Elle a profité jusqu'en 1789 d'une exemption d'impôts, encore plus générale et plus étendue que la seigneurie dans la société féodale; elle a été dépossédée de cette exemption; mais elle a conservé dans la société née de la Révolution une importance religieuse et sociale relativement plus grande qu'en 1789. L'entrée dans l'Église a toujours été plus ouverte que l'entrée dans la noblesse. La tonsure était aussi efficace au point de vue fiscal que la chevalerie ou l'anoblissement, même bien davantage.

Non seulement l'Église était exempte de tous les impôts, mais elle exerçait, en outre des droits de casuel, des prélèvements considérables au moyen des dîmes. Si, en pénétrant dans la classe noble, un certain nombre de roturiers et de serfs participaient à l'exemption fiscale, la tonsure procurait des avantages bien plus grands à beaucoup plus d'entr'eux. Quoiqu'à partir du xve siècle principalement, le haut clergé catholique se soit recruté parmi les familles nobles, la grande masse du clergé séculier et régulier sortait des rangs de la roture ou de la servitude. A ce point de vue l'Église a été, en France, un puissant moyen d'égalisation, en dehors de l'égalisation lente, mais profonde, opérée par ses dogmes et par ses sacrements. Gentilshommes, roturiers et serfs recevaient le même baptême, le même mariage, la même communion.

Ces faits, avec des différences tenant aux diversités des temps, des races, des territoires, ont eu, au moyen âge, et même après, un caractère général. Ils appartiennent à toutes les parties de l'Europe.

§ 13. *Uniformité des droits féodaux.*

Quand on parcourt les feudistes du xviie et du xviiie siècle, particulièrement Brussel, Renauldon, Loysel, Hervé, de Boutaric, qui comptent parmi les plus distingués, et qu'on compare leurs ouvrages aux livres que l'on possède sur la véritable féodalité, Pierre de Fontaines, Philippe de Beaumanoir, les Établissements de Saint-Louis (1), les Assises de Jérusalem, et les *Consuetudines feudorum*, les comptes royaux, on se trouve comme transporté dans des milieux différents. Plus forte est encore l'impression, si l'on rapproche les historiens politiques, encore en renom, du XIXe siècle, des publicistes techniques de ces derniers temps, par exemple les leçons de M. Guizot (2), de la monographie de la baronnie de Montratier; quant au réquisitoire de Championnière, il n'y a aucun livre avec lequel on puisse le confronter, du moins dans les anciens temps; certains chapitres de Boutaric seuls donnent une vague idée des faits et notes amassés par Championnière. Dans le livre sur la Haute-Cour des Assises de Jérusalem, on trouve beaucoup de détails sur les fiefs et sur les obligations qui en dérivent, presqu'aucun sur les taxes, redevances, impôts. Il en est de même, quant à la cour du vicomte ou des borgeois (3).

On rencontre plus de détails sur les impôts divers, sur les racats ou rachats, sur les retrets, sur les censives dans Pierre de Fontaines (4), sur les cens, héritages, chemins et corvées dans Philippe de Beaumanoir; mais tout est uniforme; les droits qui concernent, surtout les fiefs, sont les mêmes; quant aux *Consuetudines feudorum*, elles ne mentionnent qu'accidentellement les droits fiscaux et féodaux sur les routes et les cours d'eau, et qu'à la fin du livre cinquième (5).

---

(1) Les *Établissements de Saint-Louis*, édition avec commentaire perpétuel de M. Paul Viollet, l'un des principaux ouvrages sur le moyen âge féodal. Dans la table des matières, M. Paul Viollet mentionne la *justice* 97 fois — la cort de justice 100 — les fiefs 80 — le cens 13 fois — censives 17 — banalités 6 — banvin 5 — relief 17 — retrait 38 — taille 12 — successions 70 — champart 3 — parage tenures 46 — pledger 50 — lods et ventes 3 — garenne 3 — chasse 6 — confiscations 23 — amortissement 7 — aides 17 fois.

(2) *Hist. de la civilisation en France*, tomes III et IV.

(3) Édition Beugnot, *Recueil des croisades*.

(4) Édition Ducange à la suite de la vie de Joinville 1668. Le livre de Pierre de Fontaines est des plus curieux, parce qu'il commence avec la coutume française pour finir avec les *dicts* des grands jurisconsultes romains. Il marque le moment où, après une éclipse de 700 ans, la loi romaine reparaît; nous sommes aussi près de Pierre de Fontaines qu'il l'était du Code Theodosien.

(5) *Corpus juris*, Edition Galisset, 1862, *liber quintus*, tit. 8, *de jure fisci*.

Dans les *Établissements de Saint-Louis*, tous les impôts ou droits indiqués plus haut sont dénommés, mais pas d'autres. Aussi Brussel n'en indique pas lui-même, si ce n'est des taxes sur les Juifs.

De Boutaric a dressé toute une série de droits au nombre de cent un; mais il n'y attache pas d'importance; au contraire, il développe, avec de grands détails, les droits compris dans la *justice*, qui sont la plupart des droits domaniaux, comme nous l'avons indiqué, y compris la confiscation sur laquelle il insiste longuement; ce sont ces détails qui ont inspiré Championnière (1). En réalité, ces droits étaient étrangers au régime féodal; ils provenaient du régime romain. Au fur et à mesure que se sont altérées les mœurs, les idées des temps féodaux, les habitudes fiscales en ont pris la place et, avec l'extension du droit romain, considérable, dès le XIIIe siècle, le seigneur justicier est devenu plus rigoureux et le véritable représentant de la féodalité. Il est certain qu'entre le livre de Jean de Ibelin et le réquisitoire de Championnière bien des générations ont dû se succéder.

Cette uniformité des droits féodaux principaux dans toute la France féodale, depuis le comté de Flandres, aujourd'hui composant une partie de la Belgique, jusqu'à Lyon et Bordeaux de l'est à l'ouest et jusqu'à Marseille au midi, est particulièrement saisissante dans l'étude que M. le professeur Molinier a consacrée à la féodalité en Languedoc (2). Le livre s'occupe presque exclusivement de la période féodale du Xe au XIIe siècle, la moins connue, malgré l'intérêt qu'elle présente. Tous les faits et droits féodaux qui marquent la physionomie de la France féodale en plein XIIIe siècle se manifestent en Languedoc au XIe et au XIIe siècle : seigneuries, fiefs, alleux, censives, tenures serviles, hommage et fidélité, service militaire, aides pour les quatre cas, droits de mutation ou acaptes pour les fiefs, tailles, lods et ventes, corvées, service militaire, taxes de commerce et d'industrie, péages, droits de leyde, foires et marchés, droits de bac, de

(1) De Boutaric, *Des droits seigneuriaux et des matières féodales*, Toulouse, 1775, l'un des meilleurs feudistes, ouvrage impartial.

(2) Ouvrage cité plus haut; cette étude fait partie de la nouvelle édition de l'*Histoire du Languedoc*, par Dom Vaissette.

chasse, de pêche, droits monétaires, droits de sceau, banalités, confiscations, pour les roturiers. C'est bien le même ensemble que dans le surplus de la France : dîmes et obligations réciproques, garde, tutelle, mariage, assistance. La différence principale tient à la servitude moins générale, moins dure déjà dans le midi que dans le nord. Le paysan a remplacé le serf. La taille tend à devenir un impôt reposant plutôt sur le fonds territorial que sur la personne (1); le service militaire paraît moins rigoureux; roturiers et paysans paient seuls les impôts; on constate une avance générale dans la civilisation; les villes ont plus d'importance; néanmoins le caractère général de l'époque est le même, elle n'affecte nullement d'être un temps d'oppression, de malheur.

§ 14. *De la condition des populations sous le régime féodal, du XIe au XIIIe siècle.*

Les grands ouvrages, cités plus haut, n'en disent rien. Ils ne font allusion à aucune difficulté sociale. Le milieu auquel s'appliquent les lois, assises, coutumes, avis dont ils s'occupent, paraît être stable et remonter loin. Voici ce qu'en pensait M. Léopold Delisle, il y a bientôt un demi-siècle, dans un livre où rien n'est laissé au hasard; sorte de préface aux travaux qui vont suivre. On s'étonne même que M. Léopold Delisle ait pu trouver tant d'autorités à citer pour des temps si éloignés. « Les « rapports des seigneurs avec leurs hommes n'y sont point « entachés de ce caractère de violence et d'arbitraire avec « lequel on se plaît trop souvent à les décrire. De bonne heure « les paysans sont rendus à la liberté. Dès le XIe siècle, l'es- « clavage a disparu de nos campagnes. A partir de cette épo- « que, il subsiste bien encore quelques redevances et quelques « services personnels, mais le plus grand nombre est attaché à « la jouissance de la terre. Dans tous les cas, les obligations, « tant réelles que personnelles, sont nettement définies par les

(1) La taille se convertit en une taxe sur les feux, c'est déjà le fuocatico italien.

« chartes et les coutumes. *Le paysan les acquitte sans répu-*
« *gnance;* en un mot, la féodalité du moyen âge (que nous « distinguons bien de la féodalité des temps modernes) n'a « point, au moins en Normandie, produit sur les paysans les « effets désastreux qui lui sont imputés avec plus de passion « que de justice (1). »

Ces réflexions sur l'état des classes agricoles en Normandie sont les mêmes que celles qui viennent à l'esprit quand on consulte les monographies concernant d'autres parties de la France : la baronnie de Montratier dans le Quercy, celle de Meillant dans le Berry, celle de Clermont en Beauvoisis, la châtellenie de la Roque dans le Cantal, la seigneurie de la Roche Talbot dans le Maine, la seigneurie de la Roche Guyon près Gisors; réflexions entièrement confirmées par les livres, non des feudistes monarchiques des XVIIe et XVIIIe siècles, bien autrement tempérés toutefois que les publicistes tels que Championnière, mais des jurisconsultes des XIIe et XIIIe siècles, des monuments juridiques du moyen âge lui-même.

Après avoir montré, dans le chapitre premier de son livre, qu'il y avait, au moyen âge, en Normandie (c'était à peu près la même chose par toute la France) deux tenures, la tenure noble, le fief avec service militaire et redevances fixes, y compris les vavassories ou arrière-fiefs (démembrements du fief) et les tenures roturières avec cens, redevances et corvées, M. Léopold Delisle, explique les divers modes de possession et d'exploitation; les censives, emphytéoses, métairies, champarts; redevances; services. Les services consistaient en corvées rachetables; les redevances en rentes en argent ou en grains. Enfin il indique quels étaient les impôts, le cens, forme nouvelle d'anciens impôts — le surcens — les droits de mutation. Les transports, les gardes, l'entretien des chemins, les rentes des moulins ou banalités étaient les charges les plus lourdes. Ces charges se trouvaient, en partie, compensées par les obligations que la coutume imposait au seigneur, pour les pauvres, les infirmes,

(1) *Les classes agricoles et l'agriculture en Normandie au moyen âge*, 1851, préface. Comparer Marion (*Bulletin des travaux historiques*, 1894, page 99).

les malades. Dans les derniers chapitres, M. Léopold Delisle donne la description de la production agricole et de la vie rurale à cette époque : culture des céréales, culture de la vigne, engrais, marnage, forêts, moulins, pommiers et cidre, prairies et paccages, bétail. On se croit transporté dans la Normandie actuelle.

Grâce aux nombreux documents que l'on possède sur Jeanne d'Arc et sa famille, M. Siméon Luce a pu reconstituer leur intérieur et retracer, à 250 ans environ de l'époque décrite par M. Léopold Delisle, le tableau de la vie d'une famille de roturiers, propriétaires campagnards, dans la seigneurie ou châtellenie de Vaucouleurs, dont dépendait Domrémy, où Jeanne d'Arc a vécu de 1412 à 1428. Domrémy était un village entièrement féodal où les Bourlemont, seigneurs de Vaucouleurs, avaient la morte main avec haute, moyenne et basse justice, redevances, corvées ordinaires, four banal, le tout énuméré dans un dénombrement de 1398. « On voit par le testament de Jean de Bourlemont « que les membres de cette noble famille entretenaient avec les « hommes de leurs villages des relations d'une familiarité toute « patriarchale... Tous les ans, le dimanche de *Lætare,* appelé « par les habitants du Bassigny dimanche des Fontaines, fête « populaire dans tout le Barrois, Béatrix, femme de Pierre de « Bourlemont, allait sous un hêtre magnifique, dit, l'arbre des « fées ou des dames, faire des repas champêtres, des dinettes en « plein air; chacun apportait ses provisions, du vin et des petits « pains, et les jeunes filles de la seigneurie, mêlées aux demoi- « selles de la châtelaine, lui faisaient escorte... Les biens immeu- « bles appartenaient à Jacques d'Arc et à Isabelle Romée, père « et mère de Jeanne d'Arc, représentaient environ 20 hectares « dont 12 en terres, 4 en prés et 4 en bois, ils avaient de plus « leur maison, leur mobilier et une réserve de 2 à 300 fr. qu'ils « entretenaient avec soin en prévision d'une fuite devant quelque « invasion. En mettant eux-mêmes en valeur ce qu'ils possé- « daient, ils en pouvaient tirer un revenu annuel équivalent à « 4 à 5.000 fr. de notre monnaie, ce qui leur permettait de dis- « tribuer des aumônes aux pauvres et de donner l'hospitalité « aux moines mendiants et aux voyageurs qui passaient souvent

« dans ce pays. L'avoir de ces braves gens constituait ce que « l'on appelait dès lors dans le Barrois un *gagnage* ou petite « ferme (1). Ce qui distinguait le *gagnage* de simple conduit, « c'est qu'on employait toujours pour le premier un certain « nombre de chevaux... Le père de Jeanne d'Arc était qualifié « de doyen de village ; il venait immédiatement après le maire « et l'échevin... Dans chaque village, le doyen convoquait les « bourgeois aux assemblées électorales et aux plaids..., il était « également chargé de la collecte des tailles, rentes et rede- « vances; il était aussi préposé à la surveillance du pain, du « vin et des autres denrées ainsi qu'à la vérification des poids « et mesures... Les hauteurs couronnées de hêtres et de chênes « fournissaient en abondance le bois de chauffage; le gland des « chênes permettait d'engraisser des troupeaux de porcs; le « vignoble de Greux, grimpant dès le XIVe siècle sur ces hau- « teurs, produisait un petit vin acidulé... mais la principale ri- « chesse des habitants de Domrémy, c'était le bétail qu'ils met- « taient à paître dans les prairies des bords de la Meuse. Cha- « cun, après la récolte, avait le droit de faire pâturer un nombre « de têtes de bétail proportionnel à celui « *des fauchées de pré* » « qu'il possédait en propre. C'est ce qu'on appelait le *ban de* « *Domrémy* dont la garde était confiée tour à tour à une persónne « prise dans chaque *conduit* ou ménage. On voit, par certaines « réponses de Jeanne à ses juges de Rouen, qu'elle avait été plus « d'une fois préposée à cette garde, lorsque venait le tour de ses « parents... ». La maison de la famille de Jeanne d'Arc était presqu'adossée à l'église de Domrémy. C'est ce qui explique comment, en dehors de ses travaux, elle pouvait aller si souvent à l'église. La chaumière paternelle n'était séparée de l'église que par un jardinet attenant au cimetière, c'est dans cette chaumière que les amies de Jeanne venaient « de jour comme de « nuit, filer, tricoter et coudre ». Les amies de Jeanne se marièrent et comparurent au procès de sa réhabilitation (2).

---

(1) Le *gagnage* n'est autre que la Farm du Nébraska ou du Kansas, avec la différence des temps et des territoires.

(2) Siméon Luce, *Jeanne d'Arc à Domrémy*, 1886. — M. Siméon Luce fait ob-

§15. *Fonction du régime féodal dans la civilisation de l'Europe.*

Voilà certes des milieux tout autres que ceux dont Guizot, Augustin Thierry et Championnière (nous laissons de côté les pamphlétaires) ont tracé le tableau, sous l'influence, non pas de ce qui existait au XIIIe et au XVe siècle, mais des luttes de la Révolution française et de la Restauration. L'époque de Philippe-Auguste et de saint Louis n'a pu être qu'une grande époque. M. Guizot n'a pu comparer saint Louis qu'à Marc-Aurèle. Toutefois le trait principal de ces temps n'est pas la grandeur; c'est l'apogée d'un mouvement très important, de ce mouvement rural que nous avons suivi depuis le IIIe et le IVe siècle, pendant l'Empire romain et auquel ont correspondu les réformes fiscales, considérables mais prématurées, de Dioclétien et de Constantin; ce mouvement a duré douze siècles. Il va se prolonger jusqu'à la fin du XVIe siècle. Le mouvement urbain, auquel nos générations appartiennent, a eu ses débuts vers le XIIIe siècle. Il est aujourd'hui à son apogée, à son tour; c'est le mouvement qui favorisera l'œuvre nécessaire et unitaire de la Royauté et qui la détruira ainsi que la féodalité. Mais il restera, en France, de la féodalité d'immenses résultats; la mise en culture du territoire, la distribution des populations sur plus de 50 millions d'hectares, la vie rurale, une richesse agricole qui soutiendra tout pendant des siècles, une race d'hommes incomparable, cultivateurs et soldats comme les Romains, race dont le maréchal Bugeaud a été le type accompli. Sur ce territoire, particulièrement favorisé, les institutions fiscales de l'époque féodale trouveront les éléments, jetteront les bases d'un système fiscal puissant : mutations entre-vifs, mutations par décès, accroissement, douanes,

---

server que, dans sa vie de Duguesclin, il a eu plusieurs fois occasion de dépeindre de nombreux milieux féodaux. Ces milieux ont beaucoup souffert pendant la guerre de Cent ans, mais ils lui ont survécu. M. Baudrillart en a décrit quelques-uns aux XVIe et XVIIe siècles. Nous aurons à montrer Montesquieu lui-même se promenant au milieu de ses paysans, encore roturiers, soumis aux charges féodales, vers 1740. — Chapitres principaux à consulter du livre de M. Siméon Luce, *La famille de Jeanne d'Arc, Domrémy et Vaucouleurs*, n. 3 et 6.

contributions indirectes, droits domaniaux, prestations, taxes sur le travail, taxes sur les vins, bière, hydromel, greffes; la féodalité n'a rien négligé; elle n'a pas connu, il est vrai, le tabac, le sucre, le thé, le café, ni le timbre.

En somme, si l'on reconstitue le budget d'un véritable seigneur, féodal ou justicier, on se rapproche singulièrement des budgets de la France républicaine. La taille correspond à l'impôt foncier et mobilier; elle correspondrait exactement à un impôt arbitraire sur le capital et sur le revenu. Les droits de mutation, amortissement, franc-fief subsistent encore. Il en est de même des droits domaniaux et taxes judiciaires. Les cens et champarts se retrouvent dans le domaine de l'État. Les taxes de consommation, sel, vin, viande, huile, fruits, légumes, farines, y surabondent — celles de douanes y surabondent encore plus. En cherchant bien on y rencontrerait le cadenas lui-même. — Les patentes équivalent aux taxes d'industrie et de travail. Les droits de navigation, pêche, chasse, bacs, péages, foisonnent partout. Les droits sur les chemins de fer sont moins incommodes, mais beaucoup plus onéreux que les péages.

Bref, l'époque féodale a été, au point de vue fiscal, complètement créatrice; elle a laissé peu de chose à faire à la royauté et beaucoup moins qu'on ne le pense aux temps modernes. Le budget de 1789 ressemble de fort près à celui du seigneur Roi du XIIIe siècle, établi avec autant de science que d'intelligence par M. Ad. Vuitry et celui de 1789 est le cadre du budget de 1896. Élargissez la seigneurie, vous rencontrez la France; au delà de la France, l'Europe.

Tout, au surplus, dans l'œuvre de la civilisation, se prépare dans de petits foyers où la force se concentre et agit. Il en est de même dans les productions des autres règnes de la nature. Athènes a fait la civilisation grecque, Rome l'Empire romain, la seigneurie capétienne a fait la France; la France féodale a exercé sur l'Europe, sur le monde entier, dès le XIe siècle, une influence prépondérante; c'est dans la molécule seigneuriale que se sont préparés, disposés, agglomérés les éléments de la civilisation française, éléments non pas uniques, mais principaux. « Alors

« le monde féodal contiendra, a écrit Michelet, sous l'apparence « du chaos, une harmonie réelle et forte (1). »

L'œuvre essentielle de la société féodale a consisté à fixer les populations, encore vagabondes et presque nomades, sur le sol et à les y retenir par les liens de la propriété foncière et de la solidarité sociale, bien autrement étroite qu'aujourd'hui. La société féodale a, par suite, développé, en toutes choses, le principe de l'hérédité, fondement de la propriété et de la stabilité. La forme conditionnelle de la propriété foncière avait pour objet principal de retenir l'homme qui était la principale valeur de l'époque. Les droits de mutation, relief, quint, requint, lods et ventes, amortissement, tendaient au même but. Il en est de même de toutes les règles, coutumes, de tous les contrats qui caractérisent cette forme ; l'homme sera attaché de force au sol, à la terre, mais il pourra en devenir propriétaire. L'origine des familles de propriétaires campagnards, si nombreuses en France, est là. Cette œuvre a complété les deux grands faits sociaux et économiques dont nous poursuivons l'étude depuis l'Empire romain : 1° le défrichement, l'occupation, la mise en culture de l'Europe; 2° la transformation de l'esclavage en servage. Ces deux faits d'ordre supérieur n'ont reçu nulle part une aussi grande extension qu'en France; aussi la France a été le foyer principal de la société féodale et la nation la plus importante de l'Europe au moyen âge.

Nous avons trouvé dans le polyptyque de la grande abbaye de Saint-Germain-des-Prés au commencement du IXe siècle une sorte d'inventaire de l'état social du temps. Deux documents du même ordre du commencement et du milieu du XIIe siècle, relatifs à l'abbaye de Marmoutiers en Alsace, vont nous permettre de constater les changements qui avaient pu s'opérer du IXe au XIIe siècle, c'est-à-dire pendant la période réellement féodale (2).

(1) *Histoire de France*, 1er vol., page 433.

(2) Dareste de la Chavanne, *Les classes agricoles*, 175. M. Sée a publié dans la *Revue historique*, janvier 1895, une étude intéressante sur la condition des classes serviles en Champagne. Il montre le rapide mouvement de transformation dans la condition de ces classes. Les serfs, qui étaient rivés à la terre au Xe siècle (ce qui n'était même pas sans exception), ont presque tous obtenu l'affranchissement au XIIIe. Ils échappent à la taille arbitraire; ils forment des groupes

Les sujets de l'abbaye étaient divisés en quatre classes : 1° les barons, au nombre de 30, pourvus de fiefs de chevalier, et ne devant que le service militaire; ce sont les vassaux de l'abbaye; 2° les censitaires libres, au nombre de 80, devant un cens territorial annuel peu considérable, à raison de chaque manse leur appartenant. Ils forment le conseil de chaque village et rendent la justice sous la présidence de l'intendant de l'abbaye; 3° les détenteurs de manses serviles qui, outre les cens et contributions, doivent trois jours de travail par semaine; 4° les hommes n'ayant pas de manses, servant comme domestiques, nourris et entretenus, mais ne recevant aucun salaire; ce sont de véritables serfs.

On remarque tout de suite combien le progrès a été sensible en trois siècles. Les hommes libres (barons et propriétaires) ont une toute autre importance qu'au IXe siècle; la servitude n'a pas disparu, mais la condition des colons serviles est nettement définie. Les barons, les censitaires libres représentent les hommes libres et les colons libres du IXe siècle; le colon libre est encore sur l'abbaye; il ne l'a pas encore quittée, mais il y est devenu propriétaire. Le colon servile possède à peu près la situation du colon libre au IXe siècle. Quant aux domestiques serviles, ils sont les derniers débris de la servitude.

Dans le langage du XIIe siècle les colons serviles de la troisième classe représentent les main-mortables, les serfs questaux, ceux que leur condition attachait encore à la terre et que le seigneur pouvait faire *quérir* partout. Les hommes libres de la seconde classe deviennent les vilains, les roturiers, les *hommes de pooste;* leurs domaines, les censives ou biens roturiers ; milieu de la famille de Jeanne d'Arc.

Les Croisades ont amélioré la condition de ces deux classes d'hommes, celle des serfs questaux en les affranchissant et en les transformant en hommes de pooste, celle des hommes de pooste en leur fournissant l'occasion d'acquérir des fiefs de chevalier, ceux des barons, et de se glisser lentement dans la société

---

compacts; ils se précipitent vers les villes, les communes; ils collaborent à la création de la classe bourgeoise... « ils peuvent devenir nobles ».

féodale qu'ils ont ainsi renouvelée aux XIIIe et XVIe siècles.

Le mouvement d'affranchissement, d'un caractère particulier au XIIe siècle, a pris un caractère général au XIIIe et au XIVe. Il a eu lieu en masse, par des édits du suzerain (1). Il est devenu politique. Il n'en avait jamais été de même auparavant, soit pour la transformation de l'esclavage en servage, soit pour le passage du servage à la liberté. Ces affranchissements en masse attestent l'importance des progrès accomplis au XIIIe siècle par la civilisation.

Les hommes de pooste forment la souche des propriétaires bourgeois, quelques-uns même ennoblis, jusqu'en 1789. Les serfs questaux correspondent, en grande partie, à celle de nos paysans, petits propriétaires, fermiers, métayers, bordiers, prixfaiteurs, à toute la classe proprement rurale et par suite ouvrière, sauf les mouvements qui ont favorisé les uns en leur permettant de monter plus haut ou contrarié les autres ; car, à partir de cette époque, la fixité qui, depuis tant de siècles, caractérisait la condition des classes inférieures et qui rejetait, par suite, la presque totalité des charges sociales sur les classes supérieures, disparaît. La société n'est plus qu'une échelle de Jacob : les uns grimpent, les autres descendent. Bien des barons deviennent ouvriers ; bien des serfs questaux deviennent barons. L'édifice féodal se maintient, mais il se change en une sorte de bazar. Combien les Croisades, les guerres privées, les guerres anglaises ont détruit de vieilles familles féodales qui ont été remplacées par des familles serviles ? Quel exemple plus catégorique que celui de la famille de Michel Montaigne, *des Eyquem* qui, en un siècle, de la condition de serf questal, entre dans la noblesse territoriale, puis de robe, puis d'épée ?

Dans l'Europe occidentale, en Angleterre, en Allemagne, surtout l'Allemagne du midi, en Italie et dans l'Espagne septentrionale, la féodalité a rempli la même fonction et obtenu les mêmes résultats, quoique moins complètement qu'en France.

---

(1) Levasseur, *Hist. des classes ouvrières en France jusqu'à la Révolution*, 1er vol., chap. 2, liv. 3 ; Ad. Vuitry, *Régime financier*, tome I, p. 104 ; Marcel Fournier, *Des affranchissements du Ve au XIIIe siècle*, 1883.

Le mouvement vers la liberté et la propriété ne s'est jamais arrêté en France. Il n'en a pas été de même dans l'Europe orientale; aussi la condition de la civilisation de l'Europe orientale fut-elle longtemps inférieure à celle de l'Europe occidentale, spécialement de la France, la propriété foncière moins bien assise, moins bien répartie, les populations plus arriérées et plus pauvres.

Si on compare les conditions du développement de la propriété foncière et de la personnalité de l'homme, en France et en Russie, on reconnaît, tout de suite, quel immense bienfait la propriété conditionnelle a été pour la France et pour l'Europe occidentale. On peut la considérer comme l'instrument économique et social qui a servi à conduire les populations, du milieu de la servitude et du vagabondage, à la situation de paysans propriétaires, fermiers, métayers, bordiers ; plus tard et peu à peu la perpétuité de la condition personnelle a disparu ; mais deux choses sont restées pour les uns, les plus heureux, la propriété du sol, pour les autres l'entière liberté personnelle.

En Russie, même au XVIe siècle, il a fallu rétrograder vers la servitude, puis river les populations au sol, avec *le Mir* comme compensation et comme garantie. La censive et la tenure servile ont formé de meilleures populations rurales que le Mir. Elles les ont façonnées lentement, car il faut beaucoup de temps pour passer de l'esclavage à la servitude et de la servitude à la propriété libre (1).

Toutes ces réglementations, taxes, tarifs, impôts, tribunaux, greffes féodaux ont élevé les populations à un niveau supérieur et, avec le temps, ont permis à la race celtique, presque sauvage, de former une race mixte, d'occuper et de mettre en valeur un territoire de la plus grande valeur, de réunir les éléments de la civilisation française aux XIIIe, XVIe, XVIIe et au XIXe siècles (2). Sans la féodalité, telle qu'elle a été dans l'Europe occidentale, la race celtique de Gaule, aurait eu la destinée des

---

(1) Mackenzie, *La Russie*, chap. 29 et 30. La *Réforme sociale*, mars 1896, contient une étude importante sur les difficultés auxquelles l'émancipation des serfs donne actuellement lieu.

(2) Les feudistes des XVIe et XVIIe siècles ont eu une grande part dans la rupture qui s'est faite à partir de Henri IV, mais surtout sous Louis XIV, dans les

Irlandais, qui ont conservé, au moins, la liberté personnelle; tandis que les paysans russes n'ont trouvé de protection que dans l'association obligatoire du Mir. Combien était supérieure, en 1789, la condition des populations agricoles de la France, combien elle l'est encore aujourd'hui!

L'époque féodale a été cependant longtemps méconnue et les populations, en général, en ont conservé, sauf de très honorables exceptions, un souvenir néfaste. Si beaucoup de préjugés contre la féodalité ont disparu, il en subsiste encore. Quelques écrivains, quelques politiciens ne peuvent en parler de sang-froid. Quand ils veulent combattre, devant la démocratie contemporaine, l'influence des propriétaires, ils les taxent de vouloir rétablir les droits féodaux. Ils s'imaginent compromettre aussi certaines formes nouvelles de la richesse, industriels, banquiers, gros marchands, sans lesquels l'œuvre du travail irait fort mal, en les traitant de barons féodaux, ignorant qu'il y a une rare dose d'extravagance à comparer une banque à une baronnie et beaucoup de mauvaise foi.

Il y a mieux. Aux XVIIe et XVIIIe siècles la France avait perdu le sens de ses origines et même leur souvenir. Chute de l'Empire romain, occupation des Franks et autres tribus germaniques, Croisades, crise des XIVe et des XVe siècles, Jeanne d'Arc, les grandes luttes du XVIe siècle, tout cela a été plongé dans les mêmes ténèbres. Leur souvenir même déplaisait à Richelieu et surtout à Louis XIV. Boulainvilliers, Fréret et Montesquieu, les premiers, osèrent effleurer ces sujets, alors scabreux, auxquels le courant du temps ne s'arrêta pas. Il a fallu Châteaubriand, Michelet, Victor Hugo ainsi que nos publicistes contemporains MM. Léopold Delisle, A. Monteil, Beugnot, Fustel de Coulanges, Siméon Luce, Glasson, Flach, Vuitry, Paul Viollet, Esmein, Luchaire, Langlois et bien d'autres, pour replacer, sous les yeux des Français, les grandes époques, les glorieuses figures

traditions historiques de la France — rupture qu'on ne peut comparer qu'à celle de 1789. Ainsi on doit lire avec précaution le *Traité des seigneuries* de Loysel, Paris, 1666 — qui, à plusieurs égards, est fort intéressant. Loysel connaissait les débris de la féodalité de son temps, mais il était moins au courant de la véritable époque féodale.

et les terribles épreuves de la vie historique de leur territoire et de leur race.

Sur la politique de Louis XIV à l'égard des historiens de son temps, on peut consulter les explications données par Augustin Thierry (1) sans oublier la disgrâce de Mézeray et la mise à la Bastille de Fréret. Augustin Thierry est bien loin d'avoir apprécié, sans complaisance pour les passions de son époque, l'œuvre de la féodalité. Pas même de Tocqueville qui, dans la *Révolution et l'ancien régime*, attribue au mouvement si complexe de 1789, l'abolition de la féodalité pour principal mobile (2). Ce qui subsistait en 1789 du régime féodal, bien que vexatoire, n'était que d'une importance fiscale relativement secondaire. Louis XIV aurait très certainement pu procéder à cette abolition, comme le lui ont conseillé Pussort et Colbert; mais elle n'aurait pas empêché le mouvement du XVIIIe siècle, ni réfréné les vices, ni prévenu les fautes et les malheurs d'une monarchie qui avait renoncé à ses traditions nationales pour y substituer la politique *selon l'Écriture sainte* de Bossuet (3). Voici sur la société féodale le jugement calme et impartial de M. Glasson. « La société féodale est née des besoins d'une épo- « que et leur a, en grande partie, donné satisfaction..... On a « beaucoup décrié ses abus, ses inégalités sociales, mais au- « jourd'hui des appréciations plus justes tendent à prendre la « place de ces récriminations. Pendant les siècles de sa pleine « vitalité, le régime féodal a, lui aussi, à son heure, été le re- « présentant du progrès et de la civilisation (4) ». Nous voilà bien loin des accusations passionnées que M. Guizot formulait en 1828 et qu'il a renouvelées trente ans plus tard en racontant à ses petits-enfants : « de tout temps la masse de la population « a considéré le régime féodal comme un ennemi à abattre ».

---

(1) *Considérations sur l'histoire de France.*

(2) Ancien régime, chap. XII.

(3) D'Arbois de Jubainville, *Deux manières d'écrire l'histoire*, chap. II.

(4) *Institutions de la France*, 1er volume, Introduction. M. Mortet l'a également jugée avec calme, bien qu'en sacrifiant trop à la sociologie et pas assez à la terre, à sa culture, à sa mise en valeur : cultiver et défendre le sol, voilà les lettres de noblesse de la féodalité française.

De nos jours, il y a un autre ennemi à abattre, c'est la propriété foncière elle-même. Les révolutionnaires de la fin de notre siècle emploient exactement la même formule que l'éminent professeur.

Aujourd'hui on sait que la féodalité a été, pendant plusieurs siècles, au moins du IXe au XVIe, une nécessité sociale, un progrès économique, un organisme puissant de protection et de défense du territoire, des personnes, des biens et des droits de tous, ainsi qu'un régime social approprié à la mise en culture de l'Europe et à la transformation de la servitude; on a retrouvé les textes qui attestent la fonction de salut public et de développement agricole, économique, politique, remplie par le régime féodal.

Tocqueville a attribué, en partie, cette antipathie, parfois cette ingratitude des populations, au maintien des droits féodaux jusqu'en 1789. Les droits féodaux, dit-il, légitimes du Xe au XIVe siècle, ne l'étaient plus, quand le régime féodal ne fut plus en rapport avec les conditions politiques et sociales de la France. Acceptés comme droits publics, ils devinrent des droits privés. Il n'y a qu'une part de vérité dans l'observation de Tocqueville. Les propriétaires des domaines, grevés de droits féodaux, ont toujours aimé à confondre les droits fonciers, parfaitement légitimes, avec les droits fiscaux. D'ailleurs leur importance a été exagérée. Ils ne représentaient guère, les uns et les autres, pour la France que 100 millions de francs en 1789 et 125 millions avec ceux du domaine royal. Les droits de transmission seuls étaient onéreux. Les droits féodaux étaient, en outre, très inégalement répartis. Mais ces divers droits donnaient lieu à de nombreuses compensations et confusions, qui en diminuaient beaucoup le total, soumis à des prélèvements fort sensibles de la part d'une multitude d'agents fiscaux très retors et très coûteux. Depuis, les droits féodaux sont devenus un thème inépuisable pour les politiciens, les feuilletonnistes et les feudistes des boulevards.

Tout en faisant une certaine part aux observations de Tocqueville, en accordant, qu'au XVIIIe siècle, ce qui demeurait alors debout de l'édifice féodal n'était plus, à peu près, qu'une ruine sans valeur, de même que les vieux castels qui avaient si longtemps protégé les populations, il faut attribuer, ce semble, leur antipathie séculaire, sous certaines réserves très remarquables, à l'action du pouvoir royal et à ses agents d'une part, et, d'autre part, au caractère particulariste de la race, qui a fini par s'insurger contre les moyens nécessaires, mais trop longtemps conservés et appliqués, pour la civiliser et mettre en valeur son territoire.

Néanmoins la France et, en Europe, aucun peuple ne comptent de générations plus illustres que celles qui l'ont constituée du Xe au XIIIe siècle et sauvée du XIVe au XVe siècle. Mais ce qu'il y a peut-être de plus digne d'éloges dans nos anciennes familles seigneuriales, c'est de durer encore et d'avoir résisté à l'action du temps (1). Nous en connaissons une très honorable dont les parchemins authentiques remontent au Xe siècle. Fort peu de familles sénatoriales romaines ont eu la même fortune. C'est qu'en même temps qu'elles ont possédé, défriché, cultivé la terre de France, plusieurs de ces familles y ont maintenu des traditions d'honneur, d'éducation, de résignation, de sacrifice, de devoir social et de civilisation chrétienne qui, seules, permettent aux générations de résister aux lois destructives de la vie (2).

§ 16. *Les Croisades et l'Église.*

Commencées à la fin du XIe siècle, les Croisades se sont prolongées jusqu'au XIVe. Elles ont exercé, sur toute l'Europe, une très grande influence à divers points de vue : 1° elles ont manifesté combien avaient été considérables les progrès accomplis depuis la fin du Xe siècle; cette période, encore imparfaitement connue, a dû être une des plus prospères de l'Europe; 2° elles ont ouvert la société féodale aux riches possesseurs de tenures

(1) Ancien régime, chap. XII. — Licet usus gentium nobilitatem in divitiis acquisitis introduxerit dominari, ratione tamen sagacius disponenti placuit ut mores et actus demonstrent nobilitatem hominum et exinde mereantur vere nobiles reputari (Ducange, *glossarium* — au mot *nobilitatio*), — de La Roque ajoute : Sponte assentior eos tantum inter nobiles cooptatos qui honeste et libero loco nati erant.

(2) Nous citerons comme exemple la famille seigneuriale de La Roche-Guyon dont M. Rousse a écrit l'intéressante histoire ; mais la famille à laquelle nous faisons allusion n'a pas éprouvé les mêmes changements que celle de La Roche. Elle est la même depuis 900 ans. La famille de Confucius possède encore en Chine le domaine sur lequel son illustre fondateur a vécu (500 ans avant notre ère).

qui avaient passé successivement de la condition de colon à celle de censitaire, de vilain, de roturier et de bourgeois. Nous avons déjà relevé dans la famille de Michel Montaigne un cas très curieux de cette transformation. Cette admission a été, de la part des seigneurs, le résultat de la nécessité et, de la part des vilains, la preuve de l'amélioration de leur condition ; 3° elles ont rapproché les divers groupes sociaux les uns des autres, constaté entre eux des liens communs; elles les ont associés à des événements nouveaux, lointains, qui ont modifié les horizons de chacun d'eux; elles ont été une manifestation, en partie, nationale; 4° elles ont mis la France en rapport avec d'autres nations, d'autres races, d'autres religions, d'autres climats. Il y a eu une sorte de renouvellement, d'autant plus profond, que toutes les classes de la nation y ont pris part; 5° elles ont surexcité le sentiment religieux et contribué ainsi à adoucir les mœurs, à tempérer ce que le régime féodal avait d'excessif; 6° elles ont été l'occasion de la levée, à diverses reprises, pendant près de deux siècles, d'aides extraordinaires, sur lesquelles il y a lieu d'insister.

La première a été levée en 1147 par Louis VII, sous le nom du vingtième, parce que le taux de l'aide fut fixé par le Roi au vingtième des revenus. La levée de cette aide fut précédée d'un recensement général. Toutes les classes des deux sexes durent l'acquitter. M. Glasson a admis qu'elle fut exigée dans *toute la Gaule.* Il nous paraît difficile de partager cette opinion.

La seconde, la dîme saladine, fut demandée en 1188 par Philippe-Auguste; c'était une taxe sur le capital quant aux biens mobiliers et sur le revenu quant aux biens-fonciers. La valeur des biens était déclarée sous serment par le contribuable. L'impôt était du dixième. Il portait sur tous les biens, sans exception, de tous les non-croisés. Le seigneur croisé recevait la dîme de ses vassaux et de tous ses hommes. Un an après Philippe-Auguste rapportait son ordonnance qu'il considérait comme une faute et une témérité. On a attribué cet acte, si curieux, à l'influence du clergé, qui préludait, dès lors, à la politique fiscale qu'il a suivie, sans jamais la modifier, jusqu'en 1789. En partant pour la croisade, en 1190, Philippe-Auguste défendit aux prélats et barons du royaume de donner taille (*dare talliam tant qu'il serait au service de Dieu*). Cette aide ne fut demandée que dans les domaines royaux; ce qui rend fort improbable qu'en 1147, celle demandée par Louis VII, ait pu être exigée dans la Gaule entière; elle fut partagée entre le Roi et les croisés. Les biens ecclésiastiques y furent soumis; elle fut levée par le Roi sur ses sujets immédiats, par les seigneurs dans les seigneuries, et les communes, par les évêques et chapitres sur les biens du clergé. C'était donc une aide toute spéciale, n'ayant encore aucun caractère général. Ainsi l'œuvre si considérable des Croisades n'a pas suffi pour généraliser la notion de l'impôt en France.

Longtemps, le caractère et l'importance pour la race française, des Croisades ont été méconnus, de parti pris; mais aujourd'hui la lumière se fait peu à peu; les voyageurs et les savants du XIXe siècle ont replacé, sous les yeux des générations actuelles, ce qu'ont été les croisés, les luttes héroïques qu'ils ont soutenues, les institutions qu'ils ont pratiquées, les clientèles qu'ils ont établies, les impérissables traditions de Jérusalem, de Chypre, de Rhodes, de Candie et de Malte, les témoignages d'admiration des peuples qu'ils ont combattus. La France est toujours vivante en Syrie et les chrétiens de la Palestine et du Liban comptent toujours sur elle; les monuments que les croisés ont élevés n'ont pas tous péri; dans quelques-uns sont encore installées les écoles où nos sœurs, populaires dans tout l'Orient et respectées par toutes les races, professent la vieille langue et propagent la civilisation de France.

Nous avons même dû consulter les Codes ou Assises de Jérusalem, conservés en partie, pour donner une idée de l'époque féodale; car c'est en Syrie, de même qu'en Angleterre, que les institutions, les mœurs, le régime de la féodalité ont eu leur plus complet épanouissement. En France, ils ont toujours dû compter avec les débris de la civilisation romaine.

§ 17. *La Royauté féodale en France.*

A aucune époque l'idée et la tradition d'une force centrale, protectrice des intérêts communs, conservatrice de l'ensemble du corps social, peut-être même d'une sorte de nationalité, plus ou moins indéterminée, n'a entièrement disparu, dans les Gaules, au milieu de l'anarchie profonde de la société gallo-romaine et du mouvement de reconstitution locale de la féodalité. Mais les peuples ne vivent ni par les souvenirs, ni par l'imagination, ni sous l'empire de leurs préférences. Ils sont dominés, avant tout, par les circonstances au milieu desquelles ils sont placés et par les besoins présents. Du VIe au Xe siècle, sauf sous Charlemagne, le pouvoir central, la Royauté, a été impuissante à maintenir l'ordre et la sécurité sur le territoire des Gaules qui, avant, comme après la conquête romaine, n'avait pas constitué un ensemble national. Charlemagne, lui-même, n'y est pas parvenu.

La société féodale s'est formée ou agglomérée, en France, précisément pour procurer, par d'autres moyens, l'ordre et la sécurité, réunir sous un lien fédératif les divers éléments appelés à constituer le territoire, la société, la nation. Le pouvoir royal n'a point disparu au milieu de cette transformation, mais, en fait, il s'est trouvé considérablement réduit. Nous verrons qu'il n'en a pas été de même en Angleterre ni en Allemagne, différence qui a eu des conséquences très étendues. M. Luchaire nous paraît avoir saisi, mieux que M. Guizot, le double caractère de la royauté féodale, celle dont les grands feudataires, les évêques, les barons investirent Hugues Capet, comme duc de France, en 987. « La Royauté capétienne offre le double caractère : 1° d'une *monarchie traditionnelle de droit divin* ; 2° d'une « *suzeraineté générale d'ordre féodal*, mais ce dernier aspect « de l'institution ne se dessina pas, dès l'origine, aussi nettement que le premier. Les rois n'ont jamais cessé de parler et « d'agir au nom du droit monarchique qui était leur droit propre « et essentiel, tandis que leur action, comme chefs de l'édifice « féodal, appelés à bénéficier de leur haute suzeraineté, en vertu « des principes purement féodaux, ne s'est guère manifestée « dans les faits avant le commencement du XIIIe siècle (1) ».

De ces deux caractères, le premier, malgré le sacre, malgré l'unité du titre, malgré le concours de l'Église, malgré

(1) Luchaire, *Manuel*, page 459.

la foi, plus vague et plus incertaine qu'on ne l'a pensé, du peuple en un pouvoir supérieur de justice, malgré les aspirations longtemps confuses et fort obcures, si elles existaient, vers la communauté destinée du *regnum* ou de la *patria Francorum*, selon les expressions acceptées par M. Luchaire, mais sujettes à bien des interprétations, il était, quant au xe siècle, un pur idéal (1). Les seuls fondements réels de cet idéal se résumaient dans le concours de l'Église, concours qui avait encore ses incertitudes et ses variations, et dans ce qui pouvait avoir survécu des débris des traditions romaines. La Royauté n'a retiré de son caractère de droit divin aucune autre force qu'un certain prestige, jusqu'à ce que sa suzeraineté féodale ait définitivement prévalu, en s'étendant, avec des degrés et des conditions fort divers, sur les différentes parties du territoire. M. Guizot a tout à fait exagéré la portée de ce prestige et de ce pouvoir idéal (2), qui ne se sont réalisés qu'au XVIIe siècle, dans la personne de Louis XIV, et qui n'ont guère duré plus que lui. L'histoire de toute la monarchie française atteste, particulièrement l'histoire de l'impôt, que son caractère de droit divin ne lui a pas servi à grand chose, et qu'il l'a, au contraire, compromise et perdue. Dépourvu de tout pouvoir, Louis XVI s'imaginait être encore roi par la grâce de Dieu.

Il est vrai que le principe d'hérédité dans le pouvoir royal n'a amais été sérieusement contesté à la maison capétienne, depuis Hugues Capet, mais cette hérédité provenait-elle de l'origine divine ou de l'origine féodale ? La féodalité avait tout autrement l'hérédité et la propriété pour fondements essentiels que la délégation populaire ou la désignation divine, auxquelles l'élection peut parfaitement s'appliquer. Enfin, Hugues Capet avait été choisi ou s'était imposé, avant tout comme maître de la plus importante des grandes seigneuries. C'est à son duché de France qu'il dut la couronne, tout autant qu'aux suffrages des ducs, évêques et barons (3).

(1) Il en est de même de la *théorie* de M. Boutaric sur le droit du Roi à la propriété du sol : pure excentricité d'archiviste.

(2) *Histoire de la civilisation en France*, tom. 4, leçons XII à XV.

(3) Michelet, *ibidem*, 1er vol., 427, 431.

La Royauté capétienne est donc sortie du milieu féodal; elle a dû son plus grand lustre à son caractère féodal : Philippe-Auguste, saint Louis, Louis XII, François Ier, Henri II, même Henri IV ont été des rois féodaux. Dès que Louis XIV a enfermé ses descendants dans le harem de Versailles, la décrépitude s'est emparée de sa race (1). La popularité de la Royauté est provenue de son caractère féodal. A peine sa mission divine eut-elle pris corps avec le droit romain et les légistes du XIVe siècle, que dès Philippe le Bel la violence et la terreur, la fraude, les confiscations, la fausse monnaie, deviennent ses agents indispensables.

L'histoire de la Royauté capétienne se partage en trois périodes. La première finit avec Philippe le Hardi en 1285. C'est la véritable période féodale. La seconde finit avec Henri IV, c'est la période de la monarchie-contrôlée; la troisième avec Louis XVI; c'est la seule période du droit divin ou de la monarchie absolue; elle aboutit à un désastre effroyable. Néanmoins la Royauté capétienne, même absolue, n'est jamais parvenue à se soustraire complètement à l'influence de ses origines. Née féodale, elle est demeurée féodale en fait, sinon en droit.

Durant la première période, illustrée par les rois les plus remarquables, les Capétiens ont employé trois siècles à agrandir, par tous les moyens, la seigneurie splendide à laquelle ils devaient la Royauté et à faire de cette seigneurie, le modèle de toutes les autres. Malgré les extorsions de Philippe le Bel, l'impôt demeura purement féodal. Les premiers Capétiens n'ont pas entrepris de changer la société féodale, mais de l'améliorer. Les actes en matière d'impôt de Philippe-Auguste et de saint Louis, les plus éminents d'entre eux et de tous les rois de France, ont nettement indiqué leur politique.

Durant la seconde période, qui a aussi une durée de près de 300 ans, surtout avec Philippe le Bel, Charles V, Charles VII et Louis XI, la Royauté a essayé de modifier les conditions politiques et sociales de la France; elle n'y est parvenue qu'imparfaitement. Après la mort d'Henri IV, il a fallu avoir encore re-

(1) D'Arbois de Jubainville, *ibidem*, *Mœurs de Louis XIV*, pages 50-57.

cours aux États généraux. Richelieu et Mazarin ont eu à soutenir des luttes violentes, renouvelées quelquefois même sous Louis XIV. Il y a peu de différence, au point de vue économique et social, entre la société française du XIVe siècle et celle du commencement du XVIIe — mêmes institutions politiques, mêmes conditions économiques, mêmes classes sociales. — Aussi il a été difficile à la Royauté de modifier l'impôt pendant ces trois siècles.

De sérieux changements s'effectuent pendant la troisième période. Le droit divin, attribué au pouvoir royal, l'emporte sur son droit féodal. Le Roi devient à peu près seul maître de l'impôt, au point de vue politique, mais nullement au point de vue économique et social. La Royauté française, qui a pu se dégager du moule féodal, comme pouvoir politique, n'y est pas parvenue comme pouvoir social. Par suite, elle n'a pas accompli, dans l'organisation sociale et fiscale de la France, les réformes nécessaires. En 1789, il y avait encore en France des seigneuries et des fiefs, tels qu'ils existaient au XIIIe siècle, non pas en ce qui était de la condition des personnes, mais quant à la condition des terres et des impôts. Le seigneur devait encore menu cens, gros cens, relief, quint, requint, lods et ventes. Le Roi se considérait comme le premier des seigneurs. Les édits royaux n'avaient pas changé de forme ; on les écrivait en français au lieu d'employer le latin. Il en est résulté, — nous le prouverons en examinant les projets de budgets royaux, — que jusqu'en 1789, il y a eu en France deux sortes d'impôts, l'impôt féodal, le plus ancien, et l'impôt royal. La Royauté levait le second sur l'ensemble du royaume et le premier dans son domaine particulier.

Ainsi s'expliquent les scrupules de Philippe-Auguste et de saint Louis (1), à l'égard des impôts, d'un caractère général, qu'ils se crurent autorisés à demander, à raison des Croisades, le plus grand événement politique de leur temps. Ils n'étaient nullement convaincus que leur prérogative divine leur permît d'exiger des taxes en dehors de leur seigneurie royale. Et cependant leurs règnes (un siècle entier à peu près) forme la grande

(1) Plus tard de Charles V.

époque de la royauté populaire, religieuse, bienfaisante. Ils se contentent de leurs revenus féodaux. Rien ne montre mieux comment les organismes s'adaptent aux temps; rien n'indique mieux la prudence que des hommes d'État sont tenus d'apporter dans le maniement de l'impôt. Du xe au xive siècle, l'organisation féodale a correspondu aux besoins du pouvoir royal, c'est ce que Philippe-Auguste et saint Louis ont reconnu. Leurs actes en justifient. C'est un argument décisif contre la théorie qui considère l'aide féodale extraordinaire comme l'origine de l'impôt royal en France.

I. *Du fonctionnement du pouvoir royal pendant l'époque féodale.* — Malgré la violence des mœurs sous les dynasties Mérovingienne et Carolingienne, le pouvoir des rois avait été jusqu'à un certain point, contrôlé ou assisté par des assemblées temporaires. Loin de disparaître avec l'époque féodale, ce contrôle s'étendit et s'universalisa. Chaque baron avait son plaid, chaque seigneur suzerain sa cour. Le pouvoir royal eut d'abord sa cour seigneuriale — la *Curia regis*. Les démembrements successifs de la *curia* ont constitué les conseils du Roi, la cour des Comptes et les Parlements — qui n'ont d'abord été créés que pour la seigneurie royale. Mais à côté de la *curia* se maintinrent, à titre temporaire, les assemblées traditionnelles des suzerains, évêques, grands abbés, barons, parmi lesquels les plus importants avaient le titre de pairs de France, et des bourgeois des villes (1). Ces assemblées furent principalement composées, jusqu'au xive siècle, des seigneurs divers appartenant à la seigneurie, au domaine du Roi. Les grands Capétiens les ont convoquées et consultées, pendant les trois siècles de cette première période, sur tous les actes importants soit du domaine royal, soit du pouvoir royal. C'est de ces assemblées que sont provenus, au xive siècle, les États généraux qui ont joué un rôle de premier ordre jusqu'en 1614.

(1) Luchaire, *Manuel*, p. 488-502, a particulièrement traité la matière nouvelle du pouvoir législatif des premiers Capétiens et des assemblées qui le contrôlaient. Ces assemblées ont servi de préliminaires aux États généraux. Sur la *curia regis* et ses démembrements, origines des parlements, de la cour des aides, de celle des comptes et du conseil du Roi, c'est-à-dire les organes permanents du pouvoir royal, consulter les chapitres remarquables de M. Borelli de Serres, dans *Recherches sur divers services publics*, 1895, déjà cité, p. 275 et suiv.

L'exercice du pouvoir royal avait donc lieu en quelque sorte en participation ; c'est bien le caractère de la véritable époque féodale en France et dans toute l'Europe (1).

II. *Des droits féodaux et des impôts de la Royauté féodale.* — Il faut, dès à présent, établir une distinction fondamentale, qui se maintiendra jusqu'en 1789, entre les finances et les impôts de la Royauté en France. Les impôts n'ont pas eu la même destinée que les finances. Rarement excessifs en eux-mêmes, ils ne le sont devenus que par leur inégale répartition ; quant aux finances, excellentes, jusqu'à Philippe le Hardi, elles n'ont cessé d'être en proie, à quelques exceptions près, avec Sully, Colbert, Orry, de Machault, Turgot, à un désordre perpétuel et incurable. Ce désordre a été l'occasion immédiate de la Révolution française.

Pendant les trois siècles de la période féodale les ressources ordinaires du Trésor royal sont provenues des droits féodaux et du produit des domaines, tels que ces droits et produits viennent d'être énumérés plus haut, levés dans la seigneurie ou dans le territoire du Roi seulement. Pour assurer au pouvoir royal d'autres ressources permanentes, il a fallu la terrible crise du XIVe et du XVe siècle dans laquelle la nationalité française a failli succomber, et, jusqu'en 1614, le pouvoir royal est demeuré indirectement limité, au point de vue fiscal, par l'intervention des États généraux, remplacée, après 1614, par celle des Parlements.

A raison de son étendue et de ses accroissements, qui ont été très considérables et très rapides au XIIIe comme au XIVe siècle, la Royauté disposa bientôt de ressources *ordinaires* importantes bien qu'elles fussent exclusivement féodales ou domaniales. Ainsi, elle parvint à lever les reliefs et autres droits de mutation sur les grands feudataires, tandis que, du Xe au XIIe siècle, elle n'avait pu les demander qu'à la petite féodalité. On peut évaluer l'ensemble *des ressources brutes* du budget de Saint-Louis à une moyenne de 207,000 livres tournois, avec un reliquat annuel net de 63,600 livres (2), fournies par les fo-

(1) En méconnaissant la fonction historique des États généraux en France, en esquivant leur contrôle, Richelieu, Louis XIV et leurs successeurs, ont violé le droit national. C'est la cause réelle de la ruine de la Royauté en France.

(2) La livre tournois valait 17 fr. 90, — pouvoir de l'argent réservé.

rêts, les exploitations rurales directes, les droits de mutation tels que rachat, relief, lods et ventes, franc-fief, amortissement, cens, champarts, tailles, banalités, péages, tonlieux, taxes d'industries, corvées, droit de gîte, droits domaniaux et de justice, sceau, police, confiscations (saisie et commise féodale), dîmes inféodées, monnaie, prisées et taxes militaires, taxes sur les biens et les personnes des serfs (1), tailles sur les Juifs, sur les Lombards, droit de régale.

Aux ressources ordinaires qui étaient permanentes, se joignaient les ressources extraordinaires qui étaient temporaires. Elles consistaient dans 1° les dons; 2° les décimes ecclésiastiques; 3° les aides aux quatre cas; 4° les taxes militaires.

1° *Les dons volontaires* étaient demandés surtout aux villes et au clergé, toujours dans le ressort du domaine royal seulement. Ces dons perdirent en partie leur caractère primitif volontaire pour devenir souvent obligatoires. Néanmoins le don volontaire n'a jamais entièrement disparu parmi les ressources des Rois (2).

2° *Les décimes ecclésiastiques* étaient accordés par les papes sur les biens de l'Église. La croisade des Albigeois a été l'origine de ces décimes, que les papes consentirent et que l'Église acquitta pour les croisades en Terre-Sainte. Il est souvent arrivé que les papes s'en sont attribué une part pour d'autres fins que la croisade. Ils en firent même un instrument de règne. En 1284, Martin IV accorda 3 décimes à Philippe le Hardi, pour

---

(1) A consulter : 1° Léopold Delisle, opérations financières des Templiers, surtout les *recepta* dans le compte des recettes et des dépenses faites par le trésor du *Temple* pour compte de la maison royale. — 2° *Le compotus Ballivorum; Historiens des Gaules*, t. XXII. Ce document est plus complet que le précédent, On y trouve la mention des blés, cires, abeilles, fours, moulins royaux. — 3° Langlois, *Histoire de Philippe le Hardi*. — 4° Gasquet, *Institutions politiques de l'ancienne France*, 1885. — 5° Clamageran, *Histoire de l'impôt*, 1er vol., p. 293. — 6° Ad. Vuitry, 2e vol., *Les revenus du roi*, p. 259-409. — 7° M. Luchaire énumère toutes les sources de recettes dans le chapitre III : *Finances*, de ses *Institutions monarchiques de la France sous les premiers Capétiens*. — 8° Jacqueton, *Administration financière de Charles VII à François Ier*, 1891, donne, *même au* XVIe *siècle*, les mêmes énumérations.

(2) Sur les dons volontaires, consulter : Luchaire, *Manuel*, p. 423 à 580. — Callery, *Histoire du pouvoir royal d'imposer*, 1879, p. 3. — Boutaric, *Alfonse de Poitiers*, p. 306. — Toulon donne en une seule fois, 6,000 livres, La Rochelle 6,000, Reims 4,000. — Ad. Vuitry, 1er vol., p. 400.

la guerre d'Aragon. Les Croisades ont ainsi exercé non seulement une influence économique, mais une influence fiscale considérable. Les décimes se sont convertis, avec le temps, en une sorte de contribution permanente, sous le nom de *don gratuit*, tantôt générale, tantôt particulière à raison des impôts nouveaux. Les décimes ecclésiastiques furent accordés, pour la première fois, par Honorius III en 1226 à Louis VIII, à propos de son expédition dans le midi de la France (1).

Les décimes ecclésiastiques, ayant un caractère général, se levaient dans toutes les seigneuries du royaume au profit du Roi; elles ont donc formé un premier impôt général au point de vue de la perception et de l'emploi. Mais les papes parvinrent bientôt à en lever d'autres sur les diocèses particuliers, pourvu que ces diocèses eussent quelque importance, moyennant partage avec les seigneurs. En 1240, le concile de Senlis accorde au pape le treizième des revenus de la province de Reims. En 1265, Clément IV accorde aussi des décimes à Charles d'Anjou pour la guerre en Sicile. Il se produisit bientôt de plus grands abus qui provoquèrent en 1268 la publication de la *Pragmatique sanction* de saint Louis (2).

(1) M. Ad. Vuitry, 1er vol., p. 404, donne de nombreux détails sur ces décimes. De 1247 à 1270, saint Louis leva ainsi 21 décimes. Ces décimes étaient un impôt annuel sur les revenus ecclésiastiques; les hôpitaux, hospices, léproseries, couvents pauvres, les ecclésiastiques ayant *un revenu inférieur à 15 livres*, les pitances monacales en étaient exempts. On évalue que les 21 décimes de saint Louis produisirent 5,250,000 livres. — Philippe le Hardi leva 7 décimes qui rendirent 1,750,000 livres.

(2) « La perception avait pour sanction l'excommunication : un retard, après « avertissement, suffisait pour qu'elle fût prononcée. Les collecteurs lançaient « eux-mêmes la censure et dénonçaient les excommuniés (les prêtres, moines et « religieuses); si ceux-ci persistaient, tous les meubles étaient saisis, à l'excep- « tion des croix, calices, ornements; en cas de rébellion, ils étaient *livrés au bras « séculier* ». — Ad. Vuitry, *ibidem*, p. 407. — Ainsi le clergé était lui-même traité comme les Albigeois. Rappelons à ce propos que l'une des causes de la croisade albigeoise et que l'un des buts de l'Inquisition ont été une vaste spoliation du midi de la France, alors fort riche, au profit de la papauté italienne. Ces décimes étaient levés d'après un cadastre des revenus du clergé. On trouve dans le 21e vol. des *Historiens des Gaules*, un document sur la valeur des décimes par diocèse. On voit par là combien le fisc français remonte loin. *Historiens des Gaules*, 21e vol. *Taxatio decimarum pro negotio Arragone*, p. 33. — *Valor decimarum*, p. 540-567. — Ces documents se rapportent aux années 1247, 1282, 1313, 1330.

3° *Les aides aux quatre cas.* La levée de ces aides se généralisa et s'étendit pendant le XIIIe siècle. Saint Louis les leva en 1248 et 1267 pour ses deux croisades, en 1255 pour le mariage de sa fille aînée et en 1267 pour l'armement de son fils aîné comme chevalier. Il en fut de même en 1284 pour Philippe le Hardi.

Mais la mesure la plus importante de la Royauté pendant cette première période fut d'ouvrir l'ère de la transformation en aide extraordinaire du service militaire (*ost* et *chevauchée*). Cette transformation fut préparée par une ordonnance de Philippe-Auguste en 1215, relativement à un projet de croisade. Déjà les villes avaient fait des abonnements avec le roi pour le service militaire. Cette transformation a exigé plus de 200 ans. Elle ne s'est réalisée qu'après de grands désastres militaires parce qu'elle avait pour condition première la transformation de l'impôt. Même pendant le XIIIe siècle (1), l'aide royale conserva un caractère seigneurial, féodal, local. Le seigneur, comme le Roi, tendit à convertir en une taxe le service militaire des vassaux, des roturiers, des serfs. Le tarif des rachats de remplacement variait par province, même par fief; chacun demeurait libre de faire son service ou de payer la taxe de rachat; le Roi ne recevait le montant du rachat ou de l'aide, concernant son service personnel, que par l'intermédiaire des seigneurs.

Il importe de rappeler, en effet, que si, surtout à la fin du XIIe siècle et pendant le XIIIe siècle, le droit féodal reconnut au Roi le devoir, comme le dit expressément Beaumanoir, de pourvoir à toutes les nécessités générales du royaume, ce qui tendit à généraliser le service militaire et la taxe de rachat, — service et taxe n'en demeurèrent pas moins, d'ordinaire, localisés et féodaux; le service royal direct fut l'exception.

En quoi consistait l'aide féodale, même celle qui ne se résumait pas dans un service personnel? C'était la taille, c'est-à-dire une taxe globale sur les facultés des contribuables, capital et

---

(1) Luchaire, *Manuel*, p. 579-580. — Ad. Vuitry, 1er vol., p. 372 et suiv. — Boutaric, *Institutions militaires de la France*, p. 188 et suiv.

revenu (1). Essentiellement variable d'après les provinces (2), elle était limitée par la coutume. Telle fut l'aide royale militaire, elle ne se confondait pas avec l'aide seigneuriale; elle s'y superposait. « La quotité de l'aide que le seigneur avait le « droit de percevoir sur les habitants de sa terre, dit M. Ad. Vui- « try, était quelquefois indéterminée; il en fixait arbitrairement « le montant, l'assiette et la répartition; c'était la taille féodale « imposée sur les personnes ou sur les biens, et perçue le plus « souvent sous une forme de capitation proportionnelle au re- « venu de chacun, mais dans beaucoup de localités la quotité et « l'assiette de l'aide étaient fixées par la coutume. Le roi levait « aussi l'aide féodale, mais son droit n'était que l'exercice du « pouvoir seigneurial; il n'était pas plus étendu, il était soumis « aux mêmes limites, aux mêmes restrictions (3). »

En général, l'aide féodale dans son taux, correspondait à une partie du cens (4), parce que le bail à cens était la tenure roturière par excellence, soit seule, soit associée au champart. Le fief noble ne pouvait payer de cens pas plus que le gentilhomme. Dans beaucoup de cas, l'aide doublait le cens qui n'était jamais élevé. Il en fut de même pour l'aide de l'ost royal. Les roturiers et les serfs étaient naturellement tenus de l'aide royale comme de l'aide seigneuriale, mais ils ne pouvaient être taillés sans le consentement des seigneurs, de leurs vassaux et de leurs vavassaux. Que se passait-il alors! Le roi consultait les grands feudataires et les seigneurs ou barons les plus considérables. Il s'entendait avec eux, il leur cédait une part dans le produit de l'aide. C'était ensuite à eux à se mettre d'accord avec les autres seigneurs, les propriétaires de fiefs qui autorisaient seuls la levée de l'aide sur leurs tenanciers; cette aide aggravait en effet la condition des tenanciers; elle diminuait leurs ressources pour remplir leurs obligations ordinaires.

---

(1) M. Ad. Vuitry dit sur le capital ou le revenu. — La taille ordinaire atteignait les diverses facultés du contribuable. — Il en a été de même de la taille royale jusqu'en 1789.

(2) Variations qui existent encore dans l'impôt foncier actuel.

(3) *Le régime financier de la France*, 1re étude, p. 387.

(4) Ad. Vuitry, *ibidem*, page 402. — M. Ad. Vuitry a traité le sujet de l'aide féodale et royale avec beaucoup de soin.

M. Ad. Vuitry, après avoir établi avec des documents relatifs à une aide levée en 1268, dans le Languedoc, par Alphonse de Poitiers sur les feux, ou aide de fouage, le véritable caractère de l'aide royale, ajoute : « Cette situation respective du suzerain, « de ses vassaux, des tenanciers, qui se manifeste en Langue-« doc, dans la seconde moitié du XIIe siècle, prépare et éclaire « l'avenir. Elle sera celle de la royauté, des nobles, du clergé, « du tiers-état, quand au commencement du siècle suivant, « Philippe le Bel entreprendra de transformer l'aide féodale « (du roi) en un impôt général établi et perçu par la Cou-« ronne (1) ».

Tels étaient les droits féodaux et les impôts de la royauté féodale à l'avènement de Philippe le Bel. Ils ne suffisaient déjà plus à la mission de la Royauté, non, à raison des dépenses ordinaires, — pendant tout le XIIIe siècle, le Roi fit honneur à ses affaires et conserva un crédit inaltérable, il avait même des excédents et un riche trésor, — mais tout changeait, tout se modifiait en Europe ; bien des dépenses extraordinaires s'étaient ouvertes avec les Croisades, croisades en Terre-Sainte, en Orient, en Grèce, en Égypte, à Tunis, en France même. D'autres nécessités allaient naître des rapports de la France avec les nations voisines. L'expédition d'Aragon par Philippe le Hardi fut un premier avertissement, pour ceux du moins qui ne tenaient pas compte des revers de l'armée en Palestine, en Égypte et à Tunis. Les vices de l'organisation féodale, vices irrémédiables au point de vue extérieur, militaire, national, allaient se manifester tout à coup ; le pouvoir royal allait avoir la terrible tâche, tâche dans laquelle il a failli échouer, de modifier l'impôt afin de donner au royaume avec une armée, la sécurité que l'organisation féodale avait procurée au Xe siècle et qu'elle était déjà impuissante à garantir à la fin du XIIIe. Nous devons d'autant mieux saisir l'importance de ces questions décisives dans la vie des peuples, qu'il y a à peine un quart de siècle que la France, cédant encore aux principes humanitaires d'un des principaux courants de la Révolution de 1789, s'est laissée surprendre en

(1) *Ibidem*, p. 404.

1870, en pleine prospérité économique, de même que la France du XIVe siècle, par l'insuffisance et l'imperfection de ses institutions militaires et qu'elle a dû subir un douloureux démembrement dû, avant tout, à son imprévoyance financière et militaire.

Il a suffi, en 1870, de quelques mois de ravages et de quelques jours d'humiliations, pour obtenir de la France d'énormes sacrifices — mais elle était une nation ; elle avait un puissant système d'impôts, qui a montré son élasticité et ses ressources. Au XIVe siècle, tout cela n'existait encore qu'en préparation. Il a fallu faire le territoire, l'armée, l'impôt. Crécy, Poitiers, Azincourt, le démembrement, le pillage de la France, pendant cent ans, n'auraient peut-être pas suffi, si une jeune fille, dont la destinée est inexplicable, n'avait relevé la France aux Français mêmes.

III. *Les Finances de la Royauté féodale.* — Pendant cette première période, les Rois ont eu de bonnes finances, bien que déjà ils aient dû souvent recourir au crédit. Jusqu'à la fin du XIIIe siècle, malgré ses agrandissements, le domaine royal est resté divisé en prévôtés, bailliages et sénéchaussées, et administré par les prévôts, les baillis et les sénéchaux. En général les prévôts levaient les droits et impôts, percevaient les redevances, géraient les fonds et valeurs, affermaient les biens sous le contrôle des baillis dans le nord et des sénéchaux dans le midi de la France, qui en versaient le montant *au Temple*, chargé de l'administration du Trésor royal, recettes et paiements. Le Temple était lui-même contrôlé par la *Curia regis*. Plus tard, des receveurs, des contrôleurs, des trésoriers et divers autres officiers ont été établis pour assister les prévôts, baillis, sénéchaux, pour les recettes. Quant aux détails des dépenses, ils étaient confiés à d'autres fonctionnaires, les chambellans, et à leurs clercs, chargés de gérer la caisse de l'*Hôtel royal* et la *Chambre aux deniers*. Cette organisation suffit jusqu'à la fin du XIIIe siècle. Il était dressé par la *Curia* des états budgétaires ou plutôt des bilans de prévisions de recettes (*magna recepta*) et de dépenses (*magna expensa*) à peu près tous les quatre mois par année. Dès le milieu du XIIIe siècle (1256), la *Curia regis* déléguait à des commissions ambulantes la mission de surveiller l'ensemble des finances du

Roi. Ces délégations devinrent successivement sédentaires et permanentes. Elles sont l'origine des Parlements, de la Chambre et de la Cour des comptes (1).

A la fin du XIIIe siècle la finance est mieux constituée que l'impôt pour la royauté féodale. Néanmoins, la finance deviendra le cancer destructeur de la Royauté, quand, avec Louis XIV, Louis XV et Louis XVI, le caprice remplacera le devoir et que *les reçus au comptant du Roi* deviendront la pièce comptable la plus sacrée.

§ 18. *Reflets et incidence des droits et impôts féodaux en France au XIIIe siècle.*

Du Xe au XIIIe siècle, les éléments sociaux en présence sont : 1o les habitants des seigneuries dans l'ordre indiqué par le cartulaire de Marmoutiers; 2o les habitants des villes, qui reprennent de l'importance surtout à la fin de l'époque féodale; 3o les habitants des localités, déjà nombreuses, formant des bourgs, centres du mouvement communal. Il faut considérer que, durant cette époque, l'impôt, représenté par les droits féodaux, a un caractère essentiellement local; il est seigneurial, avant tout, puis urbain en partie. Pas encore de véritables impôts généraux, levés et perçus sur l'ensemble du territoire, à l'exception des dîmes, dont quelques-unes étaient inféodées; pas même encore de territoire nettement délimité et constitué.

Un publiciste distingué, M. Callery, dans un ouvrage intéressant (2), a conclu du caractère local des droits féodaux, qu'ils ne formaient pas des impôts réellement, mais de simples redevances foncières ou personnelles. A notre avis, M. Callery a méconnu le caractère politique et social de la seigneurie. Dans les longues énumérations qui précèdent, certains droits sont des redevances, certains autres des impôts. Le cens était à la fois une redevance et un impôt. Comment contester le caractère

(1) Nous renvoyons aux détails nombreux et nouveaux en partie des *Recherches* de M. le colonel Borelli de Serres.

(2) *Du pouvoir royal d'imposer*, Bruxelles, 1879. — M. Callery appartient à la Belgique, territoire demeuré presque étranger à la tradition fiscale romaine.

fiscal du quint, du requint, des lods et ventes, du relief, des péages, des tonlieux, des taxes sur le travail, de la taille des roturiers?

Dans l'intérieur de la seigneurie, type Marmoutiers, qui compte 30 barons, 80 propriétaires libres et un plus grand nombre de serfs questaux, comment devait se faire l'incidence de l'impôt? Il faut d'abord retrancher, comme nous l'avons fait dès le IVe siècle, les serfs domestiques qui ne reçoivent pas encore de salaires. Il faut ensuite, parmi les impôts féodaux, distinguer ceux susceptibles de répercussion et ceux qui ne le sont pas.

Ne sont pas répercutables les droits de succession et de donation, d'amortissement, de franc-fief, de justice, de gîte et de prises. Ces droits retombaient exclusivement sur les 30 barons et les 80 hommes de pooste, mais ils étaient plus élevés pour les premiers que pour les seconds. Il en était de même des droits domaniaux. Ils devaient peser bien plus sur ces deux classes que sur les questaux.

Les cens, champarts, la taille, ne concernaient que les hommes de pooste et les questaux; cens et champarts étaient fixes; restait la taille, certainement plus forte pour les hommes de pooste que pour les questaux. Pouvaient-ils s'en récupérer sur les 30 barons ou sur les autres seigneuries? C'est bien douteux.

Quant aux droits de vente, aux taxes de consommation, aux péages, tonlieux, ils concernaient en partie les trois classes. Ces divers droits ne pouvaient être rejetés sur les questaux, trop pauvres encore, cultivant eux-mêmes, vivant de leurs propres produits, achetant peu; ils retombaient sur les deux premières classes, et principalement sur la seconde, plus importante. Au contraire les corvées, les taxes d'industrie et de travail portaient presque exclusivement sur eux, par la nature même des choses.

Pour les dîmes, leur répartition s'opérait proportionnellement à la part de chaque classe dans le produit brut; elles étaient donc plus lourdes pour les hommes de pooste que pour les barons et que pour les serfs questaux.

Enfin les aides extraordinaires retombaient au compte des barons et des roturiers, selon leur nature. En réalité, la masse des impôts demeurait pour le compte des deux classes supérieures sans répercussion possible. C'est ce qui explique la politique prudente des Capétiens en matière fiscale.

La charge principale n'était plus comme dans la période précédente, pour les seigneurs mais pour les anciens colons libres, devenus les maîtres des censives; c'étaient les roturiers qui supportaient la plus forte part : mais le roturier n'est plus le serf; il était le principal producteur.

Dans les villes, la situation était plus accentuée, les taxes de consommation plus générales et plus élevées; les classes inférieures recevaient des salaires; elles devaient donc amender, dans la répartition de l'impôt, une participation plus forte que dans les campagnes. Réciproquement leur condition était déjà préférable par la somme de liberté dont elles disposaient, par la garantie et par la rémunération de leur travail.

Ainsi ce n'est que très lentement que peuvent se modifier les conditions d'incidence de l'impôt, parce que l'impôt ne peut compromettre le strict nécessaire de l'homme et que pendant de longs siècles, l'esclavage le démontre, l'homme a été réduit au nécessaire le plus strict (1).

---

(1) La condition des classes rurales, bien que libres, est restée très longtemps précaire et presque misérable. M. Dareste de la Chavanne (*Classes agricoles*, chap. XI), a réuni, à cet égard, des renseignements probants. Il faut, dit-il, descendre jusqu'à Henri IV et Richelieu pour trouver la paix et l'ordre dans les campagnes. Les murs des maisons étaient en torchis, les toits étaient couverts en chaume. La plupart avaient été élevées par le seigneur à l'aide de corvées. Les paysans portaient des besaces avec un sayon à capuchon, quelquefois des peaux de bêtes. Le lin n'était porté que par les seigneurs. Le pain d'avoine, le blé noir, le lait, les châtaignes et l'eau étaient les seuls aliments. Des famines, des épidémies ravageaient les populations, les épizooties détruisaient les bestiaux. Les seigneurs distribuaient souvent, comme garantie de la culture, les aliments, les vêtements, les outils. Que d'efforts il a fallu pour faire passer la masse des hommes de l'esclavage au servage et du servage à la liberté! Le problème social et économique actuel, dans une partie de l'Europe occidentale, est de savoir si les expérimentations socialistes ne compromettront pas rapidement cette liberté.

CHAPITRE IV.

L'ÉPOQUE FÉODALE DANS LES DIVERS AUTRES ÉTATS DE L'EUROPE.

§ 1. *Différence avec la féodalité en France.*

C'est principalement en France que s'est accusé le véritable mouvement féodal, surtout fiscal, parce que c'est, avant tout, dans les Gaules, qui comprenaient la vallée du Rhin avec ses colonies romaines, qu'ont eu lieu la rencontre, la juxtaposition et la fusion des civilisations et des races, lors de la dislocation de l'Empire romain. Le mouvement féodal a revêtu, au moyen âge, un caractère à peu près général; on peut en retrouver quelques traces parmi les Mongols, les Turcs ottomans, de même qu'il y aurait eu une période féodale dans l'ancienne Égypte. Mais la féodalité fiscale, celle qui nous intéresse spécialement, a été essentiellement le résultat de la dissolution de la société romaine et du mélange de ses divers éléments avec ceux appartenant à la race germanique et à la race celtique. Aussi dans les diverses parties de l'Europe, où les traditions romaines ont exercé une influence moins grande que dans les Gaules, le mouvement féodal n'a pas eu la même intensité, ni les mêmes caractères, surtout au point de vue des droits féodaux et de la part d'impôts qu'ils renfermaient.

§ 2. *De la féodalité des impôts et des droits féodaux en Angleterre.*

I. *Époque romaine.* — Un canal de mer assez étroit, que l'on franchit en une heure avec la vapeur et en trois ou quatre à la voile, si le vent favorise, sépare seulement l'Angleterre même, *England*, de la France. Néanmoins entre ces deux minuscules parties du continent septentrional du globe, les différences sont extrêmes. Tout est dissemblable, climat, importance du territoire, ses productions, ressources du sous-sol, habitants. Sans doute quelques-uns des éléments de la population anglaise même (Celtes, Kymris, Gaëls) sont à peu près les mêmes, mais les mélanges ont été très divers; les Grecs n'ont eu aucune part, non plus que les Arabes; les Romains ont occupé l'Angleterre, mais sans y laisser de traces, ni dans la race, ni dans la langue, ni dans les institutions politiques, ni dans les mœurs, ni dans la civilisation, ni dans la propriété foncière, ni dans les impôts.

Les deux principaux impôts romains en Bretagne consistaient dans : 1° une sorte de dîme sur les produits du sol, levée avec les plus grandes difficultés; et 2° une taxe sur les troupeaux, dite *scriptura*, à raison des livres sur lesquels le receveur inscrivait les rôles des propriétaires et de leurs troupeaux. Il faut y ajouter une capitation, exigée de temps à autre. Ces diverses taxations, auxquelles Tacite fait allusion dans le célèbre discours de Galgacus (1), furent-elles remplacées par les grandes réformes fiscales de Dioclétien et de Constantin? Il n'est pas possible de le savoir. « Lorsque les invasions des barbares du Nord obligèrent les « Romains à retirer leurs légions des provinces éloignées afin « de conserver les parties vitales de leur Empire, les arts de la « paix, aussi bien que ceux de la guerre, disparurent de la Bre- « tagne avec les trirèmes, qui emportèrent non seulement le « consul et les légions, mais le *procurator*, les *susceptores*, les « *exactores*, tout l'état-major des assesseurs et des collecteurs « romains et leurs institutions (2). »

II. *Époque anglo-saxonne.* — Avec le départ des Romains

(1) Agricola XXX. Le discours est d'ailleurs des plus curieux comme tableau romain de la Bretagne.

(2) Stephen Dowell, *History of taxation and taxes in England from the earliest times to présent day*, 4 volumes, London, 1884. — 1er volume, *Taxation from the earliest times to the civil war*, chapitre Ier ; remarquable ouvrage par la connaissance précise des faits. — Glasson, *Histoire du droit et des institutions de l'Angleterre*, 1er vol., p. 133 et suiv. — Th. Rogers, *Six centuries of work and wages, et Economic interpretation of History*, 1888. — Freeman, *Norman conquest*, 5 vol. — H. Doniol, *La Révolution et la féodalité*, 1874 ; les chapitres sur l'abolition de la féodalité dans les divers États de l'Europe sont particulièrement à consulter. — Garsonnet et Lefort, *Locations perpétuelles*. — Hallam, *Europe au moyen âge*, t. III, chap. VII. — Lavisse, *Hist. générale*, 1er vol., chap. XI.

s'ouvre la période dite anglo-saxonne de l'histoire de la Grande-Bretagne. Cette période, qui s'est prolongée pendant près de six siècles, n'a cependant pas d'importance réelle, au point de vue fiscal. Elle est caractérisée par une succession d'invasions des tribus germaniques et scandinaves (du Jutland et de la Norwège), Angles, Jutes, Danois et Norwégiens, qui privent la Grande-Bretagne de toute stabilité. Les taxes sont plus incertaines et moins connues qu'à l'époque romaine. L'état intérieur de la Grande-Bretagne est encore plus profondément troublé que celui des Gaules. Dans les Gaules les lois, la tradition, les impôts romains ont d'abord résisté, puis a eu lieu la transformation qui a abouti au régime féodal. Dans la Grande-Bretagne les lois et les traditions romaines n'ont pas totalement été effacées, mais les impôts ont été balayés. Ces différences proviennent des conditions de la propriété foncière qui n'a pris quelque développement et acquis quelque stabilité que dans la période anglo-saxonne; c'est pendant cette période que s'opère la répartition du territoire en townships (communes ou paroisses), boroughs (bourgs), hundreds and waperstakes (cantons), shires (comtés) et kingdoms (royaumes). Les revenus royaux de cette période paraissent avoir consisté en produits domaniaux avec deux taxes accidentelles l'une dite *Shipgeld*, destinée à armer des navires pour repousser les pirates saxons ou scandinaves et l'autre dite *Danegeld* taxe foncière, qui variait de 1 à 4 schillings (1) et qui se levait par lot de 120 acres (2). Cette taxe avait pour objet de combattre les Danois ou de traiter avec eux. Les rois saxons la maintinrent après la fin des pirateries danoises, mais ils la levaient avec peine. Il faut y ajouter une troisième taxe sur les foyers ou fouage, taxe qui a eu un caractère général au moyen âge (3).

Pendant cette période, malgré les invasions des pirates scandinaves, la propriété foncière et la culture du sol, même la population firent quelques progrès. La propriété eut deux formes

---

(1) Valeur actuelle du schilling 1 franc 25; pour avoir la valeur au VIIIe siècle, on doit multiplier par 10 au moins.

(2) L'acre correspond à 40 ares.

(3) Stephen Dowell, *ibidem*, pages 11 et 12.

de tenures : 1° les tenures libres ou *Boclands,* subdivisées en alleux, appartenant en socage à des francs tenanciers et en *Thainlands,* sortes de fiefs avec service militaire obligatoire; 2° et les tenures serviles ou *Folclands,* exploitées par des serfs ou colliberts. Ces tenures étaient soumises à une taxe de transmission dite *le Hériot,* formant un droit de relief au profit du Roi qui, au décès du possesseur de la tenure, avait le droit de choisir dans l'héritage l'objet mobilier lui convenant le mieux, le plus beau cheval, le plus riche bijou.

III. *Époque Normande.* — La conquête des Northmans en 1066, sous Guillaume Ier, apporta à cette situation des changements de la plus grande importance, au point de vue intérieur et au point de vue extérieur. Guillaume Ier introduisit en Angleterre (en laissant de côté l'Écosse et l'Irlande, à cette époque complètement séparées), le régime féodal français *dans toute sa fleur,* à peu près celui qui fut importé en Syrie, avec les modifications exigées par la conquête elle-même, c'est-à-dire une civilisation tout à fait supérieure à celle des Anglo-saxons, et même à celle de l'ensemble de la France du XIe siècle. Par suite, l'Angleterre prit tout à coup dans l'Europe occidentale une place tellement considérable que, moins de deux siècles après la conquête, elle faillit conquérir la France elle-même, c'est-à-dire la première puissance de l'Europe. Si elle avait été assez forte alors pour opérer cette conquête, les destinées de l'Europe, de la France et de l'Angleterre même auraient été changées.

Ces graves événements ont eu la plus grande influence fiscale en Angleterre et surtout en France. La conquête de Guillaume a eu d'autres conséquences : 1° la constitution en Angleterre d'un pouvoir royal tout autrement puissant au XIe siècle que la royauté française; 2° une répartition nouvelle de la propriété foncière anglaise et un grand développement dans son exploitation; 3° la juxtaposition de deux populations qui, ayant, au fond, une origine commune, les Northmans et les Anglo-saxons, provenant également d'un mélange germano-scandinave, finirent par s'entendre et par constituer une nation puissante, sur un sol très fertile, avec un sous-sol plus riche encore, dans une île assez étendue pour entretenir une population nombreuse, et assez isolée pour être à l'abri des mouvements de populations, des invasions et des guerres de l'Europe. Aussi y a-t-il eu peu de conquêtes moins sanglantes, moins oppressives et plus fécondes que celle de l'Angleterre au XIe siècle. Aucune n'a été moins destructive. D'une part, les villes anglo-saxonnes, déjà importantes grâce au commerce maritime, non seulement conservèrent, mais agrandirent leur indépendance, en même temps que la puissance du gouvernement leur donna toute garantie contre les pirates étrangers. Dès lors, le commerce anglais prit son essort; il devint pour l'Angleterre, quoiqu'exercé d'abord par les marchands étrangers d'Allemagne et des Flandres, une source intarissable de richesse et un ferment inextinguible de progrès et de civilisation. D'autre part, il s'opéra une nouvelle répartition de la propriété foncière et de son exploitation, répartition d'une grande portée.

Pendant vingt ans environ (1066-1086), les Anglo-saxons tentèrent une résistance qui fut impuissante. Guillaume Ier ordonna la confiscation de toutes les terres des Saxons vaincus; il en fit la distribution régulière soit à ses compagnons, soit aux Saxons qui se soumirent, ou il les incorpora dans son domaine (*Demesne*). Aucune mesure semblable, aussi radicale du moins, n'avait eu lieu dans les Gaules du Ve au VIIe siècle; d'ailleurs le souvenir des appropriations, des occupations, des partages partiels, avait comme disparu à l'époque féodale. Cette distribution en Angleterre était accomplie en 1080, moment où fut dressé le livre de la conquête, *Domesday book*, l'un des monuments historiques les plus curieux de l'histoire de la civilisation. Le sol de l'Angleterre fut alors réparti en deux parties distinctes : 1° le domaine royal comprenant 1.422 Manors ou seigneuries, avec un grand nombre de domaines et de terres, et 2° 60.215 Manors ou fiefs appartenant, dans des proportions, qui variaient quant au nombre de 33 à 393, aux principaux barons normands ou seigneurs anglo-saxons ayant fait leur entière soumission. Sur ces 60.215 Manors le Roi conservait la directe supérieure du suzerain, semblable à celle que le Roi de France pouvait exercer sur les fiefs de son domaine propre, tout autre que le droit indéterminé auquel il prétendit plus tard sur le territoire entier des Gaules.

IV. *Du pouvoir royal et des impôts royaux en Angleterre jusqu'au* XIVe *siècle*. — De ces divers faits, il est résulté qu'à partir de la conquête de 1066, le pouvoir royal a possédé en Angleterre une prépondérance qu'il n'avait pas en France, prépondérance d'autant plus grande que le Roi d'Angleterre était demeuré duc de Normandie, et qu'à ce duché, si considérable, Henri II joignit, par sa mère, Mathilde, l'Anjou, le Maine et la Touraine, et par sa femme, Éléonore d'Aquitaine, toute l'Aquitaine, y compris la Guyenne, avec des prétentions sur le Languedoc. C'est contre cette terrible situation que les rois de France ont eu à lutter pendant 300 ans; prépondérance territoriale, prépondérance militaire, prépondérance fiscale; le tout se tient.

Comme armée, le roi d'Angleterre avait à ses ordres les barons des 1.422 fiefs de ses domaines, avec leurs 7.871 vassaux, plus les chevaliers des autres fiefs de l'Angleterre, sans compter les barons et leurs vassaux de Normandie, de l'Anjou et d'Aquitaine; ces forces militaires étaient évaluées pour l'Angleterre seulement à 60.000 hommes.

Quant à ses ressources fiscales elles se sont composées pendant les XIe et XIIe siècles (1), savoir : 1° des produits divers de son immense domaine, consistant en forêts, terres et propriétés urbaines; les forêts étaient exploitées directement; les terres étaient soumises à des redevances en nature, parfois converties en argent, d'après un tarif arrêté par le shériff, dans chaque comté; les revenus des villes et bourgs du domaine, d'abord encaissés par le shériff, furent ensuite affermés. Le Roi avait, en outre, un droit de corvée sur les vassaux, un droit de préemption sur les marchandises et un droit de prise ou de prélèvement sur les cargaisons de vin dans les ports domaniaux. 2° Des droits proprement féodaux dans ses domaines; les principaux étaient : *A*. Les aides aux 4 cas comme en France — *B*. Un premier relief des revenus d'une année au décès de chaque vassal — *C*. Le droit de tutelle avec appropriation des revenus au cas de minorité du vassal — *D*. Le droit de mariage, lorsque le vassal,

(1) Stephen Dowell, 1er vol., liv. I, II, III et IV, entiers. — Freeman, *Norman conquest*, t. III, chap. XXIV.

homme ou femme, se mariait, droit double si le mariage ne convenait pas au Roi — *E*. Un second relief au cas de vente du Manor, ou d'une hypothèque; ce relief, de même que celui d'héritage, devait d'abord être acquitté en armes et équipements de guerre. Henri II le convertit en une somme fixe de 100 schel, par fief de chevalier. 3° Des droits suzerains sur les épaves, les objets volés, abandonnés, naufragés, les animaux errants, les trésors de toute nature sans propriétaire certain, les baleines et les esturgeons extraordinaires, les amendes judiciaires, les compensations pour crimes et délits. 4° Les profits d'un autre ordre, quoiqu'ayant la même origine, provenant des chartes accordées aux villes et aux guildes. Par le fait de la conquête, toutes les villes et toutes les sociétés, déjà nombreuses en Angleterre, furent considérées comme relevant directement du Roi, Londres spécialement, déjà très importante. De là des multitudes d'arrangements et de traités, sanctionnés tous par une finance, souvent renouvelée, à propos de tout changement, comme foires, marchés, parcs, monopoles, shériffs spéciaux ; plus tard l'entrée de toute pièce de vin, la réception des navires, ou leur expédition dans les ports; 5° le *Danegeld*, établi en 1084, à propos d'une menace de descente des Danois; il fut fixé à 72 pences par *hyde*, soit 20 acres. Il devint annuel au taux de 20 schellings et tomba en désuétude dans la seconde partie du XIIe siècle (1). Il fut remplacé par diverses tailles qui étaient levées soit sur les tenanciers ruraux, soit sur les habitants des villes et bourgs du domaine royal. Ces tailles (tallages) n'étaient qu'occasionnelles. Dowell pense qu'elles étaient rarement d'un dixième des biens. Barons, évêques et clercs y étaient tenus. Elles furent converties peu à peu en dons gratuits. La grande Charte ne les mentionne pas.

Pendant les XIIe et XIIIe siècles, des changements successifs et considérables furent apportés dans les conditions fiscales du pouvoir royal en Angleterre. Ces changements furent si persistants et si onéreux qu'ils provoquèrent un mouvement irrésistible de réaction qui aboutit à une limitation formelle du pou-

(1) Le schelling vaut 12 pences et le pence 2 deniers.

voir royal et au rapprochement des Saxons et des Normands. Ils consistèrent principalement dans :

1° La conversion du service militaire dû au Roi en une taxe foncière temporaire dite *scutage* établie en 1159 à l'occasion d'une expédition projetée par Henri II contre le comte de Toulouse. Elle était de 1 liv. st. 6 schel. 8 deniers par fief du revenu annuel, de 20 liv. st.; elle fut encore levée en 1172 et en 1186. A cette époque, il aurait été impossible au Roi de France de lever une taxe pareille. Cette taxation accrut encore le pouvoir du Roi d'Angleterre en lui permettant de soudoyer une armée de routiers de tous les pays et d'en disposer en maître. Ce n'est qu'à la fin du XVe siècle que le Roi de France put aussi compter sur une armée régulière à ses ordres seuls. Richard Cœur de Lion leva 4 autres scutages 1189, 1193, 1195, 1196 ; et à partir de 1201, le scutage devint pour ainsi dire annuel, avec Jean sans Terre. Ce sont ces scutages qui amenèrent la grande crise de 1213-1223. Après avoir eu la concession de la *Charta Magna* pour premier résultat en 1215, cette crise s'est prolongée pendant une partie du XIIIe siècle. Elle entraîna un affaiblissement notable de la puissance du Roi d'Angleterre, une lutte prolongée entre lui, les barons, les évêques et les villes, l'intervention de Louis VIII, fils de Philippe-Auguste, et surtout celle de saint Louis, pour se terminer, en 1264, par la constitution définitive du parlement anglais, composé des barons, des évêques (chambre haute) et des communes (chambre basse) représentant des villes et des bourgs. La grande Charte stipulait qu'aucun scutage ne pourrait être exigé qu'avec le consentement du conseil commun du royaume, excepté dans les 3 cas féodaux de la rançon du Roi, du mariage de sa fille aînée et de l'armement, comme chevalier, de son fils aîné. Toutefois le scutage continua à être demandé et accepté, jusqu'au commencement du XIVe siècle, à titre de remplacement du service militaire. Le service répugnait aux Saxons et aux Normands, parce qu'il avait lieu surtout en France, ce qui en aggravait le poids : les Rois ne levaient le scutage que rarement et sur un taux plus modéré. Il consistait dans une véritable taille sur le revenu, laquelle, fixe quant au taux, était arbitraire quant au revenu ; elle était portée sur des cartes spéciales

les officiers de l'Échiquier. Néanmoins cette constitution de l'armée anglaise avec des ressources fiscales particulières est un fait militaire grave. C'est l'une des raisons de la guerre de Cent ans et des terribles épreuves de la France.

2° Le *carucage*, taxe agricole sur les terres qu'une charrue pouvait labourer dans une saison. Le taux de carucage était de 2 schellings, à l'origine; il fut plus tard porté jusqu'à 5 schel. Il disparut pendant la crise du XIIIe siècle.

3° *La dîme saladine ou taxe sur les biens mobiliers* (1). — Cette dîme fut levée par Henri II en 1188, de même que la taxe levée par Louis VII; mais elle était différente; elle ne portait que sur les biens mobiliers; pour le propriétaire foncier, troupeaux, céréales, provisions, instruments de culture; pour le citadin, meubles, argent, marchandises. La taxe était d'un dixième des évaluations, faites par un jury spécial, des biens de non-croisés. D'accidentelle, cette taxation devint temporaire pendant 150 ans; nouvelle différence des plus sensibles avec la France. Elle variait dans le taux et dans les objets qu'elle frappait tantôt du 40e, du 13e, du quart. Elle était due *par toutes les classes, même par les hauts barons et les évêques*. Elle portait tantôt sur les meubles, tantôt sur les revenus, ou les uns et les autres. Elle était établie dans les comtés et dans les villes par des officiers spéciaux. En 1237, un trentième fut levé et produisit 22,594 liv. st., somme considérable pour l'époque. On doit remarquer combien cette taxation est déjà différente de celles pratiquées en France; toutes les classes, même le clergé, la supportent; elle affecte à la fois le capital et les revenus mobiliers; elle a un caractère général; les contribuables sont admis à faire leurs déclarations, contrôlées par des officiers ou des jurys. Le mode de levée par répartition, qui a de grands inconvénients avec le pouvoir absolu, n'existe pas; c'est le mode par quotité qui prévaut. En lisant ces détails dans le livre de M. Dowell, on se croirait au XIXe siècle. Il y a mieux cependant. On a trouvé les deux cédules de l'impôt pour Colchester en 1295 et en 1301. Le taux était le

(1) *Taxes on moveables*, Dowell, chap. IV.

septième en 1295 et le quinzième en 1301 (1). C'est déjà une première application de l'income taxe.

4° *Les droits de douane ou customs.* — De tout temps on exigeait des péages (tolls) des marchandises qui entraient dans les ports d'Angleterre ou qui en sortaient. Ils formaient comme une prime d'assurance accordée par les Rois contre les risques sérieux de la piraterie. Les vins, les laines, les peaux, les cuirs étaient les principaux éléments du trafic. De tout temps le Roi prenait une barrique de vin sur 10, ou deux sur 20 et même plus. De là des arrangements en argent. Après avoir payé le Roi, il fallait aussi payer ses officiers, nouvelles exactions. La grande Charte eut aussi pour objet de les limiter. L'article 41 supprimait tous les droits (tolls) excessifs et maintenait les anciennes coutumes, *customs*. Rapportons ce texte si important qui atteste combien, au point de vue économique et fiscal, l'Angleterre avait pris l'avance sur la France : « que « tous les marchands jouissent d'une entière sécurité pour sortir « de l'Angleterre, pour y demeurer ou pour la parcourir, aussi « bien par mer que par terre, pour acheter ou vendre, sans « exigence d'aucun méchant ou injuste péage, sauf paiement « des anciens et légitimes *customs* (2) ». Les ports étaient dès lors pourvus de receveurs qui versaient les droits à l'Échiquier. En 1275, Édouard Ier, de l'avis du parlement, arrêta un tarif de un demi-marc (3) par sac de laine. Toutefois de nouvelles difficultés surgirent, et ce ne fut qu'en 1353, sous Édouard III, qu'un accord intervint, pour fixer les premiers droits de douane sur la laine, les toisons, le cuir et les vins.

5° *Taxes sur les Juifs.* — Les Rois d'Angleterre ont peut-être exploité les Juifs plus sévèrement encore que les Rois de France. Les Juifs paraissent avoir afflué en Angleterre après la conquête normande. Ils abordaient dans les villes et s'y livraient aux avances sur gages et à l'usure, contrairement aux lois. Les Rois en profitèrent, dit Dowell, pour les pressurer comme on pres-

---

(1) Dowell, *Ibidem*, page 44, chap. IV, tome premier.

(2) Stephen Dowell, *Ibid.*, chap. V.

(3) Le marc d'argent, ancienne monnaie anglaise, est évalué à 13 schel. 4 deniers.

sure une éponge; on les soumettait à des tailles spéciales et illimitées. Henri II exigea une taille du quart de leurs biens; on installa même dans l'Échiquier un échiquier spécial, dit échiquier des Juifs, pour encaisser les tailles les concernant. Enfin Édouard Ier les expulsa en 1290 après les avoir spoliés à peu près complètement; ce qui avait pu échapper aux agents royaux fut pris par la populace dans les ports où ils s'embarquèrent (1).

6° *L'Échiquier*. — L'Échiquier a été établi par Guillaume le Conquérant : institution ayant certaines ressemblances avec la *Curia regis* de France, mais d'un caractère plus rigoureux, eu égard à la conquête, fondement du pouvoir royal en Angleterre. Henri II le réorganisa en deux chambres, dont l'une dite chambre haute exerçait la justice fiscale et financière; la seconde, dite chambre basse, était chargée des recettes. Le chancelier dirigeait la première et le trésorier la seconde. Plus tard, la Chancellerie a été séparée de l'Échiquier, de même que la Chambre des comptes et le Parlement furent séparés de la *Curia regis*. A la fin du XIIIe siècle, la fonction de chancelier de l'Échiquier existait déjà. Elle consistait à présider aux diverses opérations de l'Échiquier, divisé en plusieurs sections (2).

V. *La dîme ecclésiastique*. — La dîme ecclésiastique catholique ne paraît pas avoir été établie en Angleterre avant la fin du VIIIe siècle (786); elle n'y a même pris un caractère général qu'après la conquête normande. D'après Selden, elle ne serait mentionnée dans un document sérieux qu'en 1285. Elle était payable en nature ou en argent. De même que dans la Gaule franke ou dans la France féodale, beaucoup de dîmes furent usurpées, et inféodées par les laïcs. Par contre, la dîme a eu un caractère plus général qu'en France car elle était parfois personnelle.

Le maintien de la dîme ecclésiastique en Angleterre, en Écosse et en Irlande au profit de l'Église anglicane, malgré l'importance des églises dissidentes, est un des phénomènes fiscaux les plus intéressants de l'histoire de l'impôt. Il atteste à

(1) Stephen Dowell, *Ibidem*, chap. VI.

(2) Stephen Dowell, *Ibidem*, chap. I, *The court of Exchequer*.

la fois la grande prospérité agricole de l'Angleterre et le caractère profondément moral et religieux de sa haute civilisation. Nous renvoyons pour de plus amples développements, spécialement pour le rachat des dîmes, au chapitre consacré aux impôts en Angleterre au XIXe siècle.

VI. *Des droits féodaux en Angleterre.* — Les droits féodaux n'ont pas eu en Angleterre le même caractère qu'en France, parce que les conditions générales de la propriété foncière, de la liberté individuelle, de la sécurité, de la société et de la civilisation n'étaient pas les mêmes. La véritable féodalité est résultée de la transformation subie par la civilisation gallo-romaine sous l'influence des invasions germaniques. En Angleterre, la civilisation romaine n'avait pas assez d'importance pour résister aux afflux des Angles, des Saxons, des Danois qui, avec quelques débris celtes, kymriques, gaéliques, ont fait et font encore le fond de la population et de la civilisation. Il y avait bien quelques éléments féodaux dans les afflux scandinaves et germaniques, mais les éléments romains ont manqué totalement. Or, nous avons montré quelle part revient à ces éléments romains, le judex, le seigneur justicier, les justices seigneuriales, les redevances seigneuriales dans la féodalité française, part essentiellement fiscale, qui a subsisté jusqu'en 1789. Cette face de la féodalité, ce genre de droits féodaux est à peu près étranger à l'Angleterre; au surplus les traditions, coutumes, redevances, taxations féodales transportées en Angleterre par Guillaume le Conquérant et ses chevaliers ont été celles de la Normandie, la partie des Gaules la moins romaine et la plus germanisée. Il en résulte que la féodalité a été, en Angleterre, différente de sa condition en France, moins oppressive, moins fiscale, avant tout foncière. Aussi a-t-elle duré bien davantage et n'a-t-elle pas donné lieu aux mêmes luttes, ni aux mêmes polémiques. En outre, le pouvoir royal l'a toujours limitée, puisque c'est avec lui qu'elle a été installée en Angleterre. Pendant au moins un siècle, les chevaliers, devenus propriétaires des *Manors,* et les *Thanes* saxons ralliés, ont eu besoin de la protection royale. Jamais ils n'ont compris les villes anglaises dans leur seigneuriage. Le Manor ou fief militaire noble normand n'a pas de rapport avec la grande seigneurie française. Il n'y avait pas à côté du Roi d'Angleterre des grands feudataires tels que le duc de Bretagne, le duc d'Aquitaine, le comte de Toulouse, le duc de Bourgogne, ni des seigneurs indépendants comme les Ebbe de Mont-Meillant ou les barons de Montratier, la plupart antérieurs au Roi de France, tous constitués sans lui et en dehors de lui.

Après la conquête normande, en dehors des terres considérables maintenues ou attribuées à l'Église, et de celles qui furent comprises dans le domaine royal, les autres, sans exception, furent distribuées par le Roi à ses chevaliers ou laissées aux Thanes, Saxons soumis. Toutes relevèrent du Roi; ce fait d'ordre supérieur a été étranger à la France. Le Roi en France n'a jamais eu de suzeraineté territoriale sur toutes les seigneuries, et tous les fiefs ne dépendant pas de son domaine. Les Folklands devinrent terres du Roi, les Bocklands, terres de l'Église, des barons et des Thanes. Les domaines des Manors furent répartis en tenures aux anciens Céorls saxons, aux hommes libres d'Angleterre ou de Normandie qui ont formé la *yeomanry* (1), la vraie source de la classe actuelle des fermiers en Angleterre, le fondement de l'agriculture anglaise, de même que les barons, les Knigths normands et les Thanes saxons ont constitué la *gentry*, l'aristocratie territoriale de l'Angleterre, ouverte au XVIIe et au XVIIIe siècles à toutes les personnes assez riches pour acquérir un estate (domaine).

Le type primitif de l'estate, c'est le *Manor*, la seigneurie, la grande ville gallo-romaine, vaste étendue de terres, les unes en culture, les autres en friche, appartenant à un baron qui concède les terres, à titres divers, aux chevaliers (Knigths), tenus au service militaire ou aux *free socagers* qui en sont exempts, mais qui doivent non seulement cultiver leur tenure, mais encore remplir certains services. Le domesday book mentionne 25.072 socagers et 7.871 *Knights* ou chevaliers. La tenure du chevalier est le *fee of Knight*, à peu près le fief militaire de France (*tenementum liberum*) avec les droits de tutelle, mariage, relief, service militaire dus au Roi, — service remplacé par le scutage — d'une étendue

(1) Garsonnet, *Ibid.*, p. 493.

de 4 hydes au moins. Les fiefs moins étendus sont des *fees de sergeanty*, tenus aux mêmes obligations. Le service est dû au Roi seul, c'est la différence fondamentale. Le Roi est le seul suzerain en Angleterre par le fait de la conquête. Le socage libre est une tenure féodale, mais non militaire (1). Elle exige l'investiture et la fidélité sans l'hommage. Le socage doit les aides dans les mêmes cas et dans la même mesure que le *Knight of fee*. Il doit le relief d'une année de revenu, en cas de décès et d'aliénation. La tenure est héréditaire et aliénable, sans droits de garde et de mariage (2).

Ces deux tenures furent soumises, à partir de Charles II, au même régime. Elles furent affranchies de scutage, droits d'aides, reliefs, saisine d'investiture et se confondirent dans la tenure dite en *Freehold*, propriété franche et libre sous la seule réserve du domaine éminent de la Couronne et du relief en cas de décès. La réserve du domaine éminent est inconnue aux fiefs non compris dans le domaine royal en France. La propriété foncière est en France, depuis 1789, la propriété romaine libre. En Angleterre les domaines en *Freehold* supposent la suzeraineté royale. En France, le fondement de la propriété foncière, c'est l'occupation ; en Angleterre, c'est la conquête.

A côté des domaines en *Freehold* se trouvent ceux plus nombreux dits de *Copyhold* (3). Ces domaines sont ceux ayant eu en Angleterre un caractère vilain ou roturier et servile, appartenant, lors du Domesday book, aux ceorls ou vilains au nombre de 108.407, aux 82.119 bordarii, aux 5.054 cottarii et aux 25.156 servi (4). L'amélioration de la condition des vilains (ceorls, bordarii, cottarii) eut lieu assez rapidement et fut constatée par le *copyhold* ou copie du rôle du Manor sur lequel ils étaient inscrits avec mention de la coutume du Manor. Le statut de Charles II, relatif aux tenures en Freehold, maintient la condition des tenures en Copyhold qui occupaient le tiers du territoire britan-

(1) Garsonnet, *Ibidem*, page 448.

(2) Garsonnet, *Ibidem*, page 447.

(3) Garsonnet, *Ibidem*, 451. — Lefort, *Locations perpétuelles*, 358. M. Doniol nous paraît avoir trop dramatisé la situation des *Copyholders*, *Ibidem*, page 283.

(4) Glasson, *Institutions de l'Angleterre*, 2e vol., pages 146, 169.

nique (1). Le possesseur en Copyhold a un droit héréditaire de jouissance tant qu'il remplit ses obligations, qui consistent à payer les reliefs, le *hériot* et une rente nette (*quitrent*). Les reliefs ou fines sont de deux ans du revenu en cas de transmission par décès ou par aliénation. Les droits se divisent entre les cotenanciers proportionnellement à leurs droits dans la tenure qui se partage entre tous les enfants mâles (2). Le *hériot* n'est dû qu'en cas de décès. Ces droits étaient assez lourds. Néanmoins ils n'ont pas été un obstacle aux progrès extraordinaires de l'agriculture anglaise au XVIIIe siècle.

Au-dessous des vilains proprement dits, à peu près les roturiers français, mais dans une situation meilleure plutôt que moindre, se trouvaient les divers tenanciers, en partie libres, en partie serfs, — il n'y a jamais eu que peu d'esclaves sur le sol britannique — qui exploitaient les terres à titres de fermiers, en vertu de baux (*leases*), à vie, à terme ou à volonté (*at will*), par tolérance ou sufférance (3). Peu à peu, au fur et à mesure que les liens féodaux se sont affaiblis, *la tenure at will*, d'origine servile, a prévalu sur les autres. D'un côté, les domaines ont tendu à devenir tous des *Freeholds*, d'autre part les baux à devenir *at will*. Cette double tendance, par suite des traditions féodales, n'a pas été préjudiciable aux familles de fermiers anglais — mais elle a dévasté l'Écosse et l'Irlande, en exposant les tenanciers à la rapacité des landlords étrangers et à l'application rigoureuse de la loi de la rente, d'après leur caprice, tout autrement accablante que les droits féodaux fixés par la coutume, et stables.

Nous le répéterons ici, les institutions féodales donnaient aux tenanciers, par la propriété conditionnelle mais coutumière et héréditaire, des garanties et des moyens d'amélioration que le bail temporaire et surtout annuel ne saurait comporter. Il a fallu la prospérité générale de l'Angleterre depuis deux siècles et la modération des landlords anglais en Angleterre, pour que

(1) Garsonnet, *Ibidem*, p. 453.

(2) Garsonnet, *Ibidem*, 456, compare le tableau tracé par M. Doniol, du hériot, *Ibidem*, p. 284.

(3) Garsonnet, *Ibidem*, 459.

le bail *at will* ne ruinât pas l'Angleterre, comme il a ruiné l'Irlande dont la population est tombée de 8 millions à 4 millions en un siècle. Il y a des formes d'exploitations foncières tout autrement onéreuses que les impôts et les droits féodaux pour les cultivateurs. Tel est le cas des fellahs d'Égypte et des serfs de Russie.

Toutefois la plus grande différence entre les droits féodaux en Angleterre et en France est provenue de la diversité des conditions économiques des deux territoires. Après la période des résistances locales, la conquête normande a été suivie en Angleterre d'une époque de grande prospérité agricole qui s'est prolongée jusqu'au xve siècle (1). Vis-à-vis des tenanciers, non soumis à la servitude, les nouveaux ou anciens propriétaires, chevaliers, Thanes, n'ont pas été à même de montrer autant d'exigence qu'en France et ils n'en ont pas eu besoin. Les droits féodaux se sont réduits à tout au plus ce qu'ils étaient en Normandie au xie siècle. Ils viennent d'être énumérés parmi les ressources du Roi d'Angleterre. Point de tailles *ad misericordiam,* point de banalités, de champarts, point de péages de seigneurie à seigneurie, des corvées moins nombreuses, un service militaire limité parce qu'il est dû principalement au Roi. Aussi, les droits féodaux, malgré toutes les restrictions fâcheuses qu'ils imposaient à la propriété foncière anglaise, se sont-ils conservés plus longtemps qu'en France; ils n'ont pas soulevé de violences; ils n'ont point mis obstacle au prodigieux développement de l'agriculture anglaise, magistralement étudiée, il y a un demi-siècle, par M. Léonce de Lavergne dans un livre qui fait encore date en agronomie comparée. D'ailleurs les droits de relief et les aides avaient été également réglés par la grande Charte, ainsi que les taxes que le Roi était autorisé à lever dans les villes et dans son propre domaine. Il en a été de même des droits de justice, de garde, de tutelle, de mariage, de mainmorte, des amendes. Le principe du consentement de l'impôt avait été

---

(1) On trouvera le tableau très intéressant, mais peut-être optimiste, de cette propriété dans le livre de Thorold Rogers, *Six centuries of work and wages,* 1884.

posé et accepté. Les Anglais préférèrent régler le mode de l'impôt que d'en surveiller l'emploi. Au contraire, en France, on s'attacha à régler l'emploi de préférence à l'impôt lui-même (1).

Dans leur ensemble les droits féodaux en Angleterre étaient moins variés, moins nombreux, moins onéreux qu'en France. Ils pénétraient moins dans la vie économique de la nation. Ils avaient un caractère fiscal moins excessif; amendes, confiscations, frais judiciaires étaient moins multiples. Les villes avaient pris plus d'importance et conquis plus d'indépendance; elles avaient toutes obtenu, en les achetant, des Chartes qui limitaient le droit royal de taxation. Elles réglaient leurs taxes qui, de bonne heure, consistèrent principalement en des contributions directes (rates) sur les immeubles; il en était de même pour les Comtés (County rates) et pour les Hundreds (Hundred rates) (2).

Aussi à la mort des fils de Philippe le Bel, à la veille de la guerre de Cent ans, les conditions générales de l'Angleterre étaient bien supérieures à celles de la France. Le Roi d'Angleterre exerçait son autorité sur tout le territoire, réuni sous sa main. Il avait à sa disposition une armée qui ne dépendait que de lui. Il ne pouvait exiger d'impôts sans le consentement des contribuables. Les diverses classes sociales n'exerçaient pas, les unes sur les autres, des prélèvements excessifs. Elles n'étaient pas séparées irrévocablement par la différence de leurs intérêts.

Nous n'insisterons pas, quant à présent, sur le fait prédominant de la supériorité des institutions politiques et sociales de l'Angleterre comparées à celles de la France, à partir de la conquête normande, puisque nous aurons à le mettre en saillie à propos de la guerre de Cent ans qui a exercé tant d'influence sur les destinées historiques de la France et sur ses institutions fiscales. L'Angleterre a été colonisée par des éléments nouveaux, dans

(1) M. Glasson a donné, même ouvrage, tome IV, pages 77-163, un tableau comparatif des conditions fiscales de la France au XIVe siècle. « A aucune époque, dit-il, on n'a posé solidement, comme en Angleterre, le principe du vote de « l'impôt par les représentants de la nation ». En effet, ce principe n'était pas au fond féodal.

(2) Glasson, *Ibidem*, 1er vol., p. 84.

lesquels l'élément romain, profondément différent, n'a tenu aucune place. Il n'en a pas été de même de la France, dont la colonisation a été faite par des éléments mixtes, dans lesquels les détritus des anciennes civilisations et des vieilles races ont apporté des germes inférieurs.

§ 3. *De la féodalité, des impôts et des droits féodaux en Allemagne.*

Les différences sont encore plus grandes entre la France et l'Allemagne qu'entre la France et l'Angleterre : climat, territoire, race, population, civilisation, destinée historique. A l'exception des colonies rhénanes, l'Allemagne a encore moins subi l'influence romaine que l'Angleterre; par contre, elle a exercé une action, non pas décisive, mais très considérable sur la France à raison des invasions des tribus germaniques et des pénétrations dans les Gaules qui n'ont pas cessé, depuis le second siècle avant l'ère chrétienne. Les pénétrations durent encore; elles ne cesseront jamais, eu égard à la situation respective des territoires, à la vitalité de la race germanique et à sa force d'expansion.

Tant que dure le mouvement des invasions vers l'Ouest et vers le Midi, l'Allemagne ne forme ni une unité territoriale, ni un corps de nation. Elle se divise en diverses régions habitées par des populations différentes, mais que l'unité de la langue rapprochera un jour : Francs, Burgondes, Wisigoths, Ostrogoths, Alamans, Lombards, Saxons — chacun de ces éléments ethniques possède cependant une certaine civilisation, puisque chacun a une législation spéciale (1). Les premiers Carolingiens, surtout Charlemagne, tentent une union de ces éléments et les soumettent au même gouvernement que les Gaules et que l'Italie du nord. — Mais, dès la mort de Charlemagne, l'unité de gouvernement se disloque, parce que les Carolingiens sont impuissants à maintenir la sécurité. La cause politique déterminante de l'établissement progressif du régime féodal en France n'est autre que la

(1) *A travers l'Allemagne*, t. II, 1894, p. 568, par M. E. Fournier de Flaix.

nécessité de pourvoir à la rupture de cette unité et de protéger le territoire comme la population, contre de nouvelles invasions.

I. *Constitution territoriale et politique de l'Allemagne.* — Les Carolingiens représentent en Gaules l'élément germanique; ils sont rejetés au delà du Rhin par un mouvement national dont la féodalité est la force motrice; mais ils conservent en Allemagne leur influence et la direction du gouvernement jusqu'en 916. Il en résulte qu'au moment où tout tombe en Gaules dans une complète anarchie, au contraire les divers éléments germaniques peuvent se grouper autour des descendants de Charlemagne; c'est un fait qui présente quelque analogie avec la conquête de l'Angleterre. Au xe siècle se fonde l'empire teutonique ou allemand, de même qu'au xie siècle se fondera le royaume d'Angleterre, l'un et l'autre à une époque où la Royauté française s'effondre d'abord, puis se relève lentement. De là de grands contrastes dans les conditions politiques qui ont leur répercussion dans les conditions fiscales. De même que l'Angleterre, l'Allemagne n'est devenue féodale que postérieurement à la France. « L'Allemagne, de royaume proprement dit, est devenue un « royaume féodal, et elle devint à la fin du moyen âge d'État « féodal une confédération d'États (1) ». Cette confédération a duré jusqu'en 1806 — et même, à plusieurs points de vue, elle dure encore; cela seul suffit à démontrer que la féodalité française n'a dû qu'une partie de ses éléments aux influences germaniques.

II. *Du régime impérial en Allemagne.* — En France, le régime féodal a été précédé d'une très longue anarchie qu'il a comprimée; il est sorti comme une nécessité publique de la condition du gouvernement, des personnes et des terres; les seigneurs ont été, pendant trois siècles, le gouvernement lui-même et la royauté s'est trouvée n'être qu'une seigneurie, pendant un siècle et demi, moins importante que d'autres. Il n'en a pas été de même en Allemagne (2). Le pouvoir impérial, sur lequel l'Église

(1) Secrétan, *Essai sur la féodalité*, 1858, p. 168.

(2) Bryce, *Le Saint-Empire romain-germanique*, 1870, chap. VIII et IX, *la Féodalité en Allemagne*.

a exercé une action encore plus grande qu'en France, n'a pas consisté réellement en une seigneurie — il a été constitué pour toute l'Allemagne et délégué à une famille nationale, placée au-dessus de toutes les autres; par suite, il a eu un caractère universel, caractère qui n'a appartenu, malgré le sacre, aux Capétiens, que longtemps après Hugues Capet. Quelle figure font Hugues Capet et ses successeurs immédiats, dans l'histoire de l'Europe, à côté de Conrad, d'Henri l'Oiseleur et d'Othon le Grand? — Le pouvoir impérial est antérieur, non pas aux éléments du mouvement féodal en Allemagne, mais à la féodalité elle-même. Il a concouru à son établissement. En France, le pouvoir royal est postérieur au mouvement féodal, en est devenu l'ennemi, et a péri lui-même, lorsque ce mouvement a eu épuisé totalement ses forces vitales. D'abord traditionnel, plutôt qu'héréditaire, le pouvoir impérial est devenu électif; l'hérédité a disparu. Par un contraste étrange cette hérédité s'est reconstituée de nos jours, plus forte qu'elle n'a jamais été, au milieu d'une période démocratique. « L'empereur était le gar« dien lui-même du droit (il s'agit du xe siècle) c'est de lui que « découle toute juridiction; tous les droits utiles de l'empire « (c'est-à-dire tous les impôts), désignés sous le nom de *régales*, « sont à sa disposition, et il en perçoit les revenus pour autant « qu'il ne les aurait pas aliénés (1). »

A côté de l'empereur quatre ducs principaux — *Franconie, Saxe, Souabe, Bavière*, mais subordonnés à l'empereur qui surveille et limite leur action; au-dessous d'eux les comtes palatins (*pfalzgrafen*), puis les *markgrafen*, puis les *landgrafen*, puis les *gaugrafen*, puis les *burgrafen*. — A côté d'eux les archevêques, les évêques, toute une hiérarchie de personnages dont l'empereur est le chef suprême, sans conteste, et auxquels il impose son autorité, s'ils la contestent (2).

Au-dessous d'eux les diverses classes de la population et les diverses sortes de biens.

---

(1) Secrétan, *Ibidem*, p. 159-160, 585. — Garsonnet, *Locations perpétuelles*, p. 314, 340.

(2) On trouve dans le livre de M. Secrétan une exposition de cette hiérarchie, p. 152-165; Garsonnet, *Ibidem*, p. 340.

Les ressources fiscales du pouvoir impérial proviennent principalement : A, du domaine impérial comprenant une grande partie de l'Allemagne elle-même ; on peut en juger encore aujourd'hui par l'importance des biens domaniaux dans toute l'Allemagne, principalement en Prusse (1) ; B, des droits féodaux dus à l'empereur par les vassaux, arrière-vassaux, tenanciers, villes du domaine (2) ; ils ne sont pas les mêmes qu'en France ou qu'en Angleterre ; C, des régales ou revenus et taxes attribués au pouvoir impérial dans tout l'empire (3), savoir : 1° indemnité due pour le service militaire (Dienstgeld) ; 2° divers droits forestiers, notamment la chasse ; 3° le droit de pêche sur les rivières navigables ; 4° les mines ; 5° le sel, même le sel marin. Longtemps les régales ont eu le caractère féodal ou seigneurial en France.

III. *De la féodalité en Allemagne.* — Quoique les éléments féodaux n'aient pas été les mêmes en Allemagne qu'en France, le mouvement féodal a été provoqué par des faits du même ordre.

1° L'insuffisance de la sécurité, à la suite des incursions des Hongrois, des Polonais et des Slaves, pendant le xe et le xie siècle (4). « L'état féodal germanique ne s'est fondé que par les « réformes militaires d'Henri l'Oiseleur (919-936) ; des guerres « continuelles avec les Hongrois et les Polonais rendaient néces- « saire la création d'une armée exercée, surtout de cavalerie ; « ce service fut demandé aux grands seigneurs laïques et ecclé- « siastiques, qui durent le fournir par eux-mêmes et par leurs « vassaux ; le reste des hommes libres fut dispensé du service « militaire et paya en échange une redevance en argent ; l'in-

(1) *E. Fournier de Flaix* : Systèmes financiers des divers États, 1er vol. 1889. — Finances de l'Allemagne, Prusse, Bavière, Wurtemberg, Bade ; voir notamment le tableau page 312.

(2) Voir ci-après l'importance des villes allemandes et la nature de leurs impôts.

(3) Secrétan, *Ibidem*, p. 585-588. — Garsonnet, *Ibidem*, p. 340.

(4) Garsonnet, *Ibidem*, 311. — M. Garsonnet émet l'opinion, p. 246 et 302, que la féodalité est une *création* des Carlovingiens ; malgré l'autorité de son ouvrage, qui est presque une histoire du mouvement féodal, nous ne pouvons souscrire à son opinion. La féodalité en France, en Allemagne et même en Angleterre, a été un fait d'ordre économique et social ; c'est un fait foncier et agricole. Il y a lieu également de faire des réserves au sujet du service militaire ; comme en Allemagne, les liens féodaux étaient moins stricts qu'en France, le service militaire y fut moins rigoureux à titre d'obligation féodale, fait général dans l'Europe centrale et orientale.

« fanterie se composa de mercenaires; ainsi se forma la hiérar-« chie féodale. » Henri l'Oiseleur n'a fait que suivre l'exemple de Charles le Chauve; seulement, en Allemagne, le pouvoir impérial grandissait, il put concourir aux grands changements sociaux qui s'accomplissaient et les diriger d'abord à son profit; au contraire, dans les Gaules, le pouvoir central s'effondrait, ils se firent contre lui. Ce ne fut que lentement et, même après une longue et terrible lutte nationale aux XIVe et XVe siècles, que le pouvoir royal, en France, put parvenir à accomplir, cinq siècles plus tard, les mêmes changements, tant tout était différent entre la France et l'Allemagne. Au Xe siècle, l'Allemagne entrait, pour la première fois, dans la voie de la civilisation; les Gaules émergeaient de l'effondrement complet de la civilisation romaine; elles entreprenaient de s'en donner une nouvelle; tout était jeune, nouveau, brillant en Allemagne; tout avait déjà subi l'usure du temps dans les Gaules qui vont devenir la France; même situation pour l'Angleterre.

2° La mise en culture d'une grande partie de l'Allemagne (1) encore plus couverte, que les Gaules, d'immenses marécages et d'impénétrables forêts dans lesquelles les empereurs chas-

(1) Inama Sternegg, *Deutsche wirthschafts-geschichte bis zum schluss der karolinger period*, 1879. — Depuis, M. Inama Sternegg a publié un second volume sur l'état économique de l'Allemagne du Xe au XIIe siècle.

Lamprecht, *Wirthschaft Leben of Deutchland in mittelalter*, 1888, 4 vol. in-4°. Ces deux ouvrages remarquables contiennent une description, du plus haut intérêt, appuyée sur des documents de première main, de l'état économique de l'Allemagne occidentale au moyen âge. Ils forment un ensemble extraordinaire des résultats auxquels peut s'élever la haute érudition d'aujourd'hui. Nous signalons particulièrement, dans ces deux ouvrages, les chapitres relatifs à la colonisation de l'Allemagne occidentale au moyen âge, à la formation des grands domaines, à la mise en culture du sol et à la constitution des classes rurales. L'époque féodale n'a pas été autre chose, malgré les déclamations des gens qui en parlent sans la connaître, surtout en France où elle a joint au caractère colonial le caractère militaire, pour constituer et défendre le territoire, et le caractère fiscal par suite de la tradition romaine. Dans ces deux monuments germaniques la fiscalité a peu de place, parce que cette tradition romaine est fort peu de chose dans la civilisation germanique.

Le mémoire de M. Mignet sur l'introduction de la Germanie dans la société civile de l'Europe ne tient pas assez compte du mouvement de colonisation propre à l'Allemagne.

On trouve les ouvrages de MM. Lamprecht et Inama Sternegg à la Bibliothèque nationale.

saient encore l'élan et l'auroch, disparus de celles des Gaules. On peut considérer qu'au moyen âge l'Elbe a été la limite des territoires cultivés en Allemagne. Roscher signale (1) l'existence actuelle, dans la Prusse orientale et dans le Mecklembourg, de domaines de 2.500 à 5.000 hectares. Ce sont les débris de terres plus étendues encore. Pour cultiver ces terres, il a fallu, comme dans les Gaules, fixer, avant tout, les populations au sol, combattre et détruire l'état nomade. Pendant longtemps, les forêts germaniques n'ont été qu'un immense chemin à travers lequel passaient les tribus diverses venant de l'Est. La communauté rurale, forme primitive dans le nord de l'Europe, de l'occupation (2) et de l'exploitation du sol, était impuissante à retenir les populations. C'est par la propriété privée, alleu, fief, tenure conditionnelle qu'elles ont passé de la condition nomade à la condition sédentaire. A cet égard, les conditions économiques et agricoles du nord des Gaules ressemblaient à celles de l'Allemagne occidentale. La féodalité est provenue en partie des mêmes causes dans les deux États.

IV. *De la condition des personnes.* — D'une manière générale, la liberté personnelle, individuelle tenait la même place parmi les tribus germaniques que l'esclavage dans la société romaine ou grecque; la liberté était la règle; l'esclavage, l'exception (3). C'est une première différence fondamentale, qui domine l'histoire entière de la civilisation de l'Allemagne et qui, même aujourd'hui, fait sentir son influence. L'habitude de l'association, que les Allemands ont conservée et qui se manifeste dans la plupart de leurs institutions, constitue une seconde différence, qui se relie à la première, et qui est aussi importante. De cette pratique de l'association, combattue à outrance en Gaules par les Romains et à peu près détruite, est sorti le *comitatus* ou le *gasindi* germanique, le compagnonnage militaire (4),

(1) *Économie rurale*, traduction Ch. Vogel, 1888, p. 295, 575, 185.

(2) Roscher, *Ibidem*, p. 293. — Inama Sternegg, *Die Ausbildung der grossen grundherrschaften in Deutschland wahrend der karolingerzeit.*

(3) Tacite, *De moribus germanorum*, XXIV et XXV.

(4) Tacite, *Ibidem*, *ea gloria est si munero ac virtute comitatus emimeat.* Dans ce paragraphe célèbre, Tacite emploie trois fois le mot *comitatus*, XIII.

l'un des grands éléments de la féodalité, origine de la *fidelitas* guerrière, de cette foi féodale qui caractérise la chevalerie particulièrement, de ce lien personnel qui unit le seigneur au vassal, qui crée entre eux des droits et des devoirs nouveaux, inconnus aux civilisations de Rome et de la Grèce (1). Liberté personnelle, association, tels sont les deux traits fondamentaux de la civilisation de l'Allemagne, traits étrangers à peu près à celle des Gaules, accablées, dans leur phase celtique, par la conquête romaine. Ces deux traits ont une influence immédiate sur la condition des personnes. L'esclavage n'a exercé presqu'aucune action sur la civilisation germanique. Quoique la servitude, surtout au delà de l'Elbe, y ait persisté plus longtemps qu'en France, même jusque dans les premières années du XIXe siècle, elle n'a jamais pris, du Ve au XIVe siècle, le même développement que dans les Gaules et en France. Par suite, la liberté personnelle, l'extraction libre, premier élément de toute condition sociale en Gaule, ne joue pas le même rôle en Allemagne puisqu'elle y est le droit commun, tandis que longtemps, en Gaule, c'est la servitude. Autre conséquence, si, dans les Gaules, les degrés de la servitude étaient infinis, en Allemagne les degrés de la liberté étaient très nombreux; les situations sociales sont opposées.

A la fin du XIe siècle, on distinguait en Allemagne : 1° les divers membres de la hiérarchie impériale avec la *Landesheerschafts* remontant à l'empereur et dépendant de lui; 2° les *freien Herren* avec *Landeshoheit*, correspondant assez exactement aux seigneurs français, possesseurs de fiefs; 3° les *Lehenmanner*, les *Ritterburtigen*, propriétaires libres, qu'on peut assimiler aux vassaux des fiefs, mais plus nombreux qu'eux, surtout dans les

(1) On sait que Socrate sauva la vie à Alcibiade au siège de Potidée et à Xénophon au combat de Délium. On peut rapprocher de ces faits la conduite pieuse du citoyen romain qui, au moment ou les Gaulois menacent Rome, descendit avec sa famille de son chariot pour y faire monter les vestales. Il y avait même entre Spartiates, comme entre les compagnons du bataillon sacré de Thèbes, des liens d'attachement et de dévouement particuliers, quoique parfois d'un caractère inférieur. Néanmoins les rapports entre le vassal et le seigneur étaient d'une nature supérieure, reposant sur le droit et par suite sur une notion bien plus élevée du devoir, témoin les rapports de saint Louis et de Joinville.

villes, donnant un caractère spécial à la population de l'Allemagne, supérieurs aux roturiers et vilains de France. Ces diverses classes sont régies par un droit particulier, le *Lehnrecht;* elles font partie de la société féodale même (*Heerschild*) dans laquelle on compte jusqu'à sept catégories. Rien de pareil en France, où le véritable noble est, au fond, l'individu d'origine libre — roturier celui qui est d'origine servile. Tout noble est gentilhomme. Le roi est le premier gentilhomme de son royaume (1).

Venaient ensuite les *mittel freien*, les *halb freien* très nombreux, comprenant les paysans libres, fermiers, métayers, colons divers, qu'on peut assimiler aux roturiers « hommes libres qui ne possèdent pas la terre qu'ils cultivent à titre de propriété, mais de censive (*zinsgut*) (2); puis les *ministeriales* et enfin les serfs ou *Hœrigen*. Ces classes ont un droit spécial, le *Hofrecht*. Le paysan libre d'origine n'a pas été entièrement inconnu à la France, mais il n'y a pas eu la même importance qu'en Allemagne — en vertu du fait qu'en Allemagne la liberté est la règle, tandis qu'elle n'a été que l'exception en France. Ce fait est de grande importance, nous le signalerons pour les États scandinaves, même danubiens; les paysans libres correspondent presque aux petits propriétaires italiens qui ont résisté à Annibal. Les ministériales ou *Diensleuten*, gens de la domesticité intérieure, admis dans le *comitatus* ou le *gasindi*, sortis du servage et parvenus, peu à peu, à la demi-liberté sont des affranchis. Quant aux *Hœrigen* ou *Grundholden*, ils représentaient, tout étant mieux traités, les cultivateurs des tenures serviles en France.

Les traits les plus remarquables de cette organisation consistent en ce que : 1° la hiérarchie féodale (*Heerschild*), est plutôt l'œuvre impériale que celle du territoire et du temps, comme en

(1) Sur tous les détails intéressants de ces conditions diverses, consulter : 1° Secrétan, *Ibidem*, pages 155-168, 189, 194; Garsonnet, *Ibidem*, pages 315, 379, 497, 503.

(2) Garsonnet, *Ibidem*, page 316 : « *Zins*, signifie une rente foncière, au lieu que dans une partie de la France, le mot cens éveille l'idée d'une rente seigneuriale. Les petits alleutiers (paysans libres) sont libres et le nom de leur redevance (freiezins) en exprime le caractère. »

Le *Lehnrecht* est le droit féodal même, le *Hofrecht*, le droit seigneurial.

France. — Les hauts personnages, investis de la *Landesheerschaft* ou de la *Landeshoheit*, représentent les grands vassaux et les principaux seigneurs militaires de France. Ils dépendent directement de l'empereur. Il leur a donné leur office (Amt-Honor). Il sont unis à lui par le double lien de la fidélité militaire et de l'office (1); 2° à l'empereur, l'impôt (*subsidium*) est dû par toutes les personnes, même celles jouissant du *Lehnrecht* et comprises dans les catégories de la hiérarchie féodale, comme par celles ayant le Hofrecht. L'impôt n'a pas et ne peut avoir en Allemagne le même caractère qu'en France; c'est avant tout le *Heersteuer* (impôt de guerre) complétant le *Heerdienst* (service de guerre) le remplaçant même. L'impôt (*steuer* — subsidium —) n'a pas, par lui-même, l'origine inférieure, presque servile qu'il revêt en France. Les conditions et les origines sociales diffèrent : point essentiel, en France, la tradition fiscale est romaine, servile. Ici, la séparation entre le monde germanique et le monde romain ou gallo-romain est profonde.

Là où la liberté personnelle est le fondement de l'État, l'impôt n'a pas le caractère servile. Dans ces conditions, comment expliquer que le véritable régime féodal ait duré beaucoup plus longtemps en Allemagne qu'en France, qu'il ait abouti à un état fédératif et non militaire et, jusqu'à la fin du XVIIIe siècle, au moins, à une productivité et à une élasticité fiscales très inférieures à celles de la France? La raison essentielle de ces différences fort curieuses, contradictoires en apparence, n'est autre que l'inégalité de fertilité des deux territoires, allemand et français. La richesse du territoire, les ressources qu'il procure, ressources auxquelles était adaptée la fiscalité féodale, ont suffi, en France, pour tout transformer, pour arracher les Gaules à l'épouvantable anarchie mérovingienne, legs de la conquête romaine, et pour la remplacer par les merveilles des XIIIe, XVIe et des XVIIe siècles, pour émanciper, avec le temps, toute la population, pour obtenir, aujourd'hui, une production agricole moyenne de 14 à 16

(1) Secrétan, *ibidem*, p. 60. M. Lamprecht donne des détails complets sur les *grossen grundherschaften* — les *grossen grundbesitzen* — la *vogtei* — la *Landeshoheit*. — *Principes pro victoria pugnant*, *comites pro principe*. Tacite, Germania, XIV.

milliards de francs dans de bonnes années, production qui est en voie de s'accroître encore. Le sol de l'Allemagne ne comporte pas, malgré une agriculture très avancée, de semblables résultats; l'industrie et le commerce, quoique de très bonne heure assez prospères en Allemagne, ne pouvaient remplacer, comme aujourd'hui, ce que l'agriculture était hors d'état de fournir; les ressources, jamais en hommes, mais en subsistances, en vêtements, en capitaux, en numéraire ont, de bonne heure, fait défaut à l'Allemagne, pour soutenir l'œuvre impériale, l'unité de l'empire, d'autant plus que l'Allemagne orientale n'a commencé son développement économique qu'au XVe siècle. Aussi à l'époque où la monarchie s'imposait comme la condition de l'ordre politique en France, la féodalité fédérative devenait celle de l'ordre économique en Allemagne. D'ailleurs la féodalité allemande a plutôt ressemblé à la féodalité française des XIIIe et XIVe siècles, déjà sur le déclin, qu'à celle du XIe siècle; le baron local, aux lieu et place du chef de bande et, plus tard, du senior, n'y a pas eu la même importance sociale qu'en France.

V. *De la condition des terres et des tenures.* — En ce qui concerne les terres, les différences sont encore plus grandes. Nécessairement la condition des personnes a influé sur la condition des tenures; en France, à l'exception des alleux qui ont été en diminuant, le principe féodal, *nulle terre sans seigneur* a prévalu; il n'en a pas été de même en Allemagne (1) parce que : 1° les terres, relevant directement de l'empereur, étaient très nombreuses; 2° les communautés rurales avaient plus d'importance; 3° la liberté personnelle, notamment pour les paysans cultivateurs, était le fondement de la société même; 4° enfin l'œuvre de l'appropriation du sol s'est prolongée bien plus tard qu'en France. On distinguait par suite : 1° les terres relevant de l'empereur, sans faire partie de son domaine propre, mais soumises à son avouerie (2) (*Vogtei*). C'est par les effets de l'avouerie que beaucoup de villes allemandes relevèrent également de l'empereur; 2° la seigneurie réelle, dite *grundheerschaft*,

(1) Garsonnet, *Ibidem*, 316.

(2) Garsonnet, *Ibidem*, 498. — Secrétan, *Ibidem*, 150-165.

comprenant un certain nombre de fiefs, (Fronhof), et d'arrière-fiefs. Le *fronhof*, domaine avec corvées, terre salique à l'origine, fut d'abord exempt d'impôt; il est doté de la justice. — Mais plus tard, la justice lui est enlevée et l'immunité fiscale disparaît (1). Inutile d'insister sur la portée de ces deux grands faits. Les fiefs français ont conservé la justice, sauf appel, et l'immunité fiscale en partie, jusqu'en 1789. Justice et redevances fiscales, avec service militaire, ont été revendiquées d'abord par l'empereur, puis par les seigneurs supérieurs, ou princes de l'empire entre lesquels le pouvoir impérial a fini par se répartir (2). Le fronhof s'est distribué en lots ou parts, variant de 15 à 30 arpents, entre les *Lehenmanner* libres, assujettis à de nombreuses redevances et à divers services envers le seigneur, *Herr Frei*, propriétaire du fronhof. Les obligations principales du tenancier libre sont le cens, qui est modique, avec ordinairement le caractère foncier, le *mortuarium,* c'est-à-dire le relief, le droit de mutation à son décès et les corvées, le tout d'après la coutume. — Il peut aliéner sans payer un relief spécial (3). — Il n'est pas toujours tenu au service militaire comme en France; sa condition diffère sensiblement du vassal français. Parfois il ne doit ni foi ni hommage; il échappe même à l'investiture; il n'est pas assujetti aux dénombrements; on ne voit pas trace de banalités, ni de tous les autres droits féodaux, si nombreux en France; 3° Le *bauernhof*, tenure libre des paysans libres, comportant les mêmes obligations que celles des tenanciers du fronhof, mais supérieure aux diverses tenures roturières françaises, parce qu'elle n'a, ni quant au possesseur, ni quant à la tenure, de caractère servile, pas plus dans le passé que dans le présent, distinction essentielle; 4° venaient ensuite diverses tenures ayant le caractère de bail perpétuel, héréditaire, ou temporaire, qui ne pouvaient être aliénées

---

(1) M. Garsonnet a parfaitement résumé les résultats du grand ouvrage de Maurer, *geschichte der Fronhof* (fief), *Bauernhof* (ferme-tenure), *und die hofverfassung*, (seigneurie) *in Deutchland*, 1862; 4 volumes, *ibidem*, 427. En Allemagne le mot fief n'a pas le sens strict qu'il a eu en France. Il est moins militaire et juridique, et plus domanial.

(2) Fait général dans l'Europe non romanisée.

(3) Garsonnet, *Ibidem*, 316-430. Le fronhof n'a pas eu la même destinée que le fief; il a changé de caractère, *ibidem*, 429-431.

sans le consentement du seigneur; 5° au dernier échelon, se plaçaient les biens des *ministeriales* et des *Hœrigen* qui deviennent propriétaires, avec droit de porter des armes, bien supérieurs aux *Leibegenen*, serfs de corps, qui disparurent au XVIe siècle. Les Hœrigen purent alors posséder librement, disposer de leurs tenures librement, exiger un *Wehrgeld* en cas d'offense, sauf à payer le cens et le *mortuarium* et à subir certaines corvées (1).

VI. *Des impôts et droits féodaux.* — Plusieurs d'entre eux ont été énumérés en traitant de la condition des personnes et de celle des terres. Ils sont moins nombreux, moins variés, moins lourds qu'en France. L'empereur, les grands vassaux, les évêques et les seigneurs trouvent, dans les redevances en nature, leurs revenus principaux (2). L'insuffisance de ces revenus, qui apparaît pour la royauté française à la fin du XIIIe siècle, est encore plus grande pour l'empire qui se démembrera faute de ressources réelles, insuffisance telle qu'au XVIIIe siècle le papier-monnaie seul permettra à l'Autriche et à la Prusse de faire la guerre. Il en sera de même pour la Russie.

Les impôts impériaux se composent de l'indemnité due pour le service militaire, des régales et des droits féodaux (3).

En général, les droits féodaux comprennent : 1° un cens sur chaque exploitation (4); 2° des redevances en nature et objets fabriqués, (grains, lait, bétail, volaille, fruits, huiles, légumes, miel, lainages, cuirs); 3° le *mortuarium*, moins élevé quant aux meubles pour lesquels il consista d'abord dans un véritable *hériot*, choix d'un objet; quant aux immeubles, il variait de 2 à 10 0/0; 4° les corvées moins onéreuses et moins nombreuses qu'en France; aussi Roscher dit-il que la dîme était de toutes les charges la plus importante (5). La dîme ecclésiastique avait la

(1) Pour plus de détails, consulter le livre de M. Garsonnet, 431-438.

(2) Il en est de même dans toute l'Europe non romanisée.

(3) Garsonnet, *Ibidem*, 447.

(4) Le mot allemand correspondant au mot latin *census* est *zins*, il n'a pas (voir plus haut) le même sens exactement qu'en latin et qu'en français. Les redevances se traduisent par Bede et les véritables impôts par Steuer. Ces différences sont en rapport avec celles des trois civilisations.

(5) *Économie rurale*, *Ibidem*, 437-439.

même origine et les mêmes caractères qu'en France, mais les droits féodaux étant inférieurs en Allemagne à leur ensemble en France, la dîme devait paraître plus lourde.

La plus grande différence entre les droits féodaux dans les deux pays tenait aux origines et au caractère de la féodalité même, aux droits de justice, de police, de monnaie, à la part du seigneur en France dans la puissance publique, part tout à fait moindre en Allemagne et qui disparut dès le XVIe siècle. (1).

Néanmoins la puissance de la France sous Henri IV, sous Louis XIV et même jusqu'en 1789, sa population, sa richesse étaient tout autrement considérables, sans tenir compte de l'Autriche-Hongrie, que la puissance, la population et la richesse de l'Allemagne.

VII. *Des villes allemandes et de leurs taxations au moyen âge.* — Par un phénomène singulier, qui a sa cause dans l'intensité du mouvement féodal en France, dans son caractère rural et agricole, les villes, qui avaient pris dans les Gaules, une importance réelle pendant la période romaine, ont, au contraire, eu un plus grand développement, durant le moyen âge, en Allemagne qu'en France. Depuis, elles sont restées plus nombreuses, plus peuplées. Du Xe au XVe siècle, cette supériorité de la vie urbaine en Allemagne est très accusée, comme le prouve le rôle historique de la Hanse dans le Nord et de beaucoup d'autres villes dans l'intérieur de l'Allemagne. Les villes allemandes, au moyen âge, relevaient de l'empereur, des évêques ou des grands feudataires. Elles échappèrent à la seigneurie moyenne. Par suite leur indépendance fut plus grande qu'en France, surtout que dans la France du Nord; elles n'ont pas été comprises, aussi étroitement qu'en France, dans la hiérarchie féodale, ni soumises à l'influence seigneuriale. Les droits de la haute bourgeoisie y ont été reconnus et acceptés plus tôt. Dans les villes impériales, plus importantes que les autres,

(1) Roscher est entré dans quelques détails comparatifs sur les droits féodaux en Allemagne et en France. *Économie rurale,* 437-444. Consulter également Maurer. On est surpris quand on parcourt le livre de Maurer de constater combien devait être grande la différence des charges féodales en Allemagne et en France. Même impression dans les ouvrages de Lamprecht et d'Inama Sternegg.

les impôts ont été, de tout temps, mieux réglés qu'en France, Ils consistaient principalement dans une taxe proportionnelle (1), rarement supérieure à 2 p. 0/0, sur la valeur des immeubles (*vermogens*) et plus tard sur celui des meubles (*beweglicher habe*). L'impôt sur le revenu (*einkommen steuer*) paraît avoir été plus rarement mis en pratique à cette époque, il aurait été de 10 p. 0/0 du revenu — taux fort élevé — si l'impôt avait été permanent. Les biens des personnes, appartenant à l'Église ou comprises dans la société féodale, étaient, en général, exempts. Jusqu'à la fin du XIIIe siècle les empereurs sont intervenus dans les villes impériales pour le règlement des impôts. Les villes devaient également des contributions extraordinaires et certaines redevances spéciales qui étaient acquittées en nature. Dans les villes épiscopales ou seigneuriales, on peut même dire princières — les évêques et les princes (Fursten) exerçaient les mêmes droits que l'empereur — mais il ne semble pas que les diverses redevances dites corvées, banalités, prestations aient jamais été aussi multipliées et aussi rigoureuses qu'en France. Dès le moyen âge, l'impôt direct domine en Allemagne, même dans les villes; l'impôt indirect n'y est qu'accessoire; il n'en était pas de même en France.

VIII. *État général de l'Allemagne.* — Malgré les taxations qui étaient assez nombreuses dans les villes allemandes au moyen âge, il semble que les charges qu'elles supportaient n'équivalaient pas à celles, de toute espèce, auxquelles avaient à faire face les villes françaises, à la même époque. Il en était de même pour les diverses parties de l'Allemagne. Aussi M. Jansen a-t-il pu dresser un tableau, en quelque sorte enchanteur, de l'état économique de l'Allemagne à la fin du moyen âge. Il est à peu près certain que cet état, sur divers rapports, a dû être meilleur que celui de la France, désolée par les ravages de la guerre de Cent ans. Il faut cependant distinguer entre les moments. De même que, du Xe au XIe siècle, la condition de l'Allemagne a été supérieure à celle de la France, de même la France des

(1) Karl Zeumer, *Die deutschen Städtesteuern im 12 und 13. Yahrlundert*, 1878, Leipzig, p. 89 et 91.

Croisades et de saint Louis avait conquis la supériorité; on peut douter qu'aux XIVe et XVe siècles, la situation de l'Allemagne ait été meilleure que celle de la France; mais on peut affirmer qu'elle a été très inférieure du XVIe à la fin du XVIIIe siècle.

Il doit y avoir une part de vérité dans le tableau de M. Jansen (1) et une part d'exagération. Toutefois nous ne sommes pas éloigné d'admettre, avec lui, que l'infiltration et l'influence du droit romain, de la Renaissance, les traditions des civilisations mortes de la Grèce et de Rome ont altéré les éléments de la civilisation germanique, de même qu'ils ont rendu la féodalité française plus fiscale, plus oppressive, et qu'ils ont, en dénaturant le caractère de la royauté et des institutions de la France, préparé la crise terrible et, encore si obscure dans ses résultats, de 1789. L'Allemagne a résisté mieux que la France aux éléments morbides de deux civilisations qui avaient justement péri; elle leur a été longtemps étrangère; elle s'en est affranchie complètement; elle n'a jamais été plus puissante qu'aujourd'hui; sa richesse et sa prospérité s'accentuent avec une grande rapidité; en laissant à part ses conquêtes sur la Pologne, le Danemark et la France, sa population s'est augmentée de 20 millions d'âmes pendant le XIXe siècle.

§ 4. *De la féodalité et des droits féodaux en Italie.*

« L'Italie, pays latin, où les traditions antiques se conservèrent toujours et prévalurent bientôt sur les idées germaniques, apportées par l'invasion barbare, ne fut qu'à demi-féodale. A côté de la féodalité grandit rapidement, en premier lieu l'influence des villes; en second lieu, celle de l'Église. Cette double influence non seulement limita, mais modifia intérieurement la féodalité ». M. Secrétan (2) résume très exactement, dans ces quelques lignes, le caractère de la féodalité en Italie. Elle s'est étendue, par diverses causes et avec différentes con-

(1) Jansen, *L'Allemagne à la fin du moyen âge*, 14e édition, *État économique*; malgré l'immense succès de cet ouvrage remarquable, il n'a pas un caractère aussi scientifique que les livres cités plus haut.

(2) Secrétan, *Ibidem*, p. 172.

ditions, dans toute l'Italie, mais elle n'y a jamais été ni le fond, ni la forme de la société comme en France, quoique favorisée par une tendance naturelle des Italiens vers l'aristocratie, par la prépondérance de la production agricole, par les traditions romaines essentiellement aristocratiques et par la constitution de la propriété foncière, maintenue en blocs compacts, dans une grande partie de l'Italie, sous l'influence du territoire et du climat.

I. *Éléments divers de la féodalité en Italie.* — Très certainement, les divisions naturelles de l'Italie, que Rome a si difficilement remplacées par une unité de 8 siècles, à laquelle a succédé un démembrement de 13 siècles, ont plutôt contrarié que facilité le développement de la féodalité en Italie. Dans le Centre, les traditions romaines ont dominé avec l'Église — dans le Sud, les institutions byzantines, en Sicile l'influence des Arabes. Au Nord, il est vrai, les Lombards, puis les Francs, et, après eux, les empereurs allemands, dès le IXe siècle, ont apporté un élément germanique important qui a eu une grande part dans l'extension du système féodal, surtout en Piémont et en Savoie, c'est-à-dire dans les parties de l'Italie actuelle les plus voisines des Gaules. Plus tard les Normands de France ont chassé les Grecs du royaume de Naples ainsi que les Arabes de Sicile et implanté le régime féodal normand, qui n'était déjà plus le véritable régime féodal français. De là deux courants dans le mouvement féodal en Italie, le courant du Nord, sous l'influence germanique, et le courant du Midi sous l'influence normande. Ces deux courants rencontrèrent en Italie trois éléments qui les continrent et les modérèrent. — D'abord, l'élément romain, les propriétaires, plus ou moins teintés de sang gothique, mais dont le fonds, les lois, les impôts étaient demeurés bien autrement romains que dans les Gaules (1) — puis l'élément religieux, profondément romain et italien, qui engagea, même avant Charlemagne, une lutte irréconciliable contre l'influence germanique — enfin l'élément urbain, l'élément traditionnel du climat, de la race et de la civilisation de l'Italie. Tous ces éléments avaient de plus

(1) Sclopis, *H. de la législation italienne*, 1er vol., p. 55-56.

puissantes racines en Italie que dans les Gaules. Et cependant, dans les Gaules, ils résistèrent, surtout l'élément catholique et l'élément urbain, au mouvement féodal, et ils lui ont survécu.

Aussi la féodalité n'a pas tenu, dans l'histoire de l'Italie, la même place que chez les nations du Nord de l'Europe, et surtout qu'en France. Cette place a été, en réalité, secondaire et sans influence sur les destinées de l'Italie; on peut s'en convaincre en comparant le principal monument écrit de la féodalité italienne, *les Libri feudorum,* composés dans le Milanais, au XIIe siècle, entre 1095 et 1156, avec les grands monuments de la féodalité française. Les *Libri feudorum* forment une sorte de code ou plutôt de coutume, rédigé, avec l'apparatus byzantin, sur les institutions civiles, de l'Italie septentrionale (1). C'est que la féodalité n'a pas représenté le gouvernement de l'Italie, comme celui de la France. Il y a eu en France, bien plus qu'en Angleterre et qu'en Allemagne, une vie politique féodale, notamment les Croisades, sans compter les guerres privées; en Italie cette vie politique n'a appartenu qu'aux papes, aux grandes cités républicaines ou aux souverains étrangers, allemands, français, espagnols, envahisseurs de l'Italie.

II. *Condition des personnes et des terres.* — Deux faits de haute importance dominent toute l'époque féodale en Italie, c'est, d'une part, que l'allodialité est le droit commun des terres (2) : *lex romana allodiorum parens;* cet adage célèbre prouve que le droit romain n'a pas cédé au droit germanique — d'autre part, c'est que la féodalité italienne ne date pas de l'époque lombarde, mais des invasions des empereurs de Saxe ou de Franconie (3). Elle n'est pas née des nécessités politiques et sociales, créées par l'anarchie du VIe au VIIIe siècle, comme dans les Gaules; elle est une importation étrangère, ayant le même caractère que l'importation normande en Angleterre et dans les

---

(1) Le contraste entre les coutumes latines et les véritables règles féodales des Assises de Jérusalem et de Ch. de Beaumanoir, est saisissant. Les titres et articles des *Libri feudorum* font l'effet d'un code d'emprunt; ce qu'ils sont en réalité.

(2) « Le franc alleu est la règle et le fief est l'exception » Sclopis, *Ibidem,* 1er vol., p. 69.

(3) Sclopis, *Ibidem,* 1er vol., p. 62, 63, 71-79.

deux Siciles. Elle manque de véritable originalité. Nous avons vu qu'en France l'alleu était resté étranger à la société féodale, tout en se maintenant comme forme de propriété jusqu'en 1789, et que l'alleu n'était que la seigneurie ou grande propriété qui avait échappé au mouvement féodal. Telle a été la condition générale des terres en Italie (1). Elles sont des alleux, des seigneuries qui ont pu se maintenir longtemps et qui, dans plusieurs parties de l'Italie, dans la campagne de Rome, dans les Abruzzes, en Sicile, existent encore. On attribue les grandes terres de ces provinces à la féodalité, c'est une erreur; elles lui sont antérieures; elles datent de l'époque romaine (2). Il doit en être de même dans le Nord de l'Italie bien qu'il soit admis que les Lombards ont exigé le tiers des propriétés rurales dans les cantons qu'ils ont occupés, comme les Burgondes dans les Gaules. Ainsi s'explique comment on rencontre, partout en Italie, une très nombreuse noblesse foncière, qui, en partie, a été l'élément principal du parti des Gibelins, sans y trouver les institutions particulières de la féodalité. Ainsi s'explique également l'importance de l'emphytéose comme forme de la possession et de l'exploitation rurale (3), dite Livello, au moyen âge, tenure que nous avons dû comprendre dans les formes féodales en France, à cause des *lods et ventes*, auxquels elle donnait lieu, mais qui n'a été qu'accessoire en France, parce qu'elle ne transmettait pas la propriété et que le fait essentiel de la féodalité en France a été de transmettre la propriété à titre conditionnel, mode de concession bien préférable à l'emphytéose. On peut en trouver la preuve dans l'énorme supériorité de la propriété foncière rurale en France, sans tenir compte de l'étendue du territoire, sur la propriété foncière rurale en Italie. Les formes de la propriété foncière féodale en France ont réalisé, pour les classes agricoles, malgré toutes les attaques des feudistes royaux et les diatribes des publicistes ou économistes révolutionnaires, un progrès démocratique très considérable, et il eût suffi de bien peu de sacrifices pour

(1) Secrétan, *Ibidem*, 401.

(2) Lenormant (*La grande Grèce*, tome 1, p. 174-179) cite plusieurs grands domaines remontant à l'époque romaine.

(3) Garsonnet, *Ibidem*, p. 540.

compléter en 1789 cette transformation qui est encore à faire en Angleterre, dans une partie de l'Allemagne, en Italie, en Espagne et même en Russie (1). M. Garsonnet, qui a traité ces diverses questions, avec une connaissance approfondie du sujet (2), constate : 1° la supériorité du bail à cens parce qu'il transmettait la propriété; 2° la guerre que le *livello* a fait aux fiefs par toute l'Italie (3). Cette guerre suffit pour démontrer que l'Italie n'a pas connu la véritable féodalité, puisque *le fief et le bail à cens* sont les deux formes substantielles de la propriété féodale. En Italie, les formes sont demeurées seigneuriales pour les nobles ou grands propriétaires, et romaines pour les cultivateurs. Il en a été de même pour les villes.

Les différences ne sont pas moins décisives en ce qui concerne les personnes. A proprement parler, il n'y a pas eu de société féodale réelle en Italie, à raison du nombre et de l'importance des villes et du développement antérieur de la culture rurale. L'Italie n'était pas à défricher comme les Gaules et l'Allemagne. La condition de personne était fixe : point de population à l'état nomade, du moins au même degré que dans les Gaules, en Allemagne et en Angleterre. Au milieu de la dislocation générale de l'empire, chacun resta à sa place. Le résultat des invasions, des spoliations, des guerres ne fut pas de dépeupler les villes, mais les campagnes; mouvement inverse de celui qui avait lieu en Gaules.

Aussi les nomenclatures féodales des classes supérieures, propriétaires et militaires, dues aux empereurs allemands, et rapportées par les *Libri Feudorum*, sont artificielles, calquées sur les nomenclatures germaniques (4) ; elles n'offrent aucun intérêt. Le duc de France, le comte de Toulouse, le baron de Montratier ou de Plancy, les Ebbe de Montmeillant, de La Roche, sont des êtres vivants, que la terre française a fait surgir du sol, sans aucun

(1) A plusieurs égards, si on tient compte de la différence des temps, la tenure conditionnelle héréditaire valait bien la *Farm* américaine avec hypothèque à 12 p. % et le petit domaine romain engagé aux patriciens, avec service militaire et le *tributum ex censu*.

(2) Garsonnet, *Ibidem*, p. 467, 469.

(3) Garsonnet, *Ibidem*, p. 469.

(4) Secrétan, *Ibidem*, p. 271.

diplôme royal. On n'a qu'à rouvrir le *Heerschild* germanique et on y trouvera toutes les catégories de ducs, capitaines ou barons, vassaux, vavassaux d'Italie; ce sont des importations étrangères (1).

Ce qui est italien, ce sont les propriétaires mêmes, quels que soient les titres dont ils s'affublent (2), dans les villes comme dans es campagnes; ce sont les riches, noirs ou blancs, qui habitent aussi les villes; ce sont les marchands, banquiers, ouvriers des corps de métiers qui vont donner tant de lustre aux républiques italiennes. Aussi, après beaucoup de recherches, M. Secrétan conclut-il (3), « il est fortement à présumer que, en Italie comme en Allemagne, la condition civile des personnes n'est qu'imparfaitement comprise dans le droit féodal ».

Non seulement, en France, la féodalité a singulièrement facilité l'accession des roturiers à la propriété, mais aussi l'émancipation des serfs. En Italie, du moins, dans certaines régions, au Nord et dans le Midi, la servitude a persisté plus longtemps qu'en France et paraît avoir été plus dure. Pourquoi? parce que l'état social seigneurial, qui s'est maintenu en Italie, a été moins favorable que l'état féodal à la liberté des personnes. En un mot la féodalité a été un grand progrès sur la seigneurie.

III. *Des impôts et des droits féodaux en Italie au moyen âge.* — Dès que la féodalité, comme système général de gouvernement, n'a eu qu'une situation secondaire en Italie, son importance fiscale n'a pu être que fort accessoire, puisque les droits féodaux, en grande partie, provenaient de ce que le seigneur féodal avait été investi, par la force des choses, sur les fiefs comme sur les tenures, ainsi que sur les personnes, du droit politique et, qu'à titre de souverain, il levait l'impôt. Aussi, dans les *Libri feudorum*, ne trouve-t-on que de bien rares mentions des impôts et des droits féodaux. Il importe d'ajouter qu'il ne s'est pas constitué en Italie, au moyen âge, de pouvoir central obligé d'avoir, pour subsister, recours à l'impôt, comme le fait a eu lieu en France, en Angleterre, en Allemagne. Aussi, en dehors des villes,

(1) Garsonnet, *Ibidem*, p. 370.
(2) Secrétan, *Ibidem*, p. 179.
(3) Secrétan, *Ibidem*, p. 276.

est-on insuffisamment renseigné sur les impôts qui se sont confondus longtemps avec les droits seigneuriaux et féodaux. Ils paraissent avoir principalement consisté dans : 1° la dîme, qui, avec de nombreux domaines, servait à entretenir l'Église, nulle part aussi puissante qu'en Italie, à cette époque; 2° les redevances en nature des seigneuries, représentant la moitié du produit brut des métairies, forme traditionnelle de l'exploitation rurale en Italie, appropriée au climat, au sol, à la population; 3° la rente et même le cens en argent (1) dans les domaines concédés à des tenanciers d'un rang plus élevé dits *arimanii, allodiarii, masnadiarii* (2), les uns soumis au service personnel militaire, les autres exempts; 4° les tailles, du moins dans le Piémont et la Savoie; 5° certaines banalités, plus restreintes qu'en France; 6° certains droits dits *Laudimia* ou *lods et ventes,* dus pour transmission de diverses tenures, notamment l'emphytéose (3); 7° des *Subsidia* extraordinaires, sorte de tailles, qui étaient réclamés, de temps à autre, au Nord par les empereurs allemands et au Sud par les princes normands, en laissant de côté la période byzantine du Midi de l'Italie, durant laquelle les impôts byzantins durent être perçus (4); 8° des taxes de consommation sur les marchés et dans les villes (5), taxes acquittées par tous les consommateurs. L'Église et les diverses parties de la noblesse étaient, en principe, exemptes d'impôts; mais, de bonne heure, les villes contraignirent les nobles à les payer, d'abord dans l'enceinte urbaine même, puis dans l'étendue du territoire politique. La tendance générale en Italie fut que toutes les classes sociales devaient l'impôt; plus tard à Florence cette tendance conduisit à l'impôt progressif.

Cette influence urbaine devint rapidement prépondérante par le fait même de l'ancienneté de la civilisation en Italie. Il n'en était pas de même dans une grande partie des Gaules, en Allemagne et en Angleterre. Aussi, pas plus au point de vue réel-

(1) Garsonnet, *Ibidem*, p. 466.
(2) Garsonnet, *Ibidem*, p. 508.
(3) Doniol, *La Révolution et la féodalité*, p. 123, 127.
(4) Sclopis, *Ibidem*, p. 234, 235.
(5) Sclopis, *Ibidem*, p. 235.

lement fiscal qu'au point de vue féodal il n'y a d'assimilation à faire. En Italie la propriété foncière était de date trop ancienne pour exercer le même pouvoir politique que dans le Nord de l'Europe. M. Secrétan incline à admettre que les propriétaires de seigneuries ou de fiefs ont eu quelques droits de justice, mais il reconnaît en même temps que cette justice n'a pas eu d'importance.

Au fond, la civilisation de l'Italie est essentiellement urbaine, urbaine avec Rome, encore urbaine aujourd'hui, et cependant jamais aussi urbaine qu'au moyen âge; le mouvement féodal est, au contraire, essentiellement agricole, rural; c'est dans les grandes cités républicaines que l'impôt a été réellement organisé aux XIVe et XVe siècles, quant à l'Italie.

§ 5. *De la féodalité et des droits féodaux en Espagne.*

I. *Notions générales.* — Les conditions économiques et historiques de l'Espagne se rapprochent de celles de la France, sans être pourtant les mêmes entièrement; elles se différencient beaucoup de celles de l'Italie, de l'Angleterre; on peut les résumer par les traits suivants : 1° l'Espagne est tout autrement un pays latin que les Gaules ; elle a été à peu près complètement romanisée; 2° à l'époque romaine, la mise en culture du sol, beaucoup moins riche et fertile que celui des Gaules, a eu plus d'étendue; la richesse y était plus grande, les villes plus nombreuses, la civilisation plus développée, plus générale; 3° l'Espagne a subi deux invasions importantes, mais qui n'ont, ni l'une ni l'autre, arrêté ses progrès économiques, peut-être même les ont-elles favorisés, les Wisigoths et les Arabes; 4° les Wisigoths ont été christianisés; ils ont doté l'Espagne d'une législation nouvelle qui a exercé une grande influence sur les destinées de l'Espagne; 5° l'invasion arabe, renouvelée, à diverses reprises, a été suivie d'une longue occupation d'une notable partie de l'Espagne, pendant 700 ans; elle a eu une très grande importance, à un double point de vue, d'abord en introduisant en Espagne une race, une religion et une civilisation étrangères et profondément antipathiques aux populations de l'Espagne — malgré la supériorité économique et intellectuelle que les Arabes ont longtemps conservée — ensuite, en provoquant une lutte implacable qui a duré jusqu'à l'expulsion totale des Arabes et des juifs qui les avaient accompagnés; 6° cette lutte a eu deux résultats : constitution dans les parties montagneuses de l'Espagne, au delà de l'Ebre, de plusieurs foyers de résistance (Galice, Léon, Navarre, Aragon, Catalogne, Castille) où des dynasties locales représentent les intérêts nationaux et religieux, et division des populations en diverses catégories ou classes distinctes, probablement déjà établies sous les Romains et les Wisigoths, savoir : les propriétaires du sol, tous militaires, qui le défendent sous la direction de chaque dynastie locale, et les cultivateurs, tous serfs de la glèbe qui, par des redevances diverses, en nature ou en argent, entretiennent la classe militaire; plus le clergé, intimement uni à la classe militaire et ne faisant qu'un avec elle. A ces divers éléments politiques et sociaux il faut joindre les cités romaines qui se maintiennent et dans lesquelles se conservent fort longtemps, de même que dans le Midi de la France, les vestiges des institutions municipales romaines. La civilisation espagnole, comme toute la civilisation latine, est plus urbaine que rurale; elle l'est encore aujourd'hui, de même que celle de l'Italie.

II. *Conditions des personnes et des terres.* — De ces divers éléments est sorti un état de choses qui présentait de réelles analogies avec la société féodale française, mais qui en différait cependant à plusieurs égards. D'une manière générale, le système féodal a été bien moins complet en Espagne qu'en France, les droits politiques qui le caractérisent y ont eu moins d'extension. M. Secrétan a pu dire à propos de ces différences : « La féodalité commence là où la propriété foncière exerce les droits de l'État — elle finit là où elle ne les exerce plus (1). » — Le Code de *las siete Partidas* (2), publié en 1236, par Alphonse X de Castille, est la plus grande preuve de l'importance de ces différences.

---

(1) *Revue Historique de droit français et étranger*, 1862, p. 667.

(2) On trouve dans le 4e vol. de l'*Histoire d'Espagne* de Rosew Saint-Hilaire, une analyse suffisante du code si curieux d'Alphonse X.

On ne peut lui comparer les ordonnances des rois de France. Principales différences : 1° le pouvoir central n'a pas subi en Espagne la même éclipse que dans les Gaules ; 2° la guerre y a eu un caractère plus national, plus religieux, plus persistant et plus élevé (1) ; 3° la société féodale y a exercé une influence économique inférieure ; elle n'y a jamais représenté la force prédominante, le pouvoir principal dans l'État ; aussi, sous le rapport fiscal, elle a été moins créatrice — ce qui a pu la rendre moins impopulaire. Par contre, elle a été moins civilisatrice, car c'est la féodalité qui a, en très grande partie, civilisé les Gaules, de même que l'Europe occidentale.

En ce qui concerne la condition des personnes, on distingue différents groupes, présentant eux-mêmes beaucoup de variétés : 1° les *Ricoshombres*, composant la classe supérieure, en rapports intimes avec le Roi dans chaque royaume, tenus au service militaire par des liens de vassalité supérieure, envers le Roi ; ce sont les *seniores* des Gaules, grands propriétaires, antérieurs à l'époque féodale — la grande hiérarchie féodale française paraît avoir été remplacée par la hiérarchie royale ; 2° les *Infanzones* ou *Caballeros* qu'on peut assimiler aux possesseurs de fiefs en France, formant le fond de la grande classe militaire espagnole, la race qui a chassé les Arabes et conquis le Mexique et le Pérou, les vrais Hidalgos. — Elle est propriétaire, à divers titres, de domaines pour lesquels elle est tenue au service militaire envers le Roi et le suzerain supérieur, parfois, même à des rentes ; 3° les habitants des villes, hommes libres ; 4° les roturiers ou *Villanos*, les *Pecheros* et 5° les serfs. Pour rendre compte de la condition des personnes, il faut expliquer auparavant quelle était la condition des terres.

Les Wisigoths ont pratiqué, comme les Francs, la recommandation et les bénéfices en vue du service militaire (2), de

(1) La société espagnole du VIIIe au XVIe siècle est peut-être encore plus militaire que la société française ; tout est organisé pour la guerre. La face économique de la féodalité française y est très amoindrie (défrichements, peuplements, justices, impôts) Rosew Saint-Hilaire. *H. d'Espagne*, 2e vol., 462-464.

(2) Cardenas, *Ensayo sobre la historia de la propiedad en España*, 1875. — Madrid, ouvrage important (on peut le consulter à la Bibliothèque nationale), T. II. — Secrétan, *La féodalité en Espagne* (*Revue historique de droit français*,

même que dans les derniers temps de l'empire romain, les empereurs concédaient des bénéfices militaires. Les Grecs byzantins, les Ottomans, les Mongols, les empereurs d'Autriche, les Russes dans l'Ukraine ont aussi eu recours aux bénéfices et aux colonies militaires pour fixer et défendre les populations. En Espagne, soit avant l'invasion arabe, soit après, ce sont presque exclusivement les rois wisigoths ou espagnols qui acceptaient la recommandation et accordaient le bénéfice militaire. La guerre sainte et permanente contre les Arabes ou les Maures ne put que fortifier cette situation. Avec le temps les bénéfices militaires devinrent la plupart héréditaires sous divers noms : *Honor, tierra, tierra de Seniório, Behetria, Encomienda.* L'Honor et la Tierra étaient des tenures militaires simples. La *tierra de Seniório* formait un vrai fief avec les droits de seigneurie et de justice. Le seigneur de Behetria n'avait pas la justice, mais le service militaire lui était dû et les redevances de ses vassaux lui restaient acquises. Pour les autres tenures militaires, le seigneur n'avait droit qu'à une partie des redevances foncières des tenanciers, à titre de solde militaire; les autres appartenaient au Roi auquel étaient dus l'hommage et la fidélité. Il y avait par suite des différences profondes entre la condition des seigneurs fonciers en France et en Espagne. Le pouvoir royal y était tout autre et le service militaire plus dur, conséquence de la guerre permanente contre les Arabes.

Il y avait également des différences assez sensibles dans la condition des terres, selon les divers royaumes. En Aragon et Catalogne ces conditions se rapprochaient de celles de la France; elles s'en éloignaient davantage en Castille et dans la Navarre.

Les *Villanos* et les *Pecheros* étaient possesseurs des tenures, dites *Solariégos*, qu'ils ne pouvaient vendre à l'origine. Ils en devaient le cens ou la rente. Le défaut de paiement du cens, la vente de la tenure à une personne étrangère, la détérioration du sol entraînaient le commise. « Une ordonnance d'Alcala (1348)

---

et étranger, 1862). — Garsonnet, *Ibidem*, 230-245. — Lavisse, *Histoire générale*, t. II, chap. XII, et t. III, chap. IX. *Les royaumes ibériques*. — Rosew. Saint-Hilaire, *H. d'Espagne*, t. II et IV.

détermine les seules prestations qu'on puisse exiger du Solariégo. « La redevance périodique (*censo, martinenga, infurcion*); le « *yantar*, prestation en nature due au seigneur et rachetable « en argent; la *moneda* payable au Roi; le *mortuaire* appelé « *muncio, nuncion* ou *luctuosa;* la *Fonsadera*, taxe de guerre « imposée à quiconque ne sert pas en personne; les *Homicidios* « *et calumnias*, encourues par le tenancier à raison de ses « délits, les *Facenderas*, corvées généralement fixes. »

M. Garsonnet, auquel nous empruntons cette énumération, ajoute « qu'en somme le *Solariégo*, avait au XVIe siècle, la libre « disposition de ses biens et, pourvu qu'il n'aliénât pas au « profit de certaines personnes et qu'il satisfît à tous ses de- « voirs envers la commune et envers son seigneur, il jouissait « de droits équivalents à la propriété (1). »

Il y avait quelques parties de l'Espagne, spécialement la Navarre, où les Villanos étaient moins favorisés. Il en a été de même chez tous les peuples. On les distinguait en *realengos* (2), *abadengos, solariégos*, suivant qu'ils étaient tenanciers du Roi, de l'Église, ou des seigneurs. Les *Abadengos* passaient pour les mieux traités. Les *Realengos*, devaient le service militaire de transport, des corvées, des redevances en nature et le cens. Les *Solariégos* étaient encore plus chargés de corvées et de tributs. En Aragon et en Catalogne la condition des Villanos était meilleure.

Au-dessous d'eux venaient les *Pecheros* et *Villanos* de Parada, serfs de la glèbe qui exploitaient des tenures serviles et dont la condition ne s'est améliorée qu'après l'expulsion des Maures, parce qu'ils étaient recrutés parmi les esclaves ou prisonniers maures (3).

Comme dans tous les États où la féodalité véritable a existé, les conditions des impôts étaient en Espagne en rapport immédiat avec celles des terres et des personnes. Si on ne connaît pas les unes on ne peut comprendre les autres. Il y avait entre

(1) Garsonnet, *Ibidem*, 472.
(2) Secrétan, *opus. citat.*, 1863, p. 289.
(3) Garsonnet, *Ibidem*, 472, 476, 510.

la féodalité en France et la féodalité en Espagne une différence décisive qui tenait à la nature des liens féodaux. En France ces liens étaient, avant tout, fonciers. En Espagne, à raison des nécessités de la guerre sainte, ils étaient plutôt personnels. En France la féodalité a eu, malgré les apparences, un caractère aussi économique et social que militaire. En Espagne, le caractère militaire a prévalu; comme conséquence, on a reconnu au vassal le droit de rompre le lien personnel et de changer de seigneur. Le choix n'a pas été étranger totalement à la féodalité française, mais comme tout changement emportait perte du fief et que l'importance du fief ne cessa de croître, le choix tomba en désuétude. Le possesseur de *Solar*, comme celui de *Behetria*, avait le choix. D'où une grande instabilité; cette instabilité s'agençait avec les besoins d'une guerre de sept siècles.

III. *Impôts et droits féodaux.* — Dans les divers royaumes espagnols, le pouvoir royal disposait de ressources relativement plus étendues qu'en France, parce qu'elles avaient un caractère obligatoire plus général. Elles consistaient : 1° dans le domaine royal comprenant les bois, les montagnes, les terres vacantes, les eaux (1); 2° les terres cédées comme *honor*, *tierra de seniórío*, *behetria*, *tenencia* avec cens, rentes, redevances, corvées, service militaire ou finance le remplaçant; 3° les amendes et droits judiciaires; la justice appartenant, dans beaucoup de tierras, au pouvoir royal; 4° les droits divers acquittés par les tenanciers *villanos ou servos;* 5° une part dans les dîmes de l'Église (2). Cette part était considérable; les papes et le clergé consentirent, de bonne heure, à céder une part des dîmes pour concourir à la guerre sainte. Elles prirent en Espagne un caractère civil spécial; aussi les rois intervinrent en Espagne bien plus qu'ailleurs dans le règlement des dîmes; 6° les taxes dans les villes. Ces taxes consistaient surtout dans l'*alcabala*, empruntée aux Arabes et

(1) Garsonnet, *Ibidem*, 324. — Cardenas, liv. 9, chap. III, *antiguos impuestos*. M. Cardenas, insiste quant à la part que le Roi prélevait dans chaque État sur les impôts, même sur les redevances, fait étranger à la France jusqu'au XIVe siècle.

(2) Doniol, déjà cité, p. 185. — Cardenas, le chapitre sur les dîmes. — Rosew Saint-Hilaire, *Ibidem*, 4e vol., 235-236.

des aides spéciales dites *Cuartiles* (1). L'*alcabala* était la plus importante ; c'est une très ancienne taxation urbaine venue d'Orient et d'origine probablement égyptienne; elle correspondait en partie à la taxe romaine de *centesima rerum Venalium*; on la prélevait sur toutes les affaires, même les plus modiques, traitées dans les marchés, les boutiques, de la main à la main; vendeurs et acquéreurs la devaient; elle donnait et donne encore lieu, spécialement en Tunisie sous le nom de Massoulats, aux plus curieux abus; le taux primitif et ordinaire était de 5 0/0 (2).

Il y a lieu de joindre à ces impôts des taxations spéciales, bien qu'ayant un caractère général : 1° La taxe militaire de guerre dite *Fonsadera* qui était due particulièrement par les vilains et les bourgeois des villes; 2° la charge ou corvée de *conductio*, y compris le *posar*, correspondant au droit de gîte. Le *conductio* était une corvée alimentaire; 3° le droit de *manere* qui attribuait au roi les héritages des vilains sans enfants; 4° la corvée de *vereda* pour fournir des messagers; 5° celle de *vigilias* pour garder les châteaux.

Le droit royal de taxation dans les villes a été l'origine des *Fueros* des villes et des royaumes ibériques, en vue de limiter et de contrôler le pouvoir royal. Les *Cortez* ont une origine plus générale; ils remontent aux Wisigoths. Les prérogatives des *Cortez* ne doivent pas être confondues avec les *Fueros*; la présence ou le consentement des Cortez étaient nécessaires pour la levée des impôts extraordinaires et temporaires, mais ils ne concernaient pas les droits appartenant au Roi lui-même.

Ces droits divers variaient beaucoup d'après les royaumes. La Catalogne, déjà la partie la plus riche de l'Espagne, était particulièrement chargée. De même qu'en France, des taxes nombreuses de consommation — sur le vin, le blé, les raisins, les fruits, entraient dans les redevances ordinaires. La taille (*Talla*), le *fogatge* (taxe par feu), étaient des taxations directes, auxquelles s'ajoutaient divers péages, et le droit d'*albergue* (3).

(1) Lavisse, *Ibidem*, 3e vol. chap. IX. En Aragon, ces aides étaient en partie remplacées par le droit de *moneda*, exigible tout les sept ans.

(2) Cardenas, liv. II, chap. III, L'alcabala ne pouvait porter sur les terres.

(3) Cardenas, *Ibidem*, liv. II, chap. III.

Les charges féodales se rapprochaient de celles de la France. D'après M. Cardenas, il en était à peu près de même dans le royaume de Valence, également fort riche au moyen âge.

L'importance de la part des Rois, selon chaque royaume, dans les impôts, taxes, redevances, corvées, service militaire, justice, amoindrissait d'autant la condition et les avantages divers des seigneurs ou propriétaires, Ricoshombres, Infanzones et Caballeros de Sierra, de Seniorio, de Honor, de Behetria, de Tenencia (1); aussi leurs droits et revenus fiscaux ne sauraient être comparés, en général, avec ceux des hauts seigneurs français; encore moins faudrait-il rapprocher les *villanos* de toute espèce des roturiers français, qui ont fait un si grand chemin. Les droits des vassaux militaires n'avaient pas d'importance, aussi la petite noblesse espagnole a-t-elle toujours été des plus pauvres; ce qui explique l'ardeur avec laquelle les terribles caballeros du XVIe siècle (2) poursuivaient l'or et l'argent dans les deux Amériques et le concours qu'ils ont prêté aux colonisations espagnoles. Grâce à ses vastes domaines, qui subsistent encore en partie, la haute noblesse était plus aisée; plus tard son aisance est provenue également des deux Amériques, notamment des mines du Pérou, du Chili, du Mexique et du Brésil. La féodalité française était riche par le sol français. En s'appuyant de l'autorité de M. Cardenas, l'honorable M. Doniol pense que « tout le bagage « de la seigneurie française se retrouve dans la seigneurie espa- « gnole — droits d'entrée, lods et ventes, cadeaux en argent, « en denrées, en fruits de la terre, droits aux fiançailles des en- « fants des seigneurs ou à leur décès, péages, droits d'aubaine, « droits de four, de moulin, de chasse, de pêche, d'hôtellerie,

(1) Les Ricoshombres et les évêques étaient en réalité les seuls véritables seigneurs, et, à peu près seuls, ils avaient droit aux prélèvements et taxes énumérés plus haut.

(2) On ne saurait trop insister sur le rôle historique et colonial, par suite civilisateur, de cette petite noblesse que Cervantes a, à la fois, ridiculisée et popularisée, mais qui a toujours été héroïque. Cortez la personnifie, ainsi que les chevaliers qui s'emparèrent du haut Pérou et du plateau de Cundinamarca. Ce sont leurs descendants qui ont défendu l'Espagne contre Napoléon Ier et qui défendent encore les colonies espagnoles. C'est ce que Bossuet avait bien senti dans son admirable récit de Rocroy et son portrait du vieux marquis de Fuentes.

« corvées, charrois, logement. Il n'y eut pas, ajoute M. Carde-« nas, un droit ou une charge féodale *en Europe* dont nous « n'ayons eu *quelque exemple*, même le droit de battre monnaie et « de *première nuit de noce* (1). » D'abord, nous maintenons que le fait de la première nuit de noce, là où elle s'est pratiquée, comme une pure violence locale, n'a *jamais eu le caractère féodal*, sur lequel on se trompe complètement, car ce fait d'outrage personnel était contraire à l'essence même de la féodalité : « Qu'on lise aux Assises de Jérusalem les chapitres 205, 206, 207 « des livres de la Haute cour, il n'y a pas de plus beau code des « devoirs de l'homme envers ses semblables (2) ». — Quant à des comparaisons, avec un système fiscal qui a duré 800 ans, suffit-il de les appuyer sur quelques hypothèses?

Il faut apporter beaucoup de prudence dans les comparaisons entre les droits féodaux en France et en Espagne, malgré certaines similitudes, de même qu'aujourd'hui on ne saurait comparer leurs budgets. Ce sont les origines de ces budgets que nous recherchons à travers les siècles, et si le territoire restreint de la France peut supporter aujourd'hui un total d'impôts si extraordinaire, c'est que déjà, à l'époque féodale, sous des formes diverses et régulières, il pouvait en entretenir un déjà très respectable, sans fléchir.

Ainsi l'attribution de la distribution de la justice, même criminelle, à la seigneurie et au fief, qui a persisté en France jusqu'en 1789, qui est l'un des caractères essentiels de la véritable féodalité, une des sources de ses revenus fiscaux, a été bien moins générale en Espagne. Elle n'y apparaît le plus souvent que sous la forme d'une délégation du Roi et elle n'a eu lieu qu'au profit des propriétaires de *tierra de Seniorio*. Les propriétaires de *tierra de Honor* ne l'ont pas reçue et ceux de *Behetria* qu'incomplète-

(1) Doniol, *Ibidem*, p. 179.

(2) Garsonnet, *Ibidem*, p. 342. Les personnes qui connaissent la haute valeur du livre de M. Garsonnet peuvent seules comprendre la portée *scientifique* de cette citation. Sur le caractère moral de la véritable féodalité consulter un article de M. Lecoy de la Marche, *Le double esprit des Croisés*, — dans, *A travers la France*, 1895. Quand une société a produit une femme comme Jeanne d'Arc, dont la destinée est presque mystérieuse (expression de M. Lavisse), c'est qu'elle repose sur un fondement moral.

ment. La justice, qui faisait partie des ressources fiscales, n'est pas résultée de la propriété seule; elle n'en est pas directement découlée (1).

Cette vaste hiérarchie si curieuse qui couvre la France entière, hiérarchie de terres d'où naissent la hiérarchie des fonctions, celle des charges militaires et fiscales, celle du rang social et politique, au milieu de laquelle le Roi n'a qu'une autorité d'apparence pendant au moins trois siècles, n'a pas existé en Espagne, où la nécessité de la lutte terrible, prolongée pendant 700 ans, contre les Arabes et l'Islamisme, a tout dominé. La féodalité en Espagne est surtout militaire; en France elle constitue une organisation territoriale à la fois militaire, politique, économique, fiscale et sociale.

IV. *Les villes.* — Autre différence : les villes ont plus d'importance, pendant le moyen âge, en Espagne qu'en Gaule et qu'en France, aussi bien dans la partie occupée par les Arabes que dans celle conservée par les chrétiens. C'est la tradition romaine. L'Espagne a joui, à l'époque romaine, d'une civilisation plus avancée que celle des Gaules. Les villes y étaient plus nombreuses, plus importantes. Elles formaient des municipes pourvus d'avantages considérables. Les siècles n'ont pas effacé, même aujourd'hui, les traces de cette période romaine. Aussi les villes, en Espagne, de même qu'en Italie, en Allemagne et en Angleterre n'ont pas été englobées, aussi totalement qu'en France, dans la hiérarchie féodale. Paris, Lyon, Bordeaux, Marseille même, ont chacune eu un seigneur, laïc ou ecclésiastique; le Roi remplace le seigneur en Espagne. Son intervention n'a pas le même caractère. Elle a lieu surtout au point de vue militaire et fiscal, pour contribuer à la guerre sainte, guerre qui domine tous les intérêts en Espagne. De là les *Fueros* qui fixent les conditions du concours des villes, les limites de l'intervention royale (2). Dans ces limites, les villes possèdent une

---

(1) Secrétan, *La féodalité en Espagne, Revue historique de droit français et étranger*, 1862, p. 664.

(2) Lavisse, *Histoire générale*, 2e vol., chap. XII et 3e vol., chap. XIII. — Cibrario, *Économie politique au moyen âge*, 1er vol., p. 63. — Sur les *Fueros* des villes. Rosew Saint-Hilaire, *H. d'Espagne*, 2e vol., p. 462-464.

véritable indépendance municipale, plus respectée qu'en France; elles trouvent dans leurs octrois et diverses taxations locales les ressources nécessaires.

§ 6. *De la féodalité et des droits féodaux chez les autres peuples.*

On a cru reconnaître la société féodale dans beaucoup d'autres États. On a même fait une sorte de physiologie ou de sociologie de la féodalité, mais en méconnaissant le plus souvent les caractères réels de la féodalité qui n'est pas seulement un état social, une institution militaire, une forme de la propriété foncière, mais un système politique dans lequel la souveraineté est comprise avec le droit d'établir et de percevoir l'impôt. L'affectation de la rente de la terre à une certaine catégorie de possesseurs n'est pas un fait indicatif de la féodalité, même au profit d'une classe militaire; il faut encore que le propriétaire foncier ou possesseur féodal ait d'autres droits à titre de propriétaire du sol, notamment celui de lever des taxes sur ceux qui dépendent de lui, à raison des services qu'il leur rend et qu'il existe entre eux des devoirs réciproques, fondés sur le libre consentement. En dehors de ces divers éléments, il peut exister des systèmes sociaux ou politiques présentant certaines ressemblances avec la féodalité — mais ce n'est pas la féodalité, telle qu'elle s'est formée dans l'Europe occidentale, dans les Gaules particulièrement, après la dislocation de l'Empire romain, avec des variantes assez considérables en Angleterre, en Allemagne, en Espagne et surtout en Italie, qui a été à peine féodale.

D'après ces règles, on pourrait concéder que l'*Aforamento* portugais avec redevance annuelle, une seconde à la mort du seigneur, une troisième en cas de vente, a eu un certain caractère féodal qui a disparu quand la redevance s'est convertie en une rente fixe et que celles de mutation ont été abolies par l'usage (1). Au contraire, il est bien difficile de reconnaître les éléments de la féodalité dans les changements survenus parmi

(1) Garsonnet, *Ibidem*, p. 477 et 587. — Lefort, *Ibidem*, p. 389.

les États scandinaves (1), à la suite desquels les paysans Danois perdirent en partie la liberté pour devenir serfs domaniaux et ceux de Suède et de Norvège reçurent du pouvoir royal *absolu* des concessions territoriales à charge du service militaire. Il en est de même en ce qui concerne les baux perpétuels ou contrats de fermes héréditaires. En Autriche où les établissements et les régiments frontières en Croatie, présentent des rapports curieux avec les bénéfices militaires romains ; rien de féodal. *A fortiori* pour (2) les propriétaires et les serfs russes ; rien de féodal dans leurs rapports réciproques à aucun point de vue. Mêmes réflexions pour la Hollande avec le Baklemregt, sorte d'emphytéose, une partie de la Belgique, et les divers cantons allemands avec communauté de biens, de villages. Il n'en a pas été autrement pour les parties de la Suisse où *l'allmend* communal s'est maintenu (3).

D'ailleurs, nous donnerons de plus amples détails sur les systèmes primitifs d'impôts chez les différents peuples de l'Europe orientale et septentrionale. Ces systèmes ont deux éléments communs, l'uniformité de l'impôt et son paiement en nature. Le régime féodal est, au contraire, caractérisé par l'extrême diversité de l'impôt et la lente transformation du mode de le payer. Certains impôts féodaux s'acquittaient en nature, d'autres en nature et en argent, d'autres en argent. Jusqu'au XVIIe siècle, dans l'Est et le Nord de l'Europe, l'impôt consistait principalement dans des redevances sur les récoltes de l'année, dans un partage des produits et de nombreuses corvées personnelles. Les cultivateurs n'étaient la plupart que des colons et ils ne pouvaient encore s'élever à la situation de propriétaires conditionnels, mais héréditaires. Par suite point d'impôts de mutation.

L'honorable M. Garsonnet dans son livre sur *l'histoire des locations perpétuelles*, a réuni beaucoup de renseignements sur la propriété foncière en Perse, dans l'empire Ottoman, en Égypte, dans les États arabes du Nord de l'Afrique, à Java, dans l'Inde,

(1) Garsonnet, *Ibidem*, p. 335 et 506.

(2) Lavisse, *Ibidem*, 3e vol., p. 775, 786.

(3) Garsonnet, *Ibidem*, p. 577 et 578.

en Chine, au Japon. De ces divers États, il faut retrancher comme étrangers à toute forme féodale, la Perse, Java, l'Inde et la Chine. Nous pensons qu'il doit en être de même de l'empire Ottoman et des États arabes du Nord de l'Afrique, parce que le droit de possession, auquel se réduit le plus souvent le droit de propriété chez les Turcs et les Arabes, est loin d'être déterminatif, à lui seul, de la féodalité. Le despotisme politique et religieux du Sultan, successeur de Mahomet, n'a absolument rien de féodal, non plus que la tribu arabe, même en Algérie. Le chef de tribu arabe ou kurde peut être un seigneur, mais ce n'est pas et ce ne sera jamais un baron féodal. La ressemblance que les Croisés du XIIe siècle signalèrent entre leurs usages et ceux des Sarrasins provenaient des mœurs, mais nullement des institutions. Il y a eu des bénéfices militaires en Turquie et en Égypte, comme à la fin de l'empire romain, mais ces bénéfices n'avaient aucun rapport avec les *fiefs* réels de France. En Égypte les *Multezims*, comme nous allons le voir, avaient une situation plus spéciale, mais au fond ils étaient, de même que les Zemindars dans l'Inde, des fermiers d'impôts. Impossible de convertir le baron de Montratier qui ne rend compte à personne, qui fait la guerre, qui frappe monnaie, qui rend la justice avec un Multezim qui doit compte, à ses risques et périls, aux contrôleurs du Sultan (1) (2) (3).

Resterait le Japon; il ne nous semble pas que l'organisation, que les *Siogouns* firent prévaloir au commencement du XVIIe siècle, ait eu les caractères nécessaires pour y reconnaître la véritable féodalité de l'Europe occidentale, organisation militaire et politique, à laquelle ont manqué l'origine foncière, la réciprocité des services, la loi morale — car il y a dans la féodalité européenne une part d'influence chrétienne — dont on pourrait retrouver quelques traces chez les peuples musulmans, à raison des racines mosaïques, communes au Christianisme et au

(1) Lefort, *Ibidem*, p. 373, 385.

(2) Garsonnet, *Ibidem*, 610. — Lefort, *Ibidem*, 399.

(3) Dans un mémoire important que nous aurons à mentionner souvent, M. Worms (*Revue de législation et de jurisprudence*, 1842) a démontré que le régime féodal avait été réellement tout à fait étranger aux peuples musulmans.

Mahométisme, mais étrangères à tout l'Extrême-Orient (1). L'Évangile seul a pu inspirer les *Assises* de Jérusalem.

Les formes de la propriété foncière, qui ont une influence immédiate et universelle sur celles de l'impôt, présentent à la fois, chez les diverses nations civilisées, de grandes similitudes et de grandes dissemblances ; on a pu s'appuyer sur ces similitudes pour reconnaître, presque partout, quelques éléments de l'organisation féodale de l'Europe occidentale au moyen âge, en ne tenant pas compte des différences. Ces différences n'existeraient-elles pas, que les similitudes seraient insuffisantes pour attester l'existence du régime féodal, régime complexe, dont tous les éléments ne se sont rencontrés que chez les peuples de l'Europe occidentale. Influence des institutions romaines, influence chrétienne, influence des mœurs et des traditions germaniques, peut-être même celtiques, influence des conditions territoriales et politiques, tout cela a contribué à créer le régime féodal, qui est encore le fondement territorial de la civilisation de l'Europe. Sans ces diverses influences, il a pu se produire, il peut même exister encore des régimes présentant certaines analogies avec le régime féodal, mais nulle part ce régime n'a réellement pu se constituer qu'avec les éléments dont il a été le résultat.

---

(1) « Chaque fief ou daimiat formait un *han*, sorte de *clan* que commandait un « Daimio, entouré de ses conseillers et de samouraïs, à la fois gentilshommes « et bravi, pensionnés par lui, ministres de ses volontés, exécuteurs de ses vengeances... ». Garsonnet, *Ibidem*, 482. Un pareil clan n'est ni la seigneurie, ni le fief.

CHAPITRE V.

DE L'IMPÔT DANS L'EMPIRE BYZANTIN.

C'est par les historiens, les jurisconsultes ou les monuments de l'empire romain d'Orient, devenu plus tard l'empire byzantin, qu'ont été conservés les documents ou les souvenirs relatifs aux changements accomplis par Dioclétien, Constantin et leurs successeurs, dans les institutions et dans le système fiscal des Romains. Ce fait suffirait pour montrer combien a été grande, dans l'empire romain, la double influence de l'Orient et de la civilisation grecque. Peu à peu, tout ce qui était romain, latin, fut lentement relégué au second plan; la langue grecque finit par remplacer la langue latine; les mœurs grecques et orientales prévalurent; l'église latine dut céder la place à l'église grecque. Dans les éléments primordiaux du Christianisme, l'élément grec a une tout autre part que l'élément latin.

Cependant les réformes latines de Dioclétien et de Constantin et de leurs successeurs ont prolongé leur durée, bien au delà de l'empire d'Orient grec lui-même. Latines, en apparence, elles provenaient, au fond, de la double action de l'Orient et de la Grèce sur le milieu romain; elles étaient empruntées à l'organisation fiscale de l'Orient. Non seulement elles ont survécu à la rupture entre les deux empires d'Orient et d'Occident, non seulement elles se sont maintenues pendant toute la durée du premier, mais elles ont été adoptées en partie par les Arabes, puis par les Turcs ottomans, pour lesquels elles représentaient les formes traditionnelles de l'impôt en Orient.

Dans son histoire de la Grèce depuis la conquête romaine (1), M. Finlay a marqué, avec soin, les diverses époques de l'histoire

(1) Finlay, *History of Greece*, 1864, 7 volumes, tome I, 219, 386; tome II, 303, 98-99.

de l'empire d'Orient, depuis le partage de Théodose, et constaté les conditions fiscales de chacune d'elles; époques de prospérité, telles que celles de Justinien et de Basile le Macédonien.

Des détails plus abondants sont donnés par M. Montreuil dans son histoire du droit romain ou droit byzantin dans l'empire d'Orient (1). Sous Justinien, dit M. Montreuil, le « système « des impôts romains n'avait subi aucune modification essen- « tielle. Justinien a accueilli sans altération, dans ses Pandectes « et dans son Code, les fragments des anciens jurisconsultes et « les constitutions de ses prédécesseurs sur les impôts réels et « personnels et, dans ses propres constitutions, il a parlé de son « administration financière avec les mêmes termes que la légis- « lation antérieure ».

De même « toute cette partie de la législation de Justinien est « passée dans le 56e livre des Basiliques, titres 3, 8 et 18 ». Bien que ce titre ait été perdu en partie, on sait qu'au IXe siècle le système fiscal était à peu près le même; quelques changements avaient cependant eu lieu.

1° La perception et la répartition des impôts se faisaient par des agents directs du fisc, distincts pour chaque capitation, sans que la responsabilité des riches ou curiales eût entièrement disparu;

2° La répartition n'avait plus lieu par unité territoriale, *capita*, mais par province et diocèse;

3° On évaluait à 20,000 écus d'or par jour le rendement des impôts indirects à Constantinople, soit 260,000 fr. $\times$ 365 = 90,900,000 fr., somme qui paraît exagérée;

4° Les difficultés monétaires avaient rendu plus lourd le poids des impôts par suite des changements frauduleux dans les monnaies, changements dont le fisc ne voulait pas tenir compte quant aux impôts; de là des tarifs de prix, dans le genre de ceux de Dioclétien ou de la Convention. Les difficultés étaient d'autant plus grandes que la lutte de l'argent et du cuivre durait encore;

5° Après la chute de l'empire français et la rentrée des Paléologues, les besoins du gouvernement devinrent tels que les rigueurs du fisc redoublèrent;

---

(1) Tome III, 103-116.

6° Il se rencontra même un Éparque, nommé Chadené, qui proposa à l'empereur Michel de s'emparer de toutes les propriétés à charge de payer la rente du nécessaire, mais non celle du superflu ; un essai fut tenté, sans succès ;

7° Dans les derniers temps de l'empire, le vin était devenu le favori de l'impôt. L'impôt aurait été quintuplé ; on exigea 50 p. 0/0 au lieu de 10 p. 0/0. Aujourd'hui la même faveur menace l'alcool.

Ainsi est justifiée l'opinion émise par M. Hertzberg. Les anciens impôts, dit-il, furent maintenus et exigés avec le même esprit de rapine (raubicher) (1).

Toutefois, durant les longs siècles qui ont suivi le règne de Justinien, il s'est produit, dans l'empire byzantin, une belle période qui a duré à peu près trois siècles. Cette période commence même avant les empereurs macédoniens et se prolonge jusqu'à la prise de Constantinople par les Français, en 1204. Elle a été particulièrement remarquable de 867 à 1057 (2). Elle forme une sorte de renaissance de la race grecque, qui se défend, avec succès, contre tous les peuples qui l'attaquent : Sarrasins, Normands, Bulgares, Kházars, Slaves, tout en relevant son commerce, en réformant l'administration de ses provinces, en donnant un nouvel essor aux lettres, aux arts et aux sciences. M. Finlay signale, avec raison, comme preuve positive de cette prospérité, le fait que l'empire byzantin, malgré toutes les difficultés auxquelles il a suffi pendant huit siècles depuis Justinien, a pu garder sa monnaie d'or (3), argument de premier ordre. C'est cette curieuse époque que M. A. Rambaud a voulu faire connaître par son ouvrage : l'*Empire grec au xe siècle* (4), dans lequel il analyse une description géographique de l'empire faite par Constantin Porphyrogenète sous le titre de : *Livre de l'administration*. L'empire a été divisé en *Thêmes ;* chaque Thême est occupé et colonisé par les diverses races du Nord (Slaves), et du Midi (Arabes ou Turks) qu'il a fallu admettre dans l'em-

(1) *Geschichte der Byzantines und Osmanisches Reichs*, 1882-1884, p. 30.

(2) Lavisse, *H. générale*, 1er vol., chap. XIII.

(3) *History of Greece*, 4e vol., p. 42.

(4) Consulter également sur la même époque. *Un empereur byzantin au xe siècle*, par M. Schlumberger, 1890. Les succès extraordinaires de Nicéphore Phocas furent accompagnés de taxes de guerre accablantes.

pire; des colonies militaires, des concessions de terre à charge de service militaire ont été multipliées dans les Thêmes, notamment dans l'ancien Péloponèse. Athènes et Sparte subsistent encore. Les Grecs se maintiennent au milieu des Slaves. Les impôts sont à peu près les mêmes qu'au VIe siècle, mais il a fallu les accroître, notamment y joindre une taxe par foyer, sorte de *fuocatico*. Les colons romains sont devenus presque des serfs. Les petites propriétés ont été remplacées par de grands domaines (1) appartenant à des *Dynates*, des *Archontes*, des *Phyllarques* que le fisc impérial rend solidaires de la rentrée des impôts et qui seuls peuvent les payer. Les vieux temples païens ont disparu; les églises, les couvents, les asiles chrétiens, réclamant la dîme, les ont remplacés. La civilisation chrétienne a complètement expulsé le polythéisme. Quant aux anciens États grecs, le souvenir s'en est effacé. Rien n'a survécu de leurs institutions. Le gouvernement est militaire (2). Dans chaque Thême, il est représenté par des chefs militaires de race étrangère auxquels des domaines ont été concédés à condition de donner le service militaire. Ils ne peuvent transmettre ces domaines (3). Quand arrivèrent, au commencement du XIIIe siècle, les barons français, à la suite de la prise de Constantinople en 1204, et qu'ils s'installèrent en Thessalie, en Épire, en Attique et dans le Péloponèse, ils prirent d'abord les Stratèges et les Logothétes byzantins pour des seigneurs féodaux.

Cette survenue des barons français à Constantinople (4), à Salonique, à Athènes et à Sparte, à tant de siècles de distance du temps où Athènes et Sparte avaient joué un certain rôle dans l'histoire de la civilisation et de l'impôt, est une des curiosités du XIIIe siècle, probablement le plus grand moment de la race française, dans l'histoire de l'humanité, puisqu'avec la Révolu-

---

(1) Des novelles de 932 durent défendre l'acquisition des biens des pauvres et des militaires. Lavisse, *Ibidem*, p. 667.

(2) Il pouvait disposer d'une armée de 120,000 h. Lavisse, *Ibidem*, p. 678-679.

(3) Lavisse, *Ibidem*, 1er vol., p. 669. Tout cela n'avait rien de féodal. « L'esprit oriental ne se prêtant pas à l'idée de la loi féodale, *réciproque et héréditaire* ».

(4) Sur l'importance de Constantinople au XIIIe siècle, ses richesses, les impôts qui lui sont spéciaux, particulièrement sur les boutiques, les hôtelleries, les marchés, voir Lavisse, *Ibidem*, 673.

tion et Napoléon, la France n'a pu franchir les frontières de Louis XIV que pendant trente ans environ, tandis qu'elle a conservé le Péloponèse pendant soixante ans, Chypre et Rhodes pendant plus de trois siècles (1).

Les barons français installèrent, par toute la Grèce, notamment à Athènes et en Péloponèse, leurs institutions féodales avec leurs lois, leurs impôts, leurs redevances, leurs mœurs. Ils y fondèrent non pas des colonies militaires, relevant de l'empereur de Constantinople, mais de véritables fiefs militaires (2) ne relevant que de leurs propriétaires.

Mais les conquérants français de l'empire byzantin n'avaient pas perdu l'esprit de retour. Dès que le moindre héritage, en France, survenait à ceux établis dans le Péloponèse, ils s'empressaient de revenir pour toujours. Ils furent, par suite, assez rapidement expulsés et alors, sous les coups des Ottomans, des Vénitiens, des Bulgares, des Slaves, l'empire grec entra dans une irrémédiable décadence; les impôts furent aggravés au point de provoquer la dépopulation; ils absorbaient, chaque année, selon M. Finlay, toutes les ressources des populations (3). Le moment vint même où elles préférèrent l'ordre et la régularité, qu'à cette époque les Turcs ottomans assuraient partout, aux excès du fisc d'un gouvernement national, mais impuissant.

Par suite, la conquête des Turcs ottomans fut probablement, au point de vue fiscal, plutôt une amélioration qu'une aggravation dans les conditions de la masse des populations, en leur rendant une certaine sécurité. Les trois grands impôts turcs furent, d'après la nature des terres et des personnes, les mêmes que ceux des Assyriens, des Perses et des Arabes (4). 1° La dîme, zekkat, en argent ou en nature, du cinquième pour les non musulmans, du dixième pour les musulmans; 2° le djizié ou tribut pour tous les mâles, non musulmans, âgés de 10 ans, sauf les vieillards, les prêtres, les fous, les aveugles et les para-

(1) Sur la grandeur de la France au XIIIe siècle, Finlay, 4e vol., p. 67.

(2) Voir plus haut, p. 86-87, les détails sur les derniers temps de Sparte.

(3) Finlay, 4e vol., page 323, *Taxation absorbed all the profits of commerce and industry.*

(4) Finlay, *Ibidem*, 5e vol., p. 21.

lytiques; 3o le kharadj ou impôt foncier. Djizié et kharadj rendaient à peu près 150 millions de francs.

Ces impôts furent complétés par quelques taxes mobilières et par les droits de douane de 2 1/2 à 5 p. 0/0 sur les importations et les exportations.

Les propriétés privées furent garanties et l'état monétaire rendu stable.

Ces conditions ont permis aux Grecs de résister aux oppressions qu'ils durent supporter, notamment à l'impôt des jeunes garçons pour recruter les janissaires, de sauver et d'augmenter leurs richesses. Une imposition annuelle de 150 millions de francs était certainement une charge très lourde; mais, d'un côté, ces 150 millions étaient employés dans l'empire même, principalement dans les grandes villes, et, d'autre part, leur manipulation demeura dans les mains des Grecs, qui restèrent chargés des finances des Ottomans, incapables de les gérer, en même temps qu'ils conservaient dans leurs mains tous les capitaux et tout le commerce. Ce qui leur profita le plus, ce fut la modération des droits de douane; le commerce, la marine turque prirent un grand développement; ils étaient entièrement dans les mains des Grecs.

Aussi, avec le temps, avec des relations, conservées ou établies à Smyrne, en Syrie, à Alexandrie, en Crimée, à Marseille, à Londres, les familles grecques purent constituer de grandes fortunes et préparer le relèvement de la race hellénique. Ce relèvement, qui est peut-être plus considérable en Asie Mineure que dans la Grèce même, parce qu'il a lieu sur un plus vaste théâtre, est un des plus grands faits de l'histoire de la civilisation. Il ne faut pas en juger d'après l'état actuel de la Grèce, état intéressant en lui-même, au surplus, mais par la condition de tous les Grecs dans l'ancien empire d'Alexandre, et même en Europe. Ce relèvement explique la prolongation de l'empire byzantin et l'espoir secret de tous les Hellènes de reprendre Constantinople, de transformer la Corne d'or, de relever le palais de Justinien et de prier dans Sainte-Sophie.

CHAPITRE VI.

DE L'IMPÔT CHEZ LES PEUPLES NOMADES DE L'ASIE ET DE L'EUROPE.

§ 1. *Mouvement des Migrations.*

Jusqu'à présent notre enquête fiscale s'est étendue principalement aux nations ayant fait partie de l'Empire romain, ou formées sur ses ruines. Ces nations, toutes parvenues à un degré assez élevé de culture, ont constitué divers foyers de civilisation que les Romains ont réunis, pendant quelques siècles, au tour de la Méditerranée, grâce à la *pax romana*. On peut délimiter le vaste cercle, dont la Méditerranée était le centre, par l'Océan Atlantique à l'ouest, le désert du Sahara, la mer Rouge, au sud, l'Euphrate, le Tigre, la mer Noire et le Rhin au levant, le Danube et la mer du Nord, au nord.

Derrière les limites de ce cercle, s'étendaient des populations, très nombreuses, très diverses et très importantes, mais toutes, à l'exception d'une seule, la Perse, encore à l'état nomade. Il y avait cependant déjà, comme Strabon (1) le remarquait, une grande différence entre les populations qui occupaient la frontière du Nord et celles qui occupaient la frontière du Midi : celles-ci n'étaient pas toutes également nomades et celles, véritablement nomades, rencontraient, dans leurs parcours, des difficultés et des limites beaucoup plus grandes que les nations nomades du Nord.

L'un des traits caractéristiques de ces peuples nomades a été de mettre en rapport, les uns avec les autres, les divers grands foyers de la civilisation, séparés par des déserts, plus ou moins habitables, dans lesquels ils erraient. C'est ainsi que la Chine,

(1) Strabon, traduction Tardieu, 3e vol., livre XVI, chap. III, nos 1 et 2; chap. IV, nos 2 et 25.

l'Inde, la Perse orientale ont pu communiquer directement avec l'Empire romain.

Mais sous l'empire d'événements ou de faits d'ordre supérieur, tels que des changements d'hydrographie et de climat dans le centre de l'Asie, des guerres de races, et la grande révolution religieuse de Mahomet, les peuples nomadés ont été obligés de modifier les conditions de leur habitât et d'exercer une action immédiate sur les peuples civilisés, aussi bien pour l'Empire romain que pour la Perse, l'Inde et la Chine. Ils ont été un facteur important dans la dislocation de l'Empire romain au ve siècle et dans la ruine de l'empire byzantin au xve; ils ont également profondément altéré le développement historique de la Perse, de l'Inde et de la Chine. Il est donc nécessaire de rechercher quelles institutions fiscales ils pouvaient avoir et quelle influence ils ont pu exercer sur celles des peuples civilisés.

Le mouvement de nomades qui s'est porté vers l'Empire romain n'a été lui-même qu'une série de vagues formidables, de recrudescences dans les migrations qui, à diverses époques, et, comme par périodes, se sont dirigées de l'Asie vers l'Europe, vers l'Océan Atlantique, surtout dans la direction du centre et du nord de l'Europe. Ces migrations ont eu lieu, soit avant l'époque durant laquelle les Hellènes et les Romains ont tenu la place principale, soit en même temps. Elles ont eu une influence directe sur la formation des populations de la Grèce. Sparte était une conquête des Doriens, descendus du nord de la Macédoine. Les Romains ont rencontré, dans le nord de l'Italie, des peuples qui n'appartenaient pas à la même race qu'eux et qui se rattachaient directement à des peuples qu'un mouvement de migration antérieur avait entraînés dans l'Europe occidentale.

Ces diverses migrations ont dépendu les unes des autres; ce sont les étapes diverses d'un même mouvement qui dirige, qui précipite, les unes vers les autres, des populations parties, tantôt des mêmes centres, tantôt de milieux différents, mais toutes vers le même but, le peuplement et la mise en exploitation de la terre. C'est un mouvement dépendant de la volonté du Créateur, un mouvement providentiel (1). Il est difficile de lui assigner une date précise ; mais on peut considérer que l'arrivée des Basques sur les deux versants des Pyrénées, vers le XIIe siècle avant l'ère chrétienne (2), a dû correspondre à l'un des plus anciens mouvements de migration des peuples nomades d'Asie vers l'Europe. On sait combien les Basques sont demeurés longtemps corsaires, pirates, marins, émigrants, colonisateurs.

On a pu admettre pendant longtemps que les peuples sédentaires avaient, seuls ou particulièrement, dû se soumettre à l'impôt. On sait aujourd'hui que les peuples nomades, quoique beaucoup plus réfractaires à l'impôt que les peuples sédentaires, ont dû le subir et même le pratiquer. La forme de l'impôt chez es peuples nomades a été, en général, le bétail, forme qu'il a eue même chez les petites nations agricoles de l'Italie, à Rome notamment. Dans leurs premiers temps, les Romains se servaient du même mot, *pecunia,* pour exprimer le bétail et le capital, ou plutôt la valeur des choses, *money,* en dehors de leur équivalent monétaire. Non seulement les peuples nomades payaient l'impôt, volontairement, comme redevance, dîme en nature, ou obligatoirement comme tribut, protection, passage, péage, mais ils ont eu des percepteurs qui délivraient des quittances. A peine arrivé à s'installer à la Mekke, Mahomet songea à exiger des taxes et expédia des percepteurs pour les toucher. Les tribus des Hiong-Nou, dont sont provenus Huns, Hongrois, Turcs, Mongols, payaient l'impôt en bétail à des percepteurs qui marquaient les versements par l'apposition d'un scel marqué au fer de lance (3).

§ 2. *La tribu.*

Ce fait suffit pour attester qu'il y avait, au milieu de différences nombreuses provenant du climat, du territoire, de la

(1) Les nations ne s'agitent pas plus en vain que les fleuves ne coulent au hasard : quoique sujettes à l'erreur, elles sont conduites par l'Éternelle vérité qui les dirige vers un but certain. — Ebn-el-Farid (épigraphe du livre de M. Palgrave sur l'Arabie).

(2) R. de Belloguet, *Ethnogénie gauloise,* 2e vol., sect. 5, p. 212.

(3) Léon Cahun, *Introduction à l'histoire de l'Asie,* p. 57.

race, des ressemblances importantes entre les peuples nomades, bien qu'ils soient demeurés à peu près séparés par le massif des peuples civilisés. Ils se sont rencontrés soit dans la vallée du Tigre, soit en Perse, soit dans les deux Turkestans actuels, non seulement sous l'empire de l'influence du Mahométisme, mais beaucoup plus sous l'influence de leurs migrations. Les Nomades du Midi, plus directement en rapport soit avec l'empire romain d'Orient, soit surtout avec les contrées où s'étaient formés les grands empires de l'Asie et où avaient fleuri les premières civilisations, ont, plus tôt que les peuples nomades du Nord, augmenté l'élément sédentaire de leurs migrations; par suite, ils ont possédé plus tôt un ensemble remarquable d'institutions fiscales (1), approprié à leurs conditions économiques et politiques.

D'ailleurs, Nomades du Midi, et Nomades du Nord ont présenté, dans leur développement historique, presque les mêmes caractères.

1° Organisation complète de la tribu, forme sociale et politique groupant les familles en communautés, clans ou douars, qui se prête à la fois à la fixation temporaire sur un territoire donné ou à la persistance dans la vie nomade, de même qu'à des confédérations de tribus, qui peuvent elles-mêmes se transformer en peuples provisoires, en États momentanément considérables, en armées subitement redoutables, en avalanches humaines, sans parvenir à une stabilité durable (2).

2° Constructions politiques éphémères, confédérations, peu-

(1) M. Léon Cahun, déjà cité, a mis ce fait tout à fait en relief dans le livre premier — *Les origines* — de son remarquable ouvrage dont on peut vérifier les données avec les voyageurs du XIIIe siècle. — Rubruquis, *Du Plan Carpin, Marco Polo* et ceux du XIXe siècle, notamment Plassestky, Younghusband et Prjévalsky, Richthofen et le père Huc.

(2) Sur l'organisation de la tribu et ses diverses modifications, consulter principalement : 1° général Daumas, *Mœurs et coutumes de l'Algérie;* 2° Volney, *Voyage en Syrie;* 3° Burckhardt et Niébuhr, *Voyages en Arabie;* 4° Palgrave, *Voyage en Arabie*, en 1866; 4° Khalil, *Code musulman*, traduit par M. Seignette, 1878; 5° Comte de Perthuis, *Le désert de Syrie*, 1878; 6° Léon Cahun, livre III, *Les Mongols;* 7° Sayous, *H. des Hongrois*, les articles *Turks, Mongols, Germany, Goths, De l'Encyclopedia britanica;* 8° Klaproth, *Tableaux de l'H. de l'Asie;* 9° De Guignes, *H. des Huns*, 5 vol. 1750, mais, avant tout, quant aux nomades de l'Asie, Howorth, *History of Mongols*, 1876. Richthofen, *China*, 1884.

ples, armées, États qui, bien rarement, parviennent, comme les Hongrois par exemple, à s'établir définitivement sur un territoire particulier et à devenir non seulement un peuple sédentaire, mais une nation résistante aux épreuves diverses de la vie nationale.

3° Impuissance même pour ces confédérations d'accepter ou de conserver des institutions fiscales qui leur soient propres et surtout qui aient un caractère durable, car l'impôt est l'élément fondamental de la vie des peuples.

4° Impuissance très augmentée par l'état économique des peuples nomades, chasseurs, pêcheurs, pasteurs, très rarement agriculteurs, et même agriculteurs d'occasion, d'où une notion imparfaite de la propriété foncière.

5° État de guerre à peu près permanent, particulièrement approprié à la tribu et aux confédérations de tribus, entraînant une pratique de l'impôt qui consiste à exploiter les peuples agricoles, nécessairement sédentaires et à vivre à leurs dépens, au moyen de contributions, le plus souvent acquittées en nature, quelquefois en métaux précieux ou en monnaie, même en papier-monnaie.

6° Répugnance des peuples complètement nomades (1) à l'impôt librement accepté, qui n'est jamais acquitté que comme redevance, mais apparition de l'impôt chez les peuples qui ne sont que temporairement sédentaires. L'impôt consiste chez ces peuples surtout dans une part en nature du produit brut, forme de l'impôt postérieure au don volontaire, qu'on rencontre dans toute organisation politique, communauté, clan, tribu, confédération.

7° Dans d'autres formations nomades, la solde, dès les premiers temps, se substitue, en nature ou en monnaie, au don volontaire ou à la redevance; mais, en général, c'est une phase préparatoire de l'impôt.

(1) M. L. Cahun, p. 49, nie l'état habituel nomade de certaines confédérations de tribus, tout en acceptant le fait de l'étroite solidarité qui relie les nomades aux sédentaires temporaires et aux véritables sédentaires, il est bien difficile d'accepter l'opinion de M. L. Cahun.

8o. Distribution des tribus, confédérations, peuples nomades en trois catégories distinctes, catégorie de nomades, catégorie de nomades temporaires, catégorie de sédentaires. Niebuhr et Palgrave ont mis ce grand fait en relief, quant à l'Arabie, mais il ressort également, pour tous les peuples, de l'histoire de leurs migrations et de leur établissement. L'impôt est en rapport immédiat avec ce fait. Très rare et exceptionnel chez les tribus et peuples nomades, subi ou accepté chez les nomades temporaires, il ne prend de fixité que chez les sédentaires, mais il n'est étranger à aucune catégorie(1).

L'organisation sociale et économique de la tribu présente, en effet, à divers points de vue, sur la vie indépendante de famille, des avantages certains. Les personnes qui ont pu étudier, en Algérie, la vie de la tribu, n'hésitent pas à le reconnaître. C'est, en tout cas, un organisme bien antique et essentiel dans l'histoire de l'humanité.

Au point de vue de l'impôt, c'est-à-dire du concours de chaque famille, — l'individu n'est pas à compter dans la tribu — aux dépenses communes, la famille pourvoit directement elle-même à ses dépenses; car la tribu doit être toujours en état de se défendre. C'est une armée en marche (*nedja*) dans laquelle chaque combattant s'arme (2) et s'entretient lui-même,

(1) Burckhardt, 3e vol., p. 1-50. — Niebuhr, 2e vol., chap. x. — Palgrave, 1er vol., p. 28, 35. « Pendant les mois propres aux pâturages les Arabes vivent sous des « tentes; le reste de l'année, ils demeurent dans la ville et les villages ». — Niebuhr, 2e vol., p. 45.

(2) Le déplacement et l'installation de tribus entières rendaient la conquête arabe beaucoup plus dévastatrice pour les populations vaincues. Aussi on comparait les armées arabes à des nuées de sauterelles, détruisant tout sur leur passage. Dans une circonstance 1,000 familles coptes furent transportées près de Tunis. Les déplacements des grandes tribus sont historiquement connus. « La tribu « formait une division de l'armée, une unité stratégique, et les rôles établis pour « servir de base au partage du butin n'étaient autres que les listes nominatives « de tous les membres de la tribu présents sous les drapeaux » (*Khalil Code*, p. 712). — Aussi les conquêtes des Musulmans ont été faites par des armées composées de tribus. Femmes et enfants assistaient aux batailles et aux assauts des villes. L'une des veuves de Mahomet prit part à l'assaut de Damas. Il en fut de même à la bataille de Kadesiah (Muir, *The Coran*, p. 59. — *Collection de la Society for promoting christian knonlege*, tract des plus intéressants. — Noël des Vergers, *Arabie*, 224-225). — *Almohades*, *Almoravides*, *Mérinides* n'étaient que

au milieu des siens. Telle a été, du moins pour les Arabes, l'organisation de la tribu, de tout temps, sédentaire ou nomade. « Quoique fixés sur le sol et dans les villes, les Arabes sédentaires ont toujours gardé le caractère fondamental de leur race, nomade à l'origine..., jamais de véritables empires tels que nous les comprenons n'ont pu se fonder en Arabie. Celui même des Khalifes, au moyen âge, a été obligé de transporter, presque aussitôt fondé, son siège loin de la péninsule (1) ».

L'Arabe est à peu près réfractaire à la notion de l'impôt, consenti et payé volontairement. Il l'extorque par force ou le subit lui-même, mais il n'en accepte rarement la nécessité.

Toutefois, dans les divers États formés de confédérations, de tribus, dans l'Arabie même, la dîme, zekkat, du 20e au 5e du produit brut, était de très ancienne tradition (2).

---

d'immenses confédérations de tribus. — Sur la vie de tribu des Arabes, consulter : 1° Caussin de Perceval, *Essai sur l'histoire des Arabes avant Mahomet*, 1er vol., série III et livre VI. — 2° Mercier, *Histoire de l'Afrique septentrionale*, 2e vol., p. 17 et suiv. — 3° Carette, *L'Algérie*, p. 113 (dans l'*Univers pittoresque*). — 4° F. Fresnel, *Lettres sur les Arabes avant l'Islam*, p. 53. — 5° Noël des Vergers, *Arabie*, dans l'*Univers pittoresque*, livre remarquable. — 6° S. de Sacy, *Mémoires sur la propriété en Égypte*, *Institut*, 1er vol., 1805. — 7° La préface de Sale, à la traduction du Coran de Kasimirski (*Panthéon littéraire*). — 8° *Les voyages* de Burckhardt, Volney, Niebuhr, Palgrave, Comte de Perthuis. — 9° *Code de Khalil*, introduction, p. 41. — 10° Lenormant, *Ibidem*, 3e vol., tout le livre septième. — Pour l'état actuel des tribus de la Syrie, sédentaires ou nomades, le voyage de M. le comte de Perthuis est du plus grand intérêt. Les *Anazehs* et les *Choummars*, les Amarats, les Sbââ, les Feddaan sont des confédérations de tribus nomades. M. de Perthuis donne des renseignements complets sur la composition actuelle des tribus, leurs migrations, leurs conflits, sur les causes qui transforment les tribus nomades en sédentaires.

(1) Lenormant, *Ibidem*, 3e vol., p. 341.

(2) La dîme demandée par Mahomet remonte à cette tradition. — Niebuhr, 2e vol., p. 93, *Revenus de l'État de Sana*. — Niebuhr rappelle que, selon Pline, les Arabes payaient un impôt représentant la moitié de la valeur des produits. C'est une allusion à la dîme en nature.

CHAPITRE VII.

DE L'IMPÔT DANS L'EMPIRE DES ARABES.

§ 1. *Nomades du Midi. Les Arabes.*

Les nomades du Midi se rencontraient en Arabie, dans le nord de l'Afrique et le sud de la Perse. Ils paraissent être entrés en mouvement les premiers. La péninsule arabique a été le foyer primitif de couches successives de populations qui ont constitué, sous le nom d'Ariba, de Moutéarriba et de Moustariba, le noyau principal des *Arrabats,* la race arabe (1). Strabon distingue fort bien les Arabes sédentaires habitant l'Arabie des Arabes nomades, ou Bédouins, errant, de tout temps, dans le grand désert qui sépare l'Arabie de la Syrie et de la Mésopotamie (2).

Les Arabes sédentaires se divisent eux-mêmes en deux catégories tout à fait distinctes, les Arabes citadins ou habitants des villes, très nombreuses et florissantes dans l'Hedjaz et l'Yemen, bien avant l'époque de Salomon, et les Arabes des tribus fixes. Ces tribus ont une très grande importance dans l'histoire de l'Arabie. Leur fixité n'est pas absolue; elles ont également le caractère nomade, tout autant que les Mongols et les Turcs dans le centre de l'Asie; mais elles sont agricoles et ne se mettent en mouvement que pour des causes déterminées. Ce sont elles qui ont répandu l'Islam en Asie et en Afrique et qui ont fondé l'empire des Arabes (3). Elles ont produit une orga-

(1) F. Lenormant, *Hist. ancienne de l'Orient,* 3e vol., 236-237.

(2) Strabon, liv. XVI, chap. III et IV. — Gibbon, *Decline and fall of roman Empire,* traduction Guizot, 10e vol., chap. 50, le plus célèbre de l'ouvrage. — Gilman, *The Saracens,* dans *Story of nations,* avec une grande bibliographie, 1891.

Les Sarrasins sont spécialement les coureurs de terre et de mer, les pirates et forbans arabes. On les signale dès le IVe siècle de l'ère chrétienne.

(3) Tous les voyageurs, Niebuhr, Burckhardt, Volney, insistent sur leur supé-

nisation de la tribu plus parfaite que celle des tribus nomades des Mongols ou des Turcs. Les belles tribus du Maroc, de l'Algérie, de l'Arabie, de la Perse possèdent encore cette organisation qui représente une des formes sociales les plus curieuses de la vie de l'humanité.

On évalue la population actuelle de l'Arabie de huit à neuf millions environ d'habitants dont un cinquième ou un sixième seraient nomades (1) ; mais les Arabes ont eu, de tout temps, un périmètre bien plus étendu. Ils ont composé une notable partie des populations de la Chaldée, de l'Assyrie, de la Babylonie, de la Mésopotamie, de la Syrie tout entière, y compris la Palestine et la Phénicie (2). Ils sont l'élément dominant du groupe primordial de Sem et ils ont une part dans le groupe de Cham. L'universalité et la priorité de fait de l'Arabe, dans toutes les langues de l'Asie mineure et même centrale, l'atteste. Il faut tenir grand compte de ces faits pour expliquer la prodigieuse rapidité avec laquelle l'Islam s'est répandu et son appropriation complète aux populations de l'Asie mineure.

Au surplus, les Arabes avaient eu, bien avant l'Empire romain, les relations les plus suivies (3) soit avec les Pharaons d'Égypte, soit avec les empires de Chaldée, d'Assyrie et de Babylone. De temps immémorial, sédentaires ou nomades, ils vivaient de la même manière, divisés en tribus, plus ou moins considérables, les unes sédentaires, les autres nomades (4). Quant à ces derniers, la trajectoire de leurs migrations, réglée par les saisons et les pâturages, ne dépassait guère, en réalité, le grand coude de

---

riorité. « C'est la plus noble des races de la terre » affirme Palgrave, 1er vol., page 174. — Sans aller aussi loin, la race arabe sédentaire a précédé Persans, Grecs, Romains et l'Europe entière dans la civilisation. — V. Le Bon, *Civilisation des Arabes*, et Lenormant, 3e vol., liv. VII, § 6.

(1) *Encyclopedia britannica*, tome II, au mot *Arabia*, et Palgrave, 1er vol., p. 35.

(2) Reclus, *Afrique du nord*, tome XI. — Daumas, plus haut cité. — Mercier, *Hist. de l'Afrique septentrionale*, 2e vol. — Caussin de Perceval, *Les Arabes avant Mahomet*.

(3) Lenormant, *Ibidem*, 3e vol., 242. *Les Amalica*, tribus sédentaires, *et les Araméens*, tribus nomades; — *Dictionnaire Vivien de Saint-Martin*, au mot *Arabie*.

(4) Palgrave indique les principales tribus sédentaires, 1er vol., p. 400. — Burckhardt les principales tribus nomades, 3e vol., p. 1-50.

l'Euphrate au nord et la bordure de l'Hedjaz au sud. Les nomades arabes étaient, par suite, des nomades réguliers. « Tels « ils étaient au temps où Mahomet arracha les Arabes à l'idolâ- « trie, tels exactement tous les renseignements nous les mon- « trent aussi haut que l'on puisse remonter dans leur histoire, « tels même ils sont encore aujourd'hui (1). »

§ 2. *L'Islam.*

Les Arabes n'ont pas eu d'influence immédiate sur la première dislocation de l'Empire romain au ve siècle, mais ils ont exercé un rôle de premier ordre au viie siècle, en fondant, avec une rapidité foudroyante, un immense empire, qui s'est étendu de Bactres et de Samarcande au levant et au Portugal et à l'Océan au couchant. Il est donc d'un haut intérêt de connaître comment, réfractaires à l'impôt, et demeurés tels depuis la chute de leur empire, ils ont organisé l'impôt.

A cet égard, il y a lieu de tenir compte de deux observations fondamentales :

1° Les tribus, qui ont pris la part principale à la conquête, ont été les tribus sédentaires de l'Hedjaz et du Yemen, celles que Mahomet a converties ou subjuguées, celles qui étaient appelées à la guerre, par lui ou par les Khalifes, à tour de rôle, et auxquelles une part spéciale était réservée dans le butin (2). Les véritables tribus Arabes nomades n'ont jamais partagé le fanatisme religieux des tribus sédentaires et n'ont guère adopté, que pour la forme, les idées et les pratiques religieuses de l'Islam (3). Leur passion pour l'indépendance et leurs habitudes séculaires, leur organisation ne convenaient nullement à l'œuvre de propagande armée et de conquête religieuse de l'Islam. Mahomet put donc, dans le Coran même, préparer les tribus sédentaires à une première application de l'impôt, destiné sous le nom de *tribut*

(1) F. Lenormant, *Histoire ancienne de l'Orient*, 3e vol., p. 341.

(2) Noël des Vergers, *L'Arabie*, p. 237. Règlement du butin.

(3) Palgrave, 1er vol., p. 16, 37.

sacré (1), à l'entretien des pauvres, des veuves, des orphelins, des malades et des établissements religieux. Ce tribut est le *Zekkat* ou *Sadacat, la dîme aumonière.* L'impôt revêtit ainsi un caractère religieux et charitable. La force motrice de l'Islam, c'est un mouvement religieux, une rénovation des idées morales des Arabes, mouvement qui a été d'une puissance extraordinaire et qui dure encore. Jamais l'Islam, comme religion, n'a eu une plus grande consistance qu'à la fin du XIXe siècle. Les nomades ou Bédouins auraient été absolument impropres à être l'instrument de la pensée de Mahomet.

2° Mais l'impulsion religieuse (2) aurait-elle suffi pour lancer et surtout pour entretenir le mouvement? Mahomet eut donc recours à un second levier, la soif du gain, des jouissances les plus matérielles, de la conquête, du pillage. Cette double impulsion a produit le plus dangereux fanatisme, en offrant aux mêmes hommes le bonheur matériel immédiat et le bonheur futur (3),

(1) Lavisse, *Hist. gén.*, tome I, p. 461. — « Tous les croyants (moslemine) étaient astreints à prélever sur leurs biens une dîme, le Zekkat, ou part de Dieu que le prophète et ses représentants appliquaient au soulagement des pauvres et aux besoins de l'État, — *ibidem*, p. 447. — L'acceptation du Zekkat par les Arabes sédentaires a été l'une des grandes difficultés de Mahomet et des premiers Khalifes. Mahomet désigna des agents pour percevoir les dîmes. D'abord demandées à titre volontaire, elles devinrent bientôt obligatoires.

(2) Sur Mahomet ou *Mohammed* et le caractère religieux de son œuvre, lire sa biographie par *Aboul-Féda*, traduite par Noël des Vergers, 1837. Quant aux armées musulmanes, consulter *L'Arabie,* par M. Noël des Vergers, p. 156, 183.

(3) Le prophète promit à ses fidèles (combat de Bedr) que tous ceux qui mourraient ce jour-là d'une blessure reçue en face iraient droit en paradis. « Quoi, s'écria un jeune homme qui se tenait près de lui en mangeant des dattes, il ne faut pour entrer dans le paradis que se faire tuer par ces gens-là ! » Il jette ses dattes, tire son sabre, se jette dans la mêlée et succombe. A ce combat les musulmans ne perdirent que 14 morts. Les Koraichites, leurs adversaires, en perdirent 70, plus 70 prisonniers. Lavisse, *Hist. gén.*, p. 448, 1er vol. L'armée arabe était toujours précédée d'une multitude d'espions et de missionnaires secrets pour menacer et préparer les esprits. Ces missionnaires ne reculaient devant rien, ni les supplices, ni la mort. Ce caractère fanatique subsiste encore parmi les musulmans. Mohammed ne savait ni lire ni écrire, mais il eut l'éloquence puissante qui va au cœur des peuples et qui entraîne les foules. Lavisse, *Ibidem*, p. 455.

« Ne dites pas que ceux qui sont dans la voie de Dieu sont des morts. Non, ils sont vivants; mais vous ne les comprenez pas; ceux qui combattent dans le sentier de Dieu, qu'ils triomphent ou qu'ils succombent, obtiendront la plus belle récompense.

« Les fidèles forment une société d'amis; ils font fleurir la justice, proscrivent celui-ci par un renouvellement moral très remarquable, celui-là par la guerre. Ainsi s'expliquent ces physionomies surprenantes des premiers Khalifes et de leurs premiers chefs militaires, un désintéressement absolu, une simplicité plus austère que celle de Socrate, un dévouement illimité, un courage indomptable fondé sur le mépris complet de la mort pour soi et pour les autres, en même temps qu'une soif inextinguible de conquête, de pillage, de destruction et de massacre. Néanmoins conquête, pillage, destruction et massacre des Arabes musulmans, n'ont jamais été aussi foudroyants que ceux des nomades du Nord, Huns, Hongrois, Mongols et Turcs. De même que le Coran a préparé les Arabes sédentaires au tribut sacré, il a prévu les conséquences de la conquête en posant, d'une manière générale, le principe pour les peuples vaincus du tribut perpétuel pour échapper à la mort (1). Ce tribut était double; il était dû à la fois par les biens, les terres et par les personnes. A l'origine, les terres des non-musulmans payaient seules le tribut *Kharadj*, mais toutes les terres, sauf certaines exceptions ci-après indiquées, furent plus tard reconnues sujettes à l'impôt, comme ayant toutes été conquises, qu'elles fussent possédées par des musulmans ou des non-musulmans (2).

---

l'iniquité, sont assidus à la prière, *paient le tribut sacré*, et obéissent à Dieu et à son apôtre. Ils obtiendront la miséricorde du Seigneur. Il leur destine des jardins arrosés par des fleuves; admis au sein des délices de l'Eden, ils jouiront éternellement des grâces du Seigneur et de la suprême volupté. — Lavisse, *ibidem*, page 462. — Gibbon, t. x, chap. 50. — Cantu, *Hist. univ.*, 8e vol., livre IX. Ce livre est l'un des meilleurs de ce grand ouvrage. — *Islam*, par Stobbart, et le *Coran* par Sir Muir, dans la collection : *Society for promoting christian knowledje.*

(1) Voir dans Carette, *L'Algérie* (Univers pittoresque), le règlement d'impôts fait par Benaurem pour la Tunisie, vers 700.

(2) Faites la guerre à ceux qui ne croient pas en Dieu, qui ne croient pas comme défendu ce que Dieu et son apôtre ont défendu, et à ceux d'entre les hommes des Écritures qui ne professent pas la croyance de la vérité. Faites-leur la guerre jusqu'à ce qu'ils paient le tribut, tous sans exception et qu'ils soient humiliés. Lorsque vous rencontrez des infidèles, tuez-les, faites-en un grand carnage. — *Le Coran Sura*, IX, 1, 5, 29, 35.

Comparée à l'Evangile (Sermon sur la montagne), cette prescription était un bien grand recul, mais en elle-même elle contenait néanmoins un certain adoucissement aux coutumes militaires des Grecs et des Romains. Mahomet était plus humain que César et que Moïse même. Le tribut valait mieux que le massacre ou que l'esclavage.

C'est ainsi que le Coran et la conquête ont étendu la notion et la pratique de l'impôt chez les Arabes sédentaires, au double point de vue religieux et politique.

Au premier aspect, on est porté à considérer comme frappées, par un malheur effrayant, les populations, en partie christianisées, qui se sont trouvées tout à coup, en Syrie, en Égypte, en Afrique, en présence de l'Islam (1). Il y a certainement eu des scènes de pillages, de violences et de massacres atroces. Néanmoins, le caractère général de la conquête a été modéré. Les vaincus conservaient leurs biens, leur foi, leurs lois, leurs institutions particulières, sauf à payer la capitation, comme les Romains l'exigeaient, et le Kharadj, impôt foncier, c'est-à-dire les deux grands impôts établis par Dioclétien et Constantin en Orient et existant au moment de la conquête. Tous les autres impôts, à l'exception de quelques taxes domaniales, se trouvèrent abolies par le fait même de la disparition du fisc romain. Il y eut là un certain soulagement, énorme en Égypte. Ce soulagement explique la promptitude de la soumission des populations et la résignation des empereurs de Constantinople. La question religieuse mise à part, les populations de Syrie, d'Égypte et d'Afrique, étrangères par leur race et leurs véritables traditions aux civilisations grecque et romaine, se plièrent facilement à leurs nouveaux maîtres, qui se montraient moins exigeants que les agents du fisc byzantin. Le principe de l'immutabilité de l'impôt (2), étranger aux traditions grecques et romaines, prévalut, de bonne heure, chez les Arabes. Ce fut une sérieuse amélioration fiscale. Soixante-dix ans après la mort de Mahomet (632), cette organisation fiscale, était introduite chez tous les peuples compris dans l'empire Arabe. Elle ne modifia pas cependant les conditions sociales des Arabes. Ils de-

(1) Sprenger a fait toucher du doigt la vraie cause du succès de l'Islamisme. A l'époque où parut Mahomet, l'empire byzantin et celui des Perses s'effondraient d'eux-mêmes. Les Syriens chrétiens, opprimés par les Grecs, ne songèrent qu'à s'en affranchir (article de M. Guyard, *Encycl. des sciences religieuses*, tome IX, p. 511).

(2) Même pour les infidèles, les vaincus, l'impôt ne peut être augmenté. — D'Ohsson, *Tableau de l'empire ottoman*, tome V, p. 18. — Volney, 2ᵉ vol., p. 375.

meurèrent partagés en Arabes sédentaires et en Arabes nomades, ceux-ci vivant toujours en tribus, ceux-là formés aussi par tribus quand ils n'habitaient pas les villes. Les tribus sédentaires continuèrent à exercer une influence prépondérante, comme l'indiquent les mouvements des puissantes tribus des *Hilaliens*, des *Almoravides*, des *Almohades*, des *Mérinides*, qui ont, pendant plus de trois siècles, essayé de maintenir les Arabes en Espagne. Toute l'Afrique du nord est encore, du Maroc au Nil, occupée par de nombreux Arabes, sédentaires ou nomades, ainsi que l'Arabie, la Syrie et la Mésopotamie. L'empire arabe a disparu, l'Islam disparaîtrait lui-même, que la tribu durerait encore, comme la forme organique de la vie sociale et politique des Arabes.

Il y a même, dans le Mahométisme, à côté du fatalisme religieux et de l'absolutisme imposé par Mahomet en faveur du prophète et de l'apôtre de Dieu, de l'oppression des vaincus et de l'extension de l'esclavage, une part incontestable d'utopie qui n'est pas étrangère à l'infériorité économique des peuples musulmans et aux épreuves qui les menacent. Mahomet a restreint le cercle de l'activité humaine, il ne s'est pas montré favorable au travail. Certains Suras du Coran sont restrictifs de l'emploi de la monnaie, en vue de maintenir l'égalité au moins entre les musulmans (1).

D'autre part, l'amélioration certaine, quoiqu'insuffisante dans la condition de la femme et dans le traitement de l'esclave, le respect de la tolérance religieuse, qui est demeuré si longtemps inconnu aux chrétiens, l'interdiction du jeu et de l'usure, la prescription formelle de l'aumône, l'organisation sérieuse et durable de l'assistance sociale au moyen de la dîme aumônière, obligatoire pour les musulmans seuls, garantie par des réserves immobilières importantes et par un impôt spécial, la responsabilité de la tribu qui couvre tous les membres d'une protection efficace et qui leur assure un abri, tout cela obtenu dès le VIIIe

(1) Seignette, *Code Khalil*, page XXXI; Le Bon, *Civilisation des Arabes*, liv. II, chap. III. — G. Sale, *Introduction à la traduction du Coran*, sect. V-VI — (*Panthéon littéraire*), l'un des meilleurs livres sur le Mahométisme.

siècle et persistant encore, mérite d'être pris en considération (1). Sans être absent du milieu musulman, le paupérisme ne s'y montre jamais avec un caractère aussi général et aussi hideux que dans les grands centres manufacturiers de l'Europe occidentale; jamais l'individu n'y tombe dans un dénûment et surtout un abandon aussi complet; l'inégalité y est, en réalité, moins radicale que dans les milieux protestants chrétiens.

§ 3. *L'Empire des Arabes.*

La plus grande preuve de la vitalité de l'empire grec d'Orient est d'avoir résisté au terrible mouvement des Arabes. Les Arabes parvinrent rapidement à s'emparer, en Asie, de toutes les parties du vaste empire de Darius, fils d'Hystaspès, sauf l'Asie Mineure, et de toute l'Afrique romaine, même de la Sicile; ils conquirent la plus grande partie de l'Espagne, débordèrent jusque dans la Gaule méridionale, ravagèrent l'Italie, menacèrent Rome; mais tous leurs efforts vinrent se briser devant Constantinople. Il fallut pour détruire l'empire des Grecs, deux nouvelles invasions formidables des races du nord de l'Asie, les Mongols et les Turcs Ottomans, précédés eux-mêmes par les Français des Croisades.

Bien qu'il se soit démembré, disloqué de très bonne heure, après une extension d'une rapidité prodigieuse, l'empire des Arabes a eu une longue existence. Les Arabes sont toujours les maîtres du Maroc. Ils exercent une grande influence dans toute l'Afrique du Nord, au Soudan, dans l'Afrique orientale; l'Arabie leur appartient de fait. Ils sont restés en Espagne pendant 700

(1) Seignette, *Code Khalil*, introduction, page XXXI; D'Ohsson, *Tableau de l'Empire ottoman*, liv. III.

Sir Muir, dans le chap. III, *The teaching of the Coran*, dans le Coran *(Society, for promoting christian knowledje)*, nous paraît avoir apprécié, avec impartialité et autorité, les résultats du Mahométisme. Le plus grand vice du Mahométisme a sa source dans l'idée, propagée par le Coran, que le musulman a le droit de vie et de mort sur l'infidèle, en vertu de l'ordre de Dieu, ordre transmis par le prophète. Delà l'insurmontable barrière qui sépare le musulman des individus surtout chrétiens et juifs, qui n'ont pas sa foi. Delà le fanatisme spécial, qui caractérise encore les musulmans (Sir Muir, page 64) et l'habitude des massacres (page 57), même en 1896.

ans. Et si toute la Mésopotamie obéit au sultan des Ottomans, elle est tout autrement arabe que turque. Quelque grande que l'on fasse la part à l'action de la puissante religion, encore aujourd'hui, très vivace, de Mahomet, cette action ne suffit pas, à elle seule, pour expliquer les incroyables succès des Arabes; il faut encore attribuer ces succès, continués par les Mongols, par les Tartares, par les Turcs Seldjoucides et Ottomans, à une énergique et persistante réaction des races soit du Midi, soit du Nord de l'Asie contre les conquêtes des races européennes, les Grecs d'Agésilas, de Xénophon, d'Alexandre, des Séleucides, des Lagides et surtout des Romains. Le fond des populations d'Orient ou d'Afrique n'appartenait pas aux mêmes races que les Grecs ou les Romains. De là leur soumission immédiate aux Arabes et leur conversion au Mahométisme. Les Arabes se rendirent parfaitement compte de cet état des esprits. Aussi accordaient-ils, notamment dans l'application des impôts, une situation bien meilleure aux populations qui se convertissaient, sans combattre, qu'à celles qui résistaient. Ils trouvèrent partout des éléments d'assimilation.

§ 4. *L'impôt dans l'Empire des Arabes.*

Dès 633, un an après la mort de Mahomet, Damas était prise et devenait le siège de la famille des Ommiades; en 635 Bassorah, tout près du confluent du Tigre et de l'Euphrate, était fondée; les Arabes entraient en Perse en 636, s'emparaient de Séleucie et de Ctésiphon; ils pénétraient en 643 en Bactriane. Devenus maîtres de tout l'empire Arabe, de Cordoue à Balk, les Abassides fondaient en 762 Bagdad et y établissaient le centre de leur empire.

Nous sommes ainsi ramenés par les mouvements des races, des religions et des civilisations sur le globe, au point d'où nous sommes partis. C'est dans les vallées de l'Euphrate et du Tigre que nous avons trouvé les premières civilisations, antérieures même à celles de l'Égypte et de la Chine, et que nous avons pu recueillir quelques détails sur les institutions fiscales primitives de l'humanité. Ces institutions se résumaient dans : 1° la dîme en nature, plus tard seulement partie en argent et partie en nature des produits agricoles, avec quelques contributions particulières aux agglomérations urbaines; 2° le tribut qui était exigé des populations vaincues ou soumises, occupant une situation inférieure au milieu des empires de Chaldée, de Ninive, de Babylone, plus tard des Mèdes et des Perses; 3° le don volontaire, auquel nous avons reconnu le titre de forme primordiale de l'impôt; 4° quelques droits de douanes, soit sur les frontières, soit entre les diverses provinces; 5° division en vastes provinces dites satrapies dont les chefs traitent à forfait, avec le gouvernement central, pour le rendement de l'impôt.

Malgré les nombreuses vicissitudes de ces empires, les mêmes formes de l'impôt se sont perpétuées en Orient; elles ont résisté à la conquête hellénique, à la conquête romaine, et même, Dioclétien et Constantin se sont certainement inspirés, de cette perpétuité, dans les institutions fiscales qu'ils adoptèrent pour l'empire romain, au moment où s'accomplissait la transformation qui allait permettre à l'empire grec d'Orient de prolonger, de dix siècles, sa durée.

La raison de cette perpétuité des formes de l'impôt en Asie n'est autre que l'adaptation aux conditions de la production d'une part, au caractère et aux traditions des populations d'autre part. Les Arabes ne manquèrent pas d'en tenir compte dans les institutions fiscales qu'ils approprièrent à leur empire.

Malgré la grande unité de l'empire des Arabes, due principalement à la race qui l'a fondée et au mouvement religieux dont il est sorti, mouvement unitaire représenté par un seul livre, le Coran, cet empire était trop vaste; il comprenait des territoires, des populations trop différents pour qu'il n'ait pas été nécessaire d'apporter des modifications dans le système d'impôt qui a caractérisé l'empire des Arabes. Ces modifications sont provenues soit de l'ancienneté et de la nature de la civilisation des Etats conquis, soit des conditions de la propriété foncière, soit des arrangements faits au moment de la conquête. Ainsi, quant à l'Égypte, la conquête a été le résultat d'un véritable traité et, par suite, plutôt une occupation, une annexion, que le fait d'une victoire. La Perse et la Syrie, l'Espagne, ont été conquises. L'Égypte a traité librement.

Par suite, l'empire s'est progressivement fractionné en trois centres politiques principaux correspondant à ses parties principales. Khalifat de Bagdad, qui a succédé à celui de Damas, khalifat du Caire, khalifat de Cordoue.

§ 5. *Khalifat de Bagdad. — Impôts.*

Dans les anciens empires d'Orient la dîme et le tribut étaient loin, à l'origine, de s'appliquer également aux mêmes personnes et aux mêmes biens. Comme dans tout l'Orient, de temps immémorial, le don volontaire et la dîme représentaient les deux formes primitives et principales de l'impôt, celles qui correspondaient, en quelque sorte, au concours volontaire du sujet (le concours volontaire demeure, encore aujourd'hui, l'une des conditions essentielles de la réalisation de l'impôt). Quant au tribut, il avait pour origine la guerre : c'était à la fois la reconnaissance de la soumission du vaincu et sa participation aux dépenses de l'État auquel sa défaite l'avait assujetti. Tels ont été exactement les fondements de l'organisation fiscale des Arabes (1). Dès les premiers temps, ils ont distingué, d'une part, les vrais musulmans d'Arabie et les musulmans dits zimmi, convertis librement dans les autres pays, des non-musulmans; d'autre part, les terres musulmanes dites de dîme (aschr) ou décimales, des terres dites de tribut (kharadjié). Les terres de dîme seules pouvaient être possédées à titre de pleine propriété; sur les autres, les non-musulmans n'étaient considérés que comme des possesseurs, au point que si ces terres passaient dans les mains des musulmans, elles n'en demeuraient pas moins tribu-

(1) Sedillot, *H. des Arabes*, 1er vol., p. 335-337. — Regnier, *Économie politique des Arabes*. — Silvestre de Sacy, *Mémoires de l'académie des inscriptions*, 1815, 1er vol. — D'Ohsson, *L'empire ottoman*, 1824, tomes V et VII. — Worms, *De la propriété territoriale chez les musulmans*. *Revue de législation de jurisprudence*, 1842-1844. — Belin, *De la propriété foncière en pays musulman*, 1862. — Khalil, *Code*; Gatteschi, *La propriété foncière dans l'Empire ottoman*, *Revue de l'histoire du droit français et étranger*, 1867.

taires (*kharadjié*). Les terres décimales ou de dîme étaient appelées *uchriié*. Nous indiquerons plus tard les changements survenus dans les conditions de ces terres depuis la guerre de Crimée (1854-1856).

La distinction entre les personnes et entre les terres est fondamentale pour bien saisir la nature des impôts chez les Arabes, chez les Turcs ottomans, même dans tous les États musulmans. Elle n'est pas sans analogie entre la condition des personnes et des terres dans la Gaule franke, bien qu'elle ait un fondement en partie religieux et qu'elle ait été bien plus persistante. Comme les terres de tribut étaient de beaucoup les plus nombreuses et les plus importantes, car elles comprenaient à peu près toutes les terres non situées en Arabie, il faut d'abord s'occuper des impôts qui les grevaient. Ils consistaient dans deux taxes distinctes que l'on confondait sous le même nom de Kharadj, l'une fixe (Mowadkef) payable en argent, l'autre proportionnelle payable en nature et argent. Comme cette proportion était le dixième pour les musulmans et le cinquième du produit brut pour les non-musulmans, on l'a souvent considérée comme la dîme des terres tributaires, bien que son taux fût plus élevé.

Quant aux terres décimales, elles payaient la véritable dîme traditionnelle sur les produits du sol et les troupeaux. Le fonds même et le propriétaire musulman demeurant pleinement libres d'impôt. Pas de produit, pas de dîme (1) ; c'est le *Zekkat*, l'impôt traditionnel de l'Orient et de l'Arabie, sans aucun caractère de tribut et provenant du don volontaire.

Cette dîme était également due, mais seulement par les musulmans, sur les objets mobiliers de luxe et de trafic, sur les espèces de monnaie, les bijoux, au taux de 2 p. 0/0 de la valeur, pourvu que la possession remontât à une année. Quelques dispositions générales sont à signaler : 1° sur les récoltes obte-

(1) Dans le deuxième volume du *Tableau de l'empire ottoman*, d'Ohsson a donné des renseignements sur le *Zékkaet* ou *zékiat* dîme aumônière des pauvres, notamment sur les conditions de la dîme des chameaux, moutons, chevaux, bœufs, mulets; il y avait un minimum de nombre de bêtes, chameaux 5, bœufs 30, chevaux 5, moutons 40.

nues à l'aide de machines, la dîme n'était que de moitié; 2° sur la récolte ou les objets taxés ne représentant pas un certain minimum (environ 200 dirhems d'argent ou de 130 à 150 fr.) (1), la dîme n'était pas exigible. A l'origine le produit de cette dîme était spécialement affecté aux pauvres; d'où le nom de dîme aumônière (2).

Venaient ensuite d'après leur importance :

1° Le tribut personnel, capitation ou *Djizyé* des non-musulmans, tel qu'il avait été fixé au moment de la conquête; le tribut avait un caractère sinon servile, du moins de sujétion. Il était gradué en 3 classes. Les opulents *oughany* taxés à 4 dinars d'or ou 40 dirhems d'argent, si leur avoir excédait 7,000 fr.; 2 dinars ou 20 dirhems pour les aisés (*mutewassif*); 1 dinar ou 10 dirhems pour les autres (*Faker-ul-cadr*). Tous les mâles, majeurs, sains de corps et d'esprit, y étaient astreints. Les femmes, les pauvres, les vieillards, aveugles, malades, esclaves, exempts; la taxe était exigible par lunaison.

Le *Kharadj* et le *Djizyé* ont caractérisé la conquête musulmane. Ils ont certainement une très antique origine. Ils apparaissent dans les civilisations primitives, surtout le *Djizyé*, comme une des lois de la guerre, une des conséquences des différences de civilisation, une des formes nécessaires de l'impôt. Ils ont parqué les populations orientales en groupes infranchissables. Ce sont des taxations tout à fait inférieures à celles de l'Europe féodale, qui ont préparé la fusion des races. Ils correspondaient à la conquête dans un sens plus brutal que

(1) Il importe de ne pas oublier que l'Islamisme a été, au fond, un immense mouvement de réforme religieuse, sociale, morale, et que la guerre n'est que le moyen de propagande, de même que la parole (*ite et docete omne gentes*) le moyen de propagande du Christianisme. D'ailleurs, le musulman, surtout d'origine, nécessairement soldat, avait, de par la loi religieuse et le fait de la conquête, la même situation privilégiée que le citoyen romain. Il devait être partout entretenu, alimenté, logé aux dépens du vaincu. Il en était le maître, et tout musulman se considère encore (1896) comme le maître partout l'Orient. Les massacres d'Arménie et de Constantinople l'ont suffisamment prouvé. Le Djizyé annuel est le prix de la vie du raya tant que le musulman la respecte. M. Worms a présenté sur ce sujet des considérations parfaitement fondées en 1842; on pouvait croire que la guerre de Crimée les avait prescrites. Elles sont toujours vraies.

(2) Valeur du dinar d'or 13 fr. et du dirhem d'argent 0 fr. 60.

la conquête romaine. Mais, en général, ils étaient invariables et, par suite, ils ont été, pendant bien longtemps, moins accablants que le fisc romain (1).

2° Les droits de douane et d'octroi qui étaient de 2 1/2 p. 0/0 pour les musulmans et de 5 p. 0/0 pour les non-musulmans (2).

3° Le *Taadil*, sorte de patente sur les boutiques, très nombreuses dans toutes les villes d'Orient.

4° Le tribut des nomades, que l'on retrouve dans la Perse moderne, de 5 à 6 dirhems par tête.

5° Des droits de vente sur tous les objets, notamment dans les marchés, d'où l'Alcabala d'Espagne, taxation d'origine égyptienne.

Ces droits variaient d'après les provinces; ils étaient surtout nombreux et importants dans les villes; ils représentaient à la fois des droits sur la production et sur la consommation. Des taxes particulières frappaient le son, la cire, les fils de coton, le café, le vin, les raisins, la laine et le coton brut.

6° Le quint ou cinquième du produit de toute mine et de tout objet trouvé, spécialement d'or ou d'argent, non lapidaire.

7° Les épaves, les successions en deshérence.

8° Le quint ou cinquième du butin (*ghamiél*).

9° Des droits de transit de province à province, et variant dans chacune d'elles.

10° Les bénéfices de la fabrication des monnaies.

11° Les dons ou présents dont la tradition s'est longtemps perpétuée en Orient.

En outre les Khalifes constituèrent de bonne heure, dans les diverses parties de leur empire, des réserves importantes en domaines déclarés immutables (*Wakf*), réserves dites *Habbous* ou sacrées, dont les revenus étaient destinés à l'entretien des mosquées des écoles, des pauvres et des malades. Il arriva même souvent que les populations vaincues, obéissant aux mêmes nécessités que dans l'Europe occidentale, eurent recours à une sorte de

(1) Le Djizyé était, en général, individuel, mais parfois collectif, notamment dans les tribus. — Belin, *ibidem*, p. 36.

(2) En général, l'impôt était double pour les chrétiens, sans que la règle fut absolue.

recommandation. Les administrateurs des terres Habbous acceptaient des propriétaires en offrande, les domaines que ces derniers mettaient sous leur protection et les leur restituaient en jouissance, moyennant une redevance qui était une véritable prime d'assurance.

Enfin, il ne faut pas oublier les confiscations parmi les principales ressources des Arabes, d'autant plus sérieuses et fréquentes que le Khalife était reconnu véritable propriétaire du sol dans toutes les provinces, autres que l'Arabie.

Il n'existait pas de droits de succession, ni de mutation entre-vifs. L'esprit du gouvernement, conforme au Coran, était de restreindre les transactions, de maintenir les familles et les tribus, de limiter le droit de tester. La réserve des enfants avait été portée aux deux tiers des héritages pour les Musulmans.

Quant aux non-musulmans, leur droit de propriété, malgré le tribut foncier Kharadj, était précaire. Ils n'avaient, en réalité, que le droit de possession qu'ils pouvaient transmettre, mais la propriété même était considérée comme inaliénable. Le Khalife en était censé le véritable titulaire. Aussi les biens-fonds particuliers, dans la plupart des provinces, étaient tenus comme wakf, c'est-à-dire incommutables. De même Guillaume le Conquérant devait s'attribuer le domaine éminent dans toute l'Angleterre conquise sur les Saxons. Acquises par les Musulmans, les terres tributaires conservaient le même caractère de précarité. Etaient seules véritablement libres, de pleine propriété, ou *Mulk*, les terres des Musulmans en Arabie, ou dans certaines parties du Seoud, vallées du Tigre, ou celles provenant du partage du butin, ou celles des Musulmans par libre conversion. A l'origine, les terres Mulk, n'étant pas tributaires, ne payaient pas le Kharadj — tribut foncier (1).

Telle a été, jusqu'à la fin du Khalifat de Bagdad, l'organisation fiscale de l'empire des Arabes en Asie. On possède un tableau fort curieux de cette organisation, tableau dressé en 902 par *Godama*, sous le Khalifat de *El-Moktefs Billah* par un agent fiscal, commis-rédacteur, qui était en même temps poète. Ce ta-

(1) Worms, *ibidem*, p. 53.

bleau est intitulé *le livre de l'impôt et l'art du commis-rédacteur*, *Kitab el Kharadj*, mélange singulier de toute sorte de renseignements comme beaucoup de livres arabes (1). Les sections 6 et 8 contiennent une description géographique des diverses provinces de l'Empire avec une statistique détaillée de leurs revenus. Les principales étaient, d'après l'ordre de leur importance : El Séouad (Tigre supérieur), 100,000,000 dirhems; Khorassan, 37 millions; Alexandrie, 37 millions; Palestine 31 millions; Fars, 24 millions; Yémen, 9 millions; Mossoul, 6 millions; Damas, 2,4 millions; Oman, 4,5 millions; Aderbaidjan, 6,5 millions; Arménie, 4 millions; Kerman, 1 million (2).

Dans la section sept se trouvent indiqués les divers revenus; 1° cinquième du butin de guerre; 2° capitation des pays conquis; 3° dîme de terres; 4° dîme aumônière d'après les troupeaux; 5° produits des terres vagues, mises en culture; 6° mines, épaves, trésors, objets perdus; 7° droits de parcours ou de péages des marchandises avec l'indication des bureaux; 8° produits des concessions perpétuelles des bénéfices militaires. On y trouve également le mode d'affectation de la dîme aumônière ou *sadacat* et le mode d'assiette des impôts.

Les revenus d'Haroun-al-Raschid, contemporain de Charlemagne, étaient évalués, année moyenne, à 272,306,800 dirhems d'argent et à 4,420,000 dinars d'or; l'ensemble représentait plus de 220 millions de francs, sans compter les prestations en nature (3). A l'époque où *Godama* vivait le Khalifat était en décadence et ses revenus avaient déjà commencé à décroître.

Ces chiffres indiquent néanmoins combien la richesse était, au xe siècle, plus grande en Asie qu'en Europe et combien la civilisation y était plus avancée. C'est à peine, si au xe siècle, l'Europe féodale émergeait de l'effondrement de l'empire romain et des invasions des nomades du Nord. Les peuples musulmans

(1) *Journal asiatique*, 1862, p. 155.

(2) Pour *Le Séouad*, le livre indique la proportion des impôts en argent et des redevances en nature (blé et orge); total, 114,457,658 Dirhems dont 8,095,800 Dirhems seulement étaient payés en argent.

(3) M. de Slane, qui a traduit le mémoire de Godama, évalue ce même revenu à 1 milliard de francs; ce qui semble tout à fait invraisemblable.

semblaient alors en possession de l'avenir. En tout cas, ils avaient des institutions fiscales tout à fait supérieures à celles de tous les peuples européens sans aucune exception. Ils jouissaient, dans l'Islam, d'une plus grande sécurité et d'une tout autre prospérité.

Nous avons démontré ailleurs(1) que jusqu'au XVe siècle, l'Orient est demeuré le centre de la richesse dans le périmètre des peuples qui ont fait partie de l'empire des Romains ou de leur influence. Les systèmes d'impôts, dans leur organisation et leur rendement, sont nécessairement en rapport direct avec la richesse puisqu'ils en sont le résultat.

C'est la prédominance des Nomades du Nord dans la sphère d'action des peuples d'Orient qui a été le signal de la décadence non seulement de l'empire des Arabes, mais de tous les peuples de l'Asie-Mineure de l'Arabie et de l'Asie centrale. On a longtemps contesté le caractère religieux et civilisateur de l'Islam et la part des Arabes dans la civilisation. On est devenu plus équitable depuis les travaux de ces derniers temps. Les Arabes ont apporté aux peuples exploités par les Perses, les Grecs, les Romains, les Grecs byzantins un régime plus approprié à leurs traditions, moins excessif et qu'ils ont pu préférer dans les premiers temps. Mais ce régime n'a pas été assez puissant pour résister, comme l'ont fait les peuples européens et très péniblement, aux dernières et formidables vagues de nomades du Nord. Turcs de toute sorte, Mongols et Tartares.

On ne peut, d'ailleurs, méconnaître des rapports directs entre les impôts provenant des réformes de Dioclétien et de Constantin, maintenus dans l'Empire byzantin par Justinien et ses successeurs, et les principaux impôts arabes. Le *Djizyé* rappelle singulièrement la *capitatio humana,* et le Kharadj la *capitatio terrena,* malgré les différences dans les applications. Au surplus, Constantin et Dioclétien, tout en faisant disparaître le caractère tributaire de ces taxations et en les étendant à toutes les parties de l'Empire romain, les avaient, en partie, empruntées aux peuples d'Orient. Les Arabes rendirent à ces impôts leur carac-

(1) *A travers l'Allemagne,* t. II, p. 510.

tère primitif, se conformant aux textes mêmes des rois d'Assyrie et de Perse.

Ils l'aggravèrent même, en accentuant les droits et les conséquences de la conquête, aggravation que les Turcs ottomans ont encore augmentée. Ils ont placé les vaincus dans une situation tout à fait inférieure, au moyen du tribut dont l'entier produit a été exclusivement affecté aux Musulmans, qui seuls eurent part, à l'origine, dans le gouvernement. Néanmoins, les profits du travail ont tout sauvé (1).

Le fisc musulman n'a pas revêtu le caractère implacable de la tradition romaine. Les biens des établissements religieux et d'instruction pour lui sont sacrés. Les Musulmans ne concevraient pas que ces biens fussent soumis à des impôts spéciaux, à raison même de leur conservation. Tenus à répandre l'instruction et à faire l'aumône, d'une manière permanente, ces établissements, selon leurs idées et leurs traditions fiscales, sont mis à l'abri de l'impôt et du fisc. Ils remplissent une fonction sociale et religieuse, d'après les prescriptions du Coran. La séparation, si grave et si dangereuse, qui s'est faite, chez quelques peuples de l'Europe occidentale, entre la loi religieuse et la loi fiscale, est inconnue aux peuples musulmans. Le Coran est toujours leur loi.

En outre les Musulmans ont accepté, dans leurs institutions fiscales, le principe de la réserve du minimum nécessaire à la vie, principe qui ne s'est introduit que fort lentement chez quelques peuples de l'Europe occidentale, tels que l'Angleterre et l'Allemagne, mais qui n'a pu encore pénétrer dans la législation fiscale de la France, la plus rigoureuse de toutes, ni dans celles de la plupart des nations qui l'entourent et qui ont subi son influence.

§ 6. *Le Khalifat du Caire. — L'Égypte.*

Accablée par le fisc byzantin, foyer de résistance contre l'oppression romaine depuis Auguste, l'un des centres principaux du

(1) Worms, *ibidem.* — M. Worms insiste beaucoup sur l'emploi des impôts payés par les rayas ou non-musulmans ; il faut cependant ajouter que les rayas eurent une grande part dans le maniement des impôts et des finances. L'oppression fut plutôt personnelle que fiscale.

Christianisme, réfractaire à la civilisation latine, l'Égypte était devenue le refuge de toutes les races, de tous les débris des anciens peuples, hostiles à Rome et à son fisc.

Elle était aussi extrêmement divisée au point de vue religieux. Tous les prêtres des religions, attaquées et remplacées par le Christianisme, s'y étaient comme donné rendez-vous. Plusieurs hérésies y étaient nées ; les hérésiarques s'y disputaient les croyants. Nulle part, les traditions sacerdotales de polythéisme n'étaient plus profondes et plus respectées.

Aussi l'apparition d'une nouvelle religion, en même temps que d'une puissance politique, également hostiles à l'oppression des Romains et des Grecs de Byzance, trouvèrent rapidement des appuis et des fidèles dans un milieu aussi troublé. Le gouverneur de l'Égypte, presqu'indépendant, avait expédié à Mahomet lui-même deux belles esclaves. Mahomet avait épousé l'une d'elles, Marie : mariage qui a été un événement dans la vie du prophète et l'occasion de prophéties et de Suras. Aussi, lorsque Amr, lieutenant d'Omar, entra en Égypte à la tête d'une armée, composée de tribus fanatisées, il n'y eut réellement de résistance que devant Alexandrie. Mokoukos, gouverneur, s'entendit avec Amr. Après une honorable résistance, *Ben-Yamin,* patriarche copte d'Alexandrie, s'entendit aussi avec le lieutenant d'Omar. Un traité fut signé. Amr fit part à Omar de cette magnifique acquisition par une lettre, demeurée célèbre :

« O prince des fidèles, représente-toi un désert arabe et une « campagne magnifique, au milieu de deux montagnes dont « l'une a la forme d'un monticule de sable et l'autre celle du « ventre d'un cheval maigre, ou bien du dos d'un chameau. Telle « est l'Égypte. Toutes ses productions et ses richesses provien- « nent d'un fleuve béni qui coule au milieu d'elle. Le moment « de la crue et de la diminution de ses eaux est aussi régulier « que celui du cours du soleil ou de la lune... un peuple pro- « tégé du ciel et qui, semblable à l'abeille, ne paraît destiné « qu'à travailler pour les autres, ouvre légèrement les entrailles « de la terre et y dépose les semences dont il attend la prospé- « rité de la bienfaisance de cet être suprême qui fait croître et « mûrir les moissons... Trois déterminations contribuent mer-

« veilleusement à la prospérité de l'Égypte; la première, c'est « de n'adopter aucun projet tendant à augmenter l'impôt; la « seconde d'employer le tiers des revenus à l'augmentation et à « l'entretien des digues, des canaux et des ponts; la troisième « de ne lever l'impôt qu'en nature sur les fruits que la terre « produit (1). »

Amr résumait et expliquait ainsi les conditions du traité qu'il avait conclu avec l'archevêque d'Alexandrie et les principaux habitants. Il leur avait garanti la liberté des cultes et le respect des propriétés à la charge *par tous les non-Musulmans*, de payer la capitation du Djizyé de 1 dinar par tête (13 fr.) (2). Tous les impôts furent abolis à l'exception de la dîme des terres ensemencées, produisant des grains, des légumes, des dattes, de l'huile. Le taux de la dîme était calculé d'après la hauteur de la crue du Nil. Ce fut l'impôt foncier ou Kharadj.

Toutefois il importe d'ajouter, parce que ce fait a eu une grande influence sur les conditions de la propriété foncière en Égypte, que toutes les terres du domaine public, très considérables, par leur étendue, leur valeur et leur population, furent déclarées terres de l'État et, à ce titre, inaliénables — terres dites Wafk, que le Khalife distribua en partie aux Musulmans. Amr fit faire des règlements équitables pour la levée des dîmes et l'entretien des digues et des canaux. Les nilomètres furent relevés; le cadastre refait; les conditions de la capitulation strictement observées. Amr conserva assez longtemps l'administration de l'Égypte dans ses mains. Il jeta à Fostalt, où avait campé son armée, les premiers fondements du Caire; une ère nouvelle s'ouvrit pour l'Égypte. « La population agricole de l'Égypte connut ainsi sous « les Musulmans une certaine amélioration qui remplaça les « vexations et les avances du fisc de Constantinople (3). »

(1) A consulter sur l'Égypte arabe et turque : 1° Reynier, *Économie politique des Arabes*; 2° Marcel, *L'Égypte moderne dans l'Univers* (Marcel a fait partie de l'Institut d'Égypte) ; 3° *L'agriculture des Égyptiens*, le meilleur livre de Reynier; 4° Silvestre de Sacy, *Mémoires de l'Académie des incriptions*, 1815. t. I; 5° Lavisse, *ibidem*, 467.

(2) Cette capitation était élevée, mais l'Égypte était riche; en outre, le Djizyé comportait de nombreuses exceptions, femmes, enfants, pauvres, esclaves.

(3) Marcel, *ibidem*, p. 62.

Quelques gouverneurs aggravèrent, de temps à autre, le Djizyé et le Kharadj; ils entreprirent des réformes monétaires désavantageuses. Souleyman établit même un système de passeports très onéreux et exigea que les non-Musulmans portassent un anneau rappelant leur condition de tributaires — mais ces exigences ne paraissent pas avoir été durables; les Coptes conservèrent encore, pendant quelques années, la levée des impôts, avec l'administration des finances qui leur avaient été réservées lors de la capitulation, de même que les prêtres et les moines avaient été déclarés exempts d'impôts et du tribut.

Sous les Abbassides, pendant la période brillante de Haroun-al-Raschid, d'Al-Mamoun, les gouverneurs de l'Égypte devinrent moins dépendants du pouvoir central; ils respectèrent, de moins en moins, les arrangements fiscaux et financiers antérieurs. S'appuyant sur des bandes de Turcomans et de Circassiens mercenaires, ils augmentèrent les impôts pour les solder; ils tendirent à modifier les conditions mêmes de la propriété foncière. « Jusqu'alors, outre l'impôt personnel payé par les chrétiens « seuls (le Djizyé), les habitants de l'Égypte n'avaient été sou- « mis qu'à un seul subside, le Kharadj (1). Ce subside était établi « sur le revenu net des terres cultivées », Babbak, l'un des chefs des milices turques, fit augmenter l'impôt foncier en y ajoutant un nouvel impôt mensuel, dit le Hélaly, plus des taxes spéciales sur les terres vagues (El Miray) et sur les pêcheries (El Masaye) avec le monopole du Natron. Comme l'Égypte était demeurée riche, les Turcomans voulurent l'exploiter. On évalue qu'à son décès, Toulung, fondateur de la première dynastie turque de l'Égypte, laissa dans son Trésor 10 millions de dinars et, qu'en 32 ans, l'Égypte avait pu payer 1,500 millions de francs d'impôts. A la fin du xe siècle, El-Mostanser-El-Billah fit procéder à une révision de l'impôt foncier.

Cet état de choses commença à s'altérer vers l'époque des Croisades, à raison de l'influence que les milices turques, turcomanes et circassiennes exercèrent bientôt dans tout l'Orient.

---

(1) Marcel, *ibidem*, p. 62.

Elles devinrent l'élément militaire des dynasties arabes et leur substituèrent les dynasties seldjoucides. Ce mouvement fut secondé par l'appauvrissement et la diminution, dans tout le Nord de l'Afrique, des populations chrétiennes, à partir du XIIe siècle. Il fut accompagné d'un changement notable dans la propriété foncière.

Chez aucune nation civilisée, la propriété de la terre n'a eu plus d'importance et n'a subi autant de changements qu'en Égypte. L'importance tient à l'extrême fertilité du sol que le Nil renouvelle chaque année, les changements à la situation géographique de l'Égypte, qui relie l'Asie à l'Afrique, ainsi que l'Asie et l'Afrique à l'Europe par la Méditerranée.

En Égypte, l'impôt repose essentiellement sur la terre puisque cette terre est inépuisable, mais cette fertilité même rend la propriété précaire. L'Égypte a toujours le même sol, il est toujours aussi fertile, mais à qui appartient-il, à qui a-t-il appartenu? L'histoire de l'impôt en Égypte est indissolublement liée à l'histoire de la terre, c'est-à-dire des afflux de races diverses qui s'y sont succédées. Sous nos yeux, malgré l'Europe, malgré nous, les Anglais n'essaient-ils pas de se substituer aux derniers propriétaires, les Ottomans?

Les documents égyptiens, découverts dans ces derniers temps, ne laissent aucun doute sur le fait que, sous les Pharaons, le droit de propriété individuel a été entièrement reconnu et exercé. Mais à côté des propriétés privées, jouissant de garanties complètes et soumises aux droits de mutation entre-vifs et par décès, se trouvaient les propriétés consistant dans les terres du domaine royal et les terres sacrées des temples. Ces propriétés représentaient les 2/3 des terres cultivées. Dans quelles conditions étaient-elles possédées et exploitées, soit dans les derniers temps de la civilisation égyptienne, soit sous l'occupation grecque et romaine? Il est assez difficile de le déterminer, mais il n'y a rien de conjectural à admettre qu'une notable partie, surtout dans le domaine royal, ne furent pas définitivement aliénées et que même elles ne pouvaient l'être, eu égard à leur origine sacrée. C'est ce qui explique, comment de tout temps, il y a eu, de même qu'aujourd'hui, en Égypte, deux sortes de propriétés foncières, soumises à des taxes différentes. Les propriétés particulières devaient la véritable dîme du dixième, les autres acquittaient la dîme du cinquième, parce que, dans cette quotité, se trouvait compris le prix d'affermage, ou plutôt la rente de la terre.

Sous ce régime qui s'est maintenu au moins 4,000 ans, les cultivateurs du sol, les Fellahs actuels, n'étaient point esclaves; leur condition se rapprochait de celle des Clarotes de Crète, de celle des Périèques du Péloponèse ou des colons romains. Ils étaient astreints à la culture du sol et à la surveillance des digues, dans l'intérêt commun; par compensation, ils possédaient le droit, réunis en villages ou en petites communautés, d'habiter et de cultiver les terres sur lesquelles ils vivaient, moyennant des redevances en nature, variables selon la fertilité des terres, la crue du Nil et l'oppression des temps.

Les Romains ne changèrent pas en réalité cet état de choses, tout en chargeant les propriétaires d'impôts et de redevances considérables, consommés hors de l'Égypte. Ces impôts et ces redevances appauvrirent l'Égypte. Ils provoquèrent une résistance qui n'a jamais désarmé.

Tant que l'Égypte demeura rattachée au Khalifat de Damas ou à celui de Bagdad et tant que prévalut l'influence arabe, cette situation paraît s'être maintenue. Les propriétaires, devenus les Cheiks, et les Fellahs avaient à payer l'impôt du Kharadj, conformément aux arrangements, plus le prix de location de la terre, ou la rente, le Takhit, plus tard le Faiz, entre les mains du receveur (cashel). Cette rente était fixée d'après un cadastre régulier, tenu par le notaire (*Schadeh*) et l'arpenteur (*Khottieh*) de chaque village. Sous ce régime, l'Égypte traversa l'une de ses époques les plus prospères. Dans la première partie du moyen âge, l'Égypte a été un foyer réel de richesse, de progrès et de civilisation; c'est la belle époque des Arabes. Le Caire compta rapidement 400 mosquées et devint le centre des sciences, des lettres et des arts.

Mais avec la dynastie des Fatimites et surtout avec celle des Ayoubites, des changements considérables eurent lieu, changements aggravés, au XVIe siècle, par les Ottomans. Ces dynasties s'appuyaient sur les bandes de Turcomans et de Circassiens qui s'étaient répandues dans l'empire arabe, qui dominaient à Bagdad, de même que les Goths ou les Normands étaient entrés au service des empereurs romains ou byzantins. Il fallut leur concéder des terres, pour les fixer et les satisfaire. C'est ainsi que commença la domination des Mamelouks en Égypte.

L'intervention de ce nouvel élément dans la propriété du sol provoqua un autre mouvement, parallèle aux progrès des idées musulmanes en Égypte. Les propriétaires privés, pour se garantir contre les attributions de terres, eurent recours, en Égypte, au même procédé que les propriétaires gallo-romains, à la recommandation et aux bénéfices. Ils transmirent, sous réserve d'usufruit, pour eux et leurs descendants, les terres dont ils avaient la propriété, aux mosquées, aux écoles (medressés) et aux établissements de bienfaisance. Ces terres devinrent ainsi sacrées (Habous) et furent comprises parmi les biens inaliénables (*Amlàh* ou *Wafk*). Aussi les attributions militaires de terres furent faites sur les terres anciennement sacrées, devenues tributaires, terres de Kharadj. Il y eut interversion ; mais c'étaient les terres les plus nombreuses, celles sur lesquelles vivait la plus grande partie de la population.

Aussi la prospérité de l'Égypte fut gravement atteinte ; l'entretien des canaux et des digues fut négligé. Plusieurs famines terribles désolèrent l'Égypte. La population diminua ; une ère de grandes souffrances s'ouvrit de nouveau pour l'Égypte. Plusieurs tentatives furent faites cependant pour enrayer cette décadence. Nasir Mohammed, en 1315, abolit un certain nombre de concessions militaires (Timar) ; il fit dresser un nouveau cadastre dont les copies ont été conservées. Mais ces tentatives n'eurent pas de résultat favorable. L'influence turque devint peu à peu plus grande. Au commencement du XVIe siècle, les Ottomans s'emparèrent de l'Égypte. Ils la traitèrent comme terre conquise. Des changements plus désastreux s'accomplirent alors dans les conditions de la propriété foncière et dans les impôts.

C'est à partir de cette époque que durent être rétablis et augmentés les impôts multiples, qui avaient existé de tout temps en

Égypte et que l'occupation de 640 avait abolis. Leur importance a toujours été, au surplus accessoire. En 1896, sur un total d'impôts de 7,275,000 L. E. (1) l'impôt foncier représentait seul les 2/3.

Les Ottomans aggravèrent beaucoup la situation, soit par la nature plus dure de leur gouvernement, soit par la nécessité d'envoyer, comme du temps des Romains, le montant des impôts à Constantinople, soit en proclamant le sultan propriétaire éminent des terres kharadjié et en ne reconnaissant aux propriétaires (*Multezims*) qu'un droit transmissible de possession, et aux Fellahs que les droits d'habitation et de culture, sans pouvoir ni abandonner, ni céder leurs droits, c'est-à-dire la condition des colons romains; Multezims, Fellahs répondaient solidairement du tribut et des impôts.

Les Fellahs durent payer au sultan le Miri ou tribut dont répondaient les Multezims et à ceux-ci le Faïz ou la rente. Les Multezims étaient tenus de porter ou envoyer le Miri à Constantinople. Retour aux procédés romains (2).

Sous ce régime, l'Égypte reperdit tout ce qu'elle avait gagné avec les Arabes, les canaux furent négligés et la production diminua. La misère devint affreuse. Deux faits ont permis à l'Égypte de se relever plus tard : 1° le respect des biens wakf ou wakoufs, chargés d'un impôt modique et immuable; les directeurs de ces biens avaient intérêt à entretenir les canaux; et 2° le paiement de l'impôt en nature (3).

Ainsi, sous les temps antérieurs à la conquête romaine, comme pendant l'occupation romaine, sous les Arabes, comme sous les

---

(1) La livre égyptienne vaut 23 francs. L'Égypte a l'étalon d'or.

(2) Marcel, *l'Égypte moderne, collection de l'Univers;* Régnier, *Agriculture des Égyptiens*. Acad. des inscript., 1815, 1er vol. Quelques écrivains ont cru reconnaître des fiefs dans les attributions de terres faites aux *Multezims;* mais ils se sont entièrement mépris. Le *Multezim* est à la fois un propriétaire temporaire et un fermier d'impôts, ce que n'a jamais été le chevalier de haubert, ou le caballero, ou le Rittermanner. MM. Sylvestre de Sacy et Worms ont dissipé cette erreur qui provient de fausses idées sur la féodalité.

(3) Nous donnerons de plus complets détails sur les changements opérés en Égypte par les Ottomans, dans le tableau des impôts de l'Empire ottoman en 1789.

Turcs, l'Égypte peut servir de type à certaines expérimentations fiscales. L'impôt en nature est une sauvegarde pour les populations pauvres ou asservies; l'exportation de l'impôt est rendue moins onéreuse, quand l'impôt est prélevé en nature. La constitution de terres sacrées, destinées au culte et à l'assistance, chez les peuples musulmans, de même que chez les peuples chrétiens, est un fait des plus remarquables, conforme à la tradition religieuse et territoriale de l'Égypte et d'Israël; Israël avait dû emprunter sa législation à cet égard à l'Égypte. C'est à Israël que le Christianisme et le Mahométisme ont chacun emprunté la leur. Ces réserves, au point de vue de l'impôt, ont été fort utiles à l'Égypte, en diminuant, puisque les terres sacrées étaient tenues à un tribut très inférieur aux terres kharadjié, les envois de denrées et d'argent à Constantinople. En Grèce, les temples, qui disposaient, de même que ceux d'Égypte et que celui de Jérusalem, de capitaux mobiliers très considérables, étaient entourés de réserves territoriales. Il n'en était pas de même à Rome qui n'a pas eu de temples, hors de son enceinte, du même ordre que ceux de la Grèce; mais dès les Rois, une réserve avait été formée. Plus tard, cette réserve devint immense avec les guerres et les conquêtes, mais elle resta domaniale, fut appropriée en très grande partie et finit par passer aux mains des Empereurs; elle n'eut jamais le même caractère sacré qu'en Égypte, en Israël, chez les Chrétiens et chez les Musulmans.

Quoique pendant le XVIIIe et le XIXe siècle les réserves ecclésiastiques aient été, en grande partie, détruites, il en subsiste quelques débris en Angleterre, en Russie, dans la Turquie d'Europe; elles ont conservé beaucoup d'importance chez les Musulmans et elles leur rendent de grands services.

En dehors des réserves territoriales de la Russie, de la Prusse et de l'Allemagne, on peut rapprocher des réserves musulmanes religieuses, la grande réserve territoriale destinée aux États-Unis à subvenir aux frais de l'instruction publique. Pendant l'époque féodale, ces réserves ont permis également à la plupart des gouvernements et aux grandes seigneuries de subsister.

§ 7. *Le Khalifat de Cordoue et l'impôt.*

La situation de l'Espagne arabe n'était pas la même que celle de l'Égypte, soit au point de vue politique, soit au point de vue économique. L'Égypte avait traité avec Amr d'une manière solennelle; ce traité a été respecté jusqu'à l'avènement des Fatimites. En outre, tout dépend, en Égypte, du Nil. Il faut tout approprier d'après lui; enfin l'Égypte est restée musulmane. L'Espagne a été conquise l'épée à la main. Elle n'a jamais accepté cette conquête; une lutte sans merci s'est engagée. Les Arabes ont été vaincus et entièrement expulsés.

Les Arabes ont, par suite, importé en Espagne l'ensemble de leurs institutions fiscales, plutôt en les aggravant qu'en les adoucissant, savoir : 1° le *Kharadj* et le *Djizyé*, qui n'étaient dus que par les non-Musulmans. Le taux du Kharadj variait d'après la nature des cultures: vignes 10 p. 0/0, prairies arrosées 5 p. 0/0, sèches 4 p. 0/0, palmiers 6 p. 0/0, cannes à sucre 4 p. 0/0, Le Djizyé représentait, d'après trois classes, 1, 2, 4 dirhems, selon les fortunes; 2° l'*Alcabala,* qui portait sur les mutations de tous les biens mobiliers et qui était du dixième; 3° le *Taadil;* 4° les droits de douane; 5° les mêmes dispositions pour les mines, le butin, les épaves, les objets trouvés; 6° les Chrétiens devaient acquitter, en outre du Djizyé et du Kharadj, une taxe de guerre spéciale, dite Kabala; 7° quant à la dîme, *Zékkaet,* elle était plus générale et se levait sur tous les revenus, agriculture, commerce, industrie; elle avait également un caractère plus rigoureux. C'était une véritable taxe du revenu. Il fut établi dès 720. Les pauvres, les enfants, les femmes, les esclaves en étaient exempts; mais son application exclusive à l'assistance ne persista pas. Le taux variait, selon les objets, du 40e au 10e pour les Musulmans. Les non-Musulmans payaient double.

On possède quelques renseignements sur le rendement de ces divers impôts. A la belle époque du Khalifat, le Kharadj et le Djizyé rendaient 80 millions de francs; ce qui indique une population nombreuse et aisée; le Zékkaet, 40 millions, et les douanes 10 millions de francs. Avec le produit des mines, le butin, les confiscations, on évaluait à 200 millions de francs par an, ou 15,400,000 de dinars d'or, le total des revenus du Khalifat; total qui doit être trop fort, puisque le montant des revenus du Khalifat de Bagdad, à sa plus belle époque, n'aurait représenté que 220 millions de francs. En général, on a exagéré la richesse des Arabes, quoiqu'elle fût bien plus grande que celle des peuples européens au IXe siècle. L'exagération a eu sa source dans le contraste même entre la pauvreté de l'Europe et la richesse relative de Bagdad, du Caire et de Cordoue (1).

Ce retour de la richesse, de l'influence politique et de la civilisation vers leur foyer le plus ancien, est un des contrastes les plus intéressants de l'histoire. Au moment où une sorte d'anarchie régulière s'est répandue par toute l'Europe des Hellènes et des Romains, où l'impôt est devenu, à peu près partout, une propriété particulière, où il a fini par être inféodé, c'est dans la Mésopotamie, en Égypte, dans l'Espagne méridionale, qu'il se maintient, perçu dans des conditions analogues à celles des temps de Sennachérib et de Cyrus.

§ 8. *États musulmans de l'Afrique du Nord.*

L'occupation de l'Égypte fut promptement suivie d'attaques contre l'Afrique byzantine. Nulle partie de l'Afrique ne convenait mieux aux tribus sédentaires ou nomades des Arabes. Les premières y rencontraient des villes importantes, des territoires cultivés, des populations agricoles depuis longtemps habituées au joug des Carthaginois ou des Romains. Les autres pouvaient s'y étendre sur des étendues considérables leur offrant des pâturages suffisants. Une émigration, qui s'est prolongée jusqu'au XIVe siècle, commença bientôt. Les Byzantins ne firent pas de résistance sérieuse; mais il n'en fut pas de même des populations primitives, des Berbères de la Kabylie, de l'Aurès et du

(1) Rosew Saint-Hilaire, *Histoire d'Espagne*, 3e vol., p. 134. — Le dirhem est calculé par M. Rosew Saint-Hilaire à 0 fr. 91 au lieu de 0 fr. 60, et le dinar à 13 fr. — Condé, *Histoire de la domination des Arabes en Espagne.*

Maroc; une lutte terrible s'engagea. Elle a duré à peu près 40 ans pour ne se terminer qu'en 705, sans être suivie d'une soumission complète. Abandonnant les plateaux et les vallées, les Berbères se réfugièrent en Tunisie, en Algérie et au Maroc dans les montagnes soit du littoral méditerranéen, soit de l'Atlas. Ils les habitent encore. Ils y conservèrent leurs bonnes mœurs, leurs lois, leurs traditions, leur organisation sociale, leurs redevances; ce fut à grand'peine que les Arabes purent obtenir des moins réfractaires la dîme (Ashr) des produits du sol, le seul impôt direct qui existe encore au Maroc où le don manuel (Hadyah) se pratique toujours. Aussi est-il probable que, dans la Bysacène comme dans les deux Mauritanies, la disparition du fisc romain fut une délivrance.

La propagande musulmane fut moins rapide dans l'Afrique du Nord qu'en Égypte. Les populations berbères n'ont pris qu'une teinte musulmane; ce sont les immigrants Arabes, surtout les sédentaires, qui représentent l'élément musulman dans l'Afrique du Nord.

Les tribus arabes, sédentaires ou nomades, qui s'établirent dans l'Afrique du Nord, y rencontrèrent des populations qui, au point de vue économique et social, présentaient des rapports remarquables avec elles. Les Berbères se partageaient également en groupes (cités ou tribus), en partie sédentaires et en partie nomades; elles ont encore, aujourd'hui, conservé ce caractère, qui devait être bien plus accusé au VIIIe siècle. Cités ou tribus étaient, à l'instar des grandes tribus arabes, habituées à s'unir en puissantes confédérations (Quebilat) telles que celles des Zenata, au moyen desquelles elles acquéraient plus de sécurité extérieure, tout en exerçant un contrôle plus efficace sur leurs membres et en améliorant l'assistance mutuelle (Anaïa).

Dans les cités ou tribus une caisse commune était entretenue au moyen des concours de chaque famille (Kharroub) et gérée par le conseil commun (Djemaa). Il devait probablement y avoir également une caisse pour chaque confédération. Les plus grandes tribus arabes, sédentaires ou nomades, n'étaient elles-mêmes souvent que des confédérations. Le plus curieux type de ces confédérations est encore représenté par les tribus les plus importantes des Touareg du Sahara, telles que les Azdger de l'Est, les Ahaggaï de l'Ouest, agglomérations de confédérations. Dans les tribus qui les composent, une partie des membres est assujettie à des corvées et à des redevances et vit à l'état de servitude (Unihad). Il n'en est pas de même chez les Berbères.

Toutes ces cités, tribus, confédérations sont soumises à deux mouvements contraires — l'un qui tend à les décomposer et à les rendre sédentaires ; ainsi beaucoup de leurs membres, comme en Arabie, vivent tantôt à l'état sédentaire, tantôt à l'état nomade quittant la ville pour la tente, ou la tente pour la ville — l'autre qui tend à les reconstituer, l'état nomade étant approprié à leurs plus antiques traditions et aux territoires qu'elles occupent (1).

On comprend combien cet état social était propre à opposer une longue résistance aux agents du fisc des Émirs d'Alger, de Tunis et de Maroc et aux chefs militaires des tribus arabes. Aussi les plus puissantes, telles que celle des Ourghamma, refusaient de payer l'achour ou dîme.

Nous allons reconnaître, à peu près, les mêmes traits d'organisation économique et sociale, dans les nomades du Nord, depuis les temps les plus reculés, les mêmes cités ou tribus, les mêmes confédérations, les mêmes lignes ou agglomérations, de manière à former des masses envahissantes aussi formidables que les Goths, les Huns, les Mongols, les Tartares, ou des groupes d'invasion fractionnés, comme les Francs, les Vandales, les Hongrois, ou des groupes de sédentaires, ne demandant qu'une place au soleil.

---

(1) Mercier, *Histoire de l'Afrique septentrionale*, 2 vol. — Duveyrier, *Exploration du Sahara*. Reclus, tome XI. — *L'Afrique du Nord*. — Fournel, *Conquête de l'Afrique par les Arabes*. — *Économiste français*, 22 octobre 1892. On trouve dans les ouvrages de M. Mercier et de Duveyrier une énumération complète des tribus sédentaires et nomades de l'Algérie et du Sahara. M. Reclus donne aussi des détails fort intéressants. La distinction entre sédentaires et nomades y apparaît comme fondamentale. — Mouliéras, Le *Maroc inconnu*, *Exploration du Rif* (1896), on trouve dans ce livre une curieuse description des tribus.

§ 9. *De l'incidence et des effets de l'impôt dans l'empire des Arabes.*

Malgré les exigences de leur fisc, les Romains ne parvinrent pas à déplacer les centres de la richesse à l'époque de leur empire. L'Égypte, la Syrie, l'Asie Mineure demeurèrent très riches; l'Italie, au contraire, s'appauvrit et se dépeupla. Il en fut de même de la Grèce, bien qu'elle eût joui d'une belle civilisation. Les impôts, les spoliations, les attributions de terres et de capitaux, les tributs, ne déplacèrent pas réellement les capitaux.

Il n'en a pas été autrement pour l'empire arabe. Les Arabes profitèrent en Syrie, dans les vallées de l'Euphrate et du Tigre, en Perse, en Bactriane, en Égypte, en Espagne, et sur les côtes de l'Afrique du Nord, des progrès que les populations, converties, ou conquises, et soumises au tribut personnel (Djizyé) et à l'impôt foncier tributaire (Kharadj), avaient accomplis, comme des richesses qu'elles avaient accumulées; ils eurent des monnaies d'or; mais tout cela ne fut que temporaire. Les populations vaincues et humiliées, exploitées, parfois massacrées, condamnées au travail, exclues du service militaire, ne pouvant monter aucun cheval, ni porter des vêtements de luxe, contraintes à céder partout le pas aux Musulmans, souvent insultées, même outragées (1), durent subir l'impôt, sans pouvoir le réfléchir sur d'autres. L'impôt resta donc à leur charge et à la charge, pour la dîme aumônière, les taxes générales de consommation, des classes supérieures arabes.

Mais en conservant le travail, méprisé par les Arabes, en demeurant maîtres de l'agriculture, du commerce, de l'industrie, les vaincus gardèrent en mains les forces vives, celles qui se reproduisent sans cesse. Aussi l'empire des Arabes, élevé avec une incroyable rapidité, s'effondra-t-il très rapidement. Les tribus nomades, qui n'en avaient dépendu qu'incomplètement, reprirent leurs allées et leurs venues dans les déserts d'Arabie, de Syrie et de la Perse; les tribus sédentaires, ou redevinrent en

(1) Worms, *ibidem*, pages 67-73.

partie nomades, ou regagnèrent leurs anciens séjours, ou se dispersèrent. Dès le XVe siècle, sans les afflux divers et réitérés des tribus turques ou mongoles, il ne serait presque rien resté des conquérants arabes. On aurait retrouvé, au contraire, toutes les anciennes populations, payant le Djizyé et le Kharadj, mais sauvegardées en quelque sorte par le travail même. C'est le commentaire par l'histoire de la grande parole qu'Aristote appliquait aux États démocratiques, *il vaut mieux travailler que commander*, c'est-à-dire que le maniement du pouvoir est, en réalité, très inférieur au travail.

Quoique moins essentiellement nomades que les Arabes, les Turcs ont à peu près procédé comme eux. Une partie de leurs tribus sont devenues sédentaires et agricoles — les autres ou sont restées nomades, ou se sont fondues dans les villes au sein desquelles elles ont formé les éléments turcs des populations urbaines — mais l'état économique est demeuré le même que dans l'empire arabe. Les non-Musulmans ont dû subvenir aux principales charges publiques au moyen de la capitation personnelle et de l'impôt foncier tributaire ; elles n'ont même eu sur le sol qu'elles cultivaient qu'un simple droit de possession — il leur a été interdit de s'élever à la véritable propriété (Mulk), du moins jusqu'aux réformes de 1856. Néanmoins, quelle est aujourd'hui, dans l'empire ottoman, héritier pour partie de l'empire arabe, mais avec bien moins de puissance et d'éclat, la condition réelle des populations ? Le travail, le commerce, l'industrie, l'agriculture, la richesse appartiennent à ceux que Mahomet avait condamnés à l'humiliation, au tribut ou au massacre. Le travail a résisté à tout. L'empire ottoman tombe, devant nous, en morceaux. Les Musulmans sont restés fidèles à la prescription du massacre, du tribut et de l'humiliation de ceux qui n'acceptent pas leur religion ; d'origine nomade, le travail des sédentaires ne leur convient pas. Ils préfèrent errer dans le désert, ou lever des tributs, le sabre à la main : mais la locomotive traverse le désert ; nous assistons aux derniers excès des massacres, comme à leurs derniers jours.

Les exemptions d'impôts n'ont pas les effets que l'on a longtemps supposés. Elles avaient pour fondement la guerre et la soumission au tribut, la constitution de classes, de tribus, de peuples militaires vivant aux dépens des classes, tribus, peuples, sédentaires et laborieux. Tout cela est aujourd'hui en voie de complète transformation. L'Évangile a répandu, popularisé, l'axiome d'Aristote. Il ne demande à personne de se convertir le couteau sur la gorge où à condition de payer le tribut. Il va plus loin. Il conseille même de payer le tribut; mais aussi il relève le travail. Saint Paul a développé l'axiome d'Aristote. Défense est faite de manger à celui qui ne travaille pas (1). Comparez la vie du fabricant de tentes de Damas, cet homme infatigable, sobre, chaste, que rien ne peut arrêter dans sa mission, l'apôtre des sédentaires du travail, avec le grand poëte du désert, le patriarche qui a quatorze femmes sans compter les concubines, qui vit de butin et non de travail, qui ordonne au nom d'Allah le massacre de ceux qui se refusent à voir en lui le vrai prophète de Dieu.

On peut aussi faire la même comparaison entre les populations des sociétés féodales de l'Europe occidentale et de l'empire arabe. Ces sociétés n'ont ni l'éclat, ni la richesse, ni la grandeur apparente de la civilisation arabe. Elles se font également remarquer par l'importance de classes militaires qui ont le travail en aversion et qui vivent ou de redevances ou d'impôts; mais peu à peu la prédominance de ces classes a diminué; le travail a gagné tout ce qu'elles ont perdu; le serf est devenu par le travail un roturier; le roturier un propriétaire; le propriétaire un noble militaire. L'Évangile a rapproché les hommes, les classes, les peuples; le Coran les a partagés en catégories irréductibles, infranchissables, immuables; esclaves, tributaires, musulmans.

---

(1) Qui non laborat nec manducet. — Voir plus haut, p. 123.

CHAPITRE VIII.

L'IMPÔT CHEZ LES NOMADES DU NORD DE L'ASIE ET DE L'EUROPE.

§ 1. *Migrations et Nomades des races du Nord.*

Les nomades du Nord ont plus d'importance que ceux du Midi parce que, pendant de longs siècles, les conditions de climat, de territoire leur ont été plus favorables. A raison des déserts inhabitables qui y tiennent une grande place, l'Arabie, même avec ses prolongements en Syrie, n'offre qu'une étendue, relativement restreinte, pour des peuples nomades. Il n'en est pas de même pour le Nord de l'Europe et de l'Asie qui, depuis la mer du Nord, ne forme, presque jusqu'à l'océan Pacifique, qu'une plaine illimitée sur laquelle les monts Ourals se détachent à peine (1). Au midi de cette plaine se développe, en Asie, une autre région, séparée de la première par diverses hautes chaînes de montagnes, les monts Célestes ou Thian Chan, les Sayansk et les Yablonoï, au pied desquels s'étendent des plateaux considérables, le désert de Gobi et les deux Turkestans, russe et chinois, d'une superficie de plus de 3 millions de kilomètres carrés.

Sur ces plateaux de l'Asie Centrale et dans l'immense plaine de l'Europe et de l'Asie du Nord, ont vécu, d'après les plus anciens documents historiques, Hérodote, Strabon, confirmés par les ouvrages chinois, un grand nombre de peuples ou

(1) Des bruyères du Brabant septentrional on peut se diriger de l'Ouest à l'Est, même à travers les passages de l'Oural, jusqu'aux steppes asiatiques qui entourent les pentes des monts Altaï, sans franchir une hauteur de 12 à 1,300 pieds (400 mètres). — Si l'on supposait une route des landes du Brabant aux steppes de l'Asie, on trouverait une plaine continue sur une longueur qui égale presque la demi-circonférence du globe. A. de Humboldt, *Asie Centrale*, 3e vol., pages 11 et 12.

confédérations nomades (1) que l'on a rattachés la plupart à trois races principales : 1° la race de Touran, pour l'Asie centrale, 2° la race ouralo-finnoise ou ouralo-altaïque pour la grande plaine du Nord et 3° la race d'Iran pour le plateau de la Perse. Ces trois grandes races, qui ne sont pas sans diverses ressemblances et affinités, ont, pendant une suite indéterminée de siècles, vécu à l'état complètement chasseur, pastoral et nomade. La tribu y est progressivement devenue, de même que pour la race arabe, la forme du développement économique, social, politique. Ces races paraissent même s'être partagées en partie, en tribus sédentaires et en tribus nomades, beaucoup plus tard que les Arabes. De même que les Arabes se sont trouvés, depuis de longs siècles, en rapports directs et intimes avec de grands foyers de civilisation, tels que la Chaldée, l'Assyrie, la Babylonie, la Syrie, la Phénicie et l'Égypte, de même les peuples du Nord, principalement ceux appartenant à la race de Touran, ont été en communication avec le puissant centre de la Chine, celui de l'Iran et même ceux des vallées du Tigre et de l'Euphrate. Les races de Touran et ouralo-altaïque semblent avoir eu pour aires principales de formation, les deux Turkestans pour la race ouralo-altaïque, et pour la race de Touran, les parties de la Mongolie avoisinant la Chine, telles que l'Alashan, l'Ordos et la Mandchourie. C'est dans ces provinces qu'on retrouve encore les tribus survivantes des Mongols, de même qu'elles ont été, aux XIIe et XIIIe siècles, le point de départ de leurs migrations et de leurs conquêtes. C'est là que les ont retrouvées les voyageurs du XIIIe siècle, Du Plan Carpin, Rubruquis et Marco Polo, comme ceux de la fin de notre siècle, les pères Huc et Gabet, le colonel Pjrévaslky, M. Piassetsky et M. Younghusband (2).

---

(1) L'Asie centrale, divisée en bassins par des chaînes de montagnes de différentes directions et de différents âges, offre à l'établissement des sociétés humaines de chasseurs (Sibériens) de pasteurs (kirghiz), et kalmoucks, de peuples agricoles (Chinois) une diversité de plaines, de terrasses, de hauts fonds, qui modifient d'une manière prodigieuse les températures et les climats. A de Humboldt, *Ibidem*, 22-23.

(2) *L'Économiste français*, 15 août 1896, contient un article dans lequel nous

Ces deux races, placées, à des distances très inégales des deux grands Océans Pacifique et Atlantique, ont formé, dans les intentions du Créateur, une énorme réserve, destinée incontestablement au peuplement du globe, car elles ont exercé et elles exercent encore une influence supérieure et d'ordre providentiel sur ce peuplement, non seulement au point de vue de l'accroissement des populations, mais au point de vue du renouvellement de celles atteintes par l'usure du temps. Elles ont, par suite, été toujours animées d'une force d'expansion particulière qui les a portées soit vers l'Océan Pacifique, qu'elles ont traversé pour aborder dans les deux Amériques et y former des centres de peuplement et de civilisation, soit vers l'Océan Atlantique, vers l'Ouest, *the Far-west*. Cette direction a naturellement été la principale, puisque toute la plaine du Nord n'offrait presque pas d'obstacles difficiles à surmonter, le long des monts Yablonoï, Sayansk et Thian-Chan.

Une cause physique a dominé l'intensité de ces migrations, l'assèchement progressif soit du plateau de la Mongolie, notamment du désert de Gobi, soit celui de la Caspienne et de l'Oxus. M. A. de Humboldt a donné de nombreux éclaircissements sur ces deux faits qui ont modifié les ressources en pâturages et l'habitat des nombreuses tribus nomades de l'Asie Centrale (1). Dès lors, les tribus les moins puissantes ou les plus aventurières ont dû s'éloigner et peu à peu s'est institué, puis développé le plus grand mouvement qu'il y ait eu dans le peuplement du globe, vers l'Océan Atlantique, mouvement qui n'a été arrêté que par une véritable dépopulation de l'Asie Centrale. Dans la seconde partie du XVIIIe siècle, la Russie a dû repousser, par la force, les dernières vagues de ce mouvement (2). D'un autre côté, les changements, si considérables, accomplis, dans les conditions so-

---

avons rendu compte du voyage de M. Younghusband en Mandchourie et à travers le Gobi.

(1) *Asie centrale*, 2e vol. *Systèmes de montagnes du Kouen-lun et de l'Himalaya.* — De Lapparent, *Géographie physique*, p. 488.

(2) Bonvalot, *En Asie centrale*, 1884, p. 37-39. — Capus, *Le toit du monde*, 1890. — Younghusband, *A cross the Gobi desert (the heart of a continent)*, p. 154 et suiv.

ciales et économiques de la Russie, ont déterminé des groupes de populations assez importants en Crimée, au Caucase, même dans les steppes de la Russie méridionale, à quitter le territoire russe pour venir se fixer dans l'empire ottoman.

Ce mouvement a eu diverses étapes et diverses périodes. Longtemps avant les migrations des tribus de la race de Touran, d'autres grandes migrations avaient eu lieu, notamment celles de la race d'Iran à laquelle se rattachent les Celtes, les Germains, les Goths, les Scandinaves et les Slaves. Ces migrations successives de la race d'Iran ont formé divers groupes de peuples, ayant chacun une part importante dans l'histoire de la civilisation et une place particulière dans celle de l'impôt. Nous allons les passer en revue, en commençant par les groupes qui ont eu le plus d'influence comme nomades.

§ 2. *Migrations et nomades de la race de Touran. — L'impôt du bétail.*

Les nomades de la race de Touran, qui erraient dans le désert de Gobi, la Mongolie, la Mandchourie, se sont partagés, avant les nomades de la race ouralo-finnoise, en tribus sédentaires et tribus nomades. Ce partage doit être assez ancien. Il s'est opéré sous l'influence du climat et du sol très fertile des deux Turkestans où l'on trouve l'une des plus vieilles populations agricoles de l'Asie, les Sartes. D'ailleurs, il existe une étroite solidarité entre les tribus sédentaires et les tribus nomades des mêmes races, reliées par les tribus demi-nomades.

Les divers peuples de la race de Touran, après avoir occupé en partie les deux Turkestans, pénétrèrent, à une époque très reculée, soit par la Perse ou Iran, soit par le Caucase et l'Arménie (1) dans les deux vallées du Tigre et de l'Euphrate, ce

(1) « L'autre élément principal de la population originaire des rives du Bas-Tigre et du Bas-Euphrate appartenait à la race touranienne. Il parlait une langue de la famille ouralo-finnoise, que nous trouvons employée dans une partie des inscriptions les plus anciennes des monarques chaldéens. » M. F. Lenormant développe l'importance de cette découverte qui remonte aux travaux de Grotefend. — *Hist. ancienne de l'Orient,* 2e vol., p. 8. — Maspero, *Histoire ancienne,* note 2, 1886, p. 480, 511. — Rawlinson, *Parthia,* chap. II, dans *Story of nations.*

qui explique le rôle de premier ordre qu'elles ont eu dans les civilisations qui y ont fleuri : Chaldée, Assyrie, Babylonie, Médie, Perse. C'est la race de l'écriture et des inscriptions cunéiformes. C'est la souche des Parthes, des Huns, des Kurdes, Kirghiz et Kalmoucks, des Turcs de toute sorte, des Mongols et probablement d'une partie des peuples que les Grecs, d'après Hérodote, comprenaient sous les noms de Scythes et de Massagètes, qui tous tiennent une grande place dans l'histoire de l'Asie. Les Parthes et les Turcs ont passé, peu à peu, de l'état nomade à l'état sédentaire, bien qu'il existe encore des tribus nomades d'origine turque. Kurdes, Kalmoucks, Kirghiz, subsistent toujours tels qu'Hérodote et Strabon les ont décrits. Les Kurdes ne sont autres que les Massagètes (1).

Absolument réfractaires à toute civilisation, les Kurdes ont conservé la vie errante des antiques tribus de l'Arabie. Partant, ils se plient fort difficilement à l'impôt, bien qu'ils soient assujettis à une taxe de séjour, soit en Perse, soit en Turquie; mais le paiement de cette taxe est très irrégulier; il provoque de fréquentes révoltes (2). Ce n'est que sous la domination des Russes que les Kurdes s'acquittent de bonne grâce, par la raison que le gouvernement russe limite leur liberté de parcours et tend à rendre leur condition demi-sédentaire.

Les Huns, entrés plus tard sur la scène, se sont dispersés ou fondus dans d'autres peuples provenus de la race ouralo-altaïque et de la race d'Iran, notamment les Hongrois qui les représentent aujourd'hui avec grand honneur.

Les Mongols n'ont pu, malgré la fondation d'un empire plus vaste que celui des Arabes, cesser d'être nomades; ils le sont encore, parcourant, dans tous les sens, le désert de Gobi, conservant le souvenir de leur grandeur passée, mais soumis à la Chine qu'ils avaient conquise. Renvoi pour ce qui concerne

---

(1) M. A. de Humboldt a discuté les célèbres textes d'Hérodote, liv. VII, § 64 et liv. XVIII presque en entier. — *Asie Centrale*, p. 389 et s. — Strabon, liv. VII, chap. III et IV. — Rawlinson, *Herodotus*, 1er vol., essai neuvième.

(2) Curzon, *Persia*, 1890. M. Curzon est sous-secrétaire d'État des affaires étrangères du cabinet Salisbury.

leur importante vie historique et leurs institutions fiscales au chapitre IX ci-après.

De ces divers groupes ethniques ou sous races, le plus important et probablement le plus ancien a été celui des Turcs, descendant, de même que les Huns et les Mongols, des Hioung-Nou, désignation, à la fois spéciale et générale, appliquée par les Chinois à des peuples qui les avoisinaient. D'après M. Léon Cahun, les auteurs arméniens et byzantins appelaient Turcs non seulement les nomades de race touranienne (1), mais encore ceux de race ouralo-altaïque, malgré les différences certaines entre un Turc, un Mongol ou un Kirghiz. L'apparition des véritables Turcs, comme fait historique, a précédé celle des Mongols. Une lutte mémorable s'est engagée entr'eux. Les Turcs ont triomphé, parce qu'ils sont devenus plus tôt sédentaires. Mais, avant le triomphe des Mongols, les Turcs s'étaient substitués aux Arabes. C'est pendant que s'est opérée cette substitution qu'ils se sont définitivement transformés eux-mêmes, déployant des qualités militaires remarquables. Néanmoins, en dehors des principes d'ordre qu'ils ont apportés et su maintenir, au milieu de populations nomades ou mobiles, ils se sont montrés encore moins aptes que les Arabes au maniement des finances et des impôts.

« Les Tou-Kïoue, disent les Chinois (2), sont une tribu des « Hioung-Nou, originaires du pays qui est au nord du Kobi, no- « mades, éleveurs de bétail et chasseurs; leurs tentes sont de « feutre; ils savant tanner le cuir et travailler la laine dont ils « font leurs vêtements; ils boutonnent leurs robes de droite à « gauche à l'inverse des Chinois qui les croisent de gauche à « droite; ils ne taillent pas leurs cheveux qu'ils portent flottants. « Ils sont bonnes gens de cheval et raides archers... Rudes et « brutaux, ils ne font pas de cas des vieillards, n'estiment que « les hommes dans la force de l'âge. Leurs anciens contrats « étaient des entailles sur une planchette qu'ils scellaient en y « marquant l'empreinte d'un fer de lance. C'est de leurs plan-

(1) Même ouvrage, p. 55.

(2) Léon Cahun, même ouvrage, tout le livre premier, *Les origines*.

« chettes entaillées qu'ils se servent quand ils font la levée des « gens de guerre et des chevaux et quand leurs rois font ac- « quitter l'impôt, qui se compose de bétail; ils délivrent l'acquit « par l'apposition d'un scel, marqué d'un fer de lance. Ils pro- « clament leur roi en l'élevant par neuf fois sur un tapis de « feutre et lui font prêter serment. Ils n'ont ni loi écrite, ni pro- « cédure régulière et rendent la justice arbitrairement d'après la « coutume ». M. Léon Cahun (1) complète ces détails intéressants avec d'autres documents, d'après lesquels il établit que les coutumes turques indiquent une longue pratique de la migration à main armée, que la migration a lieu par bandes isolées, confédérées autour d'un chef et non par tribus; que les traditions et les mœurs sont militaires, avec le respect de l'ordre, bien que favorables aux aventures guerrières; que la guerre est une profession avec ses chevaliers errants et ses condottiers, que chaque groupe a ses nobles héréditaires et ses dames nobles avec armoiries; plusieurs de ces nobles sont dix fois séculaires (2).

L'impôt du bétail ne pouvait suffire à entretenir ces groupes, ces clans. D'où la loi de la guerre. Quand le chef des clans, le Kagan ne peut plus entretenir ses hommes, il les licencie; ceux-ci cherchent une autre tente, un autre drapeau. Ceci accuse des différences fondamentales avec la tribu arabe. Point de tendances religieuses, point de fanatisme. La fidélité au chef, au drapeau tant que durent les subsides ou les bénéfices du pillage. Groupes, clans, tribus se reconstituaient sans cesse et se dissolvaient; même incertitude pour la famille. Au décès du père, le plus jeune garde la terre, les aînés prennent les troupeaux qui ont plus de valeur.

L'état social est cependant nomade, mais dans des conditions bien différentes de la tribu arabe, sédentaire ou nomade; c'est ainsi que Huns, Mongols, Turcs, auxquels ces institutions ont été à peu près communes, ont pu constituer des agglomérations militaires si redoutables, mais au fond instables, plus instables que la tribu arabe. Aussi M. Léon Cahun conclut-il que si la

(1) Même ouvrage, p. 76-82.

(2) *Ibidem*, p. 65

tribu fait la guerre chez les Arabes, c'est la bande, le clan chez les Turcs. La réunion des bandes formera un régiment, les régiments une confédération; mais les véritables tribus, n'étant pas constituées, en réalité, pour la guerre, sont antipathiques à toute agglomération. C'est par la force de l'impulsion religieuse que Mahomet a pu associer les tribus arabes (1). Point d'impulsion religieuse dans les petites tribus, les clans ou les confédérations du Nord; des mœurs guerrières, d'incessantes compétitions, des disputes pour les pâturages, le goût et l'habitude de la guerre, des aventures, des expéditions lointaines, sous la direction de chefs temporaires, librement choisis, le Kagan. Le Kagan d'une confédération nombreuse devient un chef redoutable. Il a ses ministres, ses officiers, ses fonctionnaires, une politique, des ambassadeurs; il expédie les uns à l'Est, vers l'empereur de la Chine, les autres à l'Ouest, à Constantinople (2). Attila, Arpad, Gengis-Khan ont réalisé le plus haut type du Kagan; ils ont pu s'attribuer, pour quelque temps, l'hérédité, mais elle n'a pu modifier les conditions de leurs milieux. Ces confédérations ont leurs dénominations, telles que la Horde d'or, la Montagne d'or, avec quartier général (3). Marco Polo s'est rendu au quartier général ou Ordou de Karakorum; celui de la Horde d'or, établi par le terrible Batu, a opprimé la Russie pendant 200 ans; il était à Kazan, sur le Volga.

On peut considérer ces confédérations, que l'on retrouve dans les autres groupes, groupe ouralo-finnois et groupe d'Iran, comme la forme providentielle qui a présidé au peuplement du globe. Elle n'a pas été étrangère aux deux Amériques. Elle remonte en Afrique fort loin. Les empires éphémères du Soudan, si nombreux et si curieux, n'ont été que des confédérations éphémères de nègres ou de sang-mêlés, tels que les Peulhs. Il n'en est pas autrement dans l'Afrique Centrale et l'Afrique Australe. Les renversements d'empire dans le Soudan ont la plus grande ressemblance avec les révolutions de l'Asie Centrale.

Les ressources financières de ces confédérations provenaient,

---

(1) Léon Cahun, *Ibidem*, p. 62, 75.
(2) Léon Cahun, *Ibidem*, p. 81, 114.
(3) Léon Cahun, *Ibidem*, p. 115.

sans doute, pour beaucoup du butin, de la guerre, de l'impôt; mais la guerre et l'impôt pouvaient ne pas suffire. « D'empires, « comme ceux des Huns, des Turcs, dit M. Léon Cahun, asso « ciations militaires *sans lien ethnique*, on ne peut pas dire qu'ils « se dissolvent, ils se débandent. Au rebours des autres, chez les « Turcs, c'est le roi qui nourrit son peuple, qui l'habille, qui le « paie. L'impôt, c'est la masse générale. Quand le Kagan ne « peut plus solder ses sujets, il les licencie et ses peuples vont « chercher pitance sous une autre bannière (1) ». Mêmes mœurs dans tout le groupe ouralo-finnois ; elles ont été celles des Celtes, des Germains, des Scandinaves. Toutefois les Mongols sont arrivés à une plus complète pratique notion de l'impôt, en dehors du tribut imposé aux peuples vaincus. L'article principal de la masse générale, la richesse immédiatement disponible, c'était le bétail. La confédération marchait avec son bétail, vivait avec son bétail. C'était avec des réserves de bétail que le Kagan pouvait entretenir la fidélité des clans confédérés. Aussi les Mongols ont-ils donné une véritable organisation à l'impôt du bétail.

§ 3. *L'empire des Parthes.*

Les Parthes ont fondé un grand empire qui a été en quelque sorte la première construction sédentaire de la race turque. L'élément turc a dominé parmi les Parthes. Quoiqu'il existe encore des tribus turques à l'état nomade, les diverses tribus turques, 250 ans avant l'ère chétienne, avaient le caractère complètement nomade; quelques-unes se fixèrent temporairement dans le Khoracan, au nord de la Perse, très belle province, qui devint le centre de l'empire parthe, limité au nord par une ligne qui est à peu près la voie ferrée du Transcaspien. Cet empire a duré 400 ans, ce qui est une assez longue durée pour des nomades sédentaires. L'empire Mongol devait avoir, 1000 ans plus tard, les mêmes éléments et le même caractère. Au surplus, rien de définitivement assis, même dans l'empire ottoman actuel.

---

(1) Léon Cahun, *Ibidem*, p. 77, 79. — Tacite, *De moribus*, XIII, XIV.

Les populations qui composaient l'empire parthe comprenaient les tribus sédentaires du nord de la Perse et les tribus nomades de la Bactriane, de la Sogdiane et de la mer Caspienne. L'immense cavalerie dont disposaient les Parthes, la terreur qu'ils inspiraient, le nom de brigands que les Romains, Pline entre autres, leur donnaient, leur habitude de vivre à cheval, leurs chariots de guerre, leurs discordes intérieures, tout démontre leur parenté avec les Mongols, les Kurdes, les Turcs nomades. Leur gouvernement avait la forme patriarcale qui caractérisait, selon Hérodote, la Médie (1).

Les renseignements manquent en ce qui concerne les finances et les impôts de l'empire parthe qui, après une époque brillante de quatre siècles (2), s'est effondré tout à coup, comme l'empire Mongol. Tout indique que leurs finances et leurs impôts ont dû, comme chez les Arabes, les Mongols et les Turcs, consister à exploiter les populations sédentaires, au moyen du tribut et de la dîme. On sait seulement que leur empire était partagé et administré, comme celui des Perses, en grandes satrapies (3). La constitution des grandes satrapies, que l'on retrouve dans les 18 grandes provinces de la Chine actuelle, semble avoir été imposée par la force des choses à tous les grands empires d'Orient. Les Turcs ottomans l'ont maintenue jusque dans ces derniers temps. Elle avait pour fondement un véritable forfait entre les satrapes et le trésor du prince. En vertu de ce forfait, moyennant le versement exact de la somme convenue, chaque satrape était maître, dans le ressort de sa satrapie, des finances et des impôts. Le prince était ainsi fixé sur les ressources dont il pouvait dis-

(1) Consulter l'article *Parthia* dans l'*Encyclopedia britannica*, t. XVIII. Mémoire de M. Guilhem de Sainte-Croix. Académie des inscriptions, 1re série, t. L, et Anquetil Du Perron, mémoires sur les *Mardes*, même série, tome XLV, p. 87.

(2) M. Georges Rawlinson n'en donne presque aucun dans le chap. XXIII de son excellent livre *Parthia*. Il insiste cependant sur la richesse, l'indépendance, les qualités militaires de la noblesse chez les Parthes, sur le degré de civilisation auquel ils parvinrent, sur l'asile et le contrepoids qu'ils offrirent aux victimes de l'oppression des Romains.

(3) Comparer les *Satrapies de la Perse*, chap. IV, liv. I, p. 18. Il a dû y avoir nombreux rapports entre les finances et les impôts des Parthes et ceux des Perses. Cantu, *Hist. universelle*, 4e vol., p. 210. — Rawlinson, *Herodotus*, 2e vol., essai III.

poser. Sous divers rapports, la Royauté a conservé, en France, des forfaits fiscaux analogues jusqu'en 1789. Il est vrai que, par contre, les populations étaient comme abandonnées à la rapacité des satrapes, ce qui a encore lieu en Chine, pour les mandarins; mais les satrapes, afin d'éviter des soulèvements, avaient pour coutume de maintenir les mêmes impôts. Il en est résulté une stabilité fiscale plus grande que si les impôts avaient été gérés directement par le trésor du prince.

§ 4. *Grandes migrations des tribus turques et hunniques.*

C'est précisément, pendant l'existence du royaume des Parthes, entre le premier siècle avant l'ère chrétienne et le siècle suivant, que commença le mouvement le plus considérable des tribus Hiong-Nou, qui vivaient à l'ouest du désert de Gobi, le long de la frontière occidentale de la Chine. Ces tribus appartenaient à la grande race turque nomade; mais elles présentaient déjà entre elles bien des différences, qui devaient s'accroître pendant leurs migrations. Ce n'était pas la première fois, que les Chinois sortaient de leurs limites traditionnelles, franchissaient le Gobi, d'un côté, pénétraient dans le Thibet et, d'un autre côté, s'emparaient de la vaste contrée qui, dominant les Pamirs, forme le Turkestan chinois. De là un ébranlement général, rendu permanent par l'assèchement progressif du Gobi.

C'est alors qu'eut lieu une orientation, qui devait durer plus de quatorze siècles, des tribus nomades du nord de l'Asie, surtout de celles dites de Touran par les Persans, vers l'occident de l'Asie, les steppes et les plaines de la Russie, et l'Europe elle-même. C'est alors que le *Drang nach westen* devient un fait plus considérable, dans l'histoire de la civilisation et des institutions qui la caractérisent, que la constitution de l'Empire romain ou celui des Arabes, puisque cette orientation n'est autre que la marche en avant des tribus nomades qui doivent peupler une partie de l'Asie et la plus grande partie de l'Europe.

« Dès le premier siècle avant l'ère chrétienne, les Chinois, « unis et prospères sous la dynastie des *Han*, avaient pris l'offen-

« sive contre les *Hiong-Nou...* Trois siècles auparavant l'empe-« reur *Hoangti*, fondateur de la dynastie des *Thsin*, avait « chassé les *Hiong-Nou* des pays que leurs descendants ont si « souvent reconquis depuis, ceux qui forment la province ac-« tuelle des Chen-Si, à l'intérieur de la grande concavité du « fleuve Jaune. Il les avait rejetés au delà des Marches et réuni, « par un immense travail, les ouvrages de défense locale contre « les *Barbares;* c'est le mur long de 10,000 lis, la fameuse grande « muraille (214-204) avant J.-C. (1) ». Les Han entreprirent de faire davantage, de franchir le désert de Gobi, de s'emparer des Marches, composées des contrées diverses dominées par les Pamirs, d'imposer leur suprématie aux tribus formant la confédération de Hiong-Nou, ou de les rejeter vers l'ouest. « De ces « peuples, ce qui ne s'assimilait pas aux Chinois était violem-« ment refoulé dans le *Si yu, le grand Ouest,* ou repoussé dans le « sud de l'Hexapole, dans les Pamirs, vers l'Inde, ou vers la Co-« phène des Grecs. De ce côté, sont les restes des Turcs primitifs, « *Saka, Massagètes* et les Indo-Scythes des Hellènes, les *getæ* « des Latins. Au nord sont maintenant, du côté de l'ouest, les « *Kiptchak,* gens de la steppe et les *Kirgkiz-Kazak*, nomades « insoumis (2) ». M. Léon Cahun a dressé ce tableau de l'état des tribus nomades, entre la Chine et les Parthes, à l'aide des documents chinois. Ce seraient les armées chinoises qui, pour protéger la fourmilière chinoise, labourant et travaillant en paix, auraient donné l'impulsion et l'ébranlement général à ces tribus.

Les Hiong-Nou furent ainsi obligés de franchir la chaîne du Thian-Chan pour se réfugier dans les vastes steppes des Kirghiz, d'où ils gagnèrent le Yaik (Oural) et l'Idil (le Volga), puis le Kouban, le Don, même le Danube. « Ils domineront les Finnois « du plateau *yogour* entre le Yaik et l'Idil et les emmèneront « aux grandes aventures sous le nom de Huns, de Huns yogoures « (Hunnigoures), d'Abares, Magyars, jusqu'à ce que le gros de « la nation apparaisse lui-même ». Coumans, Petchénègues, Turkmènes, Kurdes, Bulgares, Alains. « Leurs lieux de réunions

(1) Léon Cahun, *Ibidem, Les origines*, p. 88, 89.

(2) Léon Cahun, *Ibidem, Les origines*, p. 92.

« favoris sont les steppes au nord du Caucase, les prairies du « Kouban et du Térek, les collines entre le Volga et la Kama. « C'est de là que, suivant les chances de la guerre, ces tribus, « connues des Européens sous le nom de Huns, se jettent sur « l'ouest, à la tête de leurs sujets Magyars, Bachkirs, Bulgares, « Abares, Khazars (1). »

Ces tribus ont pour origine des clans rompus (2), à la suite des défaites qu'elles ont essuyées de la part des Chinois et de leurs propres migrations. Mais elles ont conservé les habitudes et l'organisation militaires qui les caractérisent particulièrement. Elles obéissent à des Kagans qui s'entendent pour former des confédérations ou qui sont forcés de s'y associer. Attila a été un grand Kagan de ce genre, c'est-à-dire le chef, le maître, le Khan des Khans d'une grande confédération, comme celles des Arabes, plus puissante encore, plus redoutable, mais moins durable. De même pour *Mokan Khan* qui domina dans la Transoxiane, et dont M. Léon Cahun (3) a tracé l'histoire. Le propre de ces confédérations, c'est d'être temporaires, de vivre durant la vie du Kagan qui les établit par la force, ou durant celle de ses fils, de se dissoudre et de se reconstituer, car sans le fondement territorial, il n'est pas possible à l'homme de rien faire qui dure. Ces confédérations ont leurs impôts qui lèvent sous la forme que la richesse revêt chez elles, soit leurs immenses troupeaux, moutons, chèvres, chevaux, chameaux, vaches, bœufs. Les impôts sont perçus par des receveurs qui laissent des entailles pour quittances. Elles ont même une monnaie spéciale, frappée par les Chinois, car leurs relations avec le grand marché de la Chine sont incessantes, de même que celles de l'empire russe actuel avec la Chine. « On possède des exemplaires des monnaies *sino* « *turques*, portant une inscription bilingue en caractères chinois « d'un côté, paléoturcs de l'autre ». Elles font le commerce, échangeant les produits de leurs troupeaux et de leurs chasses pour des étoffes, de la quincaillerie, des grains; elles transpor-

(1) Léon Cahun, *Ibidem*, *Les origines*, p. 99.
(2) Léon Cahun, *Ibidem*, *Les origines*, p. 87.
(3) Léon Cahun, *Ibidem*, *Les origines*, p. 91, 110.

tent même la soie. Employées souvent par les Empereurs de la Chine comme mercenaires, elles recevaient des soies, des soieries en paiement de la solde (1).

Ces tribus et confédérations conservèrent dans leur nouvel habitat, les mœurs et les institutions qu'elles avaient apportées des bords du désert de Gobi. Nomades de tout temps, elles restèrent nomades, féroces, guerrières, instables. Elles frappèrent de stupeur par leur sauvagerie les Romains de l'empire. « Des « racines de plantes sauvages, de la viande mortifiée entre leurs « cuisses et le dos de leurs chevaux, voilà leur nourriture (2). « Jamais ils (les Huns) ne manient la charrue. Ils n'habitent ni « maisons, ni cabanes. Toujours errants par les montagnes et « les forêts, changeant perpétuellement de demeures, rompus dès « leur enfance à tous les maux, au froid, à la faim, à la soif. « Leurs troupeaux les suivent dans leurs migrations, traînant les « chariots où leur famille est enfouie. C'est à cheval qu'ils pas- « sent leur vie : ils y tiennent leurs assemblées (3), ils y achètent « et ils y vendent, ils y boivent et ils y mangent ». Telle a été pendant des siècles la condition de ces tribus et confédérations sur les nouveaux territoires qu'elles occupèrent le long de l'Oural et du Volga. Elles s'y trouvèrent en face d'autres tribus et confédérations dont les mœurs et les traditions étaient à peu près les mêmes.

Sur ces territoires les mêmes événements se produisirent que dans les steppes du Gobi, les mêmes disputes des pâturages, les mêmes luttes pour l'existence sous l'influence de famines périodiques, les mêmes changements de résidence, les mêmes chocs, les mêmes migrations, la naissance et la destruction également rapide d'immenses empires. Ces empires se soutenaient au moyen : 1° des contributions en nature prélevées sur les troupeaux, comme cela a encore lieu aujourd'hui dans le Gobi, et 2° du tribut traditionnel exigé de la même manière, par les confédérations plus fortes des confédérations plus faibles. Nous verrons

(1) Léon Cahun, *Ibidem*, p. 95, 107.

(2) Ammien Marcellin, XXXI, 2. — Sur les peuples à chariots voir plus bas.

(3) Les Polonais tenaient encore à cheval au XVIIe siècle leurs assemblées de de liberum-veto.

combien longtemps ces tributs se sont prolongés; ils ont même cessé d'être payables en troupeaux, en peaux, en fourrures pour devenir exigibles en argent ou en or. Tel a été le cas de la Russie pendant 200 ans. C'est dans ces conditions et avec ces ressources, augmentées de ce que donnaient le pillage et le butin, qu'ont subsisté l'empire des Huns, l'empire des Avars, l'empire des Bulgares et d'autres empires temporaires, fondés par d'autres races, tels que l'empire des Goths (1).

§ 5. *Migrations et Nomades de la race Ouralo-Finnoise.*

Dès leur arrivée sur les pentes de l'Oural et les rives du Volga, les diverses tribus et confédérations hunniques, en prenant l'expression hunnique dans sa plus vaste acception, se trouvèrent en présence d'autres tribus et d'autres confédérations appartenant à une race différente ou tout au moins à un rameau fort ancien de la grande race turque nomade. On a donné à cette race ou à ce rameau le nom d'ouralo-altaïque, en supposant avec Castren, qu'il provenait originairement des pentes de l'Altaï (2). Nous conserverons le nom d'ouralo-finnoise comme mieux approprié, sinon à la réalité des faits, du moins aux faits actuellement connus. Sous le nom de race ouralo-finnoise se rangent un nombre considérable d'autres tribus humaines, qui, pour la plupart, se sont montrées, jusqu'à présent, incapables de former de grandes confédérations, d'exercer une action historique, de se donner des institutions politiques leur permettant de s'élever à la pratique et à la notion de l'impôt.

Ces tribus occupent, depuis un temps immémorial, le nord de l'Europe, la Scandinavie d'abord, puis la Russie, où elles descendent jusqu'aux grands lacs, c'est-à-dire jusqu'au niveau de Saint-Pétersbourg, même jusqu'au Volga et à la Kama, le long de l'Oural et à peu près toute la Sibérie (3). Elles comprennent

(1) Colonel Prjévalsky, *La Mongolie et le pays des Tangoustes*, chap. II. Nous donnons les textes dans le chap. IX.

(2) *Revue germanique*, 1858, t. IV, p. 215, *Les peuples de l'Altaï.*

(3) Consulter : 1° la *Revue germanique*, 1858, t. IV; *Ethnologie touranienne et les peuples de l'Altaï;* 2° les articles *Russia, Sibéria, Finland, Turcs*

les tribus Finnoises, Ostiaks, Iénisséiens, Samoyèdes, Vogouls, Soiotes, Lapons, Tchouvaches, Ziriànes, Tchérémisses, Tchoudes, Finlandais, Caréliens, Tavantes, Mordves, Kamtschadales, même une partie des tribus des Bachkirs au sud de la Russie et des populations de la Courlande et de l'Esthoine, sur la Baltique. Ces tribus sont généralement divisées en cinq groupes : 1° le groupe des Lapps au nord de la Scandinavie et de la Russie, sur l'Océan glacial arctique ; 2° le groupe des Finns, les *Fenni* de Tacite, dans la Finlande, la Baltique et les grands lacs de la Russie du nord ; 3° le groupe Permien, dans les gouvernements actuels de Vologda, de Perm, d'Oufa, de Viatka ; 4° le groupe du Volga, dans les gouvernements de Nijni-Novgorod, Kazan, avec les Tchouvaches, les Tchérémisses, les Mordves ; 5° le groupe de Sibérie, Ostiaks, Iénisséiens, Samoyèdes, Vogouls, Kamtschadales.

Les Fennes sont la dernière race dont la partie conservée des *de moribus Germanorum* nous ait laissé le portrait. Mais ce portrait est des plus précieux : « Les Fennes sont à l'état sauvage « et d'une hideuse pauvreté : point d'armes, ni chevaux, ni « foyer. L'herbe pour nourriture, les peaux pour vêtements, la « terre pour lit. Pour seules armes des flèches que faute de fer ils « affilent d'os pointus. La chasse nourrit également les hommes « et les femmes, car celles-ci accompagnent partout leurs maris « et réclament la moitié de la proie. Contre les bêtes féroces et « les pluies, les enfants n'ont d'autres abris que les branches « entrelacées des arbres où leurs mères les cachent ; là se rallient « les jeunes gens, là se retirent les vieillards. Ils se trouvent « cependant plus heureux que de se rompre au travail de la « terre, que de construire des maisons et que de passer leur « temps à espérer ou à craindre pour leurs richesses (1) ». Tacite, malgré l'exactitude et la source de ses renseignements, ne se doutait certainement pas de quelles masses d'hommes il nous

---

de l'*Encyclopedia Britannica* ; 3° Jardot, *Révolutions de l'Asie moyenne*, 1839 ; 4° Klaproth, *Tableaux de l'Asie depuis Cyrus* ; Reclus, *L'Europe russe*. — Cahun, *Ibidem*, p. 68, 104.

(1) Tacite, *De moribus Germanorum*, in fine. Dans le milieu nomade les peuples à chariots (*kankli*) sont les peuples riches. — Cahun, p. 41.

laissait ainsi un incomparable portrait. Tous ces Fennes étaient encore bien inférieurs aux tribus arabes de Mahomet. La plupart des tribus sibériennes le sont encore.

Toutes les tribus ouralo-finnoises font aujourd'hui partie de l'empire russe. La plupart vivent à l'état nomade. Les seules qui soient entrées dans le mouvement de la civilisation appartiennent au second groupe, quelques-unes aux groupes trois et quatre; les Finlandais et les Esthoniens seuls n'ont pas eu besoin de la domination russe pour atteindre à un degré élevé de culture. Sans cette domination, toutes les autres tribus reviendraient à l'état nomade pur, notamment dans toute la Russie boréale comprenant 200 millions d'hectares de bois et des marécages, et dans toute la Sibérie non colonisée par les Russes (1).

Sauf les Fennes, ces tribus ont été imparfaitement connues avant l'arrivée des Huns. Elles n'étaient comprises ni parmi les Sarmates qui n'étaient autres que les Slaves, ni parmi les Scythes. Du temps d'Hérodote on admettait que le territoire au delà des *Neures* était inhabité (2). Les *Neures* (3) devaient être les Sarmates. Quant aux Scythes on les considère comme des tribus turques provenant de l'Altaï, ayant les plus grands rapports avec les Kirghiz et les Kalmoulks des steppes de la mer Caspienne. Les renseignements que donne Hérodote sur les Scythes sont d'une grande importance. « Les Scythes sont des peuples « nomades d'Asie qui, chassés par les Massagètes du pays qu'ils « occupaient, vinrent passer le fleuve Araxe et se fixer dans la « Cimmérie ». Hérodote affirme qu'une lutte s'engagea entre les Cimmériens pour savoir s'il fallait résister aux Scythes ou leur céder la place. Dans le mouvement des migrations, combien de fois pareille lutte a-t-elle dû se présenter? Les rois et leurs partisans voulaient résister à raison de leurs intérêts plus immédiats dans la possession du sol, le parti populaire, demeuré plus nomade, préférait aller en avant. César a laissé un célèbre récit d'une circonstance analogue : nous aurons à y revenir. Le

---

(1) Économiste français, *La Russie boréale,* 2e vol., 1894, p. 697.

(2) Hérodote, Livre 4, 18, 21, 22, 31.

(3) Hérodote, Livre 4, XI.

parti populaire eut la victoire et les tribus se mirent en marche de nouveau vers l'Ouest. Selon Hérodote, ce mouvement des Cimmériens et des Scythes eut pour résultat une invasion de la Médie. Des invasions du même genre se sont renouvelées jusque dans les dernières années du XVIIIe siècle et même pendant le XIXe siècle. La Russie y a mis fin seulement depuis l'occupation du Turkestan et du Pamir. Hérodote fait un tableau très curieux (1) des Scythes de son temps. Ils les partage en Scythes laboureurs et agriculteurs et en Scythes nomades. Des Scythes laboureurs, les uns sèment le froment et diverses céréales pour les vendre, les autres pour les consommer. Quant aux Scythes nomades, ils ne labourent ni ne sèment. Hérodote ajoute « que les « Scythes n'ont ni villes, ni murailles; que leurs chariots sont « leurs seules habitations; qu'ils transportent leurs maisons par- « tout où il leur plaît; qu'ils combattent tous à cheval avec l'arc; « qu'ils ne se nourrissent jamais des produits de la charrue, « mais seulement de leurs bestiaux; qu'ils tiennent tous ces avan- « tages de la nature de leur pays qui est extrêmement plat ».

L'exactitude de ces détails est attestée par une autre observation d'Hérodote. Il affirme que les *Saurnomates* habitent, dans l'enfoncement des Palur-Méotodes, une contrée tout à fait dépourvue d'arbres, tandis que la région, occupée par les *Budins*, peuple également nomade, est couverte d'épaisses forêts; ce qui existe encore. Hérodote connaissait déjà le partage de la Russie (pour lui la Scythie) en deux zones, la forêt et le steppe (2).

Cinq siècles après Hérodote, Strabon a tracé un tableau des mêmes régions et des populations qui y habitaient. Les Scythes semblent avoir disparu. Gêtes, Daces, Bastarnes, déjà menacés, eux-mêmes, les auraient remplacés (3); ils sont aussi nomades, galactophages, « vivent uniquement du produit de leurs « troupeaux, de lait et de fromage fait avec du lait de jument, ne

(1) Comparer notamment le grand tableau des peuples de l'armée de Darius. Hérodote, 1 et 61-80.

(2) Hérodote, L. 4, 20, 21. 108, 109.

(3) Strabon, traduction de M. Tardieu, 3e vol., liv. VII, chap. 2, 18; chap. 3, 7, 10, 12, 13, 17; chap. 4, 6.

« sachant ni gagner, ni amasser de l'argent, ne pratiquant que « le troc. Leurs tentes sont en feutre et solidement fixées sur « les chariots dans lesquels ils passent la vie. Tout autour sont « les troupeaux qui leur donnent le lait, le fromage et la viande « dont ils se nourrissent *et ils ne font guère eux-mêmes que les* « *suivre de pâturage en pâturage, quittant au fur et à mesure les* « *lieux dont l'herbe est épuisée* ». Strabon distingue encore les nomades laboureurs des nomades *galactophages*. Il relève aussi l'exploitation des tribus sédentaires par les tribus nomades. « Les « Scythes ne font la guerre que pour exiger les tributs qui leur « sont dus. Habituellement, ils laissent la terre à qui veut la cul- « tiver, se contentant de prélever sur le tenancier quelques mo- « diques redevances, calculées de façon, non à les enrichir, mais « à défrayer les nécessités de leur vie et leurs besoins de chaque « jour. Il peut arriver seulement que le tributaire refuse de payer, « auquel cas ils lui font la guerre ». Ainsi, entre les tribus nomades, le tribut est, comme dans les grands empires, l'une des origines de l'impôt. « En général, ajoute Strabon, on le refuse « du moment qu'on se croit assez fort pour repousser celui qui « l'exige ». A l'époque où Strabon écrivait, les confédérations des Scythes s'étaient dissoutes. Leur empire n'existait plus. Ils avaient été remplacés par les Bastarnes, les Roxolans, les Gêtes. Strabon mentionne le grand empire des Gêtes, fondé par *Byrebistar*, leur *epistate* (1).

C'est au milieu de ces changements que se présentèrent successivement les diverses confédérations des Hiong-Nou, qui remontèrent par les steppes de la mer Caspienne vers la contrée située entre le Volga, la Kama et l'Oural. Elles étaient plus susceptibles de résistance, mieux aguerries que les tribus diverses ouralo-finnoises ou touraniennes auprès desquelles elles se fixèrent; elles appartenaient à un état social et politique supérieur, quoiqu'elles fussent nomades ; elles connaissaient l'impôt et la monnaie. Elles durent conserver des relations de commerce avec la Chine et l'Asie Centrale ; elles fondèrent plusieurs établissements ou *Ordous* (quartiers généraux) ou Hordes. Les principaux de ces

---

(1) Strabon, *Ibidem*, liv. VII, chap. 3, 5, 11.

établissements sont devenus des peuples temporaires dont la destinée a été diverse. *Les Huns*, *les Avares ou Abars*, *les Coumans*, *les Petchénègues* n'ont eu qu'une existence passagère. Les Hongrois et les Bulgares ont, au contraire, opéré avec le temps, la très difficile transformation des peuples nomades en peuples sédentaires. Ils occupent encore les territoires dont ils se sont emparés. Ils semblent appelés à un rôle important dans l'avenir de l'Europe orientale.

Huns, Avares, Bulgares, Hongrois, s'ébranlèrent à la même époque. Ils correspondent aux diverses transformations subies par les Hiong-Nou, le long du Volga et de l'Oural. Ce sont des confédérations successivement formées, rompues et reconstituées, sous des influences diverses, des mêmes tribus nomades. L'empire de Balamir a précédé celui d'Attila, Attila celui de Baïan et Baïan celui d'Arpad (1).

Jusqu'au xve siècle la mobilité, la nomadité s'imposaient à toutes les populations du nord et du levant de l'Europe, soit sous l'influence de leur propre état social, soit sous celle de l'intervention de nouvelles invasions des peuples de Touran, Mongols, Tartares, Turcs, Ottomans. Dans le but d'amoindrir cette nomadité, des institutions spéciales, relatives à la propriété foncière et à l'impôt, telles que le *Mir* en Russie et *la Zaduga*, au sud du Danube, se généraliseront; elles fixeront les populations au sol et les prépareront à supporter l'impôt. Pendant des siècles l'individu sera hors d'état de le payer : *la communauté* seule du Mir ou de la Zaduga pourra y faire face. D'où on peut conclure que, chez les tribus et peuples nomades, le tribut, et chez les tribus et peuples sédentaires la propriété du sol avec la dîme, ont été partout, aussi bien en Mésopotamie que dans l'Europe orientale, les deux formes primordiales de l'impôt.

En a-t-il pu être autrement dans l'Europe de l'Ouest et du Centre, qui est demeurée également tout entière en dehors des limites de la civilisation, ayant la Méditerranée pour foyer?

---

(1) Am. Thierry, *H. d'Attila*, 1er vol., liv. VI. — Sayous, *H. des Hongrois*, 1er vol., p. 76.

§ 6. *Migrations et Nomades d'Iran.*

Fort antérieurement aux migrations de la race de Touran, vers le nord de l'Europe et de l'Asie, sous l'impulsion de la Chine, d'autres tribus avaient quitté les diverses vallées de l'Indus pour occuper temporairement le grand plateau de la Perse centrale qui porte encore le nom d'Iran. C'est de ce plateau qu'elles ont pris leur essor vers l'Asie Mineure et l'Europe, à des époques éloignées et très différentes, pour s'étendre sur des territoires où elles se sont plutôt arrêtées que définitivement fixées, car une notable partie d'entre elles sont restées à l'état nomade, jusqu'à l'époque de l'Empire romain. Les savants les plus autorisés ne sont pas d'accord sur les dates approximatives de ces migrations. Ces dates ont surtout de l'importance afin d'indiquer la durée de temps nécessaire pour la transformation en tribus sédentaires des tribus nomades. L'éminent commentateur (1) d'Hérodote, M. Georges Rawlinson, a admis que ces migrations ne seraient pas antérieures au VIIIe, peut-être même au VIIe siècle avant le Christ. On a proposé, d'autre part, d'en reculer l'époque cinq ou six siècles plus tard, entre 1,500 ans pour les plus éloignées et 600 ans pour les plus récentes avant notre ère (2). M. d'Arbois de Jubainville les éloigne jusqu'à quinze siècles. Sans qu'il soit facile de faire un choix entre des supputations si divergentes, on peut démontrer que celle à laquelle M. Georges Rawlinson s'est rallié, est absolument insuffisante pour expliquer l'ensemble de ces migrations, toutes fort antérieures à la fondation de Rome. Nous nous en tiendrons aux calculs de M. de Belloguet, qui a accepté le XIIIe siècle avant le Christ comme l'époque de l'arrivée des Basques sur les Pyrénées, précédant les Celtes (3).

En désaccord sur la durée des migrations, on s'est entendu

(1) Hérodote, traduction avec des notes des plus remarquables, 1er vol., essai XIe. Du même, *Origins of nations*, chap. V et VI.

(2) *Les premiers habitants de l'Europe*, 1889, liv. II; *Les Indo-Européens*, chap. I à VI.

(3) *Ethnogénie gauloise*, 2e vol., sect. V.

pour reconnaître, d'après les formations successives des langues, qu'elles se sont produites par étapes successives. « La « première grande migration fut celle des tribus des ancêtres « des Teutons, des Slaves, des Lithuaniens vers le nord-est de « l'Europe; la seconde fut celle des tribus des ancêtres des « Grecs, des Italiens et des Celtes vers le sud et l'ouest de « l'Europe; les langues indiquent qu'il s'est écoulé une période « de temps depuis l'époque où les Celtes se sont séparés des « tribus grecques et italiennes, de même qu'il s'est écoulé une « autre période depuis le départ respectif de ces tribus du sé- « jour commun (1) ». Ces lignes résument à peu près l'ensemble des résultats auxquels la science ethnologique est actuellement parvenue sur les migrations des tribus d'Iran (2). M. Mommsen y a apporté un changement important (3). Il rattache la migration des tribus celtiques à celle des tribus teutoniques et les met les premières en date, selon l'ordre géographique des territoires. Par suite, il y aurait eu cinq courants principaux de migrations. — I. Tribus helléniques et italiotes. — II. Tribus celtiques. — III. Tribus germaniques. — IV. Tribus scandinaves. — V. Tribus slaves.

Toutes ces migrations rencontrèrent, sur les territoires où elles s'établirent, des populations y vivant à l'état sédentaire ou nomades, telles que les Sicanes dans le sud et les Ligures dans le nord de l'Italie, les Ibères dans le sud et les Ligures dans le sud-est de la Gaule.

I. *Ibères, Ligures, Sicanes, Pélasges.* — « Une autre race, celle « des Ibères, paraît de bonne heure dans le midi de la Gaule, à « côté des Galls (Celtes), et même avant eux. Ces Ibères, dont le « type et la langue se sont conservés dans les montagnes des « Basques (4), étaient un peuple d'un génie médiocre, laborieux,

(1) *Encyclopædia Britannica*, au mot Greece.

(2) M. d'Arbois de Jubainville fixe au xxe siècle avant le Christ l'arrivée des Thraces en Grèce. *Ibidem*, liv. II, chap. III.

(3) *Hist. romaine*, tom. Ier, p. 17, trad. Alexandre. Le premier livre est du plus haut intérêt.

(4) Michelet, *H. de France*, 1er vol. chap. I. Michelet confond les Ibères avec les Basques. Les Ibères ont formé le fond de population commun au midi de la

« agriculteur, mineur, attaché à la terre, pour en tirer les métaux « et le blé. Les Galls et les Ibères formaient un parfait contraste. « Les Ibères ne semblent pas avoir eu, comme les Galls, le goût « des expéditions lointaines, des guerres aventureuses... Ils « étaient divisés en petites tribus montagnardes. Les Galls, au « contraire, s'associaient en grandes hordes, campant en grands « villages dans de grandes plaines tout ouvertes... ». Dans ce tableau, Michelet résume parfaitement la formation des nations. Les hordes se décomposent en clans ou petites tribus, lorsque des tribus passent de la condition nomade à la condition sédentaire.

Telle était la condition des Ligures au nord de l'Italie et au sud-est de la Gaule. Ils formaient des tribus sédentaires, de même que les Sicanes, en voie de transformation, c'est-à-dire de civilisation et par suite d'adaptation à l'impôt (1).

Il en était de même des Pélasges (2) dont les tribus étaient distribuées en Asie Mineure, en Grèce, en Illyrie, en Italie, en Sicile, en Espagne et qui faisaient le fond de la population sédentaire, laborieuse et imposable. Les Pénestes de la Laconie, les Clarotes de la Grèce, les Périèques de la Thessalie étaient des Pélasges. C'étaient des populations devenues entièrement sédentaires, préférant subir les nouveaux venus et leur payer tribut, en nature ou en argent, que de reprendre la vie nomade. Leur importance dans l'histoire de la civilisation du bassin méditerranéen est considérable. Les Pélasges n'avaient point abandonné la forme économique de la tribu; on a conservé les noms de plusieurs tribus pélasgiques de la Thessalie, — mais elles étaient agricoles et définitivement attachées au sol, comme les Sartes des Turkestan, comme les Chinois du Hoang-Ho.

II. *Hellènes et Italiotes.* — Le contraste est extraordinaire

---

Gaule et à la péninsule ibérique, mais ils différaient des Basques. Amédée Thierry confond Basques et Ibères, sous le nom d'Aquitains. — *H. des Gaulois,* 6e édition, introduction, 1re partie.

(1) On possède les noms des principales tribus Ligures et on connaît leurs situations respectives *des environs de Nice au delà de Gênes.*

(2) On trouve un article fort intéressant sur les Pélasges dans le *Dictionnaire* de M. Bachelet, avec indication des sources, au mot Pélasges, 2e vol. — Micali, *L'Italie avant les Romains,* 1er vol., chap. VII.

entre l'histoire de la civilisation et de l'impôt en Grèce et en Italie. On doit sur ce grand sujet de belles pages à M. Mommsen et une sorte de vue prophétique à Michelet. L'Italie, de même que la péninsule scandinave, est la partie de l'Europe qui a le moins souffert des migrations des peuples. Elle a repoussé les invasions des Celtes. Plus tard, elle a expulsé ou absorbé les Goths et les Lombards. Elle a éliminé peu à peu tout élément celtique ou germain. Nous avons vu que la féodalité n'y avait eu qu'une importance tout à fait secondaire. Après avoir produit la civilisation des Étrusques, puis celle de Rome, elle a fourni, dans la seconde partie du moyen âge, une nouvelle civilisation, à plusieurs égards, supérieure à celle de Rome. La civilisation des Étrusques est antérieure à la fondation de Rome; elle remonte au moins au IXe siècle avant notre ère; elle atteste une stabilité complète, des populations, des institutions, un état social tout à fait sédentaires, définitifs (1).

Michelet et M. Mommsen en ont donné la raison « Les « Galls, dit Michelet, étaient étrangers à l'idée de la cité. Leurs « villes n'étaient que de grands villages ouverts, comme Milan. « Le monde gallique est le monde de la tribu; le monde romain « était celui de la cité. Voilà la tribu et la cité en présence, « dans ce champ clos de l'Italie (2) ». M. Mommsen a développé l'idée de Michelet en faisant l'histoire des populations primitives, de l'Italie, en montrant que, de très bonne heure, ces populations s'étaient fondues en une même race, les Italiotes et que la tribu s'y était rapidement décomposée en gentes, en familles, en cités sous l'influence du climat, du sol et de l'agriculture (3). La *Saturnia tellus*, chantée par Virgile, est la tradition nationale. Les céréales, blé, seigle, avoine, orge, riz, les arbres, les plantes, que les tribus primitives ont apportés des vallées de l'Indus, y prospèrent à merveille et fixent les populations, qui perdent toute habitude nomade, comme les Ramnenses, les Luceres et

---

(1) *H. de France*, p. 13. Noël des Vergers. L'Étrurie et les Étrusques, 2 vol.

(2) Micali, *Ibidem*, chap. x. Il en est de même de la condition des Sabins, Latins, Marrucins, Lucaniens, Samnites. Micali, *Ibidem*, XI à XVII.

(3) Mommsen, *H. romaine*, 1 vol., p. 43, 59. Micali, *Ibidem*, 2e vol., chap. XXIII, et XXIV très intéressants.

**

les Titienses de Rome dont la réunion ne formera pas une horde, vivant à cheval, mais une cité, vivant, grâce à la charrue, au commerce et à la douane. Dès les premiers jours, la cité romaine préleva des droits de douane (1). L'impôt et la vie même n'ont jamais fait pour Rome qu'une seule et même chose. La terre, l'impôt, la légion de fantassins (in pedite robur), c'est tout le génie de Rome.

Combien il en a été autrement de la Grèce! D'Homère à Chateaubriand, tous ceux qui l'ont décrite, si on excepte une courte période qui s'étend de la fin des guerres médiques à Alexandre, la représentent, comme envahie, parcourue, exploitée par des migrations diverses, depuis celles antérieures aux Doriens jusqu'aux Turcs ottomans. Grote et Curtius ont placé le tableau de ces migrations en tête de leurs livres sur l'histoire de la Grèce, résumant en partie les travaux d'Ottfried Muller (2). Non seulement l'un des courants, qui étaient partis de l'Iran, s'est dirigé soit vers la Grèce, soit vers la partie de l'Asie Mineure en rapports immédiats avec elle, mais des populations nomades, provenant de ces courants, telles que les Thraces et les Doriens, ont envahi la Grèce et s'y sont établies pour devenir peu à peu sédentaires. Les tribus qui ont fourni le noyau des cités d'Athènes, de Sparte, de Corinthe, de Thèbes, n'étaient que les débris des tribus primitives (3) M. Fustel de Coulanges a donné d'intéressants détails sur la formation de ces cités (4), fait d'ordre général en Europe, mais il n'en a pas indiqué la cause génératrice, qui n'est autre que la décomposition de la tribu nomade en divers groupes, clans, familles, phratries, parce qu'elle devient sédentaire. Tous les petits peuples du nord du Péloponèse, de l'Épire, puis de la Macédoine, de la Thrace, de l'Illyrie n'ont été longtemps constitués que par des

(1) Mommsen, *Ibidem*, p. 61.

(2) Curtius, *H. de la Grèce*, chap. II et IV. Grote, *History Grèce*, tome II, chap. XVIII et XX. — Thucydide, livre 1er, § 2, paragraphe d'une grande importance.

(3) Voir ci-dessus, livre II, chap. II et III.

(4) *La cité antique*, livre III, chap. II. M. Fustel de Coulanges n'a étudié que les fondements citadins, religieux de la tribu, — ils ont leur importance, mais ils ne viennent qu'au second rang.

tribus nomades, puis des tribus sédentaires non transformées en cités. On retrouverait, encore aujourd'hui, les traces de ces tribus dans l'Albanie, la Bosnie et le Monténégro. Pendant la période active de la civilisation hellénique, on ne s'explique les mouvements des populations helléniques, de toutes parts, en tout sens, vers l'Asie Mineure et *vice-versa*, vers le Pont-Euxin, dans l'Italie du sud et la Sicile, vers les diverses parties du bassin méditerranéen, Marseille, notamment, qu'en tenant compte du caractère nomade, migratoire des Hellènes, surtout si on l'oppose au caractère sédentaire des Italiotes. Lorsque, à la fin du IIIe siècle de l'ère chrétienne, les migrations reprennent leur cours, les nouveaux arrivants, Goths, Avares, Bulgares, Slaves pénètrent, de tous côtés, dans la Grèce, y renouvellent les populations et s'y incorporent, tandis que l'Italie les expulse.

Aussi la civilisation hellénique n'a-t-elle possédé, malgré sa puissance et son éclat, que des centres restreints qui ont projeté bien des rayons de lumière autour d'eux, mais qui n'ont pu refaire le fond même du caractère des Hellènes, réfractaires à une civilisation aussi profonde que celle de l'Italie, demeurés nomades, pirates, forbans de terre et de mer, incapables de fournir une seconde civilisation, et surtout une troisième, dans les mêmes conditions que l'Italie. Nous avons montré plus haut l'influence décisive que ces migrations avaient exercée sur les institutions fiscales de plusieurs États helléniques.

§ 7. *Les Celtes.*

La destinée des Celtes a été tout autre que celle des Italiotes ou des Hellènes. Les Italiotes sont devenus, de très bonne heure, sédentaires; ils ont produit une race agricole et militaire d'une puissance extraordinaire. Rien de plus stable, de moins nomade que l'Étrusque, le Latin, le Romain. De là les diverses civilisations de l'Italie. Les Hellènes ne sont devenus sédentaires qu'en partie. Leur territoire a été parcouru, presque à toute époque, par des peuples nomades, soit avant, soit après la conquête romaine. Leur civilisation très brillante n'a été que locale, passagère, éphémère, avec des mouvements d'éclat, puis de profonde obscurité. Les Hellènes ont eu rarement un foyer stable.

Bien plus instables ont été les Celtes. Nomades d'origine, ils le sont restés, plus longtemps qu'on ne l'a cru.

Par la situation géographique des territoires qu'ils occupaient à l'époque de la conquête romaine, situation très amoindrie relativement à celle qu'ils avaient conservée pendant de longs siècles, les Celtes doivent appartenir aux anciennes migrations des tribus d'Iran dans l'Europe centrale et occidentale, car ces migrations ont, en quelque sorte, marqué leurs époques par l'ordre de la fixation de leurs tribus, de même que des stratifications géologiques. Bien que la langue celtique ait disparu peu à peu à la suite de la conquête romaine, les mots qui ont été conservés, les végétaux dont l'introduction dans les Gaules se rattache à l'arrivée des Celtes, les monuments qu'ils ont laissés, les rapports de leurs mœurs, de leurs institutions, surtout de leur état social, au moment où César les a connus, avec les tribus germaniques, ont permis d'établir que, sans être étrangers, par la communauté d'origine et de race, aux Hellènes et aux Italiotes, les Celtes ont fait partie d'un courant d'émigration postérieur ou qui aurait atteint son but plus tard.

Les Celtes ont rencontré, dans les Gaules, les Ibères et les Ligures au Midi, sans parler de populations plus anciennes qui remontent aux temps préhistoriques, le territoire des Gaules figurant, d'après les découvertes de l'anthropologie, parmi les contrées de l'Europe où l'espèce humaine habite et vit depuis le plus de temps. Après avoir refoulé les Ibères en Espagne et les Ligures en Italie (1), les tribus premières, tribus celtiques, s'arrêtèrent sur le territoire délimité par la Garonne, l'Océan, la Loire et le massif montagneux du centre. De nouvelles tribus, les Bolgs ou Belges, les Kymris, venant du nord de l'Europe, occupèrent le territoire au delà de la Loire. Tribus celtiques, tribus Kymriques se partagèrent la Bretagne ou Armorique, d'où elles émigrèrent plus tard dans la Grande Bretagne et en Irlande. C'est en Irlande qu'ont longtemps vécu et que se trouvent encore les

---

(1) M. Am. Thierry fixe ce refoulement entre 1500 et 1000 ans avant le Christ. *Histoire des Gaulois*, introduction, 3e partie.

descendants les plus purs des tribus celtiques; c'est là qu'on a trouvé les monuments écrits les plus originaux (1) et les plus curieux sur leurs institutions et sur leurs conditions économiques et sociales, sans mélange des afflux grecs, romains ou germaniques.

Sans doute, des écrivains grecs ou latins de la plus haute valeur, César, Tacite, Polybe, Strabon, Ammien Marcellin, nous ont transmis les renseignements les plus précieux sur les Celtes; mais ni les écrivains latins, ni les écrivains grecs n'ont connu les documents écrits celtiques. Longtemps, on a exagéré les progrès accomplis par les Gaulois pendant la domination romaine. On a attribué aux Celtes, puis aux Gaulois, un état politique, économique, social, supérieur à celui auquel ils se sont élevés, en se méprenant sur le caractère de leurs migrations et de leurs expéditions; on les a transformés en une race complètement sédentaire, agricole, ayant atteint, soit avant la conquête romaine, soit depuis, à un niveau assez élevé de civilisation et à une puissance de production et de richesse assez grande, pour qu'au IVe siècle de notre ère, le fisc romain ait pu arracher aux Gaules, en une seule année, 548 millions d'impôts, c'est-à-dire une somme supérieure au budget de la monarchie de Louis XVI en 1789.

L'examen des faits, l'étude des textes ne sont pas d'accord avec ces appréciations. Aux premiers temps de leur histoire, les Celtes apparaissent comme formant des confédérations (2) de tribus qui s'étendent depuis le Bosphore Cimmérien, où elles ont stationné pendant leurs migrations depuis leur départ du plateau d'Iran, jusqu'au Danube et jusqu'au Rhin. C'est l'époque de l'empire celtique, entre 1200 et 700 ans avant le Christ; empire du même genre que celui des Scythes, des Huns, ou des Bulgares, ou des Goths, soumis à tous les aléas de la

---

(1) De là l'importance du livre de M. Sumner Maine, *Early history of institutions*, dans lequel il analyse les anciennes lois irlandaises. *The Senchus Mor et the Book-of Aicill.* London, 1875.

(2) Parmi les premières confédérations, M. Am. Thierry cite celles des Allobroges, des Nantuates, des Arvernes; il reporte au XXe siècle avant le Christ l'arrivée des Celtes. Il est douteux que ces confédérations puissent être les plus anciennes. *Ibidem*, introduction.

formation et de la décomposition des tribus nomades. On admet que cet empire, dont on a retrouvé des stations tout le long du Danube, aurait été dispersé et remplacé par celui des Scythes (1). Sous l'influence de cette dispersion, les Celtes, divisés déjà en deux groupes principaux, celui des Galls ou Gaëls, les Galli de César, et celui des Bolgs ou Kymris, auraient repassé le Rhin pour s'établir sur les territoires auxquels ils ont donné leurs noms. La véritable *Celtique*, la vraie *Gallia*, limitée par l'Océan, la Garonne, les Cévennes, le Rhône et la Loire a été occupée d'abord par les Galls ou Gaëls, et toute la partie au nord de la Loire par les Bolgs, Kymris, Belges. La Belgique des Romains était autrement étendue que la Belgique actuelle. Ces deux mêmes rameaux d'une même race franchirent la Manche pour occuper et peupler en grande partie la Grande Bretagne et l'Irlande, où ils ont trouvé un asile définitif. On admet que ces diverses occupations étaient terminées vers le VIIe siècle avant notre ère (2).

Que les Galls et les Kymris fussent alors des peuples nomades, c'est ce qui ressort clairement de leur histoire avant l'arrivée des Romains et de leur état économique et social. En effet, du foyer où ils s'étaient fixés, ces peuples dirigèrent une série de migrations de toutes parts, vers l'Espagne, vers l'Italie, vers l'Illyrie, vers l'Allemagne, vers la Grèce, vers l'Asie Mineure; ils devinrent la terreur de l'Europe. Bien qu'il ait composé les pages suivantes plus d'un quart de siècle avant les derniers travaux sur les Celtes, Michelet a tracé un tableau magistral de ces invasions qui ont les plus curieux rapports avec celles des Huns, Bulgares, Goths, au Ve sièle de notre ère, Ce sont des phénomènes identiques.

« La Gaule kymrique ne fut qu'incomplètement organisée;
« la Gaule gallique ne le fut pas du tout; par le Rhin, par les
« Alpes, elle déborda sur le monde. C'est à cette époque que
« l'histoire place les voyages de Sigovèse et de Bellovèse (les

(1) Le fait le plus curieux de l'extension des Celtes, c'est le nom de la Bohême que des tribus slaves ont donné au territoire de Boii (tribu celtique).

(2) Comparez le premier chapitre de la *Conquête de l'Angleterre par les Normands*, par Aug. Thierry. Ce chapitre donne un tableau vivant de ces migrations.

« Ballamir et les Hermanaric de ce temps), qui auraient conduit « les Galls en Germanie et en Italie. Ils allèrent sans autre « guide que les oiseaux dont ils observaient le vol. Ces pre- « miers émigrants, Éduens, Arvernes et Bituriges (tribus gal- « liques de Bourgogne, d'Auvergne, de Berry), s'établissent en « Lombardie; les Kymry, jaloux des conquêtes des Galls, pas- « sent les Alpes à leur tour; ils fondent Bologne..., mais la cité « devait l'emporter sur la tribu, l'Italie sur la Gaule.... Galls, « Kymry, quelques germains même, descendirent avec eux la « vallée du Danube. Cette nuée alla s'abattre sur la Macé- « doine... Les Barbares y firent d'épouvantables ravages; ils « vinrent échouer contre la roche sacrée des Delphes..., une « terreur panique les saisit pendant la nuit. Leur brenn leur « recommanda, pour faciliter la retraite, de brûler leurs chariots « et d'égorger leurs dix mille blessés. »

« D'autres Gaulois, mêlés de Germains, Tectosages, Trocmes, « Tolistoboies eurent plus de succès au delà du Bosphore. Ils « se jetèrent en Asie; au milieu des querelles des successeurs « d'Alexandre, ces hôtes terribles se partagèrent l'Asie; aux « Trocmes l'Hellespont, aux Tolistoboies les côtes de la mer « Égée, le midi, aux Tectosages. Voilà nos Gaulois retournés au « berceau des Kymry, non loin du Bosphore Cimmérien; les « voilà établis sur les ruines de Troie, et dans les montagnes de « l'Asie Mineure où les Français mèneront la croisade tant de « siècles après, sous le drapeau de Godefroy de Bouillon et de « Louis le jeune (1) ». Les Huns, les Mongols n'ont pas procédé différemment; l'histoire des Celtes et de leur empire est leur propre histoire.

D'après cela quel pouvait être l'état social et économique des Gaules au moment où les Romains et César en ont entrepris la conquête complète, afin de mettre l'Italie complètement à l'abri de leurs attaques. Le premier livre des Commentaires contient à ce sujet des renseignements du plus grand intérêt. César, après avoir divisé les Gaules en trois parties, la première au sud de la Garonne, l'Aquitaine occupée principalement par les Ibères, la

(1) *Hist. de France*, 1 vol., p. 12-15.

seconde, la Celtique, entre la Garonne et la Loire, occupée par les Celtes ou Galli, la troisième, la Belgique, entre la Loire et le Rhin, occupée par les Belges ou Kymris, fait l'histoire du projet conçu par l'Helvète Orgétorix de quitter l'Helvétie pour traverser les Gaules et se fixer sur les bords de l'Océan, dans le pays des Santons. Orgétorix meurt; les Helvètes n'en persistent pas moins à émigrer. « Ils brûlent leurs villes au nombre de 12, leurs 400 « villages ainsi que les bâtiments isolés et avec cela tout le blé, « sauf trois mois de vivres en farines qu'il était prescrit à « chacun d'emporter pour son usage. Ils décident leurs voisins, « les Rauraques, les Tulinges et les Latobriges à brûler villes « et villages et à partir avec eux, en outre ils s'adjoignent « comme alliés les Boïens (1) ». Cette invasion menaçait les Éduens, alliés de Rome. César saisit l'occasion d'intervenir.

Cet incident de l'invasion des Helvètes se renouvellera pendant de longs siècles, sur toutes les frontières de l'Empire romain, jusqu'à ce qu'elles soient brisées par les peuples nomades de l'Asie et de l'Europe. Ce que nous avons à retenir dans le récit de César, c'est le caractère nomade des Helvètes, la rapidité avec laquelle ils se décident, l'incendie de leurs villes et de leurs villages, la façon dont chacun doit se pourvoir, la vie intérieure des tribus, la formation des groupes, la dispute des territoires dont l'étendue a tant d'importance pour les tribus qui ne sont pas sédentaires. « Les Helvètes trouvaient d'ailleurs que leur « nombre, leurs exploits, leur réputation guerrière valaient mieux « qu'un étroit territoire de 240,000 pas sur 80,000 ». Aujourd'hui, combien plus d'hommes peuvent y vivre!

La condition économique et sociale des Gaulois, Celtes ou Kymris, différait-elle beaucoup de celle des Helvètes? Avaient-ils cessé d'être des nomades, étaient-ils devenus réellement des

(1) *Commentaires*, liv. I, § IV. « Dans le camp des Helvètes furent trouvées et remises à César des tablettes où étaient inscrits en caractères grecs les états nominatifs et numériques, par nation émigrante et catégorie, des hommes en état de porter les armes, des enfants, des vieillards, des femmes. Il y avait 263,000 Helvètes, 36,000 Tulinges, 14,000 Latobriges, 23,000 Rauraques, 32,000 Boïens. Total des combattants 92,000. Total général 368,000 émigrants. Le nombre de ceux qui rentrèrent en Helvétie, d'après un recensement, ordonné par César, ne fut que de 110,000 ». § 29.

sédentaires? A ce sujet il s'est maintenu longtemps dans la science, un courant d'opinion dont M. de Gobineau a été l'un des derniers et des plus autorisés représentants (1). « Les na- « tions galliques étaient parvenues, de très bonne heure, à un « état social assez relevé, dont les mérites, comme les défauts, « représentaient bien la souche noble d'où ces nations tiraient « leur origine... nous y retrouvons cette organisation *sévèrement* « *féodale* et ce pouvoir incomplet d'un chef primitif ». M. de Gobineau insiste ensuite sur les armes des Gaulois, la composition de leurs troupes, *leur vie sédentaire*, les villages et les grandes villes qu'ils avaient établis, leurs habitations en pierres, leurs meubles, leur marine, leurs forteresses, leurs bijoux, les routes régulières et les ponts, la population des campagnes, les sépultures, les monnaies d'or, d'argent, de cuivre, l'alphabet qui leur était propre, le développement de l'agriculture, du commerce, de l'industrie, leur culte.

Mais de nouveaux travaux ont créé un courant différent, bien plus d'accord, à notre avis, avec les faits et les documents. Ainsi M. de Gobineau cite le paragraphe des Commentaires dans lequel César parle des tablettes trouvées dans le camp des Helvètes comme un argument favorable à la culture des Celtes — mais il ne tient pas compte du caractère général du document, l'un des plus importants dans l'histoire de la civilisation. Ce document précise, en effet, les faits relatifs aux mouvements des peuples encore nomades et à l'occupation du globe. Comment vivent les tribus, comment elles se constituent en confédérations, comment elles changent de territoire, quelles difficultés elles rencontrent, quelles luttes elles soutiennent; le récit de César en donne, quoique sur une échelle restreinte, un résumé complet. D'après ce document, on peut se faire une idée assez exacte de l'état économique et social des Gaules à l'époque de la conquête romaine.

Dans l'Aquitaine et dans ce qu'on appelait la Province, c'est-à-dire toute la Gaule méridionale, il devait exister un ensemble de conditions meilleures. Et, en effet, jusqu'en 1789, et surtout

(1) *Essai sur l'inégalité des races humaines*, 3e vol., liv. V, chap. III, p. 101. L'allusion faite par M. de Gobineau au régime féodal des Galls indique qu'il n'avait pas de notions exactes sur la féodalité.

jusqu'à la croisade Albigeoise, le midi de la France a été en possession d'une plus ancienne et plus complète civilisation. Les Ligures et les Ibères avaient cessé d'être nomades ; aussi, de même que les Italiens, ont-ils réussi à éliminer tous les éléments nomades qui se sont introduits parmi eux.

Quant à la Celtique, ses conditions ne devaient guère être préférables à celles des Helvètes, puisque pour se procurer un territoire plus étendu, les Helvètes voulaient se transporter dans le pays des Santons, dépendance de la Celtique.

Le territoire des Bolgs et des Kymris, c'est-à-dire la Gaule du nord, couvert de vastes marécages et d'immenses forêts qui ont, en partie, échappé à la domination des Romains, devait être inférieur à celui occupé par les Helvètes (1).

Aussi les travaux les plus récents (2), notamment ceux de Sumner-Maine, de M. de Courson, de M. d'Arbois de Jubainville, de M. Duruy, de M. E. Desjardins (3), ont-ils sérieusement modifié les idées représentées par M. de Gobineau. Il résulte de ces travaux que, au moment de la conquête de César : 1° les diverses tribus des Celtes et des Kymris n'étaient pas encore devenues définitivement sédentaires ; elles étaient, quant à la Celtique surtout, en voie de transformation ; 2° elles avaient constitué diverses confédérations (Arvernes, Séquanes, Éduéns, Rèmes, Helvètes, Bellovaques, Nerviens, etc.), entre lesquelles l'accord n'existait pas ; 3° ces confédérations étaient loin de former un corps de peuple ou de nation et de posséder les idées, les traditions, les institutions indispensables à la vie d'une nation (4), état de choses qui s'est prolongé jusqu'au XV° siècle ; 4° on comptait dans les Gaules 3 ou 400 civitates ou confédérations que M.

(1) M. Henri Martin, *Hist. de France*, 1er vol., et M. Roger de Belloguet, *Ethnogénie Gauloise*, 3e vol., ont été plus réservés que M. de Gobineau.

(2) Les confédérations ont été étudiées avec soin par M. de Belloguet, 3e vol., p. 423-435, mais sans que la portée du fait ait été mise en relief.

(3) Citons aussi un article sur les Celtes dans la *Grande Encyclopédie* de M. Will.

(4) M. Will (article cité) admet qu'à la suite de l'abolition de la royauté (fait des plus douteux) l'unité celtique a été compromise et brisée ; il prend les confédérations pour des démembrements, lorsqu'elles correspondent à des consolidations de tribus. M. de Belloguet, après avoir presque adhéré à cette opinion, reconnaît que les Gaulois étaient à peu près nomades.

E. Desjardins (1) a réunies en divers groupes ou Confédérations principales. — Belgique, 15 Confédérations; Celtique, au nord de la Loire 22, au sud 14; Aquitaine 9; ensemble 60. Les Confédérations ou civitates comprenaient un certain nombre de *pagi* (pays) qui étaient des tribus (2). Les Confédérations, ordinaires et grandes, étaient reliées par des liens réciproques que César a pris pour des liens de clientèle, mais qui reposaient sur d'autres bases, celles de la mutualité et de la solidarité d'existence. Quelques-unes de ces Confédérations (3), telles que celle des Bellovaquès qui pouvait armer 100,000 combattants et comptait 400,000 membres, avaient une grande importance. 5° les tribus se fractionnaient en clans et les clans en familles. César en donne un exemple décisif. Quand Orgétorix se présente aux Helvètes pour les décider à se transporter chez les Santons, il arrive accompagné par les hommes de son clan, 10,000 personnes; 6° de même que dans la tribu arabe, chaque tribu, chaque clan a son chef qui doit protection et assistance aux membres de la tribu et du clan; réciproquement ces derniers sont tenus traditionnellement à des obligations expresses envers le chef de la tribu et le chef du clan (4); ce sont les *familiares* et les *ambacti* de César, à côté desquels il place les *clientes* et les *comites*, engagés par des liens plus personnels vis-à-vis des chefs. Le comes gaulois est à peu près le compagnon germanique (5). Les uns et les autres, comme dans toutes les tribus, et comme Orgétorix le rappelle en termes exprès, marchent avec la tribu, s'arment et s'entretiennent à leurs frais, fait de premier ordre que nous relèverons à propos des grandes invasions des Mongols; 7° dans l'intérieur des familles, mêmes liens, mêmes obligations que dans les clans (6); 8° les Confédérations possédaient des terres communes, sortes de réserves;

---

(1) *Géographie historique des Gaules*, 2e vol., chap. IV.

(2) Napoléon III (Duruy), *Hist. de César*, 2e vol., p. 26. « Le pagus représentait peut-être ce qu'est la tribu chez les Arabes ».

(3) A. de Courson, *Origines des institutions de la Gaule armoricaine*, p. 89, 104, 133, 118.

(4) A. de Courson, *Origines des institutions de la Gaule armoricaine*, p. 227, 228; du même, *Hist. des peuples bretons*, 2e vol., p. 9 à 47.

(5) De Belloguet, *Ethnogénie gauloise*, 3e partie, section V.

(6) De Courson, *Origines*, p. 89.

mais le sol, sur lequel la tribu ou le clan sont momentanément établis, leur appartient; il est réparti entre les familles à des époques périodiques, possédé, cultivé, sous la surveillance commune, par tous les membres de la tribu; 9° d'ailleurs, le sol n'est pas l'élément principal de la richesse; cet élément(1), c'est le bétail, fait général pour toutes les tribus nomades et même les tribus sédentaires primitives, comme à Rome, fait attesté par toutes les lois des Barbares. « Il n'est pas possible, dit M. Sumner-Maine de parcourir le texte de la *Brehon Law*, sans constater qu'à chaque page il n'est question que de vaches, de taureaux, de porcs, de moutons, de chiens, d'abeilles, de chevaux (2) ». Même constatation dans les lois salique, ripuaire, bavaroise, burgunde, lombarde. C'est que l'élément de la richesse n'est pas la terre, inculte, sauvage, illimitée, mais le bétail qui se reproduit chaque année; 10° la propriété privée se manifeste donc par le bétail et non par le sol; il en est de même de la richesse. Le cheptel a tout autrement d'importance que le bail à ferme, inconnu. La rente c'est le prix du cheptel du bétail, chaque tribu, en emportant son bétail, emporte sa richesse. Elle trouvera de la terre partout; 11° de même, les instruments de culture ont plus de valeur que la terre. La tribu les transporte avec elle. Il en est ainsi aujourd'hui dans les États du Far-West américain; bien souvent le squatter, nomade moderne, abandonne son lot, son *homestead* et, poussant son bétail devant lui, plaçant ses instruments de culture et ses provisions sur ses chariots, part à l'aventure. Aussi César ne donne pas de renseignements sur la propriété du sol chez les Gaulois. Ceux qu'il a transmis, relativement aux successions et aux dots des femmes, sont conformes aux pratiques des tribus celtiques de l'Irlande. La propriété mobilière n'a rien de contradictoire avec la vie, les mœurs, les besoins, les institutions des tribus nomades ; 12° l'existence dans les tribus et, par suite, dans les Confédérations celtiques, de familles plus anciennes, plus riches, formant une véritable aristocratie, dans lesquelles les chefs sont choisis ou se succèdent à

(1) Sumner-Maine, *Early, history of institutions*, lectures III, IV, V, VI.

(2) *Ibidem*, lecture VI, du plus haut intérêt.

titre héréditaire est conforme à l'organisation générale et traditionnelle des tribus nomades. Comme l'a fort bien remarqué Sumner-Maine (1), le régime féodal est issu en partie du changement qui s'est opéré, dans l'Europe occidentale, dans la condition économique et sociale des tribus nomades qui sont devenues sédentaires; c'est un résultat de l'influence romaine. Chez les peuples de l'Europe orientale, qui sont demeurés étrangers à cette influence, la vie nomade a persisté bien plus longtemps et des institutions spéciales, telles que le Mir et la Zaduga, ont rempli la fonction des institutions féodales, mais d'une manière très inférieure. Les chefs des tribus sont devenus les grands propriétaires, puis les seigneurs, puis les barons. Nous sommes ainsi ramenés à la société féodale (2). Sa grande importance se manifeste de nouveau; c'est la forme sociale qui a présidé à la fixation définitive des populations qui deviennent tout à fait sédentaires; et même, comme l'observe Sumner-Maine, l'état social actuel de l'Europe occidentale provient de la décomposition de la société féodale (3); 13° les Celtes habitaient le long des cours d'eau ou au milieu des forêts, dans des cabanes de forme circulaire, faites de planches et d'osier, couvertes en chaume, habituellement sans murailles ni fortifications, à peu près l'akol ou le yourt des pasteurs des Pamirs. On pouvait donc les quitter et les incendier comme firent les Helvètes; 14° ils avaient cependant quelques lieux fortifiés, appelés par César oppida, où les populations, en temps de guerre, pouvaient se retirer avec leurs troupeaux; 15° l'élevage du bétail était la principale occupation des tribus, surtout les porcs, les chevaux, les moutons; 16° le lait, le fromage, la viande de porc formaient la principale nourriture; peu de fruits, notamment pas de pommes; la vigne n'était cultivée que dans la Narbon-

(1) Nous renvoyons aux lectures cinquième et sixième de Sumner-Maine dans lesquelles les origines lointaines du régime féodal se trouvent indiquées; mais pour que le régime féodal survienne il faut l'influence du fisc romain. Voir surtout, p. 156-158.

(2) Sumner-Maine, *Ibidem*, p. 86, 130, 153, 173. Sur l'origine d'une partie des droits féodaux, droits d'une nature mixte, tels que les rentes payées par les Fuldhirs, voir p. 173.

(3) Sumner-Maine, *Ibidem*, p. 86.

naise (1); 17° le seigle, le millet, le sarrasin, l'avoine étaient les céréales les plus cultivées; la culture du froment et celle de la vigne n'ont fait des progrès, progrès très limités, qu'après la conquête romaine; 18° quelques tribus travaillaient les métaux, surtout le fer, l'étain, le cuivre, le plomb, l'argent; contrairement à une opinion très ancienne, il y avait peu d'or dans les Gaules. Elles étaient moins riches qu'on ne l'a supposé. César fixa à 40 millions de sesterces, soit à 8 millions de francs en moyenne, le *stipendium* ou tribut annuel de guerre des trois Gaules. Ce dut être une très lourde charge (2).

§ 8. *De l'impôt dans les Gaules celtiques.*

Dans plusieurs passages des Commentaires, César a fait allusion (3) aux impôts qui existaient dans les Gaules, à des péages (*portoria*) sur les rivières et aux cols des montagnes, même à des droits de douane dans les ports. Il mentionne encore, d'une manière générale, l'exemption des Druides de tout impôt et le poids général des impôts payés, d'après lui, par la seconde classe de la population. Dans une circonstance, il parle de l'affermage des impôts par Dumnorix, chez les Éduens. De ces mentions, deux seules ont une certaine précision, l'exemption dont profitaient les Druides et l'affermage de Dumnorix, mais cet affermage concernait surtout les péages. L'exemption des Druides pouvait s'y rapporter. Les Mongols affermaient souvent leurs impôts, même les tributs. César n'a fourni et les autres historiens romains ou grecs n'ont donné aucun autre détail sur les impôts. D'après M. E. Desjardins les impôts romains ont seuls été établis et levés dans les Gaules. Les travaux de M. de Courson et de Sumner-Maine ont élucidé ce point important. Le fondement de l'impôt, de même que chez tous les peuples nomades, se trouvait dans l'organisation du clan, de la tribu et des Confédérations. César y fait

(1) Ces faits sont reconnus par tous les auteurs, ils sont la preuve matérielle de l'état économique des tribus celtiques. E. Desjardins, *Ibidem*. — Am. Thierry, 1e vol., L. 4. — Napoléon III et Duruy, 2e vol. — Strabon, liv. IV, chap. IV,

(2) Marquardt, déjà cité, p. 242.

(3) M. Belloguet a réuni tous ces textes, *Ibidem*, 3e vol., p. 419.

allusion dans le discours de Liscus, Vergobret der Eduéns. Liscus soutient « qu'il y a dans le pays des particuliers qui, plus « influents que les magistrats, égarent et soulèvent les popula« tions par des discours séditieux et les empêchent de *livrer le « grain qu'ils doivent* (1) ». En retour de la protection et de l'assistance qu'ils reçoivent, par leurs chefs, du clan ou de la tribu, leurs membres sont tenus, à titre de réciprocité, de livrer, chaque année, des redevances en nature, en grain ou en bétail. Redevances en bétail, redevances en grain sont des indications des formes de la richesse, tout aussi bien qu'elles correspondent aux moyens d'alimentation. Ces redevances sont la forme principale de l'impôt pour les peuples nomades. On les retrouve, sur une très grande échelle, chez les Mongols, les Slaves, les Russes, comme chez tous les peuples nomades. Ce fait a été mis spécialement en relief par Sumner-Maine (2). Nous allons y revenir à propos des Germains. Les redevances en grain accusent déjà une différence notable entre les Gaulois et les Germains. Les redevances en grain ou en farine ne sont pas caractéristiques des peuples ou tribus sédentaires. On les rencontre tout aussi bien chez les peuples ou tribus nomades, chez les Arabes comme chez les Huns. Parfois même, pour les nomades, une partie de ces redevances était payable en monnaie, car les peuples nomades ont des monnaies. Ils possèdent même des registres ou livres d'impôts. Le texte de César sur le dénombrement des Helvètes confirme les entailles des *Hiong-Nou*. Dans le clan de la tribu gaëlique de l'Armorique, de la Grande-Bretagne et de l'Irlande, le chef ou *Penkenedl* doit l'assistance et la protection ; il reçoit les redevances dont le taux est spécifié par les coutumes (3). Il en est de même du Cheik arabe et du Kagan turc ou mongol. Les uns et les autres représentent la tribu ou le clan. De même, quand les Confédérations s'organisent, les chefs des tribus s'entendaient avec les chefs, rois, *Kings*, de la Confédération.

Quand les empereurs romains organisèrent les impôts en Gaule,

(1) *Commentaires*, L. 1, XVII.

(2) Lecture V, p. 149. *Early institutions.*

(3) De Courson, *Institutions de la Gaule armoricaine*, p. 297, et *Histoire des peuples bretons*, 2e vol., p. 9.

après la conquête, ils se servirent des registres d'impôts des tribus et ils répartirent les impôts par tribus, cette répartition exerça beaucoup d'influence sur les tribus; elle facilita leur transformation en tribus sédentaires (1).

Cette transformation dut être lente, puisque deux siècles après la conquête, Ptolémée, dans sa description de la Gaule (2), indiquait encore dans les trois Gaules — *Lugdunensis, Belgica, Aquitanica*, plus la *Narbonensis*, les anciennes Confédérations de tribus ou *civitates*. Le principal résultat de la conquête romaine fut de fermer le territoire des Gaules aux migrations étrangères et d'imposer aux tribus gauloises une stabilité qu'elles ne connaissaient pas. La tendance des tribus, à devenir sédentaires, existait antérieurement à la conquête romaine, mais il faut beaucoup de temps aux nomades pour renoncer à des habitudes invétérées; il faut aussi qu'ils ne soient pas entraînés, malgré eux, dans des mouvements irrésistibles d'autres populations. La part que les Gaulois prirent aux expéditions d'Annibal ne laisserait aucun doute sur leur état social, lors même que l'incident, si caractéristique du déplacement des Helvètes, ne serait pas connu.

Dans son livre remarquable sur la géographie (3) des Gaules, M. E. Desjardins admet que les réformes fiscales d'Auguste furent immédiatement appliquées dans les Gaules, tout en exemptant des impôts les *civitates fœderatæ* et les *civitates sociæ*. Il reconnaît cependant que l'assimilation fiscale ne devint réelle qu'à l'époque des grands changements de Dioclétien et de Constantin. En effet Tacite, qui écrivait à peu près 150 ans après la conquête de la Gaule, montre, dans divers passages des Annales, que le recouvrement du cens exigeait encore l'assistance des généraux romains. Il ne pouvait se faire qu'à main armée (4). Il ne faudrait pas se faire l'illusion que, même au IVe siècle, les Gaules fussent susceptibles d'une exploitation fiscale comme l'Égypte, que les populations y fussent devenues entièrement

(1) Mommsen, *Provinces of roman Empire*, 1er vol., p. 90-95.

(2) Édition-Didot, 1883, traduction Muller avec notes, 1er vol.

(3) *Ibidem*, 3e vol., p. 374-387.

(4) Annales, I, 32-33; II, 6; XIV, 46. Auguste fut obligé de faire plusieurs expéditions dans les Gaules, Dion Cassius, liv. LIV, 19-20-32; liv. LV, 10-28.

sédentaires et qu'elles n'eussent conservé aucune habitude nomade. L'état affreux d'anarchie qui a succédé, dans les Gaules, à la *pax romana*, état qui s'est prolongé durant 500 ans, n'a pas été seulement provoqué par les migrations des Germains, Huns, Hongrois, Sarrasins, Northmans; il est également résulté des conditions même des populations gallo-romaines. Seul, le Christianisme et le régime féodal ont définitivement assis les populations; seuls ils les ont peu à peu préparées à payer des impôts variés, nombreux et réguliers; quelque part que l'impulsion religieuse ait eue dans le mouvement extraordinaire des Croisades, cette impulsion ne suffit pas pour les expliquer. Elles ont été, en partie, un dernier effort de l'esprit nomade, de la race celtique et de la race germanique. Mais les Italiens, sédentaires depuis des siècles, malgré la présence des Papes et leur foi ardente, n'ont pas quitté leurs foyers. L'impôt a été entièrement approprié sous les Carlovingiens et jusqu'à la fin du XIIIe siècle. La Gaule Franke a renversé les Mérovingiens pour avoir tenté de résister à un mouvement irrésistible. Dans ce mouvement, si les Francs réfractaires à l'impôt ont eu l'initiative, ils n'ont pas été seuls à agir.

Ainsi la conquête romaine a eu lieu à une époque de transition, redoutable pour les tribus ou peuplades nomades des Gaules, à l'époque où elles abandonnaient la condition nomade pour la condition sédentaire (1). Les nécessités d'une lutte implacable n'ont pas réussi à les unir contre l'ennemi commun. C'est la meilleure preuve qu'elles avaient été longtemps nomades, mais qu'elles n'étaient pas encore définitivement sédentaires. Leurs Confédérations se sont présentées successivement, pendant dix ans, aux coups d'un ennemi implacable. Dans un passage des *Commentaires* (2), César parle d'unir les forces de l'Italie contre

(1) *Commentaires*, L. 6, XXII; *César*, par Napoléon III, 2e vol., p. 36, 9; de Belloguet, 3e vol.

(2) C'est l'un des passages les plus curieux des *Commentaires*. Il montre que la lutte était nationale. La victoire a donné l'empire à César, mais elle a aggravé la décadence de l'Italie.

« Magni interesse etiam in reliquum tempus ad opinionem Galliæ existimans tantas videri Italiæ facultates, ut, si quid esset in bello detrimenti acceptum, non modo in brevi tempore resarciri, sed etiam majoribus augeri copiis posset. Livre VI, 7. »

celles des Gaules. L'Italie était une, mais pas les Gaules.

Pendant longtemps on a considéré que la conquête italienne avait été un bienfait pour les Gaules; on attribuait à l'élément italien, romain, latin, l'avance que la France avait prise dans la civilisation. On est plus réservé aujourd'hui; en présence des progrès de la civilisation en Angleterre, en Allemagne, en Russie, chez tous les peuples qui ont échappé à la servitude romaine, si accablante. La conquête de César fut effroyable (1). Son camp était rempli de marchands d'esclaves qui vendaient prisonniers, femmes, enfants, vieillards, et de banquiers qui s'emparaient des récoltes, du bétail, des terres, des provisions. La conquête arabe devait être un bienfait comparé à celle des Romains. Les Huns et les Mongols ont été moins impitoyables; les Goths presque des libérateurs (2).

Les Celtes ont perdu tout ce que leur civilisation avait d'original, leur langue, leur littérature, leur religion. Comme ils avaient une culture supérieure à celle des Germains, des Scandinaves, des Slaves, et des peuples d'origine finnoise ou turque, leur destinée n'aurait pas été inférieure à celle des grandes nations du Nord. Ils auraient moins souffert; ils ne porteraient pas la livrée d'autrui; ils auraient été moins dociles pour payer l'impôt. Il leur est, en effet, arrivé, après avoir été conquis par les Romains, d'être de nouveau conquis par les Germains. Le régime féodal est issu de ces deux conquêtes. D'où le caractère essentiellement fiscal de la féodalité en France.

Les idées, encore en cours dans plusieurs milieux scientifiques et littéraires français, sur les bienfaits de la conquête romaine et les avantages de la civilisation latine, ne doivent être acceptées que sous bénéfice d'inventaire, même après des travaux

---

(1) « Quum in omnes fines partium Ambrorigi aut legiones, aut auxilia dimisisset, atque omnia cedibus, incendiis, rapinis vastasset, magno numerum hominum interfecto aut capto ». *Commentaires*, Livre 8, XXV.

« César, dit Napoléon, fut clément dans la guerre civile contre les siens, mais « cruel et souvent féroce contre les Gaulois. »

(2) Tout n'est pas exagéré dans les attaques des docteurs chrétiens, notamment de Salvien, contre les Romains et leur empire, surtout au point de vue celtique non plus que dans les livres de Sismondi. — De Sismondi, *Histoire de la chute de l'Empire romain*, 1er vol., chap. I.

aussi importants que ceux de M. E. Desjardins; mêmes réflexions à l'égard de toutes les merveilles de la conquête arabe en Espagne. Les Italiens ont été inflexibles pour éliminer l'élément germain de leur civilisation, et les Espagnols pour éliminer l'élément sémitique, arabe et juif. La force, la puissance, l'avenir de la France ne dépendent pas, n'ont jamais dépendu de la partie des Gaules, que les Romains s'étaient le plus assimilée, mais de celle qui après les avoir repoussés, a retrempé ses forces dans le régime féodal, ou ne les a jamais subis, telle que l'Armorique.

L'Armorique a donné à la civilisation française Duguesclin, Richemont, Mme de Sévigné, Chateaubriand, Lamennais, Renan, Descartes, c'est-à-dire ce que la race française a produit de plus énergique, de plus profond et de plus charmant; ni la Narbonensis, ni la Lugdunensis, ni l'Aquitanica avec Montaigne, d'origine sémitique, et Montesquieu n'ont produit une pareille moisson.

§ 9. *Les Germains.*

Antérieur à Tacite, Strabon limitait la Germanie par l'Océan, le Rhin et l'Elbe; il reconnaissait qu'au delà de l'Elbe, on ignorait le nom des tribus nomades qui y erraient sans cesse (1). Tacite indique des peuples ou tribus qui vivaient fort au delà de l'Elbe; il parle même de la Baltique « mer dormante et presque « immobile; on croit que c'est la ceinture et la borne du « monde (2) ». Les peuplades germaniques, au temps de Tacite et même de César, s'étendaient du Rhin à l'Oder et de la mer du Nord au Danube. César, Strabon, Tacite les ont décrites d'une manière générale, à cent cinquante ans d'intervalle. Leurs descriptions concordent.

Elles consistaient, de même que les Celtes, en de très nombreuses tribus, réunies en diverses Confédérations. La plupart de ces tribus parcouraient des territoires déterminés sur lesquels elles changeaient souvent de résidence. Les Confédérations étaient

(1) Livre VII, 4.

(2) *De Moribus*, 45.

encore moins stables. Non seulement elles modifiaient leurs éléments, en renouvelant leurs tribus, mais elles se dissolvaient et se reconstituaient sans cesse. On constate, toutefois, dans la Germanie, un mouvement général des Confédérations du Levant ou Occident, Suèves du temps de César, plus tard Marcomans, Burgundes, Lombards, Vandales, Hérules. Ces cinq dernières, à l'époque de Tacite, se trouvaient sur l'Elbe ou l'Oder.

Parmi les Confédérations nouvelles, qui se sont formées avec des éléments divers, anciens, épars, les *Francs* et les *Saxons* viennent au premier rang. Les Francs apparurent tout à coup de 240 à 250, complètement inconnus auparavant, de César, de Strabon, de Tacite, de Ptolémée. Ils s'intitulaient *hommes libres*. M. Lehuerou en fait un ramassis de fugitifs, émigrés, coureurs de bois (1). Ils étaient probablement des *Fuidhuirs* (2) germains des Outlaws Saxons, c'est-à-dire des hommes en rupture de ban de tribu, comme il y aura plus tard des hommes en rupture de ban de fief, de Fronhof, de Mannor, trait essentiel des peuples nomades. L'un des titres des hommes, dits Francs, à l'attraction des Germains était de ne pas prendre ordinairement de service militaire avec Rome, d'être véritablement libres; par suite toujours prêts à toutes expéditions de terre et de mer. Les publicistes qui ont pris les Francs pour des libéraux modernes ont fait la plus plaisante des confusions. De tout temps, le métier de lansquenet ou pirate militaire, ou mercenaire, a été accepté et considéré par les Germains, puis par les Allemands, tout comme un autre (3). Soldats à gages; c'est en partie avec des Germains à gages, surtout de la cavalerie, que César a pu accabler les Gaulois. Depuis lors, les Germains n'ont plus quitté le service romain. L'Empire romain a été tout aussi bien défendu qu'attaqué par les Germains : Quades, Hermundures, Marcomans, Ubiens, se battaient volontiers les uns contre les autres.

Toutefois il est à présumer que l'origine des Francs remonte

---

(1) *Histoire des institutions mérovingiennes*, 1842, livre Ier, chap. V, p. 22.

(2) Sumner-Maine, *Early institutions*, p. 173.

(3) Parmi les plus célèbres, Jomini et de Moltke, danois, d'origine — avec le vieux caractère danois. — Comparer le livre si curieux de M. de Moltke où il se produit tel qu'il était, *Voyage en Orient*, livre, au surplus, des plus importants.

à une puissante Confédération qui se constitua sur les bords du Rhin avec des éléments divers Chamaves, Bructères, Cattes, Sicambres, Tencterès, Ampsivariens, Attuariens et que l'on caractérisa l'énergie de ce ramassis de guerriers ou pirates, forbans, par une épithète commune — les Forts, les Wrags, les Francs. Tacite parle d'une Confédération puissante (vicinarum consensu nationum), qui aurait anéanti les Bructères; c'est à propos de cette lutte qu'il ajoute : « maneat, quœso, duretque gentibus, si non amor nostri, at certe odium sui quando, urgentibus imperii fatis, nihil jam præstare majus potest quam hostium discordiam ». Ce consensus est une ligue, une confédération. C'est un consensus pareil qui a constitué la France (1).

Les Saxons n'ont pas moins d'importance que les Francs. Ptolémée est le premier qui en ait parlé (2). Tacite ne les mentionne pas plus que les Francs — mais il cite les *Angli;* Angles et *Saxons* étaient destinés à une immense fortune. Ces Confédérations ont eu une influence hors de pair sur le peuplement du globe par les Saxons et les Angles, et sur la civilisation de l'Europe et de tous les peuples par les Francs. Après avoir montré les lointaines origines des Parthes, des Huns, des Avars, des Mongols qui ont disparu de la scène du monde, ainsi que celles des Turcs, des Bulgares, des Hongrois qui s'y tiennent encore, il n'est pas sans intérêt de rencontrer celles, fort modestes, des Francs, des Saxons et des Angles.

Tacite distribue les tribus et Confédérations germaniques en trois souches, les *Ingævones* les plus voisins de l'Océan (3), les *Herminones,* à l'intérieur et les *Istævones* le long du Rhin. Ces souches ne paraissent pas correspondre aux véritables Confédérations, mais plutôt aux territoires les plus peuplés. César cite surtout les Confédérations des Suèves et des Sicambres. Plus tard les Sicambres disparurent. Peut-être leurs tribus ont-elles passé dans la Confédération des Francs Saliens. Renouvellement de tribus, renouvellement de Confédérations, tout était instable. Les Confédérations qui ont survécu sont celles qui ont abandonné

(1) *Histoire générale,* Lavisse, 1er vol., 114. Tacite en indique le noyau, 32, 33, 34.
(2) Ptolémée, *Ibidem,* liv. 11, chap. XI.
(3) *De Moribus,* 2.

ce milieu si mobile, telles que les Francs, les Saxons, les Angles, les Vandales, les Hérules, les Lombards, pour se transporter sur les territoires où elles ont pu devenir stables.

Les tribus, appartenant à la souche des *Istævones,* s'étendaient sur les deux rives du Rhin, avec Cologne pour centre : Ubiens, Usipètes, Tencterès, Sicambres, Bructerès, Cattes, Suèves — elles ont formé les éléments d'abord de la Confédération des Suèves dont Arioviste était le chef au temps de César ; plus tard elles ont été comprises dans la Confédération des Francs Saliens et Ripuaires.

Les tribus, appartenant à la souche des Ingævones, se trouvaient plus au nord sur la Meuse et l'Yssel, Frisons, Chauques, Chérusques dont Arminius a été le chef, Battaves, Canénufates, Saxons.

Celles se rattachant aux Herminones occupaient le centre et l'est de l'Allemagne, Marcomans, Quades, Semnones, Lombards, Vandales, Hérules. Venaient plus loin les Burgundes, les Vendes.

De toutes ces tribus ou peuplades, celles comprises dans les Confédérations situées entre le Rhin et l'Elbe sont seules entrées dans le courant de la civilisation germanique. Les autres ont été entraînées, parce qu'elles étaient moins sédentaires, par les courants des migrations des Goths, des Huns, des Avars, des Bulgares et des Slaves. Telle a été la destinée des Hérules, des Vandales, qui ont complètement disparu. Les Burgundes et les Lombards ont été un peu moins maltraités. Seules, les Confédérations des Francs, des Saxons, des Angles, et des Alamans (*all-men*), ont résisté parce qu'elles se sont formées sur le véritable sol germanique, plus loin du grand courant migratorial qui était vers la Vistule, les Karpathes, la mer Noire et qu'elles ont occupé des territoires que ces migrations, toujours dominées par l'influence des tribus d'origine hunnique ou turque, n'ont pas sérieusement menacés.

Quant aux conditions économiques et sociales des peuples germaniques, d'accord sur plusieurs points, César, Strabon et Tacite diffèrent sensiblement sur beaucoup d'autres. Selon César « les Germains ne s'adonnent pas beaucoup à l'agriculture, vi-

« vant principalement de lait, de fromage et de viande ; chez eux « personne ne peut posséder en propre aucune partie du sol; « mais tous les ans, les magistrats ou chefs donnent à chaque clan « ou à chaque famille, un territoire dont ils fixent l'étendue et « l'emplacement et qui change chaque année ». Les cités (Confédérations) ont soin de s'entourer d'espaces déserts, afin d'augmenter leur sécurité. César accompagne ces renseignements d'explications fort curieuses. Il prétend que les dispositions sur la propriété et la distribution des terres ont été prises par les Germains pour que la culture du sol ne nuise pas aux habitudes guerrières, pour que les riches n'étendent pas leurs possessions au détriment des pauvres, pour que les habitations ne protègent pas trop bien contre la chaleur et le froid, pour prévenir la soif de l'or, source des factions, des discordes, pour satisfaire l'esprit du peuple, chacun pouvant comparer ses richesses avec celles des plus riches (1).

Strabon et Tacite ont vu beaucoup plus clair. Ils n'avaient pas en tête les idées du partisan de Catilina et du démagogue sénatorial, qui se préparait à détruire la République avec l'armée des Gaules.

« C'est une habitude ancienne, dit Strabon, à tous les peuples « de la Germanie que la facilité à se déplacer et qui tient à l'ex« trême simplicité de leur vie. N'ayant ni champs à cultiver, ni « argent à amasser, n'habitant que de misérables cabanes, de« meure provisoire et éphémère, ne se nourrissant que des pro« duits de leurs troupeaux, ils sont toujours prêts, à la façon des « nomades, à charger ce qu'ils possèdent sur leurs chariots et à « s'en aller, suivis de leurs troupeaux, où bon leur semble (2). »

Nous rentrons avec Strabon sur le terrain de la réalité. César, malgré sa précision, nous avait entraînés dans le roman. Tacite tient le milieu entre le savant géographe et le général démagogue. « La table du chef de bande, d'une somptuosité gros« sière mais dispendieuse, tient lieu de solde. La source da sa « munificence est dans le pillage et la guerre. Il préfère provo-

---

(1) *Commentaires*, liv. VI, p. 22.

(2) Liv. VII, chap. I.

« quer ses ennemis et s'exposer aux blessures que de labourer « la terre et attendre la récolte. Il lui paraît honteux de devoir « au travail ce que le sang peut lui procurer. Le temps qu'il « n'emploie pas à la guerre, il le passe à chasser, à manger, à « dormir, sans s'occuper de rien... Les Germains ne bâtissent « pas de villes (*urbes*); ils ne souffrent même pas entre eux « d'habitations réunies. Leurs demeures sont éparses, isolées, « selon qu'une fontaine, un champ, un bois, les ont déterminés. « Leurs villages ne sont pas, comme les nôtres, formés d'édi- « fices contigus; chacun laisse un espace vide autour de sa « maison. Ils n'emploient ni pierres ni tuiles; ils se servent « uniquement de bois brut. Toutefois, ils enduisent certaines « parties d'une terre fine et luisante dont les veines nuancées « imitent la peinture. Ils se creusent aussi des souterrains qu'ils « surchargent d'une épaisse couche de fumier. C'est là qu'ils « se retirent l'hiver et qu'ils déposent leurs grains. Ils y sentent « moins la rigueur du froid; et, si l'ennemi fait une incursion, « il pillera d'abord les lieux découverts, tandis que cette proie, « cachée sous terre, ou restera ignorée de lui ou le déroutera « par les recherches mêmes qu'il devra faire pour la trouver. »

A ce tableau admirable du Germain, nomade sédentaire, Tacite ajoute des renseignements tout autrement précis que ceux de César sur la culture du sol et la propriété. « Chaque tribu « en masse occupe tour à tour les terres de culture d'après le « nombre des bras : *elles sont partagées selon les rangs*. L'é- « tendue des champs facilite cette répartition. On en change « tous les ans et ils ne font jamais défaut. On ne s'évertue pas « à épuiser le sol ou à en rétrécir l'étendue par le travail pour « planter des vergers, pour enclore des prairies, pour arroser « des jardins : on ne demande à la terre que des moissons..... « Les esclaves ne sont pas classés comme chez nous et attachés « aux différents emplois du service domestique, chacun a son « habitation, ses pénates qu'il régit à son gré. Leur maître leur « impose, *comme à des fermiers*, une certaine redevance de blé, « en bétail, en vêtements. Là se borne la servitude (1) ».

(1) *De Moribus*, 14, 15, 16, 25, 26. « Ceteris servis, non in nostrum morem des-

Quant à la Germanie même « le pays offrant des aspects di- « vers, est en général hérissé de forêts ou noyé de marécages, « plus humide vers les Gaules, plus battu des vents du côté de « la Norique et de la Pannonie. Favorable aux grains, il re- « pousse les arbres à fruit. Le bétail abonde mais l'espèce en est « petite. On aime le grand nombre des troupeaux; c'est la seule « richesse des Germains, le bien qu'ils estiment le plus (1) ».

Nous donnons ces détails parce qu'ils émanent de Tacite, parce qu'ils s'appliquent à une grande partie de l'Europe et de l'Asie et à tous les peuples nomades, parce qu'ils cadrent pour eux avec la forme de l'impôt. Suivent des renseignements non moins précieux et d'un caractère également universel sur la monnaie. Il en était des Germains nomades sédentaires comme pour les Hiong-Nou du Gobi. « Je me demande si c'est par colère « ou par faveur que les dieux leur ont refusé l'argent et l'or. Je « n'affirmerais pas cependant qu'aucune veine de leur terre ne « recèle ces métaux : qui pensa jamais à les rechercher? De leur « possession et de leur usage, ils sont loin de faire autant de « cas ; on voit chez eux des vases d'argent donnés en présents à « leurs ambassadeurs et à leurs chefs; ils les prisent aussi peu « que si c'était de l'argile. Toutefois, les plus voisins de nous « tiennent compte de l'argent et de l'or comme utiles au com- « merce. Ils connaissent et distinguent quelques-unes de nos « monnaies. Ceux de l'intérieur, plus fidèles à l'antique simpli- « cité, trafiquent par échange. Les pièces préférées sont les plus « anciennes et depuis longtemps connues, comme les *Serrati* « et les *Bigati*. L'argent est aussi plus recherché que l'or, non « par une préférence quelconque, mais parce que l'argent con- « vient mieux aux achats d'objets ordinaires et sans va- « leur (2) ».

« criptis per familitam ministeriis, utuntur. Suam quisque sedem, suos pena- « tes regit. Frumenti modum dominus, aut pecoris, aut vestis, *ut Colono*, injun- « git; et servus hactenus paret. Verberare servum, ac vinculis et opere coercere « rarum ». Nous signalons l'extrême importance de ce texte. Il établit une dé- marcation profonde entre la servitude germanique et l'esclavage latin ou grec. Cette différence a eu une grande influence sur les éléments de la société féodale.

(1) *De Moribus*, 5.

(2) *De Moribus*, 5.

Ces textes si importants, ont été commentés par E. de Laveleye dans son remarquable ouvrage sur *les formes primitives de la propriété* (1). Emporté par le courant socialiste, courant auquel César lui-même a consacré quelques lignes de ses Commentaires et auquel, bien qu'avec infiniment plus de réserve, Tacite n'a pas été tout à fait étranger (2), courant qu'on peut considérer, dans sa forme latine, comme précurseur du Christianisme, M. E. de Laveleye a cherché, avec sa grande érudition et son intelligence pénétrante, à démontrer que la communauté du sol avait précédé, chez la plupart des peuples, son appropriation particulière et sa distribution en propriétés privées. Les textes de César et de Tacite, l'histoire de la propriété foncière dans l'Inde, en Grèce, à Rome, peut-être même en Chine et en Égypte, et chez les peuples celtiques sont favorables à cette thèse, malgré les objections présentées par M. Fustel de Coulanges. Mais M. E. de Laveleye n'a pas indiqué la cause économique de ce grand fait. Que vaut la terre pour le nomade? M. Sumner-Maine a donné la réponse. La terre sans bétail, sans instruments aratoires, sans ces retraites, ces repaires recouverts de fumier, décrits par Tacite, n'a pas de valeur. Une saison suffit pour épuiser les pâturages, une récolte d'avoine, de seigle ou d'orge pour ruiner la terre; le nomade, même déjà sédentaire, reprend donc sa route. Dans le Far-West américain, il en est encore ainsi; le squatter abandonne champs, maison, clôtures, met la clé sous la porte et décampe. « La difficulté pratique n'était pas d'avoir de la « terre, mais des instruments pour la rendre productive; par « suite, dans une société, relativement plus ancienne que la « société germanique, dont nous avons une intelligence assez « claire, dans la société que les livres Brehon nous font con-

(1) *De la propriété et de ses formes primitives*, 4e édition, 1891, chap. v, vi et xxv.

(2) *De Moribus*, XLVI. « Sed beatius arbitrantur (les Fennes qui vivent au fond des forêts) quam ingemere agris, illaborare domibus, suas alienasque fortunas spe metuque versare. Securi adversus deos, rem difficillimam assecuti sunt, ut illis ne voto quidem opus esset ». C'est la résignation du sauvage ou le pessimisme du civilisé.

« naître, il a pu fort bien se faire que l'objet principal des litiges « n'était point d'avoir de la terre, mais du bétail (1) ». Quant au principe même de la communauté chez les nomades, il a été très nettement défini par Frédéric Le Play dans ses études sur les nomades, qui habitent encore les pentes de l'Oural. « Chez les « nomades, les descendants directs d'un même père restent « ordinairement groupés en faisceau; ils vivent sous l'auto- « rité absolue du chef de famille, dans le régime de la com- « munauté. Lorsque l'accroissement d'une famille ne permet « plus à tous les membres de rester réunis, le chef provoque « une séparation à l'amiable et détermine la portion des pro- « priétés communes, qu'il y a lieu d'attribuer à la branche qui « se sépare de la souche. D'un autre côté, la communauté se « maintient souvent après la mort du chef de famille ; dans ce « cas, les collatéraux, même ceux qui ne sont unis que par des « liens de parenté assez éloignés, restent unis, sous la direction « de celui qui peut exercer avec le plus d'ascendant l'autorité « patriarcale..... un groupe de tentes a toujours, chez les tribus « nomades du versant asiatique de l'Oural, le caractère d'une « communauté de pasteurs, aussi bien quand les troupeaux ap- « partiennent à un grand propriétaire, que lorsqu'ils sont une « propriété commune. Chaque individu faisant partie de ce « groupe est toujours intéressé aux bénéfices de l'exploitation; « il a droit, dans tout état de choses, à une part de produits dont « le maximum est fixé par la nature de ses besoins (2) ». Ces règles sont en rapports immédiats avec les conditions de la vie nomade qui a pour forme nécessaire, la tribu. La propriété du sol n'y entre pour rien; sa jouissance même n'est qu'éphémère. La hutte ne compte pas. Le bétail, les moyens de transport, les instruments de culture, les provisions, les armes, les vêtements, la monnaie forment l'ensemble des capitaux. « Ce n'est pas la « femme, c'est le mari qui apporte la dot. Ce sont des bœufs, « un cheval tout bridé, un bouclier avec la framée et le glaive. « Les chevaux sont une propriété qui se transmet ainsi que

(1) *Early history of institutions*, lecture VI.

(2) *Les ouvriers européens*, 1re série, tome II.

« les esclaves, les pénates, les droits de succession (1) ».

Il résulte de ces textes que l'illusion de M. E. de Laveleye a été complète, à moins qu'il n'ait entretenu la secrète espérance de reconstituer la tribu et de rétablir la vie nomade, ce qui ne serait même plus possible dans les steppes de la Russie. Il a commis la même erreur que César, mais avec plus de loyauté.

Les comparaisons faites par l'éminent F. Le Play entre les classes ouvrières instables de l'Occident et les Backhirs nomades, les paysans ou les ouvriers d'Orient, surtout de Russie, soulèvent les mêmes objections (2). Les critiques de M. Le Play ne sont pas sans rapports avec celles de César, de Tacite et de E. de Laveleye. Elles attribuent aux nomades une stabilité et des avantages qui sont réels, à raison de la mutualité et de la solidarité qui relient tous les membres de la tribu, même aujourd'hui, jusqu'en Algérie; mais elles méconnaissent la supériorité de condition de l'immense majorité des populations sédentaires, fondement de la véritable civilisation de l'humanité. L'histoire de l'impôt en est la preuve. C'est, en partie, pour faire cette démonstration que nous avons tenu à établir le contraste saisissant qu'ont présenté les populations sédentaires du bassin méditerranéen, aux diverses étapes de leur développement économique et fiscal, avec les nomades qui, les enserrant de toutes parts, les ont exploitées si longtemps au moyen du tribut, sans parler du pillage et de l'esclavage. N'était l'immense force de l'Empire russe, ils les fatigueraient encore.

§ 10. *De l'impôt chez les Germains.*

A raison des rapports qui existaient entre les conditions économiques et sociales des Celtes et des Germains, l'impôt ne devait pas différer beaucoup chez les Germains de ce qu'il était chez les Celtes. Les Celtes des Gaules, en voie de devenir sédentaires au moment de la conquête romaine, étaient, à

(1) *De Moribus*, XVIII.

(2) La civilisation a certainement ses nomades, ses populations instables à l'intérieur, depuis qu'elle n'en a plus au dehors à craindre — mais combien sont-ils moins redoutables !

beaucoup d'égards, en avance sur les divers groupes germaniques, même les plus rapprochés du Rhin. Leurs impôts avaient une double forme; ils consistaient principalement dans des redevances personnelles et des redevances entre tribus et Confédérations. Deux textes, l'un de Tacite et l'autre de César, indiquent quelles étaient les formes de l'impôt chez les Germains. « Il est « d'usage que les tribus offrent à leurs chefs un don en troupeaux « et en grains, auquel *on contribue par tête,* et qui, reçu comme un « honneur, subvient aussi à leurs dépenses. Mais rien ne flatte « plus ces chefs que les présents qui leur sont envoyés des pays « voisins, à titre particulier ou à titre public : chevaux de choix, « belles armes, harnais, colliers. *Nous leur avons même appris* « *à accepter de l'argent* (1) ». De cette phrase si concise de Tacite, se dégage une forme de l'impôt, la plus antique, le don en nature, que l'on rencontre dans les premières monarchies de l'Orient, mais déjà altéré dans sa simplicité par l'usure de la civilisation. Ce don est offert aux chefs par tous les membres de la tribu et réparti par tête. Le principe du pouvoir politique et social remonte ainsi bien loin. Le don est fait en nature, *vel armentorum, vel frugum.* Il n'est pas entièrement volontaire. C'est l'impôt de la coutume : *mos est civitatibus ultro ac viritim conferre principibus* (2). A ce premier impôt, il y a lieu d'en joindre un second, dont l'importance est devenue extrême à l'époque féodale, ce sont les amendes dues pour les délits et les crimes. « Il y a pour les fautes plus légères, des peines proportion- « nées. Le coupable paie une amende en chevaux ou en bétail, une « partie revient au roi, une partie à la tribu, le reste à l'offensé « et à sa famille (3) ». L'attribution d'une partie des amendes à la tribu et à la famille, responsables au surplus, est caractéristique de l'état social. Les Confédérations, les tribus, leurs chefs avaient une autre ressource dont l'importance historique est très considérable. Tacite y fait allusion en disant : *jam et pecuniam accipere docuimus.* César nous l'explique en termes beaucoup

(1) *De Moribus,* XV.
(2) *De Moribus,* XV.
(3) *De Moribus,* XII.

plus clairs. « Arioviste répondit que les lois de la guerre laissaient « au vainqueur la liberté de traiter le vaincu à sa fantaisie ; que « les Romains n'agissaient pas autrement et ne prenaient l'avis « de personne pour gouverner leurs conquêtes. C'est pour avoir « tenté contre lui le sort des armes que les Éduéns vaincus « sont devenus ses tributaires (*stipendiarios*) (1). Ce serait une « grande injure si l'arrivée de César le privait de ce revenu « (*vectigalia sibi deteriora faceret*). Que les Éduéns respectent « donc les conventions arrêtées et paient le tribut annuel. *Sti-* « *pendiumque quotannis penderent* (2) ». Dans une entrevue avec César, Arioviste maintient tous ses droits. « Il lève le tri- « but en vertu du droit de la guerre, du droit que les vainqueurs « exercent sur les vaincus ; ce serait une iniquité que de le priver « du stipendium qui lui est dû ; si, par l'intervention du peuple « Romain, ce stipendium lui est enlevé, il renoncera à l'amitié du « peuple Romain ».

Tacite se rendait mieux compte, sous les successeurs de César, de la portée des récriminations d'Arioviste. Déjà, les Romains s'étaient accoutumés à acheter la tranquillité de leurs terribles voisins. Tous ces nomades, qui entouraient les foyers primitifs de la civilisation, s'acharnaient à les exploiter. Huns, Parthes, Scythes, Germains et bien d'autres, depuis les frontières de la Chine jusqu'à l'océan Atlantique, finirent par s'habituer fort bien aux tributs des sédentaires. Tantôt ils se mettaient à leur service, et la solde remplaçait le tribut ; tantôt ils leur faisaient la guerre ou les en menaçaient, de façon à recevoir le stipendium. Rois d'Assyrie et de Perse, Spartiates et Athéniens, Carthaginois et Romains vivaient de la même manière. Les Arabes, puis les Turcs ont aussi adopté cette méthode. Les discours ou lettres d'Arioviste étaient donc une simple constatation fiscale que César comprenait fort bien, mais dont son vaste génie n'entrevoyait probablement pas encore toutes les suites. Aussi Tacite est-il plus clairvoyant ou plutôt plus pessimiste. Tous ces nomades, rangés depuis les Gaules jusqu'en Mésopotamie, le long des

(1) *Commentaires*, liv. I, 36.

(2) *Commentaires*, liv. I, 44.

frontières de l'empire, le remplissent d'appréhension, « que « de temps pour vaincre la Germanie, depuis les Cimbres jus- « qu'au second consulat de Trajan! que de pertes mutuelles! « Puissent les nations, à défaut d'amour pour nous, persévérer « dans leur haine d'elles-mêmes, car au point où la destinée a « conduit l'empire, la fortune n'a rien de plus à nous offrir que « les discordes de nos ennemis (1) ». Les temps n'étaient pas éloignés où les Germains ne se contenteraient plus de la solde, mais, de même qu'Arioviste, et que tous les peuples nomades, exigeraient le tribut, à titre de ressource normale de leur *revenu*, comme le porte le texte de César. La catastrophe finale de l'Empire romain d'Occident devait être provoquée par l'impuissance des empereurs à continuer le paiement du stipendium. Goths, Francs, Vandales, Huns, Avars, Bulgares, Hongrois, Arabes, Turcs l'exigeront toujours jusqu'à la destruction complète des deux empires d'Occident et d'Orient. Toutes les guerres de Chaldée, de Babylonie, d'Assyrie, Mèdes, Perses, Égypte ont bien souvent eu leur origine dans le paiement du tribut; partout où la légion romaine plantait ses étendards, chevaliers et publicains se présentaient pour lever et les impôts habituels et le tribut. *Reddite quæ sunt Cæsaris Cæsari,* devait enseigner le maître de la doctrine qui a renversé l'œuvre des Césars.

C'est à cette universalité du tribut, exigé dans les anciennes civilisations, souvent même dans les plus récentes, par les vainqueurs, spécialement par les vainqueurs nomades, plus pauvres que les sédentaires, que se rattachent plusieurs questions fiscales qui ont provoqué, au siècle dernier, une curieuse agitation parmi les érudits; nous y avons fait déjà allusion.

Montesquieu a consacré les chapitres XII, XIII, XIV et XV du livre XXXe de l'*Esprit des lois,* à élucider la condition fiscale des Francs sous les Mérovingiens. A peu près d'accord avec Boulainvilliers, champion opiniâtre de l'idée que les Francs ne payaient pas d'impôts, il a engagé une très ardente polémique contre l'abbé Dubos, champion de l'idée qu'ils en payaient. De nos jours, M. Lehuérou s'est rangé, avec beaucoup de savoir et

(1) *De Moribus*, XXXIII.

d'autorité, du côté de l'abbé Dubos. Cette discussion se rattache à l'impôt chez les peuples nomades. « Des peuples simples, dit « Montesquieu, pauvres, *libres*, guerriers, pasteurs, qui vivaient « sans industrie, et ne tenaient à leurs terres que par des *cases* « *de jonc*, suivaient des chefs pour faire du butin, et non pour « payer ou lever les tributs... Si les Tartares inondaient aujour- « d'hui l'Europe, il faudrait bien des affaires pour leur faire en- « tendre ce qu'est un financier parmi nous (1) ». Montesquieu confond ici la finance et l'impôt qu'il appelle, fort à tort, la maltôte (2). Sans la maltôte qu'aurait été cette monarchie de Louis XIV, dont il voulait écrire l'histoire? Montesquieu se trompe encore et plus gravement, quand il dit que les nomades ne suivent pas leurs chefs pour lever des tributs. Montesquieu ne tenait pas compte des textes. Par contre, comme le génie se retrouve toujours, il tranche la question en ajoutant que les Francs ne faisaient point la guerre pour payer des tributs. Ils la faisaient pour en lever. D'où la lutte qui s'engagea entre les Mérovingiens, préoccupés de maintenir les traditions romaines et de réclamer l'impôt, soit les deux capitations, *terræna* et *humana*, dont les

---

(1) *Esprit des Lois*, Livre XXX, chap. XIII. *Histoire critique de l'établissement de la monarchie française dans les Gaules*, 1734, 3 vol. in-4°. — L'abbé Dubos avait une pratique remarquable des textes; il a bien indiqué le caractère nomade des tribus des Francs, Goths, Alains, Burgundes; néanmoins, il a beaucoup trop attribué à l'époque des invasions le caractère de fiscalité régulière du temps où il a vécu lui-même. Ses opinions ont exercé une certaine influence sur celles de M. Fustel de Coulanges.— Tome III, Livre XIV.— *Du trésor public sous Clovis; Taxes sur les fonds; capitation des citoyens. Les Francs ne paient pas la capitation des citoyens, mais ils paient l'impôt sur les terres.* Les Francs étaient de singuliers *citoyens*. Quant à Clovis, il avait des moyens spéciaux pour remplir son trésor. L'abbé Dubos est déjà un homme de 1789.

M. Lehuérou (*Histoire des institutions mérovingiennes*, 1842) a clos les débats en prouvant que les Francs payaient les impôts de tribus germaniques, que les Mérovingiens ont essayé de les soumettre aux impôts romains, mais qu'ils n'y sont pas parvenus et que cette lutte persistante, dans laquelle les Mérovingiens ont été vaincus, a été l'une des causes de leur chute. — Voir surtout chap. VIII. M. Lehuérou confond parfois le tribut avec la *capitatio terræna*, ce qui entraîne une certaine confusion. Les Francs considéraient la *capitatio terræna* comme un *tributum*.

(2) *Dito*, même chapitre. — Cette opinion d'un esprit, aussi éclairé que Montesquieu, sur l'impôt montre combien, moins d'un demi-siècle avant 1789, les classes privilégiées étaient, en France, encore imbues de l'inégalité fiscale.

rôles n'avaient pas été détruits. La *capitatio humana* dut être abandonnée de bonne heure. Les Mérovingiens tinrent bon pour la *capitatio terrœna;* ils succombèrent. La *capitatio terrœna* n'était nullement un tribut, un *stipendium*. C'était l'impôt foncier, tel qu'il avait été établi par Dioclétien et Constantin. Comme le remarque Montesquieu, il y eut une sorte d'obscurité, de confusion entre le *census* ou *capitatio* et le *tributum* (1). Attributaires d'immeubles, la plupart incultes, les Francs ne se rendirent pas facilement compte que, devenus propriétaires, ils avaient à payer l'impôt, la *capitatio terrœna* ou *census*, au lieu de recevoir le *tributum*.

Leur sentiment de répulsion pour l'impôt se comprend très bien et cette répulsion a eu sa part d'influence dans l'exemption d'impôt foncier ou de la taille pour les nobles en France. Avant leur fixation sur les terres de l'empire, les Francs n'avaient à payer que les amendes, la quote-part du bétail ou à livrer le don habituel, mais ils n'avaient rien à donner à raison du sol qu'ils occupaient, à titre temporaire. Avaient-ils bien l'idée d'une occupation définitive? Ne se livrant pas à la culture, vivant toujours comme des pasteurs ou des chasseurs, toujours prêts à faire la guerre, guerriers et nullement agriculteurs, les demandes des agents fiscaux les irritaient d'autant plus, qu'avant l'occupation ou le partage des terres, c'étaient eux qui recevaient le tribut, comme *Federati*, comme *Lœti* (2), même comme *Socii*, au lieu de rien payer.

A cet égard, la lecture des lois, dites *Barbariæ leges*, ne laisse aucun doute, ni sur la question de l'impôt, ni sur la nature des capitaux, ni la forme de la richesse chez les nomades qui ont envahi l'Empire romain, ni sur le degré de civilisation auquel les uns et les autres étaient parvenus. Ainsi les lois salique et ripuaire sont précisément celles qui accusent le degré de civilisation le moins avancé (3). Elles constituent un commentaire perpétuel des textes de César, de Tacite, de Strabon, d'Ammien

---

(1) *Esprit des Lois*, Livre XXX, chap. XIV.

(2) M. Léotard, *De la condition des Barbares établis dans l'Empire romain*, chap. III et IV. Voir le texte de Tacite, note 1, p. 584.

(3) *Barbarorum leges*, publiées par Heinecius, Magdebourg, 1738. *Monumenta Germaniœ*. Collection de Pertz, 3e, 4e, 5e vol. Pardessus, *La loi salique*, 1843.

Marcellin, sans contenir une seule disposition relative aux impôts. Elles émanent évidemment de peuplades où le bétail, surtout les porcs, les chèvres, les chevaux, les chiens, les abeilles ont plus de valeur que les produits ordinaires de la culture où la violence des mœurs est extrême, ainsi que l'inégalité des conditions. Il en est à peu près de même de la loi des Alamans. Au contraire, les lois des Burgundes, des Wisigoths, des Bavarois, des Lombards révèlent un développement économique et moral quelque peu supérieur. Dans aucune, une place particulière n'est donnée à l'impôt : législations rurales pour les cultures et les produits agricoles, pénales pour les délits et les crimes, sans dispositions concernant la propriété foncière ni ses charges.

Montesquieu a donc, en principe, raison contre l'abbé Dubos. Les Francs n'ont ni jamais accepté, ni longtemps subi les impôts romains. C'était contraire à leur condition économique et sociale que de les traiter en peuples sédentaires (1). C'est ce que l'abbé Dubos, parfois M. Lehuérou et Fustel de Coulanges ont perdu de vue; mais Montesquieu avait tort aussi quand il affirmait que, même dans la Gaule franko-romaine, les impôts et les cens n'étaient payés que par des serfs et qu'ils étaient des droits économiques « des redevances uniquement privées et non pas « des charges publiques (2) ».

Les Francs ont, par suite, introduit dans les Gaules un élément d'indépendance fiscale dont on retrouve l'influence dans le régime féodal, influence qui a persisté jusqu'en 1789. Non seulement, nomades et guerriers, fiers et fort redoutables, l'impôt romain leur paraissait, de même qu'aux Gaulois et qu'aux fonctionnaires de haut vol, insupportable, mais en dehors de leur condition, et, en lui-même, le fisc romain devait leur être comme une servitude intolérable. On peut juger du fisc romain, d'après le passage suivant de Tacite : « Agricola adoucit par une

(1) Voici ce que dit Tacite des Cattes et des Mattiaques, § XXIX : « *Manet honos et antiquæ societatis insigne; nam nec tributis contemnuntur, nec publicanus atterit; exempti oneribus et collationibus, et tantum in usum prœliorum sepositi, velut tela atque arma, bellis reservantur. Est et in eodem obsequio et Mattiacorum gens* ».

(2) *Esprit des Lois,* Livre XXX, chap. XX.

« répartition plus équitable, l'augmentation des impôts et des « fournitures de blé et il interdit les procédés avides qui parais- « saient plus onéreux que l'impôt même; car les collecteurs se « faisaient un jeu de contraindre le contribuable à attendre « à la porte de son grenier, qu'il lui fût permis d'acheter son « propre blé pour le revendre ensuite au prix qu'ils fixaient. « Au lieu de faire approvisionner par chacune des cités les pays « les plus voisins, on leur assignait des cantonnements loin- « tains, sur des routes détournées et impraticables, sacrifiant « l'intérêt de tous au lucre de quelques-uns (1) ». Le fisc du VIe siècle ne devait pas valoir mieux que celui du second : probablement beaucoup moins. Il faut mettre en présence des agents de ce fisc les Francs ou les Burgundes dont Sidoine Appollinaire et Grégoire de Tours nous ont transmis les portraits (2).

§ 11. *Les Scandinaves.*

L'action que les Scandinaves ont exercée sur l'Europe et sur le peuplement du globe a été considérable et aussi importante que celle des Celtes, des Germains et des tribus diverses, Pélasges, Hellènes, Doriens, Sicanes, Étrusques ou Rasennes, Ligures, Ibères, qui ont occupé l'Europe méridionale. Ils ont d'abord renversé l'Empire romain d'Occident, conquis la Gaule du Midi et l'Espagne, la Normandie en France, la Sicile et l'Italie du Midi, puis posé les fondements de l'Empire anglais et de l'Empire russe. Bien qu'ils se présentent, sur la scène historique, avec quatre formes, avec quatre dénominations : 1° Cimbres et Teutons; 2° Goths; 3° Northmen; 4° Rousses; ils proviennent des mêmes régions de l'Europe, la Chersonèse Cimbrique, les bords de la mer du Nord et de la Baltique, la Scandinavie, Suède et Norwège.

I. *La Scandinavie.* — Les régions du nord de l'Europe ont été mal connues des géographes, historiens, voyageurs de la Grèce et de Rome, quoique Pythéas les ait, en partie, parcourues

(1) Agricola, § 19.

(2) Lehuérou, *Ibidem*, p. 289 et tout le chapitre 7.

vers le IIIe siècle avant Jésus-Christ. C'est là qu'il plaçait l'*ultima Thulé*. Pline, Pomponius Méla, plus tard Ptolémée, faisaient de la Scandinavie une île, l'île de Scanzia, Scandia, Scandinovia, entourée par l'Océan, de toutes parts. Ils n'avaient que des notions vagues sur les limites de la mer du Nord, qu'ils confondaient avec l'Océan, et aucune sur la Baltique. Tacite a été un peu moins mal renseigné. Il distingue la mer Suevique (*Suevici maris*) de l'Océan, et l'Océan Arctique de l'Océan lui-même (1).

La Scandinavie comprenait alors, comme cela a duré jusqu'au XVIIIe siècle, le Danemarck, avec les îles qui le composent, la Suède et la Norwège, et le bassin de la Baltique. Chacune des parties de ce groupe géographique a eu son époque, son étape, ses tribus et ses Confédérations dans le mouvement des migrations. Les Cimbres et les Teutons, précédés déjà par les Kymris, sont venus du Jutland, ainsi que les Danois. Les Goths et les Rousses (2) ont eu, pour point de formation et de départ, la Suède et le bassin de la Baltique. Les Northmen avaient la Norwège pour principal centre.

Les populations primitives de cette zône de l'Europe, en laissant de côté les Lapons, qui se trouvaient à l'extrémité septentrionale, se rattachaient directement au rameau germanique dont elles avaient, en partie, la langue, les mœurs, les institutions, la vie nomade, modifiées par les différences de climat, de l'habitat et du temps. Les tribus germaniques occupaient un territoire très étendu, relié à d'autres territoires, relativement fertile; les tribus de la Scandinavie, au contraire, ne disposaient que d'un territoire limité, montagneux, parfois aride, mais elles avaient devant elles la mer, de tous côtés. Elles tendirent par suite à devenir des nomades de mer comme de terre. Peu à peu, elles ont pris le caractère marin; elles ont fondé le plus grand empire maritime du globe; sauf leur première migration connue historiquement, celle des Cimbres et de Teutons, leurs autres migra-

(1) Strabon, liv. VII, chap. II : Ptolémée, liv. II, chap. XI; Pomponius Méla, liv. II, chap. II; Pline, liv. IV, chap. XXXII.

(2) Nom primitif des Varégues.

tions ont eu un caractère maritime, même pour les Rousses.

Elles vivaient, à l'époque, où elles prennent place dans l'histoire, sous la forme de tribus, réunies en Confédérations, comme les Germains, tribus nomades, à la fois de chasseurs, de pêcheurs, de pasteurs et de cultivateurs temporaires. Diverses circontances mettent en mouvement les peuples nomades, tantôt les événements physiques, une inondation, une sécheresse, une famine; tantôt l'accroissement de la population que, selon l'observation profonde de Tacite, les nomades ne limitent jamais, bien qu'ils en souffrent souvent, parce qu'il est le fondement de leur indépendance (1); tantôt l'exiguïté du territoire pour les pâturages, la chasse, la culture temporaire du sol; tantôt la pression d'autres nomades, les attaques, les guerres, les défaites, les expulsions; tantôt le besoin de changement propre aux peuples nomades; tantôt même les combinaisons politiques de leurs chefs, l'ambition, l'envie qu'excitent chez les nomades les jouissances apparentes, les récoltes plus régulières, les ressources, les réserves plus réelles, les agglomérations, les métaux précieux des peuples sédentaires. Toutes ces causes ont longtemps contribué à provoquer, à accélérer et à maintenir les mouvements et les migrations des peuples nomades. Toutes ont eu leur part dans leurs attaques contre l'Empire romain et sa subversion qui a exigé cependant plus de dix siècles. Enfin la proximité de la mer, particulièrement du grand Océan qui inspirait comme une espèce de terreur, ou au moins de respect à Tacite, « on raconte que cette mer est paresseuse et lourde « sous la rame; que les vents mêmes ne la soulèvent pas comme « les autres... nulle part la mer n'étend davantage son domaine, « elle porte, de côté et d'autre, une infinité de bras; elle pénètre « dans les terres, y circule, s'introduit même entre les collines « et les montagnes, comme dans son lit naturel (2) ». Il se trouve qu'en décrivant les rives de la Bretagne, Tacite a aussi décrit celles de la Norwège, ces innombrables Fjords qui présentent

(1) Numerum liberorum finire, flagitium habetur, *de Moribus*, 19. Quanto plus propinquorum, quo magis affinium numerus, tanto gratiosior senectus : nec ulla orbitatis pretia, 20.

(2) Agricola, § 10.

au marin, au pêcheur, au pirate des moyens d'armement, de refuge et d'attaque tels que, depuis que la Norwège a pu avoir une certaine population, l'industrie maritime, la pêche, la piraterie, la navigation commerciale ont été confondues en quelque sorte avec son existence même (1).

Le propre des tribus scandinaves a donc été la piraterie, la vie nomade de mer. C'est de leur milieu, de leurs mœurs, de leurs traditions qu'est sorti le plus grand peuple maritime de l'humanité. Ce sont les Danes et les Norses qui ont apporté à l'Angleterre son principal contingent maritime, en même temps que le goût, la pratique indomptable des aventures, aussi bien sur terre que sur mer. Les Vikings du Danemarck et de la Norwège ont été les précurseurs, les aïeux des hommes qui ont conquis la Normandie, puis l'Angleterre, puis la Sicile, Naples et qui ont eu une si grande part dans les Croisades. Ils sont aussi les ancêtres des vainqueurs de Poitiers et d'Azincourt, époque où ils ont rançonné à fond la France, comme ceux de ces *merchants adventurers*, qui ont les premiers ouvert la Russie du XVIe siècle au commerce anglais; c'est la race-type des demi-nomades, des populations qui ne sont pas irrévocablement attachées au sol, qui peuvent vivre partout et, qui, en fondant l'empire et les colonies de l'Angleterre, ont été le principal agent de la civilisation comme du renouvellement des races dans l'humanité.

Les renseignements fournis par César, Strabon, Tacite, sur les mœurs, les institutions et les impôts des Germains, peuvent s'appliquer, en partie, aux tribus scandinaves (2), sauf les habitudes plus maritimes et plus nomades, car elles disposaient de

(1) Les Grecs s'adonnèrent à la piraterie lorsque les relations par mer furent devenues plus fréquentes. Des hommes puissants commandaient ces entreprises soit au point de vue d'un profit personnel, *soit à fin de pourvoir* à la subsistance du faible. Tombant à l'improviste sur les villes sans murailles et formées d'habitations éparses, ils les pillaient et vivaient en grande partie du produit de ces rapines; ce métier, d'ailleurs, n'emportait aucune honte, ou plutôt il n'était pas sans gloire. Tous les Grecs autrefois vivaient constamment armés, habitant des maisons ouvertes; sans aucune sécurité dans leurs voyages, ils vaquaient en armes, comme les Barbares, à toutes les fonctions de la vie ordinaire. — Thucydide, liv. 1, § 5 et § 8.

(2) Les usages, consacrés par le temps, suivaient les Barbares dans leurs longues migrations. — Lehuérou, *Institutions mérovingiennes*, p. 279.

terres moins abondantes et moins fertiles, et elles avaient la mer devant elles. « Chaque village formait une communauté sé-« parée, avec deux divisions principales, les libres et les non-« libres. La réunion des villages composait une petite tribu, « avec un petit roi et son conseil. Les conseils se réunissaient « en assemblée générale (1) ». C'est encore à peu près la vie politique des Berbères. Ces petites tribus s'associaient et constituaient des Confédérations, dont plusieurs ont été très puissantes et très redoutables.

Le don volontaire, la contribution par tête et par tribu, la guerre étaient, comme chez les Germains et chez les Celtes, les ressources communes, auxquelles il faut ajouter, comme pour tous les peuples nomades, les richesses spéciales des plus anciennes familles et des chefs, formant, pour les peuples nomades, des réserves indispensables.

II. *Les Cimbres et les Teutons.* — La première apparition des Scandinaves, dans le milieu qui allait devenir l'Empire romain, remonte à l'invasion des Cimbres et des Teutons, qui eut lieu après un terrible débordement de la mer dans le Jutland, en 144 avant le Christ. Alliés aux Ambrous et aux Tigurins, ils comptaient 300,000 combattants. Si on accepte ce chiffre énorme, l'invasion représentait un flot d'un million d'hommes, total difficile à admettre. Néanmoins la masse en marche devait être plus grande que celle des Helvètes. « Ils étaient, raconte Plutar-« que, 300,000 combattants, tous bien armés; et ils traînaient « à leur suite une multitude beaucoup plus nombreuse de fem-« mes et d'enfants pour qui ils cherchaient des terres capables « de les nourrir... On ignorait à quelles nations ils appartenaient « et de quelles contrées ils étaient partis pour venir, comme une « nuée orageuse, fondre sur les Gaules et sur l'Italie; on conjec-« turait seulement qu'ils étaient de ces peuples de la Germanie « qui habitent sur les bords de l'Océan septentrional (2) ». A cette occasion, Plutarque donne quelques explications touchant les diverses hypothèses qui avaient cours, de son temps, sur les peu-

(1) The Northmen, by Maclear (*Society for promoting christian Knowledge*), p. 3.

(2) Plutarque, *Marius*, § XI.

ples du nord de l'Europe, soit sur les Celto-Scythes, qui se seraient étendus jusqu'aux Palus Méotides, soit sur les Cimmériens, dont une partie aurait habité aux extrémités de la terre, dans un pays couvert de forêts et d'ombres épaisses, inaccessibles aux rayons du soleil et venant se joindre à la forêt Hercynie (1). Ces masses humaines étaient les précurseurs des peuples qui devaient renverser l'Empire romain. Cette apparition fut un premier avertissement que les Romains n'oublièrent jamais. « Leur « courage et leur audace, leur force et leur énergie dans les « combats étaient comparables à la violence et à l'impétuosité « de la foudre; rien ne pouvait leur résister ni s'opposer à leur « marche; tous les peuples, sur leur passage, étaient entraînés « comme un torrent (2) ». Sans César et ses légions, la marche des Helvètes, à travers les Gaules, de l'est à l'ouest, aurait présenté les mêmes caractères. Ces migrations se faisaient, chaque année, par étape. La récolte coupée, les pâturages consommés, on reprenait la marche. Cimbres et Helvètes furent également repoussés et détruits. Tacite nous montre les débris de l'ancien séjour des Cimbres. « Au bord de l'Océan habitent les Cimbres, « Confédération maintenant sans importance, mais grande par « la gloire. De leur renom, il reste des traces largement em- « preintes : ce sont, en deçà comme au delà du Rhin, des camps « dont le vaste contour permet encore aujourd'hui de mesurer « la masse et les forces de la nation et rend croyable la multi- « tude de ses guerriers (3) ». Tel était le camp d'Attila, tel celui des Avars pris d'assaut par Charlemagne, telle la Horde d'or dans le bas Volga.

§ 12. *Les Goths.*

Ce sont les Goths qui ont abattu l'Empire romain d'Occident (4). Strabon ne les nomme pas, ni Pomponius Méla.

---

(1) Marius, XI.

(2) Marius, XII. — La comparaison de Plutarque est saisissante. Huns, Arabes, Mongols, ont été des torrents.

(3) *De Moribus*, XXXVII.

(4) 1° Jornandès. De Getarum sive gothorum, rebus gestis. — 2° Encyclopedia britannica, article Goths. — 3° Pallmann, *Geschichte der Volkerwanderung*, 1863.

Pline les place à côté des Vindiles et des Burgundes, au nord de la Germanie, et Ptolémée dans la *Scanzia*, entre les *Levoni* et les *Finni* (1). Tacite est plus explicite. Il parle d'abord de la Suévie, qui est la péninsule scandinave, partagée et coupée en deux par une longue chaîne de montagnes (2). Les Gothins habitent les gorges, le sommet et le penchant de ces montagnes. Ils parlent une autre langue que les Germains et se soumettent à des tributs, qui leur sont imposés partie par les Sarmates, partie par les Quades (3). Tacite, après avoir décrit les Lygiens, qui semblent être les Norwégiens, mentionne les *Gothones* et les *Suiónes*. Les Gothones sont soumis à des rois jouissant de plus d'autorité que chez les Germains, renseignement vérifié par l'histoire des Goths. Quant aux *Suiones* auxquels on peut joindre les *Rugiens* et les *Lemoves*, puissants par leurs flottes, ce devaient être les habitants des îles de la Baltique (4). Tels sont les éléments primitifs des Goths. Les Suédois d'aujourd'hui en ont formé les tribus principales, avec les autres peuples de la Baltique sur lesquels la Suède a longtemps dominé. Quant aux mœurs, aux traditions aventurières et militaires de la Suède, il suffit de rappeler Gustave Wasa, Gustave Adolphe et surtout Charles XII.

Les migrations des Goths ont été les plus importantes avant celles des Arabes et des Mongols. Leur caractère a été moins temporaire que les migrations des Huns et des Avars; leur sphère plus étendue que celle des Hongrois et que celle des Slaves; néanmoins, elles présentent un intérêt limité et accessoire au point de vue de l'histoire de l'impôt, parce que tous les établissements des Goths ont disparu et que c'est à peine s'ils ont laissé quel-

---

2 vol., 4° ch. Merivate, The continental Teutons (Society for promoting christian Knowledge). — 4° Sheppard, *Fall of Rome and rise of new nationalities*, p. 27. — 5° Bradley, *The Goths* (Story of nations). — 6° Ozanam, *Études germaniques*, 2 vol., surtout le 1er volume, chap. III, p. 411. — 7° Fauriel, *Hist. de la Gaule méridionale*, 4 vol., surtout les deux premiers. — Rosew Saint-Hilaire, *H. d'Espagne*, 1er et 2e volumes.

(1) Pline, livre IV, 27. Ptolémée, livre VII, ch. XI.

(2) *De Moribus*, XLI.

(3) *De Moribus*, XLIII.

(4) *De Moribus*, XLIV-XLV.

ques ruines qu'on puisse leur attribuer. On rencontre encore dans l'Alashan, l'Ordos et le Gobi les bannières de la plupart des tribus Mongoles; les Goths ont été entièrement absorbés. Même en Suède et sur les bords de la Baltique, on ne retrouve, comme souvenir direct de leurs migrations, qui ont eu tant d'importance, que le nom qu'ils ont donné à la plus belle partie de la Suède, tout le midi de la péninsule, le Gothland ou Gothie, avec l'île de Gothland. Le tombeau de Théodoric II à Ravenne, l'alphabet gothique et la traduction de la Bible par Ulphilas; c'est tout ce qui reste d'eux. Ils ont cependant fondé plusieurs empires, notamment celui d'Hermanaric au IVe siècle, et trois royaumes, en Italie, en Gaules, en Espagne; tout cela a été totalement détruit. Aussi tiennent-ils un rang secondaire dans l'histoire de l'impôt à côté des Francs qui n'ont pas joué leur rôle dans l'histoire générale. C'est qu'ils étaient, malgré leurs établissements, tout à fait nomades, comme l'a dit Horace (1).

Campestres melius Scytthœ
Quorum plaustra vagas rite trahunt domos
Vivunt, et rigidi Getœ
Immetata quibus jugera liberas
Fruges et cererem ferunt
Nec cultura placet longior annua.

Les Gètes ne sont autres que les Goths. A une époque, qui peut être indiquée comme la fin du IIe siècle de notre ère, les Goths, formant une agglomération de Confédérations (2), quittèrent pour chercher de nouvelles terres, la Scandinavie et les bords de la Baltique, sous la direction des deux familles royales, les Amalings et les Balthings, de leurs principales Confédérations, destinées à devenir les Ostrogoths et les Wisigoths. Exactement comme les Cimbres et les Teutons avaient quitté la Chersonèse

(1) Horace, *Odes*, livre III, XXIV.

(2) Telle que les Suèves si importants à l'époque de Tacite (*De Moribus*, XXXVIII). Majorem enim Germaniæ partem obtinent, propriis ad huc nationibus nominibusque discreti, quamquam in communi Suevi vocentur.

cimbrique, entraînant avec eux ou précipitant Gêtes, Gépides, Sarmates, Vandales, Slaves, ils gagnèrent, vers 250, les bords de la mer Noire, d'où ils dirigèrent une terrible course maritime dans la mer Noire, la mer Egée, la Méditerranée, à peu près au moment où les Francs en organisaient une à travers l'Océan et le détroit de Gibraltar. Bientôt leurs hordes arrivèrent jusqu'au Danube. Pour les arrêter, les Empereurs romains durent leur payer tribut. Dès lors, toutes les peuplades, qui étaient derrière eux, vinrent les rejoindre; leurs forces augmentèrent; c'est l'époque du célèbre empire d'Hermanaric qui paraît s'être étendu de la mer Noire à la Baltique, le long du Dnieper et de la Vistule. Les Goths s'étaient déjà partagés en Wisigoths, Goths de l'Ouest, et en Ostrogoths, Goths de l'Est. Hermanaric, de la race des Amalings, était le roi des Ostrogoths (1).

Les rapports des Romains et des Goths, malgré les perpétuelles migrations de ces derniers, avaient conservé un caractère pacifique à raison du tribut et de la solde, payés aux Goths entrés au service romain (2), lorsque se produisirent, dans le monde nomade, l'ébranlement des Huns (3) et, dans le monde sédentaire, l'épuisement des ressources. Après Constantin et ses successeurs, le tribut ni la solde ne furent plus acquittés (4). C'est alors que les Wisigoths, commandés par Fritigern, livrèrent à Valens la terrible bataille d'Andrinople (9 août 378). La plupart des crises successives, qui ont amené la fin de l'empire d'Occident et de celui d'Orient, ont été provoquées par le refus du tribut exactement, comme dans l'histoire des anciens empires d'Assyrie et de Babylone. Il en a été de même pour les Mongols. Le paiement des tributs leur suffisait (5). Puis après Théodose, le partage de l'empire fut suivi d'un nouvel affaiblis-

---

(1) *The Goths*, par Henri Bradley, chap. II. excellent chapitre. Jornandès, chap. IV.

(2) Léotard, *Conditions des Barbares établis dans l'Empire romain*, chap. I, II, III.

(3) Cet ébranlement des Huns est un grand fait historique, analogue à celui des Arabes au VIIIe siècle et des Mongols au XIIIe.

(4) Léotard, *Ibidem*, p. 80; Bradley *The Goths*, § 5; Sheppard, p. 189; Ammien-Marcellin, liv. XXXI; Jornandès, chap. XXIV.

(5) Bradley, *Ibidem*, § 8, 9 et 10.

sement. Les Wisigoths et les Ostrogoths reprirent alors leurs mouvements. Alaric, de la souche de Balthings, conduisit ses tribus en Grèce, puis en Italie, s'empara de Rome (1) et exigea de Rome un tribut : *Facta est sub tributo*, comme Jérémie dit de Jérusalem. Ses successeurs se fixèrent dans les Gaules et, des Gaules, s'établirent définitivement en Espagne. De leur côté, repoussés de Constantinople, les Ostrogoths, après avoir dispersé les Gépides et les Hérules, s'emparaient de l'Italie, d'où Justinien les expulsa. Ils disparurent totalement de l'Italie, comme se fondent les neiges. En Espagne, les Wisigoths purent durer jusqu'à l'arrivée des Arabes, au commencement du VIIIe siècle; mais, quand ils furent vaincus par les Arabes, ils étaient en complète décadence et leurs jours étaient finis (2).

Ils avaient conservé, en partie, au milieu de l'Espagne romaine, tout autrement riche et civilisée que les Gaules, leurs habitudes nomades. Leur armée consistait surtout en cavalerie (3). C'est à eux que remonte la servitude pastorale de la Méta, longtemps un fléau pour l'Espagne. Comparant leurs conditions économiques et sociales, dans la Gaule méridionale, avec les textes de Tacite sur les institutions et les redevances diverses en Germanie, Fauriel (4) admet que peu de changements y avaient été apportés. Il en dut être de même en Espagne. Dans les *leges Wisigothorum*, ou *Forum judicum*, qui remontent à 650 environ, on ne rencontre aucun texte fiscal, pas plus que dans les autres *Barbariæ leges* (5). Les ressources des rois Wisigoths provenaient principalement des domaines royaux et des amendes, ainsi que

---

(1) Bradley, *Ibidem*, p. 93. Alaric exigea 40,000 livres d'or, 40,000 d'argent, 4,000 de soie brute, 4,000 robes teintes de pourpre et 4,000 livres de *poivre* (alors rare). Voilà les Nomades qui, selon l'abbé Dubos, payaient la *capitatio terræna*. Montesquieu a vu plus clair.

(2) Rosew Saint-Hilaire, *Hist. d'Espagne*, 5e vol. 175-185.

(3) Rosew Saint-Hilaire, *Ibidem*, p. 649-652.

(4) Fauriel a traité ces questions avec grand soin, *Gaule méridionale*, chap. X et XI, pages 484-562. Il montre que les Wisigoths étaient restés nomades, que les conditions de la culture, des esclaves, des charges étaient à peu près les mêmes qu'à l'époque de Tacite.

(5) Elles sont toutes réunies dans le *Recueil* d'Helnecius, 1738. Rosew Saint-Hilaire, *Ibidem*, 1er vol. *in fine*.

des redevances en nature, parfois en argent, à la charge des bénéfices militaires, concédés par les Rois (1). Comme la plupart des peuples nomades ou demi-nomades, les Wisigoths durent préférer, ainsi que les Burgundes, le tribut ordinaire aux charges de la propriété. Quoique les Burgundes aient exigé deux partages des terres, ils les rétrocédèrent presque toujours ou les concédèrent moyennant des redevances qui se convertirent plus tard dans le cens, car tous les peuples germaniques ou scandinaves, tout en habitant de préférence les campagnes, s'y livraient plutôt à la pêche, à la chasse, au parcours et au pâturage qu'à la culture réelle du sol (2).

Aussi, dès l'arrivée des Arabes, les Wisigoths disparaissent de l'Espagne, comme les Ostrogoths de l'Italie. Quelques bandes se joignirent aux guérillas de Pelayo dans la fameuse caverne de Covadonga (3) où se prépara l'héroïque résistance qui a jeté tant d'éclat sur les Ibères, Celtibères, Asturiens, tandis que les Basques (4) refusaient leur concours. C'est le fond ibérique, le vieux sang hispanien, les populations depuis longtemps latines, chrétiennes, sédentaires qui firent face aux Arabes musulmans. « Vers cette époque, les noms gothiques commencent « à devenir plus rares et ceux-mêmes que l'on rencontre pren- « nent une physionomie plus latine et plus espagnole. Les noms « de villes et de lieux commencent à subir les mêmes transfor- « mations. La langue parlée s'altère en même temps que l'idiôme « gothique était à peu près complètement disparu. Le latin lui- « même, la langue naturelle de l'Espagne, finit par se corrompre « dans la bouche du peuple. C'est à ce moment que l'Espagne « gothique, se retrempant dans les Asturies, aux sources de

(1) Voir plus haut, *La féodalité en Espagne*. Fauriel, *ibidem*, 1er vol. 468.

(2) Fauriel, *ibidem*, p. 468. *L'homme libre n'avait autre chose à faire que la guerre et à y être prêt.* Réflexion profonde de Fauriel et qu'il ne faut jamais perdre de vue pour comprendre l'histoire de l'Europe au Moyen âge « nam ne in pace quidem vultu mitiore mansuescunt; nulli domus aut ager, *aut aliqua cura* : prout ad quem que venere, aluntur, prodigi alieni, comptentores sui, donec exsanguis senectus tam duræ virtuti impares faciat » *de Moribus*, XXXI.

(3) Rosew Saint-Hilaire, *Histoire d'Espagne*, 2e vol. livre IV.

(4) Fauriel, *Gaule méridionale*, 3e vol., p. 347.

« la nationalité espagnole, annonce et laisse percer au dehors « ce travail de transformation (1) ».

Autre a été la destinée des Francs, parce que les peuples germains étaient, à l'époque des invasions, moins nomades que les Scandinaves.

Quant aux Ostrogoths, précédés en Italie par les Hérules (2) et les Wisigoths, ils y ont laissé encore moins de traces que les Wisigoths en Italie, malgré le règne de Théodoric. Théodoric a été bien supérieur à la plupart des derniers Empereurs romains d'Occident; rien de son œuvre néanmoins n'a survécu. Il n'apporta aucun changement dans le système fiscal de l'Italie; il l'améliora plutôt; il fit à peu près tout ce qu'il put pour que les Ostrogoths fussent tolérés par les populations; il essaya par son *Edictum Theodorici regis* (3) d'assimiler les races en présence, sans y réussir. « Un des grands maux dont l'Empire ro- « main avait souffert sous plusieurs règnes avait été les exac- « tions des fonctionnaires, chargés du recouvrement de l'impôt: « aussi longtemps que les Empereurs avaient pu faire payer les « taxes, ils avaient porté peu d'attention aux moyens employés « par leurs agents. Théodoric, au contraire, les soumit à une « surveillance efficace. Il veillait à ce que les impôts fussent ré- « partis aussi équitablement que possible; souvent il accordait « des diminutions aux contrées dont les récoltes avaient souffert. « Les lettres de Théodoric à Cassiodore, son secrétaire, font al- « lusion à divers actes de ce genre. Ces faits sont confirmés par « la biographie d'Épiphane, évêque de Pavie, pour lequel Théo- « doric avait une considération particulière. En 496, les récoltes « des diocèses d'Épiphane avaient été détruites par l'inondation. « Épiphane se rendit à Ravenne pour obtenir une diminution « de taxes. Théodoric le reçut avec sympathie et lui accorda « une remise d'un tiers (4) ». Néanmoins les populations stables

(1) Rosew Saint-Hilaire, *Ibidem*, 2e vol., p. 166.

(2) Sur les Hérules. V. Pallmam, *volkervervanderung*, 2e vol., 1er et 2e chapitres. M. Pallmam donne de curieux détails sur les Confédérations des Rugiens, des Tucilinges, des Scires.

(3) *Recueil* Heineccius, 1778.

(4) Bradley, *Les Goths*, p. 157-158.

et civilisées de l'Italie ne purent s'habituer au contact permanent avec des nomades tels que les Ostrogoths. Il y avait antipathie complète de mœurs, d'idées, d'institutions. Witigès se montra encore plus modéré que Théodoric. Attaqué, vaincu par Bélisaire, il offrit de se contenter de l'Italie du Nord et de payer tribut à Justinien. Ses offres sont acceptées. Tout à coup, pendant la nuit qui suit les arrangements, Witigès prépare une attaque nouvelle. Il avait oublié ses engagements (1). Les Ostrogoths durent quitter l'Italie; ils allèrent se disperser chez les divers peuples nomades, situés au delà des Alpes. Ils disparurent de l'histoire, après y avoir tenu un rang et joué un rôle pendant au moins 300 ans.

§ 13. *Les Lombards*.

Les Lombards remplacèrent les Ostrogoths en Italie (2). C'étaient des alliés de Justinien; 5,000 d'entre eux avaient pris part aux derniers combats, à la suite desquels les Ostrogoths décampèrent. Ils étaient de race germanique et formaient une des plus anciennes Confédérations nomades de la Germanie. Ils habitaient entre l'Elbe et l'Oder près de Magdebourg. Ptolémée (3) et Velleius Paterculus en parlent aussi. Velleius les a combattus du temps de Tibère. Il en dit : *gens etiam germanæ feritatis ferocior* (4). Tacite les mentionne plusieurs fois. Ils n'avaient pas encore d'importance (5). Il s'est écoulé près de 500 ans entre la mention que leur accorde Tacite et leur arrivée en Italie; leur existence comme nation nomade est donc un fait certain. Ils

(1) Bradley, *Ibidem*, 252-253.

(2) Les Lombards étaient des Germains. Nous suivons ici l'ordre des temps et non celui des races. D'aillleurs les Lombards avaient été entraînés dans le mouvement des Goths et même dans ceux des Huns, des Avars. Cet entraînement est une des lois des peuples nomades. Il explique seul la violence de certaines migrations. On peut le comparer aux fleuves torrentiels qui emportent tout à leur suite.

(3) Livre VII, chap. XI.

(4) Velleius Paterculus, livre II, chap. CVI. — Velleius parle d'une foule immense de Lombards qui se courbait (*procubuit ante tribunal imperatorii*).

(5) Contra Laugobardos paucitas nobilitat quod, plurimis ac valentissimis nationibus cincti, non per obsequium, sed prœliis et periclitando tuti sunt : *de Moribus*, XL.

descendirent d'étape en étape vers le Midi, à la suite des Hérules desquels ils étaient tributaires. Procope les marque sur le Danube, devenus Ariens, mais toujours nomades et féroces. Il a fallu plusieurs siècles pour que le Christianisme adoucît les nomades du Nord et les transformât en sédentaires. Il en a été de même du Bouddhisme. Quant au Mahométisme, il s'est presque aussi bien adapté aux nomades qu'aux sédentaires. Peu à peu les Lombards gagnèrent la Pannonie et le Norique où les agents de Justinien les prirent à leur service. Ils s'allièrent avec les Avars, réunirent les débris des Hérules, dissolvèrent la Confédération des Gépides, et, renforcés d'une énorme cohue de nomades, Hérules, Rugiens, Gépides, Saxons, Alamans, Slaves, Bulgares (1), accourus de toutes parts, ils franchirent les Alpes et se présentèrent en Italie, sous le commandement d'Alboin, comme autrefois les Goths d'Alaric et les Huns d'Attila. L'Italie du Nord fut occupée sur-le-champ et Alboin couronné à Milan en 569. Alboin n'était, à vrai dire, qu'un chef d'aventure, un Khagan ou grand Khan. Aussi à la mort de Cleph, son successeur, les principaux Khans, appelés ducs ou duces par les chroniqueurs italiens, ne purent s'entendre pour le remplacer. Les chroniqueurs comptent 36 de ces Khans. « Les envahisseurs n'étaient pas « encore tout à fait fixés sur le sol; ils continuaient la conquête, « se formant en bandes sous leurs ducs, se répandant à travers « l'Italie, pillant et massacrant. Ils étaient toujours aussi sau« vages et beaucoup étaient redevenus païens. Un grand nombre « de nobles romains furent égorgés par cupidité, les autres as« treints à payer un tribut du tiers de leurs revenus,... une foule « de villes étaient désertes et le demeurèrent de longues années; « beaucoup ne se relevèrent jamais. Les campagnes n'étaient « guère plus épargnées... L'anarchie des vainqueurs aggravant « ces maux, nul pouvoir ne se constituait (2) ». Aussi les Lombards ne parvinrent pas à achever la conquête de l'Italie. La route de Rome à Ravenne forma une sorte de frontière que les Grecs

(1) Lavisse et Rambaud, *Hist. générale*, 1er vol., p. 222. *Encyclopedia Britannica*, article Lombards.

(2) Lavisse et Rambaud, *Hist. générale*, 1er vol., p. 223.

byzantins purent conserver, avec un Exarque à Ravenne et les débris de l'antique administration romaine, une sorte de Sénat et un préfet de l'annone(1) auquel la Sicile expédiait encore le *frumentum imperatum* au VIIe siècle. Il n'y a plus, en réalité, à Rome que deux fonctionnaires, l'évêque et un duc byzantin. Le Sénat a disparu depuis 603. Les assemblées du peuple se tiennent encore pour élire notamment l'évêque. Le duc exerce un contrôle général; c'est un gouverneur qui répartit et surveille l'impôt, sous les ordres de l'Exarque de Ravenne (2). Tels furent les derniers débris de l'administration romaine en Occident. Au delà de la route de Ravenne, les Lombards, plus terribles encore que les Francs et moins adaptables à la civilisation, par suite de leur fréquentation avec les Huns, Avars, et autres tribus de race touranienne.

Le séjour des Lombards, dans l'Italie du Nord et même au delà des Apennins, a duré 200 ans. Il a exercé une influence notable, mais non décisive, sur le développement des institutions civiles et fiscales de la civilisation dans cette partie de l'Italie, en favorisant l'établissement du régime féodal. « Les classes de « la société sont les mêmes qu'au moment de l'invasion des « Barbares. En bas, la plèbe, les pauvres, les artisans, ceux « qui n'ont pas la terre; c'est la classe urbaine, qui se maintient « mieux en Italie que dans le reste de l'Europe occidentale. Au- « dessus, les propriétaires fonciers (*possessores*), classe moyenne « qui gère les charges municipales. En haut, l'ordre sénatorial, « la noblesse de l'empire. Les plus riches propriétaires fonciers « se confondent avec l'ordre sénatorial pour former une classe « nouvelle, la noblesse. La classe des propriétaires se trans- « forme et devient une classe militaire, l'armée (*exercitus*) (3). » « Le même mouvement qui a eu lieu dans les Gaules se pro-

(1) Quelle persistance dans les faits fiscaux ! L'annone résiste à tout. Lavisse et Rambaud, *Hist. générale, Ibibem*, p. 228.

(2) Sur l'Exarchat de Ravenne et les deux *Pentapoles*, dont une *annonaire*, Lavisse et Rambaud, *Ibidem*, p. 226.

(3) M. Lavisse a traité lui-même avec talent cette partie de l'histoire de l'Italie et des tribus nomades, qu'on appelle *Barbares*, expression imparfaite. Ce n'étaient pas des Barbares, mais des nomades que les Celtes, Francs, Germains, Goths, Lombards. — *Histoire générale, Ibidem*, 4e vol., p. 230.

duit en Italie par la force même des choses, mais dans de moindres proportions, moins d'intensité, moins d'originalité. « Dès « la fin du VIe siècle, le propriétaire est maître chez lui ; il a la « juridiction sur ses paysans ; l'autorité publique n'intervient plus « chez lui qu'à sa réquisition... Les fonctionnaires possèdent ou « acquièrent de vastes domaines... Dans leurs propriétés, ils « sont souverains par la confusion de la propriété et de l'auto- « rité déléguée par l'Empereur (1) ». En même temps que les fonctionnaires acquièrent des terres, les propriétaires acquièrent des titres de duc. Les duchés se multiplient, sous l'influence même de la lutte contre les Lombards. L'impôt public disparaît ou est approprié, comme dans les Gaules. Aussi les édits de Rotharis (643) et de Luitprand (713) (2), par lesquels les Lombards essaient d'établir une législation fixe dans le Nord de l'Italie, ne contiennent-ils, pas plus que les autres *Barbariæ leges*, aucune disposition fiscale. Les rois Lombards vivent au moyen de leurs domaines, amendes, redevances diverses, du butin et des confiscations. Ces édits ont été rédigés longtemps après la plupart des autres *Barbariæ leges* ; ils ont cependant le même caractère. Ce sont des édits sur les esclaves, les peines, les amendes et des dispositions d'économie rurale : arbres, animaux, récoltes, cultures.

Les Lombards seraient-ils parvenus, comme les Francs, comme les Saxons à se transformer de nomades en sédentaires ? on doit en douter, parce que le milieu italien ne convenait pas à cette transformation. Aussi rencontrèrent-ils en Italie un adversaire implacable, dans la Papauté, dans tous les évêques de Rome, défenseurs infatigables de la civilisation romaine et de l'indépendance de l'Italie. En 751, Astaulf, roi des Lombards, s'empare de Ravenne et menace Rome. M. E. Lavisse indique fort bien l'importance de ce moment historique. Ce que voulait « *cet effronté* », « le *Liber pontificalis* le dit clairement. Il prétendait « *imposer un tribut aux Romains* et soumettre la ville à sa juri-

(1) Lavisse et Rambaud, *Histoire générale*, tome I, p. 230.

(2) On trouve ces édits soit dans le recueil de Heineccius, soit dans les *Monumenta Germaniæ*, de Pertz.

« diction. Le moment était solennel pour la péninsule. Allait-« elle, comme la Gaule, ajoute M. E. Lavisse, être unie sous un « peuple germanique qui deviendrait l'instrument de ses desti-« nées : s'appellerait-elle Lombardie au temps où la Gaule com-« mençait à s'appeler France, et la Bretagne, Angleterre? Les « Lombards n'étaient pas incapables de jouer ce rôle d'ancêtres « de peuples, et le Pape, en entravant ces Germains d'achever « leur carrière, a été cause que l'Italie a jusqu'à nos jours attendu « la qualité de nation (1) ». Nous ne saurions nous associer à l'opinion de M. E. Lavisse. La Papauté, qui a été pour l'Italie un moyen extraordinaire d'influence, de richesse et de civilisation pendant tant de siècles, a pu, en effet, retarder la constitution de l'Italie en corps de nation; mais, au VIIIe siècle, les éléments nationaux manquaient entièrement à l'Italie, de même qu'aux Lombards. D'un côté, les Lombards étaient demeurés trop nomades, trop peu adaptables à la civilisation et, d'autre part, l'Italie elle-même était un milieu trop profondément émietté, rompu, brisé, municipalisé par les Romains, pour être à même de fournir les éléments d'une nation. Partout le régime féodal, à raison de sa puissance de cristallisation, de sa force associatrice, de sa correspondance intime et profonde avec les molécules sociales, a été la condition de la formation des grandes nations dans l'Europe occidentale; c'est le fondement encore indiscutable de leur si remarquable civilisation. L'Italie, à raison de ses traditions et institutions romaines, n'a connu qu'un développement secondaire de la féodalité. Aussi les Lombards ont pu laisser leur nom à la partie de l'Italie qu'ils ont spécialement occupée; mais ils n'ont eu aucune influence sur la constitution de la langue italienne et l'évolution de sa brillante civilisation au Moyen âge. Tous les souverains germaniques, depuis les Lombards jusqu'aux Othons, à Frédéric Barberousse et à Frédéric II de Souabe, sont demeurés absolument antipathiques à l'Italie. Les Germains ont, à diverses époques, occupé, protégé, gouverné, exploité, pressuré l'Italie; Charles-Quint a pu s'affubler du titre de roi des Lombards; la vérité historique, vérité consacrée à Magenta et à

---

(1) Lavisse et Rambaud, *Ibidem*, 1er vol., p. 270-271.

Solférino, c'est que le génie germanique ne convient pas au génie italien et que, au contraire, Allemands et Italiens s'entendent mieux avec les Français, qu'entre eux. Aussi la défaite des Lombards par Charlemagne fut-elle irrémédiable. La résistance des Lombards n'eut aucune importance. Leurs Confédérations devaient être à peu près désagrégées, quand apparurent, au haut des Alpes, les formidables cavaliers de fer, qui ont inspiré une si terrible vision au moine de Saint-Gall. Les Lombards se dispersèrent et disparurent comme les Ostrogoths. Charlemagne, éleva sans difficulté, un tout autre ordre de choses dans lequel dominèrent les Papes, d'un côté, élément nouveau, et d'autre part, le vieil et solide élément latin, étrusque, romain, élément essentiellement urbain, municipal, républicain, qui bientôt opposera aux Germains la célèbre ligue lombarde de Milan.

§ 14. *Les Northmen.*

I. *Les Normands.* — Un soir que Karl le Grand (1) se trouvait à un banquet à Narbonne, il vit apparaître dans le port des barques montées par des hommes inconnus. Il fit demander qui ils étaient. On lui répondit que c'étaient des marchands et que ces barques portaient leurs ballots de marchandises. Karl, se levant de table, se mit à la fenêtre pour mieux juger par lui-même. Les assistants remarquaient que des larmes coulaient sur les joues du grand Karl. Il dit, après avoir longtemps regardé et conservé le silence : « Je ne pleure pas sur moi, ni sur le mal que ces barques « peuvent me causer, mais je souffre vivement que, même de « mon vivant, ces barques aient osé aborder sur ces rivages, et « je souffre bien davantage quand je réfléchis aux malheurs qui « menacent ceux qui viendront après moi ». Cette belle légende peut s'appliquer à toutes les migrations qui ont tant éprouvé l'Europe. Charlemagne fit un effort suprême pour les arrêter.

---

(1) *Recueil des historiens des Gaules*, par dom Bouquet, tome V. — De rebus gestis Karoli magni regis Francorum et imperatoris, livre II. Ce livre si curieux du moine de Saint-Gall, parent d'un soldat qui avait pris part aux campagnes de Charlemagne contre les Huns, les Saxons, les Slaves, complète Grégoire de Tours et démontre que du VIe au IXe siècle, l'état des Gaules n'avait pas changé.

Pendant un demi-siècle, sa vigilance, son énergie, sa haute intelligence parvinrent à les contenir. Aussi est-il entouré, dans l'histoire de la civilisation, d'une sorte d'auréole. Il a pu procurer à l'Europe occidentale et centrale une période de repos relatif, en attaquant ou en repoussant les Arabes et les Lombards au Midi, les Avars, les Saxons à l'Est, les Northmen au Nord. La chronique du moine de Saint-Gall donne une idée exacte de cette époque, des luttes soutenues ou provoquées par Charlemagne, de ses efforts pour rétablir un ordre quelconque, de l'étendue de son empire, de son influence au dehors et de l'anarchie qui prévalait, au fond, partout. Comment, en effet, établir un ordre quelconque au milieu de populations, les unes sédentaires, les autres nomades, de migrations venant de tous les côtés à la fois? Aussi, Charlemagne ne parvint jamais à maintenir un ordre réel, une sécurité complète. Les forces et le temps mis à sa disposition n'étaient pas suffisants. L'anarchie persista dans l'intérieur même de son vaste empire. Rien ne put arrêter le travail de désorganisation financière et fiscale qui, après avoir renversé les Mérovingiens, s'aggrava encore sous les Carlovingiens pour préparer l'époque féodale. Seuls les petits centres multiples de la féodalité purent, par un véritable mouvement de cristallisation, transformer les nomades en sédentaires et opposer, au prix des plus douloureux sacrifices, une barrière insurmontable, aux courants nomades.

Parmi les ennemis, nomades ou demi-nomades, qui ont le plus contribué à la destruction de l'empire de Charlemagne, les Northmen ont été les plus dangereux. Ils comprenaient surtout les habitants des Fjords de la Norwège, de la Suède occidentale et du Jutland (1), marins, pêcheurs, chasseurs, aventuriers, écumeurs, pirates de mer de toute espèce, nomades maritimes,

---

(1) Encyclopedia britannica, Normans, Sweden, Norway. — Fremann, Norman conquest. — Palgrave, England and Normandy, p. 97, 1er vol. — Sarah Orne Jewett (Story of nations), the Normans, p. 1-52. — Mac Lear, the Northmen (Society for promoting Christian Knowledge, chap. I. — Agardht (traduction Puget), *Hist. de la Suède*, 1856. — Depping, *Hist. des exp. marit. des Normans*, 2 vol., 1826. — Otté, *Scandinavian history*, 1874, chap. I et II. — Aug. Thierry, *Conquête de l'Angleterre par les Normands*, 1er vol.

vivant dans les anfractuosités des côtes de la Norwège et y trouvant un asile infranchissable. Ils étaient insaisissables. Ils formaient de petites communautés, des guildes de pirates, comme il en existe dans les mers de la Chine, sous des chefs, *Jarls* et *Vikings*. Le Viking était un petit roi de plusieurs Jarls et bandes de pirates, plus audacieux et plus dangereux que les nomades de terre, formant des bandes ambulantes. Sous beaucoup de rapports, ces communautés, guildes ou petites tribus avaient des institutions sociales, politiques ou fiscales, en tout semblables à celles des peuplades germaniques, près desquelles elles se trouvaient. De tout temps, la pêche maritime a favorisé l'association et l'esprit d'entreprise (1). Les Northmen étaient des nomades de mer.

Ils comprenaient trois éléments ethniques — les Fennes ou Finnois, avec quelques groupes de Lapons, les Scandinaves mêmes, Norses ou Norwégiens, Goths ou Suédois, et les Danes ou Danois. Les Norses et les Danes ont été les deux éléments principaux, l'un et l'autre maritimes. Leur apparition dans l'histoire de l'Europe, vers la fin du VIIIe siècle, a été précédée d'une époque légendaire et héroïque, dont les Sagas d'Islande ont perpétué la tradition. Cette époque correspond certainement aux premières migrations vers le nord de la Grande-Bretagne, l'Islande, les Orcades, les Shetland. Après ces émigrations, les tribus restantes en Scandinavie ont dû passer de la vie nomade à la vie demi-nomade (2), caractérisée par l'occupation et la culture temporaires du sol, probablement au moyen des communautés rurales, qui, plus tard, se sont transformées en *Kæmpe* ou Cappar, guildes, associations de mer, de pêche et de piraterie dont les membres étaient appelés Berseker, dirigées par des Vikings, rois de mer, de même que les Jarls étaient les comtes ou chefs

(1) Mac Lear, *The Northmen*, 1er chapitre.

(2) Ils conservèrent le régime patriarcal et une organisation sociale semblable à celle des Germains, de César et de Tacite. Ils étaient divisés en un grand nombre de cantons, commandés par des chefs héréditaires ou des nobles (Jarls). L'assemblée Thing, formée par tous les hommes libres, était l'autorité supérieure en matière politique. Vivant dans un pays peu fertile, incapable de nourrir une population nombreuse, les Scandinaves étaient forcés d'émigrer dès que leur nombre augmentait. — Lavisse et Rambaud, *Hist. générale*, t. I, p. 400-401.

de communautés de terre, ayant droit aux mêmes redevances, sur terre ou sur mer, que les chefs de clan et de tribu. Les liens entre les membres du Cappar et leur chef étaient les mêmes que ceux indiqués par Tacite (1) pour les Germains. « Dans le choix « des rois, ils ont égard à la naissance; dans celui des chefs, à « la valeur; les rois n'ont pas une puissance illimitée et arbi-« traire; les chefs commandent plus par l'exemple que par l'au-« torité. Ils s'attachent à des chefs dans la force de l'âge et dès « longtemps éprouvés... Celui qui se distingue par le nombre de « ses compagnons devient glorieux et sa renommée s'étend au « loin (2) ». Les femmes mêmes entraient dans ces guildes et devenaient des pirates de mer. Ainsi se constituaient des clans, des tribus de mer ayant le pillage pour seul objet (3). A cet effet, les Norses firent construire des barques de 30 à 40 pieds de long qui pouvaient à la fois pénétrer dans les Fjords scandinaves et se glisser le long des fleuves des pays voisins. L'équipage, composé d'hommes et de femmes, rompus à toutes les fatigues, animés de sentiments sauvages, préparés à la guerre de mer et à la guerre de terre par un entraînement spécial, était un instrument de guerre formidable. Vikings, Berseker, entretenaient leur indomptable courage et leur férocité par des chants barbares dont plusieurs, comme celui de la mort de Ragnar Lodbrog, ont été conservés. Ils s'organisaient en flottille de 100 à 300 navires, parfois davantage. C'était, pour l'époque, une force irrésistible.

Les ravages de ces pirates, nomades de mer, se sont prolongés pendant 200 ans. Ils ont accablé les Gaules, bien plus que les invasions des Goths, Burgundes, Francs, peuples nomades, mais dotés de coutumes régulières. Ils étaient plus dangereux que les Arabes ou les Mongols ; on ne peut comparer leurs ravages qu'à ceux des Huns, des Avars ou des Hongrois. Entreprises de piraterie et de pillage, les Kæmpe étaient régies par les traditions des associations de mer et non par les coutumes terres-

(1) *De Moribus*, XV.

(2) *The men of the Dragon Ships*, chap. I, du livre de Made Sarah Orne Jewett.

(3) Depping, *Hist. des expéditions maritimes des Normands*, 1er vol. ch. II.

tres fiscales. Elles n'ont eu aucune influence sur les institutions fiscales des peuples scandinaves ; elles ont cessé au fur et à mesure que les tribus nomades scandinaves sont devenues sédentaires, chrétiennes, agricoles. Ces pirates se sont transformés en paysans libres et les Jarls en une noblesse, mais très inférieure en importance à la noblesse féodale. Les États scandinaves n'ont pas connu la véritable féodalité. Pour donner aux populations les habitudes militaires et déraciner les traditions de la piraterie, il a fallu exempter, de tout impôt direct sur les terres, les familles militaires qui sont ainsi devenues nobles. La classe des paysans libres, c'est-à-dire des cultivateurs, qui caractérise les États scandinaves, a, peu à peu, perdu alors de son importance. Cette situation s'est beaucoup aggravée après le XIVe siècle. Sans traditions fiscales, longtemps nomades et pirates, les Scandinaves sont devenus, très tard et très péniblement, des *tax payers*, c'est-à-dire des contribuables. Le tribut ne leur suffisait pas. Ils exigeaient en même temps le butin. Ils étaient donc plus rigoureux que la plupart des nomades terrestres. Ils finirent même, comme les Romains, par s'emparer des terres, après avoir longtemps reçu le tribut et le butin. Des jurisconsultes allemands, même de notre siècle, ont reconnu que la guerre rendait légitime le tribut, le butin et la prise de possession du sol. Des peuples, plus anciennement sédentaires que les Allemands, n'acceptent pas cette doctrine et répugnent à l'enseigner. Il faut cependant la connaître et en tenir compte.

L'influence des migrations et des pirateries des Northmen a été profondément désorganisatrice, surtout dans les Gaules. Tout le littoral de l'Océan fut dévasté, Bordeaux brûlé, la Loire, la Seine ravagées, Paris deux fois assiégé. Meilleurs marins que soldats, les Northmen furent souvent battus; mais les bandes se renouvelaient et se recrutaient sans cesse sous de nouveaux chefs : Rorik, Roll, Harold, Siegfried, Sydroc, Bjarn côte de fer, Hasting. C'est dans les luttes incessantes contre les Northmen que les premiers Capétiens, Robert le Fort, Eude, Hugues le Grand acquirent la popularité qui devait jeter les bases de leur illustre dynastie. Insuffisantes pour se défendre, les populations essayèrent d'acheter leur repos. Elles établirent entre elles une contribution spéciale ou taille afin de traiter avec les Vikings. Cette contribution fut appelée l'impôt normand, comme il y a eu l'impôt danois (Danegeld) en Angleterre. L'influence des incursions des Northmen sur l'établissement du régime féodal a été considérable. Le traité de Kiersy, juillet 877, qui le consacre, a été signé au moment où ces incursions furent le plus désastreuses. Les Carlovingiens, divisés entre eux, affaiblis par l'anarchie et le mouvement féodal, ne purent continuer la lutte. En 911, Charles le Simple céda à Hroll ou Rollon, Viking établi à l'embouchure de la Seine, dans l'entrevue de *Saint-Clair-sur-Epte,* toutes les terres situées entre Epte et la mer. Rollon se considéra comme le seul propriétaire des terres qui lui avaient été abandonnées. Il procéda, comme devait procéder 150 ans plus tard Guillaume le Conquérant pour toute l'Angleterre même (1). Il partagea les terres concédées, entre les chefs de sa bande, en toute propriété, sous la seule condition de l'aider à défendre le pays. Ce partage eut lieu au cordeau, avec tirage au sort des lots. Au lieu d'être astreints au tribut, les occupants furent dépossédés et réduits à devenir les tenanciers des Normands; méthode que les Normands ont portée avec eux par tout. C'est qu'ils n'étaient eux-mêmes que demi-nomades et que, dans la mesure possible, ils entendaient devenir sédentaires, propriétaires. C'est là l'un des faits les plus importants dans l'histoire de la civilisation et des impôts. Au tribut, les Normands (2) substituent la dépossession, ou plutôt, comme l'a montré Sumner-Maine pour l'Inde, la rente. L'ancien proprié-

(1) Nous avons conservé le nom de Northmen, les Hommes du Nord, jusqu'à la prise de possession du territoire qui deviendra la *Normandie.*

(2) Le pays fut divisé au cordeau. Toutes les terres désertes ou cultivées, à l'exception de celles des Églises, furent partagées de nouveau, sans égard aux droits des indigènes. Les compagnons de Roll, chefs ou soldats, devinrent selon leur grade, seigneurs des villes et des campagnes, propriétaires souverains de domaines, grands ou petits. Les anciens propriétaires étaient contraints de s'accommoder à la volonté des nouveaux venus, de leur céder la place s'ils l'exigeaient, pour détenir d'eux leur propre domaine à ferme, ou en vasselage. De nouvelles dénominations géographiques résultèrent de cette répartition de la propriété territoriale, et l'usage attacha dès lors à un grand nombre de domaines les noms propres des guerriers scandinaves qui les avaient reçus en lot. A. Thierry, *Conquête de l'Angleterre,* 1er vol., p. 203.

taire est réduit à la condition de fermier ou même de tenancier *at vill,* parfois de métayer. Beaucoup de nos belles fermes de Normandie proviennent de ces arrangements et ont dû être constituées à cette époque. Il en a été de même en Angleterre, depuis Guillaume le Conquérant. La rente foncière a eu par suite en Angleterre et en Normandie une autre origine que celle du fermage. Elle y a correspondu à un changement violent de propriétaires, à une dépossession et non au tribut. Dans l'Empire arabe, il y eut aussi des dépossessions particulières, mais, en général, les vaincus purent conserver leurs terres à charge de payer le Djizyé et le Kharadj, fixés une fois pour toutes. Dans les pays conquis par les Northmen, les vaincus furent dépossédés de la propriété; ils n'en conservèrent que l'exploitation à condition de payer la rente, dont le taux n'était pas immuable. Entre ces deux conditions économiques, la situation des populations normandes a cependant été préférable, parce que, nouveaux propriétaires et anciens, ceux-ci devenus tenanciers, étaient de même race, de même religion, et que la disparition du tribut personnel a favorisé le rapprochement et la fusion des vaincus et des vainqueurs. Les Normands apportaient, en outre, malgré leur ancien état nomade et leurs mœurs féroces, des principes sociaux et politiques supérieurs à ceux du Coran. Mais pour l'ensemble des populations, le cens féodal français, quoique affecté d'un certain caractère tributaire, de même que la rente, dans les pays de dépossession, a été une forme supérieure d'accession à la propriété foncière, c'est-à-dire un instrument plus favorable d'amélioration de la condition sociale. Les pays normanisés ont conservé les mœurs, les idées, les institutions aristocratiques, auxquelles la rente est favorable; le cens, au contraire, avec son taux fixé par la coutume et la propriété conditionnelle, a tendu à élever le censitaire à la condition de propriétaire. Ce sont là des différences fondamentales. Rollon introduisit dans le gouvernement de son territoire, des idées d'ordre, des traditions de sécurité, inconnues à la vieille Gaule(1). Ces idées, ces traditions prouvent qu'il existait dans les États scandinaves (Danemarck, Suède,

(1) A. Thierry, *ibidem*, p. 204.

Norwège, îles en dépendant), un centre important de civilisation. La Normandie devint ainsi un duché modèle dont les institutions, plus féodales que celles des autres parties du territoire franco-gaulois, ont singulièrement contribué à élever le niveau de la Gaule-Franke. Aussi la conquête de la Normandie par Philippe-Auguste a-t-elle été le plus grand acte politique des Capétiens.

L'occupation de la Normandie ne modifia pas immédiatement les mœurs des Vikings. Il fallut encore au moins un siècle afin que, des changements profonds, dans l'état intérieur de la Norwège et du Danemarck, missent un terme à cette terrible période pour la France comme pour l'Angleterre (1). En 996, la Chronique de Richer traite encore Richard Ier, duc de Normandie, de chef de pirates (2). Néanmoins, quarante ans plus tard, un autre chroniqueur, Dudon, voyait dans les Normands une sorte de race de salut, appelée à régénérer les Gaules. « O France, tu « étais accablée, gisante à terre... voici venir à toi, du Dane- « marck, une race nouvelle... une alliance est conclue; paix entre « elle et toi. Cette race portera jusqu'au ciel ton nom et ton « empire (3) ». Ces vues n'étaient pas sans un fonds de vérité; les Normands devaient porter le nom français bien loin; mais le salut de la France à cette époque, comme toujours, est venu d'elle-même. Le régime féodal a été ce salut. Aussi, quand le vieil armoricain, Alain Barbe Torte, précurseur de Duguesclin, eut chassé les Normands de la Bretagne, il y favorisa le développement des institutions féodales (4), en rapport, au surplus, avec les traditions de la Bretagne. Celtes et Kymris devinrent définitivement sédentaires. Alors Normandie et Bretagne entrè-

(1) Avec le temps, et surtout avec les progrès du Christianisme, il se produisit en Norwège une violente réaction contre les migrations et les pirateries. Elles furent interdites notamment par le roi Harold Haarfager, fils de Halfdan *aux cheveux noirs*, qui soumit les petits rois et chefs norses, vers le milieu du xe siècle. Il leur interdit la piraterie. Harold Haarfager est une des grandes physionomies des premiers temps de la Norwège. — Otté, *Scandinavian History*, chap. VI, ouvrage important.

(2) Lavisse et Rambaud, *Hist. générale*, 1er vol., p. 491.

(3) Lavisse et Rambaud, *Ibidem*, p. 495.

(4) Lavisse et Rambaud, *Ibidem*, p. 496.

rent dans une époque de grande prospérité, prospérité qui n'a pas été étrangère aux invasions des Anglais aux XIVe et XVe siècles.

Guillaume le Conquérant importa en Angleterre les idées, les traditions, les institutions des Normands de France. Et depuis, la Normandie et la partie méridionale de l'Angleterre, notamment le Kent, ont conservé une sorte de similitude d'aspect et des relations suivies. Cette conquête eut le même caractère politique et social que l'occupation de la Normandie, avec plus de ménagements, à raison de l'étendue du territoire et de la communauté d'origine des Normands, Danois et Anglo-Saxons. Les vaincus furent dépossédés de la propriété du sol et ils devinrent des tenanciers payant la rente, mais non le tribut. C'est à eux que remonte la classe si estimée des fermiers anglais, les yeomen, composant la yeomanry.

II. *Les Anglo-Saxons.* — Ils sont l'exemple, par excellence, des Confédérations de nomades ou demi-nomades que les circonstances ont servis et qui, grâce à une rapide et complète transformation en peuplades sédentaires, se sont élevés à une haute destinée. L'une de ces Confédérations, les Angles, habitait le Jutland. Elle doit être comptée parmi les tribus scandinaves. Les Saxons étaient Germains. Tacite mentionne les Angles, ainsi que Ptolémée (1). C'est donc une ancienne Confédération. Elle a eu l'honneur de donner son nom à l'une des nations qui ont joué le rôle le plus considérable, à notre avis providentiel, dans le développement de la civilisation et le renouvellement des forces de l'humanité. Nous plaçons ces Confédérations parmi celles appartenant à la race scandinave à cause, soit de l'importance exceptionnelle de la destinée et du nom des Angles, soit de l'immense influence que les Danois et les Normands (Angles, Danes et Norses, tous Northmen, hommes du Nord), ont eue sur la formation du peuple anglais. Trois éléments ont concouru à cette formation l'élément celtique, l'élément germanique, l'élément scandinave. Ce dernier élément a été comme le levain qui a dominé l'ensemble et présidé à leur transformation. En outre, à côté

(1) Ptolémée, *Ibidem*, liv. XI, chap. XI. — Tacite, *De Moribus*, 40.

des Angles et des Saxons, il y avait une troisième Confédération, celle des Jutes, qui habitait le Jutland également et qui était scandinave. Ce seraient même les Jutes, conduits par leurs chefs de bande, Henghist et Horsa, qui auraient fait en 449 le premier débarquement en Bretagne. Vinrent ensuite les véritables Saxons, sous Aella et Kerdic, et, plus tard, toutes les tribus des Angles ou Anghels, conduites par le chef Ida et ses douze fils. Ces tribus, après une longue résistance des Celtes et des Kymris, dans laquelle se serait illustré le roi Kymri Arthur, s'emparèrent de la côte orientale de la Bretagne et bientôt refoulèrent les Celtes et les Kymris, avec le concours des Pictes et des Scots de Calédonie (Écosse), dans la Cornouaille ou Nouvelles Galles et en Irlande. De nouvelles migrations des Saxons eurent lieu, suffisantes pour fonder sept États anglo-saxons. En racontant, avec un rare talent, ces événements, Aug. Thierry a exagéré l'accablement des Celtes et des Kymris, réunis sous le nom de vieux Bretons. Ils firent, au contraire, une résistance des plus opiniâtres et ils auraient peut-être triomphé dans la lutte si leurs tribus avaient pu former des Confédérations comme les Anglo-Saxons. Ils ne paraissent pas s'être élevés au-dessus de la conception sociale et politique du clan. La conquête eut un caractère de dépossession complète (1). Les tribus bretonnes durent céder leur territoire aux tribus scandinaves ou germaniques, une partie chercha un refuge dans l'Armorique. « Les Anglo-Saxons, maîtres « du sol, procédèrent (2) à un partage en lots de grandeur variable, « depuis ceux d'une hide (3), suffisante pour nourrir une famille « jusqu'à ceux des nobles qui pouvaient couvrir tout un canton. « Ces lots pouvaient se transmettre, le titre de propriété était « constaté soit par le témoignage de la communauté, soit par un « acte écrit (bocland) (4) ». Une partie du sol demeura indivise; quant aux lots, ils furent répartis selon la condition de chacun, « c'était le bien commun de la tribu, de la nation (*Focland*); pour

(1) Aug. Thierry, *Hist. de la conquête de l'Angleterre par les Normands*, 1er vol., p. 42-45.

(2) Aug. Thierry, *Ibidem*, 1er vol., liv. IV, p. 52-60 ; 120-124.

(3) Lavisse et Rambaud, *Hist. générale*, 1er vol., p. 581.

(4) Lavisse et Rambaud, *Ibidem*, p. 582-583.

« l'aliéner, il fallait le consentement de l'Assemblée nationale. Si « on le louait, le détenteur devait à l'État une rente ou des ser- « vices dont le propriétaire du *Bocland* était exempt. Sur ces « terres, vivaient plusieurs catégories de personnes. C'étaient ou « bien des esclaves de la race germanique, ou bien des Bretons « faits prisonniers et vendus. La présence de ces derniers n'a « guère été constatée dans la partie orientale de l'île, tandis « qu'ils se rencontrent de plus en plus nombreux à mesure qu'on « s'avance vers l'Ouest; c'est même à cela qu'on a pu pouvoir « mesurer le degré d'extermination dont les indigènes ont été « victimes. Tous étaient d'ailleurs également considérés comme « des choses, non comme des personnes (1) ». Ainsi la conquête anglo-saxonne a eu pour caractères l'expulsion du sol, l'extermination ou l'esclavage; c'est l'une des plus terribles que l'on connaisse. Le tribut de César ou de Mahomet, ou la rente indéterminée étaient autrement favorables. Quant au cens féodal et coutumier, avec propriété conditionnelle, comment soutenir qu'il n'a été un progrès immense dans l'œuvre de la civilisation?

Étrangers à toute idée de tribut, de rente et de cens, les Anglo-Saxons ne payaient pas d'impôts. « Le Roi avait de nom- « breux domaines comprenant, soit des terres dont il avait l'en- « tière et libre disposition, soit des fermes, des villages, bourgs, « maisons ou cités dont il possédait seulement l'usufruit; il y « ajoutait une partie des amendes et autres fruits des cours de « justices, les produits des naufrages, des trésors trouvés, des « mines et salines; il avait le droit de gîte et de procuration. Sa « personne, celle de sa famille, et de ses serviteurs étaient pro- « tégées par un wergeld considérable (2) ».

Tous ces faits si curieux, puisqu'ils sont à peine postérieurs à la chute de l'Empire romain d'Occident, jettent une vive lumière sur l'histoire de la propriété foncière et sur celle de l'impôt, que l'on doit considérer comme inséparables. Ils prouvent, d'abord, qu'il existe chez les peuples demi-nomades, se transformant en peuples sédentaires, une phase durant laquelle l'État ou le Roi,

(1) Lavisse et Rambaud, *Ibidem*, p. 182.
(2) Lavisse et Rambaud, *Ibidem*, p. 183.

apportionné en terres, ne reçoit pas d'impôt direct de la part des propriétaires. C'est un des faits fiscaux les plus généraux et les plus incontestables. Rien d'extraordinaire qu'il ait été très difficile de contraindre, dans l'Europe occidentale, les propriétaires fonciers à payer un impôt direct. La constitution de réserves territoriales importantes a été toujours nécessaire pour les États qui ne pouvaient subsister exclusivement sur le tribut des peuples vaincus ou alliés. Telle a été longtemps la condition du peuple romain; telle la condition de la plupart des États de l'Europe orientale, empire d'Allemagne, Russie, Autriche, Brandebourg, Prusse. Jusqu'à la fin du XIIIe siècle, les Rois de France, alors jouissant d'une si grande influence, trouvaient dans leurs domaines leurs principales ressources. Pour leur en garantir de nouvelles, permanentes et suffisantes, il a fallu une crise extraordinaire.

Quant à la répartition du sol faite par les Anglo-Saxons, d'après le rang de chacun, répartition indiquée par Tacite, elle est la réfutation complète des théories de M. E. de Laveleye et des sophismes de César. L'inégalité des biens provient de l'inégalité des conditions, loi de l'espèce humaine et, au surplus, de toutes les espèces. La vie a pour condition l'inégalité; sans inégalité elle n'est pas. Cette inégalité dans la répartition du sol est, en partie, compensée par des réserves ou fonds commun. M. E. de Laveleye ne s'est pas moins mépris à cet égard. Il en résulte que la dilapidation, depuis un siècle, par divers États, de leurs réserves immobilières, a été une grande faute; il en résulte encore que les peuples qui ont à leurs dispositions de vastes étendues de terres, comme les États-Unis, les Anglais au Canada, en Australie et dans l'Afrique australe, la France à Madagascar, ont le devoir de constituer des réserves. Même observation pour le Brésil, la République Argentine, le Vénézuéla qui possèdent encore des terres considérables.

III. *Les Danois.* — Néanmoins, l'histoire même des Anglo-Saxons fournit l'exemple de la naissance de l'impôt dans un milieu qui y était réfractaire. Les Danes ou Danois étaient plus rapprochés par la race des Jutes, des Angles et même des Saxons que des Norses ou Norwégiens. Le sang finnois leur était étranger, tandis qu'ils tenaient de près aux Germains et aux Slaves.

Aussi ont-ils produit une civilisation supérieure à celle de la Norwège. Ils étaient au VIIIe siècle encore demi-nomades, pêcheurs et pirates de mer comme les Norses. Le même courant d'incursions à mains armée, de piraterie maritime, de pillage, les entraîna. Ils s'habituèrent aux mêmes excès, mais ils dirigèrent leurs attaques sur l'Angleterre anglo-saxonne. La lutte fut aussi longue et aussi acharnée que celle des Northmen contre les franco-gaulois. Elle aboutit, après diverses phases, dont la plus brillante pour les Anglo-Saxons fut le règne d'Alfred le Grand, à un compromis à la suite duquel Knud, roi de Danemarck, devint roi de toute l'Angleterre. Les Danois ne purent jamais s'emparer du sol sur lequel les Anglo-Saxons s'étaient établis. Ceux-ci étaient devenus à peu près sédentaires. Les Danois durent se contenter du tribut (Danegeld) que les Anglo-Saxons consentirent de bonne heure à payer. Ce tribut parut préférable aux Anglo-Saxons, qui avaient été impitoyables envers les Bretons, aux chances d'une lutte à outrance. Les incursions danoises contraignirent les Anglo-Saxons à modifier leurs institutions, à organiser le service militaire, l'entretien des ponts et fortifications. Triple obligation qui, sous le nom de *Trinoda necessitas*, incomba aux propriétaires fonciers, ainsi que les trois impôts mentionnés plus haut le shipgeld, le Danegeld et le fouage (1). A la mort de Knud, les Danois furent entièrement expulsés d'Angleterre; ils ne reçurent plus le tribut. L'impôt du Danegeld se maintint quelque temps après leur expulsion (2). Ainsi les deux modes d'impôts de guerre ont été pratiqués à la même époque en France et en Angleterre. En France, quant à la Normandie, la rente, avec dépossession, a prévalu et la conquête a été durable; en Angleterre, le tribut n'a peut-être pas été étranger à l'expulsion des vainqueurs.

Les migrations successives des Anglo-Saxons et des Danois eurent sur l'Angleterre, ou plutôt la Grande-Bretagne une in-

(1) Lavisse et Rambaud, *Ibidem*, p. 597, 600, 605, 609.

(2) Lavisse et Rambaud, *Ibidem*, p. 610, 611. Sumner-Maine, *Village communities*.

fluence analogue à celle des tribus germaniques et scandinaves sur les Gaules. Elles tendirent à dissoudre les anciens clans, les anciennes tribus kymriques, celtiques, germaniques et à les transformer en clans, tribus sédentaires, occupant un territoire déterminé. Ce mouvement prit, de même que dans les Gaules, la forme de la recommandation. Les seigneuries se formèrent sous la dénomination de *manors*. Le maître du manor, ancien chef du clan, répartit les terres d'après la condition des individus dans chaque clan. De là, la diversité des conditions des terres (céorles, cottarii, bordarii, socmen). La Royauté conserva plus de force que dans les Gaules, avec plus de terres qu'elle dut faire exploiter dans les mêmes conditions. Toute cette époque est dominée par l'occupation du sol, son exploitation et la fixation des clans et des tribus nomades.

IV. *Les Varègues ou Varéguiens.* — Après avoir renversé l'Empire romain et mis la main sur l'Angleterre, qu'ils possèdent encore, les hommes du Nord, les Northmen étaient appelés à une autre fortune. Ils étaient chargés de préparer les voies de la civilisation à ces masses de tribus de toute provenance, de toute origine, de toute culture, superposées ou juxtaposées, entre le Volga et la Vistule, de l'Est à l'Ouest, l'océan Glacial, la Caspienne et la mer Noire du Nord au Sud, dont Hérodote, Strabon, Tacite, Ptolémée, Ammien Marcellin, Jornandès, Priscus, Procope, le moine de Saint-Gall, Nestor, Marco Polo ont laissé des tableaux, à 1,200 et 1,800 ans d'intervalle. « Les Slaves, « raconte Nestor, passèrent la mer et se rendirent chez les « Varègues qu'on appelle Rousses, et d'autres, Varègues Suèdes, Urmaines (Northmen), Igliens, et d'autres Goths. Ils di- « rent aux princes de Varègues, notre pays est riche et tout est « en abondance; mais l'ordre et la police y manquent. *Venez « prendre possession du sol* et nous gouverner (1) ». Les trois princes des Varègues, Rurik, Sinéous et Trouvor acceptèrent et partirent ensemble. Sinéous et Trouvor moururent bientôt et Rurik resta seul. Rurik procéda comme Rollon et Guillaume le Conquérant. Il partagea aussi le sol entre ses capitaines; mais

(1) Chronique de Nestor, traduction. Paris, 1834, chapitre II.

le sol et les habitants du pays des Slaves différaient beaucoup de la Normandie et de l'Angleterre. Rurik fut obligé de soumettre au tribut toutes les peuplades nomades qui l'entouraient. Comme cette soumission était fort difficile, il préféra reprendre son métier de pirate et vogua vers Constantinople. Sans négliger la piraterie, Oleg, son successeur, se fixa à Kiew sur le Dnieper et entreprit de contraindre au tribut les peuples nomades de la Russie.

De même que les Vikings avaient vogué vers la Bretagne ou les Gaules, les Vikings-Varéguiens commencèrent alors une série d'expéditions et de pirateries ayant le même caractère que celles des Danois en Bretagne et que celles des Northmen dans les Gaules. Mais ils rencontrèrent plus de résistance. Ces expéditions aboutirent à la conversion des Varéguiens, puis des tribus Slaves et Tchoudes au Christianisme, byzantin ou orthodoxe. Deux des éléments divers, qui ont le plus contribué à la civilisation des Russes, les hommes du Nord ou Northmen et les vieux Grecs de Byzance, se rencontrèrent ainsi à Kiew, au milieu des steppes des anciens Scythes, des Sarmates et des Petchénègues.

L'œuvre d'Olga et de ses successeurs, jusqu'en 1200, consista à lier les unes aux autres les tribus d'origine slave, à les affranchir des redevances qu'elles payaient aux Confédérations ouralo-finnoises, aux Avars et aux Khazars, pour les payer aux descendants de Rurik et des Varègues qui civilisaient leur race et qui, en les convertissant au Christianisme, sous l'influence de Byzance, les préparaient à se transformer de tribus nomades en tribus sédentaires. Cette œuvre ne fut réalisée qu'en partie. Les Slaves de Russie devinrent chrétiens orthodoxes, mais demeurèrent longtemps nomades. Ils ne s'habituèrent sérieusement à l'impôt que sous l'oppression des Mongols. Les Varègues n'en ont pas moins une grande place dans l'histoire de la formation de la nation russe, dans l'évolution sociale de la civilisation en Russie et dans l'adaptation de ses tribus nomades à l'impôt. Cette adaptation a été une œuvre extrêmement lente et difficile. En nous occupant des Slaves, nous n'avons voulu, dans le présent paragraphe, que montrer l'importance des divers éléments scandinaves dans l'œuvre de la civilisation de l'Europe.

Dans plusieurs circonstances, Nestor met en scène Oleg et Igor au sujet du tribut. Il les montre demandant aux Drevlianes, aux Radimitches, aux Polianes, soit à Kiew, soit à Novgorod-la-Grande (1). « A qui donc payez-vous le tribut de tant de Grivnas « par tête? Aux Khazars, répondaient ordinairement les Drev- « lianes et autres. Eh bien! sachez, reprenait le grand-Duc, que « c'est à moi que vous devez le payer, sans quoi je vous ferai « la guerre ».

§ 15. *Les Slaves.*

Les origines et le développement historique des Slaves offrent, au point de vue politique, le plus grand intérêt, puisqu'ils sont appelés à jouer un rôle extraordinaire dans le renouvellement des institutions de l'Asie, comme dans la direction politique de l'Europe (2). L'Amérique et l'Australasie, seules, semblent à l'abri de leur influence directe. Au point de vue social et économique, leur importance n'est pas moindre, ainsi qu'en ce qui concerne l'impôt. De peuples essentiellement pasteurs et nomades, devenus lentement agricoles et sédentaires, ils sont, au plus haut degré, le type de nations qui ont transformé leur condition sociale et qui ont adapté, à cette transformation, des institutions spéciales, originales et curieuses à connaître.

I. *Origines.* — Nous avons donné plus haut la description des Scythes d'après Hérodote, qui les distingue en Scythes, laboureurs ou sédentaires et Scythes nomades. Derrière ceux-ci, se trouvaient les Scythes royaux, également nomades. Ces divers Scythes occupaient la zone actuelle de la Russie méridionale, au-dessus de la mer Noire. Cette zone formait la *Scythia*. M. G. Rawlinson la comprend sous ce nom dans le tableau qu'il a dressé de la Scythia d'Hérodote (3). De son côté, M. Mommsen, dans sa savante histoire des provinces de l'Empire romain au IIIe siècle, a refait, à 800 ans d'intervalle, la carte d'Hérodote. La

---

(1) Nestor, *Chronique*, chap. III et IV.

(2) Sur le rôle et l'avenir de la Russie en Orient, consulter *Études sur la Russie*, par M. de Haxthausen, 3e vol., 1852, chap. V.

(3) Hérodotus, tome III.

Scythia a disparu. Elle est remplacée par la *Sarmatia*, les rives mêmes de la mer Noire (*Pontus-Euxinus*) étant occupées par les *Bastarnes*, les *Gottones* et les *Roxolans*. Toutes ces Confédérations, alors puissantes, ont entièrement disparu du terrain de l'histoire (1). D'après Pline, les limites de la Sarmatie étaient très étendues; elles remontaient jusqu'à la Vistule dont elles suivaient le cours, englobant les Vendes et Vindilles au Nord (2). Tacite confirme ces données. Les Sarmates et les Daces limitaient la Germanie au Levant. Tacite les montre, dans diverses circonstances, alliés contre Rome, près du Danube, puis il les retrouve au Nord, près des Peucins, des Venèdes et des Fennes, se mêlant avec eux par des mariages, quoique les Peucins et les Venèdes aient des habitations fixes, comme les Germains, tandis que les Sarmates passent leur vie à cheval et en chariot (3). On a conclu de ces textes, confirmés par Strabon et par Ptolémée, que les Slaves provenaient des Sarmates, de même que les Sarmates provenaient des Scythes et qu'ils formaient le fond des populations de l'Europe orientale, d'origine aryenne, mais gravement modifié par le mélange des diverses races, notamment des tribus touraniennes, hunniques ou ouralo-finnoises, avec lesquelles ils se sont trouvés en rapports. Longtemps opprimés par ces tribus, les Slaves s'en affranchirent. Le problème de l'origine des Slaves et de leurs affinités avec les Sarmates existait déjà du temps de Tacite, qui le pose en termes formels : « *Peucinorum Venedorumque et Fennorum nationes Germanis an Sarmatis adscribam, dubito* (4) ». Ce problème est encore à résoudre. Il a été abordé, avec beaucoup de science, par M. G. Rawlinson dans l'un des essais qui enrichissent sa traduction d'Hérodote (5). M. Rawlinson conclut : 1° que les Slaves n'ont pas de rapport avec les anciens Scythes, qui auraient disparu, de même que les Goths; 2° qu'ils

(1) Provinces of roman Empire, tome Ier.

(2) *Histoire naturelle*, liv. IV. — Strabon, liv. VI. — Pomponius-Méla, liv. II.

(3) *De Moribus*, 46, 1, 43. — Tacite les montre alliés aux Daces. — *Histoires* III et IV, 46, 4, 54.

(4) *De Moribus*, 46.

(5) Hérodotus, tome III.

sont d'origine indo-européenne, mais qu'ils diffèrent des Celtes et des Germains; 3° qu'ils peuvent (c'est l'avis de Tacite) provenir des anciens Sarmates. Sans discuter ces hypothèses, nous ajouterons qu'il s'est formé trois autres courants d'opinions sur l'origine des Slaves. L'un admet que les Slaves sont de souche ouralo-finnoise, opinion contraire en partie aux tendances sédentaires et agricoles d'une notable partie des Slaves. D'après une seconde opinion, non moins invraisemblable, ils auraient été compris et entraînés, quoique d'origines différentes, en Europe avec le grand courant turco-hunnique ou touranien signalé plus haut. Enfin un troisième système les fait arriver en Europe postérieurement aux Celtes, mais antérieurement aux Germains; ce seraient les *Buddins* et les *Neuri* d'Hérodote, peuplades demi-sédentaires et agricoles. D'autre part, la division tripartite faite par Hérodote des Scythes, en Scythes sédentaires agricoles, Scythes nomades et Scythes royaux convient particulièrement à la vie historique des Slaves qui se présentent sous des aspects différents, tantôt essentiellement sédentaires et agricoles, tantôt nomades, tantôt belliqueux et redoutables. De ces aspects, le plus important est l'aspect agricole. De Sismondi a tracé, il y a près d'un siècle, le tableau des établissements de la race slave, depuis les empires de l'Illyrie jusqu'à la Baltique, entre l'Oder, la Vistule et le Dniéper, en montrant qu'elle avait principalement occupé de vastes plaines et de grandes vallées propres à la culture, comme les Pélasges, celles de la Grèce, comme les Sicanes, celles de l'Italie, comme les Ibères, celles de l'Espagne. « Ils voulurent, ajoute Sismondi, « avec la phraséologie de son temps, défendre les biens acquis « par leurs sueurs et ils ne voulurent pas les abandonner (fait « d'ordre général dans l'histoire de la civilisation); ils furent « envahis par tous leurs voisins; au Nord par les Tartares; au « Midi par les Romains; au Couchant par les Germains, et leur

(1) *Encyclopedia Britannica*, article *Slavs*.

(2) C'est à peu près l'opinion développée par Schaffarik dans un livre important, *Slavische Alterthumer* dont les conclusions ont été contestées après une grande vogue. Les *Annales des voyages*, 1848-1854, en ont traduit des extraits assez considérables.

« nom même qui, dans leur langue, signifie *glorieux*, est de-« venu dans les langues modernes, le nom de la servitude (1) ». Ce tableau, en raccourci, de Sismondi donne encore une idée assez exacte, bien qu'incomplète, des premiers temps historiques fort reculés des Slaves. Les Slaves doivent provenir, dans des proportions inconnues, des populations Scythes et Sarmates probablement même des *Buddins* et des *Neuri* d'Hérodote. Refoulés par les afflux des races touranienne et ouralo-finnoise, ils se sont étendus dans le centre de l'Europe, le long même de la Baltique. « Les trouvailles faites en Allemagne dans certains « tombeaux préhistoriques permettent de poursuivre l'extension « des races slaves beaucoup plus loin dans le temps et dans « l'espace que ne le font supposer les données historiques et « linguistiques. Certains objets d'ornement qui accompagnent « les ossements de ces tombeaux, comme les anneaux en forme « d'hameçon, sont tout à fait caractéristiques pour indiquer « les anciens emplacements des Slaves (2) ».

Les Slaves sont donc une des plus anciennes populations de l'Europe, moins ancienne probablement que les Pélasges, les Sicanes et les Ibères. Demeurés longtemps nomades, devenus peu à peu demi-sédentaires, comme les Celtes et les Germains occidentaux, ils ont conservé un vagabondage notable, surtout en Russie. Ils appartiennent à deux sous-races, l'une grande et blonde, qui occupe le nord de l'Europe orientale, l'autre petite, trapue et brune dans le midi. Ces deux sous-races parlent divers idiômes (3), qui ont une source commune. On se rend maintenant compte de ce que Tacite dit des Vendes, des Vindilles, sur la Baltique, des Sarmates et des Daces sur le Danube.

Moins guerrières et militaires que les Celtes, les Italiotes et les Germains, moins terribles que les Northmen, les tribus Slaves ont été refoulées, de toutes parts, par les Germains, de l'Ouest vers l'Est. Elles ont alors occupé les montagnes de la Bohême, les plaines de la Pologne, celles de la Russie, les Karpathes, la

(1) *Histoire de la chute de l'Empire romain*, 1er vol., chap. III.

(2) Dictionnaire Vivien de Saint-Martin, au mot, Slaves, article important.

(3) On en a compté jusqu'à dix.

vallée du Danube et les Balkans, d'où elles ont dirigé de nombreuses migrations sur l'Illyrie, la Macédoine, et la Grèce. Leur aire territoriale a été variable et très étendue.

Les Slaves se sont ainsi trouvés sur le chemin des grandes migrations. Ils en ont supporté le poids du ve au xive siècle : Goths, Huns, Avars, Bulgares, Hongrois, Scandinaves, Mongols, qui ont tantôt entraîné, tantôt dispersé, tantôt asservi leurs tribus. De là, leur situation subordonnée ; de là aussi, les incertitudes sur leurs origines, leurs divers lieux d'habitat et leur condition économique et sociale.

On peut considérer que leur phase historique indépendante commence à l'époque de Charlemagne ; leurs tribus occidentales, Vendes, Obotrites, Wiltzes, furent englobées dans l'empire Carlovingien. Elles marchèrent avec les Francs contre les Huns et les Avars (1).

La dispersion des Huns et des Avars par Charlemagne a été l'affranchissement des Slaves. Les Slaves datent de cette époque comme race jouissant d'une certaine indépendance et appelée à une place dans l'histoire de l'humanité. Aussi il y a eu de bonne heure des liens entre les Slaves, les Gaules et la France. Ces liens ne sont pas fondés seulement sur les actes de Charlemagne, mais sur une sympathie secrète, une conformité de tendances. A toute époque, la France s'est montrée favorable aux Slaves. Au xie siècle, Henri Ier, roi de France, épouse Anne, princesse russe, qui se trouve ainsi avoir une place dans la ligne des grands Capétiens. Louis le Grand, roi de Hongrie, aussi Capétien, a été roi de Pologne. Au contraire, enveloppés dans les migrations et invasions des grandes Confédérations germaniques, scandinaves et celles des Huns, Avars, Bulgares, en ayant beaucoup souffert, les Slaves sont restés les adversaires des Hongrois ; antipathie de race.

L'extension et la dispersion des Slaves en Russie sont en rapport direct avec leur mouvement général de migrations (2).

(1) Der Michels, *H. générale du moyen âge*, tome II, pages 78, 106, livre déjà ancien, mais dans lequel l'histoire des Slaves est faite avec compétence.

(2) Au milieu de tous les travaux sur les origines des Slaves, les détails donnés par Nestor (Chronique, chap. Ier), détails reproduits par Karamsin (*Histoire de

Le refoulement qui les a rejetés de l'Elbe et de l'Oder sur la Vistule et le Dniéper, les a contraints à s'étendre en Russie vers le Volga et l'Oural, où ils ont rencontré les tribus de race touranienne et ouralo-finnoise. Ces tribus, à l'Est, de même que les Germains, à l'Ouest, ont exercé sur la destinée des Slaves une pression terrible. Pendant des siècles les Slaves ont eu une situation inférieure; pendant des siècles ils ont été assujettis au tribut de la part des Germains, d'un côté, et de la part des Huns, Avars, Bulgares, Hongrois, Khazars, d'un autre côté. Leur nom qui, originairement signifiait gloire, devint synonyme de servitude, esclavon, esclavage. « Ce changement, dit « Gibbon, eut lieu au VIIIe siècle à une époque où, dans la France « orientale, les princes et les évêques avaient de riches assorti- « ments de prisonniers Slaves-esclavons (1) ».

Jusqu'au IXe siècle, les Slaves vivaient complètement, les uns à l'état pastoral et nomade, les autres à l'état demi-nomade et agricole, exactement tels qu'Hérodote les a dépeints. Ils sont devenus très lentement et très difficilement de véritables sédentaires. Les Germains les désignaient, comme Tacite le dit, sous le nom de Vendes. Tacite représente les Vendes « comme vi- « vant, de même que les Peucins, dans l'inertie et la malpro- « preté, se mêlant par des mariages avec les Sarmates, infes- « tant les montagnes et les forêts de leurs brigandages (2) ». La description, tracée par Nestor, qui écrivait dans la seconde moitié du XIe siècle, des tribus Slaves, entre la Vistule et le Dniéper, confirme absolument le texte de Tacite (3). Les tribus Slaves de Russie étaient au Xe siècle des pasteurs nomades, à l'état presque sauvage. On les a comparées aux tribus sauvages américaines au siècle dernier.

Russie, chap. I et II, tome Ier), doivent être mis au premier rang; nous en avons suivi les principales indications. Consulter néanmoins sur tout ce qui concerne les mouvements des Slaves et leurs origines, le remarquable travail de M. Viquesnel (*Voyage en Turquie*, 1862, 1er volume). Nous pensons que M. Viquesnel a exagéré l'influence touranienne et ouralo-finnoise dans la constitution du peuple russe, bien que le peuple russe soit le produit d'un grand mélange.

(1) Mac-Lear, *The Slavs*, p. 11. (Society for promoting christian Knowledge).

(2) *De Moribus*, chap. XLVI.

(3) Chronique, traduction, Paris, chap. Ier.

Trois faits considérables modifièrent alors, après la dispersion des Huns et des Avars et l'établissement des Hongrois en Pannonie, la condition sociale et économique des Slaves, assez profondément pour qu'ils devinssent peu à peu de nomades ou demi-nomades, sédentaires, de pasteurs, agriculteurs. Premier fait, la conversion des Slaves au Christianisme qui fut opérée, pour les Slaves de l'Est par l'Église grecque d'Orient, et pour les Slaves de l'Ouest et du Midi, par l'Église latine d'Occident. Cette double conversion n'eut pas lieu sans résistance, surtout de la part des Slaves d'Occident, en particulier des Vendes, des Lithuaniens, et autres tribus de leurs Confédérations. Même aujourd'hui (1) le Christianisme n'a pas de profondes racines dans les provinces de la Baltique, pas plus que dans le Brandebourg; second fait, la constitution de l'Empire germanique, représentant la tradition de Charlemagne, nécessairement hostile à des tribus de nomades; enfin, la renaissance de l'Empire byzantin a été le troisième fait. L'Empire d'Allemagne a refoulé les Slaves au-delà de l'Oder, même de la Vistule; quant à l'Empire byzantin, malgré des luttes acharnées, il parvint à imposer sa civilisation aux Slaves de l'Est ou de Russie et aux Slaves du Midi.

II. *Répartition.* — Sous l'action de ces diverses forces, les tribus slaves se sont formées en plusieurs groupes sédentaires qui ont été les noyaux des nationalités sorties de leur masse (2). Elles occupaient une aire très étendue, mais non sans ruptures de continuité, dont les principales provenaient des territoires sur lesquels s'établirent ou étaient établis les Germains, les Hongrois, les Bulgares et les anciens Illyriens. L'aire des Slaves partait

(1) Voir notre ouvrage, *A travers l'Allemagne*, 1893, tome II, page 568.

(2) Consulter sur cette répartition : 1° l'ouvrage de Schafarik, *Slavische Alterthumer*. — 2° Le mémoire de M. Viquesnel. — 3° Article Slaves du Dictionnaire Vivien de H. Martin. — 4° Article Slavs, *Encyclopedia Britannica*, travail important. — 5° Boué, *La Turquie d'Europe*, 4 vol. — 6° Krasinski, *Religions of slavonic nations*, 1869. — 7° Des Michels, *Ibidem*, page 482. Le tableau tracé par des Michels est excellent, même après les travaux faits depuis cinquante ans. — 8° Lejean, *Ethnographie de la Turquie d'Europe*, Justus Perthes, 1861. — Il faut surtout lire Nestor (traduction Paris, 1834), ou celle de M. Louis Léger, 1890, publication de l'École des langues orientales. A l'époque de Nestor (fin du XIe siècle), la répartition est déjà accomplie, chap. Ier.

des bords de la Baltique au Nord, pour descendre jusqu'à l'extrémité du Péloponnèse au Midi; puis, de l'Ouest à l'Est, elle courait de l'Oder et de la Vistule au Dniéper et à l'Oka, même au Volga. Ces groupes, en allant du Nord au Sud, peuvent être classés dans l'ordre suivant :

1° Entre la Baltique, l'Elbe, l'Oder, la Vistule, le groupe qui sera, plus tard, l'un des éléments principaux de la Prusse, Vendes, Borusses, Miltchanes, Luzistchanes, Obotrites, Polabes, Pomoranes, Viltzes, Kachoubes, Livons, Lettes, Esthes, Imoudes, Semigalles, avec Lubeck et Brême comme premiers centres.

2° Entre la Dvina, le Dniéper et les sources du Volga, Polianes, Mériens, Tchoudes, Vesses, Mouromiens, Polotchanes, Radimitches, Sévérianes, Viatitches, Drevlianes, Doulèbes, Loutitches, Boujanes. C'est de ces tribus ou plutôt de ces Confédérations, sauf le mélange avec d'autres tribus Ouralo-finnoises et Touraniennes, qu'est sortie la masse principale de la nation russe. Centres primitifs : Novgorod, Rostof, Viatka, Pskof, Bielo-Ouséro, Kiew. Ces Confédérations appartiennent elles-mêmes à au moins trois races différentes, les Slaves, les Tchoudes ou Finnois et les Turcs.

3° Entre l'Oder et la Vistule, le groupe des Bulans de Ptolémée, devenus les *Lechs*, Leuchars, Leuchistes, plus tard les *Polonais*; centres principaux, Posen, Gnessen, Kracovie.

4° Au sud-ouest, les *Czechs*, occupant le territoire des Boii, les *Behemiæ* de Charlemagne, les Tchèques de la Bohême.

D'après une bien vieille légende, une des plus anciennes confédérations slaves dans laquelle vivaient les trois frères *Ros*, *Lech* et *Cech*, serait l'origine des Slaves de Russie, de Pologne et de Bohême.

5° A côté des Czechs, les *Mahren* ou Moraves, d'où le margraviat de Moravie; tribus primitives les Hovak, les Hanak, nomades sédentaires, asservis successivement par les Quades, les Goths, les Vandales, les Lombards, Huns, Avars, les Hongrois. Un moment indépendants au IXe siècle, quand ces divers flots se furent dispersés, les Moraves furent réunis à la Bohême au XIIe siècle.

Ces cinq groupes comprenaient les Slaves de l'Ouest, du Nord et de l'Est; ils étaient de beaucoup les plus importants. Venaient ensuite les groupes des Slaves du Midi.

6° Le groupe des *Sorabes*, *Serbes*, *Serps*. Aujourd'hui réduit à un territoire exigu, avec une population d'environ 3 millions, y compris les Serbes, répandus de divers côtés, ce groupe des Serbes a eu, au Moyen âge, assez d'extension pour que Schafarik l'ait considéré comme l'élément principal de la race slave dans le Midi. Cette supposition ne paraît pas mieux fondée que celle de Schafarik pour les Vendes au Nord, bien que les Serbes aient élevé au XIVe siècle l'empire de Douchan, empire qui, pendant un moment, a compris toutes les contrées diverses au Midi du Danube. Mais cet empire n'a pas survécu à son fondateur, œuvre politique éphémère, comme la plupart de celles des Slaves, qui manquent de l'idée ou plutôt de l'instinct de la nationalité.

7° *Les Bulgares*, groupe mixte plus important, composé de deux facteurs, les Slaves et les Bulgares, ceux-ci d'origine fort ancienne. Descendus des rives du Volga avec les Huns et les Avars, les Bulgares fondèrent, entre le Dniester et le Danube, un empire, également éphémère, détruit dès 866 par Jean Zimiscès. Les Bulgares se fixèrent alors sur les pentes des Balkans qu'ils occupent encore et dans la Macédoine qu'ils colonisent, malgré les Turcs. Ils se convertirent au Christianisme, s'amalgamèrent avec les Slaves, adoptèrent leur langue et prirent rang dans le milieu slave. Plus robustes, plus stables que les Slaves, ils ont moins souffert des migrations postérieures, Mongols, Turcs. Ils semblent appelés à un rôle politique sérieux.

En avant des Bulgares, les Daces et les colons romains ont conservé la Dacie sous les noms de Valaques et de Moldaves. Les Valaques sont en partie Slaves. La Dacie est devenue la Roumanie. Roumanie et Bulgarie forment un groupe puissant, bien que séparées par le Danube.

8° *Les Bosniens et Croates*, ou *Khorvathes*, formant avec une partie de l'Herzégovine, du Monténégro et de la Dalmatie un groupe également considérable, plus complètement slave que le précédent, plus civilisé, mais moins fort. Aussi ce groupe n'a eu dans l'histoire qu'un rôle secondaire, dépendant tantôt de la Serbie, tantôt de la Hongrie, absorbé maintenant par la Confédération austro-hongroise.

A ce groupe se rattachent les Slaves nombreux qui ont pénétré au cœur de l'ancienne Illyrie, dans l'Albanie. L'Albanie est la partie de l'Europe où se sont le mieux conservées les mœurs, les coutumes, les institutions des diverses tribus nomades qui ont successivement occupé l'Europe. Devenus demi-sédentaires, surtout depuis la domination des Turcs, les Albanais, répartis en tribus et en clans, rappellent les temps de la Grèce héroïque.

9° Le groupe des Slaves de la Carniole, de la Carinthie, de la Styrie, de l'Istrie, compris dans l'empire de Charlemagne et destiné à devenir l'un des principaux éléments de l'Autriche-Hongrie, ainsi que plusieurs des autres groupes (1).

Au xe siècle, rien ne faisait prévoir la fondation d'un empire qui associerait entre eux la plupart de ces groupes, sous l'hégémonie de la race germanique du Midi. Chaque groupe vivait à part, composé de tribus qui tendaient à devenir sédentaires et qui le seraient devenues beaucoup plus tôt, sans les migrations successives des Huns, des Avars, des Hongrois contre lesquels les Slaves ont toujours manifesté depuis une antipathie intraitable, provenant des différences de race et de régime social.

Les deux premiers groupes du Nord, appelés à prendre une si grande importance, ne comprenaient que des tribus à l'état nomade. Les autres, surtout les Moraves, les Czecks, les Slaves de Bosnie, Croatie, Carniole, Carinthie, plus anciennement établis, convertis au Christianisme, devenaient sédentaires.

III. *Caractères généraux de la race Slave.* — La transformation des Slaves, de tribus nomades en tribus sédentaires, et de tribus sédentaires en corps de nations indépendantes, a été une œuvre longue, difficile, que les circonstances n'ont pas favorisée; elle n'est pas encore totalement accomplie. Ainsi, au point

(1) Il existe une très riche bibliographie française sur les Slaves du Midi qui ont beaucoup de sympathie pour la France et qui y sont reçus avec bienveillance et intérêt. Aux ouvrages cités plus haut, il faut ajouter : 1° *La Péninsule des Balkans*, par E. de Laveleye, 2 vol., 1886, ouvrage de grand intérêt. — 2° Louis Léger, *Le monde slave — Russes et Slaves — L'Autriche-Hongrie.* — 3° Mac Lear, *the Slavs* (*Society for promoting Christian Knowledge*), 1879. — 4° Cyprien Robert, *Le monde slave*, 1852. — 5° A. Dumont, le *Balkan* et l'*Adriatique*, 1874. — 6° Blanqui, *Voyage en Bulgarie*, 1840. — 7° Chopin et Ubicini, *Les provinces Danubiennes*, dans la collection : *L'Univers.* — 8° G. Capus, *La Bosnie et l'Herzégovine*, 1896.

de vue de la stabilité des populations, on ne peut comparer les Slaves qu'aux Allemands orientaux. Si on les compare aux Allemands occidentaux établis le long du Rhin, la différence est grande ; elle est plus grande encore, si on les compare aux Français de la Bourgogne ou du Languedoc. La mobilité, la nomadité ont donc été très persistantes parmi les Slaves ; elles ont eu incontestablement pour résultat de les soumettre à la servitude. Le développement, si curieux, de la servitude rurale, dans le Nord et dans l'Est de l'Europe, a eu pour raison principale la nécessité de cultiver le sol et de fixer les populations. Les Slaves étaient avant tout une race pastorale. Le nom des Vendes, l'une de leurs principales Confédérations, signifie probablement les habitants de la prairie (1) : *die Weidenden*. Nous avons déjà insisté sur le fait que le Nord de l'Europe, avec toute la Russie, ne forme qu'une plaine illimitée, coupée seulement par des forêts et des marais. Les Slaves cultivaient parfois cette prairie pour leur subsistance, exactement comme nous l'apprend Tacite des Germains. Ils avaient même un axiôme de droit portant : « la « terre est mienne, partout où ont passé ma bêche, ma faux et ma « charrue ». Ils n'en étaient pas moins instables et l'idée d'approprier définitivement la terre ne leur convenait pas plus qu'aux Natchez ou aux Pieds Noirs des montagnes Rocheuses (2). Cet axiôme même le prouve. Il est contraire au droit de propriété. Hospitaliers, rêveurs, pacifiques, comme beaucoup de peuples pasteurs, les Slaves redoutaient la constance de l'effort ; ils aimaient la vie en commun ; ils la charmaient par la musique, de même que les Arabes par les contes et la poésie. Aussi des institutions spéciales, très intéressantes à connaître, et dont les publicistes socialistes n'ont saisi ni l'origine, ni la nature, se sont-elles établies et développées par tout le monde Slave, comme condition indispensable de leur transformation de nomades en sédentaires.

Ce que M. Louis Léger dit de la Russie s'applique également à toute l'Europe du Nord et même à une grande partie de l'Eu-

(1) Lavisse et Rambaud, *Hist. générale*, 1 vol., p. 150.

(2) M. de Haxthausen, *Etudes sur la Russie*, 3e vol. 1853, a développé ce point de vue avec force, chap. III, *Organisation communale de la Russie*.

rope orientale. « Dans les plaines immenses, des populations, no-« mades ou sédentaires, sont groupées autour des lacs ou des « fleuves. Rien ne s'oppose à l'expansion des tribus , rien, sauf « les intérêts contraires d'une autre tribu, sauf les accidents des « terrains, les forêts à abattre, les marais à dessécher. Les es-« paces à parcourir sont immenses; mais des fleuves non moins « immenses constituent des chemins qui marchent. L'âpreté du « climat trempe des tempéraments et des caractères vigoureux ; « l'uniformité du sol engendrera promptement l'uniformité des « mœurs ; les esprits seront nivelés comme les steppes infinis (1) ».

Les conditions de territoire et de climat ont par suite beaucoup contribué à développer et à maintenir la vie pastorale et nomade dans le Nord et l'Est de l'Europe. La tribu y a été la forme économique, sociale, politique par nécessité. De là une persistance particulière de la vie en commun, telle qu'elle est organisée dans toute tribu. La tribu n'est qu'une agrégation de familles. Il y a donc dans ces familles une tradition immémoriale de la vie *non pas communiste*, comme l'a expliqué, il y a quarante ans, M. Wolowski, mais de la vie familiale, sous un chef que la tradition désigne (2). Lorsqu'a commencé et que s'est lentement opérée la transformation des tribus nomades en populations sédentaires, l'organisation familiale a persisté; et les choses ont eu lieu dans les conditions décrites (3) par M. Le Play. Des institutions spéciales ont dû correspondre à cette transformation. Les familles pastorales sont devenues, avec le temps, demi-sédentaires, demi-agricoles et, plus tard, se sont définitivement attachées au sol, sans abandonner les habitudes communautaires que le climat, le territoire et d'autres causes leur ont imposées et leur imposent encore. Traditions, climat, territoire et circonstances politiques sont les raisons des institutions communautaires (4).

(1) *Russes et Slaves*, 1re série, page 3.

(2) *Revue des Deux-Mondes*, juillet et août, 1863. — Vergé, *Comptes-rendus des sciences morales et politiques*, tome 46, 47, 48, 49, et un remarquable travail de M. Delaveau, *Revue des Deux-Mondes*, juillet 1855.

(3) Voir plus haut, page 577.

(4) De Haxthausen, *ibidem*, page 153.

IV. *Transformation des Slaves, de nomades en sédentaires, Joupanie, Zadrouga, Mir, Artel, servitude.* — Dans l'Europe occidentale et centrale, la transformation des peuplades et tribus nomades en peuples sédentaires, en corps de nations, s'est opérée au moyen du régime féodal. Cette transformation a été complète, pour deux raisons. D'abord, les peuplades et tribus nomades, dans les Gaules et en Germanie, même dans une partie de la Scandinavie, dans la Grande-Bretagne, sont passées, avant l'établissement du régime féodal, de la condition nomade, à la condition de demi-sédentaire; ensuite, les éléments de la civilisation romaine, auxquels il faut joindre l'influence décisive du Christianisme, ont singulièrement aidé à cette transformation. Les choses étaient bien différentes pour l'Europe orientale et septentrionale (1). D'une part, le Christianisme n'y a été introduit que dans le cours du VIIIe siècle et, même plus tard, pour certaines parties; d'autre part, les éléments romains y ont fait entièrement défaut, sauf dans quelques parties des Balkans et dans la Dacie. En outre, la rigueur du climat, l'immense étendue du territoire ont été des obstacles très difficiles à surmonter. Dans la Russie, pendant tout le XVIIIe siècle, les populations, malgré la servitude de fait, sinon de droit, étaient instables; elles le sont encore, en partie, aujourd'hui.

Jusqu'au XVIe siècle, au moment où le régime féodal avait produit tous ses effets dans l'Europe occidentale et centrale, il restait encore de l'instabilité dans les populations, malgré les dispositions du droit féodal. Aussi des institutions spéciales ont-elles été indispensables, dans l'Europe orientale, pour fixer les tribus nomades, pour les rompre aux travaux des sédentaires, pour garantir le service militaire et obtenir le paiement de l'impôt, même en nature. Ces institutions subsistent encore assez intactes. Elles survivront probablement au siècle qui va s'ouvrir.

L'objet de ces institutions était de maintenir les liens et les garanties de la tribu et du clan. Ces liens et ces garanties ont des avantages réciproques pour le corps de la tribu et du clan,

(1) Mac Lear, *Conversion of Slavs*, cité plus haut. — Krasinsky, *Lectures on the religious history of Slavonic nations*, 1869, 1re lecture.

comme pour chacun de leurs membres. L'idée de liberté absolue, que le XVIIIe siècle a propagée dans l'Europe occidentale, n'a jamais été qu'un rêve, au fond, quoiqu'elle ait pu avoir une sorte de réalisation chez les peuples parvenus à une très haute civilisation, à raison du développement des villes, de l'industrie, des arts, et de la richesse. De cette réalisation sont sortis, des centres comme Paris et Londres, contre lesquels on est obligé déjà de se prémunir. Autrefois, les nouveaux nomades n'auraient pu subsister un seul jour. La tribu et le clan étaient indispensables pour garantir la vie et la subsistance, comme le dit Thucydide, de tout individu. Aussi lorsque la tribu a cessé d'être nomade, qu'elle s'est posée sur un territoire quelconque, que d'autres tribus se sont placées à côté d'elle, qu'un commencement de corps de nation, un premier noyau s'est constitué, et que simultanément les liens de la tribu se sont desserrés, par la domicilisation même sur un territoire donné, des garanties sont devenues nécessaires dans l'intérêt tout autant des membres de la tribu eux-mêmes, que du corps national nouveau en formation, pour la culture du sol, le service militaire et le paiement de l'impôt. Dans l'Europe occidentale et centrale, c'est dans la seigneurie que ces garanties se sont peu à peu formulées, au moyen du Fief, du Manor, du Frohhof, de la Behetria et autres tenures diverses, roturières ou serviles, et du servage même. L'esclavage, étant une tradition de la civilisation romaine, le servage, qui l'a remplacé, a eu pour origine, non plus la guerre ou l'achat, mais la nécessité sociale, car dans les territoires, presqu'illimités, où erraient les nomades et sur lesquels ils se sont fixés, l'individu isolé ne comptait pas (1).

V. *Servage.* — D'après les documents les plus anciens sur la condition des cultivateurs ou paysans dans l'Europe orientale et septentrionale, la servitude n'y était pas générale, bien que l'esclavage se rencontrât dans les Gaules et même en Germanie. Il faut, à cet égard, ne pas perdre de vue la différence entre l'esclavage antique, phénicien, carthaginois, grec et romain, avec le servage. Sous l'action du Christianisme, du progrès gé-

(1) Voir page 588, plus haut, le texte de Thucydide.

néral de la civilisation, des besoins de la culture du sol, l'esclavage antique s'était transformé, dès la fin du IVe siècle, en servage. Eh bien! même ce servage paraît avoir été plus dur que celui dont parle Tacite, qui consistait dans la condition du travail à corvées, tel que Montesquieu l'a observé en Hongrie, dans la première moitié du XVIIIe siècle. A partir du XIIe siècle, le servage se propagea cependant dans l'Europe orientale et septentrionale et, en se propageant, il s'aggrava particulièrement en Pologne et en Russie (1). Ce double fait est provenu de la lente dissolution et disparition des liens de la tribu, du clan et de la famille. Il a concordé avec la formation des grandes Monarchies. La condition des paysans propriétaires devint dépendante parce que, sans cette dépendance, les États mêmes n'auraient pu se constituer. Le paiement de l'impôt, le service militaire ont été pour tous, et particulièrement pour la Russie, la cause de ce changement. Le changement correspond, au surplus, aux étapes différentes de la civilisation dans les quatre grandes parties de l'Europe. Ayant eu, dans le Midi de l'Europe, ses premiers foyers, la civilisation ne s'est étendue que lentement de l'Europe occidentale à l'Europe orientale, qui est demeurée, le plus longtemps, habitée par des peuples nomades et exposée, en outre, aux migrations des nomades d'Asie. Lorsqu'à la fin de l'époque féodale, l'Europe occidentale et centrale n'ont plus possédé que des populations sédentaires, habituées à l'impôt, au service militaire et à la culture régulière du sol, on a pu relâcher les liens qui avaient été indispensables pour y opérer la transformation des tribus nomades en sédentaires; il n'en a pas été de même pour l'Europe orientale. Aussi le servage s'y est-il prolongé beaucoup plus tard, en même temps que s'y sont maintenues des institutions, qui ont pu cesser beaucoup plus tôt d'être nécessaires, et qui ont, par suite, disparu, dans l'Europe occidentale et centrale.

VI. *Joupanie. Zadruga* (2). — C'étaient des communautés,

(1) Sumner-Maine, *Early History of institutions*, lecture troisième.

(2) Consulter : 1° E. de Laveleye, *La péninsule des Balkans*. C'est l'ouvrage

très variables en étendue, réunissant un certain nombre de familles sous le gouvernement d'un Ancien, Joupan ou Starosta. Ces communautés se sont formées lors de la décomposition de la tribu ou de clan; elles les représentent. On les rencontre chez tous les peuples slaves, même chez certaines populations slaves de la Russie (1). La Joupanie existait principalement chez les Slaves au Nord du Danube, Russie occidentale, Pologne, Bohême, Moravie. Elle avait une très grande importance chez les Hongrois, venant du Nord. Les huit Confédérations hongroises, qui ont envahi la Pannonie et constitué la Hongrie actuelle, se divisaient en Joupanies (2). Les grandes Joupanies sont devenues les comtats et les Joupans ou Ispans, les grands Magyars et les grands Magyars polonais. La Zadruga a du avoir la Joupanie pour première forme. Elle caractérise spécialement les Slaves du Midi, Serbes, Bosniaques, Herzégoviens, Monténégrins, Albanais. Elle se rencontre même en Bulgarie; les Bulgares ont, en partie, la même origine que les Hongrois.

La Joupanie a été la forme primitive, celle qui a correspondu au clan et à la tribu. Elle domine en Albanie, où la tribu est en voie de se décomposer. La Joupanie s'est elle-même morcelée en fragments. Chaque fragment a formé une Zadruga. En Serbie, la Zadruga a donné lieu à plusieurs Ikonochtinas et Domatchityas, familles dont l'individualité n'est pas encore complète. Il y a même eu des Joupanies plus grandes, qui étaient de véritables tribus, comme les Joupanies hongroises et polonaises.

Quelques publicistes ont signalé (3) dans la Joupanie et la Zadruga, d'après le témoignage de Procope, des institutions démocratiques; d'autres, en particulier E. de Laveleye et Mi-

---

qui donne le plus de détails sur la *Zadruga;* et du même, *Des formes de la propriété primitive,* chap. XXV. Ce chapitre est postérieur aux voyages de M. E. de Laveleye; 2° Lavisse et Rambaud, *Hist. générale,* 1er vol., p. 700; 3° Revue de la *Réforme sociale,* année 1886, tome I, plusieurs articles avec discussion. La Zadruga est antérieure au XIIe siècle. La Joupanie remonte plus haut, M. Bogosi a fait connaître l'existence de l'Ikonochtina pour la Pologne et la Bohême.

(1) Karamsin, *Hist. de Russie,* 1er vol., p. 91.

(2) Sayous, *Hist. des Hongrois,* 1er vol., page 51.

(3) E. de Laveleye, *La péninsule des Balkans.* — Lavisse et Rambaud, *Hist. générale,* 1er vol., p. 700.

chelet, des institutions socialistes ou communistes (1). Il paraît difficile de partager entièrement l'avis de Procope et de considérer comme démocratique le gouvernement ou plutôt l'administration d'une tribu. Malgré l'intervention des membres de la tribu dans certains actes de sa vie économique, l'autorité de la tradition et celle du chef y sont habituellement prépondérantes. Le gouvernement de la tribu est patriarcal. Il a pour fondement la coutume. Les Slaves étaient des pasteurs, obéissant nécessairement à leurs Joupans, à leurs Starosts et à la coutume. Huns, Avars, Khazars, Petchenèques, Hongrois, Mongols transportaient leurs tribus selon qu'il leur convenait. L'anarchie démocratique, dans ces conditions, les aurait détruites. Il en a été de même pour les Joupanies et les Zadrugas. Ce sont des organismes dont l'autorité et la coutume sont le fondement. Il n'est pas possible de prendre pour des socialistes ou des communistes les Skipetars, Guègues ou Myrdites, de l'Albanie (2). Ces comparaisons peuvent exercer une certaine séduction théorique, mais elles ne sauraient résister à l'examen et à la critique de l'histoire.

De même que le fief, la tenure roturière ou servile et les diverses formes féodales d'Angleterre, d'Allemagne ou d'Espagne, la *Joupanie et la Zadruga* ont été et sont encore des institutions adaptées à la transformation des tribus nomades en sédentaires, de manière à garantir le travail, le service militaire et l'impôt, fondements substantiels de tout peuple, toute nation, tout État.

VII. *Mir et Artel.* — L'étude du *Mir* et de l'*Artel*, formes de ces communautés spéciales à la Russie, éclaire cette discussion d'une lumière supérieure. La Russie est le centre par excellence

(1) Dans son récent ouvrage sur la Bosnie et l'Herzégovine, Paris, 1896, Hachette, M. G. Capus (pages 115 et 205) a donné, en dehors de toute préoccupation d'école, une description de la Zadruga. Elle consiste actuellement dans le droit de fermage héréditaire par une famille ou un groupe de familles d'un domaine indivisible, moyennant comme prix de ferme, le tiers du revenu pour le maître et la dîme, pour l'État, du produit brut. Les Turcs ont respecté la Zadruga qui était pour eux une garantie. Elle tend à se dissoudre sous l'administration autrement équitable de l'Autriche.

(2) A. Dumont, *Le Balkan et l'Adriatique*, chap. IV, *les Slaves du Sud*, chap. V, *les Albanais*.

des Slaves (1). On évalue que, sur un ensemble de 105 millions de Slaves, 74 millions habitent la Russie, en y comprenant la Pologne et toutes autres acquisitions ou dépendances. Nulle part, les difficultés qu'a rencontrées la transformation des Slaves de nomades en sédentaires n'ont été plus grandes qu'en Russie, Aussi l'étude des institutions, destinées à favoriser cette transformation, présente-t-elle, pour la Russie, autant d'intérêt que d'importance. Cette étude a été préparée, avec une connaissance profonde des faits, par M. de Haxthausen, avant l'émancipation des serfs en 1861. Après avoir retracé, à grands traits, le partage des peuples, en pasteurs nomades et en agriculteurs sédentaires, partage qui domine l'histoire entière de la civilisation, M. de Haxthausen (2) établit que les peuples Slaves, Russes, Bulgares, Serviens, ont été longtemps pasteurs; que leur organisation sociale et politique s'est développée d'une manière toute différente de celle de l'Occident; que cette organisation est tellement spéciale que les savants de Pologne et de Bohême n'ont pu l'exposer d'une manière intelligible, notamment en ce qui concernait la famille et la propriété; que l'expression *Mir* a surtout donné lieu à de nombreuses hypothèses (il en cite 15); et que, pour pénétrer le sens réel, historique, des institutions sociales de la Russie, dont la plus originale et la plus importante, est le Mir (on peut placer l'*Artel* à côté), il faut reconnaître « que très probablement « les habitants de la grande Russie ont été primitivement un « peuple de pasteurs, qui peu à peu s'est livré à l'agriculture ».

---

(1) *Sur le Mir*. consulter : 1° M. de Haxthausen, *Études sur la Russie*, 3° vol., chap. IV. 2° M. A. Leroy-Beaulieu, *L'empire des Tsars*, 1er vol., livre VIII en entier spécialement, p. 482 et suivantes, dans lesquelles se trouvent exposées avec compétence, les diverses théories sur le Mir. 3° Rambaud, *Histoire de Russie*, chap. III et X. 4° Le tome III du grand ouvrage *Les industries en Russie*, publication officielle, traduite en anglais, chap. III. Dans ce chapitre l'histoire de la propriété foncière ne remonte pas avant le XIe siècle. 5° M. Mackensie Wallace, *La Russie* (traduit de l'anglais), 2 vol. Voir surtout 1er vol., chap. VIII et IX. Au point de vue historique le livre de M. Haxthausen a une valeur de premier ordre. 6° Karamsin, *Histoire de la Russie*, 11 vol., trad. française. 7° L'ouvrage déjà cité de M. Laveleye, *Des formes primitives de la propriété*, chap. II et III.

(2) Voir tout le chapitre IV du 3e volume et même le chapitre VII. Domaines de la Couronne.

M. Louis Léger ajoute à propos du caractère essentiellement nomade de ces pasteurs : « De quelque côté que l'habitant dirige « ses pas, il retrouve la même nature; il rencontre partout le « bois qui lui permettra de construire, à peu de frais et en peu « de temps, une cabane semblable à celle qu'il a quittée naguère; « de là des instincts vagabonds, un besoin de déplacement per- « pétuel. Les goûts nomades du Russe s'expliquent par la mo- « notonie et l'uniformité du pays qu'il habite (1) ». Ces goûts vagabonds subsistent encore. En outre, la Russie est couverte de forêts, de steppes et de marais sans fin. Dans la Russie d'Europe, on ne compte encore que 18 habitants par kilomètre carré et même 14 dans le centre moscovite. L'homme disparaît au milieu de ces solitudes. Le Mir a pour objet de le fixer sur un endroit déterminé, dans son propre intérêt, comme dans l'intérêt, non plus de la tribu, mais de la commune qui en est le démembrement, et de l'État, vis-à-vis duquel la commune a été rendue responsable. Sans ces conditions, la Russie, comme corps de nation, ne pourrait subsister. Il y aurait une trop grande disproportion entre le territoire et la population sédentaire. On avait pensé que l'émancipation entraînerait la dissolution du Mir. Il n'en a pas été ainsi; le Mir est encore nécessaire, malgré l'extension de la propriété privée. En effet, si beaucoup de paysans sont devenus propriétaires, d'autres ont vendu le lot qui leur avait été attribué. Combien la situation était-elle plus exigeante au IXe et au Xe siècle, à l'époque où le territoire était incommensurable, eu égard aux tribus nomades qui y circulaient en tous sens ?

Le Mir est un démembrement de la tribu, qui a conservé les traditions communautaires de la tribu et qui a appliqué ces traditions, non pas *à la propriété du sol*, comme l'a démontré

(1) Louis Léger, *Russes et Slaves*, études 1re série, p. 6. M. de Haxthausen écrivait, il y a cinquante ans « actuellement encore, on trouve chez les Russes peu « d'attachement pour le pays qu'ils habitent. Leur véritable existence consiste en « voyages perpétuels et dans toutes les directions. Ils ont pour habitude de « voyager avec un grand nombre de voitures et de chevaux par longues caravanes « semblables à des nomades, — il y a chez les Russes un patriotisme ardent, mais « point de profond attachement au pays ». 3e vol., p. 149-150.

M. de Haxthausen, mais *à sa culture*, suivant la tradition des nomades : *arva per annos mutuant*, et *superest ager*. Le sol étant illimité, ce n'est que tard qu'a pu surgir l'idée de s'en emparer, de l'approprier. D'après le témoignage de Nestor, le *Mir* doit être antérieur au XIe siècle, Nestor dit, en effet, « les familles des « Polaniens, réunies en corps, avaient leurs chefs respectifs, « comme en ont encore jusqu'à ce jour leurs descendants. Cha- « cun vivait, avec sa tribu, dans sa propriété et dirigeait sa mai- « son (1) ».

La solidarité des membres de la tribu entre eux s'est transmise au Mir qui en était le démembrement. Cette solidarité s'est étendue par la force des choses au service militaire et à l'impôt, comme dans toute tribu.

Dans les premiers siècles, les membres du Mir jouissaient de la liberté que comporte la vie de la tribu; mais peu à peu cette liberté s'est convertie en servage sous l'influence de trois causes : 1° les tendances nomades et vagabondes des Russes; 2° les exigences du service militaire et de l'impôt; 3° l'appropriation du sol et la constitution des domaines privés, de véritables seigneuries. Il y eut alors des *Mirs* composés de paysans libres et des *Mirs* composés de serfs. Les *Mirs* serviles ont été jusqu'en 1861 les plus nombreux de beaucoup (2).

L'assimilation faite entre la commune, telle qu'elle existe en France, ou l'ancienne paroisse, n'est pas exacte. Le Mir correspond plutôt à des associations de villages (3), sous le nom de *volost* (4). Aussi l'étendue des Mirs est très variable. Un seul volost communautaire comprend plus de 100 villages avec un territoire de 220,000 hectares, bordant un cours d'eau sur 60 kilomètres. C'est une tribu complète, « ce n'est pas, dit M. E. « Reclus, le terrain qui manque aux familles de cultivateurs; au

(1) Nestor, traduction Paris, chap. 1er. Nous avons confronté les deux traductions de M. Paris (1834) et Louis Léger (1890) publication de l'École des langues orientales.

(2) Rambaud, *Ibidem*, p. 34.

(3) Le Starchina est le chef du volost et le Starosta celui de village. — De Haxthausen, 3e vol., p. 144.

(4) De Haxthausen, 3e vol., p. 156.

« contraire, celles-ci peuvent se déplacer de droite à gauche « pour choisir l'endroit qui leur convient; il leur suffit de mettre « leurs marques sur les arbres qui leur servent de limites tem- « poraires; mais il importe que les villages apportent un cer- « tain ordre dans cette agriculture nomade (1) ». Le volost, correspondant à la tribu, est resté pour les Slaves russes la forme sociale par excellence, la seule dont ils aient eu la conception pendant des siècles. « A la rigueur, selon M. Rambaud, « ils ont pu admettre une confédération momentanée des volosts « d'une peuplade (Plemia) mais on ne voit pas qu'il y ait eu un « prince des Sévérianes, des Polianes, des Radimitiches. L'idée « de l'unité d'une peuplade et, à plus forte raison, celle de l'u- « nité de la nation russe était absolument étrangère à cette « race (2) ». Les conséquences de cet état de choses, qui a ses racines dans la condition nomade, ont été de première importance pour la Russie. L'autocratie du Czar n'a pas d'autre fondement.

Il est facile de se rendre compte, d'après ces détails, de la fonction sociale, politique et fiscale du Mir (3). Le Mir est le fondement de la nation même. D'une part, il garantit à l'État la culture, le service militaire et l'impôt (4); d'autre part, il distribue l'assistance (5) et veille à l'existence de tous. Il en est de même dans toute tribu. Dans ses divers travaux, très curieux et souvent pris sur le vif, E. de Laveleye a montré les grands avantages de cette vie rurale en commun. Il a visité en Bosnie, en Bulgarie, en Croatie plusieurs Zadrugas. Il est certain que la grande majorité des paysans français *propriétaires*, et même des

---

(1) *L'Europe scandinave et russe*, p. 866.

(2) *Hist. de Russie*, p. 34.

(3) De Haxthausen, 3e vol., p. 132, 136. Les Russes ont autant de respect pour le Starosta, chef du Mir que pour le Czar. *Nature du patriotisme*, 150. *De l'aristocratie*, 151. *Sur l'histoire du service militaire en Russie, Ibidem*, 260.

(4) De Haxthausen, *Ibidem*, p. 134, 140, 516.

(5) « Quoique l'État, *envers lequel l'ensemble du Mir est responsable de l'impôt*, taxe sans exception toutes les âmes censitaires, c'est-à-dire toute la population mâle, la commune en exempte les vieillards et les familles sans travailleur valide et ne recevant pas de lot — quelquefois la commune laisse un lot de terre à la famille affaiblie et la culture en est faite par le voisin. — Reclus, *Ibidem*, p. 868.

paysans propriétaires dans l'Europe occidentale, ne voudraient à aucun prix, de cette communauté de biens. Il est même fort douteux que les fermiers, métayers, bordiers et prixfaiteurs s'en accommodassent. Quant à comparer les membres du Mir ou d'une Zadruga aux ouvriers de nos centres manufacturiers, la comparaison pêcherait par la base, puisqu'elle s'appliquerait à des travaux auxquels le Mir, la Joupanie et la Zadruga, exclusivement agricoles, sont étrangers. E. de Laveleye a négligé, dans ses recherches, le fil conducteur de l'histoire. Il a poursuivi, dans les faits, la réalisation de ses théories. Enfin, quant au Mir, la plus importante de ces formes communautaires, il ne donnait, avant l'émancipation, qu'un droit d'usufruit; et depuis l'émancipation, le droit de propriété a été sévèrement limité dans l'intérêt même des membres du Mir.

La sphère d'action de l'*Artel* est plus restreinte, néanmoins l'*Artel* a un rôle considérable dans la vie économique de la Russie. C'est également une très ancienne institution (1). L'*Artel* est une association communautaire qui s'est constituée, depuis les premiers temps, entre les bûcherons, les chasseurs, les pêcheurs, les marins, qui, à toute époque, ont eu une grande importance en Russie (2). Les *Artels* ont certainement facilité en Russie la transformation des tribus nomades en sédentaires, au moyen de la solidarité existant entre les associés. Dans l'œuvre de la production russe, les forêts, la pêche, la chasse, les transports ont précédé la culture des céréales. La chasse a fourni à la Russie sa première monnaie qui consistait en fourrures. Cette monnaie est antérieure à Nestor. Dans notre siècle, les *Artels* sont devenues pour l'État des agences financières et fiscales. Ce sont elles qui administrent en partie les douanes. La Russie manque encore de classes moyennes, surtout de la seconde catégorie. Elle en a toujours manqué. Les Artels en tiennent lieu.

---

(1) *Sur l'ancienneté de l'Artel.* Rambaud, *Ibidem*, p. 70, *Économiste français*, un de nos articles, 9 sept. 1893.

(2) Storch, *Statistique de la Russie*, 1801.

§ 16. *L'impôt chez les Slaves.*

Jusqu'au XIe siècle, les formes de l'impôt, dans ces différents groupes, furent nécessairement celles déjà signalées pour toutes les tribus nomades du Nord ou du Centre de l'Europe : 1° le don volontaire aux chefs des tribus ; 2° la contribution en nature proportionnelle sur le bétail et les grains ; 3° les amendes ; 4° le tribut auquel les Slaves furent presque partout assujettis ; 5° le service militaire, obligatoire avec entretien personnel. Tacite affirmait que déjà, de son temps, les Sarmates payaient le tribut.

A cet égard, la chronique de Nestor, quoique spéciale aux tribus russes, est un document d'une valeur exceptionnelle. Elle établit (1), en effet, qu'avant l'arrivée des Varègues, toutes les tribus, d'origine différente, distribuées entre le Dnieper et le Volga, étaient assujetties envers la grande Confédération des Khazars à un tribut qui se payait en fourrures. La première œuvre des princes varéguiens a été de supprimer ce tribut et de s'en emparer. Ce tribut est la première forme de l'impôt en Russie. Il a exercé une influence extraordinaire sur la formation de la Russie comme nation et État.

Il est à présumer qu'il n'en était pas autrement pour les divers groupes slaves. Ce n'est que plus tard que l'on a pu recueillir quelques renseignements sur les formes primitives de l'impôt pour les autres peuples slaves.

§ 17. *Huns, Avars, Bulgares, Petchénègues, Khazars, Hongrois.*

Ces divers peuples ont formé de très puissantes et redoutables Confédérations, appartenant aux tribus turques d'origine touranienne. Elles ont eu, pendant cinq siècles, une grande influence sur l'Europe centrale et orientale, soit en déterminant des migrations comme celles des Goths, des Vandales, des Lombards, soit en dirigeant elles-mêmes diverses invasions, tous

(1) *Chronique de Nestor*, chap. I à IV.

étaient à un état nomade, plus accentué encore que les Goths. Ce sont les précurseurs des Mongols, les plus puissants nomades qui aient apparu, quoiqu'éphémères. Leurs institutions fiscales n'étaient autres que celles de tous les nomades, notamment que celles des Mongols, sur lesquelles on possède des renseignements assez complets : 1° dons volontaires ou obligatoires aux Khans ou Kagans; 2° contributions proportionnelles en nature sur le bétail et les grains; 3° amendes; 4° service militaire permanent avec entretien personnel (1); 5° tributs obtenus des peuples subordonnés. — Ces ressources étaient réunies dans le trésor du Khagan principal, alimenté principalement par le butin. Le trésor est une des plus antiques traditions financières de l'Orient. Les grands peuples nomades l'ont conservée. Attila avait un très riche trésor qui fut disputé entre ses enfants (2). Sobieski laissa aussi un trésor, également enlevé par un de ses fils.

Parmi ces Confédérations, les Huns, les Avars, les Bulgares et les Hongrois ont dirigé leurs migrations vers l'Occident, prenant la Pannonie, aujourd'hui la Hongrie, pour centre d'opération. La Pannonie avait été longtemps occupée par les Marcomans. « Les Marcomans, raconte Tacite, sont les premiers par « la gloire et les forces; le pays même qu'ils occupent, enlevé « jadis aux Boiiens est une conquête de leur valeur. Les Qua- « des et les Norisques ne sont pas indignes d'eux. C'est là comme « le front de la Germanie, en descendant le Danube ». Les Petchénègues et les Khazars n'ont pas quitté le territoire des steppes de la mer Noire et la vallée du Volga.

I. *Huns et Avars*. — Ces deux puissantes Confédérations représentent le même courant de migrations (3). Elles étaient formées par des tribus diverses, les unes ouralo-finnoises, les autres touraniennes, mongoles et turques. Ces tribus vivaient complètement à l'état pastoral, transportant, de tous côtés, leur

(1) Voir ci-après les impôts en Russie du XIe au XIIe siècle.

(2) *De Moribus*, 43. — Cantu, *Hist. univ.*, 7e vol., p. 313.

(3) Amédée Thierry, *Hist. d'Attila*, 1er vol. Jornandès, chap. 24. Ammien Marcellin, liv. 31. *Encyclopedia britannica*, article *Huns*. Cantu, *Hist. universelle*, 7e vol., p. 153.

bétail et leurs tentes. Elles établissaient leurs camps ou leurs villes nomades en rangeant en cercle leurs chariots. En marche, leurs troupeaux immenses les précédaient et formaient comme une sorte de rempart, très redoutable. Elles entraînaient à leur suite toutes les tribus qu'elles rencontraient. Elles étaient gouvernées par de grands chefs, appartenant à certaines tribus, plus anciennes, et, dans ces tribus, à des familles princières. Le pouvoir de ces chefs, bien que considérable, était cependant, suivant les circonstances, l'énergie des Khagans ou leurs divisions intestines, soumis à des assemblées générales ordinairement tumultueuses. L'influence de ces Confédérations s'étendait jusqu'à constituer des empires temporaires, qui s'effondraient tout à coup. Tels ont été les empires de Balamir et d'Attila pour les Huns, de Baïan pour les Avars, et plus tard d'Arpad pour les Hongrois.

Attila avait établi son quartier général, son *Ordou*, sa Horde principale, en Pannonie, entre le Danube, la Theiss et les Karpathes, aux environs de Széged, non loin du célèbre champ de bataille d'Austerlitz. C'est là qu'était son trésor, au milieu de tentes mobiles, converties en cabanes de bois, de paille et d'argile. C'est là que furent conduits les envoyés de Théodose II, dans un grand palais de bois, entouré de palissades en planches polies, flanquées de tours. La reine principale reçut les envoyés dans une chambre couverte de riches tapis. Ses suivantes brodaient des vêtements; elles se plaisaient à étaler une grande richesse en or, en pierreries et à montrer sur les tables des plats, des vases d'or et d'argent ciselés. Attila, au contraire, ne se servait que de coupes et de vases de bois; il ne mangeait ni viande ni pain. Parmi les envoyés de Théodose se trouvait le sophiste Priscus qui a laissé le récit de son ambassade. Le camp d'Attila était situé près de la ville de Naïssus, qui avait été détruite et dont les débris, jonchés d'ossements humains, faisaient horreur à voir. Théodose II négociait pour le tribut.

Il en fut des Avars comme des Huns. Ils avaient fixé leur camp principal non loin du lieu où se trouvait celui d'Attila. Il fallut que Charlemagne organisât deux grandes expéditions pour soumettre les Avars. Ils faisaient des razzias perpétuelles et accablaient toutes les populations slaves qui les environnaient. Après avoir occupé la Bavière, Charlemagne confia à son fils Pepin la mission d'enlever le camp retranché ou Ring, avec une triple enceinte. Après une lutte, qui se prolongea pendant 4 ans, le Ring fut pris d'assaut en 796 par les soldats Francs. Pepin y plaça son camp. Les trésors accumulés par les Huns et par les Avars furent partagés par Charlemagne. L'or et l'argent étaient si abondants que la valeur des métaux précieux subit une baisse. La destruction des Avars a été un grand service rendu par Charlemagne à l'Europe orientale. Les contemporains considérèrent cette guerre comme un triomphe. « Que de combats livrés « dans cette guerre, dit Eginhard, le principal biographe de « Charlemagne ! que de sang répandu ! Témoin la Pannonie, « aujourd'hui vide d'habitants, et la résidence des Chagans tel- « lement déserte qu'il n'y reste pas vestige d'habitation hu- « maine. Toute la noblesse des Huns y périt; toute leur gloire « y fut éclipsée. Cet amas de trésors, entassés là depuis long- « temps, devint la proie des vainqueurs, et la mémoire des hom- « mes ne saurait rappeler aucune guerre d'où les Francs soient « revenus chargés de plus de richesses (1) ».

II. *Hongrois.* — Les Hongrois ont recueilli l'héritage des Huns et des Avars. Ils formaient, entre le Volga et l'Oural, une Confédération de tribus de même origine que les Huns et que les Avars, nomades, guerriers, féroces. Les Khazars et les Petchénègues les contraignirent à changer de lieux de pâturages. Vers le milieu du IXe siècle, un demi-siècle après la catastrophe des Avars, ils étaient parvenus sur les frontières de la Transylvanie sous le commandement d'Arpad, formant une armée de 216,000 combattants, appartenant à huit tribus principales, représentant environ une masse d'un million de personnes (2). L'empereur al-

(1) Eginhard, *Vita et gesta Karoli Magni.*

(2) Sayous, *Hist. des Hongrois*, 1er vol. 1876. M. Sayous a tracé un remarquable tableau de la vie primitive des Hongrois. Leurs tribus menaient une vie nomade, ne labourant pas le sol. Habituées à compter pour leur nourriture sur les poissons des rivières, sur le lait et la viande de leurs troupeaux, elles ne pouvaient échap-

lemand Arnulf les appela pour accabler les *Mahrens* (892). Ils occupèrent en 895 la Pannonie et les territoires des Huns et des Avars. Pasteurs et guerriers, cavaliers et archers, poussant devant eux de nombreux troupeaux de bœufs et de chevaux, dévastant les cultures, exterminant les populations. Après avoir écrasé les Moraves, ils ravagèrent pendant 50 ans l'Italie, l'Allemagne et parvinrent en France jusqu'en Champagne et même jusqu'à Toulouse (924). Ils furent néanmoins obligés après les terribles batailles de Mersebourg (933) et du Lech (953) de se fixer en Pannonie, qui déjà portait le nom de *Hunnie*, devenue la Hongrie; mais ils asservirent les anciennes populations de la Pannonie et cherchèrent, même après leur conversion au Christianisme, à imposer leur domination aux tribus slaves qui les entouraient. Ils s'emparèrent complètement du sol. Dans une assemblée solennelle tenue à Szégedin, près de l'ancien camp d'Attila, les huit tribus ou Confédérations, dont l'une était celle des Magyars, répartirent le territoire en trois parts, l'une qui fut laissée en commun pour les tribus, l'autre pour Arpad et une autre pour l'Église. Ces deux dernières formaient la moitié du territoire. Le domaine de l'État est une des ressources du budget actuel de la Hongrie (1). Pendant longtemps, les revenus domaniaux ont été, en Hongrie, le fondement des revenus de l'État. Les Hongrois procédèrent comme les Northmans. Ils abandonnèrent la condition de nomades pour devenir sédentaires, et plus tard propriétaires, seigneurs. Ils condamnèrent les populations vaincues à la condition de serfs à corvées ou de fermiers, débiteurs de rente. Les Mongols n'agirent pas de même. Ils restèrent nomades; ils préférèrent le tribut, qu'ils levèrent pendant plus de deux siècles, à la propriété du sol. Par suite, ils ne s'y incorporèrent pas et ils finirent par être expulsés ou réduits à une condition inférieure; c'est le cas des Arabes musulmans et, en partie, des Turcs. Ils n'ont pas le sol dans les mains, ou du

---

per à la famine, lorsque les pacages commençaient à s'épuiser, p. 11 à 14. Hungary, Arminius Wambery (Hongrois), dans *Story of nations*. Ces deux ouvrages sont également importants.

(1) Sayous, *Hist. de Hongrie*, 1 vol., p. 128-136.

moins ils n'en détiennent que la moindre part. Ils ont également donné la préférence au tribut qui a les avantages d'une jouissance immédiate.

Nous complèterons ces détails sur le régime de la propriété foncière, installé en Hongrie par les Magyars; mais ce régime n'est pas le véritable régime féodal, parce qu'il ne comportait pas l'association des classes inférieures à la propriété même.

III. *Bulgares.* — Les Bulgares étaient devenus sédentaires, sur les pentes des Balkans, quand eut lieu l'occupation de la Pannonie par les Hongrois. L'époque de leur grande influence était même finie (empire de Siméon, 893-927). Ils maintinrent, avec peine, leur indépendance contre les Hongrois, les Serbes et les Grecs byzantins. Toutefois, du XIe siècle et au XIIIe siècle, les Bulgares ont encore joué un rôle assez important jusqu'à ce qu'ils subissent le joug ottoman. Comme les Bulgares comprenaient une notable masse de tribus d'origine touranienne, ils ont moins souffert de ce joug que les peuples Slaves. Ils sont mentionnés ici parce qu'ils ont pris place aujourd'hui parmi les nations ayant un rang, des finances, des impôts et un incontestable avenir.

IV. *Khazars et Petchénègues.* — Il n'en est pas de même des Khazars, Petchénègues, Coumans. Ces puissantes Confédérations de nomades, d'origine touranienne, ont disparu; elles ont exercé, pendant au moins 600 ans, une grande influence. Elles occupaient les steppes de la mer Noire et de la mer Caspienne. Les Khazars ont même fondé un véritable empire qui s'étendait depuis les steppes du Caucase jusqu'au Volga. Ils ont précédé les Mongols; mais ils étaient moins nomades, surtout moins militaires. Ils faisaient un commerce assez considérable entre le bassin du Volga, le Caucase, l'Arménie et l'Asie Mineure. C'est à leurs Khagans que la plupart des tribus slaves, à l'arrivée des Varègues, payaient le tribut, notamment les Polianes, les Sévérianes, les Radimitches et les Viatitches. A l'époque des voyages de Maçoudi, premières années du Xe siècle, ils avaient encore une grande situation. Au XIVe siècle leur empire s'écroule. Il est resté cependant quelques débris de leurs tribus dans le Caucase à côté de tant d'autres résidus de l'humanité. Les Petchénègues, avec un rôle plus actif, ont encore plus complètement disparu. Repoussés par les Hongrois, le torrent des Mongols aura submergé les uns et les autres (1).

Les Coumans ont été plus persistants que les Petchénègues. Ils existaient encore à l'époque des voyages de Rubruk et de du Plan du Carpin. Ils furent longtemps un fléau pour les Hongrois, les Moldaves et les Valaques qui finirent par les accabler et les incorporer.

Leurs institutions ou traditions fiscales n'ont pu être que celles des autres peuples nomades.

---

(1) Sur les Khazars, voir dans la chronique de Nestor, les trois premiers chapitres l'article ; Khazars dans l'*Encyclopedia Britannica*. — *Maçoudi, les prairies d'or*. Traduction de M. le Baron de Meynard, page 275. Rambaud, *Hist. de Russie*, p. 23, 50 : Klaproth, *Populations du Caucase*, 1826.

CHAPITRE IX.

DE L'IMPÔT DANS L'EMPIRE DE CHARLEMAGNE.

L'œuvre de Charlemagne a consisté à faire vivre à côté les unes des autres, à juxtaposer, durant un certain temps, à soumettre à un régime commun, des populations dissemblables, les unes sédentaires, comme dans l'Italie du Nord et les Gaules du Midi, les autres demi-sédentaires, comme le surplus des Gaules, d'autres encore nomades, Lombards, Avars, Saxons, Northmans, Slaves, et, comme condition première de cette œuvre, à combattre sans pitié, sans relâche, sans merci, les populations nomades, à les contraindre à la stabilité par le baptême, la confiscation, la transportation, l'expulsion. Dans cette œuvre de haute civilisation, Charlemagne n'a pas réussi et ne pouvait réussir. Il entreprenait d'établir une société, une fusion de mœurs, de traditions, d'institutions par en haut, par ordre, par conquête, lorsqu'elle ne pouvait provenir que de la combinaison, dans le sous-sol social, des éléments en présence. M. Guizot a bien indiqué (1) cette nécessité d'un travail de substruction, de soubassement, mais il n'en a pas donné la raison que Michelet a laissé entrevoir, sans assez de précision. « Il fallait fixer l'homme « à la terre et, à la loi personnelle à laquelle il était soumis, substituer la loi territoriale (2) ». D'un nomade il fallait faire un sédentaire. On doit, en grande partie à F. Le Play, d'avoir reporté l'attention sur l'influence des nomades. Elle a été immense, depuis la chute de l'Empire romain jusqu'à l'époque féodale, et considérable jusqu'au XVIe siècle, c'est-à-dire pendant 900 ans.

Aussi toutes les expéditions et guerres de Charlemagne ont

---

(1) *Hist. de la civilisation en France*, 24e leçon, 2e vol.

(2) Voir plus haut, page 315.

été faites contre les populations nomades comprises dans son empire (1). Néanmoins son empire ne lui a survécu que pendant 30 ans. L'empire s'est rompu en trois grands fragments, correspondant exactement à la condition des populations. L'Italie avec des populations sédentaires, les Gaules, qui vont devenir la France, avec des populations demi-sédentaires, l'Allemagne avec des populations en grande partie nomades. Plus tard, ces trois fragments principaux se morcèleront à leur tour, conformément aux nécessités que le premier partage avait révélées.

Et, en effet, pour établir un empire de quelque durée, pour lui procurer les forces indispensables à sa mise en train, il fallait lui assurer des ressources, incompatibles avec l'état social et économique de la plupart des populations : ces ressources ont été pour Charlemagne complètement insuffisantes.

Dans son système préconçu du maintien de l'ensemble de l'administration romaine et des impôts romains sous les Mérovingiens et les Carlovingiens, M. Fustel de Coulanges (2) a admis que Charlemagne avait eu à sa disposition des produits fiscaux importants, mais cette opinion n'a pas prévalu. Elle a dû même être tout à fait abandonnée. M. Fustel de Coulanges composait les ressources fiscales et financières de Charlemagne 1° des revenus des domaines; 2° des dons ou redevances volontaires dont il aurait lui-même fixé la quotité; 3° des deux grandes capitations romaines; l'une personnelle, débris de la *capitatio humana*, l'autre réelle sur les biens : *tributum de capite, tributum de rebus*. Charlemagne n'aurait toutefois levé ces deux contributions que sur les domaines impériaux et à titre de propriétaire plutôt que de souverain; 4° des péages, des corvées,

(1) On trouvera le récit de toutes ces expéditions dans le 2e vol. *Hist. de France*, de H. Martin ; Saxons, Avars, Huns, Lombards, p. 257, 263, 267, 274, 298, 304, 307, avec des détails complets sur l'état (fin du VIIIe siècle), nomade des tribus saxonnes, avares, hunniques, p. 248, 266, 298 pour les Saxons, 266 pour les Lombards, Slaves, 308, Avars et Huns 311. Ozanam, *Etudes germaniques*, tome I, chap. III ; tome II, chap. I, II et VI. Ozanam insiste sur la condition nomade des tribus germaniques au VIIIe siècle. Voir Des Michels, 2e vol., page 44. *Encyclopedia britannica*, article Saxons.

(2) *Compte-rendu des travaux de l'Académie des Sciences morales et politiques*, 1er vol., 1876, p. 708.

du droit de gîte et des taxes douanières ou de tonlieu; 5º des amendes, notamment des amendes militaires.

M. Des Michels, postérieurement aux leçons de M. Guizot, a donné une exposition plus exacte et plus savante de la condition des impôts sous Charlemagne. « Les charges personnelles et « réelles qui pesaient sur les hommes libres tenaient lieu de l'im- « pôt foncier (1) dont la conquête germanique les avait affran- « chis. La principale de ces charges était le service militaire, « auquel il faut ajouter les prestations locales qui consistaient à « fournir des relais (Paravedi) aux messagers publics et à dé- « frayer les commissions royales. Les rétributions imposées aux « bénéfices ecclésiastiques et civils devaient être aussi payées en « nature. Elles consistaient surtout en chevaux et en étoffes, « présents jadis volontaires, devenus depuis la condition du bé- « néfice et le témoignage de la vassalité. Ces dons étaient of- « ferts au Roi pendant la tenue du champ de mai, et le soin de « les recevoir était le plus profitable des attributions du grand « chambellan ».

Ces apports annuels, à une date presque connue d'avance, de denrées, d'animaux et d'étoffes en guise d'impôts, peuvent paraître quelque chose d'étrange; mais à raison de la pénurie extrême de métaux précieux au IXe siècle et des traditions immémoriales des peuples nomades ou semi-nomades en fait de contributions, traditions qui ont été établies ci-dessus par des textes formels, ces apports correspondent, au contraire, au développement de l'obligation fiscale chez les peuples, qui se transforment de nomades en sédentaires. Les successeurs de Charlemagne ne parviendront même pas à les maintenir.

---

(1) Des Michels, ancien recteur, *Histoire générale du moyen âge*, 2º vol., p. 154-158. Les mêmes opinions sont exprimées par : 1º M. Dareste, *Histoire de France*, 1er vol., liv. V, p. 385, administration et impôts de Charlemagne; 2º M. Vétault Charlemagne, 1876, chap. XII. Le livre de M. Vétault contient une carte de l'empire de Charlemagne, limité à l'Est par les tribus de Slaves, Sorabes, Obotrites, Vindiles, la Béhémia (Bohême), les Vendes. L'empire comprenait l'Istrie, la Dalmatie et la Marche d'Espagne ou la Catalogne. Comparer le travail de M. Berthelot dans *Histoire générale*, Lavisse et Rambaud, t. I, p. 347. — Le Huérou, *Les institutions carolingiennes*, 1846, chap. VI; VII et XI, et pour les revenus, pages 467-480. « Il n'y eut plus de revenus publics », page 480.

« Tout ce que le trésor royal tirait directement du sol venait du « domaine de la couronne. Ce domaine se composait d'un grand « nombre de terres, tributaires ou censives, que le roi possédait « dans les diverses provinces, et des villæ ou villages royaux « qui formaient la plus belle partie du patrimoine royal. Ces « villæ se trouvaient en grand nombre sur les bords du Rhin, « de la Meuse, de l'Oise et de la Seine. Quelques-unes étaient « des résidences royales où les Carlovingiens tinrent la plupart « de leurs grandes assemblées. L'importance de ces domaines est « attestée par le soin minutieux que mettait Charlemagne à en « régler le mode d'exploitation et toute l'économie sociale. Les « villæ comprenaient plusieurs habitations (casæ) occupées par « des esclaves, appelés fiscalins, ou même par des hommes « libres qui recevaient, en échange de leurs travaux, certaines « rations de vivres ou bien la jouissance d'une manse de terre. « Ils obéissaient à un *mayeur* (maire), qui recevait à son tour les « ordres d'un juge fiscal investi tout à la fois de l'intendance « générale et de la juridiction sur tous les habitants des villæ « confiées à sa surveillance. Parmi ces domaines royaux on « distinguait les *villæ capitaneæ*, vraisemblablement chefs-lieux « d'exploitation et résidence des juges fiscaux. C'est aussi dans « ces villæ que les rois allaient tour à tour passer les hivers « pour y consommer les denrées de plusieurs années (1) ». M. Des Michels fait suivre ces détails de considérations sur l'économie rurale et la situation monétaire (2) de l'empire de Charlemagne; mais il n'en saisit pas la raison. Les campagnes étaient, selon lui, dépeuplées, le blé cher et le bétail bon, mais cher. Il ajoute : « les steppes de la Russie et les savanes de l'Amérique nour- « rissent gratuitement de nombreux troupeaux et dont la valeur « est en raison de leur multitude et du petit nombre de con- « sommateurs... Dans la France de Charlemagne, comme sur « les rives du Don et de la Plata, la quantité de terres culti-

---

(1) Le capitulaire des *villis* et les formules sur les bénéfices et fiscs impériaux (Heinecius, page 807) donnent les détails les plus intéressants sur la condition et les ressources des populations de l'empire de Charlemagne.

(2) Des Michels, *Ibidem*, p. 256.

« vées était bien loin d'être en proportion avec les terres in-« cultes (1) ». Ces comparaisons sont très exactes, seulement les Gaules n'étaient pas dépeuplées, parce qu'elles n'avaient jamais été peuplées ni cultivées ; elles se trouvaient dans le même état que les savanes argentines, il y a 60 ans. Elles étaient parcourues par de nombreuses tribus, moitié nomades, vivant sur leur bétail, payant l'impôt avec leur bétail, accompagnées dans leurs expéditions et leurs guerres de leur bétail. On s'est longtemps mépris sur l'état réel des populations des Gaules avant Charlemagne et sous son empire. Elles n'ont été attachées au sol que par et dans les seigneuries, dans les centres féodaux. Les villæ (2), décrites par M. Des Michels, ne sont que les seigneuries, qui se démembreront en fiefs et en rotures, afin de faciliter et d'activer la consolidation des populations, retenues également par les anciens liens personnels du clan, de la tribu et du comitatus, fondements de la vassalité. La vassalité était déjà en germe dans la tribu, le clan et le comitatus. La féodalité l'a favorisée et fortifiée par les rapports résultant de la propriété foncière conditionnelle, bénéfice, fief, tenure roturière et servile.

Dès l'époque de Charlemagne les deux capitations, *terrena et humana, de capite sive de rebus*, s'étaient peu à peu converties en des redevances, qui avaient un caractère purement privé, c'est-à-dire seigneurial, et plus tard féodal. Charlemagne et ses successeurs n'ont eu aucun impôt direct à leur disposition. Ils ont dû pourvoir à tous les besoins de leur gouvernement, au moyen des dons volontaires, des redevances de leurs domaines, des corvées, des amendes et du service militaire. A propos du service militaire, il importe de ne pas perdre de vue que, de même que pour les peuples nomades, il comprenait l'entretien et même l'armement, ce qui le rendait très onéreux et ce qui eut pour conséquence d'en fixer et d'en limiter la durée, dès que les populations furent devenues sédentaires et complètement agricoles.

Aussi, les capitulaires de Charlemagne et de ses successeurs

(1) Des Michels, *ibidem*, p. 164.
(2) Des Michels, *ibidem*, p. 165.

ont-ils surtout pour objet le service militaire et la surveillance des domaines, des villæ dont les produits étaient la principale ressource de leur fisc. Dès lors, que ces ressources aient été insuffisantes pour permettre aux Carlovingiens de défendre les Gaules, contre les Sarrasins, les Northmans, les Hongrois et pour maintenir l'ordre intérieur, cela n'a rien d'extraordinaire.

En définitive les éléments permanents de gouvernement ont manqué à Charlemagne ; son empire n'a pu avoir qu'un caractère provisoire. Il n'est pas, sans ressemblance, avec celui des Goths, bien qu'avec des tendances vers un état de civilisation supérieur, tendances nettement accusées par le concours que Charlemagne demanda à l'Eglise et qu'elle lui donna. Sans ce concours, l'œuvre de Charlemagne n'aurait pas été telle qu'elle apparaît dans l'histoire. De là, la dîme, le respect des biens ecclésiastiques, l'indépendance de la Papauté au moyen d'un domaine territorial. Le concours de l'Eglise pour convertir les nomades et les élever à un état de civilisation qui les attache au sol, les expéditions militaires destinées à briser les Confédérations nomades, voilà l'œuvre entière de Charlemagne. A cet égard, l'œuvre a été grandiose. Le Christianisme a fourni à Charlemagne un incomparable agent de civilisation. C'est ce qui explique la grande place que l'Église prend, avec lui, dans l'organisation politique de l'Europe, place qu'elle a conservée, à peu près intacte, jusqu'à ce que sa mission fût accomplie (1).

---

(1) Vetault, *ibidem*, p. 385. Guizot, *Hist. de la civilisation en France*, 25e leçon. H. Martin a donné deux résumés des capitulaires (*Hist. de France*, tome 2e, p. 276, 344). Il n'en saisit nettement ni l'esprit ni l'origine. — Charlemagne dit-il (p. 344), fit ce qu'il put pour arrêter la féodalité ; mais que peut *le plus grand homme du monde* quand il lutte contre la tendance d'une ère historique. Comparer le gouvernement de Charlemagne par M. Berthelot ; Lavisse et Rambaud, (*Hist. générale*, t. I, p. 332, 375). — Faits et textes sont mieux appréciés.

CHAPITRE X.

DE L'IMPÔT DANS LES ÉTATS DE L'EUROPE ORIENTALE DU XIe AU XIVe SIÈCLE.

On peut considérer, d'une manière générale, que, jusqu'au XIVe siècle, l'impôt, dans l'Europe orientale, a eu, à peu près, les mêmes formes que dans l'empire de Charlemagne. Comment en aurait-il pu être différemment, au milieu des migrations, des invasions, des guerres qui se sont succédé pendant ces trois siècles, avec l'instabilité des populations, leur nombre restreint, la pénurie des métaux précieux, l'insécurité du commerce, l'absence de presque toute industrie, autre que l'industrie domestique? Sous le rapport fiscal, encore plus que sous tous autres, il a existé, pendant cette période, une séparation complète entre la partie orientale et la partie occidentale de l'Europe, l'Italie laissée à part. Les ressources financières de l'Italie étaient, en effet, supérieures à celles de tous les états européens, même à celles de la France. Quand éclateront les guerres du XIVe siècle, c'est aux banquiers italiens de Florence, de Gênes, de Milan, de Venise qu'il incombera de les soutenir. L'une des causes de la décadence de l'Italie au XVe siècle proviendra de la banqueroute des États auxquels elle aura prêté. Après l'Italie, c'est la France qui vient au second rang. Il n'y a aucune comparaison à établir, encore moins durant ces trois siècles qu'aujourd'hui, entre la France féodale et l'Europe orientale. La fiscalité féodale atteste des ressources considérables et régulières, comparées aux ressources temporaires et limitées de tous les États qui sont constitués ou se constituent dans l'Europe orientale. Au milieu du XIIIe siècle, la Russie en était encore réduite à la monnaie de martre, d'écureuil et de cuir. La patte d'écureuil circulait comme une fraction de copeck. La richesse était un peu moins restreinte en Pologne, en Bohême. Néanmoins Rodolphe de

Habsbourg, le grand électeur de Brandebourg, et tous les souverains Moldaves, Valaques, Bulgares, Serbes, Croates, Bosniaques étaient obligés de se contenter des redevances de leurs réserves domaniales, des dons ou des contributions en nature. Les grands ducs de Moscou durent s'imposer de lourds sacrifices pour payer, partie en argent, partie en peaux de martre, aux Khans de la Horde d'or, à Saraï ou à Kazan, le montant du tribut.

Durant la période féodale la valeur de la terre a beaucoup varié dans l'Europe occidentale, particulièrement en France, mais cette valeur a été réelle. La situation différait complètement dans l'Europe orientale. Il n'y avait entre la quantité de terres et la population aucune proportion. Le bétail restait encore la valeur réelle, échangeable. L'impôt ne pouvait se lever que sur le bétail, ou sur le produit brut de la terre, ou sur le travail de l'homme, c'est-à-dire consister dans la corvée. Aussi le don volontaire, la corvée, la dîme, le tribut, l'entretien personnel pendant le service militaire, telles sont, dans l'Europe orientale, à quelques exceptions près, les seules formes de l'impôt jusqu'au XIVe siècle. Sans doute, il existait dans l'intérieur des villes, comme Novgorod-la-Grande en Russie, Hambourg en Allemagne, dans les places de commerce faisant partie de la Hanse, des ressources fiscales importantes; mais la Hanse, bien qu'ayant étendu le réseau de ses associations dans l'Europe orientale, était essentiellement germanique. En dehors d'elle, les villes étaient, du XIe au XIVe siècle, fort rares et fort peu importantes dans l'Europe orientale. La vie économique des populations consistait à cultiver le sol et surtout à exploiter le bétail, la chasse, la pêche, les forêts. Elles étaient partagées en deux classes, les paysans libres ou propriétaires non nobles, et les serfs. On peut comparer la condition des paysans libres à celle des *Mittel freien, halb freien* allemands (1). Ils étaient tenus au service militaire et à des redevances en nature sur les récoltes. Quant aux serfs, leur condition devait être à peu près la même, plutôt plus dure qu'adoucie, que celle des *Hœrigen* ou *Gundholden* germains. « Ils rendaient à leurs maîtres, dit Montesquieu,

---

(1) Voir plus haut, p. 450.

« une certaine quantité de blé, de bétail ou d'étoffe : l'objet de « leur esclavage n'allait pas plus loin ». Montesquieu ajoute : « Cette espèce de servitude est encore établie en Hongrie, en « Bohême, et dans plusieurs endroits de la basse Allema- « gne (1) ».

§ 1. *La Russie primitive.*

L'histoire de la Russie primitive se partage en trois périodes à chacune desquelles se rattache un centre ou foyer d'action : 1° la Varégie ou la Russie des Varègues, avec Novgorod pour centre; 2° la Russie byzantine, avec Kiew comme foyer principal; 3° la Moscovie, capitale Souzdal, puis Moscou. Ces trois périodes sont closes par la conquête et l'occupation des Mongols qui, de 1240 à 1480, sans asservir la Russie, la dominèrent complètement. Le régime que les Mongols imposèrent fut celui de la vassalité avec tribut, impôts et service militaire, comme dans la monarchie des Perses Achéménides.

Au point de vue politique et fiscal, chacune de ces périodes offre un caractère particulier.

I. *Première civilisation de la Russie.* — Pendant les deux premières, l'effort principal des princes Varègues, de la maison de Rurik (859-1169), consiste à arracher les diverses tribus Slaves, Tchoudes, Touraniennes, situées entre le Dnieper et le Volga, à la domination des Khazars, des Petchénègues, et autres Confédérations de race touranienne et ouralo-finnoise et à les contraindre de leur payer le tribut. Par conséquent, en dehors des redevances propres à toute tribu ou Confédération de nomades ou de demi-sédentaires, la première forme de l'impôt sur le territoire de la Russie primitive a été le tribut, avec son double caractère de coopération aux dépenses d'une sorte de corps d'état représentant l'ensemble des tribus, et de reconnaissance d'une obligation ayant pour fondement une infériorité de forces. Ce tribut devint, avec le temps, le véritable caractère de l'impôt ordinaire.

---

(1) *Esprit des lois*, liv. XV, chap. XI. Montesquieu cite le texte, donné plus haut, de Tacite, 23.

La conversion des Varègues et des principales tribus slaves au Christianisme, sous l'influence de l'Église orthodoxe de Byzance, facilita l'œuvre civilisatrice et fiscale des Varègues, pendant les règnes dè Saint-Vladimir et de Jaroslaf le Grand (972-1054). Des progrès considérables furent alors opérés par la Russie varéguienne dans ses deux centres : 1° *Novgorod*, qui fait partie de la Hanse, foyer moitié slave, moitié germanique, avec des institutions spéciales, municipales, républicaines, comme celles des villes de la Hanse, caractérisant exactement le véritable esprit des Slaves de l'Occident, Pologne, Moravie, Bohême, Serbie; 2° *Kiew*, ville byzantine, ecclésiastique, dans un milieu slave déjà beaucoup moins pur que Novgorod, où prévalurent les traditions, les mœurs, les idées byzantines, par suite, l'autocratie. Les influences des Varègues scandinaves et des Grecs byzantins cessèrent, dès la fin du XIIe siècle, de correspondre à l'état réel des populations. Les tribus slaves n'étaient pas les seules qui vagabondaient, du Dnieper au Volga, du lac Ilmen à la mer Noire. Il s'y trouvait d'autres groupes de populations. Moscou était fondée en 1147 au milieu d'elles. Moscou est appelée à devenir la seconde capitale de la Russie, à être le foyer de résistance aux Mongols. Ce foyer ne pouvait être à Kiew, trop excentrique, trop méridional. Dès 1162, Kiew perd sa situation de ville directrice; elle est prise d'assaut et, en partie, détruite au milieu de guerres civiles incessantes. Une période de grande anarchie s'ouvre pour la Russie. Cette anarchie se prolonge jusqu'à l'arrivée des Mongols.

Pendant plus de deux siècles les princes Varègues avaient réussi à dominer les éléments anarchiques qui les entouraient grâce à leur grande supériorité personnelle et à l'influence du Christianisme; mais la décomposition des tribus slaves, ouraliennes ou touraniennes, leur transformation de nomades en demi-sédentaires avaient donné lieu à un morcellement territorial et politique, représenté par 64 principautés et 293 princes (1) entre

---

(1) Rambaud, *Hist. de Russie*, p. 74, principales principautés : 1° celle de Smolensk ; 2° celle de Kiew ; 3° Tchernigoff et Novgorod Severski ; 4° Riazan et Mourom (anciennes tribus des Mouromiens et des Methtchéraques) ; 5° celle de Souz-

lesquels s'engagèrent 83 guerres civiles. L'honorable M. Rambaud compare cette anarchie à l'époque féodale dans l'Europe occidentale. Cette comparaison n'est pas sans fondement; mais, en Russie, l'anarchie était bien autrement profonde que dans l'Europe occidentale, parce que les conditions physiques et sociales n'étaient pas les mêmes.

Le Prince était entouré d'un corps de fidèles dévoués, sorte d'*anstrustions*, composant sa *Droujina* (1) ou sa *Trust*. Il les répartissait entre les villes ou centres principaux à garder, Rostof, Polotsk, Biélozersk, sortes de fiefs militaires temporaires. Ces fiefs rappellent ceux accordés aux Turcomans en Egypte; ils n'ont rien de féodal. C'est de cette Droujina que proviennent les boyars; rien de féodal. Il n'y a à faire aucun rapprochement entre un baron féodal, qui est baron par lui-même, comme seigneur d'une terre qu'il ne tient que de Dieu, selon la formule féodale, et un boyar. Au-dessous des boyars, quelques rares marchands dans les villes (*Gosti*) n'ayant d'importance et d'indépendance qu'à Novgorod, quelques propriétaires (*Lioudi*) ne faisant pas partie de la Droujina, et puis les masses rurales divisées en deux catégories : le *Smerde*, le *mougik* actuel, homme de tribu et plus bas le serf, *Kholopy*. Le Kholopy était surtout l'esclave domestique, le prisonnier de guerre, l'individu acheté sur le marché; ce n'était pas le cultivateur, le paysan, faisant partie du Mir, avec une indépendance déjà limitée, même dans son intérêt (2). Du XIe jusqu'à la seconde partie du XIXe siècle, ces classifications n'ont pas beaucoup changé. La Droujina est devenue la Cour. Les Lioudi, les Boïars, la noblesse, d'un nombre très restreint relativement à la population; les marchands urbains n'ont pris de développement que dans les villes principales. Les paysans, accrus en nombre immense, ont été plus sévèrement reliés au Mir, aux seigneuries des nobles, aux domaines du prince, devenu le Czar, et les serfs domestiques sont restés tels.

---

dalie (anciennes tribus de Vesses, Merious, Tchérémisses; 6° celle de Volhynie; 7° celle de Gallicie.

(1) Rambaud, *ibidem*, p. 64, 66.

(2) Rambaud, *ibidem*, p. 67, 70.

Les changements survenus dans la propriété foncière, changements qui n'ont eu d'importance que depuis Pierre le Grand, n'ont pas modifié la condition réciproque des classes sociales, parce que les populations rurales de la Russie ne se sont élevées, que bien tard, à la conception de la propriété individuelle du sol. Ce point essentiel a été établi, avec une grande force, par M. de Haxthausen (1). A l'origine, la noblesse russe a été une *truste* comme celle des Mérovingiens et des Carlovingiens, comme la noblesse des peuples nomades. La noblesse russe n'est devenue territoriale que plus tard, par des concessions du Czar, concessions d'abord temporaires. On comprend que, du xe au xive siècle, à l'époque où elles se transformaient en demi-sédentaires, tout en conservant les goûts et les mœurs nomades, les populations rurales, établies sur un territoire illimité, où elles changeaient à volonté d'habitat, n'aient pas eu la conception de la propriété privée du sol, pas plus que les Germains semi-sédentaires de Tacite. Le changement leur était même nécessaire; l'obligation de la résidence pour cultiver le même sol aurait été pour elles une servitude. Aussi, ne sont-elles pas parvenues davantage à cette conception dans les siècles qui ont suivi. Même depuis l'émancipation, elles ne s'y sont élevées qu'imparfaitement. La jouissance de la terre leur a suffi, parce que la jouissance suffit aux nomades : *nec cultura placet longior annua.*

A qui donc appartient la terre, en Russie? Voici la réponse donnée par M. de Haxthausen à cette question. « Le peuple « est pénétré du sentiment que tout le territoire de la Russie, « autant qu'il est occupé par la tribu russe, appartient indivi- « sément à toute la nation et par conséquent à chaque membre « de la tribu, et que le Czar, en sa qualité de chef suprême « de la couronne, a le droit de répartir les terres entre les « différentes classes de la population, tandis que les individus « n'ont à revendiquer que la jouissance usufructuaire d'une « partie aliquote (2) ». Pour les Russes, le Czar est un patriar-

(1) De Haxthausen, 3e vol., chap. III et IV. Ces deux chapitres sur la noblesse, la propriété territoriale et le Mir font un ensemble.

(2) De Haxthausen, *Ibidem*, p. 149.

che qui distribue la propriété du sol, sous la condition de respecter les droits de ceux qui en jouissent.

La propriété foncière en Russie ne repose pas sur l'occupation; elle repose sur la concession du Czar, chef suprême, père de la communauté, sous la réserve de la jouissance au profit des occupants; la propriété foncière individuelle provient de la concession à charge d'une servitude d'exploitation. Aussi, lors de l'émancipation, une part a-t-elle été faite aux usufruitiers; il y a eu un véritable partage entre le nu-propriétaire et les populations usufructuaires, réunies dans les Mirs, auxquels une part de propriété a été transmise. C'est de cet état de choses que proviennent les immenses domaines de la couronne en Russie, représentant *un tiers* du territoire. C'est le tiers qui n'a pas été concédé. Mais, sur ce tiers, les populations avaient également leur droit de jouissance.

Il y a néanmoins en Russie, surtout dans la Russie occidentale et méridionale, en dehors des territoires réunis à la Russie depuis Pierre le Grand, tels que les provinces Baltiques, la Pologne, la Crimée, des domaines ne provenant pas de concessions directes, mais ces domaines forment l'exception (1).

La conception autocratique de la propriété foncière est essentiellement anti-romaine et par suite anti-byzantine, malgré le caractère autocratique du gouvernement byzantin. C'est une conception dans laquelle domine l'influence des idées orientales, notamment des idées des Musulmans, mais surtout des idées des nomades. On doit la tenir comme une empreinte des civilisations orientales sur la civilisation de la Russie.

La notion de la propriété du sol est loin d'avoir été la même dans les diverses civilisations. Par la nature même de leur existence et de leurs besoins, les peuples nomades n'en ont aucune ou, s'ils en ont une, elle n'est que temporaire. Non seulement ils ne cultivent pas le sol, mais ils considèrent cette culture comme une preuve d'infériorité. Ils défendront leurs pâturages tant qu'ils y auront intérêt, puis ils porteront leurs tentes et conduiront leurs troupeaux plus loin. Quand les peuples, tribus ou

(1) De Haxthausen, *Ibidem*, 3e vol. chap. 1er.

Confédérations, deviennent demi-sédentaires, il faut encore beaucoup de temps pour que la notion de la propriété collective se forme, et bien davantage pour que la propriété collective soit remplacée par la propriété individuelle. Les Confédérations, tribus, clans, cessant d'être nomades, comme pour les Hongrois ou les Slaves, ont nécessairement passé par une période de propriété commune. Le type du quiritaire, qui cultive un lot d'un hectare, suppose une très ancienne appropriation du sol. Réduit à lui seul, que pouvait bien faire l'individu, membre d'un clan? Le clan ou les démembrements du clan ont donc occupé une partie du territoire, qui a été le territoire du clan et qui, plus tard, deviendra une seigneurie, un domaine de Joupan. Telle a été la condition des tribus, Confédérations slaves, dans toute l'Europe orientale. De là, la part considérable faite, à l'origine, au pouvoir royal et à l'Église dans les territoires occupés. Les Américains ne sont pas aussi éloignés de la conception autocratique de la propriété du sol des Russes qu'on pourrait le croire. Seulement leurs institutions sont différentes. Les Tzars ont distribué le sol de la Russie, en partie, à titre de don. Les Américains le vendent. Dans les deux cas, le sol est reconnu comme appartenant originairement à l'État. Chez les Musulmans, le Sultan est censé avoir le même droit en vertu de la conquête, mais il s'en est départi moyennant le paiement du tribut.

Durant la période, qui s'étend du xe au xve siècle, bien que la vie économique de la Russie ait été alors, comme elle est encore aujourd'hui, essentiellement agricole, les foyers principaux, même exclusifs, de sa vie politique, sont toujours demeurés dans les villes, Novgorod, Kiew, Vladimir, Souzdal, Moscou. C'est dans les villes que la Droujina, les Boyars vivent à côté des princes. Tout le mouvement politique est urbain. La Russie n'a jamais connu d'époque, malgré la prédominance de l'agriculture dans ses ressources économiques, pendant laquelle l'influence politique se soit, comme cela a eu lieu en France, en Allemagne, en Angleterre et même chez quelques peuples slaves, décentralisée dans les campagnes. L'immensité du territoire, la rigueur du climat, les forêts, les tendances nomades des populations y étaient contraires. Même aujourd'hui, le contraste entre la Russie rurale et le surplus de l'Europe est complet. Aussi, du xe au xve siècle, la Russie n'est pas couverte de châteaux fortifiés, avec de nombreuses dépendances, dont les plus importants sont le centre d'une cour, d'une vie locale, variée, intense, populaire et attestant un degré déjà élevé de civilisation. La Russie n'a pas eu non plus d'époque où les campagnes aient été constamment habitées par les classes supérieures comme la France, l'Angleterre et l'Allemagne; elle n'a pas eu de Féodalité, pas de société féodale. Du xe au xve siècle, l'activité économique de la Russie est néanmoins, de même qu'aujourd'hui, essentiellement agricole et rurale. La Russie possède au lieu de châteaux fortifiés (1), de nombreux asiles (grads, gorods) pour les populations et le bétail. Les seuls moyens sérieux de défense consistent dans quelques grands monastères. Dans les forêts sans fin, les tribus errent, vagabondent, habitent, se soustraient aux dangers. L'agriculture est toute primitive et instable. Elle repose sur l'écobuage (2), qui suffit aux nomades. La pêche, la chasse, l'élevage du bétail, l'apiculture, l'exploitation des bois forment, plus que les céréales, la principale occupation des cultivateurs. La Russie, manquant de pierres et ayant le bois en abondance, toutes les constructions sont en bois (3), couvertes en chaume; aucune fermeture. Il n'existe de jardin, de potager, d'arbres fruitiers que dans le Midi. La mise en culture de la célèbre zone du Tchernozion (4), qui donnera à la Russie la suprématie sur tous les Slaves, qui lui permettra de s'élever tout à coup, à la fin

(1) De Haxthausen, 3e vol., p. 40-93, — chapitre remarquable — M. de Haxthausen se méprend cependant quand il compare les Boyars à des seigneurs féodaux. L'Europe orientale, et surtout la Russie, n'ont pas connu la véritable féodalité.

(2) De Haxthausen, *Ibidem*, 3e vol., p. 548 à 580 — tout le chapitre sur l'état agricole des domaines de la Couronne, Rambaud, *Histoire de Russie*, p. 78.

(3) Schiemann, *Russland und Polen*, 1884, dans la collection Oncken, contient une savante étude sur l'économie rurale de la Russie au Moyen âge.

(4) Rambaud, *ibidem*, p. 77. Quand les terres noires furent délivrées des Petchénègues qui les occupaient « on a vu dans la Moscovie des villages, des cantons entiers se dépeupler tout à coup, les paysans s'acheminer en corps de nation, *comme au temps des invasions*, sur les terres noires.

du XVIIIe siècle, au rang de première puissance, de poursuivre Napoléon jusqu'à Paris, n'est pas encore en train. Le Russe vit surtout au milieu des forêts du centre, là où Moscou a été fondée, bravant le froid, la faim, la misère, la saleté, soldat excellent, colon meilleur encore, toujours en marche. Pour le fixer au sol, il faudra la servitude dans le Mir.

Dès ces premiers temps, les villes prennent un développement assez remarquable. Quelques-unes possèdent des institutions républicaines, dues à l'influence de l'Allemagne et des Slaves de l'Ouest, comme Novgorod, Pskof, Rostof, Viatka, Smolensk, Kotelnicht. Elles entretiennent un commerce assez important avec les provinces de la Baltique, l'Allemagne, les bords de la mer Noire, la Perse, le Caucase et l'Asie Mineure; elles parviennent à un certain degré de richesse. Mais ce mouvement urbain sera éphémère; la domination des Mongols le ruinera pendant 300 ans, en séparant la Russie de l'Europe, en l'appauvrissant, en réduisant son activité économique à l'exploitation du sol, en altérant le caractère des populations qui deviendront semi-asiatiques.

Le paiement du tribut pendant 240 ans, les guerres intérieures, les influences asiatiques exerceront sur toute la civilisation de la Russie une action déprimante. Cette dépression sera augmentée, au XVIe siècle, au moment où tombe le joug mongol, par la séparation religieuse que maintient le culte orthodoxe et par le fait que la Russie n'aura aucune part dans le mouvement maritime et colonial, qui modifie les conditions de l'Europe occidentale. La Russie ne prendra pas part à la distribution des métaux précieux aux XVIe et XVIIe siècles; elle restera condamnée à une circulation monétaire qui sera une nouvelle séparation.

II. *L'impôt dans la première civilisation de la Russie.* — La Chronique de Nestor ne laisse aucun doute sur la forme de l'impôt dans la Russie primitive. C'était le tribut que les diverses peuplades, Slaves ou Tchoudes, payaient à la grande Confédération des Khazars ou Khozars, en outre des redevances spéciales à toute organisation tributaire, d'après les bases dont César et Tacite nous ont transmis la tradition : Dons volontaires, amendes, contributions proportionnelles sur le bétail. Le tribut était, entre tribus et Confédérations nomades, comme entre États sédentaires, à la fois une marque de déférence et presque d'assujettissement, en même temps qu'une sorte de garantie, d'assurance de la part du plus fort.

L'œuvre fiscale des Varègues consista à obtenir, même par la force, le transfert de ce tribut à leur profit. C'est la première pierre du monument fiscal de la Russie. Il n'en a pas été de même pour l'Europe occidentale au Moyen âge. Cette première pierre, pour elle, n'est pas le tribut, mais le cens — qui représente le prix même de la terre, converti en une redevance perpétuelle. Le censitaire est un propriétaire; le tributaire est un sujet. « En 859, déjà, les Varègues faisaient payer le tribut aux « Slaves de l'Ilmen, aux Krivitches, ainsi qu'aux Tchoudes, aux « Vesses et aux Mériens (1) ». Ainsi les Varègues agirent vis-à-vis des Slaves et des Tchoudes de la même façon que les Danois vis-à-vis des Anglo-Saxons et des Bretons. Le paiement de ce tribut exaspéra les Slaves — mais bientôt ils préférèrent se soumettre au tribut et profiter de l'ordre que les Varègues leur procuraient. Ils rappelèrent les Varègues en 862 (2). Le tribut revêt ainsi complètement la forme d'une assurance. C'est un fait historique des plus curieux, qui atteste combien ont été profondes les difficultés, pour les races Slaves, de devenir de nomades sédentaires, de renoncer au vagabondage, de cultiver le sol, de donner le service militaire et de payer l'impôt. Il atteste également la fonction sociale et politique de l'impôt. Devant ce fait, les attaques des juristes monarchiques et des publicistes de la Révolution contre le régime féodal perdent toute valeur. Sans le régime féodal, qui a rendu sédentaires et qui a habitué à l'impôt, les populations semi-nomades de l'Europe occidentale, particulièrement de la Gaule, les nationalités actuelles n'auraient pu se constituer. La grande crise du XIVe et du XVe siècle en France a été surtout fiscale. Elle n'a été close que par l'acceptation de la taille à titre d'impôt permanent et la constitution d'une armée permanente. L'interpellation d'Oleg aux Radimitches, aux Sevé-

(1) Rambaud, *ibidem*, page 43. Nestor, *Chroniques*, chap. I.

(2) Rambaud, *ibidem*, page 43. Nestor, *Chroniques*, chap. I.

rianes, aux Polaniens, aux Drevlianes, aux habitants de Novgorod. « *A qui donc payez-vous le tribut* (1) ». Réponse : « *Aux Khozars. Eh bien : dorénavant vous le paierez à moi ou je vous ferai la guerre* », doit être considérée comme le premier acte de la nationalité russe. Les nombreuses guerres des princes Varègues avec Byzance ont souvent abouti à des acceptations de tribut par les empereurs byzantins, mais ce tribut n'avait pas le même caractère territorial. C'était une extorsion, un impôt de guerre et d'humiliation, de la même nature que le tribut auquel les Mongols soumirent les Russes pendant plus de deux cents ans.

Aussi quand le Charlemagne de la Russie, Iaroslaf le Grand, (1016-1054), promulgua le recueil intitulé *Rousskaïa Pravdda*, ou le *Droit russe* (2), recueil qu'on peut comparer à l'ensemble des *Barbariæ leges* et des capitulaires de Charlemagne, eut-il soin d'y donner une place aux tributs. Au contraire les *Barbariæ leges* et les *capitulaires* ne contenaient pas de dispositions immédiates sur les impôts, tandis qu'ils en contenaient de très nombreuses sur les produits domaniaux, principale ressource des souverains et des États de l'Europe occidentale du VIIe au Xe siècle. « Avec la justice, dit M. Rambaud (3), la plus « importante des attributions princières, c'était la perception des « tributs. Le prince lui-même en fixait le montant. Oleg avait « imposé aux Drevlianes une peau de martre par feu (4). Il y avait « toujours de l'arbitraire dans la levée de l'impôt. Le récit de « Nestor sur la mort du prince Igor est une vive peinture des « mœurs de l'époque. On croirait lire une page de Grégoire de « Tours sur les fils de Clovis. En l'année 945 la Droujina d'Igor « lui dit : « Les hommes de Sventeld sont richement pourvus « d'armes et de vêtements, tandis que nous sommes nus; con- « duis-nous, prince, lever le tribut, afin que toi et nous, nous « soyons riches ». Nestor donne d'autres renseignements sur les

---

(1) Nestor, *Chroniques*, chap. II, III, IV.

(2) Rambaud, *Ibidem*, p. 62.

(3) *Ibidem*, p. 66.

(4) Rambaud, *Ibidem*, p. 66. *Chronique de Nestor*, chap. VI.

premières formes de l'impôt en Russie. Ainsi, à la date de 885, il dit qu'Oleg exigea des Radimitches un tribut de 1 schelling par charrue (1). Nous allons essayer d'évaluer ces deux impôts mais l'emploi du mot anglais schelling est des plus importants; c'est la marque de l'influence scandinave. Plus tard, en 1017, il est levé dans Novgorod une taxe de quatre martres par tête, dix grivnas par Starost et dix-huit par Boyar; c'était une capitation proportionnelle (2). La taxe de Novgorod n'est plus le tribut; c'est un impôt direct, la capitation qui s'est maintenue en Russie pendant au moins sept cents ans, sous diverses formes.

Tels sont les seuls renseignements que l'on rencontre sur Nestor. Le grand historien de la Russie, Karamsin, n'en donne pas d'autres jusqu'au XIVe siècle, sauf les taxes spéciales aux villes.

Pour évaluer le montant de ces capitations, quelques détails sur les conditions monétaires de la Russie du IXe au XIVe siècle sont indispensables. Ces détails donneront, en outre, une idée de la civilisation de la Russie. Pendant la période varéguienne de Kiew et de Novgorod, la Russie, par ses rapports avec Constantinople, a possédé une certaine quantité d'or et d'argent, avec fort peu de monnaie d'or ou d'argent. Elle a eu une belle orfèvrerie, des ornements d'église, des dorures monumentales; on en voit encore les traces à Sainte-Sophie de Kiew. Mais la véritable monnaie n'était ni l'or, ni l'argent. La monnaie a, d'abord, consisté dans des peaux de martres ou d'écureuils qui avaient, à cause du climat, une certaine valeur stable et qui, à raison des forêts et des chasses, étaient en assez grande quantité (3).

Les difficultés monétaires de la Russie sont de tous les temps.

---

(1) Nestor, chap. VI.

(2) Nestor, chap. IX. La contribution des Starosts portait sur chaque quartier des villes divisées en Starosties. Le Starost levait un impôt dans la Starostie urbaine comme dans la Starostie rurale, ou Mir. — De Haxthausen, 3e vol., p. 134, 140, 516.

(3) Dans les notes qui accompagnent la traduction de la Chronique de Nestor par M. Paris, on trouve des renseignements assez complets sur les monnaies primitives de la Russie, ainsi que dans l'*Histoire de la Russie*, par Karamsin. *Chronique de Paris*, au mot *Monnaie*.

Elles tiennent à l'immensité du territoire et à l'éloignement dans lequel la Russie s'est trouvée des centres de production des métaux précieux et des grands courants commerciaux. Elle n'a extrait de l'or qu'au siècle dernier. Aussi, elle a toujours été et elle est encore réduite au régime de la monnaie fiduciaire.

Jusqu'au xve siècle, le prix des choses était fixé en Russie d'après des quantités variables de peaux de martre et d'écureuil (1). On ne se servait comme instrument monétaire que des martres communes. Au lieu de porter les peaux aux marchés et de les y compter, on se contentait de morceaux de peaux qu'on appelait kounis (2). Un kounis équivalait à une peau de martre ordinaire ; c'était l'unité monétaire. Pour calculer plus rapidement, on compta par grivna. La grivna se composait de vingt peaux de martre, soit vingt kounis. On rapportait la valeur de la grivna à celle de l'argent et même de l'or. La grivna de Novgorod contenant vingt peaux de martre équivalait (3) à une livre d'argent du poids de treize onces. Au cours de l'argent, avant la baisse actuelle, cette livre de treize onces valait 88 fr. 79 qui étaient la valeur de vingt peaux de martre, et la martre ou le kounis représentait 4 fr. 43. Mais au xiiie siècle, la valeur de l'argent était tout autre qu'aujourd'hui. Vingt peaux de martres ont toujours dû équivaloir à une quantité d'argent, c'est-à-dire représenter une valeur réelle. Il est difficile de donner des chiffres comparatifs d'une suffisante exactitude. Tout ce qu'on peut ajouter, c'est qu'au xiiie siècle, l'argent, dans l'Europe occidentale, doit être estimé au moins à quatre fois sa valeur et peut-être à huit fois au xe siècle, avant la baisse actuelle. Oleg avait imposé les Drevlianes à un kounis par charrue et les Radimitches à un schelling. Le schelling représentait 10 francs et

(1) Karamsin, tome I, p. 307 ; 2e vol., p. 47 ; 3e vol., p. 380 ; 5e vol., p. 402.

(2) Comme monnaies d'appoint, on comptait par morceaux, non pas de peau mais de membre. Ainsi, un museau de martre, un front d'écureuil, une oreille ou une demi-oreille. La patte de martre était le quart de la grivna, on l'appelait la *nogata ;* le *Vékoche* était le 20e de la grivna.

(3) Cette équivalence variait beaucoup. A Kiew, à la même époque, la grivna équivalait à 9 1/4 onces d'argent.

le kounis 33 fr. 44. Dans tous les cas, la taxation devait être différente.

La valeur des peaux de martres étant relativement élevée, même celle des peaux d'écureuils; on leur substitua peu à peu le cuir. Vingt morceaux de cuir, d'une certaine dimension, d'un certain poids et portant un cachet officiel, servirent d'équivalent à un kounis de peaux. On eut ainsi une monnaie beaucoup plus abondante. La grivna de cuir remplaca celle de peaux. Kounis et grivnas de cuir se déprécièrent très rapidement, parce qu'ils devinrent une monnaie entièrement fiduciaire. La Russie resta alors soumise à la monnaie fiduciaire de cuir, comme elle a été soumise au XVIIIe siècle à la monnaie fiduciaire de cuivre et au XIXe siècle à la monnaie fiduciaire de papier. La dépréciation du cuir fut encore plus rapide et plus complète que celle des peaux de martres et d'écureuils. Le kounis et la grivna devinrent des monnaies purement conventionnelles.

Cette dépréciation s'accrut avec la circulation de l'argent (1). L'argent s'était peu à peu répandu en Russie par le commerce avec les Grecs de Byzance, par les Khazars, nomades qui faisaient le commerce, et surtout après l'arrivée des Mongols. L'argent est déjà mentionné à titre monétaire, dans les traités d'Oleg avec Byzance. Les Radimitches furent imposés à un tribut payable en argent. Les Mongols, tout en se servant du papier-monnaie, sur une très grande échelle, avaient également des monnaies d'argent. Ils payaient en papier-monnaie et exigeaient de l'argent de la part de leurs tributaires. Ils refusèrent en Russie les grivnas et les kounis de cuir et n'acceptèrent, en paiement des tributs que des peaux de martres ou de l'argent, dans une certaine proportion.

Le rouble, argent russe, est antérieur à l'époque des Mongols; mais c'est à leur époque que sa circulation s'est étendue principalement dans le commerce et dans les villes. Il équivalait alors au quart d'un lingot d'argent d'une livre russe(2) ou à

(1) Il est très difficile de bien saisir les changements monétaires de la Russie depuis le Xe siècle. Karamsin donne beaucoup de renseignements; mais ils sont loin de concorder les uns avec les autres.

(2) La livre russe est de seize onces. Chaque once contient six zolotniks. La

24 zolotniks d'argent. On comptait par rouble, demi-rouble et quart de rouble. Le rouble se coupait en deux et chaque coupure faisait un poltine ou poltinnik[1], monnaie encore en usage, Le kopeck, représentant la centième partie du rouble, existait aussi, et même des quarts de kopeck.

Il n'est pas possible de donner des équivalences certaines de ces diverses monnaies d'argent. Elles circulaient conjointement avec les grivnas et les kounis de peaux et de cuir. Les paiements à faire pendant deux cent quarante ans aux Mongols tendirent à améliorer un régime monétaire aussi défectueux et à y substituer, en partie, les monnaies des Mongols. Les Mongols avaient des pièces d'argent, dites *Danga* et des pièces de cuivre dites *Poula*. Les Russes les adoptèrent sous les noms de Denga et de Pouli. Le denga valait un quart de zolotnik. On comptait par pouli, denga et altine. L'altine valait six dengas. Ces monnaies disparurent peu à peu avec les Mongols, ainsi que les kounis et les grivnas. Seuls, les kopecks, poltinniks, zolotniks et roubles survécurent. Toutefois, la *dvougrivenik* et la *grivenik*, monnaies d'appoint actuelles d'argent, rappellent les anciennes monnaies russes.

Au tribut, sous forme de capitation, s'ajoutaient dans les villes quelques autres revenus, notamment les frais de justice, les amendes et la *vira*, sorte de *wehrgeld* (1). Ces ressources n'étaient pas très considérables. Elles expliquent les expéditions ou razzias que les princes varègues et leur Droujina dirigeaient, de tous côtés, pour faire du butin et lever des tributs. Les revenus des domaines du prince devaient fournir aux principales dépenses (2).

III. *L'impôt en Russie pendant la domination des Mongols. Le tribut.* — De 1240 à 1480 la Russie a dû payer tribut aux Mongols. Ce tribut a joué un rôle très important, non seulement dans

---

livre parisis était aussi de 16 onces ; mais la livre romaine ne contenait que 12 onces. Quant à l'once son poids a varié partout avec celui de la livre.

(1) Karamsin, *Histoire de Russie*, t. V, p. 142, et Nestor, *Chronique*, édition Paris au mot *Monnaie*.

(2) Rambaud, *Histoire de Russie*, p. 110, 127.

l'histoire fiscale de la Russie, mais dans la formation de sa nationalité.

Les tribus mongoles, sous le commandement de Baty, petit-fils de Tchingiz-Khan, se présentèrent en 1224. Après avoir vaincu les Russes à la bataille de la Kalka, ils revinrent en 1235, écrasèrent de nouveau les Russes dans la bataille de La Citi (4 mars 1238), prirent d'assaut et détruisirent, à peu près, Kiew, malgré une défense héroïque (1240). La Russie était alors divisée en une multitude de principautés, par suite très affaiblie. Elle n'avait qu'une population disséminée et relativement peu nombreuse. Elle était, en outre, menacée à l'Est par les Polonais, les Lithuaniens et les Allemands. Elle dut se résigner à subir la domination des Mongols. Baty avait établi son Ordou, ou quartier général du gouvernement de ses tribus, à Saray, sur l'Aktouba, bras du bas Volga, de même qu'Attila s'était cantonné près de Széged. C'est là que se trouvait la Horde d'or, ainsi nommée à raison de son importance et des rideaux, lamés d'or, garnissant l'entrée de la tente de Baty. Les Mongols sont restés en Russie jusqu'en 1480 à titre de suzerains de la Russie, qu'ils appelaient le Kiptchak. Lorsque cette suzeraineté s'est effondrée, ils ont été autorisés à y conserver un séjour aux environs de Kazan. Les débris de leurs tribus y vivent encore sous le nom de Tartares. Il importe d'ajouter que les tribus d'origine touranienne et ouralo-finnoise, qui ont constitué un des principaux éléments des populations russes, ont contribué à obtenir une sorte de *modus vivendi* entre les Russes et les Mongols. Ainsi, avec le temps, les principaux chefs des Mongols ou Tartares sont entrés dans la noblesse russe. M. de Haxthausen a fait le dénombrement des familles de ces chefs. Il en a compté (1) 143, tandis que les Varègues n'en auraient fourni que 36, les Polonais 114, les Lithuaniens 78, la Prusse 48.

La politique des Mongols a toujours été de vivre en bonne harmonie avec les princes et le clergé, mais d'accabler les populations. Cette politique a eu pour conséquence de créer une situation exceptionnelle aux grands princes moscovites. Néanmoins,

(1) De Haxthausen, *Ibidem*, 3e vol., chap. II, pages 75-76.

ces princes et le clergé n'ont jamais oublié leur devoir national et c'est à eux que les Russes doivent, en partie, d'avoir brisé le joug qui les accablait.

Le Khan de la Horde d'or pouvait, du bas Volga, entretenir des rapports faciles, par la Caspienne, avec l'Asie centrale, et par les steppes de la mer Noire, avec le Danube. A côté de la Horde d'or se trouvaient d'autres hordes, c'est-à-dire des Confédérations avec un Ordou, notamment la grande Horde, la petite Horde et diverses autres hordes qui devaient avoir de l'importance, d'après le nombre de familles qu'elles ont fait entrer dans la noblesse russe.

Karamsin a évalué à 600,000 combattants, soit à près de 3,000,000 (1), la population de ces hordes en 1240. C'est un chiffre qui paraît exagéré; toutefois dans ces 600,000 combattants, il n'y avait que 160,000 Mongols; le reste formait un ramassis de tous les nomades de l'Asie centrale et de la Russie, compris dans la masse mongole en vertu de la loi d'entraînement : Petchénègues, Coumans, Nogais, Kirghiz, Khazars et autres. Dès qu'il eut brisé toute résistance, Baty somma Iaroslaf, grand prince de Souzdalie (1238-1246), de comparaître à son Ordou. Il lui confirma son titre de grand prince et l'invita à se rendre à l'Ordou du grand Khan, chef suprême des Mongols, à Jymil, ou Syra-Ordou, près Karakorum, au Nord de la Mongolie. Iaroslaf dut faire le voyage. Il fut agréé par Oghodaï, fils de Tchinghiz Khan, et obtint les bases d'un arrangement. Épuisé de fatigue et de douleur, il mourut au retour. On peut résumer, à peu près dans les termes suivants (2), les conditions de l'arrangement, d'après les renseignements fournis par Karamsin : 1° les Russes, ne furent pas dépossédés de leurs terres, comme l'avaient été les Slaves de Hongrie et les Bretons ; 2° les grands princes de Souzdalie durent, de temps en temps, faire acte de vassalité, soit auprès du Khan de Saraï, soit auprès du grand Khan; 3° tous les princes russes furent tenus de soumettre leurs

(1) *Histoire de Russie*, t. IV, chap. I.

(2) Rambaud, *Histoire de Russie*, p. 138. — Karamsin, *Histoire de Russie*, tome V, page 400 et suivantes.

différends à l'arbitrage du Khan de Saraï; ils devaient, à chaque changement, recevoir l'investiture; ils ne pouvaient entreprendre aucune guerre sans autorisation; 4° ils devaient fournir un contingent militaire et servir eux-mêmes; 5° il était dû, par tous les Russes, un tribut dont les divers chefs des principautés étaient responsables. On avait d'abord pensé que ce tribut consistait dans une capitation. « On ne sait pas au juste, dit Karamsin, « la valeur du tribut; mais il est de fait qu'en 1384 chaque « village était imposé à 12 zolotniks d'argent; on comptait deux « à trois maisons par village (1) ». C'était une capitation. Mais dans un autre passage, Karamsin ajoute : « Tout laboureur « devait une grivna par soc de charrue, de même que les ou- « vriers, forgerons, pêcheurs, détaillants. Cette grivna équivalait « à deux zolotniks (2) ». Le laboureur qui ne payait pas devenait esclave et pouvait être vendu.

Mais les charges imposées aux grands princes de Souzdalie furent beaucoup plus nombreuses et beaucoup plus dures. M. Schiemann a donné sur ces charges des renseignements (3) plus explicites et plus complets. Sous le nom de tribut, en général, étaient compris des impôts différents : 1° la dîme sur tous les revenus sans exception, conformément à la tradition de l'Orient; c'est l'impôt que l'on a dû confondre avec la capitation; 2° un impôt spécial sur les charrues, d'après l'usage de la Russie et de l'Europe orientale; 3° une taxe de consommation sur les marchandises acquittée au moyen d'un timbre (tanga); 4° des droits de douane, de poste, de transport; 5° des corvées pour l'entretien des ponts; et 6° de nombreuses fournitures en nature, indispensables, comme le remarque M. Schiemann, à un peuple nomade et guerrier

Les villes étaient soumises à des taxations spéciales qu'elles devaient payer en or.

L'ensemble devait être accablant. Les détails que l'on trouve

---

(1) *Histoire de Russie*, 5e volume, p. 402.

(2) 12 zolotniks d'argent forment le 8e d'une livre. La capitation était donc très lourde. Dans ce texte Karamsin emploie le mot grivna dans le sens général de taxation, capitation.

(3) *Russland, Polen und Livland*, 1885, collection Oncken.

dans le voyage de Du Plan du Carpin laissent une impression plus saisissante à cet égard que les faits rapportés par Karamsin. En général, les Russes s'efforcent d'amoindrir les maux dont ils ont alors tant souffert et qui, en réalité, leur ont tant profité. A l'époque du voyage et des arrangements de Iaroslaf (1246-1247), les Mongols étaient encore dans leur période conquérante et terrifiante. Le tableau, tracé par Du Plan du Carpin (1), de leurs cruautés et de leurs exigences, est effrayant. Les Mongols n'étaient pas encore convertis au Mahométisme qui les a adoucis; en général, ils levaient la dîme sur les choses et sur les personnes. Sur dix hommes, ils en prenaient un, de même sur dix femmes; hommes et femmes devenaient esclaves. Ils n'acceptaient pas les pauvres. Ils ne prenaient que des couples. En outre, des levées d'hommes et de femmes, ils imposaient à tout individu, laissé en liberté, un tribut personnel, payable en peaux d'ours, de renard, de martre. Toute personne, qui n'acquittait pas le tribut, devenait esclave. Ils avaient des agents spéciaux dits *Baschaks* pour contrôler et lever le tribut. Sans fidélité dans leurs paroles, ils modifiaient sans cesse les conditions. Ils traitaient durement leurs esclaves et dans les combats, ils les plaçaient au premier rang, pour recevoir les premiers efforts de l'ennemi.

Les arrangements faits avec Oghodaï furent en réalité, un grand bienfait pour les Russes, au milieu de temps si malheureux. Ils étaient tout autrement humains que ceux accordés aux

---

(1) Itinéraire du voyage de Du Plan du Carpin, *Mémoires de la Société de géographie*, tome IV, chap. VII; quomodo faciunt cum hominibus pacem : ut dent *decimam* de omnibus, tam hominibus quam de rebus.

On trouve dans le même volume la relation du voyage du cordelier Q. de Rubruk, envoyé de saint Louis. Du Plan du Carpin et Q. de Rubruk furent reçus, le premier par Oghodaï et le second par Mangou, l'un et l'autre grands Kaans des Mongols, à la *Syra-Ordou*, près Karacorum, dans le Nord de la Mongolie. Du Plan du Carpin raconte « qu'il vit affluer plus de 4.000 rois, ambassadeurs, députés, de nombreux peuples, apportant des présents, des tributs consistant en or, argent, étoffes, animaux ». Il n'est rien resté de Karacorum dont l'emplacement a été retrouvé d'après les indications d'Abel de Remusat; c'était un campement de nomades sur la rivière l'Orkhon, affluent de la Sélenga, qui se jette dans l'Amour. Le nomade ne laisse rien après lui. Q. de Rubruk, de même que Du Plan du Carpin, fut reçu par Baty à son Ordou de Saraï sur le Volga.

vaincus par les Spartiates, par Alexandre, par Scipion l'Émilien, par César et par Titus. Ce sont les progrès dus à l'influence du Christianisme et du Mahométisme qui nous font paraître si dures les exigences des Huns, des Northmen ou des Mongols; mais le massacre de 300 citoyens de Platée au temps de Périclès, dont Thucydide a donné le célèbre récit, la destruction complète de Thèbes par Alexandre, du vivant d'Aristote, de Carthage par Scipion l'Émilien, sous les yeux de Polybe, de Jérusalem par Titus, du vivant de Tacite, avec mise à mort ou en vente publique de tous les habitants (vieillards, enfants, femmes, adultes), les 150,000 Gaulois auxquels César, collègue de Cicéron, fait couper les mains, égalent ou dépassent, en cruauté calculée, les conditions d'Oghodaï.

Selon l'usage des Orientaux nomades, les Khans affermèrent d'abord ces divers impôts, sauf probablement les corvées, les fournitures, à des marchands de Khiva qui les percevaient, avec une rigueur effroyable. De nombreuses et terribles révoltes éclatèrent. Les Khans affermèrent alors les impôts au grand prince de Moscou. Celui-ci, ainsi responsable des impôts dus par les autres princes, ne put que trouver des avantages dans cette lourde charge. « Les grands princes de Moscou devinrent ainsi « les fermiers généraux des envahisseurs. Ce fut l'origine de « leurs richesses et de leur puissance (1) ». Ils furent non seulement pour leur principauté, mais pour les autres principautés, les intermédiaires entre la Russie et les Mongols. Ils représentèrent bientôt, pour les populations encore si diverses, la Russie entière dont Moscou devint le centre. D'ailleurs, les Khans avaient de nombreux agents spéciaux qui procédaient régulièrement, décurions, centurions, Temniks, au recensement des populations et de leurs biens. Les Khans n'acceptaient pas les kounis de peaux ou de cuir; ils exigeaient de l'argent avec des peaux de martres et d'écureuils dans une certaine proportion.

Les Khans, ayant adopté une politique de bonne entente avec l'Église orthodoxe, exemptèrent ses biens, ses églises, ses mo-

(1) Rambaud, *Histoire de Russie*, page 141.

nastères, ses prêtres, ses moines de tout impôt et leur accordèrent une protection efficace.

La domination des Mongols, le paiement et l'affermage du tribut, pendant 240 ans, ont eu des conséquences décisives sur les destinées de la Russie, les unes funestes, les autres favorables; mais les conséquences favorables l'ont emporté : 1° le joug mongol a rapproché toutes les races occupant le territoire; 2° il a augmenté l'influence du sang touranien (1); 3° la tendance nomade a été amoindrie; 4° Moscou est devenue le centre de la Russie avec une dynastie nationale, bientôt prépondérante; 5° les populations se sont habituées à payer l'impôt exactement; 6° le pouvoir autocratique a été fortifié et centralisé dans les princes de Moscou.

Les Russes et leurs princes ont longtemps subi cette longue oppression, sans l'accepter jamais. A plusieurs reprises, avec Alexandre Newski, avec Dmitri Donskoï, avec Iwan le Grand des luttes terribles s'engagèrent. Peu à peu les tribus mongoles, un moment rendues plus redoutables par Tamerlan, s'affaiblirent, par des dissensions entre les chefs et les familles, par la dispersion des éléments qui les constituaient. Dès 1480, Iwan le Grand refusait le tribut et, en 1487, il promenait, dans Moscou, Alegan, le chef de la Horde d'or, devenu son prisonnier.

Mais il pouvait disposer de la capitation que les populations étaient accoutumées à lui payer et continuer à exiger le service militaire. Il avait pris un ascendant définitif sur tous les autres princes ou chefs de principauté. Le pouvoir des Tsars était fondé, leur autocratie acceptée, le corps national de la Russie constitué.

Nulle nation n'a été soumise à de plus douloureuses épreuves que la Russie, pour s'élever au rang prépondérant qu'elle occupe maintenant.

§ 2. *La Hongrie.*

I. *Le royaume de Hongrie jusqu'au XVe siècle.* — La nation des Magyars, dont nous avons montré les premiers temps, est

(1) De Haxthausen, *Ibidem*, t. III, chap. II. — De Gerebtzoff, *La civilisation en Russie*, 1858, t. I, chap. IV à X.

une de celles qui ont conduit, avec le plus d'intelligence et de fermeté, leur destinée. Cette conduite atteste que les peuples nomades, peuvent, en devenant sédentaires, fournir une belle carrière. Elle atteste aussi la puissance des institutions aristocratiques. Il n'y a pas, au moment où nous écrivons, de groupe plus prospère en Europe et plus honorable que la nation Hongroise. Elle est assise sur un magnifique territoire, qui suffit pour longtemps à son activité économique. Elle vient de célébrer le dixième centenaire de son arrivée en Europe (1). Ce n'est pas que les épreuves lui aient été épargnées, mais elle les a toutes surmontées. Plus prévoyante que la Pologne, elle a su se résigner à chercher dans une association, qui n'a pas été sans difficultés, les conditions de son indépendance.

L'existence nationale de la Hongrie commence avec sa conversion au Christianisme, avec le couronnement du roi saint Étienne à Gran, le 15 août de l'an 1000. Étienne était le descendant d'Arpad. C'est à Étienne que la Hongrie doit ses premières institutions, particulièrement ses institutions fiscales, complétées par la Bulle d'or en 1222 et, au XIVe siècle, par la maison française d'Anjou. Les Mongols firent en Hongrie une apparition désastreuse, mais ils se retirèrent à la mort d'Oktaï « ou Ogodaï ».

Pendant la période qui s'écoule de l'an 1000 à 1222, la Hongrie a conservé à peu près les mêmes institutions sociales et le même régime fiscal. Les tribus, qui forment le corps national, la Confédération générale Hongroise, quittent peu à peu la condition nomade, mais elles conservent encore leur organisation particulière; elles se transforment de tribus nomades en tribus sédentaires. Sous ce rapport l'histoire de la Hongrie est un fait complètement décisif, au point de vue sociologique (2). Elle permet

(1) Le territoire entier de la Hongrie, avec la Transylvanie, est de 311,725 kilom. carrés, avec une population totale de 15,133,404 habitants dont 7,356,874 Magyars, Allemands 1,988,589, Roumains 2,889,066, Slaves divers 3,208,000. Ce centenaire a donné lieu à plusieurs publications, l'une officielle. *L'État Hongrois millénaire*, 1896, Buda-Pesth.

(2) M. Vambéry et M. Sayous dans leurs ouvrages sur la Hongrie ont développé également ces idées. Vambéry, *Hungary* (*Story of nations*) 34, 36, 56. Sayous, *Histoire des Hongrois*, 1er vol., liv. I. L. Léger, *Histoire d'Autriche-Hongrie*, chap. V.

d'assister à cette tranformation, et d'en suivre les étapes. Dans les Gaules, en Germanie, cette transformation s'est opérée lentement, encore plus lentement en Russie. Celtes, Germains, Scandinaves, plusieurs grandes Confédérations nomades ont d'abord passé de l'état nomade à l'état demi-sédentaire. Il n'en est pas de même des Hongrois. Ils étaient encore nomades, divisés en huit Confédérations principales (1), lorsqu'ils franchirent, à la fin du IXe siècle, les passes de la Transylvanie et les Karpathes, à travers lesquels, les débris des tribus des Huns et des Avars les guidèrent. Ils employèrent le xe siècle, sous Arpad, sous ses successeurs, et sous les chefs des Confédérations, à s'établir définitivement au centre de la Hongrie. Cependant ils ne renoncèrent à l'état nomade qu'après avoir été expulsés de l'Allemagne à la suite des grandes batailles de Mersebourg et du Lech et sous l'influence de leur conversion au Christianisme. La force civilisatrice du Christianisme se manifeste, dans l'histoire de la Hongrie, d'une manière éclatante. Le Christianisme ne s'adapte pas à l'état nomade, comme s'y adaptent le Mahométisme, le Bouddhisme, le Shamanisme. Il montre ainsi sa grande supériorité civilisatrice. Il est la religion des peuples sédentaires, des peuples civilisés. L'histoire de la civilisation en Russie, en Hongrie, dans toute l'Europe orientale, même en Allemagne, en Scandinavie, dans la Grande-Bretagne, se confond avec celle du Christianisme. Il n'en est pas de même pour les anciennes civilisations de l'Asie ou de l'Europe. Elles sont antérieures au Christianisme.

C'est ce que Charlemagne avait compris; c'est la tâche qu'il avait assumée, mais qu'il ne lui a été donné d'accomplir qu'incomplètement. C'est, au contraire, la tâche réalisée par saint Étienne de Hongrie. Pendant quarante et un ans, Étienne, l'un des hommes d'État les plus importants de l'Europe orientale, a présidé lui-même, avec une activité incessante,

(1) Meyer, Nyek, Tarjan, Zéno, Kurtigyarmat, Kar, Kaz, et Khabars. C'est de la première Meyer que viendrait le nom de *Magyar*. Ces noms sont ceux indiqués par M. Sayous, p. 14, 1er vol. M. Vambéry donne les noms suivants : Almos, Elod, Kund, Huba, Tas, Und et Tuhutun.

une intelligence supérieure et une fermeté inébranlable, à la christianisation et à la transformation sociale des Hongrois. Les tribus, qui voulaient demeurer nomades, conserver les anciennes traditions et l'ancienne religion, se révoltèrent, sous les ordres de Kopan, du comitat de Sumeg; Étienne accepta la lutte. Il dispersa dans la bataille de *Vesgprem* l'armée de Kopan qui fut tué. Le duc Gyula entreprit de continuer la lutte avec le concours des Petchénègues, devenus musulmans. Saint Étienne dispersa encore l'armée de Gyula et celle du Kaan des Petchénègues; le camp des Petchénègues fut pris d'assaut comme Charlemagne avait fait enlever celui des Avars, dans la même région. Toutes les richesses, le trésor des Petchénègues furent partagés par saint Étienne. Leurs tribus furent expulsées ou contraintes à une sorte de servage. Leur nom disparaît de l'histoire, de même que celui des Avars après Charlemagne. Saint Étienne fut, dès lors, libre d'entreprendre la grande tâche qu'il s'était donnée. Toutefois, après la mort d'Étienne, une troisième tentative fut faite sans succès. Ainsi, le grand changement social et économique des tribus hongroises, a provoqué une lutte longue et persistante. Cette lutte permet de bien comprendre le caractère du règne de Charlemagne.

Le grand instrument de cette transformation pour saint Étienne, de même que pour Charlemagne, a été la propagation du Christianisme. Dix diocèses furent créés, dépendant de l'archevêché de Gran. L'archevêque de Gran est encore aujourd'hui un des principaux personnages de la Hongrie. Abbayes, écoles, églises, s'ouvrirent de toutes parts. « Le butin trouvé dans le « camp des Petchénègues lui servit à bâtir la grande église de « Fejerwar. Il exigeait avec rigueur le paiement des dîmes; il « obligeait les villages ou domaines d'une certaine étendue à se « cotiser dix par dix pour construire une église. Des châtiments « sévères assuraient l'accomplissement des devoirs religieux. « Les biens de l'Église étaient placés sous la protection du Roi « au même titre que les biens de la couronne (1) ».

Le territoire fut partagé en comitats, dont chacun correspon-

(1) L. Léger, *Ibidem*, p. 68.

dait à une Joupa (ancienne tribu), sous la direction de son chef Ispan ou Joupan, qui devint peu à peu le comte; c'est la Varmégie ou la *gespanschaft;* chaque comitat a pour centre une place fortifiée (Var). Étienne abolit la propriété des tribus. C'est la plus grande réforme qu'il ait accomplie (1). Dans la grande assemblée de Szégédin, en 882, une moitié du territoire avait été attribuée aux tribus et aux cent huit grandes Joupanies qui les constituaient, sans aucun partage entre elles. L'existence, les coutumes de la tribu avaient été conservées. C'était, au surplus, indispensable, au milieu des plaines incultes de la Pannonie, avant toute œuvre préparatoire à la colonisation. La vie pastorale dominait encore; les règlements de saint Étienne, en dissolvant les tribus, abolirent en même temps la propriété collective. Toute la moitié des terres attribuées aux tribus fut répartie en grands domaines qui devinrent la propriété particulière et héréditaire des chefs des tribus. Ces domaines existent encore en partie dans des familles remontant à l'époque de la répartition. La répartition eut lieu selon le rang que chaque chef de famille avait dans la tribu, d'après les coutumes dont Sumner-Maine a montré l'origine et la persistance. La fixation d'une tribu sur un territoire, sa transformation de nomade en sédentaire, ne modifiaient pas les conditions relatives de ses membres; c'est ainsi que s'est formée la grande aristocratie territoriale des Magyars (2).

Une moitié du territoire avait été affectée au chef, à Arpad, comme réserve. Cette réserve a été, en partie, conservée, et, en partie, distribuée. Étienne dota richement les églises, évêchés, abbayes; puis il constitua des domaines temporaires au profit de certaines familles, à charge du service militaire. Ces domaines finirent par devenir héréditaires. Leurs propriétaires sont l'origine de la seconde classe de la noblesse en Hongrie. Tous les domaines des Magyars qui avaient pris part aux soulèvements

---

(1) L. Léger, *Ibidem*, p. 69.

(2) Sumner-Maine, *Early History of Institutions*, lecture IV, V, VI; L. Léger, *Ibidem*, p. 69; Sayous, *Hist. des Hongrois*, 1er vol., p. 101, 107, 130, et en général tout le second livre.

furent confisqués par Étienne. Ces domaines lui permirent de faire de nouvelles distributions de terres à de nombreuses familles militaires; ce sont les *Jobbagyones Castri*, qui donnèrent une grande prépondérance au pouvoir royal. Étienne prit également possession de toutes les terres vagues, inhabitées, surtout sur les frontières et destinées à la colonisation. Il procéda à peu près comme le gouvernement fédéral aux États-Unis. Ces terres furent partagées en domaines, de même que celles confisquées (1). Elles formèrent des comtés, comitats, circuits et furent placées sous l'administration d'un comte. Les personnes vivant sur ces terres, sans en être propriétaires, et probablement à titre de possesseurs, durent fournir au Roi le service militaire et une certaine quantité de produits de la culture en nature, c'est ce que Montesquieu a encore constaté au XVIIIe siècle. C'est le fait fiscal principal pour les populations de l'Europe orientale, surtout du Midi, avant l'arrivée des Turcs Ottomans.

Il en fut de même sur les domaines de la haute noblesse, formant les véritables Joupanies, ceux provenant, non pas des concessions du Roi, mais du partage du territoire attribué aux tribus, aux Joupanies. De même qu'il existe encore dans les tribus Mongoles ou Mandchoues, dans la Mongolie, l'Alashan, l'Ordos, la Mandchourie, une noblesse militaire, de même, il y en avait une dans la plupart des tribus et Confédérations nomades, qui ont fondé les divers États de l'Europe orientale du IXe au XIe siècle. D'une manière générale, les membres d'une condition inférieure dans les tribus conservèrent, devenus sédentaires, leur condition. C'étaient les Vulgares du XIe siècle, cultivateurs, paysans libres, lorsqu'ils jouissaient de la même situation dans la tribu; au contraire, attachés à la culture à titre de serfs de la glèbe, de même que les anciennes populations occupant le territoire, lorsqu'ils étaient déjà assujettis dans la tribu. C'étaient les conditionnarii, le Warneps, classe intermédiaire entre les serfs et les esclaves. Les tribus ont eu et ont encore des esclaves et des conditionnaires. Image d'une société com-

(1) Vambéry, *Ibidem*, p. 84, 85.

plète, la tribu en reproduit les échelons. Au XIe siècle, il existait de nombreux esclaves en Hongrie, à côté des serfs, des paysans libres, des artisans urbains et des deux classes de nobles. Paysans libres, serfs de la glèbe se rencontrent dans toute l'Europe centrale et orientale au Moyen âge, avec une tendance marquée et constante vers l'assimilation des cultivateurs libres aux serfs de la glèbe, résultat de la transformation de la condition nomade en sédentaire. Les paysans libres devaient le service militaire dans l'arrière-ban; cela facilita à un certain nombre d'entre eux l'accession à la seconde noblesse, à celle représentée par les propriétaires, concessionnaires royaux. Les serfs de la glèbe cultivaient les terres des Joupanies ou domaines nobles de même que celles du Roi, du clergé et de la seconde noblesse, moyennant des corvées, des redevances en nature dont la coutume tendit à fixer le montant, sans service militaire, sans le droit de port d'armes; ce sont les gens des châteaux, ceux dont Montesquieu a constaté la condition dans ses voyages en Hongrie.

Les tribus avaient des gens de métier, tout autant que les sédentaires, ouvriers de toute nature pour les aliments, les vêtements, les armes. C'étaient en langue slave les Dvor et en latin les *Udvornici*. Ils furent réunis dans des lieux fortifiés qui donnèrent naissance à des villes, sous la protection de l'Ispan de chaque tribu ou de l'évêque.

La fixation des tribus sur un territoire particulier ne changea pas et ne pouvait changer immédiatement l'inégalité des conditions sociales et économiques dans la tribu, inégalité fondée sur celle des fonctions et des origines. La répartition de la propriété du sol eut lieu d'après la répartition des fonctions dans la tribu, par fractions de tribus et par familles, d'où les communautés de familles ou Joupanies territoriales. La grande Joupanie fut morcelée comme la tribu. Les choses n'ont pas dû se passer autrement dans la Gaule celtique et en Germanie. Seulement à l'époque de César et de Tacite, la fixation des tribus est commencée; elle est en cours. En Hongrie, elle n'est pas antérieure au XIe siècle; elle présente par suite beaucoup d'intérêt. On peut y étudier la transformation des tribus nomades en populations sédentaires. Cette transformation n'a aucun rapport avec les rêves des égalitaires, même avec les rêves de Pascal, de Fénelon et de J.-J. Rousseau.

Dans cette distribution du sol, si différente de celle qu'ils ont imaginée, la Royauté et l'Église, forces organisatrices, conservèrent les grandes parts qui leur avaient été affectées. En Hongrie, l'État, l'Église, les paroisses, possèdent encore un ensemble de douze millions d'hectares, plus du cinquième de la France entière.

Avec ces divers éléments, il y a eu, au Moyen âge, un développement assez intense de la vie rurale en Hongrie, surtout avant l'arrivée des Turcs Ottomans, qui a été un fléau dévastateur. Cette vie a repris au XVIIIe siècle; Montesquieu en a été le témoin et elle existe encore. La Hongrie est restée un territoire de grands domaines, avec une haute aristocratie foncière, une nombreuse noblesse militaire et diverses classes sociales, à l'abri de la démagogie industrielle; c'est un pays de châteaux avec de belles résidences comme l'Angleterre et l'Écosse. Néanmoins, elle n'a pas connu la véritable féodalité; elle en est restée a la vie seigneuriale et à la forme seigneuriale de la propriété foncière. Son territoire ne s'est pas transformé en une colossale usine agricole comme la France. La vie proprement rurale, favorisée par de grandes forêts, de beaux lacs, une riche flore, une faune de chasse abondante, y domine encore et peut-être l'ensemble de ses populations, sans vivre de l'aisance extraordinaire qui règne en France, ont-elles, en compensation, un contentement plus réel, l'excès des besoins ne débordant pas les véritables ressources (1).

(1) Le maréchal Marmont a visité, en 1834, la Hongrie qu'il avait parcourue pendant ses campagnes. On trouve dans ses voyages (tome Ier) une description de la vie châtellaine et rurale (notamment le grand château de Devès, séjour des Hunyades) de la Hongrie, il y a plus de 60 ans, avec une note sur la manière de posséder (conditions de la propriété foncière) en Hongrie. Le maréchal confond la vie châtellaine en Hongrie et le régime des terres avec la féodalité, tout en reconnaissant que toutes les terres (ce qui était inexact) venaient des donations du Roi et pouvaient être reprises par le Roi en cas de déshérence. Il reconnaît aussi que les paysans (les roturiers) ne possèdent qu'un droit de jouissance qu'ils peuvent vendre. Rien de tout cela n'est féodal; c'est le régime seigneurial, allodial de l'Europe orientale. Même observation relativement aux obligations des paysans (Dîme de l'Église, corvées consistant dans 52 jours de travail avec atte-

Les conditions économiques et sociales de la Hongrie n'ont pas éprouvé d'autres changements pendant tout le Moyen âge. Il en a été de même des institutions politiques. Les éléments de ces institutions consistaient dans : 1° la Royauté héréditaire à laquelle une grande initiative et une grande autorité étaient reconnues, d'autant plus qu'elle avait l'entier concours de l'Église — même actuellement l'Église romaine, catholique, exerce en Hongrie une influence politique qu'elle a perdue dans presque toute l'Europe; — et 2° les Diètes ou assemblées des nobles et des guerriers, en souvenir de celles qui avaient lieu dans les grandes tribus nomades (1) « *regalis senatus, regale consilium, primatum* « *conventus, commune concilium.* Les historiens nationaux y « voient le premier élément de leur Diète nationale. Élément gros- « sier sans doute et aussi peu soumis à des règles fixes que l'é- « taient autrefois les réunions des tribus dans la Puezta (2) ».

La Charta magna, ou *Bulla aurea*, votée en 1222 par la Diète de Hongrie, sous le règne d'André II (1205-1235) consolida les résultats des trois siècles précédents, au profit surtout de la noblesse militaire. André II fut reconnu roi héréditaire de Hongrie, Dalmatie, Croatie, Serbie, Gallicie et Lodomérie. Ces titres indiquent l'extension qu'avait au XIIIe siècle l'influence des Hongrois. Il y avait dans cette extension beaucoup d'éléments éphémères qui devaient bientôt disparaître. La Charta magna, en outre de ses dispositions fiscales d'une grande importance, consolidait les pouvoirs de la Diète, fixait ses réunions annuelles dans le centre royal de Szeker-Fejervar, déclarait les domaines de la noblesse, les terres du clergé exempts d'impôts, limitait les droits des comitats, des comtes et de leurs employés, précisait les diverses prérogatives de la royauté, de la noblesse et du clergé, plaçait

---

lage, un petit loyer d'un florin pour la maison (casa), le neuvième du produit brut pour le seigneur) et l'impôt pour l'État autrefois payable en nature, et, en 1834, en argent. Cet impôt est postérieur au XVe siècle. Les différences caractéristiques se montrent surtout dans la successibilité et la transmissibilité des terres. Dans le véritable régime féodal français, les fiefs et les autres tenures se transmettent librement moyennant des droits fiscaux. En Hongrie, le consentement du seigneur était nécessaire et, en cas de décès, il reprenait la moitié des terres.

(1) Sayous, *Ibidem*, 1er vol. p. 182.

(2) L. Léger, *Ibidem*, p. 68.

à côté du Roi sous le nom de Palatin, une sorte de ministre responsable, intermédiaire entre la Nation, la Diète et la Royauté, mettait sur le même pied d'égalité politique les grands propriétaires de domaine, Joupans ou Ispans, avec les propriétaires en vertu de concession royale (fait que l'on rencontre pour tous les États slaves au Moyen âge). C'était une première étape dans la vie parlementaire. L'héritage des domaines nobles était reconnu entièrement libre, avec limitation du droit de pâture et de parcours pour les porcs ; mais l'aliénation des domaines à des étrangers était interdite avec annulation des ventes antérieures. Des garanties nouvelles étaient données à la dot des femmes. Le service militaire, dû à raison de ces domaines, était reconnu sans conditions pour la défense du territoire, mais avec conditions pour le service royal ou seigneurial. Les attributaires de dignités, fonctions dans le gouvernement, les conservaient à vie. Les dîmes étaient stipulées exigibles toujours en nature. Les droits et les obligations des Jobbagyones castri étaient maintenus. C'était une véritable consolidation sociale dans le sens de l'influence et de l'indépendance de la propriété foncière et de la noblesse. Les stipulations, concernant la liberté de disposition des héritages et de la limitation du service militaire, ont une très grande signification. Elles constatent le dernier moment de la propriété collective et des obligations qui en résultaient. Le domaine noble n'est plus qu'une terre particulière avec un service militaire limité. Ces changements auront peu à peu leur répercussion sur la condition de ceux qui cultivent la terre.

« Cette constitution fut un progrès considérable ; elle maintint « l'unité de la Hongrie en empêchant le morcellement du pays « de se produire par l'*hérédité des fonctions ;* elle assura à la no- « blesse une part sérieuse dans les affaires publiques ; elle obligea « le Roi à respecter le droit de la nation en plaçant ses actes sous « le contrôle du Palatin (1) ».

La transformation de la Hongrie fut suspendue pendant quelques années par l'invasion des Mongols qui la dévastèrent entièrement. La dévastation fut si terrible que les Mongols durent se retirer par crainte de la famine.

(1) L. Léger, *Ibidem*, p. 82.

Pendant la royauté de la maison française d'Anjou (1310-1388), l'influence aristocratique s'accrut encore ; les souverains français essayèrent de faire accepter les mœurs et les lois de la féodalité française, mais les éléments n'étaient pas les mêmes. Le pouvoir royal avait en Hongrie autrement d'étendue qu'en France ; au contraire, les classes roturières des campagnes y faisaient défaut. Allemands et Juifs affluaient de toutes parts. Les populations n'avaient qu'une stabilité provisoire. Aussi la condition des cultivateurs ou habitants des campagnes, au lieu de s'améliorer, comme dans tous les pays de véritable féodalité, s'aggrava-t-elle. Les cultivateurs ou paysans libres ne purent plus quitter les domaines sur lesquels ils habitaient ; c'est la règle pour toutes ces populations devenues récemment de nomades, sédentaires ; règle dans toute l'Europe orientale et même dans l'Europe centrale. Le besoin de changer d'habitat a une très grande persistance chez l'ancien nomade ou chez le colon récent.

Les villes, le commerce, l'industrie, les arts, réalisèrent cependant des progrès sérieux, aux XIIIe et XIVe siècles. La Hongrie eut alors une première civilisation qui a été très éprouvée par l'arrivée des Turcs Ottomans et par les guerres de religion.

L'invasion des Turcs Ottomans a eu une grande influence sur les destinées des Hongrois. Durant plus de deux siècles, une partie de la Hongrie a été occupée et exploitée par les Turcs. Elle a été, par suite, contrainte à sacrifier une partie de son indépendance pour entrer dans le groupe autrichien. En réalité, elle n'avait pas assez d'importance, soit par son territoire, soit par sa population, pour conserver une complète autonomie, au milieu des groupes divers de l'Europe orientale. Placés dans des conditions territoriales qui n'étaient pas sans rapports avec celles de la Pologne, bien que moins dangereuses, ayant des institutions analogues, bien que doués d'un meilleur esprit politique et appartenant à une race plus solide, les Hongrois auraient probablement subi le sort de la Pologne, si la conquête ottomane ne les avait façonnés à la résignation et à la prudence.

II. *De l'impôt dans le royaume de Hongrie du XIe au XIVe siècle.* — Les ressources de l'État ou des rois consistèrent dans :

1° les revenus des domaines considérables qui leur appartenaient; c'était la ressource la plus réelle et la plus importante;

2° les amendes, très nombreuses, auxquelles les rois avaient droit, ressource générale à cette époque, qui prenait son origine dans le *Wehrgeld,* compensation des délits et même des crimes;

3° les redevances des *Udvornici* et des *warneps*, toutes en nature;

4° les corvées pour l'entretien des fortifications, des ponts et des routes;

5° les taxes payées par les villes, surtout les taxes des foires et marchés;

6° les droits sur les mines et les salines, quand elles n'étaient pas exploitées directement;

7° la frappe des monnaies d'or ou d'argent;

8° les confiscations et le droit de deshérence;

9° le droit de gîte et de fournitures, péages;

10° les dons volontaires, avec tendance à devenir obligatoires;

A ces charges (1) s'ajoutaient les dîmes en nature pour l'Église et, dans certains cas, tels que l'entretien de chevaux, pour le Roi.

Le service militaire était dû, dans les limites fixées, par tous les nobles et par les Jobbagyones castri. La petite noblesse était très nombreuse.

L'occupation de la Hongrie provoqua un mouvement important de colonisation qui a persisté jusqu'au XVIe siècle, époque de l'arrivée des Turcs. Ce mouvement ne fut que suspendu par l'invasion temporaire des Mongols. Allemands, Juifs, Slaves accourent de tous côtés pour profiter de la sécurité remarquable et de la prospérité réelle dont la Hongrie a joui du XIe au XVIe siècle. Béla III pour décider Philippe Auguste (2) à lui accorder en mariage sa sœur Marguerite, veuve du fils d'Henri II,

(1) Sayous, *Ibidem,* p. 134 et suiv.

(2) Sayous, *Ibidem*, 1er vol., p. 214. Cet inventaire évalue les revenus de Béla III à 168,000 marcs, ainsi répartis — monnaie, 60,000 m.; sel, 16,000 m.; péages et marchés, 70,000 m.; redevance de Transylvanie, 15,000 m., dont 10,000 m., tribut des Slaves (Croatie, Bosnie, Dalmatie) 10,000 m. amendes et frais de justice, 25,000 marcs. A la mort de Béla, Marguerite se retira à Jérusalem et y mourut. Dom Bouquet, *Histoire des Gaules*, t. XVII au mot Béla III, avec les références de la table des matières, p. 20. Béla s'intitulait *Rex Hungariæ, Pan-*

fit dresser un inventaire des revenus de la couronne. Cet inventaire a été conservé. Philippe-Auguste le trouva si satisfaisant qu'il consentit au mariage (1). Ce mariage a établi les premiers liens entre les Capétiens et la Hongrie. L'époque des Capétiens-Hongrois (André II et Louis le Grand, élu roi de Pologne), a été très brillante. Commerce, industrie, agriculture, arts prirent un grand essor. Les rois de Hongrie purent émettre et conserver une monnaie d'or.

L'histoire sociale et fiscale de la Hongrie présente au Moyen âge un très haut intérêt. Cette histoire fournit le tableau de la transformation d'un peuple complètement nomade en peuple sédentaire, transformation lente, difficile et assez rare. On assiste, en l'étudiant, à la constitution de la propriété foncière et au règlement de son mode d'exploitation, avec leurs conditions d'inégalité primordiale, tenant aux inégalités dans la tribu et à l'extension, sous des formes nouvelles, de l'impôt. L'impôt, en effet, n'est pas étranger à la tribu. Il y revêt des apparences différentes, mais il est toujours un prélèvement, volontaire ou obligatoire, conforme à la coutume et aux nécessités politiques ou sociales. Quand la tribu de nomade devient sédentaire, puis territoriale, l'impôt prend plus d'extension, il suit les divers progrès de la richesse. On assiste ainsi à la lointaine et successive apparition des classes sociales, sous l'influence de la distribution du travail. On voit comment ces classes apparaissent, ou simultanément ou à la suite les unes des autres, d'après la marche de la civilisation. On suit les étapes de cette marche et on constate les influences desquelles elle dépend, d'abord, celle des grands hommes, celle des chefs de familles, puis celle des milieux géographiques, économiques, celle des races, celle des religions. Religions, civilisations sont à peu près synonymes. Enfin il faut bien faire la part de l'aléa, de ce que les anciens Grecs et Romains appelaient, non sans raison, la for-

---

noniæ, Cromatiæ, Avariæ, Dalmatiæ, et *Ramiæ.* La valeur du marc du XIIIe siècle peut être calculée, avant la baisse récente de l'argent, à 17 fr. — Il y avait plusieurs marcs. Il s'agit du marc allemand.

(1) Sur les nombreux rapports de la France et de la Hongrie au XIIIe siècle, consulter *Chélard, Hongrie millénaire,* de 1896, p. 20-22.

tune. Il y a des peuples heureux, des peuples que le vent de la chance ne favorise pas, ou ne favorise pas assez, contrarie ou abandonne.

§ 3. *La Pologne.*

La Pologne appartient aux nations que la fortune a d'abord favorisées, puis abandonnées.

Le problème de la Pologne, résolu au point de vue politique, depuis deux siècles, ne l'est pas encore complètement au point de vue historique. Comment la Hongrie, qui n'a jamais rempli, dans l'histoire de l'Europe orientale, le rôle considérable de la Pologne, avec un territoire moindre et une population très inférieure en nombre, avec le régime parlementaire, une royauté élective, comment la Roumanie, ancienne partie de la Pologne, comment la Bulgarie qui avait comme disparu sous l'occupation des Turcs, ont-elles survécu à leurs misères, et comment seule la Pologne a-t-elle péri? Il y a plusieurs raisons à cette différence de destinée. D'abord la raison de race : Hongrois, Roumains, Bulgares, quoiqu'avec un certain mélange de Slaves, n'appartiennent pas à la race slave; puis les uns et les autres ont occupé des territoires placés moins défavorablement, c'est la raison du territoire. Race et territoire ont exercé sur la conduite politique une influence décisive, sans l'expliquer entièrement. Les peuples, comme les individus, ont une certaine part de responsabilité immédiate dans leur destinée. Aussi l'histoire économique et politique de la Pologne, soulève-t-elle les questions sociales, politiques, fiscales les plus intéressantes, propriété foncière allodiale avec monopole progressif de la terre, destruction de la liberté des cultivateurs du sol, constitution générale de la servitude de la glèbe, rabaissement, humiliation du travail, du commerce et de l'industrie, abandonnés aux Juifs, monarchie héréditaire devenue élective avec des ministres de droit et permanents, régime parlementaire d'une démocratie nobiliaire militaire ayant en main le sol et le pouvoir réel sans supporter aucun impôt, service militaire volontaire et à temps, souveraineté individuelle de chaque noble garanti par le droit absolu de veto, toutes les affaires de l'État soumises à divers étages d'assemblées où seuls les nobles peuvent entrer, dominées toutes par des réunions soudaines où cent mille hommes à cheval et armés accourent de toutes parts, tantôt pour délibérer, tantôt pour influencer le vote par la menace du veto d'un seul délégué d'entre eux ; par suite ni administration réelle, ni finances, ni impôts permanents. Et cependant ce régime a duré, avec des tempéraments, dans les premiers temps, au moins sept siècles.

I. *La race.* — Salvandy a tracé, il y a plus de soixante ans, avec beaucoup de vigueur, le véritable caractère de la nationalité de la Pologne. Bien souvent le caractère d'une nation explique ses destinées. « Il a fallu quinze siècles aux nations pour « se fixer et s'affermir sur les domaines qui étaient échus à « chacunes d'elles... Les Polonais et les Russes descendent de « la race slave, sans parler de toute une ceinture de Slaves « rangés sur les confins de la Russie et de la Pologne. Les « Polonais, seuls entre tous, demeurèrent sans nul mélange « avec des races étrangères ; ils ont subsisté jusqu'à nos jours, « avec leur gloire propre et leur liberté native, comme un grand « débris de l'ordre antique, étouffé lentement par les progrès du « nouveau (1) ».

La Pologne en est restée à ce qu'était, sous Charlemagne, la Gaule franco-romaine. Elle n'a pas même su se donner les institutions de la royauté de saint Louis qui, cependant, n'auraient pas suffi à constituer la nation française ; elle n'a pas connu la puissante trituration de l'époque féodale, qui a assis les diverses classes de la population sur le même sol, qui les a associées à une même destinée, qui a préparé l'émancipation et l'élévation à la propriété du sol de l'ancien serf. Le serf questal devenait propriétaire en France au moment où il était réduit en Pologne à la condition d'*adscriptus glebæ,* peut-être plus dure que dans les Gaules du VIe siècle.

Continuant le tableau historique de la Pologne, Salvandy montre (2) les Polonais restant longtemps nomades, ne connaissant pour richesse que le bétail, accablant leurs esclaves de

(1) De Salvandy, *Hist. de Jean Sobreski,* p. 12, édit. 1844.
(2) De Salvandy, *Ibidem,* p. 16.

corvées, maintenant avec eux une barrière infranchissable, n'ayant connu ni l'autocratie souveraine qui, chez les Russes s'établit partout, ni « la féodalité qui devait, après un travail « douloureux de plusieurs siècles, enfanter des biens sans nom- « bre. De là vient que la Pologne n'est plus. De là vient qu'elle « donne le spectacle d'une nation sans peuple, d'armées sans « discipline, sans persévérance, sans infanterie, de frontières « sans places fortes, de cités sans bourgeoisie, sans commerce, « sans industrie, le spectacle enfin d'une république où les con- « tre-poids sont partout et le pouvoir nulle part ».

De tous les groupes slaves, le groupe polonais est considéré comme celui qui a le plus fidèlement représenté, par ses qualités comme par ses défauts, la race slave, race brillante, aimable, chevaleresque, mais anarchique. « Après mille ans, aujourd'hui « même, la plupart des Slaves n'ont pas encore vu se fixer leur « destinée (1) ». En tous cas, il doit être l'un des plus anciens groupes, comme le pensait Salvandy, comme l'a démontré depuis Schafarik et, à l'origine, le plus important.

II. *Le territoire.* — Salvandy fait rayonner le territoire, occupé par ce groupe, des bords de la Baltique, de l'Elbe, au delà de la Vistule jusqu'au Danube et au Dnieper au Sud, englobant les Wendes, le Holstein, le Mecklembourg, le Brandebourg, la Lusace, la Silésie, la Poméranie, la Lithuanie, la Courlande, au Nord, la grande Pologne entre la Vistule et la Warta, avec ses vieux foyers Gnessen et Posen, au centre, la petite Pologne ou Russie rouge contenant la Podolie, la Bukowine, la Wolhynie, l'Ukraine. Il est certain qu'en ce qui concerne la Russie rouge, les renseignements donnés par Nestor sont favorables à cette extension du groupe slave polonais. Au XIIe siècle le groupe polonais joue dans le monde slave, un tout autre rôle que le groupe des tribus Slaves et Tchoudes, que gouverne la Droujina des princes varéguiens. Au Nord, le groupe germanique ne s'est pas encore concentré dans le Brandebourg.

Mais les éléments du groupe slave de la Pologne restent flot-

---

(1) Salvandy, *ibidem*, p. 15.

(2) Lavisse et Rambaud, *Hist. générale*, 1er vol., p. 725.

tants, incertains; ses limites, dans des plaines immenses, des forêts (1) et des marécages impénétrables, sont toujours variables, changeantes (2), ses populations instables. A l'Ouest, les Germains à titre de colons, à l'Est, les tribus slaves dont la décomposition produira les Ruthènes, pénètrent de toutes parts. Sur ce territoire incertain, le va-et-vient est tout aussi grand qu'en Russie.

III. *Origines. La Lechie, état nomade.* — Aussi toutes les recherches des historiens sur les premiers temps de la Pologne « n'ont abouti à aucun résultat certain. Quelques-unes de ses « plus anciennes légendes s'appellent les légendes scandinaves, « et plusieurs écrivains en ont conclu que les Normands auraient « été en Pologne, comme les Varègues en Russie, les créateurs « de l'État. D'après d'autres écrivains, une famille originaire de « Croatie, qu'une tradition postérieure rattacha au légendaire « Piast, aurait soumis les Slaves de la Vistule et de l'Oder ».

Ptolémée ayant mentionné, au second siècle, les Bulans près de la Vistule (3), il semble plus probable que les Lechs, signalés par Nestor, comme une Confédération slave importante, auraient, postérieurement à Ptolémée, occupé la Pologne centrale, la grande Pologne, comme les Hongrois devaient occuper plus tard la Pannonie, et, dans la même condition de race conquérante et militaire. Le nom de *Polianes,* que Nestor ajoute à celui de Lechs, indiquerait la contrée d'où ils venaient, celle des Bulans, car déjà au temps de Nestor (4), les Lechs ou Polianes avaient une grande influence dans la Russie rouge. Toutefois les Lechs n'ont pas donné leur nom au territoire des Bulans. Ce territoire a conservé le nom de Polé, Pologne. Dans son remarquable livre sur la Pologne, Lelevel oppose la *Lechie*, la

(1) La forêt de Bialowitz avait 52 lieues et demie carrées.

(2) La superficie de la Pologne a varié dans la proportion de 1 à 3. La Pologne comprenait : 1° la petite Pologne, agrandie de la Moldavie et de l'Ukraine, comprenait 11 palatinats ou voiévodies; 2° la grande Pologne, agrandie de la Courlande, de la Prusse royale et de l'Esthonie, comprenait 14 palatinats; 3° la Lithuanie, agrandie de la Prusse ducale et de la Livonie, comprenait 11 palatinats.

(3) Ptolémée, livre second, chap. XII.

(4) Chronique de Nestor, traduction, Paris, chap. III.

terre des Lechs, à celle de Pologne, la terre des Bulans, des Polianes. Les Lechs n'étaient pas moins nomades que les Hongrois. Les Lechs ont rempli, dans la grande plaine (Polé) des Bulans, le même rôle social et historique que les Hongrois en Pannonie. Ils formaient une Confédération de nomades, qui s'est superposée à de plus anciennes populations. D'où la puissante noblesse polonaise, plus nombreuse encore que la noblesse hongroise, de race différente, et à laquelle a manqué tout contrepoids. En Russie, le contrepoids a été formé par la multiplicité des tribus, des Confédérations, des races auxquelles d'abord les Varègues, puis les Mongols ont imposé une centralisation, une fusion progressive. En Pologne, les tribus des Lechs ont constitué un groupe assez fort pour vivre et se développer lui-même sans mélange. Il en a été de même des Tchèques et des Magyars. Tchèques et Magyars n'ont conservé une indépendance relative, qu'en acceptant l'union avec l'Osterreich, sous la crainte du Turc.

Aussi l'état nomade ou demi-nomade, favorisé par un territoire très étendu, sans limites naturelles précises, disproportionné avec la population, qui n'a jamais été très grande en Pologne, s'est-il prolongé jusqu'au XIIe siècle, et même au delà. Les Joupanies avec leurs Joupans, leurs Ispans ont subsisté ainsi que le gouvernement, au moyen d'assemblées générales ou de district, tenues dans les bourgs (*grods*) et même en plein champ. Ces assemblées sont certainement une tradition de la vie nomade des grandes Joupanies. Elles caractérisent essentiellement la vie historique et politique de la Pologne, comme celle de toute l'Europe orientale au Moyen âge. Elles ont pris en Pologne un développement prodigieux, avec tendance à n'y admettre que les Lechs, les nobles, et à en exclure tout élément étranger. A l'origine, toutes les personnes libres de la tribu ou de la Joupanie y assistaient (1).

Les Joupans obéissent, plus ou moins, à un chef supérieur

(1) Ces assemblées étaient appelées zbor, sobor, sobranie. Tout individu qui avait le droit d'y assister était un sorabe, un zborovique. — Lelevel, *H. de Pologne*, 4e vol., p. 8. — *La Russie*, toute église est appelée sobor, lieu de réunion.

qu'ils choisissent, mais qui, quoique séjournant à Kracovie ordinairement, vit, lui et ceux qui l'accompagnent, en nomade. Même à la fin du XVIIe siècle, Sobieski vivait en nomade « allant « de château en château, quelquefois errant d'un site à l'autre, « plantant ses tentes partout où une belle vallée, des monta- « gnes pittoresques, des torrents, des scènes sauvages char- « maient ses regards. Il tenait là sa cour nomade (1) ».

IV. *La propriété du sol : Pan, Szlachta, Kmet, Chlopy.* — Aussi l'état communautaire, résultat de la transformation de la tribu, qui caractérise la race slave, s'est-il longtemps prolongé en Pologne et a-t-il abouti, comme en Russie et comme dans une grande partie de l'Europe orientale, à la servitude rurale, d'après des étapes identiques. « Il n'y avait pas de propriété, « dit Lelevel. Tout était censé relever de l'État. Les posses- « seurs des biens fonciers exerçaient une fonction publique. Là « où la main de l'homme, par son travail, faisait naître des « produits spéciaux, la possession prenait naissance; mais, « partout ailleurs, les dons de la nature étaient en commun, les « poissons, le miel, les forêts. On chassait librement, on abat- « tait les arbres, on faisait paître les troupeaux. Les popula- « tions étaient instables (2) ». Elles allaient et venaient comme elles voulaient, même au milieu du XIIe siècle. Toutefois, sous l'influence des idées de l'Occident, spécialement des colons venus d'Allemagne et de ceux de l'Église (3), il fut procédé, antérieu-

---

(1) De Salvandy, *ibidem*, p. 633. — Il ajoute : le langage, les mœurs, les vêtements se sont maintenus jusqu'à la fin du XVIIIe siècle, semblables aux temps primitifs. Les fourrures, la pelisse flottante, les bonnets de peau de bêtes, l'arc, le carquois continuèrent de distinguer le costume national. Les nobles se faisaient remarquer, il y a peu d'années encore, par cette étroite couronne de cheveux qui avait ceint, du temps des Scythes, leur tête rasée. Il n'est pas jusqu'au goût d'une vie errante, qui ne se soit transmis chez les descendants de cette race nomade : aller à la campagne sous des tentes, voyager de campement en campement était encore, chez la noblesse polonaise, l'un des passe-temps de l'opulence (p. 21). Cette vie nomade était favorisée par la grandeur des forêts de la Pologne et la beauté des paysages. — Forster, *La Pologne*, dans la Collection *L'Univers*, p. 5-IV.

(2) Il n'en était pas autrement aux États-Unis en 1835, lors du voyage de Michel Chevalier, et il en est encore de même dans divers États de l'Ouest. Un tiers du territoire américain n'est ni limité, ni cadastré, ni approprié.

(3) Lelevel, *ibidem*, 4e vol., p. 8-10.

rement au XIe siècle, entre les Joupanies, qui se fractionnèrent en districts et en communes (*Viéça*), à des lotissements de terres (*sortes*) à temps, à vie ou à perpétuité, avec condition de retour à l'État (*Puscizna*), en cas de non existence d'héritier. Dans le vieux droit polonais, l'idée de propriété s'exprimait seulement par le mot *Héritage, Patrimoine* (1). Les lots principaux furent attribués, selon la condition des familles dans les Joupanies et les tribus, *aux Pan*, c'est-à-dire aux chefs, comme partout; c'est l'origine de la haute aristocratie polonaise. Ce sont les grands propriétaires, les Kniaz, vêtus de robes de couleurs éclatantes, écarlates, vertes, bleues, cramoisies, cavaliers couverts de cuirasses, avec chaînes d'or et plus tard avec des armoiries. Les noms des familles ne sont pas encore formés et distincts. Ils proviendront des domaines, des localités, des fonctions, des circonstances et même des sobriquets (2).

D'autres attributions de lots, *sortes*, furent faites au profit des membres de la classe militaire, venant au second rang dans les Joupanies, la *Drobna Szlachta* (3), composant le corps principal de la classe des propriétaires polonais, appelée à jouer un rôle de premier ordre dans l'histoire de la Pologne et de toute l'Europe orientale, essentiellement rurale, presque sauvage, abandonnée à elle-même. Sans lien de vassalité, sans obligations réciproques, vivant de chasse et de guerre, héroïque, indomptable, ingouvernable, sans patrie, sans lois, sans frein, elle sera plus tard l'ordre équestre, la véritable noblesse militaire.

Une autre partie du sol fut réservée à l'Église et au Joupan principal, au Krol, qui deviendra en latin et, d'après la tradition romaine, le Roi, mais qui, en réalité, ne sera, à de très rares exceptions près, qu'un grand Joupan, un Khagan supérieur (4).

Enfin des lots furent également distribués aux membres inférieurs des Joupanies, *Kmets, Kmétons*, hommes libres, formant les *Anciens* des petites Joupanies, ayant le droit d'as-

(1) Lelevel, *ibidem*, p. 12-13 à 15.
(2) Lelevel, *ibidem*, p. 73. — Salvandy, p. 108.
(3) Forster, *ibidem*, p. 27.
(4) Lelevel, *ibidem*, p. 11. — Salvandy, p. 75, préface, p. XII.

sister au conseil local (*Ku-um*), avec obligation de culture et de service militaire (1). Les véritables cultivateurs, les Kmets ordinaires, reçurent, sur les lots des Joupans, de la Drobna-Szlachta et de l'Église, des concessions héréditaires, à titre de jouissance perpétuelle; ces concessions étaient les Vlokas, les Lans, les Mansi de la classe rurale. Elles eurent lieu moyennant le service militaire et de nombreuses charges, telles que la dîme pour l'Église, diverses redevances et corvées, droits de péage, obligations de charrois, même le cens et la taille, comme en Occident, mais sans obligation de résidence permanente. Les Kmets pouvaient même déguerpir. Ces concessions ne sont pas sans quelques rapports avec les censives et tenures roturières de l'Europe occidentale. Elles consistaient dans un démembrement usufructuaire du domaine seigneurial ou sors principal (2), portion considérée comme indisponible, vloka, par le seigneur. On retrouve, en Bosnie et en Herzégovine, la tradition de cette part indisponible au profit du cultivateur. C'est un fait de partage entre le Joupan et le Kmet, entre le seigneur et le cultivateur. L'origine de ces arrangements remonte à l'organisation de la tribu (3).

D'autre part, le bail à ferme temporaire fut aussi, de bonne heure, pratiqué, de même que dans l'Europe occidentale; il était consenti dans la portion libre (*Vola*) des seigneuries.

A ces divers possesseurs s'ajoutaient les divers concessionnaires, à titre temporaire ou perpétuel, de lots, de *sortes* ou domaines, appartenant au Roi. Ces concessionnaires étaient les *Scultètes* (4). Ils étaient nombreux et ils avaient à l'origine beaucoup d'importance.

Il résulte de ces détails que Kmets et Scultètes purent acquérir, à titre particulier, jusqu'au XVe siècle. Dans les anciennes répartitions des terres, au moment de la fixation territoriale des tri-

---

(1) Lelevel, *ibidem*, p. 7.

(2) Lelevel, *ibidem*, p. 50 et suiv., donne les détails les plus circonstanciés.

(3) G. Capus, *La Bosnie et l'Herzégovine*, 1896, pages 207-209.

(4) Lelevel, *ibidem*, 4e vol., p. 47, 50, 137. — Les détails, fournis par Lelevel, sont confirmés par les indications comparatives qu'on rencontre sur la Pologne, dans les chapitres divers de l'*Histoire générale*, Rambaud et Lavisse, rédigés, en grande partie, par M. Louis Léger et M. Rambaud.

bus, des droits de jouissance et même, dans certains cas, de propriété, furent attribués aux divers chefs de famille non nobles des tribus, à titre de copartageants. On rencontre les mêmes faits chez tous les peuples slaves. Les paysans russes avaient aussi un droit formel d'exploitation, séparément de celui de la propriété. Il en est ainsi dans tous les États où l'on trouve la Joupanie et la Zadruga, anciennes formes communes aux terres de la tribu ou de la Confédération. Le régime féodal, au contraire, a préparé la propriété individuelle, seule propriété qui se constitue, à notre époque, dans les grandes colonisations des deux Amériques, de l'Afrique australe et de l'Australie.

Tous ces attributaires devaient le service militaire. Leurs conditions respectives étaient indiquées par un Wehrgeld de 60 marcs pour un grand noble, un kniaz, c'est-à-dire un seigneur propriétaire important, moitié pour un propriétaire noble moindre, soit un szlachcic, 15 marcs pour un Scultète et 3 marcs pour un Kmet. Mais le *Kmet* pouvait s'élever au rang de *Scultète,* de petit noble et de grand noble. Il y avait aussi une certaine gradation dans le Wehrgeld des *Kmets* (1).

Cette situation foncière et sociale a eu deux tendances très accusées, mais bien différentes. Jusqu'au XIIIe siècle, la condition des Kmets, paysans propriétaires, possesseurs héréditaires ou fermiers, s'est maintenue ou améliorée, fait général dans l'Europe orientale et septentrionale, au point que le Kmet ne fut pas tenu d'habiter ni son sors, ni sa vloka, ni sa ferme — peut-être cette liberté lui a-t-elle été funeste — mais à partir du XIIIe siècle, tout change et au détriment des Kmets. Casimir le Grand, *le roi des paysans,* parvint à retarder ce mouvement de réaction; après lui, il devint irrésistible. Il a eu pour causes principales la supériorité d'influence prise par les propriétaires fonciers (Pan ou Szlachta) sur la Royauté, la monopolisation de la terre par les nobles et la nomadité générale des populations, sous l'influence certaine des habitudes invétérées des Kmets. On limita leur droit d'abandonner leurs concessions et leurs fermes; on

(1) Le marc oriental du XIIIe siècle, ou allemand, peut être évalué à 17 fr., avant la baisse actuelle de l'argent. Il y avait en Europe divers marcs.

augmenta les corvées, les redevances, les dîmes, les cens, les tailles. Leur condition de cultivateurs libres, prenant part autrefois, à titre d'Anciens, aux délibérations du conseil de la Joupanie, devint à peu près celle de simples cultivateurs, sans servitude personnelle, mais inférieurs d'origine et en droits aux nobles militaires. Ils furent considérés comme des sujets (*subditi*) et non comme des propriétaires. Ce mouvement fut aussi défavorable aux bourgeois des villes, devenus propriétaires de domaines hors des villes (*extra muros*). En 1472, la diète générale de Korcyn déclara que toute terre noble ou ecclésiastique serait exempte d'impôt foncier. Enfin, en 1496, celle de Protrkow établit le principe général du monopole foncier : la propriété du sol ne put appartenir qu'aux nobles de naissance. En conséquence, tous les bourgeois propriétaires durent vendre leurs domaines hors des villes. Quant aux *Kmets*, tout droit, soit de pleine propriété, soit de jouissance héréditaire sur la vloka des seigneuries, leur fut enlevé. Ils furent contraints de vendre leurs domaines particuliers, dépossédés de leurs fermes héréditaires sur la vloka, réduits à des fermes temporaires avec obligation de résidence et de travail forcé pour le seigneur. Ils ne purent quitter leurs fermes sans passeports. Les lois sur les vagabonds leur furent applicables; ils furent placés sous la surveillance immédiate des Starostes. Les seigneurs arrêtèrent seuls les conditions d'exploitation des fermes et celles des corvées. On fixa à trois jours, avec attelage, la corvée ordinaire par semaine, sauf les corvées extraordinaires. Le *Kmet* perdit peu à peu son nom traditionnel, pour devenir un *chlop*, paysan asservi. On eut recours, contre les *Kmets*, au moyen opposé aux seigneurs féodaux en 1789, en France; on exigea d'eux la production de titres qui n'existaient pas ou qui avaient été détruits, et on déclara les domaines nobles imprescriptibles. La dépossession des *Kmets* s'étendit même à ceux établis sur les domaines de la Couronne et à une partie de ceux du Clergé, parce que la Szlachta contraignit la Royauté à lui céder, peu à peu, les premiers et s'empara de force d'une portion des seconds. Les redevances de toute sorte, payées traditionnellement par les *Kmets*, appartinrent entièrement à leurs seigneurs, auxquels toute juridiction fut attribuée sur eux, sans appel. Les domaines seigneuriaux furent déclarés insaisissables et les créanciers hypothécaires n'eurent que le droit d'être mis en possession du gage leur appartenant, à condition de s'entendre avec les créanciers postérieurs. Les héritages des *Kmets*, sans enfants, furent attribués aux seigneurs. La propriété foncière rurale devint ainsi un monopole nobiliaire (1). Lorsque le monopole eut été accepté, ou subi par la Royauté, il ne resta à la Szlachta qu'à réglementer le service militaire et l'impôt, pour être maîtresse de toutes les ressources de l'État. Ces spoliations furent exécutées au moyen d'actes de violence et de terreur qui brisèrent tout lien national chez les Kmets.

La Szlachta se confondit ainsi peu à peu avec l'État lui-même, ce que l'on arriva à appeler *la République de Pologne*, seule propriétaire du sol, seule représentant l'armée, recevant seule les revenus et la rente du sol, et, par suite, elle put se considérer comme formant seule la nation. La nationalité fut réduite à une seule classe, la classe militaire, celle qui représentait le mieux le vieux fond nomade de la Léchie (2).

Cette sorte de monopolisation de la terre, à titre privilégié, avec dispense, comme il va être expliqué, de payer aucun impôt, n'est cependant pas un fait qui soit entièrement particulier à la Pologne, même dans les temps modernes. Il a caractérisé la société romaine et il a contribué à sa dissolution. Il est l'une des causes de la ruine de la Pologne. On le retrouve dans l'histoire économique et fiscale de la plupart des États de l'Europe, du xve au xviiie siècle, notamment de l'Europe du Nord et de l'Est,

---

(1) Lelevel, *ibidem*, 4e vol., page 132. — Forster, *La Pologne*, dans la collection, *L'Univers*, pages 24, 90. Consulter également Wolowski, *Coup d'œil sur la législation polonaise*. — Salvandy, *ibidem*, page 79. — Lavisse et Rambaud, *ibidem*, 4e vol., page 630.

(2) L'une des guerres qui ont le plus précipité la ruine de la Pologne, la guerre contre les Kosaks de l'Ukraine au xviie siècle, a eu pour cause la prétention de la Szlachta de réduire les Kosaks à la condition des Kmets et d'accaparer la propriété de leur territoire. Après une lutte terrible, qui usa les forces de la Szlachta, les Kosaks traitèrent avec la Russie. C'est un événement décisif dans l'histoire de la Pologne. Lavisse et Rambaud, *ibidem*, 5e vol., page 628. Nous avons vu à Kiew la statue de Bogdan Chmielnicki, le chef des Kosaks contre la Szlachta.

même en Angleterre (1). Après la révolution de 1688, il y a eu, dans tout le Royaume-Uni, un mouvement accentué d'accaparement de la propriété foncière, de dépossession des petits propriétaires et d'abaissement de la situation des cultivateurs. En Russie, la servitude rurale ne s'est généralisée qu'au XVIe siècle et elle n'a cessé de s'aggraver, même pendant les premiers temps du XIXe siècle; quant à la France, elle a échappé, à peu près complètement, à ce mouvement. Pour en donner la raison, Lelevel remarque, après Rulhière, que le système allodial de la propriété foncière n'a pas subi en Pologne l'influence, qu'il semble considérer comme funeste, du système féodal, avec la vassalité et la propriété conditionnelle; il se complaît à rappeler les théories de Jean-Jacques Rousseau et de Mably sur la propriété. Il voit dans le système allodial en Pologne *l'Équation civique nationale de l'État,* c'est-à-dire pour lui, la réalisation de la propriété absolue républicaine. Sans discuter ces idées, qui paraissent à peu près chimériques, sinon incompréhensibles, il y a lieu, au contraire, d'insister pour montrer combien le système féodal français, qui est le système féodal par excellence, avec ses jurisconsultes, ses traditions et sa jurisprudence pendant 800 ans, a été plus favorable aux classes qui cultivent le sol que le système allodial, même *avec l'équation civique nationale de l'État.* Le système féodal a doté la France d'une forme solide de la propriété foncière, avec un développement progressif de la culture et des cultivateurs; il a ouvert les rangs des classes supérieures aux classes moyennes et même serviles; il a émancipé tous les serfs; il a créé une classe de paysans incomparables, tandis que le système allodial a abouti à une servitude rurale générale dans l'Europe orientale. La dépossession des petits propriétaires et l'usurpation des biens des paroisses en Angleterre au XVIIIe siècle n'a eu lieu qu'avec la décadence de la véritable féodalité. Et du moins, en Angleterre, les progrès du commerce, de l'industrie, une richesse houillère et métallurgique prodigieuse, des institutions faisant une part suffisante

(1) Lelevel, tome IV, page 66. — Nous renvoyons au chapitre premier de notre ouvrage, *Traité de critique et de statistique comparées,* 1er volume, n° 14, pages 106-157, *La nationalité terrienne en Angleterre.*

aux divers intérêts sociaux, une race d'hommes supérieure, un isolement géographique donnant des garanties efficaces contre l'immixtion et l'intervention des autres peuples, ont procuré des compensations sérieuses qui ont manqué à la Pologne, à tel point que la Szlachta elle-même est tombée à l'état de démocratie misérable, et par suite anarchique (1). « Si on cherche à décom- « poser la Szlachta (corps entier de la noblesse militaire), on « trouve qu'elle se compose : 1° de 4 ou 5 grandes familles; « 2° d'une douzaine de familles un peu moins puissantes, issues de « dignitaires royaux; 3° de 200 ou 300 familles ayant des terres « assez étendues; 4° de 2.000 ou de 3.000 autres, réduites au « plus à un village ou deux; 5° d'une véritable plèbe nobiliaire, « comprenant environ 1.300.000 têtes, et que les Allemands « désignent sous le sobriquet de *Schollen Adel* (noblesse de « glèbe) car souvent une motte de terre fait toute la richesse du « *Szlacherie*..... Au contraire, le domaine des Radzivill (issus « des Jagellons) s'étendait de la Baltique aux Karpathes..... « Presque aussi riches étaient les Branicki, qui possédaient 15 « villes, 11 châteaux et 2 millions de revenus; puis les Wa- « leski, les Jablonowski, les Lubomirski, les Potocki. Le comte « Potocki entretenait une petite armée : fantassins, dragons, « hulans, kosaks (2) ».

Le fait le plus important dans ces détails sur la composition de la Szlachta, c'est l'énorme chiffre de la plèbe, qui est la véritable Szlachta. Les autres nobles forment les *Pan* et leurs familles. On est évidemment en présence d'une Confédération,

(1) Il n'y a pas eu en Europe de noblesse plus misérable, plus difficile à manier et plus besogneuse que le Szlachta. Par contre, les Pan ou haute noblesse vivaient dans le même luxe que celui de la cour des Khans de Mongolie, qui a tant enchanté Marco Polo. « Dans l'intérieur de leurs habitations, les murailles et les meubles étaient couverts de riches tapis; les salons étaient ornés de magnifiques horloges, des chefs-d'œuvre des artistes du temps. Dans une vaste salle (château de Zamosc) se trouvait un Bacchus en or, de la grandeur d'un homme, assis sur un tonneau d'argent et autour de la salle d'autres tonneaux aux cercles d'argent, tous remplis de vin. L'argenterie des tables, les pierreries, les vêtements prouvaient l'opulence des familles. Un train nombreux et des équipages superbes de voitures, de carosses, de chevaux en laisse, de chariots chargés, suivaient les seigneurs, lorsqu'ils se mettaient en route (Lelevel, 4e volume, page 162).

(2) Lavisse et Rambaud, *Histoire générale*, tome VII, pages 458-460.

de même genre que celle des grandes tribus nomades, comme les bannières de la Mongolie. Les Pan et la Szlachta ne sont que des demi-sédentaires. Ce n'est pas une noblesse, c'est toute une nation et presque une race. Sous plusieurs rapports, il en a été de même des Magyars; mais doués de qualités politiques différentes et mieux servis par des circonstances qui, d'abord, ont pu paraître défavorables, les Magyars ont conservé, avec moins d'obstination, les habitudes nomades et accepté des arrangements politiques qui ont contribué à les rendre définitivement sédentaires (1).

V. *Classes moyennes. Commerce. Industrie. Travail. Juifs.* — Les premiers éléments des artisans, puis des classes moyennes dans toute l'Europe orientale, sont provenus des gens de classe inférieure, en partie esclaves, chargés dans les tribus de tout ce qui concerne l'alimentation, le vêtement, l'habillement, le logement, l'armement. Les *Udvornici* de la Hongrie n'ont pas d'autre origine. De même qu'en Russie, le développement des classes moyennes a été très difficile en Pologne, à raison des traditions des tribus sur l'infériorité des gens de travail et sur le mépris dans lequel le travail était tenu. La société polonaise a toujours considéré le travail comme une déchéance. En cela la tradition des nomades se confondait, mais beaucoup plus énergique, avec celle des sédentaires. Les Grecs byzantins ont fourni aux Russes, comme plus tard les Italiens aux Slaves, des ouvriers et des artisans d'élite, mais le premier fonds vient des tribus elles-mêmes. Jusqu'à la fin du XVe siècle, les classes moyennes, sans prendre une importance comparable à celle qu'elles avaient acquise en France et en Allemagne (en laissant à part l'Italie et l'Espagne), ont joui d'une certaine prospérité, en même temps que les Kmets. C'est la belle époque de la Pologne. Lelevel la résume en disant que « le bourgeois pou- « vait habiter la ville et avoir un domaine à la campagne (2) ». Observation profonde, et qui s'applique à la France depuis le

(1) Salvandy, *ibidem*, pages 40, 45, 75. — Sur les habitudes de brigandage, page 75.

(2) Lelevel, 4e vol., page 50.

XVe siècle entièrement (Famille de Michel Montaigne). Des villes, des universités, de nombreux évêchés sont fondés. — Règne de Casimir le Grand (1340-1370). — Mais dès que périclite la situation des classes rurales, des Kmets, les classes moyennes sont attaquées. Elles s'étaient montrées favorables au mouvement de la Renaissance, au droit allemand; elles allaient incliner vers la Réforme. Dès 1437, les diètes prétendent (1) fixer les prix des denrées et réglementer les bénéfices du commerce; les associations des métiers, les confréries sont interdites, dissoutes; les délégués des villes et bourgs sont exclus des diètes; des taxes très lourdes sont imposées aux villes; en outre, les Juifs, probablement arrivés à la suite des Khazars, Mongols, Tartares, Turcs (2), deviennent les intermédiaires, les courtiers entre la Szlachta et les autres classes; fonction qu'ils ont remplie, depuis cette époque jusqu'à aujourd'hui, dans toute l'Europe orientale, sans exception. Le Juif oriental n'habite pas exclusivement les villes, comme en Occident; il habite aussi les campagnes qu'il parcourt, infatigable et sans scrupule. Il a été pour la *Szlachta* un banquier ambulant et pour la Pologne un usurier redoutable, mais utile. C'est le contribuable le plus récalcitrant (3). Les Juifs engagèrent une guerre sans merci contre les bourgeois, la plupart allemands, bourgeois nobles, bourgeois cultivateurs, bourgeois cabaretiers et meuniers. Ils en arrivèrent jusqu'à porter les mêmes robes et la chaîne d'or des Kniaz.

---

(1) Lelevel, *ibidem*, p. 118. — Lavisse et Rambaud, 4e vol., page 455, *Histoire générale*.

(2) Ils sont signalés dès 1095.

(3) Salvandy, *ibidem*, compare les Juifs polonais à une lèpre dévorante : nous pensons qu'ils ont apporté des capitaux qui ont servi à la colonisation de la Pologne; mais sans patrie, sans intérêt territorial, ils ont contribué à empêcher la Pologne de devenir une nation. Les nobles n'habitaient pas leurs terres; il fallait plier sous la puissance des Juifs que les maîtres avaient pour intendants et pour créanciers, page 132. — Lavisse et Rambaud, *Histoire générale*, 6e vol., page 645. — Dès le XIIe siècle, les Juifs avaient accaparé les industries, le commerce, la banque, le fermage et le monopole des impôts, se multipliant jusqu'à mettre en péril la nationalité polonaise, à la fois oppresseurs, opprimés et très misérables. La tyrannie des Woïéwodes et des seigneurs avaient tué dans les villes toute espèce de liberté. La plupart n'étaient que de misérables et sordides bourgades, sans commerce et sans industrie. — Lavisse et Rambaud, *Histoire générale*, 7e vol., page 460.

Dans les villes, un autre élément a rendu à la Pologne de très grands services, mais cet élément a autant contribué que les Juifs à paralyser la constitution de la nationalité polonaise. Ce sont les colons allemands. La puissance colonisatrice allemande a été immense au Moyen âge. Elle reprend son cours sous nos yeux. Lors du premier partage de la Pologne, il y avait en Pologne 3 millions d'Allemands, la plupart dans les villes et 2 millions et demi de Juifs, soit le cinquième de la population sur 20 millions d'habitants. L'élément allemand avait tant d'importance que l'on avait dû respecter, en Pologne, la législation allemande. On était allé plus loin; on avait, en quelque sorte, reconnu deux droits, le droit allemand, le droit polonais. L'existence parallèle de ces deux droits montre d'une manière décisive que la Pologne n'a pas été une nation. Une nation, qui ne formule pas et n'impose pas, dans sa réalisation du droit, sa conception sociale, ne forme pas un ensemble. Elle est une simple agglomération de familles et de tribus (1). Quand les habitants des villes furent exclus des diètes, poursuivis dans leurs préférences religieuses, accablés de taxes, privés de leurs associations et de leurs confréries, ils devinrent un élément réfractaire; les villes s'appauvrirent, les ressources qu'elles fournissaient s'amoindrirent et la décadence de la Pologne fut irrémédiable. C'est exactement le contraire de ce qu'a produit en France le régime féodal. Il a laissé d'admirables monuments juridiques et il a fondé la plupart des villes, villages et hameaux qui couvrent la France.

VI. *Le gouvernement et les institutions.* — Dans les tribus et les Confédérations de tribus, le gouvernement est à la fois absolu et instable. Le principe d'hérédité, en général accepté, est modifié par le principe du choix, de l'élection. Ces deux principes ont alterné en Pologne pendant sept siècles. Avec le temps le principe du choix l'a emporté. Et quand Catherine II et Frédéric II jugèrent le moment venu de partager la Pologne, ils firent un traité (1764) pour contraindre par les armes, la Pologne à conserver la tradition, le choix, l'élection. C'était, en effet, le

(1) Lelevel, *ibidem*, page 56, 4e vol. — Wolowski, même brochure.

principe fondamental du régime politique de la Pologne, concordant avec l'idée républicaine que Lelevel qualifie d'équation civique nationale de l'État. Les hommes les plus extraordinaires produits, par les peuples nomades, Attila, Tchinghiz-Khan, Tamerlan ou Timour ont représenté les deux principes. Baty, neveu de Tchinghiz-Khan, avisé de la mort d'Oghodaï, partit subitement, abandonnant l'armée, pour être présent à l'élection de son successeur. Ce départ préserva l'Italie d'une dévastation inévitable. Le gouvernement de la tribu ou de la Confédération, sous une forme absolue, ne fonctionnait pas sans contrôle, surtout avant la conversion de la plupart des nomades du Nord au Mahométisme. Enfin, point important, déjà signalé, la tribu et la Confédération sont des organismes sociaux où, comme dans tout ce qui vit, règne l'inégalité des aptitudes et des fonctions. Dans toute tribu et dans toute Confédération, il y a une aristocratie de naissance et de richesse, de même que divers échelons sociaux. Ces préliminaires sont indispensables pour se faire une idée exacte du gouvernement et des institutions de la Pologne. La Pologne historique commence avec le règne de Boleslas Chroby (992-1025) qui fonde un empire temporaire, s'étendant des Karpathes à la Baltique. Boleslas meurt, son empire s'effondre. « Les anciennes tribus que n'a pas complète-« ment fondues une royauté trop récente, retournent à une demi-« indépendance; des centres divers se constituent, et ils ne se « résigneront pas, sans arrière-pensée, à reprendre plus tard « l'existence commune. Les défauts naturels des Slaves, la pas-« sion excessive de l'indépendance individuelle, les tendances « particularistes et anarchiques, le goût pour les Confédérations « et les ligues, en un mot l'impuissance à comprendre et à « accepter les conditions de la vie sociale, que l'histoire, au « moins dans une certaine mesure, contient et corrige en « Russie, sont au contraire développés et exagérés en Pologne. « Incapables de défendre contre les Allemands la Silésie, la « Poméranie et la Prusse, coupés des montagnes et de la mer, « refoulés de l'Oder sur la Vistule, les Polonais ne parviennent « pas à s'assimiler les régions du Dnieper et du Dniester que « leur livrent un moment les divisions des Russes. Dès ce mo-

« ment, l'avenir de la Pologne est fixé. Sans frontières, sans « bourgeoisie, sans constitution, sans traditions politiques, elle « aura de grands souverains, des siècles de gloire, mais elle ne « s'élèvera jamais à l'intelligence de ses véritables destinées (1) ». En effet, relevée pendant quelque temps sous les Boleslas II, III, IV, la Pologne retombe en plein désarroi à la mort de Boleslas IV qui partage, comme Clovis, son royaume entre ses quatre enfants. Nouvelle phase d'anarchie. « Comme l'unité n'était pas « fort ancienne et que les anciennes différences des tribus « étaient loin d'avoir disparu, les querelles des princes prirent un « caractère politique et ethnique, et en devinrent plus longues et « plus graves ». Aussi, dès 1180, avant l'avènement de Philippe-Auguste en France, le synode ou diète de Leczyca élit le nouveau Roi, le principe du choix se manifeste, s'exerce, entre en fonction. « La monarchie avait vécu. Il y a encore pendant un siècle une « race polonaise ; il n'y a plus en réalité de Pologne. La Silésie, « la Mazovie, la Cujavie, la Poméranie, la grande et la petite Po-« logne ont chacune leur histoire particulière, leur dynastie, leur « développement spécial. Les différences primitives s'accentuent. « Dans chacune de ces provinces les mêmes règles de succes-« sion au trône entraînent des compétitions acharnées, des ré-« voltes, des subdivisions nouvelles, des remaniements incessants « de territoires et comme un perpétuel flottement de la matière « politique (2) ». Aussi M. E. Reclus a-t-il pu dire, en examinant les causes réelles de la disparition de la Pologne, comme nationalité indépendante, « le plus grand désavantage de la Pologne « n'était pas l'absence des limites naturelles à l'Orient et à l'Oc-« cident, c'était le manque de cohésion entre les habitants (3) ». Ce manque de cohésion est propre à tous les Slaves, même aux Russes, selon la remarque de M. de Haxthausen. En Pologne, il n'a été combattu par aucune influence supérieure, telle que

(1) Lavisse et Rambaud, *Hist. générale*, tome 2e, p. 766.

(2) Lavisse et Rambaud, *ibidem*, 2e vol., p. 770-771.

(3) *L'Europe Scandinave et Russe*, p. 390. Nous ne partageons pas l'opinion de M. E. Reclus, mais nous la citons comme preuve de l'importance de l'anarchie politique en Pologne, anarchie commune à tous les États, empires, peuples nomades ou semi-nomades.

celle des Mongols pour la Russie et des Turcs Ottomans pour les Tchèques, Hongrois, Serbes, Croates, Bulgares, Bosniaques. Il n'a pas permis à la nationalité de se constituer, de vivre, de persister. De même que la Pologne n'a pas eu de droit spécialement polonais, elle n'a eu une langue à elle qu'à la veille d'expirer; elle s'est stérilisée dans le *latin* (1), langue de l'Église et des classes supérieures. Dans un milieu, de tout temps, parlementaire et de vie politique en public, on n'a admis, que trop tard, la langue de tous, la langue de la nation. La Pologne, race slave, ne pouvait trouver dans le latin, ni dans le droit romain les instruments de son développement normal; ce qui vit ne peut avoir sa subsistance dans ce qui est mort. Elle n'a donc eu ni langue, ni droit, ni gouvernement, ni finances, ni impôts permanents, réguliers, stables.

Les historiens ont divisé (2) en diverses périodes, la vie politique de la Pologne; premiers temps ou légendaires 660-992, époque de fondation 992-1139, période d'anarchie 1139-1332, époque prospère 1333-1589. Décadence depuis 1589. Néanmoins, ces diverses périodes ont un caractère commun. Signalé avec raison par Salvandy (3), c'est l'intermittence, l'instabilité en tout, la périodicité de l'anarchie. Le seul fait permanent consiste dans le développement de l'influence de la classe militaire et nobiliaire qui, après avoir, en quelque sorte, monopolisé la propriété du sol, absorbe peu à peu le gouvernement lui-même, sans parvenir à donner à cette absorption une forme régulière. Cette intermittence, cette instabilité sont le résultat de l'intervention directe et personnelle de chaque membre de la classe militaire et nobiliaire dans le gouvernement. Ce fait caractérise les institutions de la Pologne. Il provient, sans aucun doute, des traditions de l'existence nomade des Slaves. Telles Ammien Marcellin a décrit (4) les assemblées générales des peuples nomades au IVe siècle,

(1) C'est la division adoptée par Lelevel.

(2) Lavisse et Rambaud, *Hist. générale*, 5e vol., p. 724, 3e vol., p. 757.

(3) Salvandy, *ibidem*, p. 42-43.

(4) Et deliberatione super rebus proposita seriis, hoc habitu omnes in commune consultant, aguntur autem nulla severitate regali, sed tumultuario optimatum ductu contenti, perrumpunt quidquid inciderit. Livre XXXI, n° 1.

telles ont été jusqu'au XVIIIe siècle les assemblées générales des Polonais, celles auxquelles aboutissaient toutes les autres. Dès les premiers temps, ces assemblées, les Sobors à l'origine, ont une importance hors ligne, qu'elles conservent sous les rois les plus remarquables. Elles correspondent à la conception politique, et mieux, elles forment la véritable tradition gouvernementale de la Pologne; leur autorité n'a cessé de grandir, jusqu'à ce qu'elles aient absorbé le gouvernement lui-même.

Aussi le Roi, le grand Joupan, le Khagan et, dans la langue slave, le Krol de la Pologne a-t-il toujours été à peu près réduit à la fonction de président d'une Confédération, en délibération permanente. « Le Roi était toujours le chef, le Krol des pre-« miers temps, général, juge, administrateur, président des « assemblées, entouré d'entraves à tous ces titres, chargé « d'attributions exorbitantes et impuissantes, assiégé de mi-« nistres et de généraux inamovibles, obligé de défendre en « personne les projets, les actes de son cabinet devant les cris « des diètes qui se réunissaient le sabre à la main, traitaient « toutes les affaires de l'État, réglaient l'administration, ren-« daient la justice, faisaient seules les lois, donnaient audience « aux ambassadeurs, décidaient de la paix ou de la guerre (1) ». La Pologne a parfois eu, dans sa vie historique, des rois remarquables, Boleslas Ier, Casimir Ier, Casimir le Grand (1333-1370), Jagellon Ier (1386-1433), les deux Sigismond (1506-1573). Il ne fut possible à aucun de donner, au gouvernement et aux institutions, l'indépendance nécessaire à la consistance et à la durée de la nation; gouvernement et institutions continuèrent d'être instables, vacillants, impuissants, contestés, au milieu de grands succès militaires et diplomatiques, d'agrandissements extraordinaires qui étendirent le territoire de la Pologne depuis les Karpathes jusqu'à la Baltique et depuis Posen jusqu'à Kiew, au cœur de l'Ukraine, dans l'ancienne capitale des Varègues, avec une population importante pour l'époque.

D'abord héréditaire, d'habitude plutôt que par droit, comme chez tous les peuples nomades, et avec beaucoup de difficultés

(1) Salvandy, *ibidem*, p. 74.

dans les transmissions, la Royauté, en fait, a été élective à partir de la fin du XIIe siècle (Diète de Leczyça en 1180) pour devenir élective de droit en 1573. L'élection était dans les mains de la seule classe militaire et nobiliaire. Pendant cinq siècles l'usage prévalut de prendre les Rois dans les mêmes familles, mais chaque mutation était l'objet d'arrangements, de stipulations, *pacta conventa*, au profit de la classe électorale; c'est l'un des moyens par lesquels les Pan et la Szlachta sont devenus maîtres absolus et ont fait de la Pologne une démocratie républicaine de militaires nobles (1). Un autre moyen a consisté à provoquer des soulèvements, des pronunciamientos militaires, des *Rokocz*, qui étaient suivis d'autres arrangements. Les mœurs et le défaut de ressources ont rarement permis aux Rois de Pologne de combattre ces Rokocz (2) ouvertement et surtout de profiter des victoires qu'ils ont parfois remportées. On peut dire que chaque élection et chaque Rokocz augmentaient les privilèges de la Szlachta et dégradaient le pouvoir royal (3).

L'histoire politique de la Pologne (4), en même temps que son histoire fiscale et financière, peut, par suite, se rapporter aux grandes diètes réunies à certaines époques. Jusqu'au XVe siècle, ces diètes ont établi, par étapes successives, les institutions qui ont fait de la Pologne une monarchie élective et qui, à partir de la fin du XVe siècle, ont rapidement transformé cette monarchie élective, en une République de nobles militaires. Dans la première période, les diètes les plus importantes ont été celles de Leczyca en 1180, de Chencïny, 1331, et de Witliça, 1347. Dans la seconde, les diètes ont été beaucoup plus fréquentes. Korcyn, 1472, Piotrkov, 1496, Random, 1505, mais la plus importante fut celle de Nieszava en 1454, arrachée par la Szlachta à Casimir IV, au milieu des embarras d'une guerre contre l'Ordre Teutonique. Les statuts de *Nieszava* sont restés

(1) Salvandy, *ibidem*, p. 63.

(2) Salvandy, *ibidem*, p. 91, 93, 199. — Lavisse et Rambaud, *ibidem*, vol. 5e, p. 717.

(3) Lavisse et Rambaud, *ibidem*, 7e vol. p. 457.

(4) Lavisse et Rambaud, *Hist. générale*, t. III, p. 771. — Forster, *ibidem*, p. 27. Lelevel, 3e vol., p. 89 à 115. — Salvandy, *ibidem*, p. 78, 80.

à la fois la grande charte polonaise et le type des *pacta conventa.* Ils précédèrent l'établissement de la Chambre des Nonces (Izba Poselska) qui, réunie au Sénat, a formé depuis la Diète générale. Jusqu'alors les diètes avaient été composées des membres du Sénat, premier élément parlementaire de la Pologne. Les statuts de *Nieszava* décidèrent notamment qu'aucune loi ne serait valable et aucun impôt régulier établi, qu'avec le consentement des diètes; c'était le gouvernement parlementaire en principe; mais les éléments réels du gouvernement parlementaire manquaient à la Pologne : une classe militaire, seule propriétaire du sol, ne pouvait les fournir, en opprimant les autres classes, en rejetant tous les impôts sur elles et en plaçant l'industrie et le commerce, fondements réels de ce gouvernement, dans une situation subordonnée.

Aussi le gouvernement parlementaire ne fonctionna qu'au profit de la classe qui l'avait imposé. Toutes les charges et dignités furent attribuées aux membres de la Szlachta, les unes viagères, les autres héréditaires. Les Palatins qui administraient les provinces, les Castellanï qui administraient les districts, devinrent indépendants et presqu'inamovibles. Il est vrai qu'ils ne disposaient pas de grands pouvoirs, car si le Roi dépendait en quelque sorte des diètes générales, les fonctionnaires avaient affaire avec une série de diètes provinciales et locales, dans lesquelles les membres de la Szlachta avaient seuls droit d'entrée.

Il y avait cinq catégories de diètes ou de diétines (1) : diètes des terres sur les grands domaines des Pan, diètes des districts, diètes des Palatinats, diètes des Provinces, diètes générales. Aux

(1) Forster, *ibidem*, p. 87. M. Louis Léger pense, probablement avec raison, que la série des diètes a plus contribué que le *Liberum veto*, dont on ne tenait pas toujours compte, à jeter la Pologne dans une anarchie insondable et mortelle, notamment les diètes de *relation*, c'est-à-dire celles où les Nonces rendaient compte du mandat impératif, qu'ils avaient accepté. Comme on les tenait de très court, les mandants se levaient souvent en masse pour surveiller leurs mandataires. Ils opposaient les Confédérations et les ligues aux diètes. — Lavisse et Rambaud, *ibidem*, 6e vol., p. 432 ; 7e vol., p. 456. On trouve dans *La Pologne pittoresque* de M. Chodsko un mémoire des plus intéressants sur les diverses diètes ou diétines polonaises. L'organisation des congrès des révolutionnaires contemporains présente de curieux rapports avec les diètes de la Szlachta.

diètes générales, convoquées par le Roi, il faut ajouter des réunions spontanées de toute la Szlachta, dans les moments de crise. Aux diètes des terres et de districts, tous les nobles se rendaient directement. Ils envoyaient des délégués aux autres diètes, mais presque toujours avec mandat impératif, et, dans ce cas, qui était le plus fréquent, ils accompagnaient leurs délégués. De là des réunions immenses, auxquelles prenaient souvent part plus de cent mille hommes, armés, suivis de leurs familles et serviteurs, de leurs voitures, de leurs chariots et de leurs provisions.

Les diètes dites d'élection, pour nommer ou acclamer le Roi ou pour traiter avec lui, étaient les plus nombreuses et les plus tumultueuses. On peut lire dans Salvandy le beau récit, plein de détails, presqu'incroyables par leur bizarrerie, de l'élection de Sobieski. Les délégués ou Nonces, composant la Chambre des députés (Izba Poselska) avaient seuls le droit de voter. Leur vote devait être accepté par le Sénat, composé des Pan, ou Magnats, des hauts dignitaires et des évêques, mais tous votaient en présence de la Szlachta entière, accourue de partout. Pour l'élection du duc d'Anjou en 1573. « Les nobles qui arrivaient « de toutes parts à Varsovie trouvèrent marqués au delà de la « Vistule les divers quartiers qu'ils devaient occuper. On les « avait disposés par palatinat, de manière qu'ils bordaient la « plaine de Praga sur une longueur de plus de trois lieues. « Ils étaient tous armés. Ils semblaient plutôt prêts à livrer un « combat qu'à tenir une diète (1) ». Il vint encore plus de monde à l'élection de Sobieski. Pendant l'élection, qui exigea plusieurs jours, tout un parti, les Pac hostiles, décampèrent, comme une grande tribu, menaçant de livrer bataille. A la mort de Sobieski, lors de l'élection de son successeur, le vote eut lieu par escadron, comme sur un champ de bataille (2).

Les Polonais devaient cependant pousser plus loin l'aberration politique.

Après avoir monopolisé la terre et le gouvernement, la classe

---

(1) Chodsko, *La Pologne pittoresque*, mémoire sur les Diètes. Les diétines repoussaient les décisions de la Diète au moyen de la formule *Perhorrescit*, p. 457, 7e vol. Lavisse et Rambaud; 6e vol., p. 631, 4e vol., p. 632.

(2) Salvandy, *ibidem*, p. 218, 315. Ces récits sont d'un vif intérêt.

militaire noble introduisit dans sa propre constitution, non seulement le principe démocratique de l'égalité politique absolue, mais celui de la souveraineté individuelle, supérieure à celle de l'État. Le principe individualiste caractérise, en effet, la race slave. La race slave est une race démocratique et individualiste, de même que la race hellénique avec laquelle elle offre beaucoup de points de comparaison, tandis que la race germanique est, ainsi que la race italiote, aristocratique. La Russie est également une immense démocratie rurale; mais, de race bien plus mélangée, elle est beaucoup moins individualiste. Rien de très surprenant à ce que la noblesse polonaise, formant une sorte de nation à part, ait été égalitaire et individualiste. C'est probablement, par ce côté de sa physionomie historique, qu'elle a dû séduire J.-J. Rousseau dans *ses considérations* sur le gouvernement de la Pologne.

L'inégalité de conditions que l'on rencontre dans les débris des grandes Confédérations mongoles, qui parcourent encore le désert de Gobi, a existé de tout temps et existe encore chez tous les peuples nomades, mais elle y est peut-être moins grande et moins pénible que chez les peuples sédentaires. Dans les tribus germaniques, telles que Tacite, Ammien Marcellin les ont décrites, l'inégalité ressort moins que dans les milieux Égyptiens, Persans, Grecs, Romains. On peut donc admettre que lorsque les tribus, Confédérations nomades se fixent sur le sol, comme les Hongrois et les Lechs, il y a une période d'inégalité moindre, malgré la différence des rangs et des fonctions dans la tribu, que celle qui a pu se manifester plus tard, au fur et à mesure que la condition sédentaire a remplacé la condition nomade. Les aléas de la vie militaire ont tendu à accroître l'inégalité dans la classe militaire polonaise de même que pour la noblesse française. La Szlachta s'est ainsi formée peu à peu, composée des familles militaires devenues pauvres, par suite avides de places, de privilèges, hors d'état de payer les impôts, vivant de la guerre, de la solde temporaire et sur le trafic des suffrages (1). Les plus pauvres vont à pied, constituant

(1) Lavisse et Rambaud, *Histoire générale, ibidem*, p. 716, 7e vol.

avec la Szlachta des nobles royaux, l'infanterie polonaise, les moins pauvres forment l'ordre équestre. La Szlachta est turbulente, démocrate, égalitaire vis-à-vis des *Pan* ou Magnats riches, individualiste et républicaine vis-à-vis de la Royauté. « En Pologne, dit M. Louis Léger, cette Szlachta formait une masse « inorganisée; rien qui ressemblât à notre hiérarchie féodale « de l'Occident; tous les *szlachcici* étaient, en principe, égaux, « tous des frères. Parfois cette poussière de noblesse se cristalise en Confédérations, en diétines (1) ». Égaux entre eux, mais surtout avec les Magnats, avec le Roi, tous gentilshommes. Le même fait s'est produit en Hongrie, mais les Turcs Ottomans y mirent bon ordre, Dès lors se développa en Pologne l'idée de l'égalité entre nobles, entre frères et par suite celle de l'égalité des suffrages, qui conduisit à la nécessité de l'unanimité dans les délibérations des diètes. La majorité n'a pas le droit d'imposer sa volonté à un seul membre de la Szlachta. C'est l'individualité poussée au paroxisme. Le principe de l'unanimité a été voté dès 1505 par la diète générale de Random (2). Il eut peu à peu pour conséquence de placer le droit individuel de chaque membre de la Szlachta au-dessus du droit général de la nation. « Dès la fin du XVIe siècle, non seulement les ministres du roi, mais les gouverneurs des provinces, de districts « de château,, Woiévodes, palatins, starostes, castellans sont à « vie. Ils peuvent refuser au Roi obéissance. A plus forte raison, « tout Szlachcic peut en faire autant. Dans les délibérations de « la diète s'introduit le *liberum veto*. Il y a des diètes rompues « par l'opposition d'un seul Nonce, dès le XVIIe siècle. De 1652 « à 1704, sur 55 diètes, 48 sont rompues, souvent dès le début. « Sous Auguste III pas une seule ne put se tenir ». Aussi, continue M. Rambaud (3), comme les ministres n'avaient pas « à rendre compte au Roi, mais à la diète, ils n'eurent plus à « rendre compte à personne, ni les trésoriers, ni les Hetmans, de« venus les maîtres irresponsables des armées ». Le premier libe-

(1) Lavisse et Rambaud, *Histoire générale*, 7e vol., p. 456.

(2) Forster, *ibidem*, p. 35.

(3) Lavisse et Rambaud, *Histoire générale*, 7e vol., p. 456.

rum veto s'était produit à la diète de 1652 (1). Wladislas Sicinski, nonce d'Oupita, gouvernement de Kowno, en fut le promoteur. Il s'agissait d'une affaire de détail. On était d'accord. Sicinski refusa son adhésion et quitta la salle de réunion. Comme la nécessité de l'unanimité était entrée dans les mœurs, le droit de veto y entra aussi. Le fait en lui-même est intéressant; mais ce qui l'est bien davantage, c'est que ce fait ait cadré avec les conceptions politiques d'une classe militaire, qui gouvernait la Pologne depuis 500 ans. Ce n'est que lorsque la Russie et la Prusse eurent usé du liberum veto comme instrument de conquête, que les Polonais songèrent à l'abolir, mais ce serait une erreur de croire qu'il ait tout détruit. Quand la Szlachta polonaise donnait cette preuve décisive de son individualisme anarchique, de son orgueil, de son imprévoyance politique, la Russie, la Suède, la Prusse, les Kozaks, les Turcs, menaçaient la Pologne de toutes parts et, sans la main de Richelieu, de Mazarin et de Louis XIV, ils l'auraient partagée plus d'un siècle avant Frédéric II. Dès 1661, impuissant à dompter une noblesse anarchique, mais représentant les idées et les traditions politiques des Slaves, Jean Casimir quittait librement le pouvoir et venait demander asile à la France. Ses dernières paroles ont été réalisées à la lettre. Il les adressa à la diète de Varsovie tenue le 6 juin. « Puissé-je me tromper dans mes prédictions, mais les plus « grands maux menacent la patrie. A moins d'une élection anti« cipée de mon successeur, la République pourrait tomber en « dissolution. La Russie (Ruthènie) et la Lithuanie accepteront « pour maître le Moscovite dont elles parlent en majorité la lan« gue et pratiquent la religion; la Prusse et la grande Pologne « subiront le Brandebourg; enfin la maison d'Autriche, bien « qu'avec des intentions loyales, au milieu de cette disso« lution, ne manquera pas de s'arrondir de la petite Polo« gne (2).

---

(1) Salvandy, *ibidem*, p. 191. — Lelevel, 4e vol., p. 427. — Lavisse et Rambaud, *ibidem*, 3e vol., p. 771, 4e vol., 629-635, 5e vol., 717, 6e vol., 631. Le liberum veto s'introduisit même dans les diétines. Dito, 633.

(2) Jam vero ista mala imminent patriæ; Moschum, unius linguæ et majori parte religionis, dominum sequeretur Russia et Lithuania. Brandeburgicum

L'opinion des quelques hommes prévoyants, qui assistaient à ces derniers temps d'indépendance de la Pologne, était de s'accorder avec l'Autriche. Cet accord a permis à la Bohême et à la Hongrie de subsister. D'autres institutions auraient-elles donné à la Pologne les forces nécessaires pour se maintenir entre la Russie, au levant, l'Allemagne, au couchant, l'Autriche et les Turcs, au midi? On doit en douter. On pourrait établir de curieuses comparaisons entre l'abaissement de la Royauté en Pologne et son abaissement, à peu près à la même époque, en Angleterre. Mais l'Angleterre a pu fonder une monarchie républicaine et un immense empire colonial, grâce à sa situation géographique. Placée entre deux races d'une vitalité exceptionnelle, la Pologne, républicaine nobiliaire, avec monopole de la terre, devait fatalement être absorbée. Elle aurait pu certainement se mieux défendre avec une monarchie héréditaire, même féodale, mais représentant tous les intérêts sociaux; néanmoins, il faut bien reconnaître qu'elle n'aurait jamais pu faire face aux divers groupes qui l'enserraient. La discorde politique, résultat de la race, n'a été pour elle que l'occasion qui a précipité la ruine; cette ruine était fatale; le territoire ne comportait pas une nationalité indépendante.

Aussi ne faut-il pas accabler cette noblesse, cette Szlachta, qui a été si héroïque, qui a lutté avec un courage indomptable contre les Mongols et les Turcs, qui a sauvé Vienne avant de mourir, qui a jeté tant d'éclat sur l'Europe orientale, et qui, par l'exemple de ses fautes et de ses malheurs, a fourni à tous les peuples, surtout aux peuples démocratiques républicains, des leçons qu'ils ne doivent pas oublier. La passion d'une égalité chimérique et l'orgueil individualiste sont contraires aux conditions d'existence des nations, surtout avec la forme républicaine.

La noblesse polonaise a précédé, sous divers rapports, l'Europe continentale, en laissant de côté la Russie, dans la pratique du gouvernement représentatif. Les séries de diètes, superposées les unes aux autres, ont formé une sorte de premier

---

Vicina Major Polonia et Prussia; Austriaca domus, *licet rectissimas olat intentiones,* tamen in publica regni direptione, a Minori Polonia sibi non decerit. Lavisse et Rambaud, 6e vol., p. 637.

essai du referendum, qui fonctionne avec avantage, en Suisse, sous nos yeux, et qui peut être un contrôle utile aux pouvoirs exorbitants que s'arrogent les assemblées délibérantes, aux dépens de leurs mandataires. L'expérience politique de la Pologne a également démontré que l'élection d'un monarque à vie était plus dangereuse que l'élection d'un chef, magistrat ou président pour un court délai. La vie sociale, que la noblesse a entretenue pendant plusieurs siècles, a été l'un des éléments de la brillante civilisation de la Pologne aux XVe et XVIe siècles. Aussi, sans atténuer le caractère foncièrement anarchique de la Szlachta, peut-on soutenir que les limites qu'elle a imposées à la monarchie héréditaire ou élective, l'intermittence, l'incertitude et l'insuffisance des institutions ont eu moins de part, dans la destruction de l'indépendance de la Pologne, que l'irrémissible faute de n'avoir pas, comme la Hongrie et la Bohême, demandé à une union avec le groupe autrichien, qu'elle aurait elle-même singulièrement accru, les forces nécessaires pour résister à tous les autres groupes.

Si on réfléchit à la force supérieure des grandes Monarchies militaires qui se sont formées en Europe au XVIe siècle, et qui ont pris aux XVIIe et XVIIIe siècles un si redoutable développement, on reconnaîtra que la Pologne, ayant suivi une voie opposée, ayant renoncé au principe monarchique pour adopter des institutions, à la fois oligarchiques et républicaines, ne pouvait échapper à sa destinée. Dès les premières années du XVIe siècle, ses voisins se préoccupaient de la partager. Si elle a prolongé sa carrière pendant plus de deux siècles, elle l'a dû à l'amitié, alors efficace, de la France et aux efforts de ses derniers grands hommes.

Nous avons souvent affirmé, dans le cours de ces études, que la transformation des peuples de nomades en sédentaires était une œuvre longue et difficile. La Hongrie y a réussi, après bien des difficultés et des épreuves, la Pologne a échoué. A ses malheurs, deux causes, l'une et l'autre d'ordre supérieur, bien que d'inégale intensité. La première, territoriale; le territoire de la Pologne, se prêtait, encore moins que celui de la Hongrie, à garantir la sécurité d'une nation. La seconde, ethnique, sociale.

Les *Lechs* n'ont pas montré les mêmes qualités que les *Magyars* dans l'œuvre de la transformation de nomades en sédentaires. Ils auraient apporté au groupe autrichien un élément révolutionnaire des plus actifs et des plus dangereux, « Sobieski, le libé« rateur de Vienne, dit M. Rambaud, était l'essence même du « sang polonais, le Szlachcic, avec toutes les qualités et tous « les défauts de ce type politique, élaboré par les siècles (1) ». Sobieski, comme ses prédécesseurs, avait un trésor personnel. Il montait à sa mort à 6 millions. Le premier acte de sa veuve et de son fils fut de tout quitter, même le cadavre royal, pour s'en emparer. Ils faillirent se livrer bataille; chacun d'eux avait pu réunir quelques Szlachcici.

On pourrait établir quelques rapprochements historiques et sociaux entre les Spartiates et les Szlachcici : chez ces deux peuples, d'importance très différente, deux classes militaires ont joué un rôle considérable, et ont formé un corps d'État, qui a duré plusieurs siècles, sur les bases de leur entretien par la population rurale, l'oppression des populations urbaines, une égalité poursuivie avec passion et des institutions républicaines, sous une apparence monarchique. Ni l'une ni l'autre de ces classes militaires n'ont pu former une nationalité complète. Leur fin a été également déplorable; mais l'une et l'autre n'en ont pas moins laissé une trace remarquable dans les traditions fiscales et sociales de la civilisation.

VII*L'impôt et les finances.* — Ils sont nécessairement en rapport avec le gouvernement, les institutions, les conditions respectives des classes sociales, le monopole de la propriété foncière, l'absorption par la Szlachta, la noblesse militaire, du gouvernement entier. Ils participent de leur intermittence, de leur incertitude, de leur insuffisance. La Szlachta s'est montrée plus intraitable, en fait d'impôt, que le Parlement anglais et beaucoup plus que les États généraux de France ou les Fueros espagnols. Elle a réduit la Royauté, autant qu'elle l'a pu, aux ressources provenant des domaines, tout en lui arrachant d'incessantes attributions de terres, et à des impôts temporaires,

(1) Lavisse et Rambaud, *ibidem*, 6e vol., p. 643 ; Salvandy, *ibidem*, p. 644.

votés difficilement, et dont elle est parvenue à s'exempter elle-même entièrement. A beaucoup de points de vue, l'étude des impôts de la République de Pologne présente, par suite, un intérêt réel. Et si nous sommes entrés dans de nombreux détails sur les institutions politiques de cette monarchie nobiliaire républicaine, c'est afin de pouvoir faire comprendre quel a été son système d'impôts.

Au moins jusqu'au XIVe siècle, les Rois trouvaient surtout dans les revenus du domaine, les ressources nécessaires. Ces revenus étaient principalement des redevances en nature, de même que dans la plupart des États de l'Europe centrale et orientale. Elles étaient levées au moment des moissons, comme une espèce de dîme, avec laquelle on les confond quelquefois. Il faut y ajouter les corvées, charrois, droits de gîte et de garde et les produits des salines du domaine, notamment des célèbres salines de *Vicliczka*. Lelevel mentionne même des cens et des tailles, mais sans dire en quoi ils consistaient et de quelle manière ils étaient acquittés (1).

Dans la grande diète de Chenciny (2) (1331), diète qui plaça la Szlachta sur le pied d'égalité avec les Pan, soit avec les anciens chefs des tribus, les Joupans à collier d'or et à armoiries, les Kniaz, Wladislas Lokiétek, l'un des grands rois polonais, fit voter un impôt foncier général à la charge des Kmets, de tous les nobles, de l'Église et probablement des propriétaires urbains. Cet impôt a une grande importance pour l'histoire fiscale dans l'Europe orientale. Il atteste qu'il devait y avoir une certaine prospérité agricole et une administration fiscale en Pologne, au XIVe siècle, qui a été, avec la première partie du XVe, la plus belle époque de la Pologne. Il atteste aussi une certaine concorde entre les classes sociales et une influence favorable de la Royauté. Aussi M. E. de Parieu a-t-il signalé le fait (3).

(1) Lelevel, *ibidem*, 1er vol., p. 72, 4e vol., p. 20. « Encore immenses, mieux exploités, les domaines donnèrent des plus-values telles que Casimir le Grand (1333-1370) n'eut pas à solliciter de redevances extraordinaires ». Lavisse et Rambaud, tome IV, p. 154.

(2) Lelevel, 1er vol., p. 73.

(3) *Traité des impôts*, 1er vol., p. 220.

« L'impôt foncier, dit-il, est très ancien en Pologne. Il consis-« tait, à la fin du XIVe siècle, en une redevance de 2 grosschen « (1 fr. 42) par manse colonaire, les terres seigneuriales en « étaient exemptes. Cet impôt subsistait dans le siècle suivant « et était même accru selon les besoins. En 1456, le clergé « et la noblesse furent assujettis à verser au Trésor la moitié « des cens qui constituaient alors leur principal revenu ». M. E. de Parieu ne paraît pas avoir été complètement renseigné. D'après Lelevel, cet impôt foncier aurait passé par de nombreuses phases. En 1331, il aurait été fixé à 12 grosschen ou 9 fr. 20 par mesure de terre, dite Vloka, terre de culture, et 6 grosschen ou 4 fr. 60 par lan, terre en friche. La Vloka contenait 1,701,567 pieds carrés et le Lan 510,488. En 1374, la diète de Korcyn réduisit la taxe à 2 grosschen. C'est celle mentionnée par M. de Parieu. Cet impôt portait le nom de Lanové. La diète de Korcyn, en 1472, ayant exempté la noblesse et le clergé de l'impôt foncier, le *Lanové* fut remplacé par le *Hufzins*, ou Pobor, capitation par charrue, existant en Russie et supportée par les cultivateurs ; elle était de 10 grosschen par charrue ou manse colonaire. D'après Lelevel, la distinction entre les manses en culture ou en friche aurait été maintenue (1).

L'impôt foncier s'est établi très lentement et très difficilement dans l'Europe orientale et même dans l'Europe centrale. M. de Parieu ajoute qu'il fut aboli dès le commencement du XVIIe siècle, remplacé par un impôt sur les cheminées et rétabli, en 1789, à la charge des propriétaires et non des cultivateurs ; mais, d'une manière générale, l'existence d'un impôt foncier, correspondant à une certaine prospérité dans la culture du sol, la situation économique de la Pologne a dû être meilleure que sa situation politique. Nous reviendrons sur ces divers points en étudiant l'état de la Pologne au XVIIIe siècle (2).

Les autres impôts consistaient dans :

1o Les droits de douane dont les taux étaient très abaissés

(1) Lelevel, *ibidem*, 4e vol., p. 47, 137 ; Salvandy, p. 54, 55 ; Lavisse et Rambaud, 7e vol., p. 460.

(2) Lelevel, *ibidem*, 4e vol., p. 520, 229, 240, 280 ; Lavisse et Rambaud, *ibidem*, 7e vol., p. 460.

afin de faciliter les importations des produits étrangers nécessaires aux classes supérieures, qui vivaient à la fois dans un luxe d'apparat et, en réalité dans une gêne réelle.

2° Des taxes sur les foires et marchés et de nombreux péages.

3° Des taxes d'octroi dans les villes.

4° Des tailles en nature que les Pan et les nobles de la Szlachta levaient dans le territoire de leurs seigneuries. Dans les premiers temps, une partie de ces tailles revenait au Trésor royal, mais peu à peu elles se confondirent entièrement avec les redevances domaniales des seigneuries.

5° Le cens, qui était une ressource pour le Trésor, quant aux domaines compris dans la réserve royale. Les communes devaient elles-mêmes un cens pour le terrain occupé par leurs bâtiments.

6° Les amendes et frais de justice qui tendirent à n'appartenir au Trésor que dans les villes et sur le domaine royal. La justice devint, avec le temps, entièrement seigneuriale : amendes et frais firent partie des revenus des seigneuries. Dans l'Europe occidentale la répartition des amendes et frais de justice a suivi un mouvement en sens contraire.

7° Les droits de consommation sur la bière, l'hydromel et l'eau-de-vie.

8° Les produits des salines considérables du domaine.

9° Des corvées générales, notamment la corvée des relais, des charrois, des chemins et celle du gîte. Ces deux corvées étaient très onéreuses parce que, en outre de celles dues au Roi, tout noble pouvait les réclamer, même en dehors du domaine ou de la seigneurie lui appartenant.

Aux corvées générales il y a lieu de rattacher : 1° un droit de voisinage, consistant en vaches et en bœufs, dû par les communes; 2° une capitation exigée des gros villages dont les corvées étaient peu importantes. Cette capitation dite les *vœux* (vota) s'élevait à 12 marcs par village. Elle a dû précéder l'impôt foncier.

A ces divers impôts, en outre des redevances seigneuriales à la charge des Kmets et des Chlopy, se joignaient :

1° La dîme ecclésiastique.

2° Des impôts extraordinaires qui devaient consister dans la surélévation des impôts permanents. Dans les premiers temps de la monarchie polonaise, les Rois ont joui du droit de déclarer la guerre, de convoquer l'armée (la Pospolite) et de lever des impôts de guerre. Ces droits leur ont été de très bonne heure contestés par la Szlachta. A partir de Casimir le Grand, chaque nouveau règne donna lieu à de nouvelles revendications. Les *Pacta conventa* avaient surtout pour but de régler le droit de guerre et l'impôt de guerre (1). La situation politique de la Pologne a été difficile entre ses redoutables voisins, même avant l'arrivée des Mongols. Sans l'occupation de la Russie par les Mongols, ces difficultés auraient surgi beaucoup plus tôt du côté de la Russie. Elles ont existé, depuis le XIVe siècle, avec l'Allemagne, représentée pendant 200 ans par l'Ordre Teutonique, auquel succédèrent la Suède et le Brandebourg. La guerre a donc été un élément permanent de la vie nationale de la Pologne, surtout à partir du XVe siècle. Le pouvoir royal, en fait électif, ne parvint pas à conserver le droit de guerre ni celui de lever l'impôt extraordinaire. Le Sénat, d'abord, puis la Diète, dans laquelle l'Isba Poselska domina bientôt, en furent saisis.

Mais les choses allèrent encore beaucoup plus loin. D'abord, la Szlachta obtint d'être dégrevée, dès 1472, de l'impôt foncier (2), puis des droits de douane, puis du droit de consommation sur le sel (3), qu'elle fut autorisée à retirer, au-dessous du prix de revient, des magasins royaux. Il en fut de même du clergé ; le clergé percevait les dîmes et les revenus de ses biens, la Szlachta pauvre recevait sa solde, et la Szlachta riche avait les revenus de ses domaines, les uns et les autres sans payer d'impôts.

Il fallut faire ensuite la part, dans l'exploitation de l'impôt, aux Pan, c'est-à-dire à la haute aristocratie et aux Juifs, aux traitants polonais, non moins âpres que ceux qui ont tant contribué à ruiner l'ancien régime en France (4).

(1) Lavisse et Rambaud, *ibidem;* Forster, *ibidem*, p. 75.

(2) Lelevel, *ibidem*, p. 107.

(3) Lavisse et Rambaud, *ibidem*, 7e vol., p. 460.

(4) Lelevel, *ibidem*, 4e vol., p. 248 et suiv.

Maîtres du gouvernement, en réalité, les Pan, après avoir monopolisé la terre, eurent l'idée de monopoliser le sel, les harengs et les boissons. Dans une époque où d'autres intérêts, non moins imprévoyants et coupables, veulent développer les monopoles, si accablants déjà, de l'État, il y a comme une sorte de devoir de rappeler que la noblesse polonaise, avec le concours des Juifs, a monopolisé, à son profit, le sel, les harengs et les boissons.

Les Pan, à l'aide des capitaux d'Israël, retiraient des quantités considérables de sel des magasins royaux, au-dessous du prix de revient, en proportion de l'importance des seigneuries. Ils constituaient ainsi des magasins seigneuriaux, où le sel était revendu aux Kmets avec un gros bénéfice. Ils allèrent même, comme les traitants français, jusqu'à fixer un minimum obligatoire de consommation que chaque Kmet devait subir.

Il en fut des harengs comme du sel. Les Pan s'entendaient avec les gros marchands de Danzig pour accaparer les harengs et les revendre.

La pêche des harengs fut très fructueuse du XVe au XVIIIe siècle dans la Baltique.

Il paraîtrait que l'organisation du monopole des boissons (bière, hydromel ou medon, eau-de-vie) donnait lieu à de plus grands abus encore. Les Juifs s'en étaient complètement emparés pour le compte des grands Pan, car tout monopole prête à toutes sortes de fraudes et de spéculations. C'est un précédent qui ne doit pas être perdu de vue. Bien des spéculations particulières se sont longtemps cachées sous le monopole des tabacs en France et s'y cachent probablement encore.

Tout l'édifice fiscal reposait donc sur les taxations et redevances que les Kmets, les Chlopy et les populations urbaines devaient pouvoir supporter.

Aussi, au milieu du XVIIIe siècle, les revenus du roi de Pologne n'étaient-ils évalués qu'à 7,300,000 marcs (valeur du marc actuel) (1), sans compter les redevances en nature, les corvées,

(1) Lavisse et Rambaud, 7e vol., p. 461. Les calculs sont faits d'après le marc allemand actuel. Il valait davantage au XVIIIe siècle.

droit de gîte. D'après ces chiffres, on comprend l'extrême importance qu'avaient pour la Royauté les revenus domaniaux. Sous Casimir le Grand, qui les faisait administrer avec soin, ils avaient suffi aux dépenses du gouvernement, mais, trois siècles plus tard, ils n'y suffisaient plus. Les Rois étaient obligés d'aliéner les domaines. C'est au moyen de ces aliénations qu'ils entretenaient le Trésor d'espèces. Ces aliénations ont été leur véritable instrument financier.

L'administration financière avait les mêmes caractères d'intermittence, d'insuffisance et d'incertitude que le système fiscal. La plupart des impôts étaient affermés aux Juifs qui faisaient des avances, de même que les Traitants sous Louis XIV et Louis XV. Les principaux fonctionnaires, notamment le Chancelier et le Trésorier, étaient nommés à vie; ils devaient rendre leurs comptes, non pas au Roi, mais à la Diète. C'est dire qu'ils n'en rendaient aucun, pas plus que les autres fonctionnaires (1). Enfin, lorsque la Diète générale votait des taxes extraordinaires, c'étaient les diétines qui les percevaient, qui enrôlaient et payaient les soldats (2). Dans cette situation, la Pologne a pu réunir parfois, sous le coup d'un mouvement général, comme à l'époque de l'expédition de Vienne, des armées redoutables, mais ces armées ne pouvaient fournir un long service, faute de ressources. Les régiments appartenaient à leurs colonels qui en avaient la charge et qui s'entendaient soit avec le Roi, soit avec les diétines (3). Ces traditions militaires, loin de s'améliorer, se sont aggravées avec le temps, car toute réforme a toujours été impossible dans le milieu polonais, dominé par un courant anarchique irrésistible et un fonds de misère et de luxe dans la Szlachta.

Impôt, armée, nation, sont solidaires. Les nations se constituent, s'agrandissent, se conservent par leurs armées. Les armées sont entretenues par l'impôt ou par le tribut. Il n'y a pas à choisir.

---

(1) Lavisse et Rambaud, *ibidem*, 4e vol., p. 631, 5e vol., p. 617, 6e vol., p. 631.

(2) Lavisse et Rambaud, *ibidem*, 6e vol., p. 633. Les diétines affermaient également les impôts aux Juifs.

(3) Lavisse et Rambaud, *ibidem*, 7e vol., p. 464.

Mais sans impôts, sans finances, sans armées, sans une juste répartition des charges sociales, sans le respect des droits de toutes les classes, les nations ne peuvent durer.

§ 4. *La Bohême et la Moravie.*

Au XIVe siècle, la Moravie, écrasée par l'invasion des Hongrois, fait partie de la Bohême et partage ses destinées, depuis quatre siècles.

Czek est le troisième des frères qui, avec Rous et Lech, représentent, d'après la légende, les chefs des premières tribus slaves. Il aurait établi ses tribus dans les montagnes de la Bohême, occupées par les Boïi, colonie celtique. La Bohême a précédé la Russie et la Pologne dans la vie historique. La *Béhémia* a figuré dans les provinces excentriques de l'empire de Charlemagne. Charlemagne rendit aux Tchèques le service de les délivrer des Avars, mais ils durent lui payer tribut. Les successeurs germains de Charlemagne ne cessèrent de les réclamer. En 928, Venceslas dut promettre à Henri Ier l'*Oiseleur* 120 bœufs et 1300 marcs d'argent. Ainsi a commencé entre les Allemands et les Tchèques une lutte qui dure encore; mais plus sages, moins forts aussi que les Lechs, les Tchèques se résignèrent en 1547 à entrer définitivement dans le groupe autrichien, devenu puissant depuis l'accession de la Hongrie, en 1526. La Pologne aurait changé ses destinées, si, déjà menacée d'être morcelée par ses redoutables voisins, elle avait, déférant au conseil de Jean Casimir, pris librement place dans le même groupe. A ce moment décisif, ni la Prusse, ni la Suède, ni la Russie, n'étaient en mesure de s'y opposer.

Depuis le traité de Verdun, de 842 à 1547, la Bohême a passé par des fortunes diverses, des crises graves qui ont menacé sa vie nationale et qui l'ont peu à peu conduite à accepter son admission dans le groupe autrichien. Deux causes à ces crises, la lutte incessante avec la race germanique, autant contre son gouvernement que contre ses colons, et les tendances anarchiques propres aux Slaves.

Le peuple tchèque se composait de cinq tribus ou Confédé-

46

rations qui occupèrent le territoire de Boii, antérieurement à l'arrivée des Lechs dans les vallées de la Vistule et de la Warta, les Hanaci, Horaci, Slovaci, Valaszy, Chorvati. Aussi ces tribus se sont converties plus tôt au Christianisme et plus tôt transformées en sédentaires. Elles formèrent des Joupanies, des cercles (Kraje), sous la direction d'Ispans, et la suprématie de rois qui ne devinrent héréditaires qu'au XIIe siècle. Jusqu'au XIIe siècle, la nationalité tchèque, contrariée par les Allemands, même par la Pologne et la Hongrie, se constitue avec peine. Toutefois au XIIIe siècle, avec les Ottokar, la Bohême exerce une réelle influence politique; elle jouit d'une prospérité qui, comme pour tous les États slaves, ne sera que temporaire. Ainsi à la fin du XIIIe siècle, la Bohême fut vaincue (Bataille de Durrent Krout, 28 août 1278) par Rodolphe de Habsbourg. Depuis lors, sans perdre son indépendance, elle a gravité dans l'orbite de l'Autriche, jusqu'à la réunion de 1547.

L'influence germanique, déjà grande en Bohême, est devenue plus considérable, non seulement l'influence politique, mais l'influence ethnique. Pendant tout le Moyen âge, les Allemands ont été colonisateurs, franchissant l'Elbe, puis l'Oder, allant jusqu'à la Vistule, transportant avec eux leurs coutumes et leurs institutions. « La féodalité se substitue au régime pa- « triarcal, et l'égalité primitive est remplacée par une hiérarchie « compliquée. Les seigneurs tchèques ont leurs armoiries, leurs « châteaux-forts, leurs vassaux; ils auront bientôt leurs serfs. « Les anciens Joupans n'ont plus sous leurs ordres que la « banlieue de leur forteresse, et le nom même de Joupa, qui « rappelle l'ancienne division du pays, tombe peu à peu en « désuétude. Le peuple n'a plus aucune influence dans les « diètes, les petits propriétaires libres disparaissent rapide- « ment; les paysans, pour se soustraire aux corvées, réclament « le droit allemand, et, *s'ils obtiennent ainsi, moyennant une re- « devance déterminée, l'usufruit héréditaire des domaines qu'ils « cultivent,* ils consentent à une sorte de diminution civile et « politique, et deviennent les hommes des seigneurs (1) ». Dans

(1) Lavisse et Rambaud, *Hist. générale*, t. II, p. 761; L. Léger, *Hist. de l'Au-*

cette page remarquable, on touche du doigt, pour ainsi dire, la transformation de la tribu, Joupa, et de la Joupanie en tenure féodale (1). Eh bien! n'en déplaise à l'écrivain auquel nous la devons, cette transformation est encore la base de la civilisation de l'Europe occidentale, et si la Pologne a péri, c'est pour n'avoir pu l'accomplir. Si elle l'avait accomplie, elle aurait écouté la voix de Jean Casimir. Il a même fallu que cette transformation eût des résultats bien favorables, pour que la Bohême résistât aux révolutions religieuses et politiques qui l'ont assaillie au XVe siècle. « Possesseurs emphytéotiques de leurs terres, garantis contre les redevances et les corvées arbitraires, maîtres de laisser leurs biens à leurs enfants et protégés dans leur liberté individuelle, les paysans s'attachèrent au Roi, et leur activité confiante accrut la prospérité générale ». La tenure vaut donc mieux que la tribu, que la Joupanie, que la Zadruga et que le Mir. Et M. Denis d'ajouter : « Des vignobles furent plantés, des fabriques de papier et des verreries furent fondées, la fabrication de draps améliorée; les villages mieux bâtis et plus propres. Aussi Énéas Sylvius s'étonnait de trouver des fenêtres vitrées dans les habitations des paysans; les anciennes routes furent entretenues avec soin, de nouvelles furent construites; beaucoup de péages supprimés, les mines, mieux exploitées, donnèrent d'importants revenus, et les altérations de monnaies cessèrent (2) ». En définitive, la Bohême, de 811 au XVe siècle, présente le tableau des diverses étapes de la civilisation : 1° état nomade combattu par Charlemagne; 2° fixation des tribus tchèques, conversion chrétienne, Joupanies; 3° transformation féodale, seigneuries, tenures, droits féodaux; 4° naissance de l'industrie. C'est très probablement, cet ensemble de progrès qui a élevé assez haut, au XVIe siècle, l'intelligence politique du peuple tchèque pour le décider à sa-

---

triche-Hongrie, chap. III; et du même, *La Bohême historique.* Le droit allemand, c'est le droit féodal, le droit du progrès, à côté du droit slave à peine formulé et dont le fondement est le droit des nomades.

(1) Lavisse et Rambaud, *ibidem,* t. II, p. 761, 3e vol., p. 663.

(2) Lavisse et Rambaud, *Hist. générale,* 3e vol., p. 664.

crifier une indépendance impuissante et dangereuse à une association de sauvegarde.

D'après ces faits, on est autorisé à conclure qu'au xive siècle, les impôts en Bohême devaient être à peu près les mêmes que ceux de l'empire germanique; c'étaient les impôts, les redevances, les corvées, les taxes de l'époque féodale en Allemagne.

§ 5. *La Serbie.*

Ce petit État de 48,589 kilomètres carrés, avec une population de 2,300,000 habitants, est l'un des foyers les plus authentiques, les plus anciens, les moins mélangés de la race slave. Pline mentionne les *Sirbi* et Ptolémée les Συρβοι, ces mentions les reportent au premier siècle de l'Empire romain (1). Le fond de la population paraît provenir de trois Confédérations ou grandes tribus les Karpi, les Kostolioks et les Chrbet ou Chrobat. De ces derniers sont provenus les Croates. Serbie et Croatie ont été longtemps réunies, bien que séparées depuis. Ces Confédérations ont formé des Joupanies, lorsqu'elles sont devenues sédentaires. Pendant les premiers temps, le chef ou roi de Serbie portait le nom de Joupan. Les Confédérations se partageaient en Joupas.

Pendant le xie siècle, la Croatie, la Bosnie, actuelles, une partie de la Dalmatie, de l'Herzégovine et même de l'Albanie, occupées par des tribus serbes ou sorabes, de même origine, ont constitué une sorte de fédération générale de tribus dont *Béla Ouroch*, Joupan, réunit les éléments pendant le xiie siècle. Cette œuvre fut reprise par *Stéphane Némanya*, reconnu grand Joupan en 1165. *Némanya* s'occupa de propager le Christianisme, de combattre les progrès du manichéisme des Bogomiles en Bosnie, de résister aux empereurs grecs, d'achever l'œuvre de transformation des tribus serbes. Il parvint à désigner les Jou-

(1) *Encyclopedia Britannica*, article Servia et Croatia ; Viquesnel, *Voyage dans la Turquie d'Europe* ; Boué, *La Turquie d'Europe*, 1840, 4e vol.; Chopin et Ubicini, *Les provinces danubiennes*, dans la collection *L'Univers*, Chapus, *Bosnie et Herzégovine*, 1896 ; Millet, *Serbie économique*, 1889 ; Demelic, *Le droit coutumier des Slaves méridionaux*, 1876 ; *Économiste français*, 19 déc. 1896.

pans de chaque Confédération. C'est un cas intéressant de l'œuvre de transformation (1). Son fils Stéphane abandonna le titre de Joupan pour celui de *Kral*, Krol, ou roi; il fut couronné, en 1217, par le légat du Pape, comme roi de Serbie. C'est le moment où la prise de Constantinople par les Français, la chute de l'empire grec donnent près d'un siècle d'indépendance aux divers territoires, dépendant de l'ancienne préfecture d'Illyrie. C'est aussi le plus grand moment de la Serbie avec Ouroch le Grand (1242 et 1276), Miloutine (1281-1321) et l'illustre Douchan (1331-1355).

I. *Empire de Douchan.* — Douchan est une des belles physionomies du Moyen âge, l'un des hommes d'État les plus éminents des Slaves. Il parvint à réunir la Serbie, la *Rascia*, avec Novi Bazar pour capitale, la Primordia, c'est-à-dire une partie de l'Herzégovine et de la Dalmatie jusqu'à l'Herzégovine, la Sclavonie, la Bosnie, la Bulgarie, la Macédoine, la Croatie, préparant ainsi les éléments d'un empire méridional des Serbes. Renonçant au titre de Kral, il se fit sacrer le 16 avril 1346, jour de Pâques, dans une *Skoupchtina* tenue à Uskup, comme Tsar de Serbie et de Romanie. Il compléta son œuvre en donnant à son empire le code qui porte son nom, *Code de Douchan*, document important (2), d'après lequel on peut se faire une idée assez exacte de l'état social et des institutions fiscales des divers territoires ou groupes, compris dans l'empire serbe, au milieu du XIVe siècle. Deux influences paraissent avoir dominé dans l'ensemble des institutions de l'empire serbe : 1° l'influence byzantine; 2° l'influence germanique.

Dans l'ordre politique, c'est l'influence byzantine qui a prévalu, ce qui a eu pour résultat considérable d'arracher la Serbie à l'Église latine, bien que Grégoire VII, en 1078, eût sanctionné le titre royal, revendiqué par le Joupan Michel, pour l'unir à l'Église orthodoxe. La Pologne, la Bohême, la Hongrie sont restées catholiques; il en a été de même de la Dalmatie, de la

---

(1) Lavisse et Rambaud, *Histoire générale*, 2e vol., p. 828.

(2) Il a été publié dans le 4e volume du voyage en Turquie d'Europe de M. Boué, 1840.

Bosnie, de la Croatie. Douchan, par ce changement de culte, ou plutôt de direction religieuse, a préparé le démembrement de son empire, qui n'a été et qui ne pouvait, à cette époque, être qu'éphémère. Mais l'Église orthodoxe lui a permis d'accroître son pouvoir politique, auquel il voulait donner un caractère autocratique. Toutefois, le contrôle des nobles ou grands propriétaires, des évêques et des chefs de monastères, composant la *Skoupchtina,* modéra le pouvoir royal. Ainsi le Code Douchan, contenant des extraits des Basiliques et des règlements des Douchan, fut voté en 1349 par la Skoupchtina. Pour l'organisation de la justice et l'administration de l'empire, les garanties de la propriété, le Code Douchan devance les temps et les conditions sociales de la Serbie (1). Ce sont les jurisconsultes grecs, comme les prêtres grecs, qui dominèrent auprès de Douchan.

Dans l'ordre social, au contraire, l'influence germanique, l'influence occidentale l'emporte. Douchan semble avoir tenté d'introduire, dans le milieu slave, quelques institutions féodales, auxquelles il n'a pu s'approprier que par exception. Ainsi, par imitation de la féodalité occidentale, Douchan constitua des fiefs militaires héréditaires, mais sans hiérarchie respective et sans droits souverains. Les Joupanies furent maintenues comme une garantie indispensable au paiement de l'impôt (2). La propriété conserva, quant aux cultivateurs ou paysans dits libres, le caractère patrimonial. Les domaines de nobles étaient cultivés par des serfs et surtout par des colons à corvées; aucune tenure héréditaire, servile ou roturière, en dehors des terres appartenant aux Joupanies. Dans les villes, des bourgeois libres, surtout en Dalmatie où ils faisaient le commerce, et des artisans corvéables.

---

(1) *Les provinces danubiennes,* ouvrage encore très recommandable, p. 462.

(2) *Ibidem,* p. 464, art. 32 du Code. « Les colons, les paysans du pays doivent payer ensemble leurs impôts; quelques terrains que chacun ait, il paiera l'impôt. M. Demelic, dans son mémoire sur le droit coutumier des Slaves méridionaux, (1876), d'après les recherches de Bogosi, établit d'une manière complète, la persistance des Zadrugas et Joupanies croates, dernier débris de la tribu et du clan, cette persistance caractérise tous les Slaves du Midi. Propriété, travail, vie en commun, inaliénabilité des biens gérés en commun, c'est la vie de la tribu. Il ne faut pas le confondre avec un socialisme de convention.

II. *De l'impôt dans l'empire Serbe au* XIV*e siècle.* — « Les « ressources financières provenaient de la dîme, payée même « par les nobles, de l'impôt personnel, de la taille, du produit « des douanes, perçu aux frontières et dans les villes, enfin « des revenus des domaines du Roi et de l'État qui, à ce qu'il « paraît, n'étaient pas distincts. Les immenses domaines du « Roi étaient cultivés par corvées de colons royaux et des hommes « libres. Le Roi possédait en outre de grands troupeaux. Leurs « déplacements, aussi bien que le transport de toute partie de « la fortune mobilière du prince, étaient à la charge des sujets. « Sur les marchés, personne ne pouvait vendre ses produits « avant qu'eussent été écoulés les produits du domaine royal. « Le service des finances et du domaine exigeait un nombreux « personnel qu'il fallait rétribuer. A ces charges s'ajoutaient des « droits analogues aux droits de gîte et de pourvoirie de l'Occi- « dent, droit de gîte pour les fonctionnaires, droit de pourvoirie « pour le Roi dans ses voyages. Le Code de Douchan confirma « le privilège royal du droit de pourvoirie; mais il abolit le droit « de gîte dans les villes et limita les cas où l'on pourrait l'exer- « cer dans les villages. Enfin, il existait des obligations ana- « logues aux aides féodales; en cas de mariage du prince royal, « de baptême dans la famille souveraine, quand le Roi entre- « prenait des constructions, tout le royaume devait contri- « buer..... Les approvisionnements de l'armée étaient à la charge « du peuple, toutefois deux corps de troupes ne pouvaient pas- « ser la nuit dans le même village... L'armée se composait des « contingents levés par les nobles parmi leurs colons et les sol- « dats possesseurs de terres militaires... (1). »

Les renseignements, contenus dans cette page intéressante, ont beaucoup d'importance, parce que, dans leurs généralités, ils s'appliquent à la plupart des États slaves de l'Europe orientale. Il n'y a lieu de faire de réserve que pour la taille, à l'égard de laquelle des détails subsidiaires seraient nécessaires. Mais la dîme, la capitation, les douanes intérieures et aux frontières, les produits des domaines, la préférence de vente, les corvées, les

(1) Lavisse et Rambaud, *Hist. générale*, t. III, p. 201.

droits de pourvoirie, de gîte et de transport ont dû être communs à tous les États de l'Europe orientale au XIVe siècle; quant aux obligations quasi féodales, en *certains cas*, elles étaient des importations allemandes. Le droit d'approvisionnement à la charge des populations ou des bandes elles-mêmes, ne peut être mis en doute. La plupart des gouvernements étaient hors d'état d'entretenir une armée. C'est ce qui rendait les guerres non pas moins nombreuses, mais les campagnes plus courtes.

III. *Dissolution de l'empire de Douchan.* — Douchan mourut en 1355. Son œuvre ne lui survécut pas. Les empereurs grecs commirent, en effet, le crime d'appeler les Turcs-Ottomans à leur secours. L'arrivée des Turcs fut la ruine de l'empire de Douchan. Les Turcs ont occupé pendant 450 ans la plupart des provinces qui le composaient. Ils y ont substitué leurs impôts et leur régime foncier à ceux du temps de Douchan. Les traces de l'organisation fiscale de l'empire serbe ont par suite comme disparu. Il en est de même pour tous les États slaves que les Turcs-Ottomans ont longtemps occupés ou occupent encore. C'est ce qui ne permet que de connaître imparfaitement les institutions fiscales des peuples slaves méridionaux au Moyen âge.

La dissolution de l'Empire serbe rendit l'indépendance à la Croatie, la Bosnie, l'Albanie, la Dalmatie, l'Herzégovine, le Monténégro, la Macédoine, mais cette indépendance ne fut qu'une illusion pour ces provinces comme pour l'Empire byzantin. Les batailles de la Maritza (décembre 1371) et de Kossovo (juin 1389) établirent, pour longtemps, les Turcs-Ottomans et le Mahométisme sur les territoires ayant fait partie de l'Empire serbe et préparèrent la prise de Constantinople.

IV. *L'occupation Turque.* — L'impôt musulman s'y installa. Il est toujours la règle dans la Macédoine et en Albanie, et il faut encore compter avec lui, comme tradition fiscale, dans les provinces d'où le Coran a disparu.

L'occupation de la Bosnie et de l'Herzégovine fut particulièrement importante. Les Musulmans y avaient été appelés par les Bogomiles ou Manichéens. Les Bogomiles étaient très nombreux parmi les propriétaires fonciers des classes riches. Poursuivis par les Hongrois catholiques avec la même violence et la même imprévoyance que les Albigeois en Languedoc, ils demandèrent protection à Amurat Ier qui, à la tête de 150,000 hommes, dispersa Hongrois, Serbes et Bulgares. En Bosnie et en Herzégovine, les Musulmans ne se contentèrent pas du tribut d'obéissance, d'humiliation (Djizyé) et de l'impôt foncier (Kharadj). Tout propriétaire dut choisir entre la dépossession et l'adoption de l'Islam. Les grands propriétaires, la plupart Bogomiles, se firent musulmans et ils le sont encore; mais les moyens et petits propriétaires ne sacrifièrent pas leur foi. Ils perdirent la propriété de leurs domaines, sur lesquels ils furent conservés comme fermiers héréditaires du sol, à la charge de payer tous les impôts et de compter en nature aux propriétaires nouveaux les 2/3 du revenu brut. Ils prirent, de même qu'en Pologne et qu'en Bulgarie, le nom de *Kmets*. Toutefois, les Turcs respectèrent les Joupanies et les Zadrugas comme garanties de la culture des terres et du paiement des impôts. Telle a été à peu près la condition des Serbes et des Bulgares. Plus heureux, les Valaques et les Moldaves ne furent soumis qu'aux tributs.

L'occupation musulmane a été pour les peuples, compris dans l'empire de Douchan, un malheur effroyable qu'ils ont pu supporter grâce à leurs vieilles institutions sociales; aujourd'hui ils reviennent à la vie et nous aurons à constater leur remarquable essor, depuis que cette occupation a pris fin.

Quelles que soient les causes qui l'ont produit on ne peut contester le mouvement social qui, de la fin du Moyen âge au XVIIIe siècle, transforme en fermiers héréditaires et colons à corvées, régis par les coutumes, les populations rurales du Nord et de l'Est de l'Europe et qui les place dans des conditions, fort inférieures à celles de l'Europe occidentale. Celles-ci, préparées, formées, peu à peu émancipées par le régime féodal, fixées au sol définitivement, tendent, au contraire, à devenir propriétaires du sol; cette tendance ne cessera de s'affirmer.

Parmi les causes de ce mouvement, les invasions successives, pendant huit siècles, des races nomades, dont les Turcs-Ottomans ont été le dernier effort, ont eu une influence prépondérante; néanmoins, dans l'avance des peuples de l'Europe occidentale, il faut faire la part à de meilleures conditions territoriales, ainsi qu'aux éléments de la civilisation romaine (1).

§ 6. *La Bulgarie.*

Il y a eu plusieurs empires bulgares. Les Bulgares représentent, de même que les Huns, les Avârs, les Khazars, les Petchénèques, les Tchoudes, l'une des grandes associations de Confédérations et de tribus nomades (2). Ces Confédérations étaient au nombre de sept dont les principales étaient les Severtsis, les Smelians, les Dragovitchis et les Timotchans. Les Bulgares paraissent avoir eu les steppes du Caucase pour premier habitat. Du Caucase, ils gagnèrent, probablement à l'époque des migrations des tribus hunniques dans les mêmes régions, les plaines de la Sibérie, entre les monts Ourals et l'Obi, où le premier empire bulgare a été établi. Cet empire a été appelé la grande Bulgarie. Plus tard, une partie de leurs tribus gagnèrent le Don et le Danube, sous la pression et la domination des Avars et des Khazars. Après la dispersion des Avars par Charlemagne, ils se fixèrent dans l'ancienne Mésie, sur la rive droite du Danube, prolongeant leurs migrations, des deux côtés des Balkans, jusqu'aux Karpathes à l'Ouest et, au Sud, dans la Thrace, la Macédoine, l'Illyrie et même en Grèce, à peu près sur le territoire qu'ils occupent aujourd'hui. Mais ce territoire n'est qu'une partie du royaume de Bulgarie. Sur ce territoire, les Bulgares se mélangèrent avec les Slaves qu'ils y trouvèrent, adoptèrent leur langue, leur religion, leurs coutumes, notamment les associations de la Joupanie et de la Zadruga. Ils traversèrent, dans ces conditions, deux époques de complète indépendance et même de grandeur, la première au IXe et au Xe siècle avec Krum, Omortag,

---

(1) Chapus, *La Bosnie et l'Herzégovine*, 1896, et notre étude dans l'*Économiste français*, 19 décembre 1896.

(2) Louis Léger, *La Bulgarie*, 1884, *Russes et Slaves*, 1re série, 1890; Kanizt, *La Bulgarie et le Danube*, 1882, *Encyclopedia Britannica*, article Bulgarie; Blanqui, *Voyage en Bulgarie*, 1845; E. de Laveleye, *Les Balkans*, t. I, chap. II, III, IV.

Boris et Siméon. Siméon exerça, dans la péninsule des Balkans, une influence analogue à celle de Douchan au XIVe siècle, mais peut-être plus éphémère encore (1). A la fin du XIIe siècle, les Bulgares se relevèrent avec le concours des *Vlaks*. Le 7 novembre 1204, un légat d'Innocent III couronnait dans Tirnovo, ville actuelle importante de la Bulgarie, Johannitsa, comme roi des Vlaks, des Bulgares. L'indépendance de la Bulgarie s'est prolongée jusqu'à la mort de Douchan. Elle disparut pour longtemps, comme celle de la Serbie, dès l'arrivée des Turcs-Ottomans à la fin du XIVe siècle (2).

La Bulgarie fut complètement assimilée par les Turcs. Ils y importèrent leurs institutions fiscales et foncières, tout en respectant les associations d'exploitation du sol, à titre de garantie pour la culture, la fixité des populations et l'acquit des impôts. Comme la Bulgarie avait réalisé au XIVe siècle moins de progrès que la Serbie et les autres États balkaniques et que les Bulgares étaient, au fond, de même race que les Turcs, qu'ils en avaient la solidité et la résignation, le régime turc ou musulman fut supporté par eux avec plus de facilité, quoiqu'avec une sourde résistance qui n'a jamais fléchi. Par suite de cette assimilation, les renseignements sur les impôts de l'ancien royaume de Bulgarie font presqu'entièrement défaut. On sait seulement que la dîme, payable en nature, était l'impôt principal. De même que pour la Serbie, les produits des domaines étaient la ressource principale du Roi. « Quand on étudie, écrivait, il y a 15 ans, « E. de Laveleye, la condition économique de la Bulgarie, on est « frappé de voir combien elle ressemble à celle de l'Europe entière à l'époque de Charlemagne. A défaut de communications « faciles, la production de tout ce que l'on consomme se fait « sur place, au sein de chaque village et même de chaque famille; chacune de celles-ci récolte ce qu'il lui faut pour subsister « et fabriquer ses vêtements, ses ustensiles, ses instruments « aratoires. Peu d'échanges et de division du travail. Dans la « villa de Charlemagne, on tissait aussi le lin récolté et la laine

(1) Lavisse et Rambaud, *Histoire générale,* 1er vol., p. 734.

(2) Lavisse et Rambaud, *Histoire générale,* t. II, p. 839.

« des moutons, et ce petit groupe se suffisait lui-même. Les « femmes bulgares font des broderies ravissantes. *Rien ne se « fait pour la vente* (1) ». Dès lors l'impôt ne peut être qu'un prélèvement en nature.

M. Louis Léger donne un renseignement plus caractéristique encore pour l'impôt. « Dans certains villages de la Bulgarie, les « comptes de la commune sont encore tenus sur des bâtons ou « tailles dont les encoches indiquent les impôts de l'État et de « la commune. Le grand livre est un bâton plus long que les « autres. Tout ce matériel est déposé chez le Kmet ou maire du « village... A Dolin Passarel, village de 750 habitants, les ar- « chives de la commune consistaient en 250 perches pour les « contribuables et 4 pour la commune. Le maire savait par cœur « à qui appartenait chaque bâton, chaque habitant de son côté, « reconnaissait sans hésiter le signe gravé à l'extrémité de sa « taille sous forme de raies entre-croisées ; ces tailles sont carrées. « D'un côté, on inscrit ce que le paysan doit, de l'autre ce qu'il « a payé (2) ».

Les Bulgares vivaient encore au XIVe siècle à l'état pastoral, au milieu d'immenses troupeaux de bœufs et de porcs qui, plus d'une fois, donnèrent lieu à des difficultés avec les agents du fisc byzantin. Ceux qui cultivaient le sol, étaient soumis à des corvées au profit des seigneurs ou grands propriétaires. Lors de la conquête turque, seigneurs et propriétaires se firent musulmans pour conserver leurs biens. Le fait a été général dans la péninsule balkanique, aussi lorsqu'après la guerre de 1878, la Bulgarie est devenue indépendante, les grands propriétaires musulmans ont quitté la Bulgarie et vendu leurs terres à leurs anciens corvéables. De là, la démocratie rurale actuelle de la Bulgarie. Les choses se sont passées différemment en Rouma-

(1) *Les Balkans*, vol. 2e, p. 118, 120. — M. E. de Laveleye fait un tableau très intéressant des *zadrugas* bulgares, tout en se trompant sur leur origine. Le contraste entre la Bulgarie qu'il dépeint et celle, dont Blanqui a laissé le tableau, est des plus curieux. C'est la civilisation chrétienne et la civilisation musulmane en présence. — Le sédentaire et le nomade.

(2) Dans *Russes et Slaves*, première série, p. 195, même contraste entre Chrétiens et Turcs.

nie. M. de Laveleye a vu dans cette démocratie rurale un fait ethnique. C'est, au contraire, un fait de religion. « La constitution des Bulgares était très aristocratique; la majorité des « paysans avait été réduite en servitude (1) ». La servitude rurale dans l'Europe orientale, c'est le travail corvéable. L'esclavage n'existait que pour le service domestique. Le régime social de la Bulgarie était à peu près le même que celui de la Serbie, mais le régime fiscal devait être plus simple encore.

§ 7. *La Roumanie*.

La Roumanie n'est pas un nom nouveau, bien que la Roumanie soit un État nouveau. Douchan portait le titre de Tsar de Romanie (2). La Romanie, au XIVe siècle, était, comme aujourd'hui, la partie de l'ancienne Dacie, au delà du Danube, entre les Karpathes, les Alpes transylvaniennes, le Pruth et la Mer Noire.

Dans le partage des provinces de l'Empire romain, entre les fils de Théodose, la Dacie fut comprise dans le lot d'Arcadius et de l'Empire d'Orient. Les empereurs de Constantinople conservèrent la possession nominale de cette province jusqu'au XIIIe siècle. Elle avait été accablée par les invasions. Les colons romains s'étaient retirés dans les montagnes et les forêts de la Transylvanie. Ils y assistèrent de loin, inconnus, au prodigieux défilé des Goths, des Huns, des Gépides, des Avars, des Lombards, des Bulgares, des Hongrois, des Petchénèques et des Coumans. Ces derniers, mêlés à des tribus slaves et aux débris de tous les nomades qui s'étaient succédé dans la plaine, ont formé une race mixte, les Vlaques, répandue dans toute la péninsule des Balkans, jusqu'en Albanie, et qui a donné son nom à la partie principale de la Roumanie.

Ce n'est guère qu'au milieu du XIIIe siècle que les colons transylvains commencèrent ce qu'on a appelé la descente (des-

(1) Lavisse et Rambaud, *Hist. générale*, t. I, p. 131, 2e vol. 829.

(2) Mêmes ouvrages que pour la Bulgarie. Vaillant, *La Romanie*, 1842, Ouvrage très complet. L'histoire de la Roumanie est d'un grand intérêt, les Roumains représentent dignement le grand peuple dont ils portent le nom. Leur avenir est certain. — Lavisse et Rambaud, *Histoire générale*, t. II, p. 830, t. III, tout le chap. XVII.

caliare) et reprirent possession d'abord (1250) de la plaine de la Valachie et, plus tard, de celle de la Moldavie (1390). Après des difficultés incessantes avec la Hongrie et l'Empire byzantin, une alliance avec la Serbie, la Valachie dut se reconnaître tributaire des Turcs dès 1398. La Moldavie put maintenir son indépendance jusqu'en 1511. Valaques et Moldaves opposèrent aux Turcs une résistance acharnée; aussi n'ont-ils eu à subir que le tribut. Leur territoire échappa à l'occupation musulmane et aux impôts musulmans.

Les fondements des institutions sociales et fiscales des Valaques ont été posés par Radu Negru, Woiévode ou Duc de la *terre romaine* (Tera romanesca), successivement développés sous l'influence des institutions du royaume de Serbie et de celui de Bulgarie. Ces institutions ont été communes à la Valachie et à la Moldavie. Le duc ou chef prit le titre de *Gospodar* (maître) avec une autorité absolue, indispensable, au surplus, au milieu des temps qu'il fallait traverser. Mais le pouvoir du *Gospodar* n'était pas héréditaire. Les Boïars, ou nobles, expression qui tient au voisinage de la Russie, avaient le droit de choisir le *Gospodar* nouveau dans la famille du prince défunt.

Jusqu'au xve siècle, la propriété foncière paraît être restée, en Valachie et en Moldavie, dans les conditions incertaines, de jouissance en commun et de culture restreinte, que l'on rencontre dans toute l'Europe orientale.

« Les Roumains, qui avaient été durant leur retraite dans les « montagnes un peuple de pasteurs, conservèrent, en grande « partie, même après leur descente dans la plaine, leur an- « cienne manière de vivre. Ils s'occupaient beaucoup plus d'é- « levage que d'agriculture; ils ne labouraient que ce qui était « nécessaire pour leur subsistance (1). »

Le sol était censé appartenir à l'État, représenté par le Gospodar. Comme il était exploité surtout au point de vue du bétail, les domaines particuliers n'étaient pas constitués. Les populations, sans être nomades, n'étaient pas encore réellement agricoles. « La terre appartenait à l'État; seul il en avait la *Dom-*

(1) Ubicini, *Les provinces roumaines*, page 31, collection *L'Univers*.

nia, la *Masnia* absolue », comme aux États-Unis. « Elle était « divisée en deux parts : celle des *terrani* ou *Mos'neni* et celle « de l'État proprement dite et de la commune. Les Mos'negi « (paysans) seuls avaient droit aux biens communaux, mais ils « n'en avaient que la possession temporaire. A leur mort, les « biens revenaient à la commune ou à l'État. La famille n'héri- « tait pas ». La justice était rendue par les Joupans. Sur les revenus des terres, les paysans devaient une dîme à l'État et une autre dîme à l'Église. On distinguait les paysans libres des paysans asservis. Les ressources du Gospodar consistaient dans : 1° la dîme des terres revenant à l'État; 2° les revenus du domaine qui était très considérable et dont il avait l'entière disposition; 3° la capitation ou le *Bir* qui était due par tous les paysans, asservis ou libres. Cette capitation se levait en bloc sur les paysans de chaque village, qui la répartissaient entre eux, d'après l'avis de chacun. Faut-il reconnaître dans cette capitation un souvenir de la *capitatio terrena?* Toutefois, cette capitation étant nommée Cisla (partage) par les Slaves, elle est probablement d'origine russe. Tous les Boïars, nobles, fonctionnaires, évêques, prêtres en étaient exempts; 4° plusieurs impôts indirects « qui frappaient la fortune apparente et qui « consistaient dans l'impôt sur le vin dit *vadrarit* (*de vedro, me-* « *sure*), celui sur les grains (*galetarit*), sur les cabarets (*vinari-* « *cin*), sur les brebis (*oierit*), les porcs (*goschtina*), les abeilles « (*desetina*) (1) ». Toutes les classes payaient les impôts indirects. Leur origine doit être romaine ou byzantine.

Tous les hommes étaient tenus du service militaire. Les nobles et les paysans libres à cheval; les paysans asservis composaient l'infanterie. Les cavaliers (Curteni et Calaraches), servaient à leurs frais. Les Darabani ou fantassins recevaient une solde. Déjà l'armée roumaine, composée de bons éléments, avait une réputation sérieuse. Elle fit éprouver aux meilleures armées turques de graves défaites. Elle doit être aujourd'hui, ainsi que celle des Bulgares, excellente.

---

(1) Lavisse et Rambaud, *Histoire générale*, t. III, chap. XVII; Vaillant, *La Roumanie*, 1re époque, p. 141.

Dès la fin du XIVe siècle (1363), la Valachie fut envahie par les Turcs-Ottomans. Malgré une résistance héroïque sous Mircéa le Grand (1486-1311), elle dut accepter la condition de province tributaire. Après le règne d'Étienne le Grand, qui eut à faire face à la Hongrie, à la Pologne et aux Turcs (1457-1504), la Moldavie devint également tributaire. Ces luttes eurent pour effet de modifier les institutions sociales et fiscales de la Roumanie. La population fut partagée en deux classes, la classe militaire et la classe rurale. Les terres, divisées en fermes ou métairies dont l'État conserva d'abord la propriété, furent cultivées par les paysans qui, libres ou asservis, devinrent tous, de même que dans toute l'Europe orientale, serfs de la glèbe à corvées. La jouissance des fermes leur fut réservée à charge de payer les dîmes, les redevances, les impôts (1), en nature. Quant à la propriété des fermes, elle fut attribuée aux grandes familles des Boyars qui formaient la cour militaire du Gospodar; ainsi se constitua l'aristocratie territoriale qui possède le sol en Roumanie et qui, pendant longtemps, n'a supporté aucune charge directe. Il y eut dès lors, en Roumanie, deux sortes de populations, les paysans corvéables ou métayers asservis payant dîmes, redevances, impôts, sans avoir d'autre droit sur la terre que celui, résultant de la coutume, de l'exploiter, et une puissante aristocratie, autour du Gospodar. Cette aristocratie, reliée à de nombreuses familles de Constantinople, constitua le parti *des Phanar*. Le Phanar forme encore un quartier de Stamboul entre la Corne-d'Or et les vieilles fortifications. Le Phanar, intermédiaire entre la Turquie et la Roumanie, a servi de tampon entre les deux. Il a tempéré la servitude ottomane. Le paiement du tribut a préservé la Roumanie de l'occupation ottomane, service inestimable.

§ 8. *L'Autriche.*

L'Austro-Hongrie actuelle, *Oesterreichs,* avec ses 42 millions d'habitants, répandus sur un territoire de 602,000 kilomètres

---

(1) Vaillant, *La Roumanie,* 1er vol., p. 185. Lavisse et Rambaud, *Hist. générale,* chap. XVII, t. III.

carrés, est une vaste Confédération (1) formée par plusieurs races, parmi lesquelles dominent la race germanique et la race slave : 8 millions de Germains, contre 17 millions de Slaves (Tchèques, Polonais, Ruthènes, Slovaques, Serbes, Croates), auxquels viennent s'ajouter 5,500,000 Hongrois, 2,600,000 Roumains et 600,000 Italiotes.

On peut considérer le Noricum, comme le noyau primitif de cette Confédération, entre l'Inn, le Danube et les Alpes Carniques, ancien territoire des Quades et des Marcomans, qui a été successivement occupé par les Goths, les Vandales, les Huns, les Gépides, les Lombards, les Avars. Partagé au VIIIe siècle entre le duché de Bavière et les Avars, ce territoire fut incorporé dans l'empire de Charlemagne; puis il fit partie de l'empire germanique, comme Marche de l'Est — *Ostmark* — qui forma un margraviat à la fin du IXe siècle. Après divers changements dans des contrées où tout était encore mobile, limites et populations, le margraviat échut, à la fin du siècle suivant, à Léopold de Babenberg : Babenberg est un château seigneurial, qui a donné naissance à la ville de Bamberg. Ce château constitue le premier noyau, le nucleus de l'Osterreichs (*in regione vulgari nomine Osterrichi*) (2). Les empereurs allemands agrandirent peu à peu ce margraviat, notamment de la Styrie. « L'hérédité, conférée aux Margraves et plus tard aux Ducs, l'affaiblissement de l'autorité impériale eurent pour résultat de développer l'autorité des princes sur les pays qui leur étaient confiés. Les corporations religieuses ou laïques, les monastères, les villes, les bourgeoisies furent peu à peu soustraits à la dépendance de l'empire et placés sous celle des princes. C'est spécialement dans l'Allemagne du sud que se développe ce particularisme local (3) ». A la fin du XIIe

---

(1) « On ne trouve dans l'histoire de cet État complexe ni le lumineux développement d'une grande race comme en France ou en Allemagne, ni l'unité géographique comme en Italie, ni l'unité constante de volonté et d'aspiration comme la Suisse républicaine. L'Autriche n'a point de frontière naturelle, point de configuration déterminée d'avance par des mers, des cours d'eau ou des montagnes ». L. Léger, *Hist. de l'Autriche-Hongrie*, p. 3.

(2) L. Léger, *Hist. d'Autriche-Hongrie*, p. 125; Cantu, *Hist. universelle*, 12e vol., p. 278.

(3) L. Léger, *Ibidem*, p. 133.

siècle, le Margraviat devenait le duché d'Autriche, faisant partie de l'empire germanique, mais en rapports déjà fréquents, parfois difficiles, avec les groupes slaves de Pologne, de Bohême, de Croatie, de Dalmatie et avec la Hongrie. Vienne fut, à cette époque, fondée sur les débris d'une ancienne colonie romaine, agrandie, pourvue d'un château (Burg) et dotée d'un entrepôt. La Carniole fut réunie au duché. Les ducs agissaient comme grands propriétaires. Ils s'agrandissaient par des achats et par des mariages. Leur revenu était évalué à 60,000 marcs d'argent, à peu près 1 million de francs, valeur d'aujourd'hui (1). En 1246, la Maison de Babenberg s'éteignit. Le duché d'Autriche passa dans les mains d'Ottokar II roi de Bohême, c'est-à-dire sous la domination des Slaves. C'est ce que les Allemands ne se résignèrent pas à accepter. Un empereur d'Allemagne, Rodolphe de Habsbourg, attaqua Ottokar, le battit à Durrenkrout et lui enleva le duché d'Autriche (1272), comprenant déjà l'Autriche, la Styrie, la Carniole. Rodolphe de Habsbourg donna en investiture l'Autriche, la Styrie et la Carniole à son fils Albert d'Autriche. Pendant le XIVe siècle, la Maison de Habsbourg ne conserva pas la couronne impériale, mais elle continua, avec un bonheur devenu légendaire, ses acquisitions territoriales et ses affaires matrimoniales.

Pendant le XIVe siècle le duché d'Autriche, avec ses annexes, fut plusieurs fois l'objet de partages entre les enfants du titulaire. Il n'était donc encore qu'une sorte de patrimoine. Il conserva ce caractère, même pendant la première partie du XVe siècle. Aussi l'idée patrimoniale, l'idée de constituer un grand État patrimonial, réalisée par Frédéric IV et Frédéric V, ce dernier aïeul de Charles-Quint, demeura fondamentale dans la Maison d'Autriche, d'où l'adage : *Austriæ est imperare orbi universo.*

Les conditions sociales et les institutions fiscales du duché d'Autriche, faisant partie de l'empire d'Allemagne (2), sont à peu près les mêmes que celles de l'empire, avec une tendance prononcée vers l'indépendance. Cette tendance correspond à un

---

(1) La valeur du marc allemand au XIIIe siècle représentait, avant la baisse actuelle de l'argent, 17 fr.

(2) L. Léger, *Hist. de l'Autriche-Hongrie*, p. 133.

mouvement général en Allemagne. « Les seigneurs avaient poursuivi leurs intérêts particuliers et tandis que les empereurs « rêvaient encore l'empire du monde, l'Allemagne, déchirée par « les luttes des principautés rivales, s'était décomposée à leurs « pieds. Il est presque impossible de suivre, dans le morcellement « infini des héritages féodaux, les ramifications des dynasties; « tout est en désordre et comme en chaos. Depuis Rodolphe de « Habsbourg le nombre des seigneurs immédiats, c'est-à-dire relevant directement de l'empereur, s'était accru; les seuls duchés « de Souabe et de Franconie avaient vu éclore plus de 150 petits « souverains, anciens fonctionnaires ou anciens vassaux (1) ».

Par suite, les ressources des princes furent de plus en plus réduites à leurs revenus domaniaux, en y joignant les impôts qu'ils parvenaient à exiger des villes. C'est là un fait fiscal d'ordre général qui a persisté en Allemagne jusqu'au XVIIIe siècle. Il faudra les grandes guerres de Louis XIV et de Frédéric II pour modifier les tendances particularistes de l'Allemagne. Ce sera principalement avec le papier-monnaie et les subventions de l'Angleterre, que ces guerres pourront être soutenues. Charles-Quint, lui-même, disposant des revenus de l'Espagne, de l'Italie, de l'Autriche, de l'Allemagne, des Flandres, de la Hollande ainsi que des galions du Mexique et du Pérou, sera toujours plus gêné et plus obéré que le roi de France (2). A la fin du XIVe siècle, « le pouvoir impérial n'était presque rien. L'empereur « n'avait ni revenus fixes, ni forces militaires assurées... Aussi « cherchait-il surtout à fonder sa puissance territoriale et à accroître les biens de sa famille (3) ».

§ 9. *Premiers éléments de la Prusse. — Brandebourg. — Ordre Teutonique.*

La Maison d'Autriche a été le foyer autour duquel les groupes slaves prévoyants ont pu se concentrer et sauvegarder ainsi leur existence. La Pologne a péri, comme nation, pour ne pas

(1) Lavisse et Rambaud, 3e vol., p. 626-627.

(2) Voir dans notre livre : *A travers l'Allemagne*, tome 2e, p. 511. La richesse comparée des grandes monarchies aux XVIe et XVIIe siècles.

(3) Lavisse et Rambaud, *Hist. générale*, t. III, p. 627.

l'avoir compris. L'Autriche remplit encore aujourd'hui cette même mission dans l'Europe orientale du Midi.

Dans le Nord, les tribus Slaves, Vendes, Obotrites, Wiltzes, Drevlianes, Ratars, Ukranes et autres ne sont pas parvenues à constituer des groupes durables. Plus nomades, plus sauvages, elles ont opposé une résistance extraordinaire à leur conversion au Christianisme, ce qui veut dire que leur transformation de nomades en sédentaires a été très longue, très difficile. Elles occupaient, à l'époque de Charlemagne, les bords de la Baltique. Elles avaient construit les villes de Brême et de Lubeck; le Mecklembourg, la Poméranie, la Mazovie, l'Esthonie, la Livonie leur appartenaient; elles se reliaient aux tribus encore plus réfractaires de la Lithuanie. Aussi c'est pour les surveiller, les convertir, les soumettre à l'action germanique, dont Charlemagne leur avait déjà fait sentir le poids, que fut fondé en 930 le margraviat de Brandebourg, centre principal de la future Prusse, au milieu des marais traversés par le Havel, affluent de l'Elbe. Charlemagne avait lui-même institué la vieille Marche en 789 (1). Depuis 930, les Margraves du Brandebourg n'ont cessé d'établir des colons germaniques, d'expulser ou de détruire les Slaves. Cette guerre a duré jusqu'à la fin du XVIIIe siècle. La conquête de la Silésie, le partage de la Pologne ont été des faits du même genre que les expulsions et les colonisations des Margraves de Brandebourg. En 1411, ce margraviat fut acheté, deniers comptants (400,000 ducats) par Frédéric VII de Hohenzollern, burgrave de Nuremberg. Déjà le Margrave de Brandebourg avait la dignité d'électeur qui n'appartenait pas au duc d'Autriche (2).

I. *Brandebourg*. — Au moment de cette acquisition, la Marche de Brandebourg avait été en partie colonisée par la race germanique. C'est la préparation à la germanisation des bords de la mer du

(1) M. Lavisse a publié, sur les origines de la Maison de Brandebourg et de la Prusse deux monographies remarquables. *La Marche de Brandebourg sous la dynastie ascanienne, 1875*, et *Études sur l'histoire de la Prusse*. Consulter également Lavisse et Rambaud, *Histoire générale*, t. I, chap. VII, XI, XIV, t. II, chap. XIV, § 1.

(2) Les sept électeurs (Kurfürsten) étaient les archevêques de Cologne, Trèves, Mayence, le duc de Bavière, le duc de Saxe, le duc de Brandebourg, le roi de Bohême.

Nord, de la Baltique, du Brandebourg, de la Poméranie, qui étaient occupés par les tribus Slaves, Wendes, Wiltzes, Obotrites, Rédariens, Havelliens, et autres. Une lutte longue et terrible s'engagea entre Slaves et Germains; certaines tribus, les Vendes, les Obotrites furent détruites, d'autres expulsées. Elles se réfugièrent non seulement en Lithuanie, en Pologne, mais jusqu'en Russie même, où s'est produit un refoulement, lent mais incontestable, des tribus Ouralo-finnoises et Touraniennes vers le Volga. « Les Slaves sont chassés pour faire place à de nouveaux « habitants; ailleurs, réduits à une condition inférieure, oppri- « més et méprisés, ils se retirent peu à peu dans de misérables « villages, situés pour la plupart au bord des cours d'eau. Ils « oublient leur langue et se perdent dans le flot des envahis- « seurs. A la fin du XIVe siècle, l'œuvre de dénationalisation est « presque terminée, et les chroniques de Rugen signalent la « mort des deux derniers Slaves du pays... Quelques débris des « Drevlianes et des Lunes, se maintiennent dans le Lunebourg « jusqu'au XVIIIe siècle. Leurs descendants se nomment encore « aujourd'hui les *Vendes*. A l'est de la Poméranie, quelques *Slo-* « *vènes* représentent les derniers misérables restes de ces puis- « santes tribus Polabes (1) sur les ruines desquelles s'est élevée « la grandeur de la Prusse ».

Après la conquête, vint la colonisation. Dès cette époque, la race germanique était douée d'une très grande force d'expansion, de colonisation. Contenue, refoulée du côté de l'Occident par la race française et par ses propres premières colonisations, elle se rejeta à l'Est. C'est alors qu'a commencé le grand mouvement qui devait la porter jusqu'au Niémen, pénétrer dans tous les États slaves et jeter des points de ralliement jusqu'en Russie. Le récit de la colonisation du Brandebourg, dû à M. Lavisse, est l'un des documents les plus essentiels concernant la colonisation germanique au Moyen âge, au point de vue des institutions qui la caractérisent, comme au point de vue des éléments de la puissance future de la Prusse, dont le Brandebourg est le foyer principal. Le Brandebourg contient aujourd'hui, avec

(1) Lavisse et Rambaud, *Histoire générale*, 2e vol., p. 750.

Berlin, plus de 4 millions d'habitants. C'était, au xe et au xve siècles, lorsque débuta la colonisation, une terre de marais, de marécages, de pauvres forêts avec un sol sablonneux et un climat très dur. Les tribus slaves, qui vivaient à peu près dans les mêmes conditions que les grandes tribus de l'Amérique du Nord au siècle dernier, avaient conservé les conditions, les mœurs, le culte des nomades. Elles s'étaient montrées très réfractaires au Christianisme. La lutte conduite, avec une extrême violence, au commencement du xiie siècle, par Albert l'Ours, margave, eut donc le triple caractère d'une guerre de race, de religion et de territoire. « Dans le bassin moyen de l'Elbe, les Ascaniens, à peu près indépendants de l'Empire, poursuivent avec « autant de persévérance que de succès, la politique inaugurée « par Albert l'Ours. Dans ces provinces, dont la population slave « disparaît rapidement, ils fondent un État d'une physionomie « très particulière, qui ne se distingue pas moins du reste de « l'Allemagne par le caractère de ses habitants, que par ses institutions, et qui prépare, dans des luttes patientes, sa fortune « future, en même temps qu'il la justifie par les services qu'il rend « à la patrie germanique. Dès 1232, les Ascaniens s'emparent « définitivement du Barnim et du Teltov; c'est là, sur la rive « de la Sprée, que naît au xive siècle, de la réunion de deux « pauvres villages vendes, la future capitale de la Prusse. Vers « 1250, les Margraves franchissent l'Oder, et dans la région de « Kustrim, de Landsberg et de Soldyn, organisent sur le cours « inférieur de la Warta, la nouvelle Marche. Ils forcent les « Poméraniens à leur céder l'Uckermark et le pays de Stargard, « leur imposent leur suzeraineté et prétendent soumettre à leur « domination la Poméranie orientale ou Pomérélie. Vers la fin « du xiiie siècle, la puissance germanique est si solidement établie dans ces contrées (jadis entièrement slaves) qu'elle n'est « même pas ébranlée par l'extinction de la dynastie Ascanienne « (1319) et le long interrègne qui s'écoule jusqu'au moment où « les héritiers d'Albert l'Ours trouvent dans les Hohenzollern « des successeurs dignes d'eux (1) ».

(1) Lavisse et Rambaud, *Histoire générale*, 2e vol., p. 749.

Ces progrès furent le résultat de la colonisation du Brandebourg et de la Poméranie, l'un des faits les plus importants du Moyen âge, parce qu'il indique comment s'est colonisée toute l'Europe, non comprise dans les limites de l'Empire romain, et même la Gaule septentrionale. Après l'expulsion des Slaves ou leur réduction à la condition de serfs, les Margraves se considérèrent et agirent comme seuls propriétaires du territoire, à l'exception des concessions consenties aux bandes militaires qu'ils avaient employées. Ils se trouvèrent dans des conditions plus indépendantes que celles des Boleslav de Pologne ou de saint Étienne de Hongrie. C'est Albert l'Ours qui fit venir les premiers colons et ses successeurs n'eurent qu'à suivre ses instructions. Ils passèrent même des traités avec des entrepreneurs de colonisation, comme il en est aujourd'hui pour le Brésil ou la Plata. Tantôt le Margrave vendait les terres directement à des familles qui traitaient avec lui et auxquelles il concédait soit des fiefs de cour, soit des fiefs militaires à prix débattus, moyennant le service militaire, le droit et le devoir de rendre la justice, diverses redevances en nature; tantôt il s'entendait soit avec des entrepreneurs, soit avec des ordres religieux. Les ordres religieux, notamment celui de Prémontré, occupaient ordinairement pour eux-mêmes. Les entrepreneurs distribuaient les terres, à raison de 3 manses par famille. Le colon devait le service militaire, des redevances en nature et un impôt par charrue et par arpent (ackerzins) dont le taux variait avec la qualité des terres et les contrées. Le colon était tenu également à des charrois et à l'obligation du gîte. L'entrepreneur représentait le Margrave; il devint plus tard son avoué, son bailli; par suite, il perçut les redevances, l'impôt; il surveilla le service militaire.

Les concessionnaires de ces trois manses étaient des propriétaires fonciers; ils constituèrent plus tard la noblesse militaire ordinaire. Mais à côté d'eux, d'autres concessions furent faites à d'autres catégories de colons, les uns étaient paysans libres (Lehnbauern), les autres présentaient diverses variétés de condition, depuis la liberté jusqu'au servage. C'étaient les Kotseter, auxquels une case était attribuée avec un lot de terre et des redevances variables elles-mêmes; en même temps des centres, des châteaux fortifiés, destinés à devenir des villes, étaient établis avec une église. Les premiers habitants jouissaient de certains privilèges, notamment de l'exemption de l'impôt sur les maisons (*census arcarum*) pendant un nombre d'années convenu.

Étaient réservés par les Margraves, les salines, les mines, les forêts, les étangs, le droit de pêche, les péages sur les rivières, la monnaie, le droit de rendre la justice, la chasse, les aides (Bede) en certains cas, des redevances en nature, en outre de l'impôt par charrue et du service militaire, auquel ils avaient seuls droit(1).

Le margraviat formait comme une vaste seigneurie, aucun lien féodal. L'état de la propriété foncière, l'exiguité des populations ne le comportait pas.

Ces détails confirment tous ceux que nous avons donnés plus haut sur la colonisation de la France, avant et pendant l'époque féodale, et sur la colonisation de l'Allemagne occidentale. Ils montrent que le Moyen âge est, en grande partie une époque territoriale, agricole, foncière, parce que c'est alors que le territoire a été occupé, défriché, mis en culture, exactement comme il l'a été au XIXe siècle aux États-Unis. Dans l'Allemagne et dans l'Europe orientale, cette colonisation n'a pas abouti aux institutions féodales pour deux raisons, d'abord son peu d'importance relative et ensuite l'absence de l'élément romain, qui, dans les Gaules, en Espagne, dans l'Allemagne de l'Ouest, a eu un rôle considérable; la féodalité a été le résultat de la fusion d'éléments divers.

Les ressources provenant des colonisations furent pendant longtemps des plus médiocres. Aussi, au XIVe siècle, les Margraves cédèrent une grande partie de leurs droits fonciers(2), en réservant leurs droits politiques de suzerains, aux seigneurs principaux, c'est-à-dire aux grands propriétaires de terres. Par suite de ces cessions, la condition des petits propriétaires,

(1) Lavisse, *La Marche de Brandebourg*, p. 157-239.

(2) Lavisse, *La Marche de Brandebourg*, *ibidem*, p. 239.

paysans libres, serfs de la glèbe, s'aggrava dans le Brandebourg, comme dans toute l'Europe orientale; et spécialement les impôts et redevances prirent un caractère seigneurial. Les petits propriétaires, paysans, serfs furent contraints de vendre leurs lots; les domaines seigneuriaux s'agrandirent; les seigneurs s'approprièrent les impôts et redevances. Ce fut à peu près la situation de la propriété foncière dans toute l'Europe orientale et septentrionale, avec des différences plutôt politiques que foncières. Dans le Brandebourg, le Margrave conserva entière l'autorité politique; elle n'y a pas été soumise au contrôle parlementaire qui a caractérisé la Pologne, la Hongrie, la Bohême et même la grande Serbie. Le fondement de cette autorité se trouve dans la colonisation même. C'est le Margrave qui a colonisé le Brandebourg. De là son autorité.

Quant aux ressources financières, elles sont surtout provenues, même au XVIIIe siècle, des domaines considérables que le Margrave s'était réservés dans la colonisation, réserves que la Prusse a singulièrement agrandies avec ses diverses conquêtes.

II. *Prusse et Ordre Teutonique.* — Pendant le XIIIe siècle, une autre œuvre de colonisation a été entreprise, celle de la Borussie, de la véritable Prusse.

Les chevaliers de l'Ordre Teutonique, établis en 1128 à Jérusalem, avaient acquis dans la province actuelle de Prusse, notamment dans la Mazovie, de très grands domaines, habités par onze tribus slaves, demeurées païennes. Au milieu du XIIIe siècle, les chevaliers abandonnèrent la Terre sainte, pour entreprendre la conversion forcée des Slaves, contre lesquels des croisades furent organisées, particulièrement en France (1). Au lieu de partir pour la Syrie, on se croisait pour la Prusse. Les tribus slaves appelèrent à leur secours les Lithuaniens et leurs alliés les Polonais. Ainsi commença la lutte terrible de la Pologne catholique, mais slave, contre les chevaliers Teutoniques, mais allemands. Cette lutte aboutit à la destruction de l'Ordre Teutonique et à l'occupation, depuis 1410, par la Pologne, des territoires appartenant à l'Ordre Teutonique. Mais en 1525, Albert, électeur

(1) *A travers l'Allemagne*, t. II, p. 566-571.

de Brandebourg, devint grand-maître de l'Ordre Teutonique, se fit protestant, sécularisa les biens de l'Ordre, s'en empara et la Pologne se trouva avoir affaire à l'un des principaux représentants de la race germanique. Les causes du partage, provoqué par les rois de Prusse, de la Pologne remontent loin.

La colonisation entreprise par l'Ordre Teutonique a présenté des difficultés plus graves que celle du Brandebourg, parce que l'Ordre Teutonique, et, avec lui l'Ordre des *Porte-glaive,* qui réunirent leurs domaines, rencontrèrent dans les tribus finnoises et les Lithuaniens une résistance insurmontable. Même aujourd'hui, le Christianisme n'a pas de racines réelles dans cette partie de l'Allemagne. C'est à Kœnigsberg, capitale de la Prusse, que Kant a vécu, enseigné, écrit. « Les habitants furent soumis, « mais ils conservèrent leur langue, leurs mœurs, leur nationa- « lité. Aujourd'hui encore dans ces provinces où les Allemands « ont régné pendant six siècles, ils représentent moins de 7 p. « 0/0 de la population, tandis que les Finnois forment 39 p. 0/0 « et les Lithuaniens 47 p. 0/0 (1) ».

La colonisation de la Prusse, ou plutôt de la Borussie par l'Ordre Teutonique et les Porte-glaive diffère de celle des Brandebourg, mais n'est pas moins intéressante. Elle a préparé la prospérité, très grande actuellement, et non moins remarquable aux XIVe et XVe siècles, de cette partie du royaume de Prusse, l'une des provinces, caractérisant le plus essentiellement, la civilisation prussienne. Son territoire s'étendait de Dantzig à Kœnigsberg, le long de la Baltique, entre la Vistule et le Niémen, de l'ouest à l'est, et la Russie, autrefois la grande Pologne, au sud. Avec le concours des colons allemands, accourus de toutes parts, et aussi celui de la Hanse, qui, de Dantzig à Riga, avait pris un grand développement dans cette région, l'Ordre y obtint des résultats considérables, sur lesquels M. Lavisse a donné les plus curieux détails (2). Plus de 1,400 villages furent établis avec des colons ou paysans, qui sont demeurés libres jusqu'à la fin du XVe siècle. Ces colons étaient tenus au

(1) Lavisse et Rambaud, *Histoire générale,* 2e vol., p. 777.

(2) *Revue des Deux-Mondes,* mars, avril, mai 1879.

service militaire, à diverses corvées et à des cens envers l'Ordre auprès duquel ils étaient représentés, de même que cela avait eu lieu, dans le Brandebourg, par des entrepreneurs de colonisation. Il n'y a aucun rapport à faire entre ces colons et les roturiers, ni même les serfs de l'Europe occidentale féodale. Ceux-ci, sont fixés sur le sol et dépendent, en outre, par une longue tradition, de leurs seigneurs, reliés entre eux par les liens féodaux; ceux-là ne relèvent que de l'Ordre, plus tard du grand électeur de Brandebourg, qui deviendra le roi de Prusse, et qui les asservira pour les contraindre à remplir leurs obligations. Le lien social s'établira entre les colons, l'Ordre, le grand Duc, le Roi (1).

A côté des villages, les villes ne prospèrent pas moins. Sur 85 villes qui se trouvent aujourd'hui sur ce même territoire, 71 remontent à l'époque de l'Ordre Teutonique, notamment Dantzig, Culm, Elbing, Thorn, Kœnigsberg, Marienbourg, Marienwerder, Eylau, Friedland, Tilsitt, Grodno. Les campagnes de Napoléon ont rendu plusieurs d'entre elles célèbres. Les deux villes principales de l'Ordre étaient Marienbourg, où se tenait le chapitre de l'Ordre, et Culm où ont été promulgués plusieurs règlements considérables (2).

D'après le nombre des villes et des villages, on peut avoir une certaine idée des progrès qu'avaient accomplis, sous la protection de l'Ordre, le commerce, l'industrie et la navigation et les classes bourgeoises. L'Ordre avait fait construire une flotte marchande qu'il mettait souvent au service de la Hanse, surtout pour la pêche du hareng, alors très fructueuse dans la Baltique (3). Le hareng a été l'une des sources de la richesse de la Hollande, qui en accapara le commerce, de même que la Szlachta en établit le monopole en Pologne. La meunerie, à raison des

(1) De là le caractère familial, paternel, qui n'a pas encore tout à fait disparu, des rapports entre les rois de Prusse et leurs soldats. Dans ses observations (2e volume de ses voyages inédits) Montesquieu insiste sur ce caractère familial.

(2) Nous avons décrit cette partie de la Prusse : *A travers l'Allemagne*, t. II, p. 566-571.

(3) L'exploitation des harengs se faisait dans un établissement spécial, premier type des porcheries de Chicago, celui des *Schonen*, d'accord avec *la Hanse*.

blés de la Pologne, prit un grand essor. L'Ordre fit élever plus de 390 moulins. Des constitutions municipales, presque républicaines, avaient été accordées aux villes par la charte générale de Culm. Sous la protection de l'Ordre, les provinces de Prusse traversèrent du XIVe au XVe siècle une époque assez brillante. Il en a été de même pour toute l'Europe orientale, à l'exception de la Russie. Cette prospérité s'affaissa au XVIe siècle et disparut au XVIIe à la suite de l'arrivée des Turcs-Ottomans, de la décadence de la Pologne, de la Réforme, de la guerre de Trente ans et de la formation des grandes monarchies militaires.

Les revenus de l'Ordre Teutonique consistaient, avant tout, dans : 1° les redevances de ses immenses domaines (1) que le royaume de Prusse possède encore en grande partie, 2° les cens et corvées des domaines particuliers, 3° les produits des forêts, 4° les droits de pêche et de chasse. Le service militaire était obligatoire. Les impôts se bornaient à quelques taxes dans les villes sur les denrées, foires et marchés.

Le caractère des ressources des États de l'Europe orientale est partout le même ; il est domanial et il demeurera tel longtemps, même au XVIIIe siècle.

Les revenus domaniaux aboutissent souvent à des monopoles, contraires au développement économique des populations. L'impôt est nécessairement limité. Il n'en est pas de même des monopoles.

Ils provoquèrent donc une grande animosité en Prusse contre l'Ordre Teutonique. Les colons, que l'Ordre avait appelés, désiraient vivre ; les monopoles les privaient plus sévèrement encore que l'impôt, de leurs moyens d'existence.

---

(1) Notamment de ses troupeaux : moutons 61,000 — chevaux 16,000 — porcs 19,000 — gros bétail, 41,000.

CHAPITRE XI.

DE L'IMPÔT DANS L'EMPIRE DES MONGOLS.

§ 1. *Étendue et caractère de l'empire des Mongols.*

La constitution en une armée agressive, commandée par des chefs de premier ordre, tels que Souboutaï et Baty, bien équipée, pourvue d'engins supérieurs à ceux des autres nations, des tribus nomades Turques, Mantchoues, Mongoles et autres qui erraient depuis les frontières de la Chine jusqu'à celles de la Perse, du Gobi au Caucase, restera le plus grand, comme le plus redoutable effort des peuples nomades. Dans son Apocalypse, saint Jean a classé les masses innombrables qu'il voit défiler devant le trône du Très-Haut, en races, tribus et peuples (*omnibus gentibus, tribubus et populis*). A son époque cependant, le souvenir de la vie nomade et des grandes agglomérations auxquelles elle peut donner lieu, devait être oblitéré, si on le compare, du moins, au long spectacle auquel ont assisté, pendant 7 ou 800 ans, les anciens colons de Trajan, réfugiés dans les Karpathes et les montagnes de la Transylvanie. Les Mongols ont été la dernière apparition : car Tamerlan n'est pas arrivé jusqu'en Roumanie. Leur apparition a été aussi la plus destructive et la plus terrifiante (1). On ne peut comparer les Mongols qu'aux Huns, aux Avars, aux Hongrois; mais les Mongols marchaient plus vite. Cavaliers infatigables, ils laissaient au loin leurs *impedimenta*, chariots, bagages, troupeaux, familles; ils faisaient, parfois, jusqu'à 250 kilomètres par jour. Le plus habituellement, leurs

(1) Ils égorgeaient de sang-froid, dans les pays conquis, hommes, femmes et enfants; ils incendiaient les villes, les villages, détruisaient les moissons, transformaient en déserts les contrées florissantes, et cependant ils n'étaient animés ni par la haine ni par la vengeance. A peine connaissaient-ils les peuples, qu'ils exterminaient. D'Ohsson, 1er vol., chap. I.

femmes et leurs enfants les suivaient, mais les femmes étaient armées, cuirassées comme les hommes, montaient à cheval et combattaient; on les élevait de bonne heure au maniement des armes (1). Elles étaient une force de plus dans les armées. Les tribus étaient, de même qu'aujourd'hui, organisées militairement par pelotons de 10, compagnies de 100, régiments de 1,000 et divisions de 10,000 hommes. L'obéissance était absolue. Ces armées de cavalerie ne connaissaient pas d'obstacles. Les expéditions avaient lieu surtout en automne, parce que les chevaux avaient plus de vigueur (2). Les hommes campaient en cercle, autour de leurs chefs, dans le voisinage de l'ennemi; une petite hutte, une outre pour le lait et une marmite composaient tout leur bagage. Ils emmenaient en campagne une partie de leurs troupeaux qui fournissaient à leur subsistance. Ils traversaient les rivières assis sur des sacs de cuir remplis de leurs effets, et attachés à la queue des chevaux. Comme non seulement ils n'étaient pas payés, pendant les premiers temps, mais qu'ils devaient, au contraire, à leurs chefs, aux Noyans, une contribution, la guerre pour eux était une véritable entreprise de commerce. De même que pour les pirates du Nord, les Danes, les Northmen, ils trouvaient leur profit dans le butin et le pillage. La guerre était donc inexorable. Leurs expéditions n'avaient pas pour but de s'emparer du sol, des habitations, du gouvernement, mais des richesses, surtout des hommes, femmes et enfants qu'ils vendaient aux grands seigneurs de Venise et de Gênes. Ils cherchaient

---

(1) Mulieres eorum omnes operantur, femoralibus utuntur; sicut viri sagittant. Plan du Carpin, p. 617.

(2) *Comme ils ne recevaient pas de solde*, ils aimaient la guerre qui leur promettait du butin; ils transportaient sur des bœufs leurs tentes, leurs familles, et regardaient comme leur patrie tous les lieux qui offraient à leurs troupeaux d'abondants pâturages. En temps de paix, ils s'occupaient de chasse; mais à la vue de l'ennemi, une innombrable multitude de ces barbares, semblable aux flots de la mer, s'élançait rapidement pour l'entourer de toutes parts; ils l'accablaient d'une nuée de flèches; pour ménager les hommes ils évitaient la mêlée et tâchaient de cerner leurs adversaires; ni les Khans, ni les principaux chefs ne prenaient part à l'action; ils se tenaient derrière l'armée, donnaient des ordres au moyen de différents signaux et ne rougissaient pas de partager la fuite de leurs troupes. Les flèches des Mongols étaient longues et acérées; ils portaient d'énormes cimeterres, des piques garnies de crochets et des boucliers faits de branches de saule ou d'osier. Karamsin, *Histoire de Russie*, 5ᵉ vol., p. 19.

avant tout, à épouvanter les populations de manière à les priver de leurs moyens (1) de défense, pour les exploiter sans limites et sans merci. Leur méthode d'attaquer, leurs habitudes militaires, leurs procédés de gouvernement ont été tout autrement accablants que ceux des Arabes, qui représentaient un grand mouvement religieux et qui, sous plusieurs rapports, ont fait faire à la civilisation de véritables progrès. Par suite, l'exploitation fiscale, poussée à la dernière violence, avec des contrôles, des agents, recensements, cadastres incessants, en dehors des pillages, des incendies, destructions, massacres à fond, avec une perfidie et une indifférence, auxquelles les Arabes et les Turcs mêmes sont rarement arrivés, est le véritable caractère des Mongols, aussi bien à l'époque de Tchinghiz-Khan qu'à l'époque des Tartares de Tamerlan. Ils ont été pour l'humanité un abominable fléau. On comprend que saint Louis ait hésité à s'entendre avec de pareils alliés, malgré les louanges que leur prodigue Marco Polo. Mais comme les Vénitiens étaient les vendeurs des esclaves faits par les Mongols, Marco Polo ne pouvait se montrer plus difficile que son temps. Mahomet valait encore mieux.

L'étendue de l'empire Mongol était plus vaste que celle de l'empire des Tsars actuels, puisque pendant une certaine période, sous Khoubilai, la plus grande partie de la Chine, de l'Indo-Chine, les deux Turkestans, l'Inde jusqu'au Gange, toute la région du Caucase, la Perse, l'Asie Mineure y étaient comprises, ainsi que toute la Sibérie et la Russie jusqu'au Dniéper.

§ 2. *Consistance de l'Empire. — Tribus. — États tributaires. — Gouvernement.*

Le territoire sur lequel ont été peu à peu agglomérées les forces militaires des Mongols est, avant tout, la contrée qui porte

(1) D'Ohsson, *ibidem*, 1er vol., p. 12, 388 ; Léon Cahun, *ibidem*, p. 223, 224. M. Léon Cahun, insiste sur le génie militaire de Tchinghiz-Khan, les progrès qu'il fit faire à l'armement, notamment à la balistique. Il est probable que les succès des Mongols sont dus principalement à leur mépris de la mort et à leur innombrable cavalerie, car dès qu'ils rencontrèrent une résistance sérieuse, ils furent dispersés. Il faut les comparer aux Parthes.

encore le nom de Mongolie, au nord du désert de Gobi, et au sud du lac Baïkal, entre la Selenga et l'Amour. Aussi le premier grand quartier général, Ordou, a-t-il été Karacorum entre les monts Altaï et Yablounoï. C'est là que Du Plan du Carpin, de Rubruck, Marco Polo (1) se sont rendus; c'est là que se trouvait la Syra-Ordou, ou tente dorée du grand Kaan. Tribus Mantchoues venant du Levant, tribus Mongoles venant du Midi, tribus Turques, Kirghizes, Kalmoukes, venant de l'Occident avaient là leur base de concentration. L'œuvre principale de Témoudjine, ou Tchinghiz-Khan a été de l'opérer. Dans l'assemblée générale (1206) qui acclama Témoudjine pour son grand Khan, le seigneur absolu, figuraient 19 peuples Turcs ou Toungouzes et 26 tribus Mongoles (2), réparties en plusieurs Confédérations dont les principales étaient les Chakkars, les Chalkhas, les Khoshotes, les Kéraits et Torguls, les Choros, les Buriats (3). Ces tributs et Confédérations ont été l'élément primitif de l'empire des Mongols. C'est avec elles que Tchinghiz-Khan s'empara du Turkestan chinois, puis de la Transoxiane, aujourd'hui Turkestan russe. Tchinghiz-Khan et ses fils purent alors entreprendre les conquêtes de la Chine et de l'Indo-Chine à l'Est, de l'Inde au Sud, de l'Asie-Mineure, de la Perse et de la Russie au Levant. Leur empire entier était constitué en 1258, lors de la prise de Bagdad par Houlagou. Il a eu, dans toute son étendue, une durée de cent ans à peu près, car en 1368 les Mongols étaient expulsés de la Chine. Et bientôt les Chinois, franchissant la grande muraille, mettaient pour longtemps la

(1) *Le livre de Marco Polo*, édité par G. Pauthier, 2 vol. 1880. Les voyages de Rubruk et Du Plan du Carpin ont été publiés dans le 4e volume des *Mémoires de la Société de géographie.*

(2) Pour de plus amples détails sur les tribus diverses agglomérées par Tchinghiz-Khan, consulter principalement les *Howorth, History of Mongols*, 2 vol. avec une très belle carte, 1876. *Encyclopedia Britannica*, article *Mongols, Tartars, Jenghiz-Khan.* — D'Ohsson, *Hist. des Mongols*, 4 vol., livre fondamental, et l'ouvrage de M. Léon Cahun, déjà cité, liv. III, p. 198-229; peut-être la tournure fantaisiste des descriptions amoindrit-elle la précision des faits. Il est essentiel de comparer les détails contenus dans ces ouvrages avec ceux des voyageurs contemporains, notamment Prjévalski, le père Huc, Younghusband et Piassetsky.

(3) Ces tribus subsistent encore ainsi que les 139 bannières des tribus proprement mongoles. Prjévalski, *La Mongolie*, 1872.

main sur les tribus du Gobi, du Turkestan chinois, de la Mongolie et détruisaient les fondements mêmes de l'empire des Mongols.

Cet empire a compris deux éléments tout à fait distincts, les tribus et Confédérations composant les armées des Mongols et les peuples placés sous leur domination. Il n'y a eu que, bien rarement, des rapprochements entre ces deux éléments, l'un nomade, l'autre sédentaire. L'élément nomade a peu à peu disparu. Les tribus, plus ou moins affaiblies et désorganisées, ont regagné leur foyer primitif. On retrouve aujourd'hui leurs débris dans l'Alashan, l'Ordos, le Gobi, le Transbaïkal, avec leur ancienne organisation, leurs familles princières et nobles, leurs bannières. Elles sont devenues extrêmement pacifiques. D'après le colonel Prjévalski(1), qui a parcouru deux fois le Gobi et rencontré la plupart des tribus, la Mongolie actuelle est divisée en principautés qui se subdivisent militairement en bannières — oukhochoums, — réparties en régiments, escadrons et dizaines. Les officiers sont pris dans six classes de nobles dont les familles remontent à celles vivant à l'époque de Tchinghiz-Khan. C'est l'empereur de la Chine qui paie leur solde. Tous les trois ans les princes doivent offrir à l'empereur un tribut consistant en chevaux et chameaux; quelquefois il est levé des contributions en bétail(2). Il est probable que beaucoup de tribus arabes, qui ont pris part aux invasions du VIIe et du VIIIe siècles, n'ont pas eu une plus brillante destinée.

Quant aux peuples, États, englobés, pour la plupart pendant un siècle et, pour la Russie exceptionnellement pendant plus de deux siècles, dans l'empire mongol, ils ont pu conserver tous leur autonomie, leurs institutions sociales et fiscales, notamment leurs lois civiles et leur distribution de la propriété foncière, même avec des changements temporaires de dynasties. Tel a été le cas de la Chine, tel celui de la Perse. Nulle part, les

(1) Même ouvrage, chapitre second.

(2) Le groupe des tribus auquel appartenait Tchinghiz-Khan se trouvait au XIIe siècle et se trouve encores dans la vallée du fleuve *Jaune* ou Hoang-ho, qui traverse l'Ordos.

Mongols ne se sont emparés du sol. De même, nulle part, ils n'ont menacé les religions. Nomades temporaires, éphémères, les résultats financiers, immédiats de leurs raids, le butin, le pillage, le tribut, l'impôt, leur ont suffi. Leur domination a eu, par suite, un caractère essentiellement fiscal. Ils ont consommé une masse immense de capitaux, sans rien laisser après eux que des ruines : pas un monument, pas une route, pas une œuvre quelconque. De même origine que les Huns, que les Avars, que les Petchénègues, mais tout autrement formidables par leur nombre et l'habileté de leurs chefs, ils ont procédé comme eux : mêmes dévastations, mêmes massacres, même indifférence à toute culture scientifique ou morale, même exploitation sans limite et sans merci du sédentaire, même étalage d'un luxe de rapine, mêmes moyens d'influence, mêmes apparences d'un gouvernement régulier avec un fonds inépuisable d'avidité et de cruauté. De tous ces traits qui ont caractérisé l'empire des Mongols, le plus spécial est demeuré la fiscalité. Non seulement les États tributaires devaient payer le tribut ponctuellement sous peine des répressions les plus atroces, mais les Mongols s'étaient réservé une partie des impôts mêmes ; ils en avaient même établi de particuliers à leur profit, surtout en Chine. Sans se déclarer propriétaires du sol, comme avaient fait les Hongrois, ils avaient mis la main sur les revenus d'un grand nombre de domaines privés ou publics. Ils entretenaient partout des agents fiscaux spéciaux et toute une bureaucratie fort exigeante. Enfin, ils s'immiscèrent même dans le système monétaire de plusieurs États, notamment de la Chine, qu'ils ruinèrent au moyen d'un papier-monnaie désastreux. Ce sont ces excès fiscaux et financiers qui provoquèrent le soulèvement de la Chine, l'expulsion des Mongols et les longues guerres, à la suite desquelles la Chine dispersa leurs tribus, s'empara de leurs villes temporaires et leur imposa une domination qui dure encore.

A partir de Tchinghiz-Khan, l'empire des Mongols fut soumis à plusieurs partages provenant des droits des enfants de chaque grand Khan, des diverses nécessités du gouvernement d'un empire si colossal, et des différences entre les races qui y étaient comprises. Mais les diverses parties de l'empire ont été rattachées les unes aux autres par des liens assez forts jusqu'à l'expulsion des Mongols (1) de la Chine. Et le caractère du gouvernement général, tout en s'adoucissant avec un homme supérieur comme Khoubilaï, l'ami et le protecteur de Marco Polo, est resté le même. On en a la preuve dans le gouvernement de Timour.

Ces partages donnèrent lieu aux plus grandes difficultés, dès la mort de Tchinghiz-Khan. Ils comptent parmi les causes les plus actives de dissolution de son empire. Sous Oghodaï, Kujuk, Mangou et Khoubilaï, l'unité de l'empire fut maintenue, malgré la division de l'empire entre quatre grandes parties; mais après Khoubilaï, l'unité disparut et une décadence d'une rapidité extrême commença, tant à raison des intérêts différents des diverses parties de l'empire et des dissensions de famille que de l'affaiblissement et de la dispersion des tribus. Le fait politique le plus curieux de la période du maintien de l'empire, période comprenant tout le XIIIe siècle, c'est la nature du gouvernement général de l'empire. Ce gouvernement conserve le caractère des grandes Confédérations nomades. Absolu dans son exercice, le pouvoir demeure électif dans sa transmission, bien que cette transmission eut lieu dans la seule famille de Tchinghiz-Khan. Chaque décès du grand Khan est suivi d'une convocation de tous les membres de la famille, comme de tous les chefs principaux de tribus ou Confédérations qui proclament l'héritier principal et l'intronisent au milieu de cérémonies et de fêtes qui ne sont pas sans rapport avec les élections des rois de Pologne, et de tous les grands chefs nomades. C'est dans ces conditions que Du Plan Du Carpin a assisté à l'élection ou intronisation de Kuyuk (2), sur le camp du Drap d'or.

§ 3. *Impôts.*

I. *Impôts payés par les tribus et Confédérations.* — La première ressource du gouvernement des grands Khans consistait dans les impôts à la charge des tribus et Confédérations, com-

(1) D'Ohsson, 1er volume, exposition.

(2) Léon Cahun, *ibidem*, p. 380-381 a tracé un récit animé de cette élection.

prises dans l'association même des Mongols. Ces tribus et Confédérations étaient tenues, comme toutes les tribus et Confédérations nomades, à diverses contributions, particulièrement sur le bétail. C'est un fait d'ordre général qui a encore actuellement lieu entre les tribus mongoles existantes et leur suzerain, l'empereur de la Chine. « Vaincu, fugitif, Tchinghiz-Khan, par-« tout où il passait, parlait en maître, exigeait ses droits réga-« liens, l'impôt en nature, la dîme sur les quatre espèces, che-« vaux, chameaux, bœufs, moutons, la conscription individuelle « d'un homme par famille pour les nationaux et le contingent « de cent hommes par cent familles pour les alliés (1) ». Il s'élève ici une autre question. Le service militaire, obligatoire pour tous, comprenait-il l'entretien de l'homme et sa solde? Les explications nouvelles, données par M. Léon Cahun sur l'organisation militaire des bandes mongoles tendraient à contredire le texte ci-dessus de Karamsin : « Comme les Mongols ne rece-« vaient pas de solde, ils aimaient la guerre qui leur permettait « le butin. — Ils transportaient, sur des bœufs, leurs tentes et « leurs familles et regardaient comme leur patrie les lieux qui « offraient à leur troupeaux d'abondants pâturages (2) ». Cette description a été empruntée par Karamsin à Du Plan Du Carpin, qui a visité lui-même les tribus mongoles en 1246.

A ces expéditions de nomades, qui rappellent celles même des Arabes, M. Léon Cahun substitue des raids de 25,000 cavaliers (Bataille de la Kalka par exemple) (3). Un de ces raids, après avoir traversé la Transoxiane, le Caucase, les steppes de la mer Noire et les forêts de la Russie, tout en transportant vivres et machines, serait arrivé en assez bon état pour écraser les Russes dans la journée de la Kalka. Quand on se rappelle que, sur une magnifique armée de 400,000 hommes, à peine un tiers, avec Napoléon comme chef, est parvenu jusqu'à Moscou, on est obligé de s'en tenir au témoignage de Du Plan Du Carpin. Les Mongols

---

(1) Léon Cahun, *ibidem*, p. 533.

(2) *Histoire de Russie*, t. V, p. 221.

(3) D'Ohsson, *ibidem*, 1er vol., p. 290. Léon Cahun, ramène aussi, dans une proportion extraordinaire, l'armée d'invasion de 1336 à cent mille hommes *de troupes* régulières.

avaient à s'entretenir eux-mêmes et le pillage les indemnisait. C'était là la règle, et c'était encore à peu près la règle pour une grande partie de l'Europe. Aussi, est-ce dans les conditions du service militaire qu'il faut chercher la cause de l'effondrement, si complet et si rapide, de l'empire des Mongols. Là où les tribus ont pu s'établir, comme en Russie, dans les steppes de la Caspienne, sur les rives du Volga dont les pâturages entretenaient leur bétail, elles ont séjourné et donné une certaine stabilité à leur domination. Partout ailleurs, elles ont disparu.

Non seulement les Mongols devaient le service obligatoire gratuit et à leurs frais, mais ils avaient encore à payer aux chefs de leur tribu particulière, une contribution annuelle qui consistait en chevaux, têtes de gros bétail, pièces de feutre et autres articles. « Quoiqu'appelé à la guerre, le guerrier n'était pas « exempt des charges publiques. Sa femme ou toute autre per- « sonne, qu'il avait laissée dans son habitation, devait rendre « à sa place, les services auxquels il était tenu (1) ».

II. *Impôts payés par les États tributaires.* — En relations anciennes, nombreuses avec la Chine, les Mongols ont beaucoup emprunté aux institutions fiscales de l'Empire chinois. C'est un fait que les missionnaires français, les érudits français, Renaudot, A. de Rémusat, de Guignes, d'Ohsson avaient déjà relevé et que M. Léon Cahun a mis tout à fait en relief. Au surplus, en Perse, à Samarkande et dans l'empire arabe, les Mongols ont également rencontré une fiscalité différente de celle pratiquée à Karakorum. Ils étaient, d'ailleurs, assouplis à l'impôt et même au papier-monnaie, quand ils furent appelés par le génie de Tchinghiz-Khan et la supériorité de son milieu, à une fortune aussi extraordinaire.

D'une manière générale les Mongols exigeaient des États qu'ils avaient soumis à leur domination : 1° un tribut comme preuve, non pas d'humiliation, tel que Mahomet l'avait institué, mais d'obéissance ; ce tribut était rigoureusement réclamé ; 2° le paiement de certains impôts spéciaux, soit existants avant eux, soit institués par eux, lorsqu'ils n'avaient pas remplacé le gou-

(1) D'Ohsson, *ibidem*, 1er vol., p. 390.

vernement vaincu ou tous les impôts existants, sans compter les nouveaux, lorsqu'ils l'avaient remplacé. Dans tous les cas, ils avaient de très nombreux agents de perception et de contrôle; ils procédaient souvent à des recensements, ils levaient des cadastres. Il leur arrivait même de donner les impôts à ferme. Bien dés fois le grand Khan, voulant récompenser un de ses généraux ou faire sa fortune, lui abandonnait tel impôt ou le lui affermait. Il n'y avait rien de fixe ni dans le tribut, ni dans les impôts, ni dans leur taux. Tout dépendait de la volonté soit du grand Khan, soit des Khans locaux. Presque partout les prêtres des diverses religions et leurs biens étaient exempts de taxes, ainsi que leurs édifices religieux et les écoles. Moyennant l'exécution des arrangements fiscaux et financiers, les tributaires obtenaient la paix dont parle de Rubruk. Il est certain que l'indifférence religieuse des Mongols, leurs bonnes relations avec les chrétiens, principalement les Nestoriens qu'ils rencontrèrent en Chine, ont donné à leurs exigences, à leurs massacres un caractère différent des exigences et des massacres des Musulmans. Ils ne recherchaient que l'argent. La foi ne les intéressait pas.

« En devenant le vassal des Mongols, un prince s'engage à « leur livrer des otages, à leur faire connaître le nombre de ses « sujets, à recevoir dans ses provinces des gouverneurs mon- « gols, à payer un tribut considérable, qui consiste habituelle- « ment dans la dixième partie des productions du pays, y compris « les hommes, évalués comme un bétail. Le sort d'un peuple, « dont la soumission avait été paisible n'était guère plus heureux « que celui d'un pays conquis. Sa ruine s'accomplissait seule- « ment avec plus de lenteur (1). »

§ 4. *Les impôts en Chine au XIVe siècle.*

La conquête de la Chine par les tribus mongoles, turques et mandchoues, au XIIIe siècle, a été due principalement à la crise

(1) D'Ohsson, *ibidem*, 1er vol., p. 394. Voir plus haut, p. 671, l'impôt en Russie sous les Mongols.

profonde, provoquée par les expérimentations socialistes du ministre Wang-ngan-ché sous le règne de l'empereur Chen-Tsoung (1). Les Mongols trouvèrent la Chine complètement désorganisée, morcelée, mais encore riche. Ils l'exploitèrent d'autant mieux que, au service de l'empire depuis de longues années, ils la connaissaient entièrement.

Le chapitre CLII des voyages Marco Polo est intitulé : *Ci devise de la grant rente que le grand Kaan a chascun an, de la cité noble de Quintay* (Hang-Tchéou-Fou) et de ses appartenances. Ce revenu, indiqué en tommans d'or (2), a été évalué par M. E. Pauthier, éditeur des voyages, à 90 millions de francs, soit pour Hang-Tchéou-Fou, soit pour la province du Kwang-Si. A cette occasion M. E. Pauthier a extrait des documents officiels chinois, pour la période de 1270 à 1330, des renseignements fort importants sur les impôts en Chine pendant cette époque. Ils avaient été réorganisés et considérablement augmentés par les Mongols. Ils se divisaient en : 1° impôts directs; 2° impôts indirects; 3° impôts extraordinaires.

I. Les impôts directs consistaient dans : 1° l'impôt foncier et l'impôt sur la culture des terres et des mûriers; ils se payaient en nature et représentaient 4,237,250 francs; 2° l'impôt sur le sel, produisant 50,400,000 francs; 3° l'impôt sur le thé, représentant 1,800,000 francs en 1281 et 21,690,825 francs en 1320; 4° l'impôt sur les boissons (le vin), représentant 14,749,240 francs : le tout pour le Kwang-Si; 5° venaient ensuite diverses taxes : sur les transports par eaux, sur les marchés, sur et pour les examens, pour secours, pour pharmacies, greniers publics, retenues de traitements, dons manuels, enfin les droits de douanes. La quantité de terres imposées était de 11 millions d'hectares avec une population de 11,603,281 chefs de familles, et de 63,654,337 autres personnes. L'impôt pour les frais d'examen avait produit 5,859,450 francs en 1265.

(1) Père Huc, *L'empire chinois*, 2e vol., p. 70.

(2) Le livre de Marco Polo, *ibidem*, p. 509. Le tomman, mot mongol-turc, était un poids d'or équivalant à 70,000 saics. Le saic est la forme primitive du seguin (Saggio italien). Le seguin valait à peu près 9 francs. Un tomman valait donc 630,000 francs. Le tomman est actuellement une pièce de monnaie d'or persane de la valeur de 10 francs. Comparer, Gaubil, *Hist. de Gentchiscan*, 1739, p. 53.

L'impôt foncier et l'impôt sur la culture des terres et des mûriers formaient l'impôt territorial; cet impôt était payable en grains. Il comprenait : 1° une taxe de capitation due par tous les hommes valides. On en avait d'abord porté le montant, en 1280, à trois hectolitres par chaque homme valide d'une famille de propriétaires et à un hectolitre pour chaque colon; ces quotités durent être réduites de moitié; 2° une taxe sur la terre même, à raison de l'étendue des exploitations et de la facilité d'irriguer. Cette taxe était également payable en grains. Les terres cultivées étaient très morcelées; on avait établi trois catégories de taxes, sur les exploitations de 6 ares 65 centiares, sur celles de 5 ares, sur celles de 3 ares. La taxe était de 3 litres de grain par 6 ares 65 centiares. La capitation était donc la taxe la plus forte.

Ces deux taxes variaient souvent dans chaque province. Les divers impôts directs produisaient pour l'empire entier 70 millions de francs environ, dont 20 millions pour la province du Kwang-Si et la ville de Hang-Tchéou-Fou.

Pour les onze provinces ou gouvernements entre lesquels l'empire était alors divisé, l'impôt territorial représentait, dans ses deux branches, 21,954,969 hectolitres ou *chi* de grains en nature. A cet impôt venait se joindre, dans les trois gouvernements du Tché-Kiang, du Kwang-Si et du Hou-Kouang, un impôt territorial, dit impôt d'été. Cet impôt, payé en papier-monnaie, dont M. E. Pauthier a évalué la perte à la moitié, représentait 11,195,875 francs. On ne possède pas de chiffres d'ensemble sur le produit des droits de douanes, mais on en connaît les quotités, à diverses époques, de l'occupation des Mongols. Ils étaient, vers 1280, de 4 p. 0/0 sur les marchandises de prix et d'un peu plus de 3 p. 0/0 sur les autres. En 1317, ces taux furent élevés à 20 p. 0/0 et à 15 p. 0/0. Ces chiffres permettent de se faire une idée de l'exploitation fiscale de la Chine par les Mongols.

II. Les impôts dits indirects étaient au nombre de 32. Ils auraient produit 15,447,153 francs pour tout l'empire en 1328. Les plus importants étaient : 1° le calendrier, produit 3,448,743 francs; 2° le papier timbré (papier pour contrats et obligations), produit 3,417,750 francs; 3° l'ancrage dans les fleuves et rivières, produit 4,323,400 francs; 4° la taxe sur les portes et ouvertures (portes et fenêtres), produit 2,017,569 francs; 5° la taxe sur les maisons nouvellement bâties, produit 904,138 francs; 6° la taxe sur les charbons de terre, produit 196,323 francs; 7° la taxe sur les charbons de bois, produit 187,384 francs; 8° la taxe sur les moutons de boucherie, produit 132,222 francs; 9° la taxe sur les roseaux de bambous, produit 280,972 francs. Ainsi, au XIVe siècle, les Mongols pratiquaient le papier timbré sur une assez vaste échelle. Quant au calendrier, c'était un produit d'État. Les Mongols vendaient des calendriers ; ils en vendirent, en 1328, 3,183,185 exemplaires. Les Chinois y tenaient beaucoup, parce que ces calendriers indiquaient les jours heureux et malheureux de l'année. Était-ce une vieille coutume chinoise ou une invention mongole? Il est difficile de le dire (1).

III. « Une autre branche, également importante, de revenus « pour le Trésor, était celle des droits imposés en dehors des « taxes régulières. Les *Yuen* ou Mongols, disent les rédacteurs « de l'Histoire officielle, prélevaient des droits en dehors des im- « pôts réguliers ou *ordinaires*, ce qui les faisait appeler *extraor- « dinaires*. Les droits ou impôts annuels sont fixés d'avance et « inscrits sur des cédules; mais les droits en question n'y « sont pas compris ». Peut-être faut-il entendre par impôts extraordinaires : le tribut de 500,000 onces d'argent, représentant à peu près 3,500,000 francs que, selon Abel Rémusat, les Mongols auraient ajouté aux impôts ordinaires. Ce tribut aurait été affermé et aurait donné lieu à de grands excès. Quant aux autres impôts ils ne paraissent pas avoir été affermés d'une manière régulière (2).

(1) Il était, en outre, levé des droits sur les fours à briques, les plateaux des montagnes, les étangs et les roseaux des marais, plantes aquatiques, radeaux, bords des rivières, ferments secs, poissons, les vernis de la laque — *résidus des distillations* — lacs de montagnes, plages maritimes, saules rampants, os, pour l'industrie, vaches à lait, pompes à eau, nattes de roseaux, pêches, peaux de moutons, peaux d'animaux, gingembre, poudre blanche. Ce curieux arsenal est à recommander aux fiscs contemporains. Peut-être y trouveront-ils quelques loques d'idées.

(2) Le livre de Marco Polo, édition et notes de M. E. Pauthier, chap. CLII, p. 509-519.

IV. *Administration fiscale en Chine.* — Ces divers impôts étaient surveillés avec sévérité et perçus avec rigueur. « La « science de l'administration que les Mongols empruntèrent « aux Chinois avait surtout pour objet d'exploiter le contribua- « ble. Elle s'appuyait sur un système savant de compression, de « torture, appliqué, par exemple, au recouvrement des dettes (1) ». Les Mongols avaient installé des préfets, dits Daroga, ou plutôt des contrôleurs. Les Chinois les appelaient les « fouleurs ». Ils ont ainsi devancé Rabelais qui comparaît les percepteurs de son temps à des fouleurs, qui pressent la vendange fiscale avec leurs pieds dans le pressoir. Puis ils avaient multiplié les bureaux, comme en France exactement : octroi, contributions indirectes, navigation. La France en est couverte. « Ce « n'était pas le désordre mongol qui terrifiait les Chinois, c'était « l'excès d'ordre. Partout où ces terribles administrateurs ont « passé, ils ont laissé leur empreinte dans la langue par trois « mots : *yassak*, le règlement — *yamen*, le bureau — *yam*, la « station de poste où l'on vise le passeport (2) ». La Russie a conservé, elle aussi, la marque de cette bureaucratie des nomades. Et puis des réquisitions, des recensements, des visites domiciliaires dans le genre de ceux que J.-J. Rousseau raconte dans ses *Confessions*. « Ils inscrivaient toutes les personnes à partir « de l'âge de 10 ans, à l'exception des femmes ; ils assujettirent « à l'impôt tous les artisans, les étangs, les lacs où on faisait la « pêche, les mines de fer, les forgerons, les maçons..., avec « cela, derrière eux la bande noire chinoise, sans compter les « bons amis de Venise (2) ». Ces amis de Venise revendaient sur tous les marchés les prisonniers de guerre, les esclaves, les débiteurs, surtout les femmes et les enfants. Marco Polo raconte que plusieurs fois le grand Khan l'a chargé de se rendre sur les lieux de production du sel pour vérifier les recettes dans Kwang-Si. Les grands Khans procédaient eux-mêmes à des vérifications.

M. E. Pauthier a évalué à 90 millions de francs les revenus

(1) Louis Léger, *Russes et Slaves*, p. 51.
(2) Léon Cahun, *ibidem*, p. 297.

connus de la province du Kwang-Si à l'époque de Marco Polo. Ils pouvaient s'élever à peut-être au delà de 100 millions de francs. Sur cette base les revenus des onze gouvernements auraient dépassé de beaucoup les revenus indiqués plus haut. En tenant compte de la différence des temps, environ cinq siècles, il n'en résulterait pas moins une sensible aggravation (1).

V. *Papier-monnaie.* — L'impôt n'a pas été le seul moyen dont les Mongols se sont servis pour pressurer la Chine. Ils y ont joint, sur une échelle gigantesque pour le XIIIe et le XIVe siècles, le papier-monnaie. Leur propre monnaie n'avait rien de métallique; ils avaient rencontré en Russie, dans le Kiptchak, le cuir-monnaie et la monnaie de peaux de martres et d'écureuils. En Chine ils eurent affaire à la sapèque, d'une part, et, d'autre part, au papier-monnaie. La monnaie de cuivre exigeait si elle était abondante, de notables déboursés, au XIIIe siècle. Les Russes n'ont pu acclimater qu'assez tard chez eux la monnaie de cuivre. Les ministres de Khoubilaï pensèrent que la monnaie de papier pourrait donner au Trésor et à eux-mêmes de grands profits. Le gouvernement émit d'abord des bons d'échange faits avec un papier dont la soie formait la base. Il y a eu toujours une véritable proportionnalité entre la valeur de la soie et celle de l'argent. Quand le papier de soie eut acquis une certaine circulation, sur laquelle Marco Polo renseigne fort bien, on substitua l'écorce de mûrier à la soie; on établit des caisses et des banques spéciales pour échanger l'or, l'argent et le cuivre contre les coupons de mûrier, d'après une proportion arbitraire. De 1260 à 1294 Khoubilaï paraît avoir émis pour 1,872 millions de francs de ces coupons. Ce ne serait pas beaucoup pour la France actuelle, qui aura bientôt cinq milliards de billets de banque, sans compter plus de 30 milliards de valeurs au porteur mais c'était énorme pour la Chine au XIIIe siècle, bien qu'elle fût alors la seule partie de la terre où le papier pût faire fonction de monnaie. Sous le poids de ces centaines de millions, il arriva, d'un côté, que les prix des denrées et des salaires éprouvèrent une hausse incessante et irrésistible et, d'un autre côté, que le

(1) Voir ci-dessus, p. 52, Marco Polo, même édition, p. 327.

papier-monnaie ne cessa de baisser de valeur. Alors les ministres mongols, fort habiles bien que nomades, réduisirent de plus en plus la valeur nominale des coupons. Il fallut accroître à ce point le tirage, que, chaque année, on dut le renouveler. Pour faire face aux frais, on établit un impôt spécial de 2 p. 0/0, payable en argent, sur le montant de la circulation. En outre, on tint la main au paiement des impôts en nature, car le grain valait encore beaucoup plus que l'écorce de mûrier. Ce système fut l'œuvre d'un certain Ahama, de la Transoxiane, ministre des finances de Khoubilaï. Marco Polo en retrace fort bien le mécanisme et les effets. « C'est sans fin le Trésor du Seigneur ; et paie de choses « que rien ne li couste. Et encore que plusieurs fois, en l'an, vait « son ban par la cité : que chascun qui avena or, argent, pierres « ou perles les porte à la seque (caisse) et il les fera bien paier « et largement ». Il est vrai que la sèque reprenait les coupons ou billets, mais Marco Polo ne dit pas à quelles conditions. Il se contente d'ajouter : « or vous ai conté la manière et la raison « pourquoy le grand sire doit avoir et a plus de Trésor que tous « ceux du monde ».

Maïs les Chinois n'ont pas été de l'avis de Marco Polo. « Ce « système, poussé à ses extrêmes limites, dit, au contraire, « M. E. Pauthier, fut une des causes de la chute de la dynastie « mongole ». Ogodhaï, fils de Tchinghiz-Khan, consultait un vieux ministre chinois sur l'émission d'un papier-monnaie (1236). Le vieux ministre répondit que, du temps de la dynastie d'or (les Kin), on avait émis un papier concurremment avec la monnaie. Un ministre gagna beaucoup d'argent avec ce papier. Et le surnom de *seigneur Billet* lui en est resté. Les choses en vinrent à ce point que pour 10,000 billets on pouvait à peine acheter un gâteau de riz. Le peuple souffrit beaucoup et l'État fut ruiné.

VI. *Finances, Trésor, Richesse.* — Le système financier des Mongols correspondait à leur système fiscal. Il consistait à accumuler les métaux précieux dans le Trésor des Khans. C'était le système des grandes monarchies de l'Orient. Aux métaux précieux, on joignait d'immenses approvisionnements en bétail, en grains, en étoffes, en armes, en vue d'expéditions perpétuelles. Sous ce rapport, Khoubilaï, le Khan le plus éminent de la dynastie de Tchinghiz-Khan, a procédé comme les autres descendants du fondateur de l'empire. La guerre pour vivre, l'impôt pour préparer la guerre. C'est la condition des grandes Confédérations nomades. Les chapitres dans lesquels Marco Polo décrit les richesses accumulées par Khoubilaï, la vaisselle d'or et d'argent, les tables d'or, les robes d'or, les joyaux de 10,000 besants d'or, les 12,000 barons chevaliers qui reçoivent chacun 13 robes, les 5,000 chiens pour chasser, les 100,000 chevaux, rappellent, sur un plus grand pied, le luxe sauvage d'Attila. C'est la représentation d'une rapine effrénée et d'impôts destructeurs. C'est le banditisme triomphant. Marco Polo expose ensuite l'organisation des postes, des secours, des greniers publics, des pharmacies, de l'assistance dans l'empire, des promenades plantées d'arbres (1). Resterait à savoir si tout cela est mongol ou chinois : mais ce grand luxe dévastateur, à côté d'une misère excessive, est le caractère des empires des nomades. A Bagdad, comme en Pannonie, comme à Samarcande, comme à Cambaluc.

Qu'est-il resté de tout cela? Pharaons, Persans, Grecs, Romains, Khalifes, ont laissé après eux quelques souvenirs de leur grandeur. Cette grandeur rappelle les peuples auxquels elle est due. Il ne subsiste des Mongols que les 139 bannières qui errent encore à travers le Gobi, l'Ordos et l'Alashan.

§ 5. *Des impôts en Perse et en Asie Mineure sous la domination des Mongols.*

En Transoxiane, en Perse, en Asie Mineure, les Mongols rencontrèrent un élément autrement résistant et réfractaire à l'impôt que les Chinois ou les Russes. C'est l'élément musulman, avec ses deux facteurs, les Arabes et les Turcs. De cette rencontre est résulté un premier fait important, la conversion des Mongols au Mahométisme. Tamerlan était musulman. Mais la communauté de religion ne put surmonter l'antipathie des habitudes et des intérêts. Il y avait dans la Transoxiane des popu-

(1) Marco Polo, même édition, p. 14, 328, 335, 283, 297.

lations sédentaires, il y en avait davantage en Perse, en Arménie, en Asie Mineure. Ces populations n'acceptèrent jamais les Mongols, pas plus que les Chinois, pas plus que les Russes. Les Russes ont été les derniers à expulser les tribus mongoles, et le ramassis de nomades qu'elles entraînaient avec elles, parce qu'ils étaient les moins stables. Nomades, sédentaires ne parviennent jamais à s'entendre. Le sédentaire constitue la propriété et en vit. Le nomade la consomme peu à peu. Les fêtes de Cambaluc, qui ravissaient Marco Polo, épuisaient la Chine. Le sédentaire peut supporter et a souvent pu supporter le tribut. Mais l'incertitude dans l'impôt, l'exportation de l'impôt, la perte du papier-monnaie lassent sa patience. Aussi Chrétiens, Arabes, Turcs, ces derniers malgré les liens du sang avec les Mongols, furent unanimes à les repousser. La grande lutte de Timour et des Turcs n'est pas autre chose. Les courses effrayantes, les raids de Timour ont été non moins ruineux et destructeurs que ceux de Baty et de Souboutaï.

Aussi, en Transoxiane, en Perse et en Asie Mineure, les Mongols conservèrent les impôts des Arabes et les mêmes lois foncières. Ils aggravèrent les impôts, surtout en les affermant. Ils avaient, comme en Russie et en Chine, une série de contrôleurs et d'inspecteurs pour surveiller les contribuables et les fermiers. Ces derniers étaient des Arméniens ou des Juifs. Il fut procédé à de nouveaux cadastres. Les Mongols s'emparèrent de toutes les terres des domaines publics et même d'une partie des Wakoufs. Ils distribuèrent ces domaines en bénéfices à charge du service militaire : ce que devaient faire, après eux, les Turcs sur une grande échelle. Ces bénéfices furent assujettis à des redevances payables partie en nature, partie en argent. Ces mesures furent le résultat de l'influence des lois et des mœurs des populations sédentaires au milieu desquelles les Mongols se trouvèrent transportés. Il en a été de même, dans une certaine mesure, en Russie et en Chine. Un certain nombre de familles mongoles se fixèrent, abandonnèrent leur tribu, parfois même des tribus s'établirent. On retrouverait encore en Asie Mineure, en Perse, en Transoxiane, en Russie, les anciens emplacements de ces tribus. Telle a été la fixation des Turcomans et des Arnautes en Égypte, qui sont devenus les Mameluks, que Bonaparte vainquit dans la journée des Pyramides.

Les Mongols n'ont passé en Asie Mineure que comme un torrent dévastateur. Lorsque Houlagou, frère de Khoubilaï, eut réduit Bagdad à capituler, le dimanche « quatrième jour du mois « de Safas 856, le Khalife sortit de Bagdad avec ses trois fils et « 3,000 personnes, Seids, Imans, Cadis. Il se présenta devant « Houlagou qui ne témoigna aucune colère et lui adressa des « questions avec douceur et bienveillance. Après quoi, Houlagou « lui dit : ordonnez aux habitants de Bagdad de déposer les « armes afin que nous fassions le recensement. Le Khalife dépêcha « un député qui proclama dans les rues de la ville que la popu- « lation jetât ses armes et sortit des murs. Les habitants ve- « naient par troupes se livrer aux Mongols qui les massacraient « immédiatement (1) ». Les mêmes faits se sont récemment passés en Arménie, mais ces faits expliquent comment les nomades et les sédentaires ne peuvent vivre ensemble.

En Perse, les Mongols ont eu plus de durée, parce que la Perse était habituée, depuis plus longtemps, aux déprédations des nomades et qu'elle contenait, comme elle contient encore, plus d'éléments nomades que l'Asie Mineure (2). Après la conquête arabe, les Persans opposèrent une opiniâtre résistance aux Arabes, résistance qui s'est traduite par une modification de l'Islam. Cependant les impôts arabes s'introduisirent en Perse, mais sans jamais y avoir la même régularité qu'en Asie Mineure. Du xe au xive siècle, la Perse traversa une longue époque anarchique qui aboutit à la conquête mongole. La Perse fut attribuée par Khoubilaï à Houlagou avec l'Asie Mineure. A Houlagou, mort en 1265, succédèrent Argoun, Gaïkhatou et Ghazan. Ghazan (1295-1335) est une des physionomies les plus intéressantes du milieu mongol (3), Khoubilaï et Ghazan, l'un en

(1) Léon Cahun, *ibid.*, p. 393. M. Cahun ne donne aucun chiffre sur ces massacres. D'Ohsson les évalue à 800,000 têtes. Ils durèrent, dit-il, 7 jours et telle fut l'horrible pestilence qui en résulta que Houlagou et son armée déguerpirent, 3e vol., p. 241. Bagdad s'est relevée de ses ruines. Elle contient encore 180,000 habitants (1894).

(2) De Gobineau, *Voyage en Perse*, p. 304.

(3) Léon Cahun, *ibid.*, p. 435.

Chine, l'autre en Perse, ont tenté en vain, d'associer l'élément mongol, essentiellement nomade, à l'élément sédentaire en Chine et en Perse.

De même qu'on possède des détails précis sur les impôts et les finances de la Chine à l'époque de Khoubilaï, on en possède aussi quelques-uns à l'époque de Ghazan (1295-1304). Ghazan paraît même avoir été supérieur à Khoubilaï, mais le milieu persan musulman ne valait pas le milieu chinois. Sous la direction de musulmans distingués, Ghazan (1) entreprit de rendre à la Perse quelque prospérité. Dans ce but, il procéda à une réforme financière et fiscale.

1o Les impôts de l'ancienne Perse, mélanges des impôts, sur les Achéménides, les Sassanides et les Arabes, furent maintenus et revisés. Ils consistaient dans : I. Un impôt foncier payable en nature et en grains à la récolte, d'après les rôles d'un cadastre nouveau, contenant la description des propriétés privées et publiques. Il existait un cadastre en Perse sous les Achéménides. Malgré sa profonde décadence actuelle, à laquelle les nomades ont beaucoup contribué, la Perse est l'une des contrées où l'impôt foncier remonte le plus loin, sans avoir subi la même interruption que dans les vallées du Tigre et de l'Euphrate. Cet impôt était le Coischous. Il devait représenter l'ancienne dîme. II. Le Kharadj, c'est le tribut de la conquête arabe, impôt de capitation, exigible en argent en deux parties. III. L'obligation du logement pour les troupes. IV. Les droits de douanes qui étaient la ressource la plus nette du Trésor. V. La taxe des tribus nomades. VI. Des taxes locales très élevées dans les villes, sur les marchés. A ces ressources se joignaient, comme dans tous les États orientaux, musulmans ou mongols, les produits des domaines et des confiscations (2).

2o Ces impôts auraient pu être suffisants sans le désordre financier incurable des peuples nomades. Il n'en était pas autrement en Perse qu'en Chine. Les Arabes, pendant leur belle pé-

(1) D'Ohsson, *Hist. des Mongols*, 4e vol., liv. VI, chap. IX.

(2) Nous comparerons dans notre second volume ces divers impôts avec ceux de la Perse actuelle. — Consulter nos articles de l'*Économiste français* sur la Perse, juin 1895.

riode, avaient pu conserver un système d'impôts régulier et d'assez bonnes finances, mais à peu près nomades eux-mêmes, les Arabes furent impuissants à soutenir le Khalifat et surtout à le respecter, c'est-à-dire à accepter un gouvernement régulier et permanent. Les Khalifes introduisirent alors en Asie Mineure et en Perse les divers éléments nomades, la plupart turcs, qui, moyennant une solde, leur permirent de prolonger leur existence. C'est contre les divers groupes turcs, Gaznévides, Seldjoucides, Khariasmiens, que les Mongols vinrent se heurter. La rencontre de ces divers groupes en Perse et en Asie Mineure y provoqua une anarchie complète dans les conditions de la propriété foncière et dans les finances. Cette anarchie fut aggravée par les attributions aux chefs de tribus mongoles de domaines, à titre de bénéfice militaire et de villages, d'après un bien vieux procédé oriental, à titre de bénéfice fiscal, et par la création d'*assignats sur les impôts*, notamment sur l'impôt, fourni en nature pour l'entretien et la solde des troupes.

A l'époque où le butin servait de solde militaire, succéda, peu après Tchinghiz-Khan, l'époque de la paie avec entretien complet, parce que les expéditions ne produisaient plus à peu près que des massacres et que les tribus militaires s'étaient disséminées et affaiblies. Non seulement, il fallait payer, mais nourrir, vêtir, équiper, armer le soldat. L'impôt ne suffisant pas, on avait eu recours, en imitation de ce qui avait lieu en Chine, au *Tchao*, au papier-monnaie (1). Mais les Persans se montrèrent encore moins accommodants que les Chinois. Le Tchao fut retiré. Ghazan améliora assez rapidement cet état de choses en rétablissant l'unité, la sécurité, la confiance, en diminuant les assignations, en soumettant les finances, les impôts à des inspecteurs (*Hakim*) qui étaient chargés de lever les impôts et de parer aux dépenses. Ils devaient, avant tout, veiller à l'entretien et à la solde des troupes, puis parer aux dépenses ordinaires. Le surplus était versé à l'Ordou des Khans.

(1) Avec interdiction de faire circuler l'or et l'argent, de fabriquer des bijoux. Tout or et argent devrait être remis au Trésor sous peine de mort et confiscation des biens. D'Ohsson, 4e vol., p. 101. Law avait été précédé par Gaikhatou.

Ces améliorations ne survécurent pas à Ghazan ; c'est le sort de tout ce qu'entreprennent les peuples nomades. L'anarchie reparut en Perse et Timour put s'en emparer sans difficulté.

§ 6. *L'empire de Timour. — Impôts. — Finances.*

Du vivant de Tchinghiz-Khan, son fils Djagataï avait été apportionné de la Transoxiane et du Khorassan. C'était un bel héritage, mais où dominaient les Musulmans. L'Oxus est déjà loin de la Mongolie et de la Mandchourie. Il se créa donc dans ces contrées, dont Samarcande et Balk étaient les grandes villes, un foyer musulman, peu sympathique aux influences mongoles. C'est dans ce milieu que naissait en 1336 Timour ou Tamerlan, fils de Teraguï de la tribu des Barlass (1). Soutenu par cette tribu et ses alliés, Timour parvint, après de longs efforts, à prendre la place en Transoxiane des héritiers de Djagataï et à être élevé, comme roi, sur le feutre blanc en 1360. Il avait dû ses succès à l'appui des Musulmans. Il se déclara par suite l'adversaire des Mongols et contribua beaucoup à les affaiblir. C'est le caractère de sa carrière politique. Ses courses en Asie Mineure et dans l'Inde n'ont été que des aventures sans portée, dans le genre de celles de *Nadir-Shahn*, XVIIIe siècle. Son véritable empire n'a compris que le lot attribué à Djaggataï, agrandi de la Perse. A sa mort, la Perse a repris son entière indépendance, mais la Transoxiane, dans laquelle le Turkestan, Khiva, Bokkara, Samarcande, le Ferghana, l'Afghanistan avec les divers États des Pamirs étaient englobés, a formé une sorte de petit empire qui se trouve aujourd'hui, pour la plus grande partie, dans les mains de la Russie, et, pour le surplus, sous l'influence de l'Angleterre.

Timour a laissé un ouvrage rédigé par lui-même, sur l'administration fiscale de cet empire (2). On trouve dans cet ouvrage des renseignements intéressants sur Timour, son œuvre entière, ses plans, ses moyens d'action, qui étaient remarquables,

(1) Il était par Djagataï, arrière-petit-fils de Tchinghiz-Khan.

(2) Instituts de Timour, traduits par Langlois, 1787.

projets sur les impôts, les finances. Bien que devenu musulman assez ardent, Timour a dû posséder plusieurs des grandes qualités de son bisaïeul. Le chef d'Etat et le brigand étaient réunis dans cet homme extraordinaire, mais aussi féroce que les Mongols. En outre, le sectaire musulman remplaçait dans Timour le mongol boudhiste indifférent. D'après les détails donnés par Timour, il est à supposer que le système fiscal de l'Empire arabe, calqué en partie sur celui de l'Empire byzantin, et que le système fiscal de la Perse, modifié par l'Islam, n'avaient pénétré qu'en partie en Transoxiane, car il y a des différences sensibles entre ces systèmes et l'ensemble des institutions fiscales de Timour.

1° L'impôt est essentiellement territorial; il est basé sur le produit des terres en céréales. Il est fait trois parts de ce produit. Si les terres sont arrosées par des canaux, le fisc en prend une. Le producteur peut la retenir en la réglant en argent au prix courant. Autrement, sur les récoltes de trois arpents en grains, l'État prenait trois charges sur le premier arpent, deux charges sur le second et une sur le dernier. Dans ces arrangements, l'État prélevait à la fois l'impôt et la rente. Il devait avoir d'anciens droits dans la propriété du sol;

2° Pour les autres produits, le prélèvement de l'État variait du tiers au quart. Pour les herbes et les fruits il y avait des droits spéciaux;

3° Les cultivateurs avaient à leur charge l'entretien des canaux. Cet entretien a encore beaucoup d'importance dans les deux Turkestans;

4° L'État faisait des avances en outils et en grains aux cultivateurs, auxquels une police régulière donnait une certaine sécurité;

5° Le service militaire était obligatoire; mais l'armée recevait une solde, réglée d'après le prix des denrées;

6° Des dispositions spéciales distribuaient l'assistance aux pauvres; des caravansérails, des hôpitaux, des mosquées, des écoles, des routes avec gardes étaient établis;

7° Des agents et intendants spéciaux assuraient, dans chaque province, le recouvrement des impôts et la régularité des dépenses avec défense d'employer les moyens violents, notamment le bâton et les fers;

8° Les droits des hordes et des tribus étaient réglés avec soin;

9° Les terres abandonnées, remises en culture, jouissaient d'exemption d'impôts pendant trois ans;

10° Les canaux étaient tenus en état;

11° Les pèlerins, les colons étaient protégés.

On doit conclure de ces renseignements que la grande majorité des populations de la Transoxiane, devenues sédentaires, se trouvaient en opposition formelle de vues, de coutumes, avec les nomades, dont elles étaient entourées. Elles ont dû saisir, avec empressement, l'occasion de se séparer de l'empire des Mongols. Timour a représenté leurs véritables intérêts. Il a donc laissé parmi elles un grand souvenir. Ce souvenir contraste avec les raids, pillages et massacres qui, au contraire, lui ont valu une sinistre réputation chez les Mongols, les Turcs d'Asie, les Persans et même en Europe. Timour a favorisé les intérêts de l'Europe orientale en précipitant la ruine des Mongols du Kiptchak et en retardant les attaques des Turcs ottomans.

Cependant, si l'on peut considérer que Timour a doté d'une certaine civilisation, d'après l'expression de M. Léon Cahun, l'effroyable milieu des Musulmans de Khiva, Bokkara, Samarcande, Hérat, il ne faut pas entretenir d'illusions sur le véritable caractère de cette civilisation (1). Le capitaine Younghusband vient d'en retrouver les derniers vestiges chez les petits Khans ou patriarches brigands qui vivent au fond des vallées des Pamirs que les Cosaques tiennent aujourd'hui en respect (2). Les nomades ont connu l'impôt, le papier-monnaie, la finance, mais ils n'ont pas connu la civilisation, car Khoubilaï, Houlagou (3) et Timour sont leurs plus honorables types.

---

(1) Léon Cahun, *ibidem*, *Hist. générale*, Lavisse et Rambaud, 3e vol., p. 962, *La civilisation en Transoxiane.*

(2) Younghusband, *The Heart of a continent*, 1896, p. 341. Notamment Mohammed Hazim, Khan de Munza, au fond des Pamirs et le Khan de Chitral.

(3) A. de Rémusat, *Mémoire*, 1er vol., p. 171, appelle Houlagou un bandit.

CHAPITRE XII.

SYNTHÈSE DE L'HISTOIRE DE L'IMPÔT AU MOYEN AGE DU Ve A LA FIN DU XIVe SIÈCLE.

Durant tout le Moyen âge une profonde ligne de démarcation se maintient entre les deux parties de l'Empire romain, l'Empire d'Orient et l'Empire d'Occident.

I. L'empire d'Orient conserve, sinon dans tous leurs détails du moins dans leur ensemble, les grandes institutions fiscales de Dioclétien et de Constantin, successivement modifiées, appropriées aux circonstances nouvelles par Théodose II, Justinien et les Macédoniens. Malgré le développement d'une fiscalité excessive, malgré les invasions des Nomades du Nord et des Arabes, l'empire jouit d'une sorte de renaissance du IXe au XIIe siècle. Il parvient à limiter les conquêtes des Arabes et à rejeter sur l'Occident la plupart des Nomades septentrionaux : Goths, Huns, Avars, Hongrois, Petchénègues, Coumans. Il résiste aux attaques des Slaves, il prend une part considérable dans la colonisation et la civilisation de la Russie.

II. De leur côté, les Arabes, dont la domination s'étend rapidement de Balk à Cordoue, avec Bagdad et le Caire pour centres principaux, maintiennent également, sauf les changements résultant de la conquête religieuse dont ils sont les instruments, les mêmes institutions. La *capitatio terrena* ou contribution foncière devient le Kharadj, taxe foncière, pour les terres tributaires, et le Zekkat ou la dîme pour les terres musulmanes; la *capitatio humana* se transforme dans le *Djizyé*, tribut personnel des non-musulmans. Ces taxes principales sont complétées par divers impôts généraux, directs ou indirects. L'effet des impôts arabes est de rendre aux institutions fiscales le caractère tributaire, traditionnel en Orient, que les réformes de Dioclétien et de Constantin, leur avaient enlevé. Il en résulte un très grand recul. L'impôt redevient ce qu'il a été à l'époque de la conquête romaine, sous les successeurs d'Alexandre, sous les Perses avec les monarchies d'Assyrie et de Chaldée.

Bien que sous les Khalifes, les impôts rappellent sans cesse aux populations chrétiennes leur état politique d'infériorité, elles trouvèrent des compensations dans l'adoucissement fiscal qui marqua et facilita beaucoup la conquête arabe et dans le fait important que l'impôt ne fut plus exporté, mais consommé au milieu d'elles. Aussi la propagation du Mahométisme en Orient et la conquête arabe ont été accompagnées d'un développement considérable de la prospérité et de la civilisation en Asie Mineure, en Égypte, dans l'Afrique du nord et dans le midi de l'Espagne. C'est là que se trouvent les principales richesses au Moyen âge, signalées par les découvertes des sciences physiques et naturelles, les produits de l'industrie, l'extension du commerce avec l'Extrême-Orient, la circulation de l'or.

Ni les Croisades, qui se prolongent pendant près de trois siècles, ni les invasions des tribus turques, ni celles des Mongols et Tartares ne compromettent cette situation qui a persisté jusqu'au XVIe siècle.

L'Inde et la Chine ont participé, à peu près jusqu'à la même époque, à cette prospérité.

III. Les destinées de l'empire d'Occident ont été bien différentes. Tandis que les éléments grecs de la civilisation romaine chrétienne déployaient des ressorts si puissants en Orient, les éléments romains de la civilisation latino-chrétienne subissaient un effondrement total. La raison principale de cette différence doit être recherchée dans les conditions des populations. Depuis longtemps, elles étaient la plupart, sédentaires dans l'empire d'Orient, notamment en Asie Mineure, en Syrie, en Arménie, en Égypte ; en Occident, elles ne l'étaient réellement qu'en Italie, qu'en Espagne et dans le midi des Gaules. Tout le surplus de l'Europe constituait une vaste série de marais, de forêts, de landes où circulaient sans cesse des tribus demi ou complètement nomades. De la Loire au Rhin les cultures étaient des plus rares ; — au delà du Rhin, il n'en existait plus (1). Aussi les peuples no-

(1) La riche et plantureuse ter de Flandre, aujourd'hui le Jardin de l'Eu-

mades, mis en mouvement le long des frontières de la Chine, vers le second siècle avant l'ère chrétienne, n'éprouvèrent aucune difficulté pour pénétrer dans l'Europe orientale et centrale ; ils n'eurent qu'à suivre, par étapes, la grande plaine du Nord. Ils arrivèrent ainsi jusqu'au Rhin et jusqu'au Danube où ils s'arrêtèrent, tant que les empereurs d'Occident purent leur payer la solde ou le tribut d'attente ou que de nouveaux flots d'arrivants ne les contraignirent pas à passer outre. Aussitôt que le Rhin et le Danube furent franchis, l'empire d'Occident s'écroula pour toujours. Les régions qui le composaient se partagèrent en deux grandes zônes — la première — Italie, Espagne, midi des Gaules — comprenait la partie de l'empire d'Occident tout à fait romanisée — la seconde — Centre et Nord des Gaules, Grande-Bretagne, Germanie — comprenait la partie de l'empire d'Occident incomplètement romanisée. Les différences entre ces deux zônes ne tenaient pas seulement au degré d'influence de la civilisation romaine, mais encore à la condition demi-nomade des populations et à l'état de culture des territoires, formés de forêts, de landes et de marais. Autant la seconde zone convenait aux nouveaux afflux de nomades, Germains, Scandinaves, Slaves, autant ces nouveaux afflux convenaient peu à la première, surtout à l'Italie, la région de l'Europe la plus anciennement civilisée.

IV. L'œuvre du Moyen âge, du ve à la fin du xive siècle, a consisté, d'abord pour l'Europe qui appartenait presqu'en entier, à l'empire d'Occident, à fixer les populations nouvelles sur les territoires où elles s'étaient établies, à occuper, défricher, exploiter ces territoires. C'est donc une œuvre de civilisation et de colonisation ; cette œuvre se personnifie en quelque sorte dans la grande physionomie de Charlemagne. Charlemagne est bien plus un colonisateur qu'un conquérant.

D'autant plus que la fixation des tribus nomades, germaniques ou autres, sur les territoires compris dans les limites de

---

rope, n'était, pour ainsi dire, qu'une seule forêt, remplie de fondrières et de bêtes fauves, que les chroniqueurs du Moyen-âge appelaient *la forêt sans miséricorde*. Les plaines basses qui se mirent dans les eaux de l'Escaut et de la Meuse étaient occupées par la *Merwede* dont le nom signifie la forêt *ténébreuse*. G. Kurth : Clovis, 1896, p. 5-6.

l'Empire romain d'occident, et la mise en culture de ces territoires, n'ont été que la moindre partie de l'œuvre qui est incombée au Moyen âge en Europe. Derrière ces tribus et ces territoires, se trouvait l'immense plaine du Nord, ainsi que les contrées diverses qui en dépendent au Midi, du Rhin au Volga et à l'Oural, du Danube à la Baltique.

La première partie de cette œuvre, la fixation, la civilisation des peuples demi-nomades et la colonisation de leurs territoires, Gaules, Grande-Bretage, Germanie, a été faite sous le régime féodal; la seconde partie, la fixation, la civilisation des tribus nomades et la colonisation de leurs territoires. — Germanie depuis l'Elbe, Europe septentrionale et orientale, Russie, provinces Danubiennes, — a été faite sous le régime seigneurial ou allodial.

V. Pendant que cette œuvre suit son cours, l'Italie élimine peu à peu tout élément germanique; elle échappe définitivement à l'influence de l'empire d'Orient; elle prépare sa brillante éclosion de la Renaissance, sa troisième et sa plus belle civilisation. Elle devient le centre de l'art, de la richesse et le foyer affectionné par tous les genres, tous les systèmes et les expériences d'impôts, telle que nous allons le constater au XVe siècle, telle que Montesquieu la retrouvera au XVIIIe. Les forces actives de l'Espagne sont absorbées par sa lutte terrible de 700 ans contre les Arabes et le Mahométisme. Les destinées de la Gaule du midi se confondent peu à peu avec celles des Gaules du centre et du nord.

VI. L'Europe féodale ne comprend réellement que les Gaules et ses annexes ou dépendances, l'Allemagne occidentale, la Grande-Bretagne; l'Italie et l'Espagne du nord, n'y ont qu'une place secondaire. En Italie, l'élément germanique n'a eu qu'une influence politique; il a été éliminé peu à peu, il n'a pu changer les très anciennes traditions de la civilisation de l'Italie; de même en Espagne, la lutte entre les Arabes a tout dominé, l'élément celtibère a laissé peu de place à l'élément germain. Il n'en a pas été de même dans les Gaules. Là, de même que dans l'Allemagne occidentale, les deux éléments romain et germanique se sont rencontrés, tantôt juxtaposés, tantôt assimilés. Le régime féodal a été le résultat de leur rencontre. Les Gaules, principalement celle du nord, forment son véritable domaine.

Le régime féodal s'est constitué spontanément; il a été le produit de la force même des choses : 1° asseoir et protéger les populations; 2° poursuivre l'occupation et l'exploitation du sol; 3° constituer et défendre le territoire; 4° transformer le colon corvéable ou serf questal en un propriétaire ou tenancier conditionnel, afin de développer surtout la production. A cet effet chaque grande propriété foncière, devenue une seigneurie, s'est démembrée en fiefs et les fiefs en tenures roturières ou serviles, non pas à titre temporaire, mais à titre définitif. Elle a formé un État avec une hiérarchie sévère, englobant les terres et les personnes, soumettant le seigneur ou suzerain à des devoirs formels de protection et d'assistance, et les vassaux, roturiers et serfs à des obligations nombreuses en argent et en nature, notamment à des impôts prenant leur principe dans la fiscalité romaine. La tradition de la fiscalité ou de la civilisation romaine dans le régime féodal a été si importante qu'elle a été représentée par une seigneurie particulière, la seigneurie justicière, héritière des droits qui avaient appartenu aux empereurs romains et successivement aux Mérovingiens et Carlovingiens. La seigneurie justicière ou fiscale caractérise principalement le régime féodal de l'Europe occidentale. C'est à elle que se rattachent les traditions fiscales de la féodalité qui ont beaucoup d'importance, puisqu'elles sont devenues les bases des impôts des grandes monarchies de l'Europe du xve au xviiie siècle et même au delà.

Les impôts ou droits féodaux ont correspondu nécessairement aux faits économiques de l'époque féodale, ils ont à la fois le caractère de garantie personnelle, de redevance foncière, d'obligation politique territoriale et même de sujétion résultant de ces faits. On reconnaît facilement dans les uns, surtout ceux relevant du seigneur justicier, la tradition romaine, et dans les autres, ceux relevant du seigneur terrien ou féodal, l'origine rurale, le prix de la terre, le contrat de colonisation, tacite ou formel. D'autres impôts sont nouveaux. Ils proviennent du grand développement que prirent la colonisation et la propriété foncière. Sous ce rapport, les feudistes royaux et la plupart des historiens (sauf Michelet), antérieurs aux travaux les plus récents qui ont tout renouvelé, se sont complètement mépris sur le véritable caractère de l'époque féodale dans l'Europe occidentale. Les guerres privées, les Croisades, les tournois, les scènes de violence, la vie de château, leur ont fait perdre de vue la fonction rurale, agricole, sociale de la seigneurie, du seigneur, des fiefs, des tenures roturières et serviles, ils ont imaginé que forêts, marais, landes avaient été occupés, défrichés, exploités par les serfs ou par les moines seuls, et que les barons ne s'occupaient que de guerres ou de plaisirs. Malgré la masse de documents détruits par le temps ou par la Révolution, il nous est resté assez de chartes pour établir combien longue, pénible et coûteuse avait été l'œuvre de mettre le territoire des Gaules en valeur. La part principale dans cette œuvre appartient à l'époque féodale, qui demeurera la véritable époque de la colonisation de notre territoire et de toute l'Europe occidentale, sauf l'Italie, et l'Espagne.

Nous avons mentionné plus haut les chartes ou traités de colonisation de la maison de Coucy, l'une des maisons féodales les plus anciennes de la France. Ces chartes s'espacent du XIIe au XVIIe siècle. Beaucoup de chartes ne sont que des traités de colonisation. D'autres étaient des traités de protection, contre espèces, même de l'or. Bien des feudistes ont vu dans ces chartes des actes d'oppression.

Les feudistes n'ont pas été mieux inspirés quant à l'interprétation des formes diverses des tenures, qui toutes, n'étaient que des modes variés de concessions de la propriété foncière se rattachant étroitement aux traités de colonisation. Baux à cens, champarts, bordelages, baux à rente foncière, locatairies perpétuelles correspondaient aux contrats divers auxquels, dans des parties différentes du territoire, donnaient lieu les concessions. Ils avaient tous l'avantage de reconnaître un droit réel aux concessionnaires; ce sont ces droits qui n'ont que bien rarement été accordés ou maintenus aux tenanciers, kmets et autres dans l'Europe orientale. A cet égard, toute comparaison est impossible entre la situation que le régime féodal garantissait aux cultivateurs et celle qu'ils pouvaient obtenir ou conserver dans l'Europe orientale.

La sécurité des concessions a produit une prospérité réelle en activant la production, la formation de la richesse qui ont été suivies du développement de la fiscalité. La prospérité de la France, de l'Allemage occidentale, de l'Angleterre au XIIe et au XIIIe siècle est attestée par les Croisades, la fondation des villes, des villages, l'augmentation de la population, les défrichements, la mise en culture d'une partie des forêts et des marais.

A cette prospérité a correspondu la reconstitution des impôts dont les uns avaient disparu, dont les autres avaient été nécessairement appropriés par les seigneurs ou grands propriétaires, au milieu de la profonde anarchie qui a suivi la chûte de l'Empire romain d'occident. Les droits de rachat, de relief, d'amortissement, de franc fief, les lods et ventes sont la preuve de la valeur qu'avaient acquise les diverses formes de la propriété foncière. Par suite, le régime féodal a été essentiellement fiscal et la plupart des administrations fiscales de la France actuelle, d'une productivité fiscale incomparable, proviennent en ligne directe de la féodalité.

A la fin du XIVe siècle, l'impôt est solidement rétabli dans la France féodale, mais il est à l'état de morcellement, comme la féodalité elle-même. Et il faudra des crises terribles, des efforts acharnés, tant le régime féodal s'adaptait aux temps où il est sorti des entrailles mêmes des diverses parties de l'Europe occidentale, particulièrement en France, pour lui restituer son caractère général et national.

Il serait, à notre avis, chimérique d'essayer des comparaisons entre les destinées de l'Europe occidentale, en partie romanisée et féodale, et celles de l'Europe orientale, qui n'a pas connu le régime féodal, mais où il a fallu maintenir la servitude complète ou la condition corvéable jusque pendant le XIXe siècle. L'Europe occidentale, au point de vue de la civilisation générale, de la production, de la richesse, a une telle avance qu'elle la perdra difficilement, et elle doit, en partie, cette avance précisément au régime féodal qui a complété la colonisation de ses territoires, assis ses populations, élevé leur niveau, tout en les façonnant complètement à l'impôt. L'impôt est le fondement de la nationalité.

Nous n'avons pas cependant encore signalé, dans ces aperçus, le service décisif rendu à l'Europe occidentale par le régime féodal, service bien grand, puisqu'il a consisté à affranchir les populations féodales de tout tribut. Cet affranchissement est résulté de la constitution même de la propriété foncière; le fief et les tenures comportaient rigoureusement le service militaire. Il n'est pas possible en étudiant les diverses formes de l'impôt de ne pas s'occuper du service militaire. Dans toutes les civilisations, chez tous les peuples, les impôts et le service militaire sont intimement unis. Cette solidarité, la France, après l'avoir respectée et en avoir singulièrement profité pour la formation, la conservation et la grandeur de sa nationalité, l'a méconnue, à partir de la mort de Louis XIV, jusqu'aux lois organiques de 1872. Le véritable courant de la Révolution n'était rien moins que militaire, de même que les gouvernements de 1814 et de 1830. Pendant toute la période féodale la possession du sol a comporté l'obligation militaire, obligation qui s'est affaiblie, puis qui a presque disparu pendant la période monarchique. La constitution, la protection, la défense du territoire, sa sécurité extérieure contre les peuples voisins, alors presque nomades et fort dangereux, a été l'une des fonctions essentielles du régime féodal. De là, les classes, les familles militaires françaises qui sont loin d'avoir disparu et qu'on retrouve, encore aujourd'hui, dans notre nouvelle et grande armée nationale. Il y a des familles militaires féodales qui servent depuis dix siècles. Il en est de même en Allemagne, en Espagne, mais peut-être à un degré moindre en Italie et en Angleterre.

VII. Il n'était pas moins indispensable d'étudier la seconde des deux grandes régions entre lesquelles nous avons partagé l'Europe du ve à la fin du xive siècle. C'est la plaine du Nord avec ses dépendances, que les Romains n'ont que très imparfaitement connue et dans laquelle ils n'auraient apporté aucun élément des anciennes civilisations, sans la propagation du Christianisme, soit catholique, soit orthodoxe. La grande erreur de Napoléon Ier et de Napoléon III, a été d'engager successivement la lutte contre les grands États qui se sont peu à peu constitués dans cette seconde région et dont la population représente actuellement 180 millions d'habitants, en ne comptant que l'Allemagne du Nord, l'Autriche-Hongrie et la Russie. Une pareille masse d'hommes forme la moitié de la population actuelle de l'Europe. Si on y joint la population des parties de l'Europe sous la dépendance immédiate de ces États, on est amené à reconnaître que le mouvement de la civilisation et l'influence politique, obéissant fatalement au groupement des forces, sont appelés à changer de direction et à se reporter d'Occident en Orient. Il est donc du plus haut intérêt de savoir comment s'est accomplie l'œuvre de la civilisation et de la colonisation dans cette seconde région, quels ont été les éléments primordiaux des populations, quelles leurs institutions politiques et sociales, quels leurs systèmes fiscaux. C'est ce qui explique l'importance de la place que nous avons dû leur donner dans le tableau général de l'Europe à la fin du Moyen âge, car désormais leur place et leur influence ne cesseront de grandir.

Pendant la première partie du Moyen âge, toute cette seconde zone, formée principalement par l'immense plaine du Nord de l'Europe, se reliant elle-même aux plaines et aux steppes de l'Asie, constitue une sorte de territoire de parcours sur lequel se juxtaposent la plupart des tribus nomades de l'Europe et de l'Asie du Nord, appartenant à des races, c'est-à-dire à des étapes diverses de l'humanité. Nous en avons décrit les différents groupes, en montrant que, chez toutes, l'impôt existait sous des formes variées. Peu à peu, ces groupes, Confédérations ou peuples, se sont établis temporairement, de même que les Celtes avant César, les Germains avant Tacite, dans certaines parties de cette zone, sous des impulsions diverses, mais en général sous celle de familles anciennes, directrices, princières, devenues les familles royales ; fait général qu'il n'est pas possible de contester et qui rend compte, à lui seul, du contraste que présentent aujourd'hui les institutions politiques de l'Europe orientale avec celles de l'Europe occidentale.

Si, dans l'Europe occidentale, cette fixation sur le sol des nomades, si leur transformation en sédentaires a été une œuvre extrêmement longue et difficile, qui ne s'est réalisée que dans les foyers multiples et rigoureux des seigneuries et du régime féodal, combien cette œuvre a-t-elle été plus pénible dans l'Europe orientale, restée ouverte à toutes les apparitions de nouveaux groupes nomades de l'Asie? C'est ce que nous avons tenu à établir en montrant les diverses invasions qui avaient porté sur l'Europe orientale, spécialement celles des Mongols et des Tartares, qui ont exercé une si grande influence sur la Russie, c'est-à-dire sur le plus grand empire actuel du globe.

L'étude de cette fixation des populations nomades et de leur transformation en sédentaires dans l'Europe orientale, de l'occupation, de l'appropriation et de l'exploitation du sol, de leurs institutions fiscales, ne pouvait être que du plus vif intérêt; c'est l'étude d'une colonisation, différente de celle de l'Europe occidentale, les éléments n'étant pas les mêmes, mais bien autrement vastes. A cet égard, les travaux exécutés dans ces dernières années sur la colonisation de l'Allemagne entière, puis de l'Europe orientale, depuis la Baltique jusqu'à bien au delà du Danube, et de l'Elbe au Volga, ne laissent pas l'ombre d'un doute et renouvellent le fonds même de l'histoire de la civilisation en Europe. L'honorable M. Lavisse, qui a si bien raconté ce mouvement dans le Brandebourg et la Borussie, ou Prusse du Nord, a cité des contrats de colonisation, avec de nombreux entrepreneurs, tout comme de nos jours pour le Brésil et l'Afrique australe.

A côté des colonisations par entreprise, nous avons montré les colonisations par occupation, comme celles si curieuses, de la Hongrie, de la Pologne, de la Roumanie, de beaucoup les plus importantes.

Dans ces colonisations on assiste à l'occupation du sol, soit par des sociétés d'entreprises, soit par des peuples tout entiers. Tel est le cas de la Hongrie. Dans les deux cas, on voit comment se sont établies les populations, comment s'est partagé le sol, comment s'est préparée, s'est constituée et s'est transmise la propriété foncière. En général, il y a eu dépossession, comme aux États-Unis, dans l'Afrique australe et en Australie de nos jours, d'une race inférieure. L'histoire des Slaves à cet égard est péremptoire; néanmoins, il y a eu également des cas de transaction et d'assimilation, comme en Pologne et en Russie.

La direction de ces colonisations appartient aux chefs des

peuples colonisateurs. C'est une règle sans exception. Le plus souvent la colonisation résulte de l'occupation d'un territoire déterminé par un peuple, une Confédération ou agglomération de tribus nomades. Il ne pouvait en être autrement. La sécurité de chaque personne n'a pu être garantie que par la persistance des liens de la tribu ou par une force indépendante comme celle des Margraves de Prusse, lors de la colonisation du Brandebourg. Les colonisations les plus nombreuses et les plus importantes ont été faites au moyen de la transformation sur un territoire déterminé d'une Confédération de tribus nomades en tribus sédentaires.

Les conditions sociales et économiques des membres des Confédérations ont été nécessairement maintenues, ainsi que les obligations en résultant. Les chefs des tribus sont devenus les grands propriétaires, sauf attributions de lots, à titre héréditaire ou temporaires, aux membres de la tribu d'origine libre, à charge de redevances directes. Peu à peu le gouvernement oligarchique des chefs de tribus est devenu monarchique. La principale ressource du gouvernement a été une part dans le territoire, avec certaines réserves domaniales, telles que les forêts, les mines, les droits de pêche et de chasse. Dans toutes les fixations de tribus ou appropriations du sol, le service militaire, obligatoire dans la tribu, est demeuré obligatoire avec des redevances en nature, bétail, grains, vêtements, armes, logements.

Tel a été le mode de formation de tous les États de l'Europe orientale et septentrionale, surtout de l'Europe slave, la Russie en très grande partie exceptée. En Russie, l'énorme disproportion entre le territoire et la population a eu pour résultat d'empêcher toute fixation définitive des populations qui, demeurées nomades, n'ont été attachées au sol que par la servitude, garantie elle-même au moyen du Mir et de l'Artel.

Les mêmes nécessités, aggravées par les invasions des Mongols, des Tartares et des Turcs Ottomans, qui ont si douloureusement pesé sur l'Europe orientale pendant cinq siècles et qui pèsent encore sur quelques-unes d'entre elles, ont eu pour effet de modifier également la condition de toutes les populations rurales du Nord et de l'Est de l'Europe et de les réduire, non pas à la servitude des paysans russes, mais à l'état de colons corvéables, ou de Kmets, fermiers héréditaires du sol, plutôt en vertu d'une coutume de tolérance qu'en vertu d'un droit réel, vivant également à l'abri d'anciennes associations, Joupanies ou Zadrugas, au sud du Danube, qui, tout en leur procurant une certaine protection, garantissaient les propriétaires au point de vue des redevances en nature et du service militaire.

Dans de semblables milieux, les ressources fiscales des États, des gouvernements ne pouvaient guère être, surtout à la fin du XIVe siècle, que des redevances en nature ou des monopoles dans les campagnes et des taxes locales dans les villes.

VIII. Dans l'Europe centrale, représentée par l'Empire germanique, il y a une distinction essentielle à faire, entre la partie de la Germanie que les Romains et Charlemagne, après eux, ont colonisée, l'Allemagne occidentale, l'Allemagne christianisée de bonne heure, et l'Allemagne orientale qui se relie à l'Europe orientale et se confond avec elle. La condition de l'Allemagne orientale (Brandebourg, Prusse, Bohême, Autriche) est à peu près la même à la fin du XIIIe siècle que celle de l'Europe slave au point de vue des ressources fiscales; c'est ce qui sera établi plus tard. Au contraire, l'Allemagne occidentale, celle entre le Rhin et l'Elbe, participe, plus ou moins, des conditions générales, à cette époque, de l'Europe occidentale ou féodale.

IX. Les différences, si grandes et si persistantes, que nous aurons à constater dans les systèmes des États de l'Europe occidentale et orientale ont, en partie, leur explication dans l'histoire même de ces États, dans les conditions du développement qu'y a pris la civilisation. L'Europe orientale, malgré quelques importations provenant des colons allemands, n'a pas connu le véritable régime féodal, parce qu'elle n'a pas connu la civilisation romaine. Aussi le droit de propriété absolu, quiritaire et même la pleine et grandiose liberté du citoyen romain, dont la civilisation romaine a transmis les modèles et la tradition à l'Europe occidentale, ne se retrouvent pas dans l'Europe orientale. Elle a, il est vrai, comme compensation une pratique immémoriale et admirable du droit d'association, pratique qui l'a soutenue dans les épreuves douloureuses qu'elle a eu à supporter. Dans l'ensemble, sa part a été, il semble, moins avantageuse que celle de l'Europe occidentale, mais l'avenir s'annonce comme meilleur. Bien que civilisée en partie par l'Église grecque orthodoxe, qui est reliée étroitement avec la civilisation byzantine, l'Europe orientale a été moins atteinte que l'Europe occidentale, par ce qu'il y a de délétère dans les traditions des anciennes civilisations, dont l'Empire romain a été l'héritier. Elle développe rapidement ses vastes ressources avec une grande liberté d'action; elle paraît comme appelée à exercer dans les vieux foyers primitifs de la civilisation des vallées du Tigre et de l'Euphrate, en Arménie, en Perse, dans l'Asie centrale, en Chine, dans toute la sphère de l'empire des Mongols, une influence bienfaisante, pacifique et civilisatrice.

FIN DU TOME PREMIER.

TABLE

ANALYTIQUE DES MATIÈRES.

INTRODUCTION.

LIVRE PREMIER.

DE L'IMPÔT DANS LES ANCIENNES CIVILISATIONS D'ORIENT.

CHAPITRE III.

De l'impôt chez les Hébreux et en Judée.

CHAPITRE IV.

De l'impôt dans l'empire des Perses.

CHAPITRE V.

De l'impôt dans l'Égypte ancienne.

CHAPITRE VI.

De l'impôt dans l'Inde ancienne.

CHAPITRE VII.

De l'impôt dans la Chine ancienne.

LIVRE SECOND.

DE L'IMPÔT DANS LES ÉTATS DE LA GRÈCE ANCIENNE.

CHAPITRE I.

Remarques préliminaires.

CHAPITRE II.

Les Doriens.

CHAPITRE III.

Les États doriens et la Crète.

CHAPITRE IV.

Lacédémone. — Ses institutions fiscales et sociales.

CHAPITRE V.

Athènes.

CHAPITRE VI.

De l'impôt dans les autres États de la Grèce ancienne.

CHAPITRE VII.

Des impôts en Grèce sous la domination romaine.

LIVRE TROISIÈME.

DE L'IMPÔT CHEZ LES ROMAINS.

CHAPITRE I.

De l'influence des institutions fiscales romaines, sur celles des peuples de l'Europe moderne.

CHAPITRE II.

Des impôts romains jusqu'à l'établissement de l'empire.

CHAPITRE III.

Des institutions fiscales de l'Empire romain depuis Auguste jusqu'à Dioclétien et Constantin.

CHAPITRE IV.

Des changements dans la société romaine et dans le gouvernement de l'empire à l'époque de Dioclétien.

CHAPITRE V.

Réformes fiscales de Dioclétien et de Constantin.

CHAPITRE VI.

CHAPITRE VII.

LIVRE QUATRIÈME.

DE L'IMPÔT AU MOYEN AGE.

CHAPITRE I.

CHAPITRE II.

Époque franco-romaine. — Appropriation de l'impôt.

CHAPITRE III.

L'époque féodale en France.

CHAPITRE IV.

L'époque féodale dans les divers autres États de l'Europe.

CHAPITRE V.

De l'impôt dans l'empire byzantin.

CHAPITRE VI.

De l'impôt chez les peuples nomades de l'Asie et de l'Europe.

CHAPITRE VII.

De l'impôt dans l'empire des Arabes.

CHAPITRE VIII.

L'impôt chez les Nomades du Nord de l'Asie et de l'Europe.

CHAPITRE IX.

De l'impôt dans l'empire de Charlemagne.

CHAPITRE X.

De l'impôt dans les États de l'Europe orientale du XIe au XIVe siècle.

CHAPITRE XI.

De l'impôt dans l'empire des Mongols.

CHAPITRE XII.

Synthèse de l'histoire de l'impôt au Moyen âge du Ve à la fin du XIVe siècle.

APPENDICE

Les notes, complémentaires des quatre livres du premier volume, seront insérées à la fin du second volume.

Savoir :

I. Les impôts, finances, satrapies de l'empire des Perses.
II. Les impôts en Égypte sous Ptolémée Philadelphe.
III. La mêlée des nations, par M. Maspero.
IV. La propriété à Sparte.
V. La population d'Athènes.
VI. Le nombre des esclaves à Athènes et à Rome.
VII. L'impôt progressif à Athènes.
VIII. L'aristocratie aux États-Unis.
IX. La population de l'Italie romaine.
X. Conditions économiques de l'Italie avant et après Auguste.
XI. Les impôts en Italie sous Auguste et les plans de Mécène.
XII. Précédents de la *vicesima hereditatium* — le don et le legs d'Auguste.
XIII. Conditions économiques des Gaules au IVe siècle.
XIV. Textes sur la *capitatio terrena* et la *capitatio humana*.
XV. Les impôts féodaux de la seigneurie de Plancy.
XVI. Le traité de Kiersy-sur-Oise.
XVII. L'époque féodale en Bretagne et en Gascogne.
XVIII. L'épopée byzantine.

LES ERRATA

Pages.	**Lire :**
13,	*note 1,* le talent d'argent valant : 5.500 *francs.*
15,	*note 1,* Ewald.
135,	*note 1,* Frumentariæ leges.
166,	*note 1, 2e ligne,* l'aristocratie anglaise.
169,	*note 2,* Lenormant, *au lieu de :* Ledimant.
234,	*ligne 28,* renvoi à l'appendice.
276,	*note 2,* le droit de tiers et danger.
295,	*ligne 13,* Sancerre, *au lieu de :* Santerre.
307,	*ligne 31,* desquelles, *au lieu de :* desquels.
348,	*ligne 24,* défriché, *au lieu de :* exploité.
356,	*ligne 15,* bail à complant, *au lieu de :* à comptant.
374,	*note 1,* XIII, *au lieu de :* XXIII.
434,	*ligne 11,* essor, *au lieu de :* essort.
437,	*dernière ligne, ajouter :* par.
442,	*ligne 30,* villa, *au lieu de :* ville.
444,	*note 2,* comparer, *au lieu de :* compare.
452,	*note 4,* si numero ac virtute comitatus emineat.
535,	*ligne 24,* Saraï *au lieu de :* Kazan.
540,	*ligne 24,* qu'elles lèvent, *au lieu de :* qui lèvent.
542,	*note 1,* chapitre XI, *au lieu de :* chapitre IX.
632,	*ligne 14,* Magnats, *au lieu de :* Magyars.
671,	*note 1, ligne 17,* le premier par Kuyuk, successeur d'Oghodaï.
768,	*ligne 13,* sous, *au lieu de :* sur.
769,	*ligne 11,* Kharismiens.

BAR-LE-DUC. — IMPRIMERIE CONTANT-LAGUERRE.

www.ingramcontent.com/pod-product-compliance
Lightning Source LLC
LaVergne TN
LVHW020958300926
849160LV00007B/191
9782012678354